법 학 입 문

[제 3 판]

이 영 종
이 재 열
황 태 정
송 인 호
이 세 주

집 현 재

제3판 머리말

'법학입문'을 2014년 처음 내놓고 어느 새 4년의 시간이 흘렀고 다시 개정해 내놓으면서 언제나 그렇듯이 세월을 빠르다고 느끼게 된다. 2년 전에 첫 개정작업을 하여 제2판을 낸 이래로 다시 2년이 지나 이제는 제3판을 내놓게 되었다. 제3판에는 그 사이 있었던 법률 개정을 반영하고 주요 판례를 추가하였으며, 그 외에 약간의 수정을 가하여 책을 다듬었다. 이처럼 여러 가지 수정할 내용이 발견되어 그에 부응한 것이지만, 책을 새 판으로 내는데 필요한 작업을 하면서 생각하게 되는 바가 없을 리 없다. 필요하고 중요하지만 그러한 만큼이나 어렵기도 해서 좀처럼 접근하기 어려운 것이 법인데, 이러한 법에 좀 더 쉽게 접근하도록 돕기 위해서 기본적인 내용을 다루는, 쉬운 법학 안내서를 제시한다는 것이 저자들의 초심이었다. 이를 생각하면서 과연 그 초심에 부응하게 썼는지 다시 자문해 본다.

돌아보니 아직 부족한 점이 많다. 분량 면에서도 그렇다. 원래 입문서로 기획된 것인 만큼 너무 세부적인 내용을 다루지 않는 것을 원칙으로 하였다. 이번 개정으로 10페이지 정도 분량이 늘었음에도 전체 분량이 500페이지에서 크게 벗어나지 않았지만, 아직도 많은 것은 아닌가 하는 생각이 든다. 하지만, 압축과 생략에도 한계가 있다. 법을 해석하여 구축한, 각 분야의 실정법학은 책의 앞 부분에 나오는 '법의 기초 이론'과는 달리 본래 '법을 구체화하는 학문'이고 갈수록 법이론이 발전하고 판례가 축적되기에 분량을 줄이기가 무척 어렵다는 것도 사실이다. 이렇게 합리화해 보면서도 필자들은 앞으로도 앞의 원칙을 고수하고자 한다. 계속 돌아보고 책을 키워나가고자 하는 만큼 독자들의 질정을 바란다.

마지막으로 기원과 감사의 말씀을 전한다. 우선 저자로서 합심하여 내놓은 이 책이 계속 독자들이 법과 법학에 다가가는데 도움이 되고 독자들의 사랑을 받기를 기원해 본다. 또한 독자분들께 감사의 마음을 표한다. 아울러 법학입문제3판 출간에 도움을 주신 모든 분들께 감사를 드린다. 특히 끝 모를 더위를 이기고 작업해 주신 동료 필자분들과 집현재 위호준 사장님과 편집부 여러분들의 노고에는 어떤 특별한 말씀을 드려야 할지 잘 모르겠다. 그래서 그냥 우리가 낳은 '법학입문'의 성장이 그 노고의 결실이라는 평범하고도 엄연한 사실을 언급하면서 이 글을 마치는 수 밖에 없겠다. 모든 분들의 건승을 기원하고, 다시 한 번 감사 드리면서 글을 마친다.

2018년 7월 24일

집필진을 대표하여　이 영 종 씀

차 례

제1편 법의 기초이론

제2편 헌 법

제3편 행 정 법

제4편 형 법

제5편 민 법

제6편 상 법

제7편 소 송 법

제 1 편

법의 기초이론

제1장

법의 의미와 목적

제1절 법이란 무엇인가

평범한 일상생활 속에서 '법이란 무엇인가?'라는 질문은 법학을 공부하거나 법에 관심이 많은 사람뿐만 아니라, 누구나 한번쯤은 생각해 보고, 고민해 볼 수 있는 일반적이고 자연스러운 질문 중에 한가지이다. '법' 혹은 '법학'과 관련하여 떠올릴 수 있는 가장 일반적이고 자연스러운 질문이기 때문에, 법학이라는 학문이 본격적으로 시작되는 출발점에서 누구나 한번쯤은 이러한 물음을 갖기도 한다. 또한 우리가 여러가지 목적으로 법학을 공부하려고 한다면, 누구나 질문할 수 있고 혹은 생각해 봐야 할 중요한 질문이기도 하다.

하지만 많은 사람들이 생각해 보고, 궁금해 하는 '법이란 무엇인가?'라는 질문에 대해서 간단명료한 문장으로 정의하거나 혹은 설명하기란 생각보다 그리 쉬운 일이 아니다. 예를 들어, 우리가 가장 소중하게 생각하는 사람인 가족 혹은 친구를 만나고 함께 생활하다 보면, 그 사람이 자신의 가족인지 혹은 친구인지는 쉽게 알 수 있다. 그러나 자신에게 가장 중요한 가족 중 한 사람이 무엇인가, 혹은 여러 친구들 중 소중한 친구가 누구이고 무엇인가 등에 대해서 나름대로 자유롭고 쉽게 설명하고 정의를 내려 본다는 것이 생각만큼 그리 쉬운 일은 아니다.

이러한 어려움은 어느 한 사람을 대상으로 했을 때뿐만 아니라, 자신에게 가장 의미있고 중요한 물건, 시기, 장소, 책, 좌우명 혹은 반려동물 등을 대상으로 했을 때에도 마찬가지이다. 어느 한 사물이나 장소, 시기 등이 자신에게 큰 의미가 있고 가장 소중한 것이라는 것은 쉽게 알 수 있지만, 그것이 무엇인지에 대해서 쉽고 정확하게 정의하고 완벽할 정도로 설명하기란 마찬가지로 생각만큼 쉽지 않다. 법이 무엇인가라는 질문에 대한 대답과 설명도 마찬가지라고 할 수 있다. 다양한 법의 존재와 적용은 우리의 평범한 생활 속에서 쉽게 보고 경험할 수 있는 일상의 중요한 한 부분이기는 하지만, 과연 법이 무엇인지에 대해서 만족스럽게 정의내리고 충분히 설명하기란 다소 어려운 일이다.

'법이란 무엇인가?'라는 질문에 대한 정확한 답변과 설명은 아쉽지만 아직까지도 완벽하게 정립되어 있지 않다. 오히려 법이란 무엇인가에 대한 다양한 논의와 사고의 폭과 깊이는 점점 더 커져가는 것 또한 사실이다. '법이란 무엇인가?'라는 질문에서 나타나는 법의 의미와 개념을 찾고자 하는 오랜 기간 동안의 수많은 고민과 연구는 지금까지도 계속 이어져 오고 있고, 앞으로도 계속 이어져 갈 것이다. 그러나 법이란 무엇인가에 대한 답을 찾기 위한 사고의 연속과 학문적 탐구가 오히려 법이 무엇인지를 이해하는 가장 좋은 방법이다. 단순한 즉문즉답식의 설명과 정의가 그리 쉽지 않은 법의 의미에 대해서는 법과 관련된 여러 현상들, 경험들, 그리고 그 역사와 현재 등을 종합적이고 체계적으로 살펴볼 필요가 있다. 이를 기본적인 바탕으로 하여, 법과 비교할 수 있는 다양한 개념과 내용을 함께 비교하면서 이해해 본다면, 법이란 무엇인가에 대한 좀 더 심도 깊은 나름의 이해와 설명이 어느 정도는 가능할 것이다.

제2절 | 법의 의미와 특징

더 본격적으로 법의 의미를 찾기 위해서는 누구나 쉽게 찾고 이해할 수 있는 사전적 의미에서부터 그 내용과 의미를 알아가는 것도 좋은 방법 중 하나이다. 이를 통해서 법과 유사하거나 또는 여러 관련성을 지니고 있는 개념들과의 비교 및 검토를 통해서 서로의 특징과 차이점을 발견할 수 있고, 법의 의미에 대한 좀 더 실질적이고 구체적인 이해에도 큰 도움이 된다. 가장 기본적으로 사전적 의미에서 법이란 무엇인지에 대한 일반적인 설명을 살펴보면, '법'(法, Law, Recht)이란 법에서 정한 목적을 달성하기 위해서 국가 및 공공기관에서 제정한 강제력을 수반하는 모든 사회규범을 의미한다. 이러한 법규범에는, 가장 대표적으로 예를 들어 헌법, 법률, 명령 · 규칙, 조례 등이 있다.

우선, 법은 사회규범이다. 규범(規範, Norm)이라는 용어는 법학의 여러 분야에서 매우 다양하고 폭 넓은 의미로 사용되고 있다. 일반적으로 규범은 우리가 어떠한 행동을 하거나 판단을 할 때 마땅히 따라야 하는 가치판단의 기준으로서, 이러한 규범에는 대표적으로 법, 도덕, 관습 등이 포함된다. 법학에서 우리가 알아보는 것은 여러 사회규범 중에서도 법이다. 사회규범에서의 법의 의미는 우리가 구성원으로서 생활하고 있는 한 국가 또는 국가생활공동체 내에서 추구하는 목적의 달성과 사회질서를 유지하기 위해서, 그 구성원 모두가 지키고 따라야 할 기본원칙 혹은 기본질서를 의미한다고 할 수 있다.

넓은 의미에서의 사회규범에는 법규범, 도덕규범, 종교규범 등이 존재하지만, 한 사회에서의 법규범은 도덕규범이나 종교규범(혹은, 경우에 따라서는 관습규범이나 예절규범) 등과는 구별되는 개념이다. 도덕의 영역이나 종교의 영역에서는 일정한 도덕적 신념과 이치 혹은 일정한 종교적 신념과 교리 등에 따라서 '살인하지 마라', '남의 물건을 훔치지 마라', '부모와 어른을 공경하라', '선행을 실천하라' 등과 같은 어떠한 행위를 올바르게 행할 것을 명령하거나 혹은 금지하는 내용을 말하고 있다. 이러한 도덕적·종교적 규범들은 그러한 신념을 갖고 있거나 혹은 그 이치와 교리를 따르고 믿는 사람들의 주관적 내면을 규율한다. 그러나 법규범은 한 국가생활공동체의 전체 구성원에게 적용되며, 그 구성원들이 준수해야 하는 가장 객관적인 기본원칙과 질서를 의미한다.

이와 더불어, 법은 강제규범이다. 즉 법에서 정하고 있는 내용을 지키지 않았을 경우에는 일정한 법적 제재를 부과함으로써, 법에서 정하고 있는 내용을 준수하도록 하는 강제력이 있다. 법이 이러한 강제력을 갖는다는 것은 도덕규범이나 종교규범 등과 구별되는 또 하나의 큰 특징이기도 하다.

도덕적·종교적으로 정한 규범의 내용을 위반한 경우에는 자율적인 강제나 혹은 내면적·심리적인 강제만이 있을 뿐이다. 이와 비교하여 법에서 규정하고 있는 내용을 위반한 경우에는 타율적인 강제와 외면적·물리적인 강제가 발생한다. 그리고 법에서 목적으로 하고 있는 상태와 결과를 구체적이고 실질적으로 실현하기 위해서, 법에서 규정하고 있는 내용을 반드시 준수할 것을 강제적으로 요청한다. 이러한 의미에서 도덕적 비난 혹은 종교적 비난과 비교해서, 강제력이 동원되어 제재와 처벌을 수반하는 법적 비난과는 큰 차이를 보이는 특징을 갖는다. 이러한 법의 강제력은 오늘날 가장 전형적으로 경찰, 검찰 또는 사법(司法)과 같은 국가기관에 의한 국가권력 행사에 의해 실질적으로 나타난다.

마지막으로 법은 국가규범이다. 법이 그 적용대상으로 하고 있는 사람과 지역은 하나의 국가생활공동체를 구성하고 있는 모든 구성원이며, 그 국가생활공동체가 기반으로 하고 있는 지역을 가장 기본적인 적용대상으로 한다.

이러한 국가규범으로서의 법이 갖고 있는 내용과 특징도 다른 규범들과 구별하여 살펴 볼 수 있다. 법의 위반에 대해 부과되는 일정한 강제와 제재는 국가권력에 의해서만 수행되며, 이를 통해 법에서 정하고 있는 일정한 목적달성에 대한 실현가능성을 그 무엇보다 강력하게 보장하게 된다. 이는 또한 국가생활공동체 내에 존재하는 다른 어떠한 강제규범보다 법이 가장 우위에 있는 국가규범이라는 것을 의미이다.

제3절 법의 목적

Ⅰ. 법의 목적은 무엇인가

법이란 무엇인가에 대한 검토와 더불어, 법에 대한 이해에 필요한 가장 기본적인 의미와 내용을 바탕으로, 이어서 우리가 쉽게 생각해 볼 수 있는 주제와 질문은 법의 목적이다. 다시 말해서, '법의 목적은 무엇인가?' 혹은 '법이 추구하고 달성하고자 하는 궁극적인 목적은 무엇인가?'에 대한 질문과 대답이라고 할 수 있다. 이러한 '법의 목적'의 의미와 그 내용에 대해서 생각해 본다는 것은, 법이 존재하는 이유는 무엇이며, 혹은 무엇을 위해 법이 존재하는가에 대해서 좀 더 깊게 생각해 봐야 한다는 것을 의미한다.

우선, 법은 국가생활공동체를 형성하고 유지하며, 우리가 속한 국가생활공동체가 바라고 추구하는 목적 달성을 위해서, 그 구성원들에게 기대하는 일정한 모습에 합치하는 행위를 위한 수단으로서의 역할을 한다. 이러한 가장 기본적인 법의 역할을 통해 살펴보았을 때, 법은 국가생활공동체의 형성과 유지를 위해 중요한 정신, 이념, 가치, 원칙을 실현하기 위해 존재한다고 할 수 있다. 그 중에서도 특히, 질서유지와 정의실현 등을 가장 중요하고 대표적인 목적으로 삼고 있다고 할 수 있다. 한 개인이 자유롭게 생활하고 활동하는 다양한 각각의 개별 생활영역에서 법질서와 법제도 그리고 개별 법률규정 등을 통해 이러한 목적을 추구하고 달성하게 된다.

Ⅱ. 사회질서의 유지

인류의 역사 속에서 인간의 존재가 시작되면서, 서로 모여서 크고 작은 일정한 집단을 이루면서 살기 시작했다. 어렵고 낯선 인류역사학적 관점에서 검토하지 않더라도, 우리는 인간이 하나의 일정한 조직체와 집단을 자유롭게 형성하고, 그에 속해 생활하면서, 자기가 속한 집단을 위해 어느 정도 필요한 일정한 질서와 원칙을 스스로 만들게 된다. 이러한 관점에서 살펴보면, 인간은 홀로 생활하지 않고 자기 발전과 보전을 위해 일정한 집단을 이루며 생활해 왔으며, 나아가 그러한 집단이 점차 하나의 전체 국가사회를 구성하는 것 또한 같은 맥락과 의미에서 이해될 수 있다. 이러한 의미에서, 흔히 인간은 '사회적 존재'라는 것을 이해할 수 있고, 또한 '사회가 있는 곳에는 법이 있다'라는 말이 나오는 것이다.

이러한 기본적인 특징은 오늘날을 살아가고 있는 우리에게도 예외는 아니다. 예를 들어, 사회적·경제적·정치적·학문적 혹은 개인적·종교적·사교적 등의 매우 다양한 공통의 관심사와 목적들에 따라서, 우리는 다양한 형태의 모임과 조직체를 결성하고 만들거나, 정치조직, 경제조직, 종교조직 혹은 동호회, 동아리, 학회 등을 자유롭게 형성하기도 한다. 또는 다양한 공통의 관심사와 목적에 따라 이미 결성 및 조직되어 있는 일정한 모임 혹은 단체에 자발적으로 속하여, 그 집단의 구성원이 되어 생활하게 된다.

사람들이 모여 어느 목적을 위해 일정한 집단을 구성하게 되면, 일반적으로 그 구성원들이 모두 함께 지켜야 할 일정한 공통의 원칙과 규칙을 만들게 된다. 또한 그 집단을 이루는 구성원의 수가 점차 늘어남에 따라, 그 원칙과 규칙의 내용과 범위도 함께 점차 늘어나게 된다. 이와 동시에, 하나의 개별집단에서 발생하는 현상들과 내용들이 점차 늘어나고 증가되면서 복합화되어가게 된다. 또는 하나의 일정집단의 전체적 질서와 평화를 어지럽히거나 각 구성원들 간의 상호갈등과 이해관계의 대립이 나타나는 현상과 가능성도 점차 증가한다. 더 나아가 한 사회의 구성원들 간에도 이러한 현상이 나타나는 것은 또한 마찬가지이다.

자유롭고 평화로운 사회를 형성하고 유지하기 위해서, 그 구성원들이 함께 지키고 준수해야 하는 서로를 위한 일종의 약속이라고 할 수 있는 원칙과 규칙을 만들게 된다. 그리고 전체 사회가 양적·질적·인적으로 점점 더 확대·발전해 감에 따라, 한 사회의 원칙과 규칙을 지키지 않고 질서를 어지럽히며, 자유와 평화를 침해하고 파괴하는 등의 반사회적 행동에 대하여 통제와 제재를 할 필요성이 제기된다. 한 사회에서의 자율적인 원칙과 규칙의 준수 및 평화로운 질서유지가 불가능해진다면, 경우에 따라서는 사회질서의 유지를 위한 인위적·강제적 방법이 필요하게 된다. 이를 위해 종교, 도덕, 관습, 전통, 법 등의 다양한 방법들이 있을 수 있겠으나, 그 중에서도 다른 방법들과는 달리 강제적으로 통제와 제재를 가할 수 있는 방법이 법이라고 할 수 있다. 이러한 법의 목적은, 나아가 전체 사회와 그 구성원들에게 필요한 일종의 사회정의를 실현하기 위한 목적을 또한 갖는다.

Ⅲ. 정의의 실현

법은 사회질서를 형성하고 유지하는 목적을 갖고 있으므로, 법이 지키고자 하는 그 질서의 내용 중에서 가장 중요한 핵심적인 내용이 과연 무엇인가에 대한 질문에 자연스레 다다르게 된다. 그러한 중요하고 핵심적인 내용을 알 수 있다면, 법은 전체 사회와 사회 구성원들에게 좀 더 적합하고 효율적이며 실질적인 법의 내용을 구성할 수 있기 때문이다.

법이 추구하고 지키고자 하는 가장 중요한 핵심적인 내용은 정의(正義, justice, Gerechtigkeit)라고 말할 수 있다. 하지만 과연 '정의'가 무엇인가에 대한 설명과 대답은 무척 어려운 것이 사실이다. 정의라는 것은 매우 다의적이며 광범위하고 다변적이며, 시대와 지역 그리고 환경과 문화 등의 여러 요소들에 따라 각각 다르게 나타나고 해석되며 이해될 수 있기 때문이다. 그렇다고 하더라도, 법이 추구하는 궁극적인 목적이 정의의 실현이므로, 정의가 무엇이며 그리고 정의를 실현하기 위한 방법은 무엇인가에 대한 답을 찾기 위한 노력은 앞으로도 계속되어야 한다.

법이 우선적으로 그리고 최종적으로 실현해야 할 가장 중요한 목적은 정의의 실현이다. 정의는 사회질서의 내용에서 가장 중요한 핵심이 되는 내용이다. 법은 사회생활에 질서를 지키고 유지하는 역할과 목적을 갖고 있다. 그러나 법에서 규정하고 있는 구체적인 내용에서, 예를 들어 "돈과 음식은 누구에게나 필요하므로, 필요한 사람은 다른 사람의 돈과 음식을 마음대로 가져갈 수 있다"라고 하거나, 또는 좀 더 극단적으로 "사회생활에서 범죄는 역사적으로 지속되어 왔고, 범죄의 존재는 자연스러으므로 범죄를 저지르는 자는 벌하지 않는다"라고 규정한다면, 이러한 내용과 이러한 내용을 규정한 법은 당연히 정당하고 올바른 법이라고 인정될 수도 없고, 인정할 수도 없을 것이다. 그러한 가장 기본적인 이유는 바로 정당하고 올바르지 못한 내용이라는 것이며, 이는 결국 정의롭지 못한 내용을 규정한 법이기 때문이다. 또한 법의 목적이 사회의 질서유지와 정의실현임에도 불구하고, 오히려 이러한 내용들은 법이 추구하는 목적인 정의실현에 반하기 때문이다.

이러한 이유에서 여러 사회영역과 법영역에서 질서유지와 더불어, 정의실현을 위한 내용들은 모든 개별 법률 전체에 투영되어 있다. 오늘날 모든 법은 그 목적이 존재하며, 그 목적에 대해서는 법에 규정하고 있다. 개별 법률에서 각각 규정하고 있는 법이 달성하고 실현하고자 하는 구체적인 목적은 해당 개별 법률의 전체적인 내용을 이해하는 데 있어서 가장 기본적인 방향을 제시하며, 각각의 구체적인 법률 규정들을 이해하고 해석하는데 있어서 매우 중요한 기준과 지침이 된다.

▸ 생각해볼 문제

Q. 내 생각 혹은 내 경험에 비추어 볼 때, 법은 어떠한 특징과 목적을 가지고 있다고 설명할 수 있을까?

Q. 일상생활에서 경험한 법의 적용이나 법의 집행 사례의 구체적인 내용은 무엇인가?

Q. '법'이라는 단어가 들어가는 속담 혹은 격언에는 무엇이 있으며, 그것이 나타내는 진정한 의미는 무엇일까?

Q. 우리에게 어떠한 법이 가장 중요하며, 어떤 법이 새롭게 필요할까?

Q. 내가 법을 통해서 혹은 법학을 통해서 알고 싶은 것과 바라는 것은 무엇인가?

제2장

법의 형식과 체계

법은 여러 가지 형태와 기능 등의 기준에 따라 다양하게 분류하여 살펴 볼 수 있다. 법의 형식과 체계에 대한 분류를 통해서 방대하고 다양한 법에 대한 이해를 좀 더 쉽게 할 수 있다.

제1절 성문법과 불문법

가장 기본적으로는 법의 형식에 따른 분류로서, 성문법(成文法)과 불문법(不文法)으로 나누어 살펴볼 수 있다.

우선 성문법(written law, geschriebenes Recht)은 법률에서 나타내고자 하는 의미와 목적 그리고 그 규정 내용을 법전의 형식으로 갖춘 문서화된 법이다. 성문법은 가장 일반적인 법의 형식으로서, 한 국가의 입법권한을 갖고 입법을 담당하는 국가기관인 국회에서 헌법과 법률에서 정하고 있는 내용과 절차에 따라 정상적으로 제정된 법이다. 이러한 의미에서 제정법(制定法)이라고도 하며, 일반적으로 성문법은 모두 제정법이다.

이러한 성문법의 종류로는 헌법, 법률, 명령, 규칙, 조례 등이 있다. 좀 더 구체적으로는 헌법전, 민법전, 형법전, 상법전, 민사소송법전, 형사소송법전, 경제법전, 노동법전, 조세법전 등이 대표적인 성문법의 예이다. 이러한 성문법의 형식으로 법을 제정하는 성문법주의가 오늘날의 가장 대표적인 법의 형식이며, 대부분의 법들이 성문법화되어 있다. 우리나라도 성문법주의 국가이며, 모든 법들이 성문의 법 형식으로 제정되고 개정된다. 우리나라를 포함하여, 이러한 성문법주의는 독일과 프랑스를 대표로 하는 이른바, 대륙법계 국가에서 제정하는 법의 형식이기도 하다.

이러한 성문법과 대비되는 법의 형식이 불문법(unwritten law, ungeschriebenes Recht)이다. 불문법은 성문법에 대응하는 법의 형식으로서, 성문법과는 달리 문서화된 법전의 형식을 갖추지 않은, 즉 성문화되지 않은 법이라는 것을 의미한다. 불문법은 국가의 입법권한을 갖고 입법을 담당하는 국가기관인 국회에서의 일정한 절차를 거쳐 제정된 법이 아니라, 역사적으로 다양한 생활관계가 상당히 오랜 기간 동안 계속되어 오면서 자연스럽게 하나의 법의 의미와 효력을 갖게 되어 존재하는 법을 의미한다. 이러한 의미에서 제정법과 비교하여 불문법은 비제정법이라고도 한다.

불문법의 예로는, 관습법, 판례법, 조리 등이 있다. 불문법의 종류로서 가장 대표적인 것은 성문법국가의 법체계에서는 그리 친숙하지 않은 관습법과 판례법이다. 즉 상당히 오랜 기간 동안 이어온 관습에 의해서 법적 확신 내지는 법적 인식이 형성되어, 이러한 관습이 법으로서의 승인과 효력이 확립된 것이 관습법이라고 할 수 있다. 그리고 오랜 기간 동안 재판을 통하여 동일한 혹은 유사한 판결이 계속되어 오면서 형성된 것이 판례법이다. 이러한 불문법의 형식으로 법이 존재하고 효력을 갖는 불문법주의는 대표적으로 미국과 영국의 이른바, 영미법계 국가에서 채택하고 있다. 불문법주의를 채택하고 있는 영미법계 국가에서는 판례법이 가장 중요한 법의 중심을 이루고 있다.

법의 역사와 발전의 시각에서 살펴보면, 불문법에서부터 점차 성문법으로 발전해 왔다. 그중에서도 관습법의 내용에 대하여 법제화를 통해 성문법으로 제정하게 되었으며, 역사적으로는 성문법의 모체는 관습법에서 기인했다고 할 수 있다.

제2절 국내법과 국제법

국내법(國內法)과 국제법(國際法)의 구분은 기본적으로 법의 주체와 적용범위를 가장 중요한 기준으로 하여 분류한 것이다.

국내법(municipal law)은 한 국가 내에서 입법을 관할하는 국가기관에 의해서 국내 사항을 내용으로 하여 제정·공포되어, 그 국가의 주권이 미치는 범위 내에서 효력을 갖는 법을 의미한다. 이러한 국내법은 그 해당 국가의 내부관계를 법적으로 규율한다.

한 국가의 법률은 대부분 국내법이며, 해당 국가의 범위 내에서만 집행되고 효력이 있다. 우리나라의 모든 법률은 국내법이며, 수많은 국내법 중에서도 가장 대표적인 법률이 헌법, 민법, 형법, 상법, 행정법, 민사소송법 그리고 형사소송법 등이다.

이러한 국내법에 대응하는 개념이 국제법(international law)이다. 국제법은 국제사회에서 주로 각 개별 국가 간의 법적 관계에 적용되는 법을 의미한다. 국내법이 한 국가의 입법기관이 국내 사항에 대하여 법적으로 규율하는 것과 비교하여, 국제법은 국제사회를 배경으로 하여 여러 개별 국가 간의 자유로운 상호 합의에 의하여 법적 관계를 규율하게 된다. 오늘날 국제법이 점차 더욱 발전하면서, 각 개별 국가 상호간의 합의뿐만이 아니라, 국가 이외의 주체라고 할 수 있는 국제조직과의 합의 등에 의해서도 국제법 관계가 성립될 수 있다.

국제법의 가장 대표적인 예로는 국제조약과 국제관습법 등이 있다. 각 개별 국가 간의 자유롭고 명시적인 합의를 기초로 성립되는 것이 국제조약이라면, 여러 국가 상호간의 관행이나 묵시적인 합의에 기초하여 국제관습법이 성립된다고 할 수 있다. 조약은 일반적으로 조약을 체결하는 해당 국가 간의 법적 관계에 대해서 효력이 있으므로, 국제사회에 타당한 국제법은 일반적으로 국제관습법의 형태를 취하고 있으며, 조약보다는 상대적으로 좀 더 큰 의미를 갖는다고 할 수 있다.

이러한 국제법의 의미와 성립 그리고 그 내용과 효력 등에 대한 논의에 있어서, 국제법을 과연 법이라고 할 수 있는가에 대한 논의가 있을 수 있다. 가장 일반적인 국내법과 비교해 보았을 때, 이와는 달리 국제법이 하나의 법의 의미와 효력을 가질 수 있는가에 대한 질문이다. 즉 국제적인 법률관계에 대해서 통일적으로 명확하게 입법화할 입법기관과 국제법의 구속력 인정 여부 그리고 그 위반에 대해 법적 강제와 제재의 절차와 효과 등에 대한 가능성과 실효성 등에 대해서는 아직도 계속 논의되고 있다.

제3절 | 공법과 사법

서로 상대적인 개념인 공법(公法)과 사법(私法)을 구분하는 기준에는 많은 이론과 학설이 현재 존재한다. 공법과 사법의 구분이 항상 명확한 것은 아니어서, 실제로 해당 법률관계의 발생과 적용의 원인이 순수하게 사법적인 것인지 혹은 공법적인 것인지 의문인 경우가 발생하기도 한다. 일반적으로 법이 규율하는 생활관계의 내용과 법적인 권리·의무관계 등을 중심으로 하여 공법과 사법으로 구분할 수 있다.

일반적으로 공법(public law, öffentliches Recht)은 개인의 자유로운 생활에 있어서, 국가생활공동체의 구성원으로서 국가공동체를 유지하는 국민으로서의 생활을 대상으로 하여, 기본적으로 국민과 국가 간의 관계에 대해서 규율하고 있는 법을 의미한다. 공법은 국민과 국가 간의 법률관계에 대해서 규율하므로, 일반적으로 국가적·공익적·권력적이라는 특징을 갖는다. 공법에 해당하는 대표적인 법에는 헌법, 행정법, 형법 그리고 각종 소송법 등이 있다.

이러한 공법의 개념과 내용과 비교하여, 사법(private law, Privatrecht)은 기본적으로 개인과 개인 간의 사이에서 발생하는 생활관계를 중심으로, 개인 상호간의 권리·의무관계를 법적으로 규율하는 법을 의미한다. 이러한 사법은 개인상호간의 법률관계를 규율하므로, 일반적으로 개인적·사익적·자율적이라는 특징을 갖는다. 가장 대표적인 사법의 예로는 민법과 상법 등이 있다.

<table>
<tr><td rowspan="2">공법</td><td>헌법</td><td>제1조 ① 대한민국은 민주공화국이다.
② 대한민국의 주권은 국민에게 있고, 모든 권력은 국민으로부터 나온다.</td></tr>
<tr><td>형법</td><td>제1조(범죄의 성립과 처벌) ① 범죄의 성립과 처벌은 행위 시의 법률에 의한다.
② 범죄후 법률의 변경에 의하여 그 행위가 범죄를 구성하지 아니하거나 형이 구법보다 경한 때에는 신법에 의한다.
③ 재판확정후 법률의 변경에 의하여 그 행위가 범죄를 구성하지 아니하는 때에는 형의 집행을 면제한다.</td></tr>
</table>

사법	민법	제1조(법원) 민사에 관하여 법률에 규정이 없으면 관습법에 의하고 관습법이 없으면 조리에 의한다. 제2조(신의성실) ① 권리의 행사와 의무의 이행은 신의에 좇아 성실히 하여야 한다. ② 권리는 남용하지 못한다.
	상법	제1조(상사적용법규) 상사에 관하여 본법에 규정이 없으면 상관습법에 의하고 상관습법이 없으면 민법의 규정에 의한다.

제4절 실체법과 절차법

법의 형식과 분류상, 실체법과 절차법으로 구분하여 살펴볼 수 있다. 실체법(實體法)과 절차법(節次法)의 구분은 가장 일반적으로 권리·의무의 구체적인 내용들에 대해서 규정하는 법인지, 아니면 권리·의무를 실현하는 절차에 관한 법인지를 기준으로 구분한다.

먼저, 실체법(substantial law, materielles Recht)은 권리와 의무에 대해서 규정하고 있는데, 즉 직접적으로 권리·의무의 종류, 성질, 내용, 범위, 효과, 발생, 변동, 소멸 등에 관하여 구체적이고 실질적인 사항들을 규정하고 있는 법이라고 할 수 있다. 실체법의 대표적인 예로는 헌법, 민법, 형법, 상법, 행정법 등이 있다.

이러한 실체법과 비교하여, 절차법(adjective law, Verfahrensrecht)은 실체법에서 규정하고 있는 내용인 권리·의무를 현실적으로 실현하기 위한 다양한 절차에 관한 법이다. 즉 절차법에는 실체법의 내용을 실현하기 위해서, 권리·의무의 행사, 권리의 보전, 의무의 이행, 강제 등의 다양한 각종 절차를 규정하고 있다. 가장 일반적으로 각종 소송 또는 재판의 절차를 규율하고 있다. 절차법은 실체법의 존재를 전제로 하는 것이며, 실체법도 절차법의 존재를 전제로 해야만 그 실질적인 실현이 보장되는 밀접한 상호관계가 있다. 가장 대표적인 절차법은 형사소송법, 민사소송법, 행정소송법, 가사소송법 등이 있다. 절차법은 일반적으로 대부분 각종 소송과 재판에 관한 법률들이라고 할 수 있다.

민사소송법	제1조(민사소송의 이상과 신의성실의 원칙) ① 법원은 소송절차가 공정하고 신속하며 경제적으로 진행되도록 노력하여야 한다. ② 당사자와 소송관계인은 신의에 따라 성실하게 소송을 수행하여야 한다. 제2조(보통재판적) 소(訴)는 피고의 보통재판적(普通裁判籍)이 있는 곳의 법원이 관할한다. 제3조(사람의 보통재판적) 사람의 보통재판적은 그의 주소에 따라 정한다. 다만, 대한민국에 주소가 없거나 주소를 알 수 없는 경우에는 거소에 따라 정하고, 거소가 일정하지 아니하거나 거소도 알 수 없으면 마지막 주소에 따라 정한다.
형사소송법	제1조(관할의 직권조사) 법원은 직권으로 관할을 조사하여야 한다. 제2조(관할위반과 소송행위의 효력) 소송행위는 관할위반인 경우에도 그 효력에 영향이 없다. 제3조(관할구역 외에서의 집무) ① 법원은 사실발견을 위하여 필요하거나 긴급을 요하는 때에는 관할구역 외에서 직무를 행하거나 사실조사에 필요한 처분을 할 수 있다. ② 전항의 규정은 수명법관에게 준용한다.
행정소송법	제1조(목적) 이 법은 행정소송절차를 통하여 행정청의 위법한 처분 그 밖에 공권력의 행사·불행사등으로 인한 국민의 권리 또는 이익의 침해를 구제하고, 공법상의 권리관계 또는 법적용에 관한 다툼을 적정하게 해결함을 목적으로 한다.
가사소송법	제1조(목적) 이 법은 인격의 존엄과 남녀 평등을 기본으로 하고 가정의 평화 및 친족 간에 서로 돕는 미풍양속을 보존하고 발전시키기 위하여 가사(家事)에 관한 소송(訴訟)과 비송(非訟) 및 조정(調停)에 대한 절차의 특례를 규정함을 목적으로 한다.
헌법재판소법	제1조(목적) 이 법은 헌법재판소의 조직 및 운영과 그 심판절차에 관하여 필요한 사항을 정함을 목적으로 한다. 제2조(관장사항) 헌법재판소는 다음 각 호의 사항을 관장한다. 1. 법원의 제청(提請)에 의한 법률의 위헌(違憲) 여부 심판 2. 탄핵(彈劾)의 심판 3. 정당의 해산심판 4. 국가기관 상호간, 국가기관과 지방자치단체 간 및 지방자치단체 상호간의 권한쟁의(權限爭議)에 관한 심판 5. 헌법소원(憲法訴願)에 관한 심판

제5절 | 일반법과 특별법

법이 적용되는 효력이 미치는 범위를 기준으로 일반법(一般法)과 특별법(特別法)으로 나누어 볼 수 있다.

특별법을 별도로 제정하는 이유는, 일반적으로 일반법에서 모든 내용을 규정할 수 없거나 혹은 일반법의 규정만으로는 구체적이고 효율적으로 규정하기 어려우므로, 구체적인 사항에 대해서 특별하게 필요한 규정을 마련하기 위해서이다. 동일한 사항에 대해서 일반법과 특별법을 동시에 적용할 때에는 "특별법은 일반법에 우선한다"라는 '특별법 우선의 원칙'에 따라서 특별법이 일반법보다 우선 적용되고 효력을 발생한다. 이러한 일반법과 특별법의 관계에서는 법이 적용되는 효력범위와 적용순서가 가장 중요하다 이는 특별법이 존재하는 의미이기도 하고, 또한 일반법과 특별법을 구별하는 중요한 실익이기도 하다.

일반법(general law, gemeingültiges Recht)은 대상과 사항에 대해서, 즉 사람, 사물, 장소 또는 시간, 행위 등에 대해서 특별한 제한이 없이 일반적으로 해당 법률의 효력이 적용되는 법을 일컫는다. 이러한 일반법과 비교해서, 특별법(special law, Spezialrecht)은 어느 일정한 대상과 사항에 대해서만, 즉 일정하게 한정된 사람, 사물, 장소 또는 시간, 행위 등에 대해서만 해당 법률의 효력이 적용되는 법을 의미한다. 일반법과 특별법의 구분은 일반법과 특별법 관계에 있는 법들 간에 서로 절대적인 구분이 아니라, 상대적으로 구분된다.

일반법·특별법 관계에 있는 법률들의 예를 살펴보면 좀 더 쉽게 이해할 수 있다. 예를 들어, 대한민국의 모든 국민에게 일반적으로 적용되는 헌법, 민법, 형법은 일반법이다. 그러나 군형법은 군인에게만 적용되는 특별법이고, 교육공무원법은 공무원 중에서도 교육공무원에게만 적용되는 특별법이며, 사립학교법은 많은 학교 중에서도 사립학교에만 적용되는 특별법이며, 소년법은 특정한 연령의 사람에게만 적용되는 특별법이다.

또한, 민사(民事)에 대해서 일반적으로 적용되는 법은 민법이다. 그런데 민사 중에서도 특히, 기업을 중심으로 한 상사(商事)에 관하여 규정한 법이 상법이다. 이러한 점에서 보았을 때 민법과 상법은 서로 일반법과 특별법의 관계에 있다고 볼 수 있다. 하지만 상법의 적용대상이 되는 다양한 상사(商事)에 관한 내용들 중에서, 상법은 상사에 대하여 일반적으로 적용되는 일반법인 상사일반법(商事一般法)이다. 그러나 예를 들어, 어음법, 수표법, 보험업법, 은행법, 전자금융거래법, 주식회사의 외부감사에 관한 법률 등은 상사에 관한 특별법인 상사특별법(商事特別法)으로서 상법에 대한 특별법들이고, 이러한 법률들에 대해서는 오히려 상법이 일반법이다. 이와 같이 일반법과 특별법의 구별은 확정적인 것이 아니라 상대적이라고 할 수 있다. 즉 상법은 민법에 대해서는 특별법이지만, 상사특별법과의 관계에서는 일반법이다.

민사에 관한 일반법, 즉 민사일반법(民事一般法)인 민법에 대해서, 예를 들어 법인의 등기사항에 관한 특례법, 동산·채권 등의 담보에 관한 법률, 부동산등기법, 부동산 실권리자명의 등기에 관한 법률, 가등기담보 등에 관한 법률, 주택임대차보호법, 자동차 등 특정동산 저당법, 실화책임에 관한 법률, 가족관계의 등록에 관한 법률, 입양특례법 등은 민법에 대한 특별법인 민사특별법(民事特別法)이다. 이와 더불어, 형사(刑事)의 경우에도 마찬가지로 이해할 수 있다. 즉 형법은 형사에 관하여 일반적으로 적용되는 일반법이다. 하지만 예를 들어, 폭력행위 등 처벌에 관한 법률, 특정범죄 가중처벌 등에 관한 법률, 성폭력 범죄의 처벌 등에 관한 특례법, 성매매알선 등 행위의 처벌에 관한 법률, 특정경제범죄 가중처벌 등에 관한 법률, 교통사고처리 특례법, 국가보안법, 경범죄처벌법, 가정폭력범죄의 처벌 등에 관한 특례법, 환경범죄 등의 단속 및 가중처벌에 관한 법률 등은 형법에 대한 특별법이다.

교육공무원법	제1조(목적) 이 법은 교육을 통하여 국민 전체에게 봉사하는 교육공무원의 직무와 책임의 특수성에 비추어 그 자격·임용·보수·연수 및 신분보장 등에 관하여 교육공무원에게 적용할 「국가공무원법」 및 「지방공무원법」에 대한 특례를 규정함을 목적으로 한다.
군형법	제1조(적용대상자) ① 이 법은 이 법에 규정된 죄를 범한 대한민국 군인에게 적용한다. ② 제1항에서 “군인”이란 현역에 복무하는 장교, 준사관, 부사관 및 병(兵)을 말한다. 다만, 전환복무(轉換服務) 중인 병은 제외한다.

소년법	제1조(목적) 이 법은 반사회성(反社會性)이 있는 소년의 환경 조정과 품행 교정(矯正)을 위한 보호처분 등의 필요한 조치를 하고, 형사처분에 관한 특별조치를 함으로써 소년이 건전하게 성장하도록 돕는 것을 목적으로 한다.
보험업법	제1조(목적) 이 법은 보험업을 경영하는 자의 건전한 경영을 도모하고 보험계약자, 피보험자, 그 밖의 이해관계인의 권익을 보호함으로써 보험업의 건전한 육성과 국민경제의 균형 있는 발전에 기여함을 목적으로 한다.
전자금융거래법	제1조(목적) 이 법은 전자금융거래의 법률관계를 명확히 하여 전자금융거래의 안전성과 신뢰성을 확보함과 아울러 전자금융업의 건전한 발전을 위한 기반조성을 함으로써 국민의 금융편의를 꾀하고 국민경제의 발전에 이바지함을 목적으로 한다.
부동산 실권리자명의 등기에 관한 법률	제1조(목적) 이 법은 부동산에 관한 소유권과 그 밖의 물권을 실체적 권리관계와 일치하도록 실권리자 명의(名義)로 등기하게 함으로써 부동산등기제도를 악용한 투기·탈세·탈법행위 등 반사회적 행위를 방지하고 부동산 거래의 정상화와 부동산 가격의 안정을 도모하여 국민경제의 건전한 발전에 이바지함을 목적으로 한다.
주택임대차보호법	제1조(목적) 이 법은 주거용 건물의 임대차(賃貸借)에 관하여 「민법」에 대한 특례를 규정함으로써 국민 주거생활의 안정을 보장함을 목적으로 한다.
가족관계의 등록 등에 관한 법률	제1조(목적) 이 법은 국민의 출생·혼인·사망 등 가족관계의 발생 및 변동사항에 관한 등록과 그 증명에 관한 사항을 규정함을 목적으로 한다.
폭력행위 등 처벌에 관한 법률	제1조(목적) 이 법은 집단적 또는 상습적으로 폭력행위 등을 범하거나 흉기 그 밖의 위험한 물건을 휴대하여 폭력행위 등을 범한 자 등을 처벌함을 목적으로 한다.
특정범죄 가중처벌 등에 관한 법률	제1조(목적) 이 법은 「형법」, 「관세법」, 「조세범 처벌법」, 「지방세기본법」, 「산림자원의 조성 및 관리에 관한 법률」 및 「마약류관리에 관한 법률」에 규정된 특정범죄에 대한 가중처벌 등을 규정함으로써 건전한 사회질서의 유지와 국민경제의 발전에 이바지함을 목적으로 한다.
특정경제범죄 가중처벌 등에 관한 법률	제1조(목적) 이 법은 건전한 국민경제윤리에 반하는 특정경제범죄에 대한 가중처벌과 그 범죄행위자에 대한 취업제한 등을 규정함으로써 경제질서를 확립하고 나아가 국민경제 발전에 이바지함을 목적으로 한다.

교통사고처리 특례법	제1조(목적) 이 법은 업무상과실(業務上過失) 또는 중대한 과실로 교통사고를 일으킨 운전자에 관한 형사처벌 등의 특례를 정함으로써 교통사고로 인한 피해의 신속한 회복을 촉진하고 국민생활의 편익을 증진함을 목적으로 한다.
성폭력범죄의 처벌 등에 관한 특례법	제1조(목적) 이 법은 성폭력범죄의 처벌 및 그 절차에 관한 특례를 규정함으로써 성폭력범죄 피해자의 생명과 신체의 안전을 보장하고 건강한 사회질서의 확립에 이바지함을 목적으로 한다.
가정폭력범죄의 처벌 등에 관한 특례법	제1조(목적) 이 법은 가정폭력범죄의 형사처벌 절차에 관한 특례를 정하고 가정폭력범죄를 범한 사람에 대하여 환경의 조정과 성행(性行)의 교정을 위한 보호처분을 함으로써 가정폭력범죄로 파괴된 가정의 평화와 안정을 회복하고 건강한 가정을 가꾸며 피해자와 가족구성원의 인권을 보호함을 목적으로 한다.

▸ 생각해볼 문제

Q. 법의 형식과 체계에 따라 분류할 수 있는 또 다른 기준은 무엇이 있을까?

Q. 내가 경험하거나 알고 있는 법률은 어떤 것들이 있을까?

Q. 우리가 알고 있는 다양한 법률은 법의 형식과 체계에서 각각 어느 분류에 속할까?

Q. 앞으로 나의 직업 혹은 업무에서 많이 경험하고 다루게 될 법률에는 무엇이 있을까?

Q. 일반법과 특별법으로 구분하여 설명할 수 있는 법률에는 어떤 것이 더 있을까?

제 2 편

헌 법

제1장

헌법총론

헌법은 일반적으로 크게 4가지 부분으로 나누어서 좀 더 구체적으로 살펴볼 수 있다. 주로 헌법의 가장 기본적인 사항과 원리들을 다루는 '헌법총론', 국민의 기본적인 권리인 기본권에 대해서 알아보는 '기본권론', 국가의 가장 중요하고 대표적인 국가조직과 국가기관에 대해서 알아보는 '통치구조론'(혹은 '국가조직론'), 그리고 헌법 문제에 대한 최종 결정을 하는 '헌법재판론'(혹은 '헌법소송법')으로 각각 나누어서 살펴볼 수 있다.

제1절 | 헌법의 의미

헌법을 공부하는 사람이라면 누구나 '헌법은 무엇인가?'라는 물음에 대해서 한번쯤 생각한다. 헌법은 무엇인가라는 물음의 대답이라고 할 수 있는 헌법의 의미에 대해서는 여러가지 설명이 가능할 것이다. 헌법이란, 우리가 살고 있는 하나의 국가생활공동체에서 그 구성원인 국민 개인의 지위를 기본권을 통해 보장하고, 또한 국가생활공동체를 형성하고 유지하기 위한 가장 기본적이고 필수적이며 중요한 내용들을 규정하고 있는 국내법들 중에 최상위법·최고법이라고 할 수 있다.

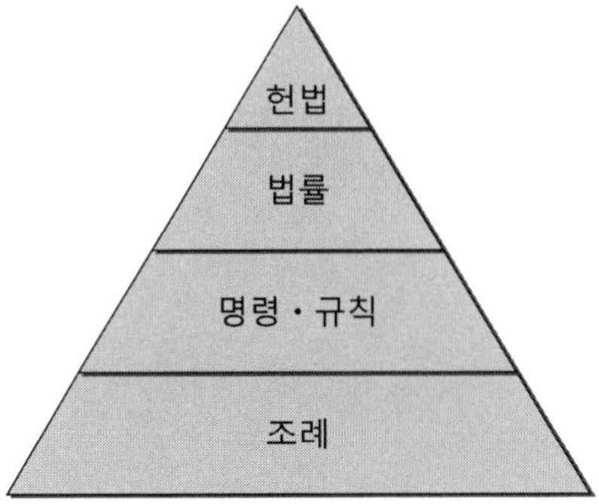

판례

- "국가의 법질서는 헌법을 최고법규로 하여 그 가치질서에 의하여 지배되는 통일체를 형성하는 것이며 그러한 통일체 내에서 상위규범은 하위규범의 효력근거가 되는 동시에 해석근거가 되는 것…." 헌재결 1989. 7. 21. 89헌마38.
- "우리나라는 성문헌법을 가진 나라로서 기본적으로 우리 헌법전(憲法典)이 헌법의 법원(法源)이 된다." 헌재결 2004. 10. 21. 2004헌마554등.

우선, 헌법은 국민이라면 누구에게나 보장되는 가장 기본적인 권리인 **기본권***을 규정하여 보장하고 있다. 그리고 한 국가의 중요한 국가조직 및 국가작용의 근거와 내용 등을 규정함과 더불어, 이에 필요한 가장 기본적인 원칙과 원리에 대한 내용들을 규정하고 있다. 헌법은 한 국가의 전체 법질서의 가장 근본이 되는 최상위법이므로, 헌법보다 하위에 있는 수많은 구체적인 개별 법률들과 국가권력작용도 헌법에서 규정하고 있는 기본원칙과 기본원리 그리고 그 해당 규정의 내용과 절차 등을 반드시 지켜야 하며, 이에 어긋나서는 안 된다. 헌법은 한 국가의 최상위법 · 최고법이므로, 헌법의 기본이념과 기본원리 이외에 헌법보다 상위에 위치하는 그 어떤 이념, 원리, 철학 등이 존재한다거나, 또는 헌법보다 더 우월하다고 말하는 것은 헌법의 존재와 의미 그리고 헌법의 기본정신과 이념을 인정하지 않는 것으로 정당화될 수 없다.

* 본문 중 볼드체로 되어 있는 용어는 장 끝부분에 간략히 해설하였다.

판례

"대한민국의 주권을 가진 우리 국민들은 헌법을 제정하면서 국민적 합의로 대한민국의 정치적 존재형태와 기본적 가치질서에 관한 이념적 기초로서 헌법의 지도원리를 설정하였다. 이러한 헌법의 지도원리는 국가기관 및 국민이 준수하여야 할 최고의 가치규범이고, 헌법의 각 조항을 비롯한 모든 법령의 해석기준이며, 입법권의 범위와 한계 그리고 국가정책결정의 방향을 제시한다." **헌재결 2001. 9. 27. 2000헌마238등**

한 국가의 모든 법률들과 전체 법질서에서 가장 근본이 되는 것이 헌법이고, 이러한 헌법의 첫번째 조문인 헌법 제1조는 그만큼 가장 중요한 의미를 갖고 있다고 할 수 있다. 모든 나라의 헌법과 마찬가지로, 우리나라 헌법의 첫 조문에서 규정하고 있는 내용도 그 의미가 크고 중요하다. 헌법이 갖는 가장 기본적이고 중요한 내용과 의미를 우리 현행헌법 제1조의 제1항과 제2항에서는 다음과 같이 규정하고 있다.

헌법 제1조 ① 대한민국은 민주공화국이다.
② 대한민국의 주권은 국민에게 있고, 모든 권력은 국민으로부터 나온다.

우리 헌법 제1조의 내용과 의미를 살펴보면, 대한민국은 민주주의·공화주의 국가이며 그리고 국민주권주의 국가이다. 즉 헌법 제1조에서는 민주주의원리와 국민주권원리를 규정함으로써, 대한민국이 민주주의 국가이며 국민주권주의 국가라는 것을 말하고 있다. 또한 대한민국은 민주주의 국가이어야 하며, 국민주권주의 국가이어야 한다는 것을 분명히 하고 있다. 헌법 제1조의 내용은 우리나라 최초의 근대적 의미의 헌법인 1948년 7월 17일에 제정되고 시행된 '제헌헌법' 이래로 현재까지 계속 규정하고 있다.

한 국가의 가장 으뜸이 되는 법인 헌법이 없이는 올바른 나라를 세울 수 없고, 올바른 헌법이 없이는 올바른 개별 법률들이 탄생할 수 없다. 나아가 국가가 안정적이고 튼튼하기 위해서는 그만큼 올바른 헌법이 반드시 필요하다. 따라서 오늘날 전세계 모든 나라는 자신의 헌법을 갖고 있으며, 가장 기본이 되고 으뜸이 되는 헌법이 없는 나라는 없다. 이는 한 국가가 탄생하기 위해서는 올바른 헌법을 먼저 만드는 것이 가장 중요하다는 것을 의미하기도 한다. 우리나라는

1945년에 제2차 세계대전이 끝나고 8월 15일 광복을 맞은 후, 약 3년 후인 1948년 7월 17일(제헌절)에 대한민국 최초의 근대적 헌법(제헌헌법)을 제정·공포하였으며, 총 9번의 헌법 개정의 역사를 거쳐서 지금의 현행헌법에 이르고 있다.

제2절 | 헌법의 기본구성과 주요 내용

Ⅰ. 헌법의 기본구성

우리나라 헌법이 담고 있는 규정들을 중심으로, 가장 기본적인 구성과 주요 내용들을 살펴보면 다음과 같다.

우리 헌법은 총 10개의 장으로 구성되어 있다. 우선, 헌법 제1조에서는 민주주의·공화주의·국민주권주의 국가인 대한민국의 국가형태에 대해서 규정하고 있다.

일반적으로 주권, 국민, 영토가 국가의 3요소라고 할 수 있는데, 이에 대해서 우리 헌법은 제1조에서 주권을, 제2조에서 국민을, 그리고 제3조에서 영토에 대해서 각각 체계적으로 규정하고 있다. 그리고 제4조에서는 현재 분단국가인 대한민국은 평화적 통일을 지향한다고 규정하고 있다.

- 제1장 총강
- 제2장 국민의 권리와 의무
- 제3장 국회
- 제4장 정부
- 제5장 법원
- 제6장 헌법재판소
- 제7장 선거관리
- 제8장 지방자치
- 제9장 경제
- 제10장 헌법개정

이어서 헌법 제2장('국민의 권리와 의무')인 제10조 이하의 규정들에서는 대한민국 국민이라면 누구에게나 보장되는 기본적인 권리인 여러 기본권에 대해서 규정하고 있다. 즉 헌법 제10조에서 규정하고 있는 '인간의 존엄'과 '행복추구권'을 가장 처음으로 하여, '평등권', '신체의 자유', '거주 · 이전의 자유', '직업의 자유', '언론 · 출판 · 집회 · 결사의 자유', '재산권', '선거권·공무담임권', '재판을 받을 권리', '근로3권' 등 다양한 기본권을 해당 조문에서 각각 규정하고 있다.

그리고 제3장('국회')부터인 제40조 이하에서는 헌법상 가장 중요한 기본원리 중 하나인 권력분립원리에 입각하여 입법부, 행정부, 사법부에 해당하는 국회, 정부, 법원 등으로 각각 나누어 규정하고 있다. 한 국가에 필요한 가장 중요하고 대표적인 국가기관의 조직과 구성 그리고 그 권한과 기능 등의 내용에 대해서 규정하고 있다. 즉 헌법 제40조 이하에서는 입법부인 '국회'를, 제66조 이하에서는 행정부인 '정부'를, 그리고 제101조 이하에서는 사법부인 '법원'과 '헌법재판소'에 대해서 차례로 규정하고 있다.

판례

"우리 헌법은 자유민주적 기본질서의 보호를 그 최고의 가치로 하여, 이를 구현할 통치기구로서 입법권은 국회(헌법 제40조)에, 행정권은 대통령을 수반으로 하는 정부(헌법 제66조 제4항)에, 사법권은 법관으로 구성된 법원(헌법 제101조 제1항)에 각각 속하게 하는 권력분립의 원칙을 취하는 한편, 대통령은 국가의 원수로서 외국에 대하여 국가를 대표하며(헌법 제66조 제1항), 그에게 국가의 독립·영토의 보전, 국가의 계속성과 헌법을 수호할 책무를 부여하고(같은 조 제2항), 조국의 평화적 통일을 위한 성실한 의무를 지우고 있는(같은 조 제3항) 등 이른바 대통령중심제의 통치기구를 채택하고 있다." **헌재결 1994. 4. 28. 89헌마221.**

이렇듯 우리 헌법이 담고 있는 많은 규정들 간에는 서로 이념적으로 혹은 논리적으로 각 개별 규정들 상호간에는 우열이 있을 수 있겠으나, 어느 하나의 특정한 헌법규정이 다른 헌법규정의 효력을 전면적으로 부인할 수 있을 정도의 효력상의 우열이나 차이는 존재하지 않는다. 다시 말해서, 헌법은 **전문**(前文)과 각 개별조항이 서로 밀접한 관련을 맺으면서 하나의 통일된 가치체계를 이루고 있다. 헌법의 모든 규정들 가운데에는 헌법의 근본가치 혹은 기본원리를 보다 추상적으로 선언한 것도 있고, 이를 보다 구체적으로 표현한 것도 있다. 이에 따라서 이념적 혹은 논리적으로는 헌법 규정 상호간의 우열을 인정할 수 있는 것이 사실이다. 그러나 이때 인정되는 헌법규정 상호간의 우열은 추상적인 가치와 원리들의 구체화에 따른 것으로 헌법의 통일적 해석에 있어서는 유용할 수 있을 것이다. 그렇지만 그것이 헌법의 어느 특정규정이 다른 규정의 효력을 전면적으로 부인할 수 있을 정도의 개별적 헌법규정 상호간에 효력상의 차이나 우열이 존재한다는 것을 의미한다고는 볼 수 없다.

헌법은 한 국가사회공동체와 그 구성원들에 대한 가장 근본이 되는 법으로서, 공동체의 형성과 유지를 위해 가장 중요한 국가조직의 기본적인 사항들을 규정하고, 그리고 구성원의 자유롭고 평화로운 생활을 위해 개인의 자유와 권리 보장을 규정하고 있다. 이러한 내용들을 주로 규정하고 있는 헌법은 그 하위에 위치하고 있는 여러 개별 법률들과 비교해서, 최고규범성, 일반성, 보편성, 추상성 등의 특징을 갖는다는 것을 알 수 있다.

판례

"헌법의 해석은 헌법이 담고 추구하는 이상과 이념에 따른 역사적, 사회적 요구를 올바르게 수용하여 헌법적 방향을 제시하는 헌법의 창조적 기능을 수행하여 국민적 욕구와 의식에 알맞은 실질적 국민주권의 실현을 보장하는 것이어야 한다." **헌재결 1989. 9. 8. 88헌가6.**

Ⅱ. 헌법의 주요 내용

헌법은 한 국가의 최상위법 · 최고법이기 때문에, 국가생활공동체와 그 구성원들의 생활에 필요하고 가장 중요하고 기본적인 사항들에 대해서 규정하고 있다. 헌법이 담고 있는 내용들은 여러 가지가 있지만, 그 중에서도 가장 중요한 내용을 기본적으로 크게 3가지로 나눠서 살펴 볼 수 있다. 즉 첫 번째가 국민의 자유와 권리에 대한 내용을 규정하고 있는 기본권이고, 두 번째가 헌법상 중요한 기본원리 중 하나인 민주주의원리이며, 세 번째가 법치국가원리이다.

헌법에서 규정하고 있는 여러 중요한 내용들에 대해서 살펴보기에 앞서, 우리나라 헌법뿐만 아니라, 모든 나라 헌법에서 담고 있는 이러한 대표적인 내용들이 나타나고 발전하게 된 배경과 역사를 살펴본다면, 좀 더 쉽고 논리적으로 헌법과 그 내용들을 이해할 수 있을 것이다.

한 국가가 절대적인 모든 권력을 통합적으로 갖고 있는 군주에 의해서 통치되던 시기에는 국가권력의 발생과 그 정당성, 그리고 개인의 자유와 권리의 보장은 오늘날 우리가 경험하고 알고 있는 모습과는 전혀 달랐다. 헌법이 발전하기 시작한 초기의 사회 현실의 모습은 일반적으로 신분제도에 의한 계급사회였다. 모든 국가권력은 군주에게 집중화 · 통합화 · 일원화되어 있었으며, 군주가 정치적인 영역에서뿐만이 아니라, 경제, 사회, 교육, 문화 등의 사회 모든 영역을 지배하고 통치하는 하나의 통합적인 국가권력이었다.

근대 시민사회로 사회가 점차 발전하고, 개인의 사상과 인식이 또한 마찬가지로 점차 발전해 나가면서 군주의 통합적인 절대권력과 국가권력의 정당성에 대한 의문과 문제제기가 본격적으로 일어나게 된다. 즉 군주의 절대권력은 어디에서 부여받은 것이고, 국가권력의 정당성은 어디에 있는 것이며, 모두 같은 사람임에도 불구하고 평등하지 못하고, 신분·계급·성별·지역·출신 등에 따라 차별을 받아야 하며, 개인의 자유와 신체 그리고 사유재산이 왜 보장받지 못하는 것인가에 대한 의문과 문제제기가 시작되었다.

국가권력의 발생과 그 정당성에 대한 실질적이고 구체적인 의문을 본격적으로 제기하면서, 무분별하고 임의적인 국가권력의 행사와 남용에 대한 제한과 통제를 주장하였다. 즉 국가의 무분별한 과세권에 의한 개인의 재산에 대한 침해와 국가의 무분별한 형벌권에 의한 개인의 생명과 신체의 침해에 대한 문제제기와 더불어, 그 제한과 통제를 강하게 주장하였다. 특히, 개인의 생명, 신체, 재산에 대한 국가권력의 부문별하고 임의적인 침해는 결국 국가권력의 발생과 정당성에 대한 의문과 문제제기로 나타나게 되었다. 또한 평등의식과 평등사상의 발전으로 신분제에 의한 계급사회를 평등사회로 변화 및 발전시키려는 주장과 시도가 본격적으로 나타나기 시작했다.

이러한 역사가 발전하면서 새로운 인식과 이념들 그리고 근대적 의미의 헌법개념들이 18세기 프랑스 혁명과 미국 혁명 과정에서 비로소 구체적이고 실질적으로 나타나게 된다. 즉 국가권력의 정당성은 국민으로부터 나와야 하며, 국민의 생명, 신체, 재산 그리고 개인의 자유와 평등은 국가권력에 의해 정당한 근거와 이유 없이 무분별하게 함부로 침해당할 수 없다는 것이 가장 기본적이고 핵심적인 내용이었다.

이러한 새로운 인식과 이념들이 등장하였고, 그 이념들을 본격적으로 국가근본법인 헌법에 명시적으로 규정하고 제도화하기 시작하였다. 이를 통해 헌법에는 근대적 의미의 헌법개념들을 명문으로 규정하였다. 즉 국가권력의 발생과 정당성을 규정하였고, 또한 국민 개인의 자유와 권리를 규정하면서 점차 발전하여 오늘에 이르게 된 것이다. 오늘날 모든 나라 헌법에서 규정하고 있는 가장 대표적이고 중요한 헌법개념과 원리가 민주주의원리, 법치주의원리 그리고 기본권 보장이라고 할 수 있다.

판례

"헌법의 기본원리는 헌법의 이념적 기초인 동시에 헌법을 지배하는 지도원리로서 입법이나 정책결정의 방향을 제시하며 공무원을 비롯한 모든 국민·국가기관이 헌법을 존중하고 수호하도록 하는 지침이 되며, 구체적 기본권을 도출하는 근거로 될 수는 없으나 기본권의 해석 및 기본권제한입법의 합헌성 심사에 있어 해석기준의 하나로서 작용한다." **헌재결 1996. 4. 25. 92헌바47.**

이러한 중요한 내용들에 대해서 살펴보기 위해서, 우선 헌법상 가장 중요한 기본원리인 민주주의원리와 법치국가원리에 대해서 알아보고, 이어서 기본권에 대한 내용들에 대해서 장을 달리하여 좀 더 구체적으로 살펴보기로 하겠다.

제3절 민주주의원리

Ⅰ. 민주주의원리 의미

민주주의원리는 국민주권사상을 기반으로 발전하기 시작했다. 우리 헌법 제1조에서도 규정하고 있듯이, 대한민국의 주권은 국민에게 있고, 모든 권력은 국민으로부터 나온다는 의미의 국민주권원리는 국가의 의사를 최종적으로 결정하는 최고의 권력인 주권은 국민에게 있다는 것이다. 즉 모든 국가권력의 정당성의 근거는 주권을 갖은 국민에게 있다는 의미이다. 따라서 국가권력은 모든 국민으로부터 부여받은 정당성을 통해서만 성립될 수 있고, 행사될 수 있으며, 기능할 수 있는 것이다. 한 국가의 주권이 국민에게 있으므로, 국가권력의 발생과 정당성의 근원은 국민이며, 국민만이 이러한 국가권력의 정당성을 부여할 수 있다는 의미이다. 따라서 국가권력과 국가권력을 직접 행사하는 국가기관은 국민에 의해 그 정당성을 갖추어야만 비로소 올바르게 성립되고 정당하게 행사될 수 있는 것이다.

판례

"우리 헌법의 전문과 본문의 전체에 담겨 있는 최고 이념은 국민주권주의와 자유민주주에 입각한 입헌민주헌법의 본질적 기본원리에 기초하고 있다. 기타 헌법상의 제원칙도 여기에서 연유되는 것이므로 이는 헌법전을 비롯한 모든 법령해석의 기준이 되고, 입법형성권 행사의 한계와 정책결정의 방향을 제시하며, 나아가 모든 국가기관과 국민이 존중하고 지켜가야 하는 최고의 가치규범이다." **헌재결 1989. 9. 8. 88헌가6.**

국민주권사상을 이념적 바탕으로 하고 있는 민주주의원리는 국가권력의 발생과 작용의 근거와 정당성은 국민의 정치적 합의에 귀속되어야 한다는 것을 의미한다. 국가권력은 선존하는 것이 아니라 국민에 의해서 비로소 발생하며, 국민에 의한 민주적 정당성을 기반으로 성립·행사될 수 있는 것이다.

국민의 정치적 합의에 기초하여 국가권력이 성립 및 행사되기 위해서는 국민이 국가의 정치적 의사형성과 의사합의 과정에 자유롭고 평등하게 참여함으로써 가능하다. 즉 민주주의원리가 실제 실현되기 위해서는 국가권력의 형성과 국가기관의 구성에 국민이 자유롭고 평등한 선거를 통해 참여하며, 또한 개인 스스로가 국가권력의 담당자가 될 수 있는 기회가 보장되어 있어야 한다. 따라서 민주주의가 올바로 실현되기 위해서는 '선거권'과 '공무담임권'이 국민의 기본적인 권리인 기본권으로 보장되어 있어야 한다.

헌법 제11조 ① 모든 국민은 법 앞에 평등하다. 누구든지 성별·종교 또는 사회적 신분에 의하여 정치적·경제적·사회적·문화적 생활의 모든 영역에 있어서 차별을 받지 아니한다.

제24조 모든 국민은 법률이 정하는 바에 의하여 선거권을 가진다.

제25조 모든 국민은 법률이 정하는 바에 의하여 공무담임권을 가진다.

제41조 ① 국회는 국민의 보통·평등·직접·비밀선거에 의하여 선출된 국회의원으로 구성한다.

제67조 ① 대통령은 국민의 보통·평등·직접·비밀선거에 의하여 선출한다.

이와 더불어, 국민의 의사를 올바르고 정확하게 파악하기 위해서는 올바르고 공정하며 합리적인 선거제도와 선거 관련 법률들이 갖춰져 있어야만 한다. 국민에게 보장되는 가장 중요한 기본권 중의 하나인 선거권의 보장과 함께, 공정하고 합리적인 선거제도의 확립과 유지는 민주주의의 실질적인 실현을 위해 오늘날 매우 중요한 의미를 갖는다.

다시 말해서, 다소 추상적일 수 있는 국민주권주의는 전체 국민이 이념적으로는 한 국가의 주권의 근원이라는 전제에 대한 형식적인 이론으로는 만족할 수 있을 것이다. 그러나 더 나아가서, 민주주의원리의 실현을 위해 좀 더 현실적으로 보면, 국민의 실질적이고 구체적인 주권의 직접적인 행사는 국민 개인의 투표권 행사인 선거를 통하여 이루어지는 것이다. 따라서 국민주권원리를 실질적으로 보장하기 위하여, 선거권을 갖고 있는 국민 개인의 권익뿐만이 아니라 전체 국민의 이익을 위해 적절하게 주권을 행할 수 있도록, 국민의 선거권을 헌법에서 강하게 보장함은 물론이고, 또한 민주적인 선거제도가 마련되어 있어야 한다. 따라서 국민 각자의 선거권을 실질적이고 합리적으로 보장하기 위해서는 올바른 선거제도, 그리고 이러한 선거제도의 근거가 되는 올바른 선거법도 마찬가지로 제정하지 않으면 안 된다.

판례

"헌법상의 국민주권론을 추상적으로 보면 전체국민이 이념적으로 주권의 근원이라는 전제 아래 형식적인 이론으로 만족할 수 있으나, 현실적으로 보면 구체적인 주권의 행사는 투표권 행사인 선거를 통하여 이루어지는 것이다. 실질적 국민주권을 보장하기 위하여 유권자들이 자기들의 권익과 전체국민의 이익을 위해 적절하게 주권을 행할 수 있도록 민주적인 선거제도가 마련되어야 하고, 국민 각자의 참정권을 합리적이고 합헌적으로 보장하는 선거법을 제정하지 않으면 안 된다." **헌재결 1989. 9. 8. 88헌가6.**

Ⅱ. 민주주의원리 실현

1. 대의제원리 의미

헌법의 기본권리인 민주주의원리에 입각한 민주주의국가는 국민의 정당성에 기초한 국가형태이다. 이러한 국민적 정당성을 통해 비로소 국가권력이 형성되고 행사된다. 국가권력의 형성과 행사에 국민이 직접 참여하여 국민적 정당성을 부여하게 되고, 국가권력은 이러한 국민적 정당성을 반드시 가져야 한다.

그렇다면 국민에 의해 국가권력이 형성되고 행사되기 위해서는, 가장 먼저 국민의 의사가 무엇이며, 국민이 어떤 의사를 갖고 있는지에 대해 파악하고 알아야 할 것이다. 즉 국민 전체의 의사를 파악해야 하는데, 대의제원리는 민주주의원리를 실현하기 위해 필요한 국민 전체의 의사를 파악하고 형성하는 원리이다.

국가권력을 형성하는 주체는 국민이라는 국민주권원리에 대한 이해에 이어서, 국가권력의 형성과 행사에 어떠한 방법으로 국민적 정당성을 부여할 수 있는지에 대한 문제가 이어진다. 이러한 방법으로는 크게 두 가지 형태가 있을 수 있는데, 즉 민주주의원리를 실현하기 위해서 국가권력의 형성과 행사에 국민이 직접 참여하여 정당성을 부여하는 것이 이른바, '직접민주주의' 형태이고, 국민 모두가 직접 참여하지 않고 국민의 대표자를 선출하여 그 대표를 통해 국민이 간접적으로 참여하는 것이 이른바, '간접민주주의' 형태이다.

그러나 국가권력을 형성하고 행사하는 모든 과정에 모든 국민이 개별적으로 직접 참여하는 것은 오늘날 현실적으로 거의 불가능하다. 즉 오늘날의 모든 국가에서는, 특히 물리적으로 넓은 지역적 광대성, 수많은 인구의 과다성, 각 개별 국민들 간의 복합적인 이해관계에 따른 이해관계의 복합성, 결정해야 할 사안과 그 내용의 전문성과 복합성, 그리고 국가의 과제와 임무의 양적 · 질적 증대화 등으로 인해서, 모든 국가의사의 결정 및 국가권력의 형성과 행사에 모든 국민의 참여를 통해 신속하고 직접적이며 정확한 국민적 동의와 정당성을 확보하기는 현실적으로 불가능에 가깝다.

이러한 주요한 이유들로 인해, 결국 오늘날의 민주주의는 현실적·이론적으로 간접민주주의 형태를 통해 실현된다고 할 수 있다. 게다가, 점차 더욱 복합적인 사회구조의 다양화, 사회변화와 사회발전의 급속화, 그리고 사회 각 개별 생활영역에서의 당사자들 간 이해관계의 복합화 등의 현상은 모든 국민의 동의와 정당성을 신속하고 직접적인 참여를 통해 국가의사를 결정하는 데 점점 더 어려워지는 현실이기도 하다.

이러한 이유에서 민주주의는 대의제원리를 통해 실현된다. 오늘날 민주주의는 사실상 대의제의 형태를 띨 수밖에 없고, 선거는 국민주권 및 대의민주주의를 실현하는 핵심적인 수단이다. 따라서 국민의 선거권을 보장하고, 합리적인 선거제도와 선거법을 마련하고, 올바른 선거법에 따른 선거제도를 공정하게 운영하는 것은 대의제도의 성패를 좌우하는 것이라고 할 수 있다. 선거는 주권자인 국민이 그 주권을 행사하는 중요한 통로이다. 따라서 선거법의 내용과 선거제도의 공정한 운영에 있어서의 핵심은 국민의 의사를 제대로 반영하고, 국민의 자유로운 선택을 보장하기 위한 것이어야 한다. 그렇지 않다면, 민주주의원리뿐만이 아니라 국민주권원리에 부합한다고 볼 수 없다.

판례

"민주정치는 주권자인 국민이 되도록 정치과정에 참여하는 기회가 폭넓게 보장될 것을 요구한다. 이는 국민주권의 원리로부터 나오는 당연한 요청이다. 특히 대의민주주의를 원칙으로 하는 오늘날의 민주정치 아래에서의 선거는 국민의 참여가 필수적이고, 주권자인 국민이 자신의 정치적 의사를 자유로이 결정하고 표명하여 선거에 참여함으로써 민주사회를 구성하고 움직이게 하는 것이다. 따라서 국민의 주권행사 내지 참정권 행사의 의미를 지니는 선거과정에의 참여행위는 원칙적으로 자유롭게 행하여질 수 있도록 최대한 보장하여야 한다. 한편 자유선거의 원칙은 비록 우리 헌법에 명시되지는 않았지만 민주국가의 선거제도에 내재하는 법 원리인 것으로서 국민주권의 원리, 의회민주주의의 원리 및 참정권에 관한 규정에서 그 근거를 찾을 수 있다." **헌재결 1994. 7. 29. 93헌가4등.**

이렇듯, 현대 민주주의국가에 있어서, 선거는 국가권력에 대하여 민주적 정당성을 부여하고 국민을 정치적으로 통합하는 중요한 방식이라고 할 수 있다. 현대 선거제도를 지배하는 보통선거, 평등선거, 직접선거, 비밀선거, 자유선거의 다섯 가지 선거원칙은 국민 각자의 인격의 존엄성을 인정하고, 그 개인을 정치적 단위로 모든 사람에게 자유로운 선거와 참여의 기회를 균등하게 헌법이 보장하는 데에 기초를 두고 있다.

판례

"민주정치는 선거를 바탕으로 유지·발전되는 것이고, 선거는 국민의 자유로운 의사결정과 후보자들의 공정한 경쟁을 통하여 훌륭한 대표자를 선출하는 것을 그 이상으로 한다. 따라서 입법자는 선거에 관한 입법을 함에 있어서 위와 같은 선거의 이상이 실현될 수 있도록 선거의 공정성을 크게 해치지 아니하는 한 국민의 선거운동의 자유를 최대한 보장하여야 하고, 그 시대에 있어서의 국민총체의 정치·사회발전단계, 민주시민의식의 성숙도, 종래에 있어왔던 선거풍토 기타 제반상황을 종합하여 자유·공정의 두 이념이 슬기롭게 조화되도록 정하여야 한다." **헌재결 1994. 7. 29. 93헌가4등.**

2. 대의제원리 실현

국가권력의 발생과 정당성의 근거이며 기초가 되는 국민의 의사를 형성하는 임무와 권한은 국민의 의사를 대표하는 기관인 대의기관에 위임된다. 국민의 의사를 형성할 수 있는 권한을 국민의 대표기관에 위임함에 따라, 국민을 대표하는 대의기관은 국민 전체의사를 형성할 수 있는 권한을 갖게 된다. 이처럼 대의제원리는 국민이 직접 국가의사를 결정하는 것이 아니라, 국민의 대표를 통해 간접적으로 국가의사 결정에 참여하는 국민의사 결정원리이다.

국민의 의사에 의해 국가기관이 구성 및 조직되고, 이러한 국가기관에 의해 최종 국가의사를 결정하게 된다. 즉 국민은 선거를 통해 국민을 대표하는 국가기관을 구성하고, 국민에 의해서 선출된 국민의 대표가 국가의사를 결정하게 된다. 이렇듯 대의제원리의 실현의 모습을 살펴보면, 국민이 직접 국가권력을 행사하는 것이 아니라, 국민을 대표하는 대의기관을 선거를 통해 선출하고, 대의기관에 국가권력을 행사할 수 있는 정당성을 제공하며, 대의기관의 결정을 국민의 결정으로 간주하여 모든 국민이 대의기관의 결정에 기속된다. 다시 말해서, 대의기관의 의사결정이 모든 국민을 기속할 수 있는 것은 대의기관의 결정은 결국 국민으로부터 부여받은 민주적 정당성에 입각하기 때문이다.

따라서 국민의 대표기관을 구성하는 선거는 대의제를 통해 민주주의를 실현하기 위한 필수적이고 중요한 수단이다. 국민은 국민의 대표를 선출하는 선거를 통해 국가의사 형성에 참여하며, 이러한 선거를 통해 국민의 대표기관은 그 국민적 정당성을 부여받아 확보하게 된다. 국민을 대표하는 대의기관은 국민 개개인의 개별적인 의사로부터 독립하여, 국민 전체의 의사를 형성할 권한과 책임을 갖게 된다. 국가의사는 국민의 의사로부터 나오는 것이므로, 결국 최종 국가의사는 궁극적으로 모든 국민에게 가장 이익이 되는 내용과 방법으로 결정되어야 할 것이다.

판례

"선거제도는 민주정치의 대전제로 존재하며, 민주정치는 선거로써 시작되고 선거로써 끝난다는 말과 같이 의회정치의 부침은 오로지 선거제도의 여하에 달려 있다고 해도 과언이 아니다. 국민은 오직 선거에 의해서만 국정에 참가하는 것이며 선거를 통하여 여론정치가 행해지므로 민주정치에 있어서의 선거는 가장 중요한 국가적 행사의 하나이며 국법질서의 기초가 된다.… 선거는 단순히 권력자를 위한 장식이나 정치인들을 위한 도구로써 이용만 되어서는 안되고, 이를 관리하는 선거법이 정치적 성격이 강하다고 하더라도 정치세력 간의 타협에도 원칙이 있어야 하고, 선거법의 제정과 개정에도 국민주권과 국민대표제의 본질은 침해하거나 제한할 수 없다는 한계가 설정되는 것이다. 국민의 의사에 의하여 정치의 방향이 설정되고 국민의 자유와 권리를 수호하는 의회정치를 확립하는 데 기본 원칙을 두어야 한다." **헌재결 1989. 9. 8. 88헌가6.**

국민은 선거를 통해 구성된 국민을 대표하는 대의기관에게 국민을 위한 국가의사를 형성할 권한을 위임하였다. 이러한 위임에 따라 대의기관은 국민 전체의 의사를 형성할 권한과 임무 그리고 그에 따르는 책임을 갖게 된다. 그러나 국민이 대의기관에게 위임한 것은 국민 전체의 올바른 의사를 형성할 권한을 의미하는 것이지, 개별적이고 구체적인 국민 전체의사의 내용까지 위임한 것이 아니다. 즉 국민 전체의 이익에 부합하는 내용이 국가의사가 될 수 있도록 하기 위해서 국민의 의사를 대표할 수 있는 기관을 선출하였으므로, 대의기관은 소수의 특정집단 혹은 특정한 이해관계인 등의 의사를 단순히 전달하고 대변하고 따르는 것이 아니다. 국민의 대표라는 가장 본질적이고 중요한 의미에서, 대의기관은 국민 전체의 의사를 대표해야 하며, 그러한 의미와 목적에서 대의기관에게 국민 전체의사를 형성할 수 있는 권한을 위임한 것이다. 따라서 의사의 구체적인 내용을 정해서 그 내용에 따라야만 하는 '명령적 위임'(혹은 '구속적 위임')이 아니라, 국민의 대표는 오로지 양심에 따라 독립하여 국민 전체의 이익에 부합하는 의사를 자유롭게 형성할 수 있는 '자유위임'의 원리를 의미한다.

헌법 제46조 ① 국회의원은 청렴의 의무가 있다.
② 국회의원은 국가이익을 우선하여 양심에 따라 직무를 행한다.
③ 국회의원은 그 지위를 남용하여 국가·공공단체 또는 기업체와의 계약이나 그 처분에 의하여 재산상의 권리·이익 또는 직위를 취득하거나 타인을 위하여 그 취득을 알선할 수 없다.

3. 권력분립원리

앞에서도 살펴보았듯이, 대의제원리는 민주주의원리가 기능하기 위해 필요한 국민의 의사를 파악하고 형성하는 원리이다. 대의제원리는 국민을 대표하는 대의기관에 권한과 책임을 부여하지만, 동시에 이에 대한 통제 또한 반드시 필요하다. 왜냐하면, 국가권력 혹은 공직이 하나의 기관 혹은 소수의 집단에게 집중되거나 통합된다면 필연적으로 권력의 남용과 오용의 가능성이 내재해 있기 때문이다. 이러한 권력의 집중과 남용을 방지하기 위한 헌법상 원리도 마찬가지로 반드시 필요하다.

국민에 의한 민주적 정당성을 기반으로 형성된 국가권력과 국가기관이라 하더라도 모든 국가권력과 국가기관이 한곳으로 통합되어 집중된다면, 아무런 통제 없는 독단적인 국가권력의 행사와 남용이 발생할 수 있다. 이러한 국가권력의 통합적 형성을 방지하기 위해서, 국가권력과 국가기관을 권한, 특성, 기능 등에 따라 각각 분산·분리시켜 놓고, 국가기관 상호간에 견제와 균형을 이루도록 하여 국가권력 행사의 독단과 남용을 방지할 필요가 있다. 국가권력과 국가기관을 서로 분산·분리시켜 놓아야 한다는 사고와 제도화가 권력분립원리가 본격적으로 실현되는 출발점이기도 하다.

이러한 이유에서 헌법상 중요한 기본원리 중 하나인 권력분립원리가 큰 의미를 갖게 된다. 권력분립원리는 가장 기본적으로 국가권력이 통합되거나 집중되지 않고, 남용되거나 오용되는 것을 방지하기 위해서 국기기관의 조직과 기능에 반드시 필요한 헌법상 원리이다. 즉 국가권력이 집중되는 것을 방지하고, 권력의 분산을 통해 국가권력의 남용을 방지하기 위한 이념과 목적을 갖는 원리가 권력분립원리이다. 국가권력이 집중되고 또는 통합화·일원화되어 남용된다면, 국가기관이 갖는 국가권력의 행사가 국민의 자유와 권리의 보장을 위한 것이 아니라, 오히려 국민의 자유와 권리를 침해할 수 있게 된다. 권력분립원리는 국가권력의 집중과 남용을 통해 국민의 자유와 권리가 보장되지 못하는 상황을 방지하고 대처하기 위해서 국가기관의 조직과 기능의 분리를 내용으로 하는 헌법상 기본원리이다.

이러한 권력분립원리는 그 이념과 목적에 따라, 국가권력은 하나의 국가기관에 집중되도록 하지 않고, 국가기관이 수행하는 권한과 임무의 내용과 특성에 맞도록 국가기관을 분리시켜 놓는다. 가장 일반적으로 국가권력의 중요한 내용인 입법권, 행정권, 사법권의 내용과 기능을 각각 독립된 국가기관에게 분리하여 귀속시키고(3권분립), 이러한 국가기관 상호간에는 권력의 견제와 균형을 갖도록 형성한다. 이를 통해 각 국가권력은 각 국가기관에 분리되어 그 권한과 임무가 부여되며, 또한 각 국가기관 상호간의 견제와 균형을 통해 어느 하나의 국가기관이 다른 국가기관의 권한을 침해하지 않도록 하여, 국가권력 상호간에도 견제와 균형을 이루도록 하는 것이다.

우리 헌법은 권력분립원리의 내용을 효율적으로 실현하기 위해, 그 의미에 맞도록 상당히 충실하게 편제되어 있다. 즉 국가권력을 그 내용과 기능에 따라 입법권, 행정권, 사법권으로 분리시켜 놓음으로써, 입법권은 국회에 속하며(헌법 제40조),* 행정권은 정부에 속하고(제66조), 그리고 사법권은 법원에 속하도록(제101조) 규정하고 있다.

> 헌법 제40조 입법권은 국회에 속한다.
>
> 제66조 ① 대통령은 국가의 원수이며, 외국에 대하여 국가를 대표한다.
>
> ② 대통령은 국가의 독립·영토의 보전·국가의 계속성과 헌법을 수호할 책무를 진다.
>
> ③ 대통령은 조국의 평화적 통일을 위한 성실한 의무를 진다.
>
> ④ 행정권은 대통령을 수반으로 하는 정부에 속한다.
>
> 제101조 ① 사법권은 법관으로 구성된 법원에 속한다.
>
> ② 법원은 최고법원인 대법원과 각급법원으로 조직된다.
>
> ③ 법관의 자격은 법률로 정한다.

이러한 권력분립원리의 의미와 내용을 국가기능과 임무의 효율성의 시각에서도 생각해 볼 수 있다. 상호 다른 국가기관에 권한을 분리시킬 목적인 국가권력분립의 의미와 제도화는 해당 국가기관에게 주어진 기능과 임무를 더욱 효율적으로 수행할 수 있는 의미도 또한 갖는다. 국가의 모든 기능과 임무를 어느 한

* 이하 제2편에서 조문에 법명이 없는 경우 헌법조문을 가리킨다.

국가기관에서 수행한다는 것은 상대적으로 그 효율성이 떨어지게 마련이다. 따라서 각 국가기관에서 수행해야 할 국가의 과제와 임무를 분담하고, 각 국가기관 상호간에 협력을 통해서 해당 국가기관에게 주어진 전문적이고 구체적인 과제와 임무를 좀 더 효율적으로 수행할 수 있도록 국가권력이 분리되어 형성되어야 한다.

판례

"우리 헌법은 국가권력의 남용으로부터 국민의 자유와 권리를 보호하려는 법치국가의 실현을 기본이념으로 하고 있고, 자유민주주의 헌법의 원리에 따라 국가의 기능을 입법·행정·사법으로 분립하여 견제와 균형을 이루게 하는 권력분립제도를 채택하고 있어, 행정과 사법은 법률에 기속되므로, 국회가 특정한 사항에 대하여 행정부에 위임하였음에도 불구하고 행정부가 정당한 이유 없이 이를 이행하지 않는다면 권력분립의 원칙과 법치국가의 원칙에 위배되는 것이다." **헌재결 2004. 2. 26. 2001헌마718.**

제4절 법치국가원리

Ⅰ. 법치국가원리 의미

1. 법치국가원리 의미와 목적

법치국가원리는 정당한 법을 통한 통치를 의미하는데, 즉 국가권력의 행사는 반드시 국민의 대표기관인 의회가 제정한 정당한 법률에 근거해서만, 혹은 법률을 통해서만 가능하다는 헌법상 중요한 기본원리이다. 모든 국가권력의 행사는 국민의 대표기관인 의회에서 제정한 법을 통해서만 가능하므로, 모든 국가권력은 법률에 구속되며, 모든 국가행위는 법질서 내에서만 허용될 수 있다. 즉 모든 국가권력의 행사는 법에 근거해서만, 그리고 법을 통해서만 가능하다. 또한 법치주의국가에서는 모든 국가행위가 법률에 의해서 이루어지므로, 법률에 근거하지 않은 국가권력의 행사는 그 정당성이 없게 된다.

이러한 법치국가원리의 궁극적인 목적은 국민의 자유와 권리의 보장이다.

즉 국민의 자유와 권리를 함부로 침해하는 자의적이고 정당하지 않은 국가권력의 무분별한 행사를 방지함으로써, 궁극적으로 국민의 자유와 권리를 실질적으로 보장하는 것이다. 이렇듯 국민의 자유와 권리를 보장하기 위해 국가권력을 법적으로 구속하고 제한하는 것은, 결국 법치국가원리가 추구하는 궁극적인 목적인 국민의 자유와 권리의 보장이며, 또한 더 나아가 인간의 존엄을 실현하기 위해서이다.

따라서 모든 국가권력의 행사는 법적 근거가 존재해야 하며, 법률에서 규정하고 있는 내용과 절차에 의해서 실제 수행될 수 있다. 좀 더 적극적인 의미에서 살펴보면, 국민의 자유와 권리를 제한하거나 또는 국민에게 새로운 의무를 부과하기 위해서는 반드시 국민의 대표기관인 의회에서 정당한 내용과 절차로 제정된 법률에 의해서만 비로소 가능하다. 이를 통해 국민의 자유와 권리의 보장은 물론, 나아가 개인의 예측가능성과 법질서의 법적 안정성을 또한 보장할 수 있다.

판례

- "민주법치국가에서 모든 행정(과 재판)이 법률에 근거를 두어야 하며……" 헌재결 1990. 9. 3. 89헌가95.
- "우리 헌법은 국가권력의 남용으로부터 국민의 기본권을 보호하려는 법치국가의 실현을 기본이념으로 하고 있고……" 헌재결 1992. 4. 28. 90헌바24.

2. 형식적 법치국가 · 실질적 법치국가

그러나 국가권력의 행사가 단순히 형식적으로 법의 형식을 통해 행사된다고 해서 모두 법치국가원리에 충실하다고 할 수는 없다. 즉 단순히 국가권력이 행사되기 위한 근거와 내용이 규정되어 있는 법이 존재하고, 이러한 법의 형식을 갖추기만 하면 그 내용에 상관없이 국가권력 행사의 근거가 되는 법으로서의 효력을 갖는 것은 아니다. 이와 같은 내용을 이른바, 형식적 의미에서의 법치국가원리, 즉 '형식적 법치국가원리'(혹은 '형식적 법치주의')라고도 한다.

법에 담겨 있는 의미와 내용에 상관없이 법의 형식을 갖추기만 하면 충분한 국가권력 행사의 근거가 될 수 있고, 그러한 법에 근거한 국가권력의 행사가 정당한 것이라고 한다면, 법이 단순한 도구가 되어버릴 위험이 크다. 즉 국가권력 행사의 근거가 된 해당 법이 국민의 자유와 권리를 보장하기 위한 수단이 아니라, 오히려 국민의 자유와 권리를 억압하고 침해하는 행위를 정당화시켜줄 수 있는 근거로 악용될 수 있기 때문이다. 또한 국가권력의 남용이나 독재권력 행사를 합법적인 것으로 만드는 도구로 전락할 수 있기 때문이다.

따라서 법치국가원리의 본질적인 의미와 목적에 맞도록 법에 근거한 정당한 국가권력의 행사이기 위해서는, 국가권력 행사가 법의 형식에 근거한 합법성이 있어야 할 뿐만 아니라, 이와 더불어 실질적으로도 법이 추구하는 목적이나 구체적인 내용이 국민의 자유와 권리를 보장하고 정의에 부합하는 정당한 것이어야 한다. 이러한 내용을 형식적 법치국가원리와 비교하여, 이른바 '실질적 법치국가원리'(혹은 '실질적 법치주의')라고도 한다.

이렇게 살펴보았을 때, 헌법상 기본원리인 법치국가원리의 의미는 국가권력의 행사가 형식적으로는 법률에 근거해야 하는 합법성뿐만이 아니라, 법률의 실질적인 목적과 내용도 국민의 자유와 권리의 보장 그리고 정의에 합치하는 정당한 것이어야 한다. 따라서 오늘날의 모든 국가권력의 행사는 법률에 근거해야 하며, 법률의 목적과 내용이 국민의 자유와 권리를 보장하는 것이어야 한다는 실질적 법치국가원리까지 포함한다.

우리 현행헌법에서는 법치국가원리의 의미와 준수에 대해서 구체적으로 규정하고 있지는 않다. 그러나 헌법의 중요한 기본원리인 법치국가원리는 여러 헌법규정들을 통해 구체화되어 나타난다. 즉 인간의 존엄과 국민의 기본적 권리를 규정한 기본권 규정들과 국가기관 간의 권력분립원리 관련 규정들은 법치국가원리 실현을 위한 목적이자 제도적인 기초이다.

Ⅱ. 법치국가원리 실현

앞에서도 살펴보았지만, 법에 근거하지 않은 자의적인 국가권력의 행사는 정당하지 않고, 반드시 국민의 대표기관인 의회에서 제정한 법률에 근거해서만 국가권력이 정당하게 행사될 수 있다. 법치국가원리가 궁극적인 목적으로 하는 가장 중요한 실질적인 내용은 국민의 기본권 보장이다. 헌법적으로 보장되는 국민의 기본권은 국민과 국가권력 간의 관계에 있어서 헌법적으로 보장되는 국민 개인의 법적 지위를 나타낸다. 그리고 기본권 보장의 의미는 국가의 영역과 개인의 자유영역의 경계를 설정하여 국가권력 행사에 대한 한계를 제시하는 의미를 갖는다. 이를 통해 국민의 자유로운 활동영역을 국가권력의 자의적인 행사로부터 보호하는 기능을 하게 된다. 국가권력의 자의적이고 임의적이며 독단적인 행사를 방지하기 위해서는 국가권력 행사의 내용과 절차가 법에 규정되어 있어야 하며, 국민 개인은 그러한 해당 법률을 통해 국가권력 행사의 내용과 절차에 대해서 예측이 가능할 수 있다.

단순히 법률의 형식을 수단으로 하는 국가권력의 자의적인 행사를 방지하기 위해서는 법률의 실질적인 목적과 내용도 법치국가원리가 추구하는 목적에 부합해야 한다. 이를 위해서는 법을 제정하는 자와 법을 집행하는 자가 기본적으로 상호 독립적으로 분리되어야 한다. 다시 말해서, 국가권력을 집행하는 자와 그 근거가 되는 법을 제정하는 자가 독립되어 있지 않다면, 자의적으로 자기 필요에 의해 국가권력 행사에 필요한 법을 제정하게 되는 모순이 발생하게 될 위험이 크다. 이러한 위험과 모순은 법치국가원리의 본질적인 의미와 내용에 부합하지 않는다. 따라서 권력분립원리는 법치국가원리를 실현하기 위한 제도적인 기초로서의 중요한 의미를 갖는다.

법치국가원리의 가장 기본적인 이해와 내용은 모든 국가권력은 법률에 근거해서만 행사될 수 있으며, 법을 위반하여 행사되어서는 안 된다는 것이다. 따라서 모든 국가권력은 헌법 및 법률에 기속·구속된다. 이러한 국가기관의 법률 기속성·구속성은 법치국가원리의 가장 기본적인 논의이며 핵심적인 내용이다. 국가권력의 행사가 법에 기속·구속된다는 것은 국가행위에 대하여 헌법과 법률이 우위에 있다는 것을 의미한다. 오늘날 우리 현행헌법하에서 법의 적용을 받지 않는 국가영역은 존재할 수 없으며, 법에 근거하지 않은 국가권력의 행사는 인정될 수 없다.

법치국가원리의 중요한 내용인 '국가기관의 법률 기속성'을 각각 행정권, 입법권, 사법권으로 나누어 좀 더 구체적으로 살펴보기로 한다.

1. 법치행정의 보장

법치행정의 보장의 의미와 내용에 대해서 살펴보면, 법치행정은 국가 행정이 법률에 근거해야 하며, 법률에 규정된 목적, 내용, 절차, 방법 등에 따라 행사되어야 한다는 것을 의미한다. 국가 행정권을 담당하는 국가기관인 행정부는 법의 집행기관이며, 행정권을 행사할 때에는 헌법과 법률의 정신과 내용을 준수해야 한다. 법치국가원리의 가장 본래적인 부분이 바로 법치행정의 보장이다. 이러한 법치행정의 보장은 좀 더 세부적으로 '법률우위원칙', '법률유보원칙', 그리고 '포괄위임입법금지원칙'으로 나누어서 살펴볼 수 있다.

먼저 법률우위원칙의 의미를 살펴보면, 국가 행정작용 행사의 내용과 절차는 법률에 근거해야 하므로, 모든 행정작용보다 헌법 및 법률이 우위에 있음을 의미한다. 따라서 모든 행정작용은 상위에 위치한 헌법과 법률에 위배되어서는 안 된다는 것을 의미한다. 이와 비교해서, 법률유보원칙의 의미는 모든 국가 행정작용은 법률에 근거해서만 행사될 수 있다는 의미로서, 모든 국가 행정작용은 원칙적으로 해당 법률에 그 법적 근거가 반드시 있을 것을 요구한다.

판례

"오늘날 법률유보원칙은 단순히 행정작용이 법률에 근거를 두기만 하면 충분한 것이 아니라, 국가공동체와 그 구성원에게 기본적이고도 중요한 의미를 갖는 영역, 특히 국민의 기본권실현에 관련된 영역에 있어서는 행정에 맡길 것이 아니라 국민의 대표자인 입법자 스스로 그 본질적 사항에 대하여 결정하여야 한다는 요구까지 내포하는 것으로 이해하여야 한다(이른바 의회유보원칙). … 적어도 헌법상 보장된 국민의 자유나 권리를 제한할 때에는 그 제한의 본질적인 사항에 관한 한 입법자가 법률로써 스스로 규율하여야 할 것이다. … 국민의 자유나 권리를 제한하는 행정작용의 경우 적어도 그 제한의 본질적인 사항에 관한 한 국회가 제정하는 법률에 근거를 두는 것만으로 충분한 것이 아니라 국회가 직접 결정함으로써 실질에 있어서도 법률에 의한 규율이 되도록 요구하고 있는 것으로 이해하여야 한다." **헌재결 1999. 5. 27. 98헌바70.**

이러한 법률우위원칙과 법률유보원칙에 대한 이해에 이어서, 포괄위임입법금지원칙을 이해하기 위해서는 좀 더 설명이 필요하다. 오늘날 사회의 다양화·복합화·전문화·급변화 등의 특징 때문에, 입법부의 전문적·구체적 사항에 대한 입법능력의 한계 및 신속한 입법을 위한 시간적 적응능력의 한계 등이 나타난다. 이로 인해, 모든 사회현상을 법에 규정한다는 것은 사실상 매우 어려울 뿐만 아니라, 실제에 적합하지도 않은 경우가 있다. 또한 국가의 과제와 임무 그리고 역할과 활동영역이 양적·질적으로 점점 증가해 감에 따라 입법부, 행정부, 사법부 중에서도 특히 행정부의 역할과 과제가 다른 국가기관에 비해서 상대적으로 더욱 증가하고 있다. 오늘날 이러한 이른바, '**행정국가화 현상**'으로 인해 국가행정의 모든 내용과 절차들을 그 근거가 되는 해당 개별법률에 모두 규정하는 것은 현실적으로 매우 어려운 일이다. 국가행정에 관한 많은 내용들 중에서도, 중요한 사항은 법률에 규정하도록 하고, 이보다 좀 더 구체적이고 세부적인 사항은 행정부 자체에서 그 내용에 대해서 규정할 수 있도록, 즉 '행정입법'을 할 수 있도록 위임할 필요성이 크다. 법의 제정이나 개정을 통하는 방법보다는 더 탄력성이 있는 행정입법에 위임하는 것이 허용된다. 우리 헌법도 이러한 내용에 대해서 헌법 제75조와 제95조에서 각각 규정하고 있다.

헌법 제75조 대통령은 법률에서 구체적으로 범위를 정하여 위임받은 사항과 법률을 집행하기 위하여 필요한 사항에 관하여 대통령령을 발할 수 있다.
제95조 국무총리 또는 행정각부의 장은 소관사무에 관하여 법률이나 대통령령의 위임 또는 직권으로 총리령 또는 부령을 발할 수 있다.

그러나 법률을 제정하고 개정할 수 있는 입법 권한은 본질적으로 국민의 대표기관인 의회의 고유한 권한이다. 원칙적으로는 행정부가 입법 권한을 가질 수는 없지만, 일정한 사항에 대해서만 그 내용과 범위를 한정시켜 제한적인 입법 권한을 부여한다면, 여기에는 반드시 한계와 통제가 따라야만 한다. 즉 권력분립원리와 법치국가원리의 기본 의미와 내용에 어긋나서는 안 된다.

행정입법에 대한 한계와 통제에 대해 가장 기본적으로 생각해 볼 수 있는 것이 포괄적인 위임입법의 금지이다. 다시 말해서, 행정부에게 일정한 사항에 대해서 제한적이나마 입법을 할 수 있는 행정입법의 권한을 인정한다면, 의회에서 법률로 규정할 수 있는 중요한 내용과 권한을 행정부의 행정입법의 내용과 권한에 포괄적으로 모두 위임해서는 안 되며, 이러한 포괄적인 입법권한을 행정부에게 위임하는 것은 금지된다. 입법의 권한을 집행의 권한을 가진 기관인 행정부에게 모두 위임할 수는 없다. 헌법 제75조에서도 명시적으로 규정하고 있듯이, 일반적이고 포괄적인 위임입법은 허용되지 않는다는 것을 명백히 하고 있다. 그 의미는 국민주권원리, 권력분립원리, 법치국가원리를 기본원리로 하고 있는 우리 헌법에서 국민의 헌법상 기본권 및 기본의무와 관련된 중요한 사항 혹은 본질적인 내용은 원칙적으로 주권자인 국민에 의하여 선출된 대표자들로 구성되는 입법부가 담당하여 법률의 형식으로써 이를 수행해야 한다는 의미이다.

결국, 오늘날 행정입법의 강한 필요성을 인정한다 하더라도, 헌법상 기본원리인 권력분립원리의 가장 기본적이고 핵심적인 의미는 준수해야만 한다. 따라서 우리 헌법 제75조와 제95조에서는 이러한 행정부에 입법의 권한을 위임하는 근거를 마련하면서, 이와 동시에 입법의 권한을 행정부에 모두 위임하는 포괄위임을 금지함으로써, 행정입법의 한계를 분명히 제시하고 있다. 이러한 의미와 내용이 이른바, 포괄위임입법금지원칙이라고 한다.

판례

"현대국가의 특질의 하나로서, 국회의 입법기능이 저하되고 이와는 상대적으로 행정부에 의한 입법기능이 확대·강화되고 있다는 지적은 어제 오늘의 일이 아니고 우리나라에서만 한정된 문제가 아니라 각 국의 공통된 현상이기도 하다. 그러나 위임입법의 양적 증대와 질적 고도화라고 하는 정치수요의 현대적 변용에 대한 제도적 대응이 불가피하다고 하더라도, 권력분립이라는 헌법상의 기본원리와의 조정 또한 불가피하다. 따라서 위와 같은 정치적·행정적 수요에 발맞추어 위임입법을 허용하되 그와 함께 권력분립의 원리를 구현하기 위하여나 법치주의의 원리를 수호하기 위하여 위임입법에 대한 통제도 필요하다. 위임입법의 수요가 강하면 강할수록 그에 비례하여 위임입법에 대한 통제의 필요성 또한 강하게 요구되는 것이다." **헌재결 1998. 5. 28. 96헌가1.**

2. 입법권의 헌법기속

법치국가원리는 모든 국가권력 행사의 근거와 정당성은 법에 의해야 한다는 의미를 갖는다. 즉 법치국가원리는 개념적으로 모든 국가권력보다 법의 우위를 전제로 하고 있다. 이러한 법의 우위에 대한 이해는, 결국 국내 최고법인 헌법의 우위로 이해될 수 있다. 따라서 입법기관이 행사하는 입법자의 입법 권한과 그 내용도 헌법의 테두리 안에서 행해져야 한다.

우리 헌법 제40조에서는 입법권은 국회에 속한다고 규정하고 있다. 그 의미는 적어도 국민의 권리와 의무의 형성에 관한 사항을 비롯하여, 국가조직과 작용에 관한 기본적이고 본질적인 사항은 반드시 국회가 법률로 정해야 한다는 것이다. 결국, 국민의 기본권 보장과 더불어, 헌법의 중요한 기본원리들을 반드시 준수해야 한다는 입법자와 입법작용의 헌법기속을 의미하는 것이다. 국가권력 행사의 근거가 되는 법을 제정하고 개정하는 권한을 갖은 입법부도 헌법으로부터 자유로울 수 없으며, 당연히 입법권은 헌법에 기속된다.

판례

"입헌주의적 헌법은 국민의 기본권 보장을 그 이념으로 하고 그것을 위한 권력분립과 법치주의를 그 수단으로 하기 때문에 국가권력은 언제나 헌법의 테두리 안에서 헌법에 규정된 절차에 따라 발동되지 않으면 안 된다." **헌재결 1994. 6. 30. 92헌가18.**

3. 사법권의 헌법기속

우리 헌법 제101조는 사법권은 법관으로 구성된 법원에 속한다고 규정하고 있다. 국가 행정권과 입법권이 헌법과 법률에 기속되는 것과 마찬가지로, 국가 사법권과 사법작용도 헌법과 법률에 근거해서 행사될 수 있다. 사법권과 사법작용의 헌법기속은 사법권을 가진 법원이 법에서 규정하고 있는 내용들을 해석하고 적용함에 있어서 헌법에 구속된다는 것을 의미한다. 따라서 법원은 특히 헌법과 법률의 정신 및 내용에 따라 다양한 법률 규정들의 내용을 해석하고 적용해야 한다.

판례

"법원은 기본권을 보호하고 관철하는 일차적인 주체이다. 모든 국가권력이 헌법의 구속을 받듯이 사법부도 헌법의 일부인 기본권의 구속을 받고, 따라서 법원은 그의 재판작용에서 기본권을 존중하고 준수해야 한다. 법원이 기본권의 구속을 받기 때문에 법원이 행정청이나 하급심에 의한 기본권의 침해를 제거해야 하는 것은 당연한 것이다. 기본권의 보호는 제도적으로 독립된 헌법재판소만의 전유물이 아니라 모든 법원의 가장 중요한 과제이기도 하다." **헌재결 1997. 12. 24. 96헌마172등.**

4. 법적 안정성의 요청

앞에서 법치국가원리의 중요한 내용 중 하나인 국가기관의 법률 기속성에 대해서, 가장 기본적인 국가 행정권, 입법권, 사법권으로 나누어 살펴보았다. 이어서 살펴볼 내용은 법치국가원리의 목적인 국민의 기본권 보장과 관련한 '법적 안정성'과 '효과적인 권리구제'에 대한 내용이다.

우선, 법적 안정성이라는 개념과 의미는 매우 다양하고 광범위한 내용들을 포함하고 있다. 법의 기능과 임무는 다양한 사회질서의 확립과 유지를 목표로 하기 때문에, 법 혹은 법질서 자체의 안정이 무엇보다도 가장 중요하고 필요하다. 법적 안정성은 법에 의하여 전체 사회질서가 올바르고 안정적이어야 하므로, 이를 위해 여러 법들도 마찬가지로 안정적이어야 한다는 것을 의미한다. 따라서 법적 안정성은 올바른 법의 목적을 추구하고 달성하기 위한 가장 기본적인 조건이다. 만일 모든 사회질서의 가장 중요한 기준과 내용이 되는 법이 안정적이지 않다면, 법의 필요성과 존재 의미는 사라지고, 올바른 사회질서를 위한 법의 이념과 목적 또한 사라지게 된다. 결국, 전체 사회질서가 혼란과 불안정 그리고 부정의를 초래하게 된다. 이러한 의미에서 법적 안정성에 대한 요청은 법치국가원리의 실현을 위해 매우 중요한 이념이며, 좀 더 적극적이고 구체적인 의미에서 법치국가원리를 실현하기 위한 실질적인 내용이기도 하다.

법은 모든 국가권력 행사의 근거와 기준이며, 개인생활에 있어서는 하나의 법률행위를 규정하는 내용과 기준이고, 또한 다양한 법적 문제를 해결하기 위한 판단의 기준과 내용이다. 따라서 법이 안정적이지 않고 불안정하다면 국가권력의 행사, 개인의 자유로운 활동, 그리고 법률문제의 판단기준과 내용 등이 혼란스러워지며, 더 나아가 법질서와 사회질서 전체가 혼란스럽게 된다. 이러한 법적 안정성에 대한 정의와 구체적인 요청은 비록 헌법에 명시적으로 언급하고 있지는 않지만, 법치국가원리의 이념과 목적을 통해 논리필연적으로 도출될 수 있는 법치국가원리의 실현을 위한 본질적인 요소이다. 법적 안정성은 개인의 자유로운 행동과 자기결정권을 행사하기 위한 중요한 전제조건이기도 하다.

법적 안정성의 내용을 좀 더 구체적으로 살펴보면, 우선 모든 행위와 질서의 기준이 되는 법이 구체적으로 규정하고 있는 내용적인 측면에서, 그리고 그 규정이 적용되는 시간적·시기적인 측면에서 각각 명확해야 한다. 이를 '법적 명확성 원칙'과 '신뢰보호원칙'으로 나누어 살펴볼 수 있다.

법치국가원리의 실현을 위해 필요한 법적 안정성은 이중적인 측면에서 매우 중요한 의미를 갖는다. 개인에게 보장된 자유와 자기결정권을 행사하기 위해서는, 무엇이 금지되는 행위이고, 무엇이 허용되는 행위인지에 대해서 인식 가능하고 예측 가능하도록 해당 법률에 구체적이고 명확하게 규정되어 있어야 한다. 이는 법의 내용적인 측면에서 안정성을 요구한다는 의미에서 법적 명확성의 원칙으로 이해할 수 있다.

법치국가원리의 한 표현인 명확성의 원칙은, 특히 개인의 기본권을 제한하는 법률에 대하여 더욱 요구된다. 즉 법률의 목적과 내용에서 구체적이고 명확하게 무엇이 금지되는 행위이고, 무엇이 허용되는 행위인지를 개인이 알 수 없다면, 개인의 예측가능성과 법적 안정성은 확보될 수 없다. 또한 법의 내용이 명확하지 않다면, 법에 근거하여 국가권력을 집행하는 국가기관에 의해 임의적이고 자의적으로 집행될 가능성이 크다.

하지만, 법률에서 모든 사항과 내용들의 구체성과 명확성이 완벽하게 이루어지지 않을 수도 있다. 다만 법률의 내용에서 일반적이거나 또는 다소 불확정된 개념이 사용된 경우라고 하더라도, 해당 법률의 입법목적과 해당 법률의 다른 규정들과의 상호관계 등을 종합적으로 고려하여 합리적인 해석이 가능한지 여부에 따라 명확성 여부가 가려져야 할 것이다.

판례

"법률은 명확한 용어로 규정함으로써 적용대상자에게 그 규제내용을 미리 알 수 있도록 공정한 고지를 하여 장래의 행동지침을 제공하고, 동시에 법 집행자에게 객관적 판단지침을 주어 차별적이거나 자의적인 법 해석을 예방할 수 있다. 따라서 법률은 국민의 신뢰를 보호하고 법적 안정성을 확보하기 위하여 되도록 명확한 용어로 규정하여야 하는 것이다. 특히 법률이 형벌법규인 때에는 더욱 그러하다. 왜냐하면 법률이 규정한 용어나 기준이 불명확하여 그 적용대상자가 누구인지 어떠한 행위가 금지되는지의 여부를 보통의 지성을 갖춘 사람이 보통의 이해력과 관행에 따라 판단할 수 없는 경우에도 처벌된다면, 그 적용대상자에게 가혹하고 불공정한 것일 뿐만 아니라, 결과적으로 어떠한 행위가 범죄로 되어야 하는가를 결정하는 입법권을 법관에게 위임하는 것으로 되기 때문에 권력분립의 원칙에도 반하는 것으로 되기 때문이다." **헌재결 1992. 4. 28. 90헌바27등.**

개인이 현재 적용되는 법의 내용을 어느 정도 명확하게 확인하고 인식할 수 있다는 것만으로는 법적 안정성의 요청에 충분하지 않다. 이러한 법의 내용적 측면에서의 안정성을 내용으로 하는 법적 명확성의 원칙과 더불어, 법의 시간적·시기적 측면에서의 안정성을 내용으로 하는 신뢰보호원칙이 또한 필요하다.

개인은 일반적으로, 현재의 법이 올바르고 존속할 것이라고 판단하고 신뢰하며, 이러한 법과 법질서에 대한 신뢰를 바탕으로 자신의 자유로운 행위와 자기결정의 기준으로 삼는다. 따라서 개인은 현재 적용되는 법이 자신의 자유로운 행위와 자기결정 그리고 생활과 사회질서의 중요한 기준과 기초가 되어 계속 존속하리라고 신뢰하게 되며, 이러한 법에 대한 개인의 신뢰는 보호되어야 한다. 즉 국민이 행위 당시의 법률을 신뢰하고 자신의 행동을 결정했다면, 그러한 국민의 신뢰는 보호할 가치가 충분히 있는 것이므로 이러한 국민의 신뢰를 함부로 박탈하거나 무시해서는 안 된다. 또한 법률이 개정되는 경우에도, 이전의 법률내용과 법질서에 대하여 가지고 있던 개인의 신뢰는 보호되어야 한다. 이러한 개인의 신뢰가 보호되지 않는다면, 일반적인 개인의 행위기준이 매우 불안정하게 되고, 법에 대한 불신이 생기게 되며, 나아가 법질서뿐만 아니라 전체 사회질서가 훼손되어, 결국 법치국가원리의 목적이 심각하게 훼손된다.

신뢰보호원칙은 법치국가원리에 근거를 두고 있는 헌법상의 원칙으로서, 특정한 법률에 의하여 발생한 법률관계는 기본적으로 해당 법에 따라 파악되고 판단되어야 한다. 과거에 이미 이루어지고 완성된 사실관계나 법률관계가 그 뒤에 생긴 새로운 법률의 기준과 내용에 따라 판단될 수는 없으며, 과거 행위의 정당한 근거가 된 법률의 내용을 신뢰한 국민의 신뢰는 보호되어야 한다. 다시 말해서, 법률이 개정되었다고 하더라도 그 당시 법률의 내용과 법질서에 대한 당사자의 신뢰가 합리적이고 정당하며 법률의 개정으로 야기되는 당사자의 손해가 극심하다면, 새로운 입법으로 달성하고자 하는 이유와 공익적 목적이 어느 정도 존재한다고 하더라도 그러한 당사자의 신뢰를 파괴하는 것은 정당화될 수 없다. 따라서 이러한 내용과 영향을 나타내는 새로운 입법은 신뢰보호의 원칙상 허용될 수 없다. 그러나 국민이 가지는 모든 기대 내지 신뢰가 헌법상 권리로서 보호되는 것은 아니고, 신뢰의 근거와 종류, 상실된 이익의 중요성, 침해의 내용과 방법 등에 의하여 개정된 법 혹은 제도의 존속에 대한 개인의 신뢰가 합리적이어서 권리로서 보호할 필요성이 인정되어야 한다. 이렇게 볼 때, 국민이 어떤 법률이나 제도가 장래에도 존속될 것이라는 합리적인 신뢰를 바탕으로 일정한 법적 지위와 법률관계를 형성한 경우, 국가는 그와 같은 국민 개인의 법적 지위와 관련된 법률이나 제도의 변경에 있어서 법치국가원리에 따라 국민의 신뢰를 최대한 보호하여 법적 안정성을 도모하여야 한다.

판례

"신뢰보호원칙의 위배 여부를 판단하기 위해서는 한편으로는 침해받은 이익의 보호가치, 침해의 중한 정도, 신뢰가 손상된 정도, 신뢰침해의 방법 등과 다른 한편으로는 새 입법을 통해 실현하고자 하는 공익적 목적을 종합적으로 비교·형량하여야 한다." **헌재결** 2012. 8. 23. 2010헌바28.

새로운 법률의 제정 혹은 기존 법률의 개정으로 법률의 적용시기와 효과를 과거의 행위들에까지 소급하여 적용해서, 과거에는 정당하고 위법하지 않은 행위였으나, 그 과거의 일정한 행위를 다시금 금지되는 행위로, 혹은 범죄행위로 규정해 버린다면, 과거에 그 해당 법률을 신뢰하고 그에 따랐던 개인의 신뢰는 전혀 의미가 없어지게 된다. 법에 대한 개인의 신뢰를 무시하고, 과거의 일정한 행위를 현재의 법을 통해 다르게 해석하고 적용한다면, 법을 신뢰한 개인의 신뢰는 아무런 의미가 없게 된다. 또한 현재 법의 내용과 기준에 따라 국민 개인이 자유로운 행위를 하더라도, 미래에 해당 법이 개정되어 현재의 행위를 금지되는 행위로 규정한다던지 혹은 위법한 행위로 규정해 버릴 수 있는 가능성이 존재한다고 여길 수 있으므로, 개인의 입장에서는 법의 내용과 기준을 더 이상 신뢰할 수 없게 되고, 결국 법의 내용과 존속에 대한 개인의 신뢰 또한 전혀 보호받지 못하게 된다. 다시 말해서 과거의 법의 내용과 기준을 신뢰하고 그 존속의 신뢰를 바탕으로 자유로운 행위를 했다고 하더라고, 현재 해당 법이 과거 행위를 금지되는 혹은 위법한 행위로 규정할 수 있다. 또한 현재의 법의 내용과 기준을 신뢰하고 이를 바탕으로 자유로운 행위라고 판단하고 결정했다 하더라도, 미래에 해당 법이 오늘의 행위를 금지되는 행위 혹은 위법한 행위로 규정하거나 판단해 버릴 가능성이 있을 수 있다.

이처럼 법의 내용과 존속을 신뢰한 국민의 정당한 신뢰를 보호하지 않는다면, 법에 대한 불신이 생기게 되며, 법적 안정성은 이루어지지 않고, 법의 개정을 통해 어떻게 변화될지 모른다는 매우 불안정한 법적 상태가 발생하게 될 것이다. 따라서 법의 내용과 존속을 정당하게 신뢰한 개인의 신뢰는 반드시 보호되어야 하며, 이러한 신뢰보호를 무시한 입법은 인정될 수 없다. 이러한 개인의 신뢰를 반드시 보호해야 한다는 내용이 바로 신뢰보호원칙의 가장 중요한 내용이다.

판례

"소급입법은 신법이 이미 종료된 사실관계에 작용하는지(과거에 완성된 사실 또는 법률관계를 규율대상으로 하는지), 아니면 과거에 시작되었으나 아직 완성되지 아니하고 현재 진행 중에 있는 사실관계에 작용하는지에 따라 '진정소급입법'과 '부진정소급입법'으로 구분되고, 전자는 헌법적으로 허용되지 않는 것이 원칙이며 특단의 사정이 있는 경우에만 예외적으로 허용될 수 있는 반면, 후자는 원칙적으로 허용되지만 소급효를 요구하는 공익상의 사유와 신뢰보호의 요청 사이의 교량과정에서 신뢰보호의 관점이 입법자의 형성권에 제한을 가하게 된다." **헌재결 2012. 8. 23. 2010헌바28.**

신뢰보호원칙에 대한 위반 여부가 구체적으로 발생하는 경우는 법률의 내용을 개정하여 그 효과를 과거로 소급하여 적용할 때 발생한다. 즉 신뢰보호원칙 위반 여부에 대한 문제가 실제 발생하는 경우는, 주로 법의 개정을 통해서 법의 효력과 적용시기를 과거로 소급할 때 발생한다. 따라서 일반적으로 법률을 과거로 소급해서 적용하는 소급입법은 원칙적으로 금지되는데, 이를 '소급입법금지원칙'이라고 한다. 이러한 의미에서 신뢰보호원칙에 대한 구체적인 문제는 소급입법의 문제에서 현실적으로 발생하게 된다. 즉 일반적으로 신뢰보호원칙의 문제는 소급입법금지원칙에 의해 보다 구체적으로 나타난다.

판례

"과거의 사실관계 또는 법률관계를 규율하기 위한 소급입법의 태양에는 이미 과거에 완성된 사실 또는 법률관계를 규율의 대상으로 하는 이른바 진정소급효의 입법과 이미 과거에 시작하였으나 아직 완성되지 아니하고 진행과정에 있는 사실 또는 법률관계를 규율의 대상으로 하는 이른바 부진정소급효의 입법을 상정할 수 있다고 할 것이다. 전자의 경우에는 입법권자의 입법형성권보다도 당사자가 구법질서에 기대했던 신뢰보호의 견지에서 그리고 법적 안정성을 도모하기 위해 특단의 사정이 없는 한 구법에 의하여 이미 얻은 자격 또는 권리를 새 입법을 하는 마당에 그대로 존중할 의무가 있다고 할 것이나, 후자의 경우에는 구법질서에 대하여 기대했던 당사자의 신뢰보호보다는 광범위한 입법권자의 입법형성권을 경시해서는 안될 일이므로 특단의 사정이 없는 한 새 입법을 하면서 구법관계 내지 구법상의 기대이익을 존중하여야 할 의무가 발생하지는 않는다." 헌재결 1989. 3. 17. 88헌마1.

5. 효과적인 권리구제 수단과 절차의 보장

법치국가원리를 실현하기 위한 여러 내용 중에서도, 효과적인 권리구제 수단과 절차의 보장은 국가권력 행사의 법적 기속성을 실현하기 위한 필수적인 요소로서 헌법적으로 매우 중요한 의미를 갖는다.

국가권력의 행사가 국민의 기본권을 보장하고 헌법상 기본원리들을 모두 준수했다면, 헌법적으로 문제될 사항은 없을 것이다. 그러나 만일 그렇지 못하다면, 국민의 기본권을 침해하는 것이므로 이를 효과적으로 구제할 수 있는 수단과 절차가 있어야 한다. 기본권을 침해당한 개인을 구제할 수 있는 효과적인 권리구제 수단과 절차가 보장되어 있지 않다면, 법치국가원리의 실효성은 전혀 없게 된다. 따라서 국가권력의 행사에 있어서 법치국가원리를 준수해야 하는 것은 물론이고, 만일 개인의 자유와 권리가 국가권력의 행사를 통해 침해된 경우에는 침해된 개인의 권리를 구제할 수 있는 효과적인 수단과 절차가 반드시 보장되어 있어야 한다. 국가 공권력의 행사에 의해 침해된 개인의 자유와 권리를 사법적으로 구제할 수 있는 수단과 절차가 보장되어 있어야 하는 것은 법치국가원리의 실질적인 실현을 위해 매우 중요한 요소이다.

법치국가원리가 궁극적으로 추구하는 목적이 국가권력의 행사를 법적으로 구속하고, 이를 통해 개인의 자유와 권리를 보장하기 위함이라면, 국가권력의 행사를 통해 침해된 개인의 자유와 권리를 구제할 수 있는 효과적인 수단과 절차가 보장되어야 있어야 한다는 것은 당연하다. 그렇지 않는다면, 헌법과 법률을 위반한 부당한 국가권력의 행사로 인해 침해받은 개인의 자유와 권리는 더 이상 실질적으로 보호될 수 없기 때문이다. 다시 말해서, 국가권력의 행사를 통해 개인의 자유와 권리가 침해 받았을 때, 이를 효과적으로 구제할 수 있는 권리구제 수단과 절차가 보장되어 있어야만 하며, 이러한 개인의 침해된 권리를 구제하기 위한 수단과 절차를 통해 결국 개인의 자유와 권리가 실질적으로 보장될 수 있다. 따라서 효과적인 권리구제 수단과 절차를 통해 개인의 자유와 권리에 대한 보호가 이루어지는 경우에, 비로소 법치국가원리가 궁극적으로 추구하는 목적이 실현되는 것이다.

모든 국가권력의 행사가 법적으로 구속을 받는다는 법치국가원리의 내용과 요청은 궁극적으로 독립된 법원에 의한 통제를 통해서 실현되고 관철되어야 한다. 국가권력의 행사가 법률에 근거하지 않거나 혹은 법률의 내용과 절차를 위반한 경우에는, 이로 인해 해당 당사자 개인이 자신의 자유와 권리를 침해받았다면, 개인이 자신의 권리가 침해받았음을 주장하고 또한 그 침해로부터 구제받을 수 있어야 한다. 이러한 권리구제 수단과 절차를 통한 권리보호가 이루어질 때 비로소 법치국가원리가 궁극적으로 실현되는 것이다. 따라서 효과적인 권리구제 수단과 절차의 보장은 국가권력 행사의 법적 기속성을 실현하기 위한 필수적인 요소이며, 점차 국가가 수행하는 활동영역과 내용이 증가하는 것과 마찬가지로, 개인의 권리보호와 권리구제를 위한 수단과 절차도 또한 점차 강화되어야 한다.

판례

"법치국가는 기본권의 보장, 권력분립, 사법에 의한 권리구제절차 등을 통하여 비로소 구체화되고 실현되므로 재판청구권은 법치국가의 실현을 위한 중요한 요소이다." **헌재결 1997. 12. 24. 96헌마172등; 2001. 2. 22. 99헌마409.**

❙ 주요 국가 헌법 제1조

미국 수정헌법 제1조(종교, 언론, 출판, 집회의 자유 및 청원의 권리) 연방의회는 국교를 정하거나 또는 자유로운 신앙행위를 금지하는 법률을 제정할 수 없다. 또한 언론, 출판의 자유나 국민이 평화로이 집회할 권리 및 고충의 구제를 위하여 정부에게 청원할 수 있는 국민의 권리를 제한하는 법률을 제정할 수 없다.

독일 기본법 제1조 ① 인간의 존엄성은 침해되지 아니한다. 모든 국가권력은 이 존엄성을 존중하고 보호할 의무를 진다.

② 그러므로 독일 국민은 이 불가침·불가양의 인권을 세계의 모든 인류공동체, 평화 및 정의의 기초로 인정한다.

③ 다음에 열거하는 기본권은 직접 적용되는 법으로서 입법권·행정권·사법권을 구속한다.

프랑스 헌법 제1조 ① 프랑스는 비종교적·민주적·사회적·불가분적(indivisible) 공화국이다. 프랑스는 출신·인종·종교에 따른 차별 없이 모든 시민이 법률 앞에서 평등함을 보장한다. 프랑스는 모든 신념을 존중한다. 프랑스는 지방분권으로 이루어진다.

② 법률이 정하는 바에 따라, 남성과 여성의 평등한 선거와 관련된 직무와 그 지위 및 직업적·사회적 직책에 대한 동등한 접근을 촉진한다.

스페인 헌법 제1조 ① 스페인은 사회적·민주적 법치국가이며 법질서의 최고의 가치는 자유, 정의, 평등 및 정치적 다원주의이다.

② 주권은 스페인 국민에게 있고 국가의 모든 권력은 국민으로부터 나온다.

③ 스페인국가의 국가형태는 의회군주제로 한다.

러시아 헌법 제1조 ① 러시아연방, 즉 러시아는 공화국 통치형태를 가진 민주 연방 법치국가이다.

② 러시아연방과 러시아라는 명칭은 동일하게 사용된다.

중국 헌법 제1조 중화인민공화국은 노동계급이 지도하고 노농동맹을 기초로 하는 인민민주주의 독재의 사회주의국가이다.

사회주의제도는 중화인민공화국의 근본제도이다.

어떠한 조직이나 개인이 사회주의제도를 파괴하는 것을 금지한다.

일본 헌법 제1조(천황의 지위·국민주권) 천황은 일본국의 상징이며 일본국민통합의 상징으로서, 그 지위는 주권을 가지고 있는 일본국민의 총의에 기초한다.

▶ 법률용어 설명

- **기본권**: 인간다운 생활을 영위하기 위해 가장 필요한 기본적인 권리를 의미하는 것이며, 헌법에서 직접 규정하여 보장하는 국민의 기본적인 권리를 기본권이라고 한다. 우리나라 헌법에서는 제10조에서부터 여러 가지 국민의 기본권을 보장하고 있다.
- **헌법 전문(前文)**: "유구한 역사와 전통에 빛나는 우리 대한국민은 3·1운동으로 건립된 대한민국임시정부의 법통과 불의에 항거한 4·19민주이념을 계승하고, 조국의

민주개혁과 평화적 통일의 사명에 입각하여 정의·인도와 동포애로써 민족의 단결을 공고히 하고, 모든 사회적 폐습과 불의를 타파하며, 자율과 조화를 바탕으로 자유민주적 기본질서를 더욱 확고히 하여 정치·경제·사회·문화의 모든 영역에 있어서 각인의 기회를 균등히 하고, 능력을 최고도로 발휘하게 하며, 자유와 권리에 따르는 책임과 의무를 완수하게 하여, 안으로는 국민생활의 균등한 향상을 기하고 밖으로는 항구적인 세계평화와 인류공영에 이바지함으로써 우리들과 우리들의 자손의 안전과 자유와 행복을 영원히 확보할 것을 다짐하면서 1948년 7월 12일에 제정되고 8차에 걸쳐 개정된 헌법을 이제 국회의 의결을 거쳐 국민투표에 의하여 개정한다."

- **행정국가화 현상**: 헌법상 기본원리인 권력분립원리에 의해서 국가권력은 입법권, 행정권, 사법권으로 분리되며, 각 해당 국가권력을 행사하는 국가기관은 입법부, 행정부, 사법부이다. 각 국가기관들 중에서도, 특히 행정권이 더욱 많은 역할과 기능을 하게 되면서, 입법부나 사법부보다 상대적으로 행정부의 활동 내용이 많아지고 활동범위도 점차 넓어지게 된다. 이러한 행정부의 역할과 활동이 더욱 크고 많아지는 현상 혹은 경향을 행정국가화 현상이라고 한다.

▶ 생각해볼 문제

Q. 미국, 독일, 프랑스, 일본 등 세계 주요 국가 헌법 제1조의 내용과 의미 그리고 그 배경은 우리나라 헌법 제1조와 비교해서 어떤 차이점이 있을까?

Q. 개별 법률들과 비교해서, 헌법이 일반성·보편성·추상성의 특징을 갖는 이유는 무엇일까?

Q. 국민의 대표 또는 지역주민의 대표를 뽑는 선거에서 유권자가 유념해야 할 것들에는 무엇이 있을까?

제2장

기본권론

제1절 기본권 일반

기본권이란, 한 국가의 최상위법·최고법인 헌법에서 규정하고 있는 국민의 기본권인 권리로서, 인간다운 생활을 영위하기 위해 필요하고 보장되어야 할 국민의 가장 기본적인 권리를 의미한다. 우리 헌법에서는 제2장 '국민의 권리와 의무'에서 여러가지 기본권의 보장에 대해서 규정하고 있다. 기본권에 관한 첫번째 조문인 제10조에서 규정하고 있는 '인간의 존엄과 가치'와 '행복추구권'의 보장에서부터, 제36조 '혼인과 가족의 보호'에 이르기까지 비교적 다양한 기본권을 우리 헌법은 규정하고 있다.

헌법상 기본권의 개념과 구별해야 하는 것이 인권의 개념이다. 인권에 대해서는「국가인권위원회법」제2조에서 다음과 같이 정의하고 있다. 즉 인권이란 "대한민국 헌법 및 법률에서 보장하거나 대한민국이 가입·비준한 국제인권조약 및 국제관습법에서 인정하는 인간으로서의 존엄과 가치 및 자유와 권리를 말한다."

우선, 넓은 의미에서의 인권은 헌법의 존재 여부 혹은 국가의 존재 여부와 상관없이, 인간이라면 누구에게나 인정되고 마땅히 누려야 할 가장 기본적인 권리를 말한다. 이와 비교해서, 좁은 의미의 인권은 어느 정도 법제화를 전제로 하는 개념인데, 즉 헌법, 법률 또는 국제법과 국제인권조약 등에서 개인에게 보장되는 가장 기본적인 권리를 좁은 의미의 인권으로 이해할 수 있다. 이러한 인권의 개념과 비교해서, 기본권은 한 국가의 최상위법·최고법인 헌법에서 규정하여 보장하고 있는 국민의 기본적인 권리라는 점에서 인권의 의미 및 특징과 구별해 볼 수 있다.

제2절 | 기본권의 유형과 주요 내용

기본권은 헌법이 규정하여 보장하고자 하는 가장 중요한 내용이며, 전세계 모든 나라의 헌법은 다양한 형태와 내용으로 기본권을 규정하고 있다. 헌법이 포함하고 있는 다양한 여러 기본권들은 그 보장내용과 구체적으로 실현되는 구조, 그리고 각 개별 기본권 보장을 위한 국가의 역할 등을 기준으로 분류해서 좀 더 구체적으로 살펴볼 수 있다.

판례

"인간의 생명은 고귀하고, 이 세상에서 무엇과도 바꿀 수 없는 존엄한 인간존재의 근원이다. 이러한 생명에 대한 권리는 비록 헌법에 명문의 규정이 없다 하더라도 인간의 생존본능과 존재목적에 바탕을 둔 선험적이고 자연법적인 권리로서 헌법에 규정된 모든 기본권의 전제로서 기능하는 기본권 중의 기본권이라 할 것이다." 헌재결 1996. 11. 28. 95헌바1.

Ⅰ. 자유권적 기본권

1. 자유권적 기본권의 의미

헌법에서 규정하고 있는 기본권의 유형 중, 자유권적 기본권은 기본권의 역사에서 가장 오래된 것으로서, 또한 기본권으로서의 가장 오랜 역사를 지니고 있고, 기본권으로서의 대표적인 내용과 특징을 갖고 있는 기본권이다. 자유권적 기본권에서 의미하는 자유는 국가로부터의 자유를 의미하므로, 자유권적 기본권은 국가로부터의 자유를 내용으로 하는 기본권으로도 설명될 수 있다.

개인생활의 자유영역에서 개인의 자유로운 자기결정권은 존중되어야 하며, 이러한 개인의 자유영역은 국가의 부당한 간섭이나 개입으로부터 자유로워야 한다. 개인의 자유영역에 대한 국가권력의 어떠한 개입도 허용되지 않고, 또한 위법하고 부당한 자유에 대한 침해는 당연히 배제된다. 위법하고 부당한 국가권력의 개입과 침해로부터 개인의 자유를 방어할 수 있는 내용들이 자유권적 기본권의 가장 대표적이고 특징적인 의미와 내용이다. 이러한 의미에서 자유권적 자유권은 일반적으로 이른바 '대국가적 방어권' 혹은 '방어권'이라는 의미와 성격을 강하게 갖고 있다.

2. 자유권적 기본권 보장의 주요 내용

이러한 자유권적 기본권에 속하는 여러 기본권에 대해서 살펴보면, 헌법 제10조 '행복추구권', 제12조 '신체의 자유', 제14조 '거주·이전의 자유', 제15조 '직업의 자유', 제16조 '주거의 자유', 제17조 '사생활의 비밀의 자유', 제18조 '통신의 자유', 제19조 '양심의 자유', 제20조 '종교의 자유', 제21조 '언론·출판·집회·결사의 자유', 제22조 '학문과 예술의 자유', 제23조 '재산권' 등을 우리 헌법은 규정하고 있다. 이러한 기본권은 가장 대표적이고 중요한 자유권적 기본권에 속한다.

이 중에서도 헌법 제10조에서는 '인간의 존엄과 가치' 그리고 '행복추구권'의 보장을 규정하고 있다. 즉 모든 기본권 보장의 궁극적 목적 혹은 기본권 보장의 기본이념이라 할 수 있는 '인간의 존엄'과 더불어, 인간의 본질이며 고유한 가치인 개인의 '인격권'과 '행복추구권'을 보장하고 있다. 특히, 행복추구권은 하나의 독자적 기본권이기도 하지만, 다른 개별 기본권과는 달리 모든 기본권을 포괄하는 성격과 보충적 기본권으로서의 성격을 지니고 있다. 이러한 의미에서 행복추구권은 포괄적이고 일반조항적인 특징이 있는 기본권이라고 할 수 있다. 또한 헌법 제10조로부터 도출되는 일반적 '인격권'에는 개인의 명예에 관한 권리도 포함된다.

판례

"헌법 제10조에서 규정한 인간의 존엄과 가치는 헌법이념의 핵심으로, 국가는 헌법에 규정된 개별적 기본권을 비롯하여 헌법에 열거되지 아니한 자유와 권리까지도 이를 보장하여야 하며, 이를 통하여 개별 국민이 가지는 인간으로서의 존엄과 가치를 존중하고 확보하여야 한다는 헌법의 기본원리를 선언한 조항이다. 따라서 자유와 권리의 보장은 1차적으로 헌법상 개별적 기본권규정을 매개로 이루어지지만, 기본권제한에 있어서 인간의 존엄과 가치를 침해한다거나 기본권 형성에 있어서 최소한의 필요한 보장조차 규정하지 않음으로써 결과적으로 인간으로서의 존엄과 가치를 훼손한다면, 헌법 제10조에서 규정한 인간의 존엄과 가치에 위반된다고 할 것이다." **헌재결 2000. 6. 1. 98헌마216.**

자유권적 기본권의 보장 및 제한과 관련하여 발생하는 헌법적 문제들은 국가행위에 의해 개인의 기본권을 제한했을 경우, 개인의 자유권적 기본권에 대한 제한이 헌법적으로 정당한 것인가에 대한 여부가 가장 중요하다. 자유권적 기본권에서 보장하고 있는 각 개별적인 자유의 보호영역은 국가행위의 개입이나 혹은 자유에 대한 어느 정도의 일정한 제한이 전혀 불가능한 절대적인 영역이 아니다. 다시 말해서, 자유권적 기본권에서 보호하고자 하는 개인의 자유영역은 모든 일체의 국가행위를 무조건 그리고 절대적으로 배제한다는 의미가 아니라, 헌법적으로 정당하지 않은 국가행위를 통한 자유권적 기본권에 대한 개입이나 침해로부터 개인의 자유를 방어한다는 의미이다. 여러가지 공익상의 목적과 이유 등으로 인해서 기본권을 통해 개인에게 보장된 자유영역에 대한 국가의 개입 혹은 기본권에 대한 제한이 헌법적으로 정당화될 수 있다면, 개인의 자유권적 기본권에 대한 어느 정도의 일정한 제한은 헌법적으로 가능하고 정당하다.

국민 개인이 갖는 자유의 보호영역에 대한 국가권력의 부당한 개입이나 침해를 방어하는 대국가적 방어권의 성격이 강한 자유권적 기본권에서 주로 다루어지는 헌법적 문제와 핵심은 헌법적으로 정당하지 못한 근거와 목적 혹은 내용과 절차 등을 통해서 개인의 자유권적 기본권에 대한 위헌적인 기본권의 침해의 여부이다. 따라서 국가행위에 의한 개인의 자유권적 기본권에 대한 제한이 헌법적으로 정당한 기본권 제한인지의 여부를 검토하며 밝히는 것이 가장 중요한 내용이라고 할 수 있다. 이를 위해서는, 각 개별 자유권적 기본권에서 보장하고 있는 구체적인 자유권의 보호내용과 보호영역을 설정하고, 이러한 자유권의 보호영역에 개입하거나 혹은 어느 정도의 제한을 가하는 국가행위가 헌법적으로 정당하지 못한 위헌적인 과도한 침해인지 여부가 주된 헌법적 검토와 심사의 대상이 된다.

판례

"이른바 통치행위를 포함하여 모든 국가작용은 국민의 기본권적 가치를 실현하기 위한 수단이라는 한계를 반드시 지켜야 하는 것이고…" **헌재결 1996. 2. 29. 93헌마186.**

Ⅱ. 평 등 권

1. 평등권의 의미

헌법 제11조에서 보장하고 있는 평등권은 앞서 살펴본 자유권적 기본권과 마찬가지로, 가장 전통적이고 중요한 국민의 평등을 보장해야 한다는 의미와 내용을 규정하고 있다. 즉 헌법 제11조 제1항에서는 "모든 국민은 법 앞에 평등하다. 누구든지 성별·종교 또는 사회적 신분에 의하여 정치적·경제적·사회적·문화적 생활의 모든 영역에 있어서 차별을 받지 아니한다"라고 규정하고 있다.

판례

"평등의 원칙은 국민의 기본권 보장에 관한 우리 헌법의 최고원리로서 국가가 입법을 하거나 법을 해석 및 집행함에 있어 따라야 할 기준인 동시에, 국가에 대하여 합리적 이유 없이 불평등한 대우를 하지 말 것과, 평등한 대우를 요구할 수 있는 모든 국민의 권리로서, 국민의 기본권 중의 기본권인 것이다." **헌재결 1989. 1. 25. 88헌가7.**

이와 더불어, 헌법 제11조 제2항에서는 사회적 특수계급의 제도는 인정되지 않으며, 어떠한 형태로도 사회적 특수계급을 창설할 수 없다고 규정하고 있다. 개인의 자유와 평등의 보장은 기본권이 추구하는 가장 중요한 목적이고 내용이며, 평등권도 자유권적 기본권의 의미와 마찬가지로 국가는 모든 국민의 평등을 보장해야 한다.

판례

"우리 헌법이 선언하고 있는 '인간의 존엄성'과 '법 앞에 평등'(헌법 제10조, 제11조 제1항)이란 행정부나 사법부에 의한 법 적용상의 평등을 뜻하는 것 외에도 입법권자에게 정의와 형평의 원칙에 합당하게 합헌적으로 법률을 제정하도록 하는 것을 명령하는 이른바 법 내용상의 평등을 의미하고 있기 때문에… 입법권자의 법제정상의 형성의 자유는 무한정으로 허용될 수는 없는 것이며 나아가 그 입법내용이 정의와 형평에 반하거나 자의적으로 이루어진 경우에는 평등권 등의 기본권을 본질적으로 침해한 입법권행사로서 위헌성을 면하기 어렵다고 할 것이다.” **헌재결 1992. 4. 28. 90헌바24.**

2. 평등권 보장의 주요 내용

평등권은 개인의 특정한 생활영역, 자유로운 자기결정에 의한 행동 등을 국가의 간섭과 침해로부터 보호하는 내용이라기보다는, 모든 국민의 평등을 국가가 보장해야 한다는 국가행위의 가장 중요한 헌법상 지침을 요청하는 것이다. 다시 말해서, 본질적으로 같은 것은 같게 취급하고, 그리고 본질적으로 다른 것은 다르게 취급해야 한다는 의미를 갖고 있다. 또한 자유권적 기본권의 보장에서는 구체적으로 보호해야 하는 개별 자유권의 보호영역이 존재하며, 국가의 부당한 간섭과 침해로부터 자유권적 기본권의 보호영역을 보호하는 것이지만, 평등권의 경우에는 평등이라는 개념의 특성상 이러한 독자적이고 고유한 보호영역이 존재하지 않는 특징이 있다.

헌법 제11조 제1항에서 규정하고 있는 ‘모든 국민의 법 앞의 평등’은, 결코 어떠한 일체의 차별적 대우를 부정하고 모든 것을 반드시 똑같이 취급해야 하는 ‘절대적 평등’을 의미하는 것은 아니다. 이는 법을 실제 집행 및 적용함(정부와 법원)에 있어서뿐만 아니라 입법을 함(국회)에 있어서도 합리적이고 정당한 근거와 이유 없이 혹은 불합리하고 부당한 조건과 기준 등에 의한 차별대우를 해서는 안 된다는 ‘상대적 평등’(본질적으로 같은 것은 같게, 본질적으로 다른 것은 다르게)을 뜻한다. 즉 합리적인 근거 없이 법을 차별하여 적용해서는 안 되고, 또한 그러한 내용의 입법도 허용되지 않는다. 따라서 합리적 근거있는 차별 혹은 불평등은 평등의 원칙에 반하는 것이 아니다.

그리고 합리적 근거와 이유있는 차별인가의 여부에 대해서는 그 차별이 여러 중요한 헌법원리에 반하지 않으면서, 법에서 구체적으로 정하고 있는 정당한 입법의 목적을 달성하기 위하여 필요하고도 적정한 것인가를 기준으로 판단되어야 한다. 어느 정도의 차별을 두는 입법의 경우에는 그 차별에 의하여 달성하려고 하는 목적과 그 목적을 달성하기 위한 차별을 두기 마련이다. 합리적 근거에 의한 차별이라고 하기 위해서는, 우선 그 차별의 목적이 헌법에 합치하는 정당한 목적이어야 하고, 다음으로 차별의 기준이 목적의 실현을 위하여 실질적인 관계가 있어야 하며, 차별의 정도 또한 적정한 것이어야 한다.

판례

"평등의 원칙은 입법자에게 본질적으로 같은 것을 자의적으로 다르게, 본질적으로 다른 것을 자의적으로 같게 취급하는 것을 금하고 있다. 그러므로 비교의 대상을 이루는 두 개의 사실관계 사이에 서로 상이한 취급을 정당화할 수 있을 정도의 차이가 없음에도 불구하고 두 사실관계를 서로 다르게 취급한다면, 입법자는 이로써 평등권을 침해하게 된다. 그러나 서로 비교될 수 있는 사실관계가 모든 관점에서 완전히 동일한 것이 아니라 단지 일정 요소에 있어서만 동일한 경우에, 비교되는 두 사실관계를 법적으로 동일한 것으로 볼 것인지 아니면 다른 것으로 볼 것인지를 판단하기 위하여는 어떠한 요소가 결정적인 기준이 되는가가 문제된다. 두 개의 사실관계가 본질적으로 동일한가의 판단은 일반적으로 당해 법률조항의 의미와 목적에 달려 있다." **헌재결 1996. 12. 26. 96헌가18; 2001. 11. 29. 99헌마494등.**

이러한 평등권의 의미와 내용을 바탕으로, 평등권과 관련하여 헌법적으로 제기되는 문제상황은 주로 국가에 의한 불평등한 취급이 헌법적으로 정당화되는지의 여부이며, 이에 대한 헌법적 검토와 심사가 가장 중요하다. 자유권적 기본권에서는 개인에게 보장되는 기본권의 보호영역을 헌법적으로 정당하지 않은 목적과 내용 및 수단과 방법으로 과도하게 침해하였는가에 대한 헌법적 심사가 핵심이다. 이와 비교하여, 그 특성상 개별적인 보호영역이 존재하지 않는 평등권에서 제기되는 헌법적인 문제와 심사의 내용들은 자신의 법적 지위와 타인의 법적 지위와 비교하여, 당사자들을 본질적으로 같은 것을 다르게 혹은 다른 것을 같게 취급했는지 여부가 문제된다.

따라서 평등권이 문제되어 헌법적으로 검토하고 심사하는 경우에는, 항상 두 개 이상의 사실관계가 존재하며, 그에 대해서 국가행위에 의한 차별적인 취급이나 대우가 헌법적으로 정당화될 수 있는가에 대한 여부가 평등권과 관련하여 가장 중요한 헌법적 검토와 심사의 내용이다. 개인에게 주어진 상황에 대해서 국가는 원칙적으로 평등하게 취급해야 하며, 헌법적으로 불합리한 차별적 취급은 금지된다. 즉 본질적으로 같은 것은 같게 그리고 본질적으로 다른 것은 다르게 취급해야 한다. 만일 본질적으로 같은 것임에도 불구하고 다르게 취급하거나 혹은 본질적으로 다른 것을 같게 취급한다면, 이는 개인에게 보장된 평등권에 대한 헌법적으로 합리적인 근거와 이유없는 불합리한 차별취급이고, 이러한 불합리한 차별취급은 당연히 금지된다.

판례

"전체여성 중의 극히 일부분만이 제대군인에 해당될 수 있는 반면, 남자의 대부분은 제대군인에 해당하므로 가산점제도는 실질적으로 성별에 의한 차별이고, 가산점을 받을 수 있는 현역복무를 하게 되는지 여부는 병역의무자의 의사와 관계없이 징병검사의 판정결과 등에 따라 정해지는 것이므로 가산점제도는 현역복무나 상근예비역 소집근무를 할 수 있는 신체 건장한 남자와 그렇지 못한 남자, 즉 병역면제자와 보충역복무를 하게 되는 자를 차별하는 제도이다. 제대군인에 대하여 여러 가지 사회 정책적 지원을 강구하는 것이 필요하다 할지라도, 그것이 사회공동체의 다른 집단에게 동등하게 보장되어야 할 균등한 기회자체를 박탈하는 것이어서는 아니 되는데, 가산점제도는 아무런 재정적 뒷받침 없이 제대군인을 지원하려 한 나머지, 각종 국제협약, 실질적 평등 및 사회적 법치국가를 표방하고 있는 우리 헌법과 이를 구체화하고 있는 전체 법체계 등에 비추어 우리 법체계 내에 확고히 정립된 기본질서라고 할 '여성과 장애인에 대한 차별금지와 보호'에도 저촉되므로 정책수단으로서의 적합성과 합리성을 상실한 것이다. 공무원채용시험의 경쟁률이 매우 치열하고 그 결과 불과 영점 몇 점 차이로 당락이 좌우되고 있는 현실에서 각 과목별 득점에 각 과목별 만점의 5퍼센트 또는 3퍼센트를 가산함으로써 합격여부에 결정적 영향을 미쳐 가산점을 받지 못하는 사람들을 6급 이하의 공무원 채용에 있어서 실질적으로 거의 배제하는 것과 마찬가지의 결과를 초래하고 있고, 제대군인에 대한 이러한 혜택을 몇 번이고 아무런 제한 없이 부여함으로써 차별취급을 통하여 달성하려는 입법목적의 비중에 비하여 차별로 인한 불평등의 효과가 극심하므로 가산점제도는 차별취급의 비례성을 상실하고 있다. 그렇다면 가산점제도는 제대군인에 비하여, 여성 및 제대군인이 아닌 남성을 부당한 방법으로 지나치게 차별하는 것으로서 헌법 제11조에 위배되며, 이로 인하여 청구인들의 평등권이 침해된다." **헌재결 1999. 12. 23. 98헌바33.**

Ⅲ. 참 정 권

1. 참정권의 의미

참정권은 기본적으로 개인에게 보장된 기본권을 바탕으로, 국민이 국가기능에 적극적으로 참여하는 내용의 기본권을 의미한다. 참정권의 보장은 국민 개인의 법적 지위를 단순한 국가권력의 객체로서의 의미가 아니라, 국가권력의 주체로서의 지위를 보장하는 의미를 갖는다.

오늘날 대의제 민주주의(혹은 '대의민주주의')에서 국민의 대표를 선출하는 선거의 의미는 매우 중요하고 크다. 민주주의 국가에서 선거는 국가권력에 민주적 정당성을 부여하고, 국민을 정치적으로 통합하는 중요한 방식이라고 할 수 있다. 이러한 의미와 기능을 갖는 선거는 국민의 참여가 필수적이고, 주권자인 국민이 자신의 정치적 의사를 자유롭게 결정하고 표명하여 선거에 직접 참여함으로써 민주사회를 구성하고 움직이게 하는 것이다. 따라서 국민의 주권행사 내지 참정권 행사의 의미를 지니는 선거과정에의 참여행위는 원칙적으로 자유롭게 행하여질 수 있도록 최대한 보장하여야 한다. 이렇듯 대의제 민주주의 국가에서는 국민의 대표를 선출하는 선거와 이러한 선거에 국민이 자유롭게 참여할 수 있는 선거권 보장은 매우 중요한 의미를 갖는다.

이러한 내용들을 바탕으로 특히 참정권은 국민이 국가의사의 형성과 결정 등의 과정에 적극적으로 직접 참여할 수 있는 중요한 권리를 보장한다. 따라서 개인은 직접 국가권력의 담당자가 되거나 혹은 국가권력을 담당하는 자를 직접 선택할 수 있다. 오늘날 민주주의는 사실상 대의제의 형태를 띨 수밖에 없고, 선거는 국민주권원리와 민주주의원리를 실현하는 핵심적인 수단이다. 이러한 의미를 갖는 선거에 있어서 국민의 참정권, 즉 '선거권'과 '공무담임권'에 대한 침해와 차별은 민주주의의 근간을 훼손하는 것이므로, 이러한 참정권에 대한 침해와 차별이 정당화될 수 있는 것은 매우 중대한 공익의 실현을 위하여 불가피한 경우에 한해서만 허용될 수 있다.

판례

"헌법상 자유민주주의 기본질서를 실현시키기 위한 선거권의 행사에 있어서는 모든 국민에게 주권자로서의 존엄성과 주권행사는 동일한 가치를 부여하는 것을 국가존립의 본질적 기초로 하고 있으므로 입법부가 법률로써 선거권을 제한하거나 차별하는 것은 원칙적으로 용인할 수 없다. 헌법 제41조 제1항에 의한 국회의원 선거권은 자유선거의 원리에 기반을 두고, 국민 각자가 가지는 개인의 기본권 중에서 국정에 참여하는 가장 중요한 기본권으로서 특별히 보장한다. 이는 국가 조직과 운영에 참여하는 참정권이라는 특성 때문에 일반적인 평등의 원칙보다는 더 구체적으로 보장받아야 할 가장 중요한 기본권으로서 특별규정을 설정하여 구별하기 위한 것이다." **헌재결 1989. 9. 8. 88헌가6.**

2. 참정권 보장의 주요 내용

참정권 보장을 위해 가장 대표적인 권리인 선거권은 헌법 제24조에서 규정하고 있다. 즉 헌법 제24조는 "모든 국민은 법률이 정하는 바에 의하여 선거권을 가진다"고 규정하고 있다. 선거권이란, 국민이 직접 국민의 대표인 대통령, 국회의원, 지방자치단체장, 지방의회의원 그리고 교육감 등을 선출하는 권리를 말하고, 원칙적으로 간접민주주의를 채택하고 있는 우리나라에서 선거권은 국민의 참정권 중 가장 중요한 것이다.

이어서, 헌법 제25조는 "모든 국민은 법률이 정하는 바에 의하여 공무담임권을 가진다"고 규정하고 있다. 공무담임권이란, 입법부, 집행부, 사법부는 물론 지방자치단체 등 국가 및 공공단체의 구성원으로서 그 직무를 담당할 수 있는 권리를 말한다. 여기서 직무를 담당한다는 것은 모든 국민이 현실적으로 직접 그 직무를 담당할 수 있다는 의미가 아니라, 국민이 공무담임에 관한 자의적이지 않고 평등한 기회를 보장 받음을 의미하는 것이다. 헌법상 공무담임권의 보호영역에는 공직취임 기회의 자의적인 배제뿐 아니라, 공무원 신분의 부당한 박탈이나 권한(직무)의 부당한 정지도 포함된다.

판례

"보통, 평등, 비밀, 직접, 자유선거의 원칙들은 현대의 제 민주국가에서 채택되고 있는 바와 같이 국민주권이 광범위하게 실질화되고, 또 국민이 능동적으로 평등하게 그 주권을 행사할 수 있도록 하기 위한 것이다. 이러한 민주적 정신은 모든 국민의 공무담임에 있어서도 자유롭고 평등하게 기회를 주어야 한다는 헌법 제25조에도 그대로 나타나고 있다." **헌재결 1989. 9. 8. 88헌가6.**

이렇듯 헌법에서 보장된 참정권을 구체적이고 실질적으로 자유롭게 행사하기 위해서는 선거에 관한 해당 법률의 구체적인 관련 내용의 규정 및 형성을 필요로 한다. 따라서 참정권과 관련하여 제기되는 헌법적 문제와 심사에서는, 가장 기본적으로 입법자가 입법을 통해서 국민에게 보장된 참정권을 합리적이지 않고 과도하게 제한하는지의 여부에 대한 검토와 심사가 중요하다. 이와 더불어, 헌법상 국민의 참정권을 실질적으로 보장하기 위한 입법자의 의무와 권한에 대한 내용인데, 즉 국민의 자유로운 참정권 행사에 필요한 해당 법률을 제정하고, 그 내용 또한 국민이 참정권의 핵심인 선거권과 공무담임권을 자유롭게 행사할 수 있도록 형성하고 구체화하였는지의 여부에 대한 검토와 심사가 가장 중요하다고 할 수 있다.

판례

"선거권은 법률이 정하는 바에 의하여 보장되는 것으로서 선거법의 제정에 의하여 비로소 구체화된다고 할 것인데, 입법자가 입법형성권에 의하여 선거법을 제정하는 경우에 헌법에 명시된 선거제도의 원칙을 존중하고 국민의 선거권이 부당하게 제한되지 않도록 하여야 함은 물론이나, 입법자가 구체적으로 어떠한 입법목적의 달성을 위하여 어떠한 방법을 선택할 것인가는 그것이 현저하게 불합리하고 불공정한 것이 아닌 한 입법자의 재량에 속한다고 할 것이다." **헌재결 2002. 3. 28. 2000헌마283등.**

특히 입법자는 국민이 선거권을 자유롭게 행사할 수 있는 선거 관련 법률을 제정해야 한다. 입법자가 선거 관련 법률을 제정 또는 개정함에 있어서, 특정 정당들 간의 협상에 의하여 자의적으로 선거법을 조정하는 입법권을 행사하거나, 또는 헌법이 보장하고 있는 선거운동의 기회균등을 침해하는 내용을 선거법에 규정하는 것은 국회가 임의로 제정할 수 있는 입법재량의 범위를 넘어선 것이다. 입법자가 국민의 선거권 행사에 필요한 관련 법률을 마련하는 데에는 반드시 준수해야 할 헌법적 원리와 지침인 참정권의 보장, **보통선거·평등선거·직접선거**·비밀선거·자유선거의 원칙, 합리적이고 공정하며 명확한 선거법과 선거제도, 그리고 민주주의원리 등을 존중하고 충실히 반영하여야 한다.

민주주의 국가에서 선거는 주권자인 국민이 그 주권을 행사하는 가장 중요한 수단이자 통로이다. 국민의 선거권을 보장하며, 합리적이고 공정한 선거법과 선거제도가 되기 위한 조건으로 첫째, 국민의 의사를 제대로 반영하고, 둘째, 국민의 자유로운 선택을 보장하여야 하고, 셋째, 정당의 공직선거 후보자의 결정과정이 민주적이어야 함을 언급할 수 있다. 그렇지 않으면, 민주주의원리와 국민주권원리에 부합한다고 할 수 없다. 즉 합리적인 공정한 선거법과 선거제도를 마련하고, 선거법과 선거제도를 공정하게 집행하고 운영하는 것은 대의제 민주주의의 성패를 좌우하는 의미를 갖는다.

판례

"공무담임권·선거권 등 참정권은 선거를 통하여 통치기관을 구성하고 그에 정당성을 부여하는 한편, 국민 스스로 정치형성과정에 참여하여 국민주권 및 대의민주주의를 실현하는 핵심적인 수단이라는 점에서 아주 중요한 기본권 중의 하나라고 할 것이므로, 참정권의 제한은 국민주권에 바탕을 두고 자유·평등·정의를 실현시키려는 우리 헌법의 민주적 가치질서를 직접적으로 침해하게 될 위험성이 크기 때문에 언제나 필요한 최소한의 정도에 그쳐야 한다." 헌재결 1995. 5. 25. 91헌마67.

Ⅳ. 권리구제를 위한 기본권

1. 권리구제를 위한 기본권의 의미

국가는 국민의 자유와 권리를 보장해야 하며, 권가권력 행사로 인해 헌법 및 법률에서 보호하고 있는 국민 개인의 법익과 권리를 침해하지 않아야 한다. 국가는 국가권력의 행사 또는 제3자의 행위로 인해 헌법 및 법률에서 보장하는 개인의 권리가 침해되지 않도록 보장해야 하므로, 만일 개인의 권리가 부당하게 침해된 경우에는 이를 반드시 구제해야 한다.

국가권력 행사 또는 제3자의 행위로 인해 침해된 국민의 기본권을 구제하기 위한 기본권이 권리구제를 위한 기본권이라고 할 수 있다. 이러한 권리구제를 위한 기본권은 이른바 '기본권 보장을 위한 기본권'이라는 특징과 내용을 갖고 있다. 헌법상 권리구제를 위한 기본권의 종류에는 대표적으로, 헌법 제26조 '청원권', 제27조 '재판을 받을 권리', 제28조 '형사보상청구권', 제29조 '국가배상청구권' 그리고 제23조 제3항의 '수용보상청구권' 등이 있다.

2. 권리구제를 위한 기본권 보장의 주요 내용

우리 헌법이 규정하고 있는 권리구제를 위한 기본권들 중에서도, 특히 헌법 제27조에서 보장하고 있는 '재판을 받을 권리'가 더욱 중요하다고 할 수 있다. 헌법 제27조 제1항은 "모든 국민은 헌법과 법률이 정한 법관에 의하여 법률에 의한 재판을 받을 권리를 가진다"고 규정하고 있다. 즉 모든 국민은 법률에 의한 재판과 법관에 의한 재판을 받을 권리를 보장하고 있다. 재판을 받을 권리는 사법권을 갖는 법원에서의 재판이라는 국가적 행위를 청구할 수 있는 적극적 의미와 더불어, 헌법과 법률이 정한 법관에 의해 정당하고 공정한 재판을 받을 권리를 보장하고 있는 것이다. 이를 다른 시각에서 살펴보면, 법률이 정한 법관이 아닌 자에 의한 재판 혹은 법률에 의하지 않은 재판을 받지 않을 의미도 아울러 갖고 있다고 할 수 있다. 따라서 헌법 제27조 제1항은 법관에 의하지 아니하고는 민사·행정·선거·**가사사건** 등에 관한 재판은 물론, 어떠한 처벌도 받지 아니할 권리를 보장하고 있는 것이다.

판례

"'법률에 의한 재판'이라 함은 합헌적인 법률로 정한 내용과 절차에 따라, 즉 합헌적인 실체법과 절차법에 따라 행하여지는 재판을 의미한다. 따라서 형사재판에 있어서 합헌적인 실체법과 절차법에 따라 행하여지는 재판이라고 하려면, 적어도 그 기본원리라고 할 수 있는 죄형법정주의와 위에서 살펴본 적법절차주의에 위반되지 아니하는 실체법과 절차법에 따라 규율되는 재판이 되어야 할 것이다." 헌재결 1993. 7. 29. 90헌바35.

이러한 권리구제를 위한 기본권의 경우에는 입법자에 의하여 효과적이고 실질적인 국민의 권리구제를 실현하기 위한 구체적인 입법의 형성을 필요로 한다. 권리구제를 위한 기본권을 헌법에서 규정하고 있으나, 실제 이를 실현하기 위한, 즉 해당 법률에서 그 실질적인 실현을 위한 내용과 절차 등이 구체화되어 있어야 한다. 즉 해당 개별법률의 입법 형성을 통해 비로소 권리구제를 위한 기본권을 실질적이고 구체적으로 행사할 수 있는 특징이 있다. 권리구제를 내용으로 하는 기본권이 갖는 이러한 특징 때문에, 각 개별적인 권리구제를 위한 기본권의 규정 내용에서는 입법자에 의한 법률의 형성을 필요로 함을 밝히고 있다. 예를 들어, 가장 대표적인 권리구제를 위한 기본권인 수용보상청구권을 규정한 헌법 제23조 제3항에서는 "공공필요에 의한 재산권의 수용·사용 또는 제한 및 그에 대한 보상은 법률로써 하되, 정당한 보상을 지급하여야 한다"고 규정하고 있으며, 재판을 받을 권리를 규정한 헌법 제27조 제1항에서는 "모든 국민은 헌법과 법률이 정한 법관에 의하여 법률에 의한 재판을 받을 권리를 가진다"고 규정하고 있다.

판례

"우리 헌법은 제27조 제1항에서 '모든 국민은 헌법과 법률이 정한 법관에 의하여 법률에 의한 재판을 받을 권리를 가진다'라고 규정하고, 같은 조 제3항에서 '모든 국민은 신속한 재판을 받을 권리를 가진다. 형사피고인은 상당한 이유가 없는 한 지체 없이 공개재판을 받을 권리를 가진다'라고 규정하여, 공정하고 신속한 공개재판을 받을 권리를 보장하고 있다. 재판청구권은 재판절차를 규율하는 법률과 재판에서 적용될 실체적 법률이 모두 합헌적이어야 한다는 의미에서의 법률에 의한 재판을 받을 권리뿐만 아니라, 비밀재판을 배제하고 일반 국민의 감시하에서 심리와 판결을 받음으로써 공정한 재판을 받을 수 있는 권리를 포함하고 있다. 이 공정한 재판을 받을 권리 속에는 신속하고 공개된 법정의 법관의 면전에서 모든 증거자료가 조사·진술되고 이에 대하여 피고인이 공격·방어할 수 있는 기회가 보장되는 재판, 즉 원칙적으로 당사자주의와 구두변론주의가 보장되어 당사자가 공소사실에 대한 답변과 입증 및 반증하는 등 공격·방어권이 충분히 보장되는 재판을 받을 권리가 포함되어 있다." **헌재결 1996. 1. 25. 95헌가5.**

권리구제를 위한 기본권의 의미와 내용 그리고 그 특징을 살펴보았을 때, 권리구제를 위한 기본권과 관련하여 제기되는 헌법적 문제의 검토와 심사에서는 입법자의 임무와 역할 그리고 입법형성권이 가장 중요한 내용이다. 즉 권리구제를 위한 기본권에서 보장하고 있듯이, 침해된 개인의 권리를 효과적으로 구제하기 위해서는 이를 실현하기 위한 내용과 절차 등이 입법자에 의해서 해당 개별법률을 통해 명확하고 구체적으로 형성되어야 할 필요가 있다.

이러한 이유에서 입법자는 헌법에서 규정하고 있는 권리구제를 위한 기본권의 기본정신과 의미 그리고 그 내용 등을 고려하여, 효율적이고 실질적이며 구체적으로 개인의 침해된 권리가 구제될 수 있는 모든 수단과 절차 등을 마련해야 한다. 개인의 침해된 개인의 권리를 구제하기에 정당하고 올바른 수단과 절차의 내용으로 입법자의 입법의무를 다했으며, 이를 위해 입법자가 자신의 권한인 입법형성권을 제대로 행사했는지의 여부가 권리구제를 위한 기본권과 관련한 헌법적 문제의 검토와 심사의 주된 관심 사항이라고 할 수 있다.

권리구제를 위한 기본권을 효과적이고 실질적으로 보장하기 위해서는 입법자에 의한 구체적 형성이 필요하고, 이를 위해서는 입법자에게 상대적으로 넓은 입법재량이 인정된다. 그러나 입법자가 구체적인 권리구제 수단과 절차를 규정한 입법내용에 단지 법원에 제소할 수 있는 형식적인 권리나 이론적인 가능성만을 허용하는 것이어서는 안 되고, 구체적이고 실질적으로 개인의 침해된 권리에 대한 권리구제의 실효성이 반드시 보장되도록 해야 한다. 즉 헌법에서는 권리구제를 위한 기본권을 국민의 중요한 기본권으로 규정하고 있으면서도, 입법자가 그 의미와 기본정신을 충분하고 충실하게 고려하지 않고 매우 형식적인 권리나 또는 이론적인 가능성만을 제공한다면, 헌법에서 추구하는 개인의 권리구제의 실효성이 보장되지 못할 것이다. 이는 결국 권리구제를 위한 기본권을 보장한 헌법의 의미와 규정들을 사실상 무의미하게 할 수 있는 것이다.

판례

"재판을 받을 권리의 보장은 입법자의 구체적인 형성을 전제로 한다. 그러나 입법자의 형성권은 무제한적인 것이 아니므로 국민의 권리보호를 위한 최소한의 사법절차는 보장되어야 하는바, 헌법상의 재판을 받을 권리의 본질적 내용은 '법적 분쟁이 있는 경우 독립된 법원에 의하여 사실관계와 법률적 관계에 관하여 적어도 한 차례 법관에 의하여 심리·검토를 받을 수 있는 기회가 부여될 권리'가 인정된다는 것이다." **헌재결 2009. 5. 28. 2006헌바104.**

따라서 입법자에게는 권리구제를 실현하기 위한 넓은 입법재량도 부여되지만, 마찬가지로 실효성 있는 권리구제를 제공하기 위해 필요한 내용과 절차적 요건 등을 충분히 갖춘 입법을 반드시 할 의무가 요청된다. 헌법에 권리구제를 위한 기본권이 보장되어 있다고 하더라도, 그 구체적인 수단과 절차를 규정한 법률의 내용에서 그 실현이 실현이 불가능하거나 혹은 법률이 존재하지 않는다면 사실상 권리구제를 위한 기본권은 그 의미와 기능을 모두 잃게 된다. 바로 이러한 내용과 의미는 입법자의 입법형성의 의무와 한계이기도 하다.

Ⅴ. 사회적 기본권

1. 사회적 기본권의 의미

사회적 기본권은 기본적으로 개인의 자유와 권리를 실질적으로 보장하기 위한 기본권들이라고 할 수 있다. 즉 개인에게 보장된 자유와 권리를 형식적으로 보장하지 않고, 실질적으로 행사하고 실현하기 위한 목적과 과제를 갖는 기본권이다. 이러한 사회적 기본권의 의미와 내용은 궁극적으로는 헌법상 기본원리인 '복지국가원리'(혹은 '사회복지국가원리')를 실현하기 위함이다.

판례

"사회국가란 한마디로, 사회정의의 이념을 헌법에 수용한 국가, 사회현상에 대하여 방관적인 국가가 아니라 경제·사회·문화의 모든 영역에서 정의로운 사회질서의 형성을 위하여 사회현상에 관여하고 간섭하고 분배하고 조정하는 국가이며, 궁극적으로는 국민 각자가 실제로 자유를 행사할 수 있는 그 실질적 조건을 마련해 줄 의무가 있는 국가이다. 헌법이 제34조에서 여자(제3항), 노인·청소년(제4항), 신체장애자(제5항) 등 특정 사회적 약자의 보호를 명시적으로 규정한 것은 '장애인과 같은 사회적 약자의 경우에는 개인 스스로가 자유행사의 실질적 조건을 갖추는 데 어려움이 많으므로 국가가 특히 이들에 대하여 자유를 실질적으로 행사할 수 있는 조건을 형성하고 유지해야 한다'는 점을 강조하고자 하는 것이다." **헌재결 2002. 12. 18. 2002헌마52.**

사회적 기본권이라고 할 수 있는 대표적인 기본권 규정들을 살펴보면, 헌법 제31조 '교육을 받을 권리', 제32조 '근로의 권리', '최저임금제', '여자와 연소자 근로 보호', 제33조 '근로3권', 제34조 '인간다운 생활을 할 권리', '여자, 노인, 청소년, 장애인 보호', 제35조 '환경권' 그리고 제36조 '혼인과 가족의 보호' 등이다. 우리 헌법은 비교적 상당히 다양한 사회적 기본권을 규정하고 있다.

헌법상 중요한 기본원리 중 하나인 복지국가원리는 국민의 실질적인 자유와 평등을 실현하기 위한 목적을 갖는 원리이다. 현행헌법에서는 복지국가원리에 대해서 명시적으로 규정하고 있지는 않지만, 사회적 기본권의 의미와 기본정신을 바탕으로 하여, 오늘날 중요한 헌법의 기본원리로 인정되고 있다.

판례

"우리 헌법은 사회국가원리를 명문으로 규정하고 있지는 않지만, 헌법의 전문, 사회적 기본권의 보장(헌법 제31조 내지 제36조), 경제 영역에서 적극적으로 계획하고 유도하고 재분배하여야 할 국가의 의무를 규정하는 경제에 관한 조항(헌법 제119조 제2항 이하) 등과 같이 사회국가원리의 구체화된 여러 표현을 통하여 사회국가원리를 수용하였다." **헌재결 2002. 12. 18. 2002헌마52.**

사회적 기본권의 의미와 내용을 이해하기 위해서는 오늘날 복지국가원리가 헌법상 중요한 기본원리로 탄생하게 된 배경에 대해서 먼저 살펴 볼 필요가 있다. 과거 국민 개인의 자유와 평등의 보장에 대한 인식과 요청 그리고 이에 대한 헌법 규정화가 본격적으로 시작된 시기에는 개인의 자유의 보장을 위해 국가의 간섭과 개입은 없어야 한다는 의미로 이해되고 인식되었다. 그러나 자본주의와 자유방임주의 시장경제가 점차 발달하면서 저임금, 노동착취, 대량실업, 빈곤, 계급갈등, 독과점, 경제력 남용, 경제대공황 등 각종의 사회적·경제적 문제들이 매우 심각하게 발생하였다. 즉 국민의 자유와 평등의 보장은 자기 스스로 자유를 향유할 수 있는 지식인과 유산계급에게는 의미가 있었겠지만, 여성과 장애인과 같은 사회적 약자, 교육의 기회를 충분히 갖지 못한 계층, 또는 무산계급과 실업자와 같은 경제적 약자에게는 개인에게 보장된 자유와 평등이 실질적으로 의미가 없었다.

이러한 현실에서 제기되는 많은 사회적·경제적 문제들을 해결하기 위해서, 국가가 개인의 자유영역으로부터 멀리 떨어져 더 이상 개입하지 않는 것이 아니라, 오히려 국가가 개인의 생활영역에 적극적으로 개입하여 개인에게 보장된 자유와 평등을 실질적으로 누릴 수 있는 조건과 환경을 조성해야 하는 강한 요청과 의무가 나타나게 되었다. 즉 사회적 약자 또는 경제적 약자가 자신의 자유와 권리를 실질적으로 향유할 수 있는 조건과 환경을 마련해 주는 것이 무엇보다도 중요하게 되었다. 이는 헌법상 사회적 기본권의 보장과 실현을 통해 국가가 국민의 실질적 자유를 누릴 수 있도록 국가 과제와 임무가 헌법적으로 부과된 것이다.

판례

"헌법 제31조 제1항상의 교육을 받을 권리는, 첫째 교육을 통해 개인의 잠재적인 능력을 계발시켜 줌으로써 인간다운 문화생활과 직업생활을 할 수 있는 기초를 마련해 주고, 둘째 문화적이고 지적인 사회풍토를 조성하고 문화창조의 바탕을 마련함으로써 헌법이 추구하는 문화국가를 촉진시키고, 셋째 합리적이고 계속적인 교육을 통해서 민주주의가 필요로 하는 민주시민의 윤리적 생활철학을 어렸을 때부터 습성화시킴으로써 헌법이 추구하는 민주주의의 토착화에 이바지하고, 넷째 능력에 따른 균등한 교육을 통해서 직업생활과 경제생활영역에서 실질적인 평등을 실현시킴으로써 헌법이 추구하는 사회국가, 복지국가의 이념을 실현한다는 의의와 기능을 가지고 있다." **헌재결 1994. 2. 24. 93헌마192.**

2. 사회적 기본권 보장의 주요 내용

헌법에서는 기본권을 통해 개인에게 기본적 자유와 권리를 보장하고 있으나, 사회적 기본권은 이러한 자유와 권리를 실질적으로 보장하고 행사하기에 필요한 조건과 상황을 실현하기 위한 목적을 갖는다. 즉 국민 개인이 실질적으로 자유와 권리를 향유할 수 있도록 필요한 최소한의 또는 적절한 수준의 조건과 상황을 국가가 보장하고 실현해야 한다는 의미를 담고 있다.

이러한 의미에서 사회적 기본권의 보장은 자유권적 기본권의 보장과는 그 이해와 실현방법 및 구조 등이 다른 특징이 나타난다. 즉 사회적 기본권의 보장은 기본권의 보호영역에 대한 국가의 불개입 또는 국가 간섭의 배제가 지배적인 이념과 원리가 아니라, 오히려 국가가 개인에게 보장된 자유와 권리를 실질적으로 행사하고 실현될 수 있도록 국가의 적극적인 작위와 급부를 통해 비로소 보장되고 실현되는 의미와 구조를 갖고 있다.

판례

"헌법은 제34조 제1항에서 국민에게 인간다운 생활을 할 권리를 보장하는 한편, 동조 제2항에서는 국가의 사회보장 및 사회복지증진의무를 천명하고 있다. '인간다운 생활을 할 권리'는 여타 사회적 기본권에 관한 헌법규범들의 이념적인 목표를 제시하고 있는 동시에 국민이 인간적 생존의 최소한을 확보하는데 있어서 필요한 최소한의 재화를 국가에게 요구할 수 있는 권리를 내용으로 하고 있다. 국가의 사회복지·사회보장증진의 의무도 국가에게 물질적 궁핍이나 각종 재난으로부터 국민을 보호할 대책을 세울 의무를 부과함으로써, 결국 '인간다운 생활을 할 권리'의 실현을 위한 수단적인 성격을 갖는다고 할 것이다." **헌재결 2000. 6. 1. 98헌마216.**

사회적 기본권은 일반적으로 국가의 입법과 행정의 구체화를 통해서 비로소 실현되며, 이를 위한 국가의 과제와 임무를 국민의 기본권 보장의 형태를 통해 헌법적으로 구속하고 있는 특징이 있다. 현행헌법은 사회적 기본권을 개인의 주관적인 권리의 형태로 규정하고 있는 형식을 취하고 있다. 하지만 그 내용의 의미와 본질을 살펴보면, 사회적 기본권 규정들 자체에서는 개인이 그 내용을 직접 실현하고 관철할 수 있는 구체적이고 현실적인 권리가 아니다. 즉 헌법에서 규정하고 있는 사회적 기본권의 본질적 의미는 사회적 기본권 규정들을 통해 보장하고 있는 내용들을 국가가 적극적으로 실현하도록 하는 국가의 과제와 의무를 헌법적으로 구속하고 있는 데 더 큰 의미가 있는 것이다.

이러한 사회적 기본권의 본질과 특징 때문에, 일반적으로 개인은 사회적 기본권의 보장을 이유로 하여 국가에게 특정한 행위나 급부의 제공을 요구할 수 있는 적극적인 주관적 권리가 도출되는 것은 아니다. 또한 사회적 기본권의 보장과 실현을 위해 국가의 재정투입이나 급부의 제공이 법원의 판결을 통해서 강제되어 실현될 수 없는 성질도 갖는다. 사회적 기본권의 본질상, 각 개별 사회적 기본권의 구체적 내용이 실현되기 위해서는 입법과 행정에 의해서 보장과 실현을 위한 구체화가 필요하다. 사회적 기본권의 해당 각 개별 규정들에서는 이러한 입법자의 구체적 형성에 필요한 과제와 임무를 명시적으로 밝히고 있다.

헌법 제31조 ① 모든 국민은 능력에 따라 균등하게 교육을 받을 권리를 가진다.

② 모든 국민은 그 보호하는 자녀에게 적어도 초등교육과 법률이 정하는 교육을 받게 할 의무를 진다.

③ 의무교육은 무상으로 한다.

제32조 ① 모든 국민은 근로의 권리를 가진다. 국가는 사회적·경제적 방법으로 근로자의 고용의 증진과 적정임금의 보장에 노력하여야 하며, 법률이 정하는 바에 의하여 최저임금제를 시행하여야 한다.

제33조 ① 근로자는 근로조건의 향상을 위하여 자주적인 단결권·단체교섭권 및 단체행동권을 가진다.

② 공무원인 근로자는 법률이 정하는 자에 한하여 단결권·단체교섭권 및 단체행동권을 가진다.

제34조 ① 모든 국민은 인간다운 생활을 할 권리를 가진다.

② 국가는 사회보장·사회복지의 증진에 노력할 의무를 진다.

③ 국가는 여자의 복지와 권익의 향상을 위하여 노력하여야 한다.

④ 국가는 노인과 청소년의 복지향상을 위한 정책을 실시할 의무를 진다.

⑤ 신체장애자 및 질병·노령 기타의 사유로 생활능력이 없는 국민은 법률이 정하는 바에 의하여 국가의 보호를 받는다.

> 제35조 ① 모든 국민은 건강하고 쾌적한 환경에서 생활할 권리를 가지며, 국가와 국민은 환경보전을 위하여 노력하여야 한다.
> ② 환경권의 내용과 행사에 관하여는 법률로 정한다.

사회적 기본권이 구체적이고 실질적으로 보장되기 위해서는 그 보장의 실현에 필요한 구체적 비용(재정)과 제도적 여건(제도)이 갖춰져 있어야만 한다. 그러나 국가 재정능력의 한계 때문에, 사회적 기본권의 내용들의 구체적이고 실질적인 실현 여부와 정도는 한계가 있을 수밖에 없는 것이 현실이다. 또한 그 실현을 위한 법에 근거한 제도적 여건이 마련되어야 하므로, 그에 필요한 조직과 절차 그리고 제도 등의 내용들도 마찬가지로 필요하다. 그렇기 때문에 사회적 기본권 조항들은 우선 개인에게 보장된 주관적 권리의 형태로 사회적 기본권을 규정하고 있으나, 그 객관적 내용에 대해서는 구체적으로 그 실현과 보장을 위한 국가의 과제와 의무의 형태로 규정하고 있다.

판례

"인간다운 생활을 할 권리로부터는 인간의 존엄에 상응하는 생활에 필요한 '최소한의 물질적인 생활'의 유지에 필요한 급부를 요구할 수 있는 구체적인 권리가 상황에 따라서는 직접 도출될 수 있다고 할 수는 있어도, 동 기본권이 직접 그 이상의 급부를 내용으로 하는 구체적인 권리를 발생케 한다고는 볼 수 없다고 할 것이다. 이러한 구체적 권리는 국가가 재정형편 등 여러 가지 상황들을 종합적으로 감안하여 법률을 통하여 구체화할 때에 비로소 인정되는 법률적 권리라고 할 것이다." **헌재결 2000. 6. 1. 98헌마216등.**

사회적 기본권과 관련하여 제기되는 헌법적 문제의 검토와 심사의 내용에는 헌법상 보장된 사회적 기본권의 본질적 의미와 기본정신을 고려하여, 입법자가 이를 위한 입법적 임무와 입법형성권을 제대로 행사했는지 여부가 가장 중요하다. 즉 사회적 기본권의 실현과 보장을 위해서, 입법자에 의한 구체적인 입법을 필요로 하므로, 입법자가 입법을 통해 사회적 기본권에서 보장하고 있는 보호영역을 과도하게 침해하는지에 대한 헌법적 검토와 심사가 아니라, 헌법상 보장하고 있는 사회적 기본권이 충분히 보장될 수 있도록 입법자가 입법형성권을 제대로 행사했는지 여부에 대한 검토와 심사가 필요하다. 이와 더불어, 사회적 기본권을 실현하기 위한 최소한의 입법을 하였는지의 여부에 대한 문제가 가장 중요한 사항이라고 할 수 있다.

판례

"헌법 제36조 제3항이 규정하고 있는 국민의 보건에 관한 권리는 국민이 자신의 건강을 유지하는 데 필요한 국가적 급부와 배려를 요구할 수 있는 권리를 말하는 것으로서, 국가는 국민의 건강을 소극적으로 침해하여서는 아니 될 의무를 부담하는 것에서 한걸음 더 나아가 적극적으로 국민의 보건을 위한 정책을 수립하고 시행하여야 할 의무를 부담한다." **헌재결 2009. 11. 26. 2007헌마734등.**

제3절 기본권 제한과 제한의 한계

Ⅰ. 기본권의 제한

국민의 기본권 보장은 국내 최상위 법규범인 헌법에서 추구하는 가장 최고의 근본이념이며, 헌법의 모든 기본원리들의 궁극적인 목적이다. 모든 국가권력은 국민의 기본권을 보호하고, 또한 기본권은 입법, 행정, 사법의 모든 국가권력을 기속한다. 따라서 모든 국가권력의 행사에 있어서 국민의 기본권을 존중하고 보장해야 한다. 입법작용이나 행정작용뿐만 아니라, 특히 사법작용도 국가권력의 하나로서 기본권의 구속을 받기 때문에, 법원이 기본권 보장의 이념에 따라 행정청이나 하급심에 의한 기본권 침해를 제거해야 하며, 국민의 기본권을 부당하게 침해하는 국가공권력을 통제하여 기본권을 효율적으로 보장하는 것은 당연하다.

그러나 헌법상 보장되는 국민의 기본권은 언제, 어디서나, 어떠한 경우에도 절대적으로 보장되는 것만은 아니다. 기본권은 일정한 목적과 근거 그리고 적합한 수단과 절차에 따라 필요한 경우에 한하여 헌법과 법률을 통해서 제한될 수도 있다. 그러나 기본권의 제한 가능성이 있다고 하여, 또는 기본권의 제한에 필요한 요건과 근거를 모두 갖추었다고 하여, 기본권이 언제나 제한될 수 있다는 것을 의미하는 것은 결코 아니다. 기본권 제한에 필요한 요건들을 모두 갖추어 언제나 제한이 가능하다면, 국민의 기본권 보장을 위해 헌법에서 추구하는 이념은 현실적으로 결국 형해화되어버릴 수 있기 때문이다. 국민의 기본권은 제한될 수 있지만, 기본권을 제한하는 경우에도 일정한 한계가 마찬가지로 존재한다.

국가 공권력의 행사가 기본권을 제한한 경우라면, 그에 대한 헌법적 심사는 가장 기본적으로 세 가지 단계를 통해 이루어진다. 우선, 구체적인 해당 국가권력의 행사가 기본권의 보호영역을 제한하였는가의 여부이다. 둘째로, 해당 국가권력의 행사가 기본권의 보호영역을 제한했다면, 그 제한행위는 헌법상 기본권 제한의 요건들을 모두 충족하여 헌법적으로 정당한 기본권의 제한인지의 여부이다. 마지막으로, 기본권을 제한하는 행위가 헌법상 기본권 제한의 요건들을 충족하여 헌법적으로 정당한 기본권의 제한이라고 하더라도, 해당 기본권의 본질적인 내용까지 제한하였는지의 여부에 대한 것이다.

Ⅱ. 기본권 제한의 한계

1. 기본권 제한의 형태

기본권을 제한하는 법적 근거에 따라서, 우선 직접 헌법에 의한 제한과 각 개별 기본권 조항에서 규정하고 있는 법률에 의한 제한으로 나누어 볼 수 있다.

헌법에 의해 직접 제한하는 경우는 법률에 의한 제한보다 상대적으로 그리 많지는 않고, 그 제한의 내용도 다소 추상적이라는 특징이 있다. 하지만 기본권 제한이 헌법적으로 적합한 것인지에 대한, 즉 기본권 제한의 합헌성과 위헌성 심사를 위해서는 헌법에서 직접 제한을 하고 있는 규정에 대한 정확한 이해가 필요하다.

헌법에서 직접 기본권의 제한을 규정하고 있는 대표적인 예를 살펴보면, 헌법 제21조에서는 언론·출판·집회·결사의 자유를 보장하고 있으나, 같은 조 제4항에서는 “타인의 명예나 권리 또는 공중도덕이나 사회윤리를 침해해서는 아니 된다”고 규정하고 있다. 그리고 재산권 보장을 규정하고 있는 헌법 제23조에 제1항에 이어서, 제2항에서 “재산권의 행사는 공공복리에 적합하도록 하여야 한다”고 규정하고 있다. 또한 헌법 제33조에서는 근로3권을 보장하고 있는데, 같은 조 제2항과 제3항에서는 각각 공무원인 근로자와 주요방위산업체에 종사하는 근로자의 근로3권을 제한하고 있다.

2. 기본권 제한의 요건

헌법상 모든 기본권 규정에서 개별적으로 헌법 또는 법률에 의한 기본권 제한의 가능성에 대해서 명시적으로 규정하거나 혹은 제한의 가능성을 예정하고 있지 않더라도, 각 기본권이 아무런 제한을 받지 않고 절대적으로 보장된다는 의미는 아니다. 기본권 보장과 공익 목적 달성의 관계에서, 혹은 자신의 기본권과 타인의 기본권의 관계 등에서 상대적으로 제한될 수 있다. 기본권 보장이 상대적이라는 이해에서 살펴보면, 기본권은 헌법에서 말하고 있는 중요한 목적을 위해서, 제한에 적합한 수단과 절차 등에 따라서, 기본권 제한이 필요한 경우에 한하여, 법률을 통해서 제한될 수 있다.

기본권 제한에 대해서, 특히 헌법 제37조 제2항에서는 기본권 제한에 일반적으로 적용되는 요건들을 규정하고 있다. 헌법 제37조 제2항은 기본권 제한에 관한 일반적 법률유보조항이라고 할 수 있다. 그리고 기본권 제한에 대한 한계도 규정하고 있다. 즉 헌법 제37조 제2항은 기본권을 제한하는 입법의 근거를 제공하는 근거규정으로서의 성질을 가지면서, 또한 기본권을 제한하는 입법의 한계를 제공하는 한계규정으로서의 성질도 갖는다.

> 헌법 제37조 ① 국민의 자유와 권리는 헌법에 열거되지 아니한 이유로 경시되지 아니한다.
> ② 국민의 모든 자유와 권리는 국가안전보장·질서유지 또는 공공복리를 위하여 필요한 경우에 한하여 법률로써 제한할 수 있으며, 제한하는 경우에도 자유와 권리의 본질적인 내용을 침해할 수 없다.

기본권의 일반적인 제한의 가능성을 규정하고 있는 헌법 제37조 제2항의 내용을 살펴보면, 우선 기본권은 '국가안전보장', '질서유지' 또는 '공공복리'의 목적을 달성하기 위해서 제한될 수 있다. 즉 기본권의 제한을 통해서 달성하고자 하는 '목적'에 대해서 규정하고 있는 것이다.

이러한 목적을 위해 기본권을 제한하는 경우, 그 제한의 형식은 반드시 헌법 또는 법률에 근거해야 한다. 즉 기본권 제한에 있어서는 '법률'에 근거해야 한다는 요건을 설명하고 있는 것이다. 가장 일반적인 기본권 제한의 형식적 근거인 법률은 국민의 대표기관인 국회의 정상적인 입법절차를 거쳐 제·개정되어 공포된 법률을 말한다. 경우에 따라서는, 기본권 제한의 근거가 그 제한에 직접 해당하는 개별 법률에 있지 않고, 행정입법을 실질적인 근거로 하여 기본권을 직접적으로 제한할 수가 있다. 그러나 기본권 제한의 구체적이고 실질적인 근거가 되는 행정입법의 경우라고 하더라도, 해당 행정입법은 당연히 법률에 근거가 있어야 함은 물론이다. 이렇듯, 구체적이고 실질적인 기본권 제한의 형식이 행정입법인 경우가 있는 것도 사실이다. 그러나 기본권 제한의 형식이 반드시 법률의 형식일 필요는 없다고 하더라도, 그 제한의 근거가 되는 법률적 근거는 반드시 필요하다. 따라서 법률에 근거가 없는 행정입법에 의한 기본권 제한은 그 자체로 위헌이다.

판례

"국민의 기본권은 헌법 제37조 제2항에 의하여 국가안전보장, 질서유지 또는 공공복리를 위하여 필요한 경우에 한하여 이를 제한할 수 있으나 그 제한은 원칙적으로 법률로써만 가능하며, 제한하는 경우에도 기본권의 본질적 내용을 침해할 수 없고 필요한 최소한도에 그쳐야 한다. 이러한 법률유보의 원칙은 '법률에 의한' 규율만을 뜻하는 것이 아니라 '법률에 근거한' 규율을 요청하는 것이므로 기본권 제한의 형식이 반드시 법률의 형식일 필요는 없고 법률에 근거를 두면서 헌법 제75조가 요구하는 위임의 구체성과 명확성을 구비하기만 하면 위임입법에 의하여도 기본권 제한을 할 수 있다 할 것이다." **헌재결 2005. 2. 24. 2003헌마289.**

법률이 그 내용에서 구체적인 기준이나 범위에 대하여 아무런 구체적인 내용을 정하지 않고, 이를 하위법령인 대통령령에 위임하는 이른바 '백지위임'을 한 경우, 이와 같은 위임입법은 국가안전보장·질서유지 또는 공공복리를 위하여 필요한 경우 법률로써만 국민의 자유와 권리를 제한할 수 있도록 한 헌법 제37조 제2항의 규정 내용 및 의미, 그리고 위임입법의 한계, 즉 포괄위임입법금지원칙을 규정한 헌법 제75조에 위반된다.

판례

"적어도 헌법상 보장된 국민의 자유나 권리를 제한할 때에는 그 제한의 본질적인 사항에 관한 한 입법자가 법률로써 스스로 규율하여야 할 것이다. 헌법 제37조 제2항은 '국민의 모든 자유와 권리는 국가안전보장·질서유지 또는 공공복리를 위하여 필요한 경우에 한하여 법률로써 제한할 수 있다'고 규정하고 있는바, 여기서 '법률로써'라고 한 것은 국민의 자유나 권리를 제한하는 행정작용의 경우 적어도 그 제한의 본질적인 사항에 관한 한 국회가 제정하는 법률에 근거를 두는 것만으로 충분한 것이 아니라 국회가 직접 결정함으로써 실질에 있어서도 법률에 의한 규율이 되도록 요구하고 있는 것으로 이해하여야 한다." **헌재결 1999. 5. 27. 98헌바70.**

기본권 제한에 정당한 목적이 존재하고, 법적 근거가 있다고 하더라도 언제나 기본권 제한이 가능한 것은 아니다. 여기에서 좀 더 구체적으로 살펴봐야 할 것은, 헌법에서 정하고 있는 목적 달성을 위해 법률에 근거해야만 기본권 제한이 가능하므로, 해당 법률의 규정내용에 대한 검토가 필요하다. 즉 기본권을 제한하는 내용의 해당 법률의 구체적 규정들이 법치국가원리를 구성하는 주요 내용인 법적 명확성과 신뢰보호원칙의 기본이념과 내용들을 준수해야 하며, 이를 위반하는 내용이어서는 안 된다.

판례

"처벌법규의 구성요건이 명확하여야 한다고 하여 입법권자가 모든 구성요건을 단순한 의미의 서술적인 개념에 의하여 규정하여야 한다는 것은 아니다. 처벌법규의 구성요건이 다소 광범위하여 어떤 범위에서는 법관의 보충적인 해석을 필요로 하는 개념을 사용하였다고 하더라도, 그 점만으로 헌법이 요구하는 처벌법규의 명확성에 반드시 배치되는 것이라고는 볼 수 없다. 그렇지 않으면, 처벌법규의 구성요건이 지나치게 구체적이고 정형적이 되어 부단히 변화하는 다양한 생활관계를 제대로 규율할 수 없게 될 것이기 때문이다. 다만, 자의를 허용하지 않는 통상의 해석방법에 의하더라도 당해 처벌법규의 보호법익과 그에 의하여 금지된 행위 및 처벌의 종류와 정도를 누구나 알 수 있도록 규정되어 있어야 하는 것이다. 따라서 처벌법규의 구성요건이 어느 정도 명확하여야 하는가는 일률적으로 정할 수 없고, 각 구성요건의 특수성과 그러한 법적 규제의 원인이 된 여건이나 처벌의 정도 등을 고려하여 종합적으로 판단하여야 한다." **헌재결 2000. 6. 29. 98헌가10.**

헌법 제37조 제2항에서도 명시적으로 규정하고 있듯이, 기본권은 '필요한 경우에 한하여' 제한할 수 있다. 기본권 제한에 필요한 헌법상 정당한 목적과 법적 근거가 존재한다면, 기본권의 제한은 필요한 경우에 한하여 제한이 가능하다. 다시 말해서, 기본권을 제한하는 구체적인 수단과 방법 그리고 제한의 정도 등은 기본권 제한을 통해 달성하려는 목적을 위해, 필요한 경우에 한하여 기본권을 최소한으로 제한하는 정도의 수단과 방법이어야 한다. 기본권 제한을 통해 달성하려는 목적과 공익을 위해 해당 기본권을 과잉으로 제한해서는 안 된다는, 이른바 '과잉금지원칙'이 기본권 제한의 한계를 의미하는 것이다. 이는 기본권 제한에 대한 구체적인 헌법적 심사에서 매우 중요한 기준이 된다.

판례

"국민의 기본권을 제한하는 법률은 그 제한의 방법에 있어서도 일정한 원칙의 준수가 요구되는바, 그것이 과잉금지의 원칙이며… 과잉금지의 원칙이라는 것은 국가가 국민의 기본권을 제한하는 내용의 입법활동을 함에 있어서, 준수하여야 할 기본원칙 내지 입법활동의 한계를 의미하는 것으로서 국민의 기본권을 제한하려는 입법의 목적이 헌법 및 법률의 체제상 그 정당성이 인정되어야 하고(목적의 정당성), 그 목적의 달성을 위하여 그 방법이 효과적이고 적절하여야 하며(방법의 적절성), 입법권자가 선택한 기본권 제한의 조치가 입법목적 달성을 위하여 설사 적절하다 할지라도 보다 완화된 형태나 방법을 모색함으로써 기본권의 제한은 필요한 최소한도에 그치도록 하여야 하며(피해의 최소성), 그 입법에 의하여 보호하려는 공익과 침해되는 사익을 비교 형량할 때 보호되는 공익이 더 커야 한다(법익의 균형성)는 헌법상의 원칙이다." **헌재결 2000. 6. 1. 99헌마553.**

헌법상 과잉금지원칙은 기본권을 제한하는 국가작용의 한계를 나타내는 것으로서, 이를 구성하는 중요한 내용은 '목적의 정당성', '방법의 적정성', '피해의 최소성', '법익의 균형성'이다. 이러한 과잉금지원칙의 중요한 내용들 중, 어느 하나에라도 저촉되면 기본권 제한을 내용으로 하는 조치는 위헌이 된다. 즉 기본권을 제한하는 국가작용은 과잉금지원칙의 모든 내용을 준수해야 하며, 이를 모두 충족할 때 비로소 기본권을 제한하는 국가작용에 대한 헌법적 정당성이 인정된다.

판례

"국민의 기본권을 제한하는 법률은 그 제한의 방법에 있어서도 비례의 원칙이 준수되어야 한다. 즉 국민의 기본권을 제한하려는 입법의 목적이 헌법 및 법률의 체제상 그 정당성이 인정되어야 하고, 그 목적의 달성을 위하여 그 방법이 효과적이고 적절하여야 하며, 설사 입법권자가 선택한 기본권제한의 조치가 입법목적 달성을 위하여 적절하다 할지라도 보다 완화된 형태나 방법을 모색함으로써 기본권의 제한이 필요한 최소한도에 그치도록 하여야 하고, 그 입법에 의하여 보호하려는 공익과 침해되는 사익을 비교 형량할 때 보호되는 공익이 더 커야 한다." **헌재결 2007. 12. 27. 2006헌바25.**

기본권을 제한하는 내용의 국가작용에 대한 가장 중요하고 일반적인 헌법적 심사기준인 과잉금지원칙은 좀 더 구체적으로, 기본적으로 목적의 정당성, 수단의 적합성, 침해의 최소성, 법익의 균형성으로 나눠서 살펴볼 수 있다.

우선, 기본권 제한의 목적이 존재하게 되는데, 그 목적이 기본권을 제한하기에 정당한 것인지의 여부에 대해서 먼저 심사한다(목적의 정당성). 헌법 제37조 제2항에서는 국가안전보장·질서유지 또는 공공복리를 기본권 제한의 목적으로 규정하고 있다.

계속해서 이어지는 과잉금지원칙에 의한 헌법적 심사의 내용은, 기본권을 제한하는 조치가 해당 목적을 달성하기 위해 효과적이고 적합한 수단인지 여부(방법의 적정성, 수단의 적합성, 적합성의 원칙)를 살펴본다. 즉 기본권을 제한하는 조치와 수단이 그 목적을 달성하기에 적합한 수단인지에 대해서 심사한다. 입법자가 기본권을 제한하기 위해 구체적으로 선택한 수단은 합리적인 판단에 입각하여 추구하고자 하는 사안의 목적을 달성함에 있어서 필요하고 효과적이어야 한다. 수단의 적합성에 대한 심사에서는 일정한 목적을 달성하기 위해 기본권을 제한하는 여러 조치들과 수단들 중에서 입법자가 구체적으로 입법화하게 되는데, 해당 수단을 통해 목적을 달성하고자 입법화하는 입법자의 예측, 판단, 평가 등은 명백하고 현저한 잘못이나 오류가 없다면, 대체로 입법자의 입법형성권을 비교적 넓게 인정해 준다.

판례

"입법목적을 달성하기 위하여 가능한 여러 수단들 가운데 구체적으로 어느 것을 선택할 것인가의 문제가 기본적으로 입법재량에 속하는 것이기는 하다. 그러나 위 입법재량이라는 것도 자유재량을 말하는 것은 아니므로 입법목적을 달성하기 위한 수단으로서 반드시 가장 합리적이며 효율적인 수단을 선택하여야 하는 것은 아니라고 할지라도 적어도 현저하게 불합리하고 불공정한 수단의 선택은 피하여야 할 것"이다. **헌재결 1996. 4. 25. 92헌바47.**

이어서, 기본권을 제한하기에 적합한 수단들 혹은 적절한 방법들이 여러가지 존재한다면, 그 중에서도 기본권을 가장 적게 제한함으로써 기본권 제한이 최소한에 그치고 있는지 여부(피해의 최소성, 침해의 최소성, 최소침해의 원칙)에 대한 심사이다. 최소침해의 원칙의 심사에서는 목적을 달성하기 위한 여러 조치들과 수단들 중, 기본권을 제한하지 않는 수단, 혹은 기본권을 가장 적게 제한하는 수단의 선택 여부에 대해서 심사한다. 목적 달성을 위해 여러 가지 수단이 존재한다면, 그 중에서도 기본권의 제한이 가장 최소한에 그치는 수단을 선택해야만 한다.

판례

"입법자는 공익실현을 위하여 기본권을 제한하는 경우에도 입법목적을 실현하기에 적합한 여러 수단 중에서 되도록 국민의 기본권을 가장 존중하고 기본권을 최소로 침해하는 수단을 선택해야 한다. 기본권을 제한하는 규정은 기본권행사의 '방법'에 관한 규정과 기본권행사의 '여부'에 관한 규정으로 구분할 수 있다. 침해의 최소성의 관점에서, 입법자는 그가 의도하는 공익을 달성하기 위하여 우선 기본권을 보다 적게 제한하는 단계인 기본권행사의 '방법'에 관한 규제로써 공익을 실현할 수 있는가를 시도하고 이러한 방법으로는 공익달성이 어렵다고 판단되는 경우에 비로소 그 다음 단계인 기본권행사의 '여부'에 관한 규제를 선택해야 한다." **헌재결 1998. 5. 28. 96헌가5.**

그리고 기본권 제한의 목적이 존재하고, 그 목적을 달성하기 위한 여러 수단들이 있는데, 그 수단들 중에서 기본권을 가장 적게 제한하는 수단을 선택했다면, 이러한 기본권 제한을 통해 달성하고자 하는 공익과 기본권 제한을 통해 침해된 사익 간의 상호 비교형량을 통해, 기본권 제한을 통해 달성하려는 공익이 더 크거나 또는 최소한 상호 균형관계에 있어야 한다(법익의 균형성, 법익균형의 원칙). 즉 기본권 제한을 규정한 입법에 의하여 보호하고 달성하려는 공익과 침해되는 사익을 서로 비교형량했을 때, 보호되는 공익이 사익보다 더 커야 한다는 의미이다. 법익 균형성 단계의 헌법적 심사에서는 비교적 구체적으로 공익과 사익 간의 비교형량을 통한 이익형량의 심사가 이루어지며, 공익과 사익 간의 현저한 불균형이 발생하거나 양 법익 간의 균형상실 상황을 통제하고 심사하게 된다.

판례

"도로에서 좌석안전띠를 매지 않고 운전할 자유는 다른 영역에서 이루어지는 위험한 스포츠를 즐기는 행위 등과 똑같게 평가될 수 없다. 좌석안전띠를 매지 않는 행위는 그로 인하여 받을 위험이나 불이익을 운전자 스스로 회피하지 못하고 매우 큰 사회적 부담을 발생시키는 점, 좌석안전띠를 매지 않고 운전하는 행위에 익숙해진다고 하여 위험이 감소하지도 않는다는 점, 동승자의 피해를 증가시키는 점 등에 비추어 볼 때, 운전자 자신뿐만이 아니라 사회공동체 전체의 이익에 해를 끼치고 있으므로 국가의 개입이 정당화된다. 도로교통법 제48조의2로 인하여 청구인은 운전 중 좌석안전띠를 착용할 의무를 지게 되는바, 이는 운전자의 약간의 답답함이라는 경미한 부담이고 좌석안전띠미착용으로 청구인이 부담하는 범칙금이 소액인 데 비하여, 좌석안전띠착용으로 인하여 달성하려는 공익인 동승자를 비롯한 국민의 생명과 신체의 보호는 재산적인 가치로 환산할 수 없는 것일 뿐만 아니라 교통사고로 인한 사회적인 비용을 줄여 사회공동체의 이익을 증진하기 위한 것이므로, 달성하고자 하는 공익이 침해되는 청구인의 좌석안전띠를 매지 않을 자유의 제한이라는 사익보다 크다고 할 것이어서 법익의 균형성도 갖추었다." **헌재결 2003. 10. 30. 2002헌마518.**

이렇듯 기본권 제한에 대한 과잉금지원칙에 의한 심사는, 좀 더 구체적으로 목적의 정당성, 수단의 적합성, 침해의 최소성, 그리고 법익의 균형성에 대한 심사를 통해서 기본권을 제한하는 국가권력의 합헌성과 위헌성을 심사한다. 기본권 제한의 한계에 관한 내용에서 마지막으로 살펴봐야 할 것은, 이러한 기본권 제한의 요건들을 충족하는 경우에는 개인의 기본권은 제한될 수 있지만, 이 경우에도 개인의 자유와 권리에 대한 본질적인 내용은 침해될 수 없다(본질사항침해금지, 본질적 내용 침해금지). 헌법 제37조 제2항에서는 과잉금지원칙의 내용과 함께, 기본권의 본질사항침해금지 원칙을 분리해서 규정하고 있다. 즉 기본권 제한의 요건들을 모두 충족시켜서 기본권이 제한될 수 있다고 하더라도, 기본권의 본질적인 내용까지의 제한은 금지된다.

그렇다면, 기본권의 본질적인 내용이 무엇인지에 대한 질문이 제기된다. 헌법에서 규정하고 있는 각 개별 기본권의 본질적인 부분이 무엇이며, 그 본질에 해당하는 내용이 무엇인지에 대해서는 각 개별 기본권의 의미와 내용 등을 통해서 개별적으로 파악하고 이해해야 한다. 여기에서 공통적으로 나타날 수 있는 것은, 헌법상 각 개별 기본권에서 규정하고 있는 기본권 보장의 내용이 기본권 보장의 기능을 상실하고, 기본권 자체가 무의미하게 되는 정도의 기본권 제한이라면, 기본권의 본질적인 사항과 본질적인 내용에 대한 침해라고 볼 수 있다. 즉 기본권 보장의 의미가 상실되는 정도와 내용의 제한이라면, 헌법 제37조 제2항에서 규정하고 있는 기본권에 대한 본질적인 내용의 침해가 되고, 본질사항침해금지 원칙에 위배된다.

판례

"입법부라고 할지라도 수권의 범위를 넘어 자의적인 입법을 할 수 있는 것은 아니며 사유재산권의 본질적인 내용을 침해하는 입법을 할 수 없음은 물론이다(헌법 제37조 제2항 후단). 토지재산권의 본질적인 내용이라는 것은 토지재산권의 핵이 되는 실질적 요소 내지 근본요소를 뜻하며, 따라서 재산권의 본질적인 내용을 침해하는 경우라고 하는 것은 그 침해로 사유재산권이 유명무실해지고 사유재산제도가 형해화(形骸化)되어 헌법이 재산권을 보장하는 궁극적인 목적을 달성할 수 없게 되는 지경에 이르는 경우라고 할 것이다. 사유재산제도의 전면적인 부정, 재산권의 무상몰수, 소급입법에 의한 재산권 박탈 등이 본질적인 침해가 된다." 헌재결 1990. 9. 3. 89헌가95.

▶ 법률용어 설명

- **보통선거 원칙**: 보통선거의 원칙은 개인의 납세액, 소유하는 재산, 지역, 직업 등을 선거권의 요건으로 하는 '제한선거'에 대응하는 것으로, 이러한 요건뿐만 아니라 그 밖에 사회적 신분, 인종, 성별, 종교, 교육 등을 요건으로 하지 않고, 일정한 연령에 달한 모든 국민에게 선거권을 인정하는 원칙을 말한다.
- **평등선거 원칙**: 평등선거의 원칙은 헌법 제11조 제1항 '평등의 원칙'이 선거제도에 적용된 것이다. 투표의 수적인 평등, 즉 1인 1표 원칙(one man, one vote)과 투표의 결과가치의 평등, 즉 1표의 투표가치가 대표자 선정이라는 선거의 결과에 대하여 기

여한 정도에 있어서도 평등하여야 한다는 원칙(one vote, one value)을 의미한다.

- **직접선거 원칙**: 직접선거의 원칙은 선거결과가 선거권자의 투표에 의하여 직접 결정될 것을 요구하는 원칙이다. 예를 들어, 국회의원선거와 관련하여 보면, 국회의원의 선출이나 정당의 의석획득이 중간선거인이나 정당 등에 의하여 이루어지지 않고, 선거권자의 의사에 따라 직접 이루어져야 한다는 선거원칙을 의미한다.
- **가사사건·가사소송**: 일반적으로 가족 또는 친족 사이에 발생하는 가정사건 법적분쟁을 의미하며, 가정법원이 관할한다. 예를 들어, 혼인관계 소송(혼인의 무효와 취소, 이혼의 무효와 취소, 재판상 이혼 등), 부모와 자식 관계(친생자(친자)관계존부확인, 입양의 무효와 취소, 부의 결정 등) 등이 있다.

▸ 생각해볼 문제

Q. 현행헌법에서는 명시적으로 규정하고 있지 않지만, 오늘날 국민의 기본권으로 인정되고 있는 것은 무엇일까?

Q. 헌법에서 규정하고 있는 개별 기본권의 가장 본질적인 내용은 무엇이고, 구체적으로 어떤 내용과 특징들이 있을까?

Q. 일상 생활 속에서, 나의 어떠한 기본권이 정당하게 제한되고 있을까?

Q. 우리나라는 헌법 개정을 거치면서 여러 기본권의 내용이 수정되거나 또는 새롭게 등장하기도 했는데, 그 내용과 의미는 어떤 배경에서 이루어졌을까?

Q. 우리 헌법에는 규정하고 있지 않지만, 외국 헌법에서 규정하고 있는 기본권은 무엇이 있을까?

제3장

통치구조론

한 국가의 가장 중요하고 기본적인 국가조직과 국가기관에 대한 내용은 헌법에서 규정하고 있다. 국가조직과 국가기관에 대한 구체적이고 세부적인 내용들은 이에 관련된 해당 개별법률들, 예를 들어 국회법, 정부조직법, 법원조직법 등에서 규정하고 있다. 그러나 가장 중요한 국가조직과 국가기관의 기본적인 구성, 권한, 역할 등에 대한 내용은 헌법에서 직접 규정하고 있으며, 헌법에서부터 출발한다. 이러한 헌법규정들의 의미와 내용에 대해서 살펴보는 부분이 '통치구조론'(혹은 '국가조직론')이다.

제1절 | 정부형태

Ⅰ. 정부형태의 의미

헌법상 기본원리인 권력분립원리의 이념과 내용에 따라서, 국가권력은 기본적으로 입법권, 행정권, 사법권으로 분리되어서 각 국가권력 상호간에 견제와 균형을 이루고 있다. 정부형태는 가장 기본적으로 권력분립원리에 따라서 국가권력이 조직적으로, 구조적으로 실제 어떻게 실현되고 있는지에 대한 것이다.

정부형태는 한 국가의 기본적인 국가권력구조를 살펴보는 것이므로, 정부형태를 살펴보기 전에 먼저 국가형태에 대해서 살펴보아야 한다. 정부형태의 의미와 내용의 전제라고 할 수 있는 국가형태에 대한 검토를 통해서, 국가권력의 형성과 유지 그리고 국가권력을 실질적으로 담당하는 주요 국가기관의 구성과 의미, 그리고 그 구체적인 내용들에 대해서 정확하게 이해할 수 있기 때문이다.

우선, 우리 헌법 제1조 제1항에서 대한민국은 민주공화국이라고 규정하고 있고, 같은 조 제2항에서는 대한민국의 주권은 국민에게 있고, 모든 권력은 국민으로부터 나온다고 규정하고 있다. 즉 대한민국의 기본적인 국가형태는 민주주의국가이고 공화주의국가이며, 그리고 국민주권주의국가이다.

이러한 헌법 제1조에서 규정하고 있는 내용과 의미를 살펴보면, 대한민국은 전제군주국가, 권력세습국가, 독재국가 등의 국가 형태를 배척한다. 대한민국의 주권은 국민에게 있으며, 따라서 모든 국가권력의 정당성은 국민에게 있고, 일정한 임기가 있는 공직자가 국민을 대표하여 그리고 국민을 위하여 국가권력을 한시적으로 보유하고 행사한다는 의미를 갖고 있다. 이러한 내용은 헌법상 기본원리인 국민주권원리, 민주주의원리, 대의제원리, 권력분립원리 그리고 국민의 기본권 보장 등이 그 바탕을 이루고 있다.

대한민국의 국가형태에 대한 이해를 바탕으로 하여, 정부형태에 대해서 좀 더 구체적으로 살펴볼 수 있다. 정부형태는 한 국가의 기본적인 국가권력구조에 대한 것이며, 실제 국가권력 조직과 기능이 권력분립원리에 따라서 구체적으로 실현된 모습을 기준으로 분류할 수 있다. 즉 국가권력을 담당하는 국가기관인 입법부(입법권, 국회), 행정부(행정권, 정부), 사법부(사법권, 법원)는 어떻게 구성되고, 각 국가기관의 기능과 역할은 어떻게 배분되며, 이렇게 배분된 국가권력의 기능과 역할은 실제 어떻게 행사되는지 등에 대한 것들이 가장 중요한 내용이다.

Ⅱ. 정부형태의 기본유형

정부형태의 유형은, 특히 입법부와 행정부의 구성과 관계를 기준으로 분류해 볼 수 있다. 정부형태는 가장 대표적으로 '대통령중심제 정부형태'와 '의원내각제 정부형태'로 나누어 볼 수 있다. 이와 더불어, 상대적으로 드물지만 제3의 유형이라고 할 수 있는 **'이원정부제'**(혹은 **'이원집정부제'**)도 존재한다.

1. 대통령중심제 정부형태

대통령중심제 정부형태의 역사는 미국에서부터 시작한다. 영국의 식민지였던 미국은 독립을 하면서 대통령중심제 정부형태를 탄생시켰다.

대통령중심제 정부형태의 가장 큰 특징은 입법부와 행정부가 각각 조직상으로 독립되어 있으며, 기능상으로도 독립되어 있다. 대통령중심제 정부형태에서는 입법부와 행정부는 엄격한 독립성·분립성에 기초하여 구성된다. 입법부와 행정부가 조직상·기능상으로 독립적이므로, 입법부와 행정부가 상호 존속을 부인할 수 있는 가능성은 없다.

대통령중심제에서는 입법부와 행정부는 각각 국민에 의해서 직접 구성된다. 입법부를 구성하는 국회의원은 국민의 직접선거에 의해서 선출되고, 행정부의 수반인 대통령도 국민의 직접선거에 의해서 선출된다. 즉 대통령과 국회의원은 모두 국민에 의해 직접 선출된다. 국민에 의해 직접 구성되는 입법부와 행정부는 각각 국민으로부터 독자적인 정당성을 부여받은 것이다. 따라서 입법부와 행정부는 서로의 정당성과 존속을 부인할 수 없으며, 헌법에서 명시적으로 규정하고 있는 임기 동안 존속하는 것이다.

2. 의원내각제 정부형태

과거 국가권력을 장악하고 있는 전제군주국가체제를 거부하고, 시민의 대표들이 참여한 합의제 의사결정의 국가체제를 발전시키면서 의원내각제 정부형태가 탄생하게 된다. 역사적 발전과정에서 의원내각제 정부형태의 탄생은 비교적 자연스러운 결과라고 할 수 있으며, 유럽 대부분의 나라들은 의원내각제 정부형태를 채택하고 있다.

의원내각제 정부형태의 가장 큰 특징은 입법부인 의회를 국민이 직접 구성하고, 행정부는 의회의 다수세력에 의해 구성된다는 점이다. 의원내각제 정부형태에서 입법부와 행정부는 상호 의존성에 기초하여 구성된다. 입법부와 행정부가 조직상·기능상으로 의존적이므로, 입법부와 행정부는 상호 존속을 부인할 수 있는 가능성이 있다.

의원내각제에서는 의회만이 국민에 의해서 직접 구성된다. 즉 입법부인 의회를 구성하는 국회의원은 국민의 직접선거에 의해서 선출된다. 그러나 행정부는 국민의 직접선거를 통해서 구성되는 것이 아니라, 의회의 다수세력이 행정부를 구성하게 된다. 이 점이 대통령중심제 정부형태와 뚜렷한 차이를 보이는 특징이다. 의회의 다수세력에 의해 행정부가 구성되고, 행정부를 담당하는 내각에 행정권을 위임하는 것이다.

그러나 의회는 행정부에 대한 위임과 신임을 철회할 수도 있는데, 즉 의회의 행정부(내각)에 대한 불신임이다. 의원내각제에서는 행정부가 의회의 다수세력에 의해 구성되므로, 의회의 다수세력 분포가 달라진다면 행정부를 구성하게 된 배경도 달라지므로, 의회의 행정부에 대한 불심임을 통해 새로운 행정부를 구성하기도 한다. 그렇다고 하여 의원내각제 정부형태에서 행정부가 의회의 하위기관이라는 의미는 아니며, 권력분립원리가 실현되지 못한다는 의미도 아니다. 의회의 행정부에 대한 불신임에 대응해서 행정부가 의회에 대해서 갖는 권한이 의회해산권이다. 이처럼 의원내각제가 의회를 중심으로 국정이 운영되기는 하지만, 권력분립원리가 전혀 무의미하도록 포기된 것은 아니다. 즉 권력분립원리에 따라 의회의 행정부(내각) 불신임권이 존재한다면, 이에 대응하는 행정부의 권한이 의회해산권이다.

3. 대통령중심제와 의원내각제 비교

대통령중심제는 입법부와 행정부의 상호 독립성과 상호 존속부인이 불가능하다는 것이 특징이다. 이와 비교해서 의원내각제는 의회와 내각의 상호 의존성과 상호 존속부인이 가능하다는 것이 뚜렷한 특징이라고 할 수 있다.

대통령중심제와 비교해 보았을 때, 의원내각제에서 의회와 행정부가 상호 존속을 부인할 수 있다는 점은 빈번한 행정부 교체의 가능성이 있다는 것이다. 이와 마찬가지로 빈번한 의회해산의 가능성도 크다고 볼 수 있다. 이러한 현상의 빈번한 발생은 의원내각제 정부형태를 채택하고 있는 국가의 정치적 혼란과 불안을 불러일으키는 원인이므로, 의원내각제 정부형태의 단점으로도 지적된다.

그러나 대통령제에서는 입법부와 행정부가 상호 독립적으로 상호 존속을 부인할 수 없지만, 경우에 따라서 입법부와 행정부가 하나의 정당에 의해 구성된다면, 결국 입법권과 행정권이 실질적으로 하나의 정당에 의하여 장악되어 통합된 국가권력 행사와 국정운영이 나타날 가능성이 있다. 이와는 달리 입법부와 행정부가 각각 다른 정당에 의해 구성된다면, 강한 정치적 대립을 통해 정치적 대립과 불안이 장기간 지속될 수도 있다.

이와 비교하여 의원내각제의 경우에는 의회와 내각이 강하게 대립하는 경우, 의회를 해산하고 선거를 통해 의회와 행정부를 새롭게 구성하게 된다. 이는 의원내각제에서 정치적 혼란과 대립 그리고 국정 운영의 불안에 대해 국민이 직접 조정자로 기능하는 결과이기도 하다.

대통령중심제 정부형태와 의원내각제 정부형태는 어느 것이 더 우월하고, 어느 것이 더 장점이 많다고 단언할 수 없다. 의원내각제 정부형태라고 해서 정치적 불안과 정권교체가 더 많이 생길 가능성이 높다는 우려, 그리고 대통령중심제 정부형태라고 해서 독재권력 탄생과 극단적인 정치대립이 생길 가능성이 높다는 우려도 있다. 하지만 정치적 선진국이라 불리는 유럽 대부분의 국가들에서는 의원내각제 정부형태를 채택하고 있으며, 민주주의원리 실현과 실천의 대표적인 국가인 미국은 대통령제 정부형태를 채택하고 있다.

정부형태의 실제 운영은 각 나라의 역사, 정치적 전통과 문화, 사회구조와 인식, 헌법 기본원리의 존중과 준수, 현실적 문제상황과 배경, 인종과 종교, 그리고 국민의 정치적 의식 등에 이르기까지 매우 다양하고 복합적인 요소들로 인해 더욱 다양한 운영의 형태가 나타난다는 것은 분명한 사실이다. 정부형태의 우월성과 열등성에 대한 논의보다는 헌법의 기본정신과 기본원리에 대한 이해를 바탕으로, 이를 실현하기 위한 현명하고 효율적인 실제 운영에 대한 논의가 더욱 중요하다고 할 수 있다.

Ⅲ. 우리나라 정부형태

우리 현행헌법에 입각한 대한민국의 정부형태는 기본적으로 대통령중심제의 특징적인 요소들을 갖추고 있는 대통령중심제 정부형태이다.

우선, 단순히 상징적인 존재가 아닌, 대통령이라는 국가기관이 헌법에 근거하여 실질적인 의미에서 존재하고 있다. 또한 대통령과 국회가 각각 조직상·기능상 독립되어 존재한다. 즉 국회와 대통령은 각각 독립하여 국민의 직접선거에 의해 구성되며, 독자적인 국민적 정당성을 각각 보유하고 있는 국가기관이다. 따라서 상호 존속을 부인할 수 없으며, 국회의원과 대통령은 모두 헌법에서 규정하고 있는 임기 동안 재직하고 권한을 행사할 수 있다.

헌법 제41조 ① 국회는 국민의 보통·평등·직접·비밀선거에 의하여 선출된 국회의원으로 구성한다.
② 국회의원의 수는 법률로 정하되, 200인 이상으로 한다.
③ 국회의원의 선거구와 비례대표제 기타 선거에 관한 사항은 법률로 정한다.
제42조 국회의원의 임기는 4년으로 한다.
제66조 ① 대통령은 국가의 원수이며, 외국에 대하여 국가를 대표한다.
② 대통령은 국가의 독립·영토의 보전·국가의 계속성과 헌법을 수호할 책무를 진다.
③ 대통령은 조국의 평화적 통일을 위한 성실한 의무를 진다.
④ 행정권은 대통령을 수반으로 하는 정부에 속한다.
제67조 ① 대통령은 국민의 보통·평등·직접·비밀선거에 의하여 선출한다.
제70조 대통령의 임기는 5년으로 한다며, 중임할 수 없다.

제2절 국 회

Ⅰ. 국회의 헌법적 지위

국회의 헌법적 지위는 가장 대표적으로 입법부로서의 지위, 대의기관으로서의 지위 및 국정통제기관으로서의 지위로 나누어 살펴 볼 수 있다.

1. 입법부로서의 지위

국회는 가장 기본적으로 입법부로서의 지위를 갖는다. 입법권은 가장 전통적이고 대표적인 국회의 권한이며, 입법권을 갖는 국회는 국민이 직접 선출한 국민의 대표인 국회의원으로 구성된다(제40조, 제41조). 국민에 의하여 직접 선출된 국가기관인 국회의원은 그 본질적인 임무인 입법에 관한 직무를 수행하기 위해서 법률안에 대한 심의·표결권을 보유하고 있다.

판례

"우리 헌법 제40조의 의미는 적어도 국민의 권리와 의무의 형성에 관한 사항을 비롯하여 국가의 통치조직과 작용에 관한 기본적이고 본질적인 사항은 반드시 국회가 정하여야 한다는 것이다." **헌재결 2001. 4. 26. 2000헌마122.**

권력분립원리 그리고 법치국가원리에 따라서, 국회가 갖는 입법권의 헌법적 의미는 모든 국가권력은 국회에서 제정한 법에 근거해야 하며, 특히 행정부의 국가권력 집행권은 국회의 입법을 통해서만, 즉 국회에서 제정한 법률에 근거해서만 가능하다. 행정부의 국가권력 행사는 가장 기본적으로 국회의 동의가 필요하다는 의미이다. 행정부의 자의적인 국가권력의 행사로 인해서 국민 개인의 자유와 재산이 침해될 수 있으므로, 국민의 권리와 의무에 관한 중요한 사항들은 국회의 동의가 필요하다는 의미로 이해될 수 있다. 따라서 "입법권은 국회에 속한다"고 규정하고 있는 헌법 제40조의 의미는 국민의 권리와 의무의 형성에 관한 사항을 비롯하여, 국가조직과 작용에 관한 기본적이고 본질적인 사항은 반드시 국회가 정하여야 한다는 것이다.

판례

"국민주권주의, 권력분립주의 및 법치주의를 기본원리로 채택하고 있는 우리 헌법상 국민의 헌법상 기본권 및 기본의무와 관련된 중요한 사항 내지 본질적인 내용에 대한 정책형성기능은 원칙적으로 주권자인 국민에 의하여 선출된 대표자들로 구성되는 입법부가 담당하여 법률의 형식으로써 이를 수행하여야 하고, 이와 같이 입법화된 정책을 집행하거나 적용함을 임무로 하는 행정부나 사법부에 그 기능을 넘겨서는 아니된다." **헌재결 2000. 1. 27. 98헌가9.**

2. 대의기관으로서의 지위

국회는 대의기관으로서의 지위를 갖는다. 국민의 대표자들로 구성되는 국회는 국민의 의사를 자유로운 토론과 표결을 통해서 결정하는 합의체 의사결정기관으로서의 특징과 지위를 갖고 있다. 이러한 합의체 의사결정은 행정부의 최종 의사결정과 구별되는 특징이기도 하다.

국회는 국민의 대표기관이며, 국회를 구성하는 국회의원은 국민이 직접 선출한다. 따라서 국민을 대표하는 대의기관으로서의 국회의 지위에 맞게, 헌법은 국회를 구성하는 국민의 대표인 국회의원은, 특히 국가이익을 우선하여 양심에 따라 직무를 수행해야 한다고 규정하고 있다.

> 헌법 제46조 ① 국회의원은 청렴의 의무가 있다.
> ② 국회의원은 국가이익을 우선하여 양심에 따라 직무를 행한다.
> ③ 국회의원은 그 지위를 남용하여 국가·공공단체 또는 기업체와의 계약이나 그 처분에 의하여 재산상의 권리·이익 또는 직위를 취득하거나 타인을 위하여 그 취득을 알선할 수 없다.

이러한 대의기관으로서의 국회의 지위를 보장하기 위해서, 국회 내에서 이루어지는 모든 토론과 표결은 당연히 자유로워야 한다. 자유로운 토론과 표결은 국민의 대표인 국회의원이 국가이익을 우선하여 양심에 따라 그 맡은 바 직무를 청렴하고 성실하게 수행할 수 있는 가장 중요한 전제가 된다. 자유로운 토론과 표결에 적용되는 원칙이 1인 1표 원칙과 다수결 원칙, 그리고 **의사 공개** 및 기록의 원칙 등이다. 헌법과 법률에 특별한 규정이 없다면, 특히 합의체 의사결정기관인 국회에서의 표결은 1인 1표와 다수결을 원칙으로 함은 물론이다.

국회 내에서 이루어지는 자유로운 토론과 표결이 보장되기 위해서는 행정부나 사법부 등 외부로부터의 압력이나 방해를 방지하고, 국민의 대표자가 행하는 자유로운 토론과 표결을 보호해야 한다. 국회의원의 자유로운 토론과 표결을 보장하고, 국회 외부로부터의 부당한 압력이나 방해 등을 방지하기 위해서, 헌법은 국회의원에게 '불체포특권'과 '면책특권'을 보장하고 있다.

> 헌법 제44조 ① 국회의원은 현행범인인 경우를 제외하고는 회기중 국회의 동의없이 체포 또는 구금되지 아니한다.
> ② 국회의원이 회기 전에 체포 또는 구금된 때에는 현행범인이 아닌 한 국회의 요구가 있으면 회기중 석방된다.

제45조 국회의원은 국회에서 직무상 행한 발언과 표결에 관하여 국회 외에서 책임을 지지 아니한다.

3. 국정통제기관으로서의 지위

국회는 행정부의 국정운영에 대한 통제기관으로서의 지위를 갖는다. 오늘날 국회가 행정부에 대하여 갖는 국정통제기능이 가장 실질적이고 중요한 기능이라고 할 수 있다.

국회의 행정부의 국정운영에 대한 통제는 매우 다양한 형태와 내용으로 이루어진다. 이와 관련하여 우리 헌법은 상당히 많은 내용을 규정하고 있다. 입법, 행정, 인사, 재정 등 여러 국정운영 분야에서 국회의 국정통제기관으로서의 지위와 내용이 존재한다. 이 중에서도, 특히 국회가 행정부에 대하여 갖는 인사와 재정에 대한 통제기능과 권한이 가장 중심적인 내용이라고 할 수 있다.

헌법 제54조 ① 국회는 국가의 예산안을 심의·확정한다.
② 정부는 회계연도마다 예산안을 편성하여 회계연도 개시 90일 전까지 국회에 제출하고, 국회는 회계연도 개시 30일 전까지 이를 의결하여야 한다.
제61조 ① 국회는 국정을 감사하거나 특정한 국정사안에 대하여 조사할 수 있으며, 이에 필요한 서류의 제출 또는 증인의 출석과 증언이나 의견의 진술을 요구할 수 있다.
제62조 ① 국무총리·국무위원 또는 정부위원은 국회나 그 위원회에 출석하여 국정처리상황을 보고하거나 의견을 진술하고 질문에 응답할 수 있다.
② 국회나 그 위원회의 요구가 있을 때에는 국무총리·국무위원 또는 정부위원은 출석·답변하여야 하며, 국무총리 또는 국무위원이 출석요구를 받은 때에는 국무위원 또는 정부위원으로 하여금 출석·답변하게 할 수 있다.
제63조 ① 국회는 국무총리 또는 국무위원의 해임을 대통령에게 건의할 수 있다.
제86조 ① 국무총리는 국회의 동의를 얻어 대통령이 임명한다.
제104조 ① 대법원장은 국회의 동의를 얻어 대통령이 임명한다.
② 대법관은 대법원장의 제청으로 국회의 동의를 얻어 대통령이 임명한다.
제111조 ④ 헌법재판소의 장은 국회의 동의를 얻어 재판관 중에서 대통령이 임명한다.

Ⅱ. 국회의 구성

일반적으로 국회의 구성형태는 단원제와 양원제로 구분해 볼 수 있다. 우리나라 국회는 단원제 국회형태를 채택하고 있다. 양원제 국회형태는 대체로 연방국가형태의 나라들에서 많이 채택하고 있는데, 일반적으로 국회가 상원과 하원으로 나누어지는 형태이다.

국회는 국민에 의해 직접 선출되는 국회의원으로 구성되며, 국회의원의 임기는 4년이다. 헌법 제41조에서는 국회의원 수의 하한을 정하고 있는데, 즉 구체적인 국회의원의 수는 법률로 정하되, 200인 이상으로 한다고 규정하고 있다. 또한 헌법에서는 국회의원의 수와 선출방법에 대해서는 가장 중요하고 필수적인 내용만을 규정하여, 그 구체적인 선출방법에 대해서는 법률로 정하도록 하고 있다. 그리고 국회의원의 선출방법으로 선거구제와 비례대표제를 규정하고 있다.

헌법에서 규정하고 있는 이러한 내용들을 실현하기 위해서 필요한 내용들을 구체적으로 규정하고 있는 대표적인 법률이 '공직선거법'이다. 공직선거법은 대통령 선거, 국회의원 선거, 지방의회의원 선거 그리고 지방자치단체장 선거 등에 적용된다. 공직선거법에서는 공정한 선거를 위한 구체적인 내용과 절차 등에 대해서 자세히 규정하고 있다.

공직선거법 제1조(목적) 이 법은 「대한민국헌법」과 「지방자치법」에 의한 선거가 국민의 자유로운 의사와 민주적인 절차에 의하여 공정히 행하여지도록 하고, 선거와 관련한 부정을 방지함으로써 민주정치의 발전에 기여함을 목적으로 한다.

제2조(적용범위) 이 법은 대통령선거·국회의원선거·지방의회의원 및 지방자치단체의 장의 선거에 적용한다.

Ⅲ. 국회의 조직

국회에는 국회를 대표하는 1인의 국회의장과 2인의 부의장을 두고 있다. 국회를 대표하는 국회의장은 국회 재적의원의 과반수 득표로 선출되며, 임기는 2

년이다(국회법 제9조).

국회의장도 어느 한 정당 소속 국회의원 중 한명이므로, 국회의장의 중립성과 공정성을 확보하고 초당파적 국회 운영을 위해서 국회의장은 당선된 다음 날부터 자신의 기존 당적을 보유할 수 없다. 그러나 의장의 임기가 만료되면, 당적을 이탈했던 당시의 소속 정당으로 복귀된다. 국회의장은 국회를 대표하는 기관이며, 국회 내에서 이루어지는 모든 의사를 정리하고, 질서를 유지하며, 국회사무를 총괄·감독한다. 국회의장이 사고가 있을 때에는 의장이 지정하는 부의장이 그 직무를 대리한다(국회법 제12조).

국회 조직에는 가장 대표적인 국회의장 및 부의장과 더불어, 국회사무처, 국회입법조사처, 국회예산정책처, 그리고 국회도서관 등이 있다.

Ⅳ. 국회의 운영

국회의 운영을 이해하기 위해서는 가장 기본적으로 국회 교섭단체와 위원회에 대한 이해가 필요하다.

일반적으로 국회에서 회의 및 그 밖의 여러 의사결정은 정당을 단위로 운영된다. 각 정당에서는 교섭단체를 조직하여, 실질적으로 교섭단체를 중심으로 국회 운영에 관한 협의가 이루어진다. 이러한 교섭단체는 국회에서 의사 협의를 위해 일정한 수 이상의 의원들로 구성된 의원단체이다. 기본적으로 국회에서 20인 이상의 소속 의원을 가진 정당은 교섭단체가 될 수 있다. 교섭단체는 국회의 좀 더 효율적이고 원활한 운영을 위해서, 교섭단체 소속 국회의원들이 서로 의사를 조절하고 종합하며, 또한 다른 교섭단체와의 의사교환이나 협의를 하게 된다.

국회에서의 다양한 심의사항들이 점차 양적으로, 질적으로 확대되어가고 점차 전문화되어가면서, 국회 심의의 효율성과 전문성을 높여야 하는 필요성이 강하게 요구된다. 국회에서의 심의에 대한 효율성과 전문성을 위해서 국회는 위원회를 중심으로 운영되는데, 이를 '위원회중심주의'라고도 한다. 국회의 위원회의 종류는 기본적으로 상임위원회와 특별위원회로 구분된다.

국회 상임위원회는 총 16개가 있는데, 국회 운영사항을 관장하는 '국회운영위원회' 1개와 함께, 일반적으로 행정부처에 상응하여 15개의 상임위원회가 있다(국회법 제37조).

1. 국회운영위원회, 2. 법제사법위원회, 3. 정무위원회, 4. 기획재정위원회, 5. 과학기술정보방송통신위원회, 6. 교육문화체육관광위원회, 7. 외교통일위원회, 8. 국방위원회, 9. 행정안전위원회, 10. 농림축산식품해양수산위원회, 11. 산업통상자원중소벤처기업위원회, 12. 보건복지위원회, 13. 환경노동위원회, 14. 국토교통위원회, 15. 정보위원회, 16. 여성가족위원회

이와 비교하여, 여러 개의 상임위원회 소관 업무와 관련되거나, 또는 특히 필요하다고 인정한 안건을 효율적으로 심사하기 위하여 특별위원회를 둘 수 있다. 특별위원회를 구성한 때에는 해당 특별위원회가 활동하는 기한을 정해야 한다. 가장 대표적인 특별위원회로는 '예산결산특별위원회', '윤리특별위원회' 그리고 '인사청문특별위원회' 등이 있다(국회법 제45조, 제46조, 제46조의3).

Ⅴ. 국회의 기능과 권한

헌법상 국회가 수행하는 기능과 그에 따른 국회의 권한에 대한 내용은 일반적으로 국회의 입법기능, 재정기능 그리고 국정통제기능으로 나누어 살펴볼 수 있다.

1. 국회의 입법기능과 권한

국회의 입법기능은 국회가 갖는 여러 기능 중에 가장 대표적인 기능이다. 국회의 입법기능은 입법절차를 통해 보다 구체적인 내용을 이해할 수 있다(제53조).

판례

"국회의원은 국민이 직접 선출하는 대표로서 헌법과 법률에서 여러 권한을 부여하고 있지만 그 중에서 가장 중요하고 본질적인 것은 입법에 대한 권한임은 두말할 필요가 없다. 이 권한에는 법률안 제출권(헌법 제52조)과 법률안 심의·표결권이 포함되는 것이다. 이 법률안 심의·표결권은 의회민주주의의 원리, 입법권을 국회에 귀속시키고 있는 헌법 제40조, 국회는 국민이 선출한 국회의원으로 구성한다고 규정한 헌법 제41조 제1항으로

부터 도출되는 헌법상의 권한이다. 그리고 이러한 법률안 심의·표결권은 국회의 다수파 의원에게만 보장되는 것이 아니라 소수파의원과 특별한 사정이 없는 한 국회의원 개개인에게 모두 보장되는 것 또한 의문의 여지가 없다." 헌재결 2000. 2. 24. 99헌라1.

우선, 가장 첫 번째 단계인 법률안의 제출에 있어서, 국회의원뿐만 아니라 정부도 법률안을 제출할 수 있다(제52조). 제출된 법률안은 국회의장이 접수하여, 국회의원들에게 배부하고, 국회 본회의에 보고한다.

이어서 접수된 법률안을 소관 상임위원회에 회부하여 심사하게 된다. 법률안에 대한 실질적인 심의는 소관 상임위원회에서 담당하게 된다. 상임위원회에서 해당 법률안에 대한 심의를 마친 후에는 이를 국회 본회의에 회부하여 심의·의결하게 된다. 그런데 소관 상임위원회에서 법률안에 대한 심의를 마치고 본회의에 회부하기 전에 해당 법률안을 법제사법위원회에 회부한다. 상임위원회에서 실질적인 법률안에 대한 심의를 마치고 본 회의에 회부하여 최종 심의·의결을 거치기 전에 법제사법위원회에 회부하는 이유는 해당 법률안에 대한 체계와 자구에 대한 심사를 하기 위해서이다. 즉 법률안에 대한 법제사법위원회의 체계·자구 심사는 해당 법률안의 내용 검토와 수정에 대한 사항전문적인 심사를 하는 것이 아니라, 법률안의 형식, 용어, 체계, 통일성과 모순성 등에 대한 심사만을 한다.

이어서 국회 본회의의 최종 심의·의결을 거쳐서 가결되면, 해당 법률안은 정부로 이송된다. 국회에서 의결한 법률안이 정부로 이송되면, 대통령은 법률안을 15일 이내에 공포한다. 법률은 특별한 규정이 없는 한 공포한 날로부터 20일이 경과함으로써 효력을 발생한다.

그러나, 대통령은 국회에서 의결한 법률안에 대해서 거부할 수 있는데, 이를 대통령의 '법률안 거부권' 혹은 '법률안 재의요구권'이라고 한다. 즉 대통령이 법률안에 대하여 이의가 있을 때에는 법률안이 정부로 이송된 지 15일 이내에 이의서를 붙여 국회로 환부하고 재의를 요구할 수 있다(제53조).

대통령이 재의를 요구한 법률안에 대해, 국회에서의 재의결에 있어서는 가중된 정족수가 필요하다. 국회에서 법률안 재의결을 위해서는 국회 재적의원 과반수 출석과 출석의원 3분의 2 이상의 찬성이 필요하다. 대통령이 재의 요구한 법률안이 국회에서 재의결로 법률로서 확정되어 정부에 이송되면 대통령은 5일

법률안의 제출
(국회의원 또는 정부)
⇩
국회 본회의 보고
⇩
상임위원회 심사
⇩
법제사법위원회 체계·자구 심사
⇩
본회의 회부·심의
⇩
표결
⇩
정부로 이송·공포

이내에 공포해야 한다.

국회 의결을 거친 법률안에 대한 대통령의 거부권 행사는 입법부에 대한 행정부의 집행 차원에서의 통제수단으로서의 의미를 갖는다고 할 수 있다. 국회가 제정한 법률은 집행을 통해서 비로소 그 해당 법률이 추구하는 입법목적이 실제 달성된다. 그러나 법률안의 내용 혹은 법률안의 심의·표결 과정이 헌법에서 규정한 내용에 위반되거나, 실제 집행을 하는 데 있어서 막대한 재정적 조치가 수반되거나 혹은 법률안의 내용이 대통령의 정책판단과 일치하지 않는 등의 이유가 있다면, 대통령은 법률안 거부권을 행사하여 국회에서 해당 법률안에 대해 재의해 줄 것을 요구하는 것이다.

2. 국회의 재정기능과 권한

헌법 제54조 제1항에서는 "국회는 국가의 예산안을 심의·확정한다"고 하여, 국회의 예산심의·확정권을 규정하고 있다. 예산은 한 회계연도의 국가 총수입과 총지출에 대해서 예정하고 있는 것이다. 이러한 국가예산에 대해서 국회는 심의 및 확정을 하게 되고, 예산의 전체 수입과 지출에 대해서 결산 및 승인하는 권한을 갖고 있다.

우선, 국가예산은 정부에서 편성한다. 국가의 예산편성과 회계업무를 담당하는 기획재정부장관은 구체적인 예산안을 편성하여, 국무회의의 심의를 거쳐 대통령의 최종 승인을 받는다. 국회, 대법원, 헌법재판소, 중앙선거관리위원회 등의 독립된 헌법기관들이 독자적인 예산편성권을 갖지는 않는다. 그러나 이러한 독립 헌법기관들의 재정적 독립을 존중하고 보장하기 위해서, 세출예산요구액에 대한 조정이 필요한 경우에는 해당기관의 장과 미리 협의한다.

이렇게 편성된 예산안은 회계연도 개시 90일 전까지 국회에 제출한다. 정부가 국회에 제출한 예산안은 국회의장이 접수하여 소관 상임위원회에 회부하고, 예비심사를 하여 그 결과를 보고받는다. 국회의장은 예산안에 대한 소관 상임위원회의 보고서를 첨부하여, 예산결산특별위원회에 회부하여 심의토록 한다. 예산안에 대한 심사에서, 정부가 제출한 지출예산금액을 국회가 증가하거나 또는 새로운 비목을 설치할 수 없다. 이를 위해서는 반드시 정부의 동의가 필요하다. 즉 정부의 예산은 국민의 재정적 부담을 지우게 되므로, 그 통제수단으로서 국회는 정부의 예산안에 대해서 심의·확정권을 갖는다. 이에 대해서, 국회가 자의적으로 예산 심의·확정권을 남용한다면, 이 또한 국민의 재정적 부담을 증가시키는 결과를 초래한다. 이러한 이유에서 예산안에 대한 변경은 국회가 독단적으로 할 수 없으며, 국회의 자의적이고 불합리한 예산안 내용변경을 통제하기 위한 의미에서 예산안에 대한 변경은 정부의 동의를 필요로 한다.

국회는 예산안에 대해 심의 후, 회계연도 개시 30일 전까지 의결해야 한다. 그러나 국회가 새로운 회계연도가 개시될 때까지 예산안을 의결하지 못하면, 정부는 국회에서 예산안이 의결될 때까지 몇 가지 중요한 사항에 대해서는 전년도 예산에 준하여 집행할 수 있다. 즉 헌법이나 법률에 의하여 설치된 기관 또는 시설의 유지·운영을 위한 경우, 법률상 지출의무의 이행이 필요한 경우, 그리고 이미 예산으로 승인된 사업의 계속을 위해서는 전년도 예산에 준해서 집행할 수 있다. 마지막으로 국회는 정부의 예산에 대해서 결산·승인을 할 수 있는 권한이 있다. 정부 예산에 대한 국회의 결산·승인의 권한은 예산의 심의·확정과 함께 정부에 대한 국회의 재정적 통제수단과 기능의 의미라고 할 수 있다.

헌법 제38조 모든 국민은 법률이 정하는 바에 의하여 납세의 의무를 진다.
제59조 조세의 종목과 세율은 법률로 정한다.

국회의 재정기능과 권한과 관련하여, 중요하게 살펴보아야 할 내용이 조세법률주의이다. 국가는 국가의 조직과 기능을 유지하고, 헌법에서 부과한 임무와 과제를 수행하기 위해서 재정능력이 필요하다. 국가재정을 확보하는 대표적인 수단은 조세이며, 국가 세입예산의 대부분은 국민의 조세부담에 의해 충당된다. 조세의 부과와 징수를 하는 국가의 과세 부과·징수행위는 국민의 재산권에 직접적인 영향을 준다. 이러한 국가과세권과 과세행위에 대하여 당연히 헌법적 기본원리가 필요한데, 조세에 관한 헌법적 기본원리가 '조세법률주의'이다. 이에 대해서는 가장 대표적으로 헌법 제38조와 제59조에서 규정하고 있다.

우선, 조세란 국가 또는 지방자치단체가 재정수요를 충족시키거나 경제적·사회적 특수정책의 실현을 위하여, 국민 또는 주민에 대하여 아무런 특별한 반대급부 없이 강제적으로 부과·징수하는 공과금의 일종이다. 우리 헌법 제38조와 제59조는 조세법률주의의 근거가 되는 규정으로서, 법률의 근거 없이 국가는 조세를 부과·징수할 수 없고, 국민은 조세의 납부를 요구받지 않는다는 원칙이다. 헌법상 조세법률주의의 근본이념은 과세요건을 법률로 규정하여 국민의 재산권을 보장하고, 과세요건을 명확하게 규정하여 국민생활의 법적 안정성과 예측가능성을 보장하기 위한 것이다.

판례

"조세법률주의는 조세는 국민의 재산권을 침해하는 것이 되므로, 납세의무를 성립시키는 납세의무자, 과세물건, 과세표준, 과세기간, 세율 등의 과세요건과 조세의 부과 징수절차는 모두 국민의 대표기관인 국회가 제정한 법률로써 이를 규정하여야 한다는 과세요건 법정주의와 아울러 과세요건을 법률로 규정하였다고 하더라도 그 규정내용이 지나치게 추상적이고 불명확하면 과세관청의 자의적인 해석과 집행을 초래할 염려가 있으므로 그 규정내용이 명확하고 일의적이어야 한다는 과세요건 명확주의를 그 핵심적 내용으로 하고 있다. 결국 과세요건 법정주의와 과세요건 명확주의를 핵심 내용으로 하는 조세법률주의의 이념은 과세요건을 법률로 명확하게 규정함으로써 국민의 재산권을 보장함과 동시에 국민의 경제생활에 법적 안정성과 예측가능성을 보장함에 있다." **헌재결 2000. 6. 29. 98헌바35등.**

3. 국회의 국정통제기능과 권한

국회는 국정에 대한 통제기능을 수행하고, 그에 필요한 권한을 갖고 있다. 국회의 국정통제기능에 가장 대표적인 내용은 국정감사와 국정조사이다. 국회의 국정조사와 국정감사에 대한 권한은 헌법 제61조에서 규정하고 있다.

헌법상 국회가 수행하는 국정감사와 국정조사는 국회가 다른 국가기관에 대해서 갖는 포괄적인 견제와 균형의 수단이라는 의미를 갖는다고 할 수 있다. 국정감사는 가장 일반적인 국정에 대한 통제수단으로서, 국정 전반에 걸쳐 이루어진다. 이와 비교하여, 국정조사는 특정한 국정사안에 대해서 조사와 통제를 행사하는 수단이다. 이러한 국정감사와 국정조사는 국정에 대한 국회의 통제를 통한 견제와 균형의 의미도 있지만, 다른 한편으로는, 국정에 대한 조사와 공개를 통해서 국민의 대표기관인 국회가 국민에게 국정에 대한 사실과 정보를 알려주는 기능을 수행한다는 의미도 갖는다.

국회의 국정통제기능과 권한에 대한 또 다른 중요한 내용은 국회의 인사통제기능이다. 국회의 인사통제기능과 권한은 적극적인 의미가 아니라, 수동적인 의미를 갖는다. 즉 공직자에 대한 임명은 행정부의 수반이며, 공무원에 대한 임명권을 갖는 대통령의 권한이다. 하지만 국회는 대통령의 공직자 임명에 대해서 사전적으로 그 임명에 대한 동의 권한이 있기도 하고, 사후적으로 해임건의 및 탄핵소추를 할 수 있는 권한도 갖는다.

가장 대표적으로 국무총리, 대법원장과 대법관, 헌법재판소장 그리고 감사원장의 임명은 국회의 동의를 필요로 한다(제86조 제1항, 제98조 제2항, 제104조 제1항 · 제2항, 제111조 제4항). 이러한 국회의 인사통제기능을 보충하는 역할을 하는 대표적인 제도가 국회의 인사청문회제도이다. 국회 인사청문회의 대상은 가장 대표적으로, 대통령이 각각 임명하는 헌법재판소 재판관과 중앙선거관리위원회 위원, 그리고 국무위원, 방송통신위원회 위원장, 국가정보원장, 공정거래위원회 위원장, 금융위원회 위원장, 국가인권위원회 위원장, 국세청장, 검찰총장, 경찰청장, 합동참모의장 또는 한국은행 총재의 후보자 등이며, 국회 소관 상임위원회에서 개최한다(국회법 제65조의2).

제3절 대 통 령

대한민국의 대통령은 취임에 즈음하여 다음의 선서를 한다(제69조). "나는 헌법을 준수하고 국가를 보위하며 조국의 평화적 통일과 국민의 자유와 복리의 증진 및 민족문화의 창달에 노력하여 대통령으로서의 직책을 성실히 수행할 것을 국민 앞에 엄숙히 선서합니다."

Ⅰ. 대 통 령

대통령과 행정부에 대해서, 우리 현행헌법에서는 제3장 '국회'에 이어서, 제4장 '정부'에서 규정하고 있다. 즉 헌법 제66조부터 제85조까지는 '대통령'에 대해서, 제86조부터 제100조까지는 '행정부'에 대해서 각각 규정하고 있다.

대통령중심제 정부형태에서 대통령은 국민의 직접선거에 의해서 선출된다. 대통령 선거에서 전체 유권자의 다수를 획득한 입후보자가 대통령으로 선출된다. 대통령의 임기는 5년이며, 중임할 수 없다. 대통령의 임기연장 또는 중임변경을 위한 헌법개정은 그 헌법개정 제안 당시의 대통령에게는 효력이 없다(제128조 제2항).

대통령이 궐위되거나 또는 사고로 인하여 대통령의 직무를 수행할 수 없을 때에는 국무총리가 대통령의 권한을 대행한다(제71조). 대통령 권한대행의 직무범위에 대해서는 헌법에 구체적인 규정은 없다. 그러나 대통령과는 달리, 국민에 의해서 직접 선출되지 않은 국무총리가 대통령의 모든 권한을 대행할 수는 없으며, 선거에 의해서 새로운 대통령이 선출될 때까지 국정유지를 위한 소극적인 기능만을 수행해야 할 것이다.

Ⅱ. 헌법상 대통령의 지위

우리나라 현행헌법상, 대통령은 이중적인 지위를 갖는다. 즉 국정 최고책임자로서의 지위와 행정부 수반으로서의 지위를 갖는다.

대한민국의 국정 최고책임자로서의 지위에 있는 대통령이 갖는 권한의 대표적인 내용들을 살펴보면, 우선 대통령은 국가의 원수이며, 외국에 대해서 국가를 대표한다. 대통령은 국가의 독립, 영토의 보전, 국가의 계속성과 헌법을 수호할 책무를 지며, 조국의 평화적 통일을 위한 성실한 의무를 진다(제66조).

대통령은 내우·외환·천재·지변 또는 중대한 재정·경제상의 위기에 있어서 국가의 안전보장 또는 공공의 안녕질서를 유지하기 위하여, 긴급한 조치가 필요하고 국회의 집회를 기다릴 여유가 없을 때에 한하여 긴급재정경제명령권 및 처분권(제76조 제1항)을 가지며, 국가의 안위에 관계되는 중대한 교전상태에 있어서 국가를 보위하기 위하여 긴급한 조치가 필요하고 국회의 집회가 불가능한 때에 한하여 법률의 효력을 가지는 긴급명령권(제76조 제2항)을 갖는다. 이와 더불어 대통령은 전시·사변 또는 이에 준하는 국가비상사태에 있어서 병력으로써 군사상의 필요에 응하거나 공공의 안녕질서를 유지할 필요가 있을 때에는 법률이 정하는 바에 의하여 계엄을 선포할 수 있는 계엄선포권(제77조)을 갖는 등 헌법에서 규정하고 있는 여러 국가긴급권을 행사할 수 있는 권한이 있다.

이와 더불어, 대통령이 필요하다고 인정할 때에는 외교·국방·통일 기타 국가안위에 관한 중요정책을 국민투표에 붙일 수 있는 국민투표부의권이 있다(제72조). 그리고 대통령은 조약을 체결·비준하고, 외교사절을 신임·접수 또는 파견하며, 선전포고와 강화를 할 수 있는 권한이 있다(제73조). 이러한 헌법규정들에서 대통령은 국정 최고책임자로서의 지위를 갖는다는 것을 알 수 있다.

대통령은 행정부의 수반으로서의 지위도 갖는다. 행정부의 수반으로서의 지위에 있는 대통령이 갖는 권한의 대표적인 내용들을 살펴보면, 우선 대통령은 행정부를 구성하는 국무총리 및 각부 장관인 국무위원 등에 대한 임명권(제86조, 제87조)과 헌법과 법률이 정하는 바에 의하여 공무원의 임면권을 갖는다(제78조). 그리고 법률에서 구체적으로 범위를 정하여 위임받은 사항과 법률을 집행하기 위하여 필요한 사항에 관하여 대통령령을 발할 수 있는 권한인 행정입법권(제75조) 등 행정부의 수반으로서의 권한을 갖는다. 이와 더불어, 정부의 권한에 속하는 중요한 정책을 심의하는 기관인 국무회의의 의장은 대통령이다(제88조, 제89조). 이러한 헌법규정들에서 대통령은 행정부의 수반으로서의 지위를 갖는다는 것을 또한 알 수 있다.

판례

"헌법 제66조 제2항 및 제69조에 규정된 대통령의 '헌법을 준수하고 수호해야 할 의무'는 헌법상 법치국가원리가 대통령의 직무집행과 관련하여 구체화된 헌법적 표현이다. '헌법을 준수하고 수호해야 할 의무'가 이미 법치국가원리에서 파생되는 지극히 당연한 것임에도, 헌법은 국가의 원수이자 행정부의 수반이라는 대통령의 막중한 지위를 감안하여 제66조 제2항 및 제69조에서 이를 다시 한번 강조하고 있다. 이러한 헌법의 정신에 의한다면, 대통령은 국민 모두에 대한 '법치와 준법의 상징적 존재'인 것이다." **헌재결 2004. 5. 14. 2004헌나1.**

Ⅲ. 행 정 부

행정부는 대통령을 보좌하거나 자문하는 기관들 모두를 가리킨다. 우리 현행헌법에서는 국무총리, 국무위원, 국무회의, 행정각부 그리고 감사원으로 각각 나누어서 규정하고 있다.

우선, 국무총리는 국회의 동의를 얻어 대통령이 임명한다. 국무총리는 대통령을 보좌하며, 행정에 관하여 대통령의 명을 받아 행정각부를 통할한다. 국무위원은 국무총리의 제청으로 대통령이 임명하며, 국무위원은 국정에 관하여 대통령을 보좌하면서 국무회의의 구성원으로서 국정을 심의한다. 군인은 현역을 면한 후가 아니면 국무총리와 국무위원으로 임명될 수 없다.

정부조직법 제1조(목적) 이 법은 국가행정사무의 체계적이고 능률적인 수행을 위하여 국가행정기관의 설치·조직과 직무범위의 대강을 정함을 목적으로 한다.

제26조(행정각부) ① 대통령의 통할하에 다음의 행정각부를 둔다.

1. 기획재정부, 2. 교육부, 3. 과학기술정보통신부, 4. 외교부, 5. 통일부, 6. 법무부, 7. 국방부, 8. 행정안전부, 9. 문화체육관광부, 10. 농림축산식품부, 11. 산업통상자원부, 12. 보건복지부, 13. 환경부, 14. 고용노동부, 15. 여성가족부, 16. 국토교통부, 17. 해양수산부, 18. 중소벤처기업부

② 행정각부에 장관 1명과 차관 1명을 두되, 장관은 국무위원으로 보하고, 차관은 정무직으로 한다. 다만, 기획재정부·과학기술정보통신부·외교부·문화체육

관광부 · 국토교통부에는 차관 2명을 둔다.
③ 장관은 소관사무에 관하여 지방행정의 장을 지휘 · 감독한다.

국무회의는 정부의 권한에 속하는 중요한 정책들을 심의하는 심의기관이다. 국무회의의 의장은 대통령이며, 부의장은 국무총리이다. 헌법 제89조에서는 국무회의의 심의를 거치는 주요한 사항들에 대해서 자세히 규정하고 있다. 이와 더불어, 대통령의 국정운영에 필요한 자문에 응하기 위하여, 헌법에서는 4개의 자문회의를 둘 수 있도록 규정하고 있다.

헌법 제90조 ① 국정의 중요한 사항에 관한 대통령의 자문에 응하기 위하여 국가원로로 구성되는 국가원로자문회의를 둘 수 있다.
제91조 ① 국가안전보장에 관련되는 대외정책·군사정책과 국내정책의 수립에 관하여 국무회의의 심의에 앞서 대통령의 자문에 응하기 위하여 국가안전보장회의를 둔다.
제92조 ① 평화통일정책의 수립에 관한 대통령의 자문에 응하기 위하여 민주평화통일자문회의를 둘 수 있다.
제93조 ① 국민경제의 발전을 위한 중요정책의 수립에 관하여 대통령의 자문에 응하기 위하여 국민경제자문회의를 둘 수 있다.

제4절 사 법 부

권력분립원리에 따라서, 우리 현행헌법에서는 입법부와 행정부에 이어서 사법부의 조직과 기능 그리고 역할과 권한 등에 대한 내용을 제5장과 제6장에서 각각 '법원'과 '헌법재판소'로 나누어서 규정하고 있다. 헌법재판소는 헌법재판에 관한 사항들을 관장하며(제111조), 일반적으로 사법권은 법관으로 구성되는 법원이 갖는다고 할 수 있다(제101조).

Ⅰ. 사법부의 기능

가장 기본적으로, 사법작용은 국가와 국민 또는 국민과 국민 간에 법적 분쟁이 발생하는 경우, 중립적인 제3자의 지위에 있는 법원이 공정한 법적 판단을 통해 개인의 권리를 구제하고 보호하는 국가작용이라고 할 수 있다. 이러한 사법부의 기능은 그 내용과 특성에 따라 크게 세 가지로 나누어서 살펴볼 수 있다.

1. 주관적 권리구제 기능

사법부는 개인의 권리를 구제하고 보호하기 위한 주관적인 권리구제 기능을 갖고 있다. 법적 분쟁이 발생하여 개인의 권리에 대한 침해 여부가 문제되는 경우, 법원의 재판을 통해 권리구제를 받게 된다. 이는 기본권을 통해서 개인에게 재판을 받을 권리가 보장되어 있는데, 즉 모든 국민은 헌법과 법률이 정한 법관에 의하여 법률에 의한 재판을 받을 권리를 가진다(제27조). 사법부의 주관적인 권리구제 기능을 통해 국민에게 보장된 '재판을 받을 권리'가 실현된다.

입법권과 행정권과는 달리, 기본적으로 사법권은 구체적으로 자신의 권리가 현재 부당하고 위법하게 침해당한 자의 소송의 제기를 통해서 작용한다. 타인의 권리 침해가 발생하거나 혹은 미래에 갖게 될 권리의 침해가 예상된다는 이유만으로 사법부에 권리구제를 의뢰할 수는 없다. 개인의 권리를 구제하기 위한 기능을 신중하게 수행하기 위해서, 헌법과 법률에서는 재판의 심급제를 두고 있다. 즉 '법원조직법'에서는 재판의 3심제도에 대해서 구체적으로 규정하고 있다.

판례

"법원은 기본권을 보호하고 관철하는 일차적인 주체이다. 모든 국가권력이 헌법의 구속을 받듯이 사법부도 헌법의 일부인 기본권의 구속을 받고, 따라서 법원은 그의 재판작용에서 기본권을 존중하고 준수해야 한다. 법원이 기본권의 구속을 받기 때문에 법원이 행정청이나 하급심에 의한 기본권의 침해를 제거해야 하는 것은 당연한 것이다. 기본권의 보호는 제도적으로 독립된 헌법재판소만의 전유물이 아니라 모든 법원의 가장 중요한 과제이기도 하다." **헌재결 1997. 12. 24. 96헌마172등.**

2. 객관적 법질서유지 기능

사법부는 다양한 법률분쟁에서 구체적으로 발생한 법률문제에 대해서, 법의 내용을 확인하고 선언하는 객관적인 기능을 수행한다. 법률분쟁을 통해서 법원이 행하는 법률의 해석, 확인, 선언 등은 계속성과 통일성이 확보되어야 한다. 즉 법률에 대한 법원의 해석이 계속성과 통일성이 확보되지 않는다면, 동일한 법률분쟁에 대해서 다양한 해석과 판단이 나타날 수 있으며, 이는 개인의 권리구제는 물론 전체 법질서에 혼란이 발생하게 될 우려가 크다. 또한 상급법원의 판단이 하급법원의 판단을 기속하지 않아서 상·하급 법원 간의 판단 대립이 발생하게 된다면, 가장 중요한 개인의 권리구제는 어려워지고, 전체 법질서에 혼란이 발생하게 가능성이 또한 크다고 할 수 있다.

이러한 사법권의 계속성과 통일성을 유지하기 위해서, 사법부는 법원조직법을 통해 상급법원의 판단은 하급법원의 판단을 기속하도록 규정하고 있다. 또한 최고법원인 대법원이 기존의 법률해석 및 적용에 관한 의견을 변경할 때에는 대법관 3분의 2 이상이 참여하는 합의체에서 결정하도록 규정하고 있다.

법원조직법 제1조(목적) 이 법은 헌법에 따라 사법권을 행사하는 법원의 조직을 정함을 목적으로 한다.

제7조(심판권의 행사) ① 대법원의 심판권은 대법관 전원의 3분의 2 이상의 합의체에서 행사하며, 대법원장이 재판장이 된다. 다만, 대법관 3명 이상으로 구성된 부(部)에서 먼저 사건을 심리(審理)하여 의견이 일치한 경우에 한정하여 다음 각 호의 경우를 제외하고 그 부에서 재판할 수 있다.

1. 명령 또는 규칙이 헌법에 위반된다고 인정하는 경우
2. 명령 또는 규칙이 법률에 위반된다고 인정하는 경우
3. 종전에 대법원에서 판시(判示)한 헌법·법률·명령 또는 규칙의 해석 적용에 관한 의견을 변경할 필요가 있다고 인정하는 경우
4. 부에서 재판하는 것이 적당하지 아니하다고 인정하는 경우

제8조(상급심 재판의 기속력) 상급법원 재판에서의 판단은 해당 사건에 관하여 하급심(下級審)을 기속(羈束)한다.

3. 최종 판단 기능

사법부는 개인의 권리구제 그리고 법질서 유지를 위한 최종적 판단 기능을 수행한다. 앞에서 살펴보면, 사법부의 주관적 권리구제 기능과 객관적 법질서 유지 기능은 입법부와 행정부에서도 어느 정도는 나타나는 기능이기도 하다. 즉 입법부와 행정부도 자신의 권한과 역할을 통해서 개인의 권리를 보호하고, 전체 법질서를 유지하기 위한 입법작용과 행정작용을 각각 수행한다고 할 수 있다. 이와 비교해서, 개인의 권리구제와 법질서유지를 위한 최종적 판단 기능은 오로지 사법부만이 수행하는 기능이라는 특징이 있다.

구체적인 법적 분쟁에 있어서, 법률내용의 해석과 구체적인 증거 및 사실관계 등에 대한 파악을 통해 사법부가 중립적인 지위에서 공정하게 최종 판단을 하게 된다. 입법부 혹은 행정부도 개인의 권리구제와 객관적 법질서유지를 위해서 입법작용과 행정작용을 수행하지만, 입법부와 행정부가 직접 법적 분쟁의 최종 판단을 할 수는 없다. 법적 분쟁의 최종 판단권자는 사법부이며, 법원이 아닌 행정기관에서 법적 분쟁에 대한 최종 판단을 내릴 수는 없다. 법률에서 행정기관에게 법적 분쟁에 대한 최종 판단권을 부여한다면, 헌법에서 보장하고 있는 개인의 재판을 받을 권리에 대한 침해이며, 사법부의 권한에 대한 침해로서 헌법에 위배된다.

판례

"헌법 제101조는 "사법권은 법관으로 구성된 법원에 속한다"고 규정하고 있고, 헌법 제103조는 "법관은 헌법과 법률에 의하여 그 양심에 따라 독립하여 심판한다"고 규정하고 있으며, 사법의 본질은 법 또는 권리에 관한 다툼이 있는 경우에 독립적인 법원이 법을 해석·적용하여 유권적인 판단을 내린다는 데 있다." **헌재결 2000. 6. 1. 98헌바8.**

Ⅱ. 사법부의 특징

앞서 사법부의 가장 대표적인 기능에서도 살펴보았듯이, 사법권은 소극성과 수동성의 특징을 갖는다. 사법권의 소극성과 수동성은 입법권과 행정권과 비교하여 사법부가 갖는 가장 뚜렷한 특징으로 이해될 수 있다.

입법작용과 행정작용은 현재의 현상과 법질서를 근거로 하여, 적극적이고 미래지향적으로 법률을 제정·개정하고, 기존의 제도를 개선하기도 하며, 새로운 법과 제도 등을 도입한다. 또한 다양한 형태로 나타날 수 있는 법적 분쟁을 사전에 예방할 수 있도록 노력함으로써, 국가생활공동체의 안정과 발전을 추구하고, 국민 개인들 간에 이해관계의 대립과 마찰이 없도록 법을 제정하고 정책을 집행하는 등의 방안을 모색한다. 이와 비교해서, 사법작용은 적극적이고 미래지향적으로 사법권을 행사하는 것이 아니라, 법적 분쟁이 현재 발생했을 때 비로소 작용하게 된다.

또한 사법부는 법적 분쟁이 현재 발생했다는 사실만으로 사법권의 행사를 통해 구체적인 법적 분쟁의 사실관계를 파악하고, 법률해석에 대한 최종판단 등을 직접 능동적으로 수행하지 않는다. 사법권은 현재 발생한 법적 분쟁에서 일방의 당사자가 분쟁의 해결을 위해 사법부에 소송을 통해 제기할 때 비로소 작용하게 된다.

Ⅲ. 사법부의 독립

사법부의 가장 중요한 본질과 그 기능은 중립성과 공정성이다. 국가와 국민 간에 또는 국민과 국민 간에 발생한 다양한 법적 분쟁에서, 법원은 중립적인 제3자의 지위에서 공정한 재판을 통해 최종 판단을 함으로써 개인의 권리를 구제하고 보호하는 국가작용이다. 따라서 이러한 기능과 역할을 수행하는 사법부는 강한 중립성과 공정성이 요구되는 것이다.

사법부가 지녀야 할 중립성과 공정성은, 결국 구체적인 법적 분쟁에서 정확한 사실관계와 증거를 파악하고, 분쟁 당사자들로부터 독립해야 하며, 당사자 어느 일방의 입장과 의견에 치우치지 않은 제3자의 지위에서, 공정하게 법적 분쟁을 해결하여 최종 판단을 내려야 한다. 이러한 속성들이 사법부에게 강하게 요구되는 중요한 내용들이다. 따라서 사법부의 구성과 조직 그리고 임무와 권한 등에 대한 구체적인 내용에 반드시 필요한 헌법적 원칙이 사법부의 독립이라고 할 수 있다.

사법부가 수행하는 기능과 역할 그리고 그 본질과 속성에서 나타나는 의미와 내용에 대해서 우리 현행헌법은 이를 충실하게 반영하고 있다. 헌법에서 규정하고 있는 사법부 독립에 대한 내용들은 크게 사법부 조직의 독립, 법관의 신분보장 그리고 재판의 독립으로 나누어서 살펴볼 수 있다.

판례

"사법(司法)의 본질은 법 또는 권리에 관한 다툼이 있거나 법이 침해된 경우에 독립적인 법원이 원칙적으로 직접 조사한 증거를 통한 객관적 사실인정을 바탕으로 법을 해석·적용하여 유권적인 판단을 내리는 작용이며, 따라서 법원이 사법권을 행사하여 분쟁을 해결하는 절차가 가장 대표적인 사법절차라 할 수 있을 것이고, 그렇다면 사법절차를 특징지우는 요소로는 판단기관의 독립성·공정성, 대심적 심리구조, 당사자의 절차적 권리보장 등을 들 수 있다." **헌재결 2001. 3. 15. 2001헌가1등.**

1. 사법부 조직의 독립

법원 조직에 대한 행정부의 자의적인 개입을 배제하기 위해서, 헌법에서는 법관의 자격과 법원조직을 법률로 정하도록 규정하고 있다. 사법권은 법관으로 구성되는 법원에 속하며, 법원은 최고법원인 대법원과 각급 법원으로 조직된다. 이러한 내용에 대해서는 「법원조직법」에서 구체적으로 규정하고 있다.

법원조직법에 의해서, 법원은 최고법원인 대법원과 그 이하 하급법원으로는 고등법원, 특허법원, 지방법원, 가정법원, 행정법원의 총 6가지 법원으로 규정하고 있다. 그리고 헌법 제110조에서는 일반적인 법원인 대법원과 각급 법원 이외에, 유일한 특별법원인 군사법원을 인정하고 있으며, 군사법원의 조직과 권한 그리고 군사법원 재판관 등에 대해서는 「군사법원법」에서 자세히 규정하고 있다. 특별법원은 헌법에서 특별히 규정하는 경우를 제외하고는 허용되지 않는다.

헌법 제101조 ① 사법권은 법관으로 구성된 법원에 속한다.
② 법원은 최고법원인 대법원과 각급법원으로 조직된다.
③ 법관의 자격은 법률로 정한다.
제102조 ① 대법원에 부를 둘 수 있다.
② 대법원에 대법관을 둔다. 다만, 법률이 정하는 바에 의하여 대법관이 아닌 법관을 둘 수 있다.
③ 대법원과 각급법원의 조직은 법률로 정한다.

2. 법관의 신분보장

법원을 구성하는 법관은 외부의 어떠한 개입과 압력을 받지 않고 독립된 지위에서 공정한 재판을 하기 위해서는, 헌법과 법률에서 정한 사유 이외에 어떠한 사유로도 불이익한 처분을 받지 않아야 한다. 즉 재판의 독립성과 공정성을 위해서 법관의 신분은 강하게 보장되어야 한다.

법관의 신분보장에 대해서는 헌법 제106조 제1항에서 규정하고 있는데, 즉 법관은 탄핵 또는 금고 이상의 형의 선고에 의하지 아니하고는 파면되지 않으며, 징계처분에 의하지 아니하고는 정직·감봉 기타 불리한 처분을 받지 않는다.

헌법에서는 법관의 임기를 보장하고 있는데, 우선 대법원장과 대법관의 임기는 6년이며, 대법원장은 중임할 수 없지만, 대법관은 법률이 정하는 바에 의하여 연임할 수 있다. 대법원장과 대법관의 아닌 법관의 임기는 10년이며, 법률이 정하는 바에 의하여 연임할 수 있다.

3. 재판의 독립

사법권 독립의 가장 중요한 핵심은 법관의 재판기능상의 독립이라고 할 수 있다. 재판의 독립이야말로 사법부의 역할과 기능을 수행하기 위해서 가장 중요한 의미를 갖는 것이고, 재판의 독립이 이루어지지 않고서는 사법부의 독립은 그 의미를 잃게 된다. 법원조직의 독립과 법관의 신분보장은 궁극적으로 법관의 재판상의 독립을 확보하기 위해 반드시 필요한 제도이기도 하다. 헌법 제103조에서는 법관의 재판상의 독립에 대해서 규정하고 있는데, 즉 법관은 헌법과 법률에 의하여 그 양심에 따라 독립하여 심판한다고 규정하고 있다.

헌법은 모든 국가기관을 기속하기 때문에, 국가권력작용 중 하나인 사법작용인 법관의 재판도 당연히 헌법에 기속된다. 따라서 법관의 재판에 있어서도 해당 사건에 대한 심판의 기준으로 헌법이 적용된다. 법관은 해당 사건에 대한 재판에서 적용 법률이 헌법에 위반된다고 판단되거나 혹은 의심되는 경우에는, 해당 적용 법률이 헌법에 위반되는지 여부를 판단하는 권한을 갖고 있는 헌법재판소에 법률의 위헌 여부를 묻고, 그 결과에 따라 재판을 심리하여 판단해야 한다(제107조 제1항).

> 헌법 제107조 ① 법률이 헌법에 위반되는 여부가 재판의 전제가 된 경우에는 법원은 헌법재판소에 제청하여 그 심판에 의하여 재판한다.

법관의 독립에 대한 내용을 좀 더 구체적으로 살펴보면, 법관은 법원의 내부로부터, 외부로부터 그리고 재판의 당사자로부터 각각 독립되어야 한다.

법관은 하나의 독립된 국가기관이며, 헌법과 법률에 의하여 재판기능을 수행한다. 법원 내부조직적으로 직위에 따른 위계관계가 존재하지만, 이러한 법원 내부적인 직위에 의한 위계관계는 사법행정적인 사항에 대해서만 의미가 있을 뿐, 재판에 있어서 법관의 판단에는 영향을 주지 않는다.

법관은 다른 국가기관이나 또는 외부의 어떠한 영향으로부터도 독립되어야 한다. 법원은 입법부 및 행정부 등 국가기관의 위헌적이거나 위법적인 처분 등을 통해 침해된 국민의 권리를 구제하고 보호하는 역할을 하므로, 재판에 있어서 법관은 다른 국가기관으로부터 독립되어야 한다. 또한 재판의 진행과 그 결과 등에 이해관계가 있는 사람이나 집단 혹은 이익단체 등 일체의 외부 영향력으로부터 독립되어야 한다.

법관은 법원 내부적으로 그리고 외부적으로 독립되어야 하지만, 재판 당사자로부터도 독립되어야 한다. 즉 법관이 재판의 당사자의 이해관계로부터 자유롭고 독립되어야만, 비로소 법관은 중립적이고 공정한 재판을 통해 판단을 할 수 있다. 예를 들어, 재판의 당사자가 배우자 혹은 친인척관계 등 밀접한 인적 관계에 있는 경우에는 법관의 중립적이고 공정한 재판을 기대하기 어렵다. 따라서 각종 소송법에서는 법관의 재판 당사자의 이해관계로부터 독립을 보장하기 위해서, 이른바 제척, 기피 그리고 회피제도를 규정하고 있다. 가장 대표적인 소송법인 형사소송법과 민사소송법에서는 법관의 제척·기피·회피 등에 대해서 규정하고 있다.

	형사소송법	민사소송법
법관의 제척	제17조(제척의 원인) 법관은 다음 경우에는 직무집행에서 제척된다. 1. 법관이 피해자인 때 2. 법관이 피고인 또는 피해자의 친족 또는 친족관계가 있었던 자인 때 3. 법관이 피고인 또는 피해자의 법정대리인, 후견감독인인 때 4. 법관이 사건에 관하여 증인, 감정인, 피해자의 대리인으로 된 때 5. 법관이 사건에 관하여 피고인의 대리인, 변호인, 보조인으로 된 때 6. 법관이 사건에 관하여 검사 또는 사법경찰관의 직무를 행한 때 7. 법관이 사건에 관하여 전심재판 또는 그 기초되는 조사, 심리에 관여한 때	제41조(제척의 이유) 법관은 다음 각 호 가운데 어느 하나에 해당하면 직무집행에서 제척된다. 1. 법관 또는 그 배우자나 배우자이었던 사람이 사건의 당사자가 되거나, 사건의 당사자와 공동권리자·공동의무자 또는 상환의무자의 관계에 있는 때 2. 법관이 당사자와 친족의 관계에 있거나 그러한 관계에 있었을 때 3. 법관이 사건에 관하여 증언이나 감정을 하였을 때 4. 법관이 사건당사자의 대리인이었거나 대리인이 된 때 5. 법관이 불복사건의 이전심급의 재판에 관여하였을 때. 다만, 다른 법원의 촉탁에 따라 그 직무를 수행한 경우에는 그러하지 아니하다.
법관의 기피	제18조(기피의 원인과 신청권자) ① 검사 또는 피고인은 다음 경우에 법관의 기피를 신청할 수 있다. 1. 법관이 전조 각 호의 사유에 해당되는 때 2. 법관이 불공평한 재판을 할 염려가 있는 때 ② 변호인은 피고인의 명시한 의사에 반하지 아니하는 때에 한하여 법관에 대한 기피를 신청할 수 있다.	제43조(당사자의 기피권) ① 당사자는 법관에게 공정한 재판을 기대하기 어려운 사정이 있는 때에는 기피신청을 할 수 있다. ② 당사자가 법관을 기피할 이유가 있다는 것을 알면서도 본안에 관하여 변론하거나 변론준비기일에서 진술을 한 경우에는 기피신청을 하지 못한다.
법관의 회피	제24조(회피의 원인 등) ① 법관이 제18조의 규정에 해당하는 사유가 있다고 사료한 때에는 회피하여야 한다. ② 회피는 소속법원에 서면으로 신청하여야 한다.	제49조(법관의 회피) 법관은 제41조 또는 제43조의 사유가 있는 경우에는 감독권이 있는 법원의 허가를 받아 회피할 수 있다.

▶ 법률용어 설명

- **이원정부제·이원집정부제:** 대통령중심제 정부형태와 의원내각제 정부형태가 혼합된 정부형태의 일종이다. 이원정부제 또는 이원집정부제에서는 각각의 실질적인 권한을 갖는 총리와 대통령이 상호 존재한다. 총리와 대통령이 상징적으로 존재하는 헌법기관이 아니며, 평상시에는 총리가 행정권을 행사하고, 대통령은 외교·국방 등의 권한을 갖는다. 내란·전쟁 등의 국가비상상태 발생시에는 대통령이 행정권을 전적으로 행사한다. 일반적으로 대통령은 국민의 선거에 의해 선출되며, 총리는 의회의 다수당의 당수가 선출된다. 프랑스, 오스트리아, 포르투갈 등이 이원정부제 혹은 이원집정부제를 정부형태로 채택하고 있는 대표적 국가들이다.
- **의사공개의 원칙:** 헌법 제50조 제1항은 "국회의 회의는 공개한다"라고 하여 의사공개의 원칙을 규정하고 있다. 의사공개의 원칙은 의사진행의 내용과 의원의 활동을 국민에게 공개함으로써 민의에 따른 국회운영을 실천한다는 민주주의적 요청에서 유래하는 것이다. 국회에서의 토론 및 정책결정의 과정이 공개되어야 주권자인 국민의 정치적 의사형성과 참여, 의정활동에 대한 감시와 비판이 가능하게 될 뿐더러, 의사의 공개는 의사결정의 공정성을 담보하고 정치적 야합과 부패를 방지한다. 의사공개의 원칙은 방청 및 보도의 자유와 회의록의 공표를 그 내용으로 하는데, 다만, 출석의원 과반수의 찬성이 있거나 의장이 국가의 안전보장을 위하여 필요하다고 인정할 때에는 공개하지 아니할 수 있다.
- **국무회의:** 국무회의의 심의를 걸쳐야 하는 사항들은 헌법 제89조에서 규정하고 있다. 1. 국정의 기본계획과 정부의 일반정책, 2. 선전·강화 기타 중요한 대외정책, 3. 헌법개정안·국민투표안·조약안·법률안 및 대통령령안, 4. 예산안·결산·국유재산처분의 기본계획·국가의 부담이 될 계약 기타 재정에 관한 중요사항, 5. 대통령의 긴급명령·긴급재정경제처분 및 명령 또는 계엄과 그 해제, 6. 군사에 관한 중요사항, 7. 국회의 임시회 집회의 요구, 8. 영전수여, 9. 사면·감형과 복권, 10. 행정각부간의 권한의 획정, 11. 정부 안의 권한의 위임 또는 배정에 관한 기본계획, 12. 국정처리상황의 평가·분석, 13. 행정각부의 중요한 정책의 수립과 조정, 14. 정당해산의 제소, 15. 정부에 제출 또는 회부된 정부의 정책에 관계되는 청원의 심사, 16. 검찰총장·합동참모의장·각군참모총장·국립대학교총장·대사 기타 법률이 정한 공무원과 국영기업체관리자의 임명, 17. 기타 대통령·국무총리 또는 국무위원이 제출한 사항

▶ 생각해볼 문제

Q. 미국에서 대통령중심제 정부형태가 탄생하게 된 이유와 상황은 구체적으로 무엇일까?

Q. 의원내각제 정부형태의 대표적인 국가인 영국과 독일에서, 의원내각제의 실제 운영에는 서로 어떤 특징과 차이점이 있을까?

Q. 미국의 대통령중심제 정부형태와 대한민국의 대통령중심제 정부형태에는 서로 어떤 특징과 차이점이 있을까?

Q. 의원내각제 정부형태의 특징인 행정부(내각) 불신임과 의회해산은 실제 어떤 이유와 상황에서 일어날까?

Q. 헌법의 개정에 대해서 우리 현행헌법에서는 어떻게 규정하고 있을까?

제 3 편

행 정 법

제1장

행정법 일반

제1절 행정법의 의의

Ⅰ. 행정법의 의의

행정법은 입법, 사법, 행정으로 구분되는 광의의 국가작용 중 행정(행정권의 조직과 작용)에 관한 법으로서, 널리 공법(公法)과 사법(私法)을 구분할 때 공법의 분야에 속하는 대표적인 법이다. 다만, 여기서 주의해야 할 점은 흔히 기본 7법이라고 일컬어지는 헌법, 민법, 형법, 상법, 민사소송법, 형사소송법, 행정법 중에서 다른 법과는 달리 행정법이라는 명칭을 가진 단일한 실정법이 존재하지 않는다는 점이다.

Ⅱ. 행정법과 헌법의 관계

1. 구체화된 헌법으로서의 행정법

스위스 헌법 제2조와 같이 헌법의 목적조항을 명시하고 있는 국가도 있으나 우리 헌법에서는 명시적인 목적조항을 두고 있지는 않다. 그러나 헌법 제10조에서 "모든 국민은 인간으로서의 존엄과 가치를 가지며, 행복을 추구할 권리를 가진다. 국가는 개인이 가지는 불가침의 기본적 인권을 확인하고 이를 보장할 의무를 진다"라고 규정하고 있는데, 비록 '목적조항'이라는 명시적인 표시는 없지만 이 조항이 실질적으로 국가의 존재목적을 표상하고 있는 조항이라고 할 수 있다.

> **스위스 헌법 제2조(목적)** 스위스 연방은 국민의 자유와 권리를 보호하고 국가의 독립과 안전을 보장한다.

이러한 헌법정신이, 행정에 관한 모든 법률 및 적용원리를 다루고 있는 행정법 영역에서 구체적인 입법과 행정작용에 대한 권한 부여 및 통제를 통해 발현되게 된다. 즉 헌법에 따라 행정법 체계의 존재구조가 결정되는 것이다. 예를 들어, 국가권력에 의한 개인의 자유와 권리에 대한 침해를 방지하고자 했던 19세기 헌법상황에서는 침해행정법 분야가 발전했으며, 20세기 복지국가 헌법상황에서는 급부행정법 영역이 발전한 바 있다. 이렇게 최고규범으로서 헌법을 반영하고 구체화하는 행정법의 성격이 특별히 강조되는 것은, 행정법이 헌법과 함께 대표적인 공법이기 때문이다. 이러한 성격을 강조하여 행정법을 '구체화된 헌법'이라고 표현하기도 한다.

2. 행정법의 독자성

헌법의 영향을 많이 받고 있지만 다른 한편으로 행정법은 헌법에 비하여 정치적인 성격이 덜하고 상대적으로 변화의 속도가 느리다는 점에서 차이가 있다. 이를 두고 독일학자 오토 마이어(Otto Mayer)는 "헌법은 사라지나 행정법은 존속한다"고 표현하기도 하였다.

Ⅲ. 행정법과 행정학의 관계

1. 공 통 점

양자 모두 행정을 규율대상으로 하고 헌법정신을 구현하는 것을 목적으로 하며 실용학문적 성격을 가지고 있다는 점에서 공통점이 있다. 또한 현실사회의 문제를 파악하고 해결을 추구한다는 점과 국민의 복리 증진, 자유와 정의를 추구한다는 가치적 학문이라는 점에서도 공통적이다.

2. 차 이 점

행정학은 물적·인적 행정역량을 동원해서 국민의 복리증진이라는 공익적 행정목적을 달성하고자 하는 적극적·능동적 작용에 관심을 두는 반면에 행정법은 이러한 행정작용의 법적 권한을 부여하는 측면도 있으나 주로 법치주의(법치행정의 원칙)의 관점에서 이러한 행정작용의 합법률성에 관심을 두고 행정에 대한 통제적 기능을 수행한다는 점에서 차이가 있다.

〈헌법적 근거〉

헌법 제37조 ② 국민의 모든 자유와 권리는 국가안전보장·질서유지 또는 공공복리를 위하여 필요한 경우에 한하여 법률로써 제한할 수 있으며, 제한하는 경우에도 자유와 권리의 본질적인 내용을 침해할 수 없다.

Ⅳ. 행정법의 특징

1. 능동적 성격

행정법은 다른 법에 비해 공익실현을 목적으로 하며 법 집행작용적 성격이 강하고 능동적·미래지향적·적극적인 사회형성작용을 한다는 특징이 있다.

2. 단일법전이 없음

사법시험, 변호사시험에서 출제되는 이른바 기본 7법, 즉 헌법, 민법, 형법, 민사소송법, 형사소송법, 상법, 행정법 중 행정법을 제외한 다른 법들은 그 명칭 그대로의 단일법전이 존재하나, 행정법만 '행정법'이라는 이름의 단일법전이 없다. 이렇게 단일법전이 없다는 점이 처음 공부할 때 전체 체계를 잡기가 어려운 이유가 되기도 한다. 그렇기 때문에 뒤에서 일반이론의 중요성이 매우 큰 분야가 바로 행정법이다.

3. 개별법의 광범위성

행정에 관한 모든 법이 다 강학상 행정법의 영역은 아니지만(예, 국가의 행정작용 중 하나인 형벌부과작용은 형법·형사소송법의 영역이며, 조세영역은 조세법의 형태로 이제는 학문적으로 독자 발전하고 있다), 정부에서 다루는 거의 모든 법률이 행정법의 규율대상이 된다.

>>참 고<<

- **기본적인 법률:** 행정절차법, 행정심판법, 행정소송법, 국가배상법, 개인정보보호법, 행정규제기본법, 행정대집행법, 지방자치법, 지방교육자치에 관한 법률, 국가공무원법 등.
- **변호사시험, 사법시험 등에서 부분 쟁점으로 자주 출제되는 법률:** 청소년보호법, 도로교통법, 도로법, 식품위생법, 건축법, 체육시설의 설치·이용에 관한 법률, 국토의 계획 및 이용에 관한 법률, 공익사업을 위한 토지 등의 취득 및 보상에 관한 법률 등.
- **실무에서 자주 다루어지는 법률:** 국토의 계획 및 이용에 관한 법률, 개발제한구역의 지정 및 관리에 관한 특별조치법, 도시 및 주거환경 정비법, 국세기본법, 지방세법, 국가를 당사자로 하는 계약에 관한 법률, 국가를 당사자로 하는 소송에 관한 법률, 지방자치단체를 당사자로 하는 계약에 관한 법률 등.

4. 행정법 일반이론의 중요성(비례의 원칙, 신뢰보호의 원칙, 행정행위 일반론 등)

단일법전이 없기 때문에 행정법 분야에 속하는 개별법에 공통적으로 적용되는 행정법 일반이론이 매우 중요하게 다루어진다. 특히 그중에서도 행정법의 일반원칙(비례의 원칙, 신뢰보호의 원칙, 부당결부금지의 원칙, 자기구속의 원칙)은 헌법적 위상을 가지는 원칙으로서 행정작용의 위법성을 판단하는 가장 적극적인 기준으로 작용한다. 이는 다른 법에서는 대체로 일반원칙이 개별조항의 입법취지에 포함되어 있거나 가치선언의 의미만 있다는 점과 다른 점이다.

5. 국가의 우월적 지위 인정

행정법관계에 있어서는 행정작용의 주체로서 국가에게 그 상대방인 국민보다 우월적인 지위가 인정되며, 이러한 행정법관계를 규율하는 행정소송법, 행정법원 등이 별도로 존재한다.

[행정법(공법)관계의 종류]

당사자 중 일방이 국가기관, 행정주체라고 하더라도 그 관계가 반드시 공법(公法)관계인 것은 아니다. 행정법관계는 다음의 세 가지로 구분되며, 그중 국고관계는 사법(私法)관계로 취급된다.

① 권력관계: 행정주체가 공권력의 주체로서 우월적 지위에서 일방적으로 행정법관계를 형성·변경·소멸하는 관계－공법관계

② 관리관계(작용, 행위), 비권력관계: 도로 등 공적 재산의 관리주체로서 사인과 대등한 관계에서 맺는 비강제(비권력)적 관계－사법관계와 유사하나 공익성이 강하므로 공법적 규율을 받음－공법관계

③ 국고관계(작용): 재산권의 주체로서 사인과 같은 지위에서 국민과 맺는 관계(예, 매매, 도급)－사법관계

〉〉참 고〈〈

흔히 전 세계적으로 한 국가의 법체계를 대륙법계 국가와 영미법계 국가로 분류하는데, 우리나라는 대륙법계에 속해 있다. 그런데 영미법계의 국가들은 대체로 행정법원, 행정소송법 등이 별도로 존재하지 않는다. 따라서 행정법 분야는 미국 등 영미법계 국가와 서로 통하지 않는 면이 상대적으로 다른 법 분야에 비하여 더 크다.

6. 공익과 사익 등의 조화·균형을 추구(비교형량)

행정법에서 다루는 사안들의 핵심문제는 공익과 사익의 충돌을 어떻게 조화롭게 해결할지의 문제이다. 구체적으로 법적 안정성, 법률적합성, 국민의 권리구제, 행정의 효율성 등의 개념 상호간에 어느 것을 구체적인 사안에서 우선시할 것인지 비교형량하여야 한다.

예를 들어, 행정소송법상 원고적격은 확대하게 되면 국민 권리구제에는 도움이 되지만 소송이 많아져서 행정의 비효율문제가 발생할 수 있다. 또한 공무원 징계처분의 경중이 적절했는지를 다루는 사안에서는 징계로 달성하려는 공익과 이로 인해 침해되는 공무원의 사익을 비교하여 판단해야 한다.

이렇게 행정법을 공부하면서 끊임없이 훈련받는 부분이 바로 이렇게 다양한 이해관계, 공익과 사익 등을 비교형량해서 사안을 판단해야 한다는 점이다.

법학의 기본적인 관점이 이러한 사안의 공평한 해결이긴 하지만, 그중에서도 공익과 사익의 비교형량 부분이 가장 강조되고 많이 다루어지는 분야가 바로 행정법이다.

7. 행정쟁송 제기의 엄정성

행정법 분야의 특징 중 하나가 일반 사인(私人) 간의 관계를 규율하는 민사소송과 달리 별도의 행정쟁송(행정심판과 행정소송)절차가 존재한다는 점과 이러한 행정쟁송의 제기가 민사소송보다 더 까다롭고 어렵게 되어 있다는 점이다.

행정법 분야에서는 모든 국가작용에 대해서 국민이 법원에 그 행정작용의 위법 여부를 다툴 수 있는 것이 아니라 그중에서도 이른바 '처분등'의 개념에 해당하는 경우에만 행정심판과 행정소송을 제기할 수 있도록 되어 있다.

> **행정소송법 제2조** ① 이 법에서 사용하는 용어의 정의는 다음과 같다.
> 1. "처분등"이라 함은 행정청이 행하는 구체적 사실에 관한 법집행으로서의 공권력의 행사 또는 그 거부와 그 밖에 이에 준하는 행정작용(이하 "처분"이라 한다) 및 행정심판에 대한 재결을 말한다.

문제는 행정청의 어떤 행정작용이 다툴 수 있는 처분인지 일반 국민이 파악하기 어렵다는 점이다. 심지어 대법원 스스로도 종전에는 처분이 아니라고 판단했다가 이후 처분에 해당한다고 판례를 변경하기도 한다. 결국 실무상 대법원이 처분성을 인정한 것과 아닌 사례를 개별적으로 판례를 숙지하여 처리할 수밖에 없다.

또한 행정심판과 행정소송은 소를 제기할 수 있는 제소기간이 한정되어 해당 기간 내에 심판이나 소를 제기하지 않으면 권리를 구제받는 것이 불가능해진다.

일반 민사소송사건이 평균 500만 건 정도임에 비해 행정심판과 행정소송은 각 3만 건밖에 되지 않을 정도로 사건 자체가 매우 적은 것도 바로 이렇게 행정쟁송의 제기가 어렵게 되어 있기 때문이다. 이러한 상황에서 국민의 권익구제 확대를 위해 처분성을 넓히려는 행정소송법 개정시도가 있지만 행정부와 법원, 실무계, 학계 등의 의견이 일치하지 않는 면이 있어서 쉽게 결정이 나지 않고 있다.

[행정법의 체계]

아래에서의 '법'은 실정법, 성문법을 의미하는 것이 아니라 강학상 내용을 통칭하는 용어로서의 법이라는 표현을 쓰는 것임.

〈분류 방식 1〉

- **일반행정(작용)법(행정법총론)**: 모든 행정분야에 공통적으로 적용되는 법규와 법원칙. 예) 행정절차법, 행정소송법 등.
- **특별(개별)행정법(행정법각론)**: 특정 행정분야에 적용되는 행정법. 예) 지방자치법, 공무원법, 경찰법, 공적 시설법(공물, 영조물, 공기업법), 공용부담법, 토지행정법, 환경행정법, 재정법 등.
  * 개별행정법은 그 자체가 하나의 전공서적을 구성할 정도로 행정법의 세분화한 세부 전공분야임. 행정법 체계에서 행정법총론에 해당하는 일반행정법의 중요성이 행정법각론보다 더 크다.

〈분류 방식 2〉

- **행정작용법**: 행정주체의 국민에 대한 대외적 활동을 규율하는 법.
- **행정조직법**: 행정주체의 내부조직에 관한 법.
- **행정구제법**: 행정권에 의한 국민의 권익 침해에 대한 구제를 규율(국가배상, 손실보상, 행정심판, 행정소송).

제2절 법치행정의 원칙(행정의 법률적합성의 원칙)

Ⅰ. 의 의

법치행정의 원칙(행정의 법률적합성의 원칙)은 행정은 법률의 근거하에서 이루어져야 하며(법률유보), 법률에 위반해서는 안 된다(법률우위)는 원칙을 말한다. 이 원칙은 법치주의국가의 행정에 있어서 가장 중요한 내용이라고 할 수 있다.

구체적으로 법치행정의 원칙은 그 내용으로 ① 법률의 법규창조력, ② 법률의 유보, ③ 법률의 우위로 구분된다.

Ⅱ. 법률의 법규창조력

국민의 대표기관인 국회에서 만든 법률만이 국민을 구속하는(국민에게 준수를 요구하는) 힘을 가진다는 원칙을 말한다(헌법 제40조). 그러나 헌법 자체에서 법률적 효력을 가진 대통령의 긴급명령, 긴급재정·경제명령을 예정하고 있고(헌법 제76조) 현대 민주주의국가에 있어서 행정부의 권한 강화현상을 통해 종래에는 국민에 대한 구속력이 없었던 행정규칙이 구속력을 갖는 경우가 발생하는 등 법률의 법규창조력의 의미는 변하고 있다.

Ⅲ. 법률유보의 원칙

1. 의의 및 근거

법률유보의 원칙이란 국가의 행정은 법적 근거하에 이루어져야 한다는 원칙을 말한다. 이 원칙은 "국민의 모든 자유와 권리는 국가안전보장·질서유지 또는 공공복리를 위하여 필요한 경우에 한하여 법률로써 제한할 수 있다"고 규정한 헌법 제37조 제2항을 핵심 근거로 하고 있으며, 이외에도 재산권 보장에 관한 헌법 제23조 제1항·제3항, 헌법상 민주주의원리, 법치주의원리, 기본권보장의 원리 등이 법률유보의 원칙의 근거가 된다. 즉 법치주의국가하에서는 행정의 고유한 권능에 기해 행정권한을 행사한다는 주장은 성립할 수 없으며, 원칙적으로 행정권의 발동은 해당 행정기관이 그러한 행정을 할 수 있도록 권한을 부여하는 법적 근거가 있어야 한다.

2. 적용범위

구체적으로 모든 행정작용에 있어서 법적 근거를 요하는지(전부유보설) 아니면 국민의 자유와 권리를 제한하거나 침해하는 행정을 할 경우에만 법적 근거를 요하는지(침해유보설)에 대하여 연혁적으로 여러 학설이 대립하고 있었다.

그러나 현재는 국민의 기본권(권리와 의무)에 영향을 미치는 본질적인 사항은 법의 근거가 있어야 하며, 국민의 자유와 권리를 제한하거나 의무를 부과하는 침해행정뿐만 아니라 국민에게 이익을 주는 급부행정 중에서도 일정 사항은 법적 근거를 요한다는 이른바 중요사항유보설(본질성설)이 일반적으로 받아들여지고 있다.

또한 나아가 이러한 중요사항은 법적 근거가 있어야 할 뿐만 아니라 명령·규칙 등 하위규범에 위임할 수 없다는 이른바 의회유보설(이중의 유보, 위임입법의 한계)이 받아들여지고 있다.

판례

"오늘날 법률유보원칙은 단순히 행정작용이 법률에 근거를 두기만 하면 충분한 것이 아니라, 국가공동체와 그 구성원에게 기본적이고도 중요한 의미를 갖는 영역, 특히 국민의 기본권실현과 관련된 영역에 있어서는 국민의 대표자인 입법자가 그 본질적 사항에 대해서 스스로 결정하여야 한다는 요구까지 내포하고 있다(의회유보원칙)." **헌재결** 1999. 5. 27. 98헌바70.

3. 예외(위임입법의 한계의 예외)

이러한 법률유보원칙(위임입법의 한계)의 엄격성의 정도는 구체적인 행정작용의 성격에 따라 달라진다. 이른바 지역적 민주적정당성을 가지고 있는 지방의회가 제정하는 조례에 대한 다소간의 포괄적인 위임은 허용되며, 국민에게 이익을 주는 급부행정의 영역에서는 완화된다. 반면에 처벌법규의 경우에는 더욱 엄격히 적용되어 형벌의 종류와 상한의 폭 등이 법률에 명시되어 있어야 한다.

Ⅳ. 법률우위의 원칙

법률우위의 원칙이란 국가의 행정은 법률에 위반되어서는 안 된다는 원칙으로서 법치주의원칙을 근거로 한다. 법률우위의 원칙은 모든 행정작용에 적용된다는 점에서 적용범위에 대해 견해대립이 있는 법률유보의 원칙과 차이가 있다. 구체적으로 법률우위의 원칙에서의 법률은 국회에서 제정하는 형식적 의미의 법률뿐만 아니라 법규명령, 행정법의 일반원칙 등 법규적 효력 즉 국민에게 준수해야 할 의무를 발생시키는 구속력이 있는 법규범이 모두 포함된다.

Ⅴ. 통치행위-법치행정의 원칙의 한계 또는 예외문제

통치행위란 선전포고, 국가승인과 같이 고도의 정치적 성격의 행위로서 사법심사에서 배제(제한)되는 행위를 의미한다. 통치행위 인정 여부의 핵심은 사법심사에서 배제(제한)되는지 여부이며 따라서 행정소송, 헌법소송에서 개괄주의를 취할 때 비로소 문제가 된다.

이에 대하여 법치국가의 원칙(또는 법치행정의 원칙)에 비추어 볼 때 이러한 유형의 행위를 인정할 수 있는지 연혁적으로 견해가 대립되어 왔다. 구체적으로 법치주의의 관점에서 부정하는 견해, 권력분립의 측면에서 긍정하는 견해, 제한적으로 긍정하는 견해 등이 대립되어 왔으나 현재 우리나라의 대법원은 계엄선포, 남북정상회담개최에 대하여, 헌법재판소는 금융실명제(긴급재정경제명령), 사면, 파병결정에 대하여 이들 행위를 통치행위로 인정하고 사법심사를 제한한 바 있다. 다만, 헌법재판소의 경우 고도의 정치적 결단에 의한 행위라도 국민의 기본권침해와 직접 관련되는 경우에는 심판대상이 된다고 판시하고 있다.

법치주의하에서 사법심사에서 제외되는 행정작용은 최소화하는 것이 국민의 권리구제의 관점에서 바람직하다는 점에서 제한적으로만 인정되는 것이 타당하다.

판례

"대통령의 긴급재정경제명령은 국가긴급권의 일종으로서 고도의 정치적 결단에 의하여 발동되는 행위이고 그 결단을 존중하여야 할 필요성이 있는 행위라는 의미에서 이른바 통치행위에 속한다고 할 수 있으나, 통치행위를 포함하여 모든 국가작용은 국민의 기본권적 가치를 실현하기 위한 수단이라는 한계를 반드시 지켜야 하는 것이고, 헌법재판소는 헌법의 수호와 국민의 기본권 보장을 사명으로 하는 국가기관이므로 비록 고도의 정치적 결단에 의하여 행해지는 국가작용이라고 할지라도 그것이 국민의 기본권 침해와 직접 관련되는 경우에는 당연히 헌법재판소의 심판대상이 된다." **헌재결 1996. 2. 29. 93헌마186.**

제3절 행정법의 일반원칙

행정법의 법원(法源) 중 하나이며 연혁적으로 볼 때 조리(條理)가 구체화된 것이다. 다만 현재는 헌법적 위상을 가진 원칙으로서 이에 위반한 행정처분이 위법해질 뿐만 아니라 이에 위반한 법률도 위헌의 문제가 제기될 수 있다. 구체적으로 재량의 영역에서 재량의 일탈·남용을 판단하는 기준으로 주로 활용된다.

Ⅰ. 비례의 원칙

실무적으로 가장 문제가 많이 되며, 모든 행정작용에서 문제될 수 있으나 침해적 행정처분의 위법성 검토에서 주로 문제가 된다(예, 공무원 징계, 영업정지·취소 등 제재적 행정처분에서 재량권의 일탈·남용의 문제).

1. 의의와 근거

행정작용의 목적과 그 목적을 실현하기 위한 수단은 적절한 비례의 관계에 있어야 한다는 원칙을 말한다. 헌법 제37조 제2항 '필요한 경우'라는 문언 등을 근거로 한다.

2. 내 용

① 적합성의 원칙: 행정작용(수단)은 행정목적 달성에 적합한 수단이어야 한다.

② 필요성의 원칙(최소침해의 원칙): 채택된 수단은 다른 수단들과 비교해서 개인의 권리를 최소한 침해하는 것이어야 한다.

③ 상당성의 원칙(협의의 비례의 원칙): 달성하고자 하는 목적(공익)과 이를 위한 수단으로 인해 침해되는 국민의 사익을 비교할 때 공익이 우월해야 한다.

3. 위반의 효과 및 구제

비례원칙을 위반한 행정처분은 재량권 일탈·남용으로 위법하며 무효 또는 취소의 사유가 된다. 이에 대해서는 행정쟁송(행정심판, 행정소송)으로 다툴 수 있으며, 경우에 따라서는 국가배상청구를 할 수 있다. 이하 신뢰보호의 원칙 등 행정법의 일반원칙 위반의 경우에도 위반의 효과와 구제방법은 같다.

Ⅱ. 신뢰보호의 원칙

1. 의의 및 근거

행정청의 어떠한 행위(언동)의 정당성·존속성에 대한 사인의 보호가치가 있는 신뢰는 보호되어야 한다는 원칙으로 법적 안정성 보호를 근거로 한다.

2. 요건(내용)

① 행정청의 선행조치가 있어야 한다. 이때의 선행조치는 적극적·소극적·명시·묵시·적법·불법을 불문한다. 판례는 '공적견해 표명'이라는 표현을 많이 사용한다.

② 사인의 보호가치가 있는 신뢰가 있어야 한다. 사실을 은폐한 신청과 같은 사인에게 귀책사유가 있는 경우는 신뢰보호원칙이 인정되지 않는다.

③ 행정청의 선행조치를 신뢰하고 이에 기하여 사인의 어떠한 행위가 있어야 한다.

④ 이러한 신뢰와 사인의 행위 간에는 인과관계가 있어야 한다.

⑤ 이런 상황 속에서 선행조치에 반하는 행정청의 후행행위는 신뢰보호원칙에 반하여 위법하게 된다.

⑥ 다만, 이러한 사인의 신뢰보호의 필요성과 공익목적을 비교형량하여 공익목적이 예외적으로 더 큰 경우에는 신뢰보호의 원칙이 적용되지 않기도 한다.

Ⅲ. 자기구속의 원칙

1. 의의 및 근거

행정청이 동일한 사안에 대하여 제3자에 대하여 한 것과 동일한 결정을 상대방에게도 해야 한다는 원칙을 말한다. 헌법 제11조의 평등의 원칙을 근거로 한다. 예를 들어, A행정청이 식품위생법 위반사건에 대해 내부적으로 행정처분의 기준을 정해 놓고 그대로 시행하고 있었는데, 식품위생법을 위반한 B에게는 내부기준과 다르게 더 중한 조치를 취하였다면 A행정청의 위와 같은 처분은 설사 식품위생법이 A행정청에게 부여한 권한범위에는 속하는 것이었다고 하더라도 자기구속의 원칙을 위반하여 위법하다고 판단될 가능성이 매우 높다.

2. 요 건

재량영역에서 동일한 사안에 대하여 선례(행정관행)가 있음에도 불구하고 행정청이 선례와 다른 결정을 하는 경우 이러한 행정청의 행위는 자기구속의 원칙에 위반하여 위법하게 된다.

3. 한 계

불법에서의 평등은 인정되지 않는다. 위법한 행정처분이 반복적으로 행해졌다고 해도(위법한 행정관행이 있었다고 하더라도) 행정청에 대해 자기구속력을 갖게 된다고 할 수는 없다.

Ⅳ. 부당결부금지의 원칙

행정청이 행정작용을 함에 있어서 실질적 관련성이 없는 상대방의 반대급부와 결부시키거나 의존케 해서는 안 된다는 원칙을 말한다. 법치행정의 원칙, 행정의 예측가능성을 근거로 한다. 예를 들어, A시가 B건설회사의 10만 평에 이르는 대단지 아파트단지 건축사업(주택사업계획)을 승인하면서, 건축부지와 20km나 떨어져 있는 B건설회사 소유의 토지 100평을 도시공원부지로 A시에 기부채납(증여)하도록 하는 부관을 부가한 경우라면 해당 부관은 부당결부금지의 원칙에 위반하여 위법할 가능성이 매우 높다.

제4절 | 행정의 행위형식

Ⅰ. 행정권의 발동형식

행정권의 발동형식은 ① 행정행위(상대방인 국민에게 개별적·구체적·직접적으로 영향을 미치는 행위을 통한 방식), ② 행정입법(법령의 위임을 받아 제정하는 일반적·추상적인 법규범 형식으로 하는 경우), ③ 행정계획(장기적·가변적인 계획을 수립하는 방식), ④ 공법상 계약(다른 법 주체와 공법의 영역에서 계약을 체결하는 방식), ⑤ 사실행위(공법의 영역에서 사실작용을 통해 하는 방식)로 구분할 수 있다. 이중 행정행위 방식이 가장 많은 비중을 차지한다.

Ⅱ. 행정행위

1. 의의 및 구별개념

행정청이 행하는 구체적 사실에 관한 법집행으로서 공법적인 권력적 단독행위를 말한다(예, 도로교통법 위반자에게 운전면허정지처분을 하는 경우, 건축허가를 신청한 자에게 건축허가를 해주는 경우 등).

행정입법이 일반적·추상적인 규율인 데 비하여 행정행위는 개별적인 상대방에게 구체적·직접적으로 영향을 미치는 행위라는 점에서 차이가 있으며, 행정청과 상대방 간에 대등한 지위를 갖는 공법상 계약의 경우와 달리 행정청에게 우월적 지위가 인정되는 권력적 작용이라는 점에서 공법상 계약과 다르다. 또한 법적인 효과, 즉 법적인 의무를 부여한다는 점에서 그렇지 않는 사실행위와 다르다. 통상적으로 판례는 행정소송법상의 처분과 동일한 의미로 이해하고 있다고 평가된다.

2. 종 류

상대방인 국민의 이익 유무에 따라 상대방에게 이익을 주는 수익적 행정행위(예, 보조금 지급), 상대방의 권리를 제한하거나 의무를 부과하는 침익적 행정행위(예, 입영처분), 수익적인 효과와 침익적인 효과가 모두 존재하는 복효적 행정행위(예, 건축허가를 하며 일정한 의무를 부과하는 경우) 등이 있다.

한편, 규율대상에 따라 인적 요소를 대상으로 하는 대인적 행위(예, 운전면허 발급), 물적 요소를 대상으로 하는 대물적 행위(예, 건축허가), 양자를 모두 가지고 있는 혼합적 행위(예, 카지노허가) 등으로 구분되기도 한다.

3. 기속행위와 재량행위

(1) 의 의

기속행위란 법규상의 구성요건에서 정한 요건이 충족되면 행정청에게 법의 기계적 집행의무가 발생하는 행위를 말한다. 이에 반하여 재량행위란 효과 결정과 선택에 있어서 행정청에 재량을 부여하고 있는 행위를 말한다. 구체적으로 법규에서 행정청에게 처분 여부에 대한 결정을 일임하고 있는 결정재량과 처분의 종류에 대한 재량을 주고 있는 선택재량으로 구분된다.

(2) 구별 기준

종래에는 요건이 공백이거나 일반적 공익개념으로 규정된 경우 재량행위라는 요건재량설과 당해행위의 성질을 기준으로 침익적이면 기속, 수익적이면 재량이라는 효과재량설 등이 있었으나, 현재 판례는 당해 규정의 문언, 목적취지, 당해행위의 성질, 관련법규의 목적 등을 종합적으로 고려하여 판단하자는 종합설적인 태도를 취하고 있다(예, 법문상 '~하여야 한다'고 규정하고 있으면 기속행위일 가능성이 높다).

(3) 재량하자

재량의 하자에는 일탈, 남용, 불행사가 있다. 우선 일탈이란 재량권의 한계를 벗어난 것을 의미한다(예, 법이 6개월 이하의 영업정지를 규정하였으나 1년의 영업정지처분을 한 경우). 남용이란 한계는 벗어나지 않았으나 잘못된 방향으로 행사한 경우를 의미한다(예, 법이 정한 6개월 이하의 영업정지의 범위에 있는 영업정지 6개월 처분을 하였으나 상대적으로 경미한 위반이어서 비례의 원칙에 반하는 경우). 불행사란 재량권을 행사하지 않거나 충분하지 않은 경우를 들 수 있다. 통상 판례는 재량의 일탈·남용이라는 문구를 관용적으로 함께 사용한다.

4. 행정행위의 내용

〈분류〉

- **법률행위적 행정행위:** 명령적 행위(하명, 허가, 면제), 형성적 행위(특허, 인가, 대리)
- **준법률행위적 행정행위:** 확인, 공증, 통지, 수리

〈주의〉

위 분류는 강학상의 구별이며, 실정법상으로는 용어가 혼용되고 있음.
(예, 귀화허가는 강학상 특허에 해당)

(1) 명령적 행위

사인의 자유를 제한하거나 제한을 해제하는 행위를 말한다. 그중에서 하명은 상대방에게 작위, 부작위, 급부, 수인의무를 명하는 행위를 말하며, 허가는 법령에 의해 제한되고 있는 자유에 대하여 그 제한을 해제하여 회복시켜주는 행위로서 일반적으로 기속행위로 본다(예, 건축허가). 면제는 상대방이 부담하고 있던 작위의무 등을 해제해주는 행위를 말한다.

- **예외적 승인(또는 예외적 허가):** 일반적인 허가와 다른 점은 허가는 자연적인 자유에 대한 제한을 허가를 통해 풀어주는 것임에 비하여 예외적 승인 또는 예외적 허가는 사회적으로 유해하거나 바람직하지 않은 행위에 대한 억제적 금지를 해제하는 것이라는 점에서 차이가 있다.

  따라서 허가는 요건을 구비할 경우 행정청은 이를 허가해야 하는 의무가 있는 기속행위임에 반하여(예, 건축허가), 예외적 승인의 경우는 행정청에게 승인 여부에 대한 재량권이 인정되는 재량행위로 보는 것이 일반적이다(예, 치료목적의 아편사용허가).

(2) 형성적 행위

형성적 행위는 상대방에게 권리 등을 만들어주는 행위를 말한다. 구체적으

로 특허는 특정인에게 권리를 설정해주는 행위이며, 인가(승인)는 사인의 법률행위(기본행위)의 효력을 완성시켜주는 행위를 말한다(예, 재단법인 정관변경 승인). 대리는 사법상의 대리와 그 구조가 같다.

5. 행정행위의 하자

행정행위의 적법요건의 미비를 행정행위의 하자(瑕疵)라고 한다. 다른 표현으로 위법한(하자 있는) 행정행위라고 하기도 한다. 이러한 하자의 판단시점은 법원이 판결을 내리는 시점이 아니라 행정행위가 있었던 시점, 즉 해당 행정행위(처분)가 이루어진 시점을 기준으로 판단한다.

이러한 행정행위의 하자는 무효와 취소로 구분된다. 무효사유의 하자와 취소사유의 하자를 구별하는 기준으로는 중대하고도 명백한 하자의 경우에만 무효사유이고 중대하더라도 명백하지 않거나 명백하더라도 중대하지 않은 하자는 취소사유에 불과하다고 보는 이른바 중대명백설이 통설과 판례의 태도이다. 이렇게 하자의 정도가 무효사유인지 취소사유인지 구분하는 것이 중요한 이유는 행정행위에 하자가 있더라도 취소사유에 불과한 경우에는 행정심판과 행정소송의 제소기간의 제한이 있기 때문에 제소기간이 경과하였다면 더 이상 그 하자를 주장할 수 없게 되기 때문이다. 또한 일반 민사법원은 행정행위가 무효사유인 중대하고 명백한 하자가 있는지 여부에 대해서는 판단을 할 수 있으나 행정행위에 무효가 아닌 취소사유에 불과한 하자가 있는 경우에는 일반 민사법원은 해당 행정행위를 취소할 수 없으며 행정소송으로 행정법원에서 취소할 수 있을 뿐이다.

6. 행정행위의 취소와 철회

어떠한 행정행위에 해당 행정행위의 성립 당시부터 하자가 있는 경우 이러한 위법한 행정행위를 소급적으로 효력을 소멸시키는 것을 행정행위의 취소라고 한다.

행정행위의 취소는 직권취소와 쟁송취소로 구별된다. 직권취소란 일단 유효하게 성립한 행정행위를 행정청이 그 행위가 당초부터 위법 또는 부당한 하자가 있음을 이유로 직권으로 효력을 소멸시키는 것을 말한다. 이러한 직권취소는 해당 행정행위를 직접 한 행정청(이를 처분청이라고 한다)뿐만 아니라 이를 감독할

지위에 있는 감독청이 할 수 있다. 예를 들어, 시장의 위법한 행정행위에 대해서는 해당 분야에 대해 법률상 감독할 권한이 부여된 경우 도지사가 취소할 수 있다. 쟁송취소는 행정행위의 상대방이 행정소송을 제기하여 법원에서 당해 행정행위를 취소하는 것을 말한다.

한편, 행정행위의 철회는 당초 적법한 행정행위의 효력을 장래에 향해 소멸시키는 행정행위를 말한다. 예를 들어, 당초 적법하게 건축허가를 하였으나 해당 지역에서 문화재가 발견되었다는 이유로 장래적으로 건축허가를 철회하는 경우가 이에 해당한다. 철회가 취소와 다른 점은 처분청만이 철회권자이지 감독청은 철회할 수 없다는 점이다. 철회가 적법한 행정행위를 사후적인 사정으로 효력을 소멸시키는 행위라는 점에서 철회권자의 범위를 제한하고 있는 것이다.

실정법으로는 철회와 취소가 혼용되어 다소 혼란을 주고 있다. 실정법상 취소와 철회가 위에서 설명한 강학상 취소와 철회에 해당하는지는 내용을 살펴보고 판단해야 한다.

7. 행정행위의 효력

행정행위의 효력 중 가장 중요하고도 특징적인 효력은 공정력과 집행력이다. 우선 공정력이란 행정행위가 위법해도 무효가 아닌 이상 권한있는 기관에 의해 취소될 때까지 유효한 것으로 취급되는 효력을 의미한다. 예를 들어, 과세처분이 위법하게 잘못 부과되었다고 하더라도 위법성의 정도가 무효 정도가 아닌 경우에는 행정청이 직권으로 또는 행정소송에서 법원에 의해 취소되지 않는 이상 일반 민사법원에서 과세처분을 취소하고 잘못 납부된 세금을 반환하라는 판결을 할 수는 없다.

또 하나 중요한 효력인 집행력은 일반 민사사건의 경우 법원의 확정판결이 있어야 비로소 이를 근거로 상대방의 재산에 집행을 할 수 있으나 행정행위의 경우 이러한 법원의 원조가 필요하지 않으며 행정행위의 효력으로 상대방에게 집행이 가능한 효력을 집행력이라고 한다. 예를 들어, 어느 국민이 100만원의 과세처분을 이행하지 않고 있는 경우 국가가 해당 국민을 상대로 100만원의 지급을 구하는 민사소송을 제기할 필요 없이 국세징수법에 따라 해당 국민의 재산에 대해 강제집행이 가능하다.

8. 행정행위의 부관

행정행위의 부관이란 주된 행정행위의 효과를 제한하기 위해 부가된 종된 의사표시 또는 행정행위의 효과를 제한 또는 보충하기 위하여 부가된 종된 규율을 의미한다.

예를 들어, 식품영업을 허가하면서 허가기간을 부가하는 경우나 토지형질변경을 허가하면서 일부 토지를 도로부지로 기부채납을 하도록 하는 경우, 부가된 허가기간, 기부채납(부담)을 말한다.

• 부관의 종류

1. **기한**: 행정행위의 효력을 장래의 일정한 시점(확실한 사실)에 결부시키는 부관
2. **조건**: 행정행위 효력의 발생 또는 소멸을 장래의 불확실한 사실에 의존시키는 부관
3. **부담**: 주된 행정행위(수익적 행정행위)에 부가된 부관으로서 이와 별도로 새로운 작위, 부작위, 수인, 급부의무를 명하는 부관(예, 도로점용허가에 부가된 도로점용료 납부명령)
4. **철회권 유보**: 일정한 사유가 존재하는 경우 주된 행정행위의 철회권을 유보하는 부관
5. **법률효과의 일부배제**: 법령이 인정한 효과를 일부 배제하는 부관
6. **수정부담**: 신청인의 신청내용과는 달리 주된 행정행위의 내용을 수정하는 부관

Ⅲ. 행정입법

1. 의의 및 종류

행정입법이란 행정주체가 제정한 일반적·추상적 규범(또는 규범정립작용)을 말한다. 크게 국가행정권에 의한 입법(법규명령, 행정규칙)과 자치행정권에 의한 입법(조례, 규칙, 교육규칙)이 있다. 개별적·구체적인 행정행위와 달리 일반적·추상적 법규범의 형식으로 행정법관계를 규율하는 법형식이다. 이중에서도 법규명령과 행정규칙이 중요하다. 법규명령은 국민에 대한 구속력이 인정되나, 행정규칙은 원칙적으로 행정청 내부의 업무처리지침으로서의 내부적 효력만 인정되며 국민을 구속하는 힘은 없다는 점에서 차이가 있다. 그런데 현대행정의 전문성과

복잡성으로 인해 현실적으로 의회입법권의 한계상황이 벌어지고 있으며, 이러한 상황에서 법치행정의 원리와 관련하여 위임입법권의 한계를 어디까지 둘 것인지, 행정규칙의 법규성을 인정할 것인지 가장 큰 문제가 되고 있다.

2. 법규명령

통상적으로 상위규범의 수권을 받아 국민을 구속하는 외부적인 구속력(법규성)을 가진 행정입법을 말한다. 발령권자에 따라 대통령령, 총리령, 부령, 중앙선거관리위원회 규칙 등으로 분류할 수 있으며, 효력의 우열에 따라 헌법적 효력을 갖는 비상명령, 법률과 동위의 효력이 있는 법률대위명령, 법률 하위에 있는 법률종속명령으로 분류될 수 있다. 우리나라는 비상명령은 없고, 법률대위명령으로 헌법 제76조의 긴급명령이 있다. 법률종속명령으로는 상위법률의 위임을 받은 사항으로서(헌법 제75조, 제95조) 국민의 권리와 의무에 관한 사항을 규정하는 위임명령과 그렇지 않고 단순히 법률 시행세칙으로서의 의미를 가지는 집행명령(예, 법률상 시행에 필요한 사항은 대통령령으로 정한다고 규정되어 있는 경우)이 있다.

3. 행정규칙

행정조직 내부의 조직과 활동을 규율하는 일반적·추상적 규정으로 법규성을 갖지 않는 것을 말한다. 이렇게 행정조직 내부적으로 소속 공무원에 대한 구속력은 가지나 대외적으로 국민의 권리를 제한하거나 의무를 부과하는 구속력(법규성)이 없으므로 상위법령의 권한 부여가 필요 없으며 행정권의 고유한 권능으로 제정이 가능하다. 종류로는 고시, 훈령, 예규, 지시, 일일명령 등이 있다.

통상 위와 같이 행정규칙은 법규성이 없는 것으로 설명되지만 행정규제기본법 제4조 제2항에서 전통적으로 행정규칙의 형식으로 이해되는 '고시'의 형식으로 법규적인 내용을 규율할 수 있음을 규정하여 예외를 인정하고 있다.

> **행정규제기본법 제4조** ② 규제는 법률에 직접 규정하되, 규제의 세부적인 내용은 법률 또는 상위법령에서 구체적으로 범위를 정하여 위임한 바에 따라 대통령령·총리령·부령 또는 조례·규칙으로 정할 수 있다. 다만, 법령에서 전문적·기술적

사항이나 경미한 사항으로서 업무의 성질상 위임이 불가피한 사항에 관하여 구체적으로 범위를 정하여 위임한 경우에는 고시 등으로 정할 수 있다.

Ⅳ. 행정계획

어느 행정청이 도시공원을 조성하려는 목적으로 주민 10여명의 토지 전부를 공원부지로 포함시키는 도시관리계획을 입안하고 결정한 경우와 같이 행정청이 일정한(특정한) 행정목표를 설정하고 필요한 행정수단을 종합·조정하여 장래의 일정한 시점에 있어서 일정한 질서를 형성하기 위한 활동기준을 행정계획이라고 한다. 이러한 행정계획이 일반 행정행위와 다른 점은 다수의 이해관계자가 관여하게 되며 행정청의 재량의 폭이 매우 넓다는 점이다. 이렇게 행정계획의 수립 주체가 행정계획의 결정과정에서 행사하는 광범위한 형성의 자유를 계획재량이라고 한다. 그리고 이러한 계획재량을 준수했는지 판단하기 위해 판례는 공익과 사익, 사익 상호간을 정당하게 비교형량해야 한다고 판시하고 있다.

판례

"행정주체가 도시계획의 내용을 결정하는 데 있어서 갖는 형성의 자유는 무제한적인 것이 아니라 그 도시계획에 관련되는 자들의 이익을 ① 공익과 사익 사이에서는 물론이고 ② 공익 상호간과 ③ 사익 상호간에도 정당하게 비교 교량하여야 한다는 제한이 있는 것이고, 따라서 행정주체가 그 도시계획을 입안·결정함에 있어서 ① 이익형량을 전혀 행하지 아니하거나 ② 이익형량의 고려 대상에 마땅히 포함시켜야 할 사항을 누락한 경우 또는 ③ 이익형량을 하였으나 정당성·객관성이 결여된 경우에는 그 행정계획결정은 재량권을 일탈·남용한 것으로서 위법하게 되고, 특히 특정 토지에 도시계획시설결정을 하는 경우에는 그 토지에 도시계획시설물을 설치할 필요성은 물론 그 토지의 개별공시지가 또는 시가를 감안한 사유재산권의 침해 정도와 도시계획시설물의 경제성 내지 효율성의 비교도 이익형량의 고려 대상에 포함시켜야 한다." **대판 2006. 4. 28. 2003두11056.**

Ⅴ. 공법상 계약과 사실행위

공법상 계약이란 공법적 효과의 발생을 목적으로 하는 복수당사자의 쌍방적 의사의 합치에 의해 성립하는 공법행위를 말한다(예, 공공기관 간의 비용분담계약, 공무원 임용 아닌 채용계약 형식으로 공무원이 되는 경우). 공법상 사실행위란 사실상의 효과 발생을 목적으로 하는 행정작용을 말한다(예, 지하도 건설, 경찰관의 강제력 사용). 공법상 사실행위는 명령적 강제성이 있는지 여부에 따라 권력적 사실행위와 비권력적 사실행위로 구분된다. 공법상 사실행위 중 실무상 대표적인 것이 행정지도이다. 행정지도란 행정청이 행정목적 달성을 위해 특정인에게 일정한 행위를 하거나 하지 않도록 지도·권고·조언을 하는 행정작용을 말하며, 성격상 비권력적 사실행위로 설명된다.

행정절차법 제48조(행정지도의 원칙) ① 행정지도는 그 목적 달성에 필요한 최소한도에 그쳐야 하며, 행정지도의 상대방의 의사에 반하여 부당하게 강요하여서는 아니 된다.

② 행정기관은 행정지도의 상대방이 행정지도에 따르지 아니하였다는 것을 이유로 불이익한 조치를 하여서는 아니 된다.

제5절 행정절차

현대행정의 가장 큰 특징 중 하나가 행정절차의 중요성이 강조되고 있다는 점이다. 이와 관련하여 행정절차법은 국민의 권리를 제한하거가 의무를 부과하는 침익적 처분을 할 경우 사전 통지의무(행정절차법 제21조), 의견청취(청문, 공청회)(행정절차법 제22조), 처분 전 당사자에게 의견진술기회 부여(행정절차법 제27조) 등의 규정을 두고 있다.

행정절차법 제2조(정의) 이 법에서 사용하는 용어의 뜻은 다음과 같다.

5. “청문”이란 행정청이 어떠한 처분을 하기 전에 당사자등의 의견을 직접 듣고 증거를 조사하는 절차를 말한다.
6. “공청회”란 행정청이 공개적인 토론을 통하여 어떠한 행정작용에 대하여 당

사자등, 전문지식과 경험을 가진 사람, 그 밖의 일반인으로부터 의견을 널리 수렴하는 절차를 말한다.

과거에는 행정청에 의한 각종 행정작용의 절차요건에 하자가 있는 경우, 절차위반을 이유로 행정처분을 취소해도 행정청은 다시 적법한 절차만 거치면 동일한 처분을 할 수 있으므로 행정절차상 하자문제를 실체상 하자와 곧바로 동일하게 볼 수는 없다는 견해가 있었으나 현재는 적정절차는 적정결과를 도출하는 중요한 전제가 되며 행정의 법률적합성의 원칙이 절차에도 적용된다고 보는 것이 타당하다는 관점에서 행정절차의 하자가 독립된 위법사유가 될 수 있다는 견해가 다수적 견해로 받아들여지고 있으며 판례 또한 그렇게 보고 있다.

판례

"시설의 해제 여부에 관한 행정처분을 하면서 절차상 학교환경위생정화위원회의 심의를 누락한 흠이 있다면 그와 같은 흠을 가리켜 행정처분의 효력에 아무런 영향을 주지 않는다거나 경미한 정도에 불과하다고 볼 수는 없으므로 특별한 사정이 없는 한 이는 행정처분을 위법하게 하는 취소사유가 된다." **대판 2007. 3. 15. 2006두15806.**

제6절 | 행정의 실효성 확보 수단

1. 행 정 벌

행정상 의무위반에 대한 제재를 말한다.

① 행정질서벌: 과태료가 부과되는 경우 – 질서위반규제법 적용

② 행정형벌: 형법상 형벌이 부과되는 경우 – 형사소송법 적용

* 행정형벌과 행정질서벌은 병과 가능 – 일사부재리에 반하지 않음.
* 징계벌과 행정질서벌 역시 병과 가능

2. 강제집행

의무불이행에 대한 이행강제 종류를 말한다.

① 대집행: 대체적 작위의무위반의 경우 이를 대신 집행하는 것을 말한다. – 행정대집행법 적용

예) 철거명령 불이행시 소속 공무원이 대신 철거 후 철거비용 받아내는 것

② 강제징수: 금전급부의무 위반의 경우 이를 강제로 징수하는 것을 말한다. – 국세징수법 준용(독촉, 압류, 매각, 청산 절차로 진행)

③ 집행벌(이행강제금): 의무불이행시 일정한 금전납부의무를 부과하는 것을 말한다.

예) 위법하게 증축한 건물 시정명령 불이행시 시정하지 않으면 금전납부 부과 통지,

–과태료도 형벌도 아니다. 따라서 병과 및 반복 부과도 가능하다.

–일반법은 없고 건축법 등 개별법에 존재한다.

④ 직접강제: 의무 불이행시 직접 의무자의 신체·재산에 실력을 가하여 의무가 이행된 상태로 실현하는 작용을 말한다.

예) 어선출입금지위반 강제인도, 일반법은 없음.

3. 즉시강제

행정상 장해가 존재하거나 장해의 발생이 급박한 경우 미리 의무를 명할 시간여유가 없거나 성질상 의무를 명해서는 공행정목적을 달성할 수 없는 경우 강제하는 것을 말한다(의무위반을 전제하지 않는다는 점에서 강제집행과 차이).

예) 다리 균열로 무너질 위험: 경찰관 목격 후 바로 다리 통행금지(경찰관직무집행법 제4조 보호조치)

4. 새로운 수단

① 과징금(부과금): 의무위반자에게 위반행위로 얻은 경제적 이익을 박탈하기 위해 부과되거나 취소 정지에 갈음하여 부과하는 금전적 제재

예) 독점규제 및 공정거래에 관한 법률상 과징금, 일반법은 없음.

② 가산세: 의무이행확보를 위해 산출세액에 가산하여 징수하는 금액

예) 불성실신고 가산세(소득세법)

③ 가산금: 납부기한 도과시 가산하여 징수하는 금액(국세기본법)

④ 공표: 의무위반자 명단 공개 – 일반법은 없음(독점규제 및 공정거래에 관한 법률, 아동·청소년의 성보호에 관한 법률 등 개별법)

▶ 생각해볼 문제

- **한국방송공사법 제36조(수신료의 결정)** ① 수신료의 금액은 이사회가 심의·결정하고, 공사가 공보처장관(문화관광부장관)의 승인을 얻어 이를 부과·징수한다. 〈1999년 헌법불합치 결정〉
- **방송법 제65조(수신료의 결정)** 수신료의 금액은 이사회가 심의·의결한 후 방송통신위원회를 거쳐 국회의 승인을 얻어 확정되고, 공사가 이를 부과·징수한다. 〈개정 2008. 2. 29.〉

Q. 위 한국방송공사법 제36조가 헌법불합치결정을 받고 방송법 제65조와 같은 형태로 개정된 이유를 법률유보(의회유보) 원칙의 관점에서 생각해보시오.

행정구제법과 개별행정법

제1절 행정구제법 일반

Ⅰ. 행정구제의 개념 및 종류

널리 행정작용에 의해 침해된 국민의 권익을 구제해주는 것을 의미한다. 행정법에서 다루는 행정구제수단의 종류로는 ① 손해배상(국가배상), ② 손실보상, ③ 결과제거청구권, ④ 행정심판, ⑤ 행정소송(항고소송, 당사자소송, 민중소송, 기관소송)이 있다.

Ⅱ. 구제수단의 체계

1. 행정작용의 적법성 기준

행정작용의 적법 여부를 기준으로 ① 위법한 행정작용에 대해서는 행정쟁송(행정심판, 행정소송), 국가배상, 결과제거청구, 국민고충처리제도 등을 들 수 있으며, ② 적법한 행정작용에 대한 구제수단으로는 손실보상제도가 있다.

2. 구제의 내용 기준(원상회복/금전회복)

구제의 내용이 원상회복인지 아니면 금전회복인지를 기준으로 살펴보면, ① 원상회복 – 행정쟁송(행정심판, 행장소송), 결과제거청구의 경우, ② 금전회복 – 행정상손해전보(손해배상. 손실보상)로 구분할 수 있다.

제2절 | 국가배상(손해배상)

Ⅰ. 서설: 국가배상제도의 의의 및 유형

국가가 자신의 사무수행과 관련하여 위법하게 타인에게 손해를 가한 경우 피해자에게 손해를 배상해주는 제도를 말한다. 헌법 제29조, 국가배상법 제2조, 제5조를 근거로 한다. 구체적으로 ① 공무원의 직무상 불법행위로 인한 책임(국가배상법 제2조)와 ② 영조물책임(국가배상법 제5조)으로 구분된다.

헌법 제29조 ① 공무원의 직무상 불법행위로 손해를 받은 국민은 법률이 정하는 바에 의하여 국가 또는 공공단체에 정당한 배상을 청구할 수 있다. 이 경우 공무원 자신의 책임은 면제되지 아니한다.
② 군인·군무원·경찰공무원 기타 법률이 정하는 자가 전투·훈련등 직무집행과 관련하여 받은 손해에 대하여는 법률이 정하는 보상 외에 국가 또는 공공단체에 공무원의 직무상 불법행위로 인한 배상은 청구할 수 없다.

Ⅱ. 공무원의 위법한 직무집행행위로 인한 배상책임

국가배상법 제2조(배상책임) ① 국가나 지방자치단체는 공무원 또는 공무를 위탁받은 사인(이하 "공무원"이라 한다)이 직무를 집행하면서 고의 또는 과실로 법령을 위반하여 타인에게 손해를 입히거나, 「자동차손해배상 보장법」에 따라 손해배상의 책임이 있을 때에는 이 법에 따라 그 손해를 배상하여야 한다. 다만, 군인·군무원·경찰공무원 또는 향토예비군대원이 전투·훈련 등 직무 집행과 관련하여 전사·순직하거나 공상을 입은 경우에 본인이나 그 유족이 다른 법령에 따라 재해보상금·유족연금·상이연금 등의 보상을 지급받을 수 있을 때에는 이 법 및 「민법」에 따른 손해배상을 청구할 수 없다.
② 제1항 본문의 경우에 공무원에게 고의 또는 중대한 과실이 있으면 국가나 지방자치단체는 그 공무원에게 구상할 수 있다.

1. 요 건

공무원이 직무집행 중 고의 또는 과실로 위법하게 타인에게 손해를 가한 경우 국가 또는 지방자치단체는 이에 대한 배상책임을 진다.

(1) 공무원

여기서의 공무원은 최광의의 공무원으로서 행정부 소속 공무원 외에도 입법부·사법부 소속 공무원, 국회의원과 판·검사도 포함되며 공무수탁사인도 포함된다.

- **공무수탁사인**: 법률이나 법률에 근거한 행위로 공적인 임무를 수행할 권한이 부여된 사인을 말한다. 예) 배의 선장, 항공기의 기장(사법경찰관리의 직무를 수행할 자와 그 직무범위에 관한 법률 제7조에 따라 경찰권 부여), 지방자치단체로부터 교통할아버지로 선정되어 어린이 보호 등 공무를 위탁받은 자.
- **법관의 행위**: 국가배상책임이 인정되려면 당해 법관이 위법 또는 부당한 목적을 가지고 재판을 하였다거나 법이 법관의 직무수행상 준수할 것을 요구하고 있는 기준을 현저하게 위반하는 등 법관이 그에게 부여된 권한의 취지에 명백히 어긋나게 이를 행사하였다고 인정할 만한 특별한 사정이 있어야 한다(대판 2003. 7. 11. 99다24218).
- **검사의 행위**: 형사재판 과정에서 범죄사실의 존재를 증명함에 충분한 증거가 없다는 이유로 무죄판결이 확정되었다고 하더라도 그러한 사정만으로 바로 검사의 구속 및 공소제기가 위법하다고 할 수 없고, 그 구속 및 공소제기에 관한 검사의 판단이 그 당시의 자료에 비추어 경험칙이나 논리칙상 도저히 합리성을 긍정할 수 없는 정도에 이른 경우에만 그 위법성을 인정할 수 있다(대판 2002. 2. 22. 2001다23447).
- **국회의원의 입법행위**: 국회의원의 입법행위는 그 입법 내용이 헌법의 문언에 명백히 위배됨에도 불구하고 국회가 굳이 당해 입법을 한 것과 같은 특수한 경우가 아닌 한 국가배상법 제2조 제1항 소정의 위법행위에 해당한다고 볼 수 없고, 국가가 일정한 사항에 관하여 헌법에 의하여 부과되는 구체적인 입법의무를 부담하고 있음에도 불구하고 그 입법에 필요한 상당한 기간이 경과하도록 고의 또는 과실로 이러한 입법의무를 이행하지 아니하는 등 극히 예외적인 사정이 인정되는 사안에 한하여 국가배상법 소정의 배상책임이 인정될 수 있다(대판 2008. 5. 29. 2004다33469).

(2) 직 무

여기서의 직무에는 권력작용뿐만 아니라 관리작용도 포함된다. 판례는 비권력작용(예, 행정지도)도 포함되나, 단순한 사경제주체로서의 행위(예, 매매계약)는 포함되지 않는다고 한다.

(3) 집 행

일반 국민의 입장에서는 공무원의 행위가 직무집행행위인지 아닌지 판단하는 것이 쉽지 않으므로 직무집행의 의미는 순수한 직무집행행위뿐만 아니라 널리 외형상 직무집행과 관련이 있는 행위를 포함하는 것으로 본다. 이를 외형설이라고 하며 통설과 판례의 태도도 이와 같다.

판례

"공무원의 행위의 외관을 객관적으로 관찰하여 공무원의 직무행위로 보여질 때에는 비록 그것이 실질적으로 직무행위가 아니거나 또는 행위자의 주관적 의사에 관계없이(즉 공무집행의 의사가 없었다고 하더라도) 그 행위는 공무원의 직무집행행위로 볼 것이고, 이러한 행위가 실질적으로 공무집행행위가 아니라는 사정을 피해자(국민)가 알았다고 하더라도 직무집행행위로 판단하는 데 아무런 영향이 없다." **대판 1994. 5. 27. 94다6741.**

(4) 고의, 과실

고의, 과실의 판단기준은 당해 공무원이 아니라 당해 직무를 담당하는 평균적 공무원을 기준으로 해야 한다는 견해가 통설과 판례이다.

판례

"행정처분의 담당공무원이 보통 일반의 공무원을 표준으로 하여 볼 때 객관적 주의의무를 결하여 그 해정처분이 객관적 정당성을 상실하였다고 인정될 정도에 이른 경우에는 국가배상책임의 요건을 충족하였다고 봄이 상당하다." **대판 2003. 11. 27. 2001다33789**

(5) 위법성(법령위반)

여기서 법령위반이란 성문법과 불문법을 포함한 위법성 일반을 의미한다.

판례

"공무원의 직무집행이 법령상 요건과 절차에 따라 이루어진 것이라면 특별한 사정이 없는 한 이는 법령에 적합한 것이고 그 과정에서 개인의 권리가 침해되는 일이 생긴다고 하여 그 법령 적합성이 곧바로 부정되는 것은 아니다." **대판 2000. 11. 10. 2000다26807.**

(6) 타 인

국가 또는 지방자치단체와 당해 가해 공무원을 제외한 자에게 손해가 발생해야 한다.

(7) 손해발생

발생한 손해는 가해행위와 상당인과관계가 있는 손해이어야 하며, 손해에는 신체, 재산, 정신적 손해가 모두 포함된다.

2. 소멸시효

국가배상청구권은 피해자가 손해 및 가해자를 안 날로부터 3년, 불법행위가 있은 날로부터 10년이 지나면 시효로 소멸한다(국가배상법 제8조, 제766조).

다만, 국가재정법 제96조 제2항에 따라 5년의 소멸시효의 제한이 있어 실무상 10년보다 더 짧게 된다.

국가재정법 제96조(금전채권·채무의 소멸시효) ① 금전의 급부를 목적으로 하는 국가의 권리로서 시효에 관하여 다른 법률에 규정이 없는 것은 5년 동안 행사하지 아니하면 시효로 인하여 소멸한다.
② 국가에 대한 권리로서 금전의 급부를 목적으로 하는 것도 또한 제1항과 같다.

3. 양도금지

생명·신체의 침해로 인한 국가배상을 받을 권리는 양도하거나 압류하지 못하게 되어 있다(국가배상법 제4조).

4. 가해공무원 개인의 책임

(1) 대외적 배상책임

공무원의 위법행위가 고의 또는 중과실에 기한 경우에는 공무원 개인도 배상책임을 부담하게 된다.

판례

"공무원의 중과실이란 공무원에게 통상 요구되는 정도의 상당한 주의를 하지 않아도 약간의 주의를 한다면 손쉽게 위법·유해한 결과를 예견할 수 있는 경우임에도 이를 간과한 경우와 같이 거의 고의에 가까운 현저한 주의를 결여한 상태를 의미한다." **대판** 2011. 9. 8. 2011다34521.

(2) 내부적 구상책임

공무원에게 고의 또는 중대한 과실이 있으면 국가나 지방자치단체는 그 공무원에게 구상할 수 있다(국가배상법 제2조 제2항).

5. 군인, 군무원 등의 이중배상제한제도

군인·군무원·경찰공무원 또는 향토예비군대원이 전투·훈련 등 직무집행과 관련하여 전사·순직하거나 공상을 입은 경우에 본인이나 그 유족이 다른 법령에 따라 재해보상금·유족연금·상이연금 등의 보상을 지급받을 수 있을 때에는 이 법 및 민법에 따른 손해배상을 청구할 수 없도록 되어 있다(헌법 제29조 제2항, 국가배상법 제2조 제1항 단서). 이는 군인 등에게는 별도의 보상제도가 존재한다는 점에서 과도한 국가재정지출 및 군인, 공무원 간 쟁송을 방지하기 위하는 데 그 입법취지가 있다고 한다. 이 제도는 국가배상법상 규정되어 있었다가 1971년 대법원 위헌판결이 있은 후 1972년 이른바 유신헌법 제26조 제2항에서 명문화된 후 현행헌법 제29조 제2항까지 계속 규정되어 왔다.

헌법에 명문으로 규정되어 있어 더 이상 위헌이라고 보기는 어려우나 근본적으로 '불법에 대한 배상'인 국가배상과 '국가에 대한 공헌에 대한 보상'인 다른 법률에 의한 재해보상금 등의 보상은 근본적으로 그 성격이 다른 것이라는 점과 헌법에 규정되게 된 경위에 비추어 보더라도 이중배상제한 조항은 헌법 해석적으로 국민의 기본권보장의 측면에서 가급적 축소해석하는 것이 바람직하며, 궁극적으로 헌법 제29조 제2항은 삭제하는 것이 바람직하다는 비판이 있다.

6. 배상책임의 주체

국가사무인 경우는 국가가, 자치사무인 경우에는 지방자치단체가 배상책임을 지게 된다.

Ⅲ. 영조물 책임

국가배상법 제5조(공공시설 등의 하자로 인한 책임) ① 도로·하천, 그 밖의 공공의 영조물의 설치나 관리에 하자가 있기 때문에 타인에게 손해를 발생하게 하였을 때에는 국가나 지방자치단체는 그 손해를 배상하여야 한다. 이 경우 제2조 제1항 단서, 제3조 및 제3조의2를 준용한다.
② 제1항을 적용할 때 손해의 원인에 대하여 책임을 질 자가 따로 있으면 국가나 지방자치단체는 그 자에게 구상할 수 있다.

만일 하천 옆 도로를 걸어가고 있던 A가 집중호우로 인하여 불어난 강물의 수압에 견디지 못한 도로제방이 유실되면서 강물에 휩쓸려 큰 부상을 입었다면 제방도로를 관리하고 있는 지방자치단체에 국가배상법 제5조에 따른 책임을 물을 수 있다.

1. 요 건

(1) 도로 그 밖의 공공의 영조물

도로, 하천은 강학상 공물이므로 여기서의 영조물은 강학상 공물을 의미한다고 설명된다.

• 개념 정리
영조물: 공적 목적을 위한 인적·물적 종합시설(예, 병원, 도서관).
공물: 공적 목적에 제공된 물건(국유공물과 사유공물이 있다).

공공용물: 공물 중 일반공중의 공공사용에 제공되는 공물을 말한다(도로, 항만).
공용물: 공물 중 행정주체 자신의 사용에 제공되는 공물을 말한다(예, 시청, 구청 등 청사).

(2) 설치·관리상의 하자

여기서의 설치·관리는 공물의 설계, 건조, 건조 후 수선을 모두 포함하며, 공무원의 직무집행으로 인한 국가배상책임과 달리 공무원의 고의·과실을 요하지 않는 무과실책임이다. 즉 여기서의 설치·관리상의 하자는 통상 갖추어야 할 안전성을 결여하면 해당 공무원의 고의·과실이 없더라도 하자에 해당한다.

판례

"영조물의 설치 또는 관리의 하자라 함은 영조물이 그 용도에 따라 통상 갖추어야 할 안전성을 갖추지 못한 상태에 있음을 말하는 것이다." **대판 2001. 7. 27. 2000다56822.**

(3) 타인에게 손해발생과 인과관계

타인에게 손해가 발생하여야 하고 인과관계가 있어야 한다.

(4) 면책사유가 없어야 한다

통상 갖추어야 할 객관적 안전성을 갖추었음에도 불구하고 불가항력(예, 천재지변)으로 인하여 손해가 발생한 경우에는 국가 등의 책임이 면제된다. 판례는 단순히 재정부족 정도는 면책사유가 될 수 없으며, 홍수의 경우는 구체적인 경우에 따라 달리 판단하고 있다.

판례

- "집중호우로 제방도로가 유실되면서 그곳을 걸어가던 보행자가 강물에 휩쓸려 익사한 경우 사고 당일 집중호우가 50년 빈도의 최대강우량에 해당한다는 사실만으로 불가항력에 기인한 것으로 볼 수 없다." **대판 2000. 5. 26. 99다53247.**
- "하천정비기본계획 등에서 정한 계획홍수량 및 계획홍수위를 충족하여 하천이 관리되고 있다면 당초부터 계획홍수량과 계획홍수위를 잘못 책정하였다거나 하는 등의 특별한 사정이 없는 한 그 하천은 용도에 따라 통상 갖추어야 할 안전성을 갖추고 있다고 봄이 상당하다." **대판 2007. 9. 21. 2005다65678.**

2. 국가배상법 제2조와 제5조의 책임의 경합

만일 설치·관리상의 하자가 공무원의 고의·과실에 기인한 경우에는 제2조와 제5조의 책임을 경합적으로 청구할 수 있다.

제3절 | 손실보상

Ⅰ. 의 의

국가 또는 지방자치단체가 공공의 필요에 응하기 위해 적법한 공권력행사로 인해 사인의 재산권에 특별한 희생이 발생한 경우 그 사인에게 보상을 해주는 제도를 말한다. 예를 들어, A시장은 도시 외곽에 신시가지를 만드는 내용으로 도시계획결정을 하여 해당 지역에서 농사를 짓고 있는 주민들의 토지를 수용하려고 계획하고 있다. 이때 해당 주민들의 권리가 바로 손실보상청구권이다.

국가배상과 다른 점은 적법한 공권력행사를 전제로 한다는 점이다. 법적 근거로는 헌법 제23조 제3항(공공필요에 의한 재산권의 수용·사용 또는 제한 및 그에 대한 보상은 법률로써 하되 정당한 보상을 지급하여야 한다)가 있으며, 개별법으로는 공익사업을 위한 토지 등의 취득 및 보상에 관한 법률이 대표적이다.

Ⅱ. 요 건

1. 공공필요

공익사업을 시행하거나 공공복리를 달성하기 위해 재산권의 제한이 불가피한 경우를 의미한다.

2. 재 산 권

행정상 손실보상의 대상으로서의 재산권의 개념은 모든 재산적 가치가 있는 법적 지위를 말하는 것으로서 민법상의 재산권보다는 넓은 개념이다. 재산적 가치가 있는 공법상 권리도 포함된다. 다만, 재산적 가치는 '현재' 가치가 있는 것을 의미하므로 단순한 영업기회, 장래의 기대이익은 공용침해의 대상으로서의 재산권에 해당하지 않는다.

3. 침 해

침해의 유형으로 수용은 재산권 박탈을, 사용은 일시적인 사용을, 제한은 사용·수익권을 한정하는 것을 의미한다. 구체적으로 침해의 방식은 법률에 의한 직접적인 침해와 법에 근거한 행정작용에 의한 침해로 구분되며, 의도된 적법한 침해이어야 한다.

4. 특별희생

관계된 개인이나 집단을 다른 개인이나 집단과 비교할 때 불평등하게 다루고, 그들에게 수인할 수 없는 희생을 강제하는 경우에 해당하여야 한다.

판례

"토지를 종래의 목적으로도 사용할 수 없거나 더 이상 법적으로 허용된 토지이용방법이 없어서 실질적으로 사용·수익을 할 수 없는 경우에 해당하는 경우에는 손실을 완화하는 보상적 조치가 있어야 한다." 헌재결 2005. 9. 29. 2002헌바84등.

5. 보상규정의 존재

보상규정이 존재해야 한다.

Ⅲ. 보상의 내용

완전보상설과 상당보상설의 대립이 있으나 판례는 완전보상설을 취하고 있으며, 피수용자가 수용목적물에 대하여 갖는 주관적 가치의 보상(대인적 보상)이 아니라 객관적 교환가치를 보상액으로 한다(대물적 보상)(공익사업을 위한 토지 등의 취득 및 보상에 관한 법률 제70조 제2항).

판례

"헌법 제23조 제3항에 규정된 정당한 보상이란 원칙적으로 수용되는 재산의 객관적 재산가치를 완전하게 보상하여야 한다는 이른바 '완전보상'을 뜻한다." **헌재결 2010. 2. 25. 2008헌바6.**

- **생활보상**: 수용목적물의 객관적 교환가치 보상 외에 수용 이전의 생활관계의 회복을 위한 보상을 의미한다. 예를 들어, 댐건설을 위해 농민의 토지가 수용되는 경우, 사실상 직업을 잃는 것과 동일한 불이익을 입는다. 따라서 이러한 경우 수용되는 농지에 대한 대물적 보상 외에도 이주대책, 생계대책 등도 해주어야 한다.
〈근거〉 헌법 제23조·제34조(생존권), 공익사업을 위한 토지 등의 취득 및 보상에 관한 법률 제78조.

제4절 결과제거청구권

결과제거청구권이란 공권력 행사로 인해 법률상 이익이 침해되고 이로 인해 위법한 사실상태가 계속되는 경우 행정주체에게 그 사실상태의 제거를 요구할 수 있는 권리를 말한다. 예를 들어, 행정청이 도로보수공사를 명목으로 인근주민의 개인소유토지에 공사용차량을 주차한 후 차량을 이전하지 않고 있는 경우 인근주민의 구제수단이 결과제거청구권이다.

헌법상 법치행정의 원칙, 헌법상 기본권, 민법의 물권적 청구권 규정 등이 그 근거가 된다. 그 성격상 원상회복청구권의 성격을 지니며 민법의 물권적 청구권과 유사하여 판례는 이를 공권이 아니라 사권으로 보는 경향이 있다.

제5절 | 행정심판

Ⅰ. 의의 및 근거

행정상 법률관계의 분쟁을 행정기관(행정심판위원회)에서 심리·재결하는 행정쟁송절차를 말한다. 헌법 제107조 제2항(재판의 전심절차로 행정심판을 할 수 있다. 행정심판의 절차는 법률로 정하되 사법절차가 준용되어야 한다)과 행정심판법을 근거로 한다.

Ⅱ. 행정심판과 행정소송의 차이

행정심판은 행정부 내부에서 자율적으로 위법·부당한 행정작용을 통제한다는 취지를 가지며, 이러한 취지에서 위법한 행정작용뿐만 아니라 적법하지만 적절하지는 않은, 즉 부당한 행정작용도 통제가 가능하다는 차이가 있다(즉, 적법성 외에도 합목적성까지 심사가 가능하다). 또한 행정부 내부의 작용이므로 행정청에게 바로 시정을 요하는 이른바 의무이행심판이 인정된다는 점에서도 차이가 있다(행정소송으로 의무이행소송은 현재 행정소송법상 존재하지 않는다).

> • 행정심판의 종류(행정심판법 제5조)
> ① 취소심판: 행정청의 위법 또는 부당한 처분을 취소, 변경
> ② 무효 등 확인심판: 행정청의 처분의 효력 유무 또는 존재 여부를 확인
> ③ 의무이행심판: 당사자의 신청에 대한 행정청의 위법 또는 부당한 거부처분이나 부작위에 대하여 일정한 처분을 하도록 하는 행정심판

Ⅲ. 청구기간

처분이 있음을 안 날로부터 90일 내, 행정처분이 있은 날로부터 180일 내에 제기하여야 한다.

행정심판법 제27조(심판청구의 기간) ① 행정심판은 처분이 있음을 알게 된 날부터 90일 이내에 청구하여야 한다.

② 청구인이 천재지변, 전쟁, 사변, 그 밖의 불가항력으로 인하여 제1항에서 정한 기간에 심판청구를 할 수 없었을 때에는 그 사유가 소멸한 날부터 14일 이내에 행정심판을 청구할 수 있다. 다만, 국외에서 행정심판을 청구하는 경우에는 그 기간을 30일로 한다.

③ 행정심판은 처분이 있었던 날부터 180일이 지나면 청구하지 못한다. 다만, 정당한 사유가 있는 경우에는 그러하지 아니하다.

Ⅳ. 행정심판전치주의

행정심판을 제기하지 않고 바로 행정소송을 제기해도 되는 것이 원칙이다. 이를 임의적 행정심판전치주의라고 한다(행정소송법 제18조 제1항 본문). 다만, 다른 법률에서 반드시 먼저 행정심판을 거치고 이후에 행정소송을 제기하도록 되어 있는 경우에는 먼저 행정심판을 거쳐야만 행정소송 제기가 적법하게 된다(행정소송법 제18조 제1항 단서). 이를 필요적 행정심판전치주의라고 한다(국가공무원법 제16조, 국세기본법 제56조 제2항, 도로교통법 제142조에서 필요적 행정심판전치주의를 채택하고 있다).

제6절 행정소송

Ⅰ. 의의 및 종류

행정소송이란 위법한 행정작용에 의해 자신의 권리가 침해된 자가 법원에 소를 제기하여 법원이 그 위법성을 판단하는 소송을 말한다. 크게 개인의 권리구제를 목적으로 하는 주관소송(항고소송, 당사자소송)과, 행정의 적법성 통제를 목적으로 한 객관소송(민중소송, 기관소송)으로 구분된다.

• 행정소송법상 행정소송의 종류(행정소송법 제3조)
1. 항고소송: 행정청의 처분등이나 부작위에 대하여 제기하는 소송.
2. 당사자소송: 행정청의 처분등을 원인으로 하는 법률관계에 관한 소송 그 밖에 공법상의 법률관계에 관한 소송으로서 그 법률관계의 한쪽 당사자를 피고로 하는 소송.
3. 민중소송: 국가 또는 공공단체의 기관이 법률에 위반되는 행위를 한 때에 직접 자기의 법률상 이익과 관계없이 그 시정을 구하기 위하여 제기하는 소송.
4. 기관소송: 국가 또는 공공단체의 기관 상호간에 있어서의 권한의 존부 또는 그 행사에 관한 다툼이 있을 때에 이에 대하여 제기하는 소송. 다만, 헌법재판소법 제2조의 규정에 의하여 헌법재판소의 관장사항으로 되는 소송은 제외.

Ⅱ. 항고소송

항고소송이란 행정청의 처분등이나 부작위에 대하여 제기하는 소송으로 취소소송, 무효등 확인소송, 부작위위법확인소송이 있다(행정소송법 제4조). 예를 들어, A가 자신의 토지에 주택을 신축하고자 B시 건축과에 건축허가신청서를 제출하였으나 얼마 후 건축허가를 불허한다는 통지를 받았을 때 A는 B시장을 상대로 건축허가거부처분(건축불허가처분) 취소소송을 제기할 수 있다.

1. 취소소송

행정청의 위법한 처분등의 취소 또는 변경을 구하는 소송을 말한다. 취소소송에서 가장 중요한 개념으로는 취소소송의 대상(대상적격)으로서의 처분의 개념과 원고가 될 수 있는 자격을 뜻하는 원고적격, 누구를 피고로 해야 하는지에 대한 피고적격의 문제 등이 있다.

(1) 대상적격(처분등의 존재)

취소소송은 처분등을 그 대상으로 한다. 여기서 처분등이란 행정청이 행하는 구체적 사실에 대한 법집행으로서의 공권력 행사, 거부, 그 밖에 이에 준하는 행정작용 및 행정심판에 대한 재결을 말한다(행정소송법 제2조 제1항 제1호).

판례는 행정처분이라고 하더라도 그 처분의 근거법률에서 행정소송 외의 다른 절차에서 불복할 것이 예정되어 있는 경우에는 항고소송의 대상이 될 수 없다고 판시하고 있다. 따라서 검사의 공소제기는 항고소송 대상이 아니게 된다.

처분의 주체로서의 행정청이란 국가 또는 공공단체의 행정에 관한 의사를 결정하고 표시할 수 있는 행정기관을 말한다. 법원이나 국회의 기관, 지방의회도 이에 해당하며 조직법상이 아니라 기능적인 개념이다. 이러한 공권력 행사는 구체적 사실에 대한 것이어야 하며, 일반 추상적 사실에 대한 것은 처분이 아니다. 또한 법집행행위라는 점에서 법정립행위인 입법과 구별된다. 공권력 행사이어야 하므로 행정청이 우월적 지위에서 일방적으로 행하는 행정작용이어야 한다. 따라서 양 주체의 합의를 전제로 하는 공법상 계약은 이에 해당하지 않는다.

한편 공권력 행사의 거부란 국민의 공권력 행사 신청에 대해 거부하는 행정작용을 의미하며 신청을 전제하지 않는 부작위와는 구별된다. 단, 법령에서 일정기간 경과에 의하여 부작위와 거부로 간주되는 간주거부와 묵시적 거부는 거부처분에 포함된다. 판례는 거부처분의 성립요건으로 국민에게 법규상·조리상 신청권이 있을 것을 요구하고 있다.

실제로 무엇이 처분의 개념에 해당하는지 일반국민이 판단하기는 어려우며 그동안 축적된 수많은 개별적인 판례를 통해 판단할 수밖에 없는 한계가 있다. 바로 이 점 때문에 앞에서 설명한 바와 같이 행정소송 제기가 어려워지고 사건수도 매우 적은 결과가 야기되고 있다.

(2) 원고적격

행정소송에서 원고가 될 수 있는 자격을 의미하며 취소소송은 처분등의 취소를 구할 법률상 이익이 있는 자가 제기할 수 있다(행정소송법 제12조 제1문). 그 취지는 민중소송이나 소송이 지나치게 많아지는 것(남소)을 방지하고자 하는 데 있다. 이러한 법률상 이익이 있는지 여부는 당해 처분의 근거법률 및 관련법률을 고려하여 구체적으로 판단하게 된다. 즉 근거법규 및 관련법규에 의해 보호되는 개별적·구체적·직접적 이익이 있는 경우에 원고적격이 있다.

통상 처분의 직접 상대방(예, 불허가처분에서의 신청자, 영업정지처분의 대상이 된 영업주 등)이 원고적격이 있으나 최근에는 처분의 직접 상대방이 아닌 제3자에게도 법률상 이익이 있다고 판례상 인정되는 경우가 늘어나고 있다. 이를 두고 원고적격의 확대 경향이라고 한다.

> • 원고적격 확대의 예
>
> ① **경쟁자(경업자(競業者))의 소송**: 경쟁관계에 있는 자 사이에서 특정인에 대한 처분이 제3자에게는 법률상 불이익으로 초래하는 경우에 제3자가 제기하는 소송(주로 특허의 경우. 예, 행정청이 A, B 운수회사 중 A회사에만 운행 차량수를 늘려주는 처분을 한 경우, B회사가 이러한 처분에 대해 취소소송을 제기하는 경우).
>
> ② **경원자(競原者) 소송**: 특정인에 대한 인허가(주로 수익적) 처분이 다른 자(경원자)에 대해서는 불허가처분이 될 수밖에 없는 경우, 다른 자가 제기하는 소송(예, A, B 제약회사 모두가 약품제조허가신청을 하였고 해당 기업 중 어느 하나를 선발해야 하는 경우에 A회사에 대한 허가처분은 자동적으로 B회사에 대한 불허가처분이 됨. 이때 B회사는 A회사에 대한 허가처분을 취소해달라고 소를 제기하는 것이 가능).
>
> * 경원자 소송의 경우 '출원(신청)'을 전제로 한다는 점에서 경쟁자 소송과 차이가 있음
>
> ③ **이웃소송[인인(隣人)소송](인근 주민의 이익)**: 이웃주민 사이에서 특정인에게 주어지는 수익적 행위가 인근 주민에게는 불이익을 가져오는 경우, 다른 주민이 제기하는 소송(예, 연탄공장의 공해물질 배출로 이웃주민이 피해를 입은 경우 이웃주민은 연탄공장설립허가처분 취소소송을 제기할 수 있음).

판례

예외적으로 원고가 국가기관에 불과하더라도 당사자능력 및 원고적격을 가진다고 본 사례: "甲이 국민권익위원회에 부패방지 및 국민권익위원회의 설치와 운영에 관한 법률에 따른 신고와 신분보장조치를 요구하였고, 국민권익위원회가 甲의 소속기관 장인 乙 시·도선거관리위원회 위원장에게 '甲에 대한 중징계요구를 취소하고 향후 신고로 인한 신분상 불이익처분 및 근무조건상의 차별을 하지 말 것을 요구'하는 내용의 조치요구를 한 사안에서, 국가기관 일방의 조치요구에 불응한 상대방 국가기관에 국민권익위원회법상의 제재규정과 같은 중대한 불이익을 직접적으로 규정한 다른 법령의 사례를 찾아보기 어려운 점, 그럼에도 乙이 국민권익위원회의 조치요구를 다툴 별다른 방법이 없는 점 등에 비추어 보면, 처분성이 인정되는 위 조치요구에 불복하고자 하는 乙로서는 조치요구의 취소를 구하는 항고소송을 제기하는 것이 유효·적절한 수단이므로 비록 乙이 국가기

관이더라도 당사자능력 및 원고적격을 가진다고 보는 것이 타당하다." **대판 2013. 7. 25, 2011두1214.**

(3) 피고적격(처분청)

해당 처분등을 행한 행정청이 피고가 된다(행정소송법 제13조 제1항 전단). 실무적으로는 처분서의 명의자로 되어 있는 기관이라고 생각하면 된다.

(4) 제소기간

처분등이 있음을 안 날(행정심판을 거친 경우에는 재결서 정본을 송달받은 날)부터 90일, 처분등이 있은 날부터 1년 내에 제기해야 한다.

> **행정소송법 제20조(제소기간)** ① 취소소송은 처분등이 있음을 안 날부터 90일 이내에 제기하여야 한다. 다만, 제18조 제1항 단서에 규정한 경우와 그 밖에 행정심판청구를 할 수 있는 경우 또는 행정청이 행정심판청구를 할 수 있다고 잘못 알린 경우에 행정심판청구가 있은 때의 기간은 재결서의 정본을 송달받은 날부터 기산한다.
> ② 취소소송은 처분등이 있은 날부터 1년(제1항 단서의 경우는 재결이 있은 날부터 1년)을 경과하면 이를 제기하지 못한다. 다만, 정당한 사유가 있는 때에는 그러하지 아니하다.

(5) 집행정지

집행정지제도란 취소소송이 제기된 경우 처분등이나 그 집행 또는 절차의 속행으로 인해 생길 회복하기 어려운 손해를 예방하기 위해 긴급한 필요가 있는 경우 그 처분등의 효력이나 집행, 절차의 속행을 정지시키는 제도를 말한다(행정소송법 제23조). 행정소송 제기만으로는 행정처분의 집행이 정지되지 않기 때문에 당사자의 권리구제의 실효성 확보(승소판결의 실효성 확보)를 위해 존재하는 제도이다.

예를 들어, 만일 A가 자신의 신체등위 판정에 불만을 품고 입영처분취소소송을 제기하였다고 하더라도 별도로 집행정지신청을 하여 법원의 집행정지결정을 받지 않는 이상 행정소송의 제기만으로 당연히 판결선고시까지 집행이 정지가 되는 것이 아니다. 즉 A는 별도로 집행정지신청을 하여 입영날짜 전에 집행정지결정문을 받아야 비로소 입대를 하지 않은 상태에서 입영처분의 위법 여부에 대해 소송을 통해 다툴 수 있다. 판례는 민사소송에서의 가처분제도는 행정소송에는 적용되지 않는다는 입장이다.

판례

"민사집행법상의 가처분으로써 행정청의 어떠한 행정행위의 금지를 구하는 것은 허용될 수 없다." **대판 2011. 4. 18. 2010마1576.**

(6) 사정판결

원고의 청구가 이유가 있다고 인정되더라도(즉, 행정처분이 위법하다고 판단되더라도) 처분등을 취소하는 것이 현저히 공공복리에 적합하지 않다고 인정하는 경우에는 원고의 청구를 기각할 수 있는 제도를 말한다(행정소송법 제28조). 공익과 사익 충돌시 비교형량하여 판단하도록 하는 취소소송에만 존재하는 특유한 제도이다. 다만 사정판결을 하는 경우 판결문 주문에서 처분등이 위법함을 명시하도록 하여 손해배상청구의 편의를 도모할 수 있도록 하고 있다(행정소송법 제28조 제1항 단서).

판례

(A대학에 대한 법학전문대학원 인가처분이 심사위원 구성의 위법성이 있다는 이유로 경원자였던 B대학에서 제기한 A대학에 대한 법학전문대학원 인가처분취소소송에서 대법원은 위법성은 인정하면서도 다음과 같은 이유로 사정판결을 하였다.)

"법학전문대학원이 장기간의 논의 끝에 사법개혁의 일환으로 출범하여 2009년 3월초 일제히 개원한 점, A법학전문대학원도 120명의 입학생을 받아들여 교육을 하고 있는데 인가처분이 취소되면 그 입학생들이 피해를 입을 수 있는 점, 법학전문대학원의 인가 취소가 이어지면 우수한 법조인의 양성을 목적으로 하는 법학전문대학원 제도 자체의 운영에 큰 차질을 빚을 수 있는 점, 교수위원이 당해 회의에 관여하지 않았다고 하더라도 그 소속대학의 평가점수에 비추어 동일한 결론에 이르렀을 것으로 보여 A대학에 대한 법학전문대학원 인가처분을 취소하고 다시 심의하는 것은 무익한 절차의 반복에 그칠 것으로 보이는 점 등을 종합하여, 이 사건 인가처분을 취소하는 것은 현저히 공공복리에 적합하지 않는다." **대판 2009. 12. 10. 2009두8359.**

(7) 기속력

처분등을 취소하는 확정판결은 그 사건에 관하여 당사자인 행정청과 그 밖의 관계 행정청을 기속하며 이를 판결의 기속력이라고 한다(행정소송법 제30조 제1항). 그 내용으로는 당사자인 행정청 및 관계 행정청은 동일한 사안에서 동일한 당사자에게 동일한 처분을 반복해서는 안 된다는 반복금지효와 행정청은 판결의 취지에 따른 처분을 해야 한다는 재처분의무가 있다. 구체적으로 거부처분취소소송의 경우 행정청은 신청에 따른 처분을 해주어야 하며, 절차의 하자를 이유로 처분을 취소하는 판결이 있는 경우에는 행정청은 적법한 절차에 따라 처분을 해야 한다. 다만, 이 경우 적법한 절차를 다시 거친 이상 내용상 동일한 처분을 한다고 하더라도 기속력에 반하는 것은 아님에 유의해야 한다.

2. 무효등 확인소송

행정청의 처분등의 효력 유무 또는 존재 여부를 확인하는 소송을 말한다(행정소송법 제4조 제2호). 민사소송과 달리 확인의 소의 보충성이 불필요하다는 것이 판례의 태도이다. 즉 민사소송을 제기할 수 있어도 행정소송으로 무효등 확인소송 제기가 가능하다. 제소기간의 제한이 없다는 점, 무효등 확인소송의 경우에는 사정판결을 할 수 없다는 점이 취소소송과 다른 점이다.

3. 부작위위법확인소송

행정청이 당사자의 신청에 대해 상당한 기간 내에 일정한 처분을 해야 할 법률상의 의무가 있음에도 불구하고 이를 행하지 않은 경우 그 부작위가 위법함에 대한 확인을 구하는 소송을 말한다(제4조 제3호). 거부처분취소소송과 마찬가지로 당사자에게는 법률상·조리상 신청권이 있어야 하고, 부작위가 계속 중인 한 확인을 구할 이익이 있어 제소기간의 제한을 받지 않는다는 것이 판례의 입장이다.

4. 무명 항고소송

행정소송법에서 규정되지 않은 항고소송을 인정할 수 있는지 문제가 된다. 학설은 대립되며 행정소송법상 항고소송의 종류가 한정적이고 국민의 권리구제의 측면에서 부작위위법확인소송은 간접적이고 우회적인 효과밖에 없으므로 행정청에게 일정한 의무의 이행을 바로 구하는 의무이행소송을 도입할 필요가 있다는 측면에서 무명항고소송을 인정해야 한다는 견해가 강하게 제기되고 있으나 판례는 부정적이다. 입법적으로는 의무이행소송을 도입하고자 하는 시도가 계속되고 있다.

Ⅲ. 당사자소송

행정청의 처분등을 원인으로 하는 법률관계에 관한 소송, 그 밖에 공법상의 법률관계에 관한 소송으로서 그 법률관계의 한쪽 당사자를 피고로 하는 소송을 말한다(행정소송법 제3조 제2호). 대등한 당사자간의 공법상 소송라는 점에서 행정청의 우월적 지위를 전제로 하는 항고소송과 다르다.

예로서, 지방자치단체의 기업에 대한 보조금반환청구소송, 각종 보상법에 따른 국민의 보상금지급청구소송 등이 있다.

Ⅳ. 민중소송

민중소송이란 국가 또는 공공단체의 기관이 법률에 위반되는 행위를 한 때에 직접 자기의 법률상 이익과 관계없이 그 시정을 구하기 위하여 제기하는 소송을 말한다(행정소송법 제3조 제3호). 성격상 객관소송에 속한다.

예로서, 지방자치법상 주민소송, 국민투표법상 국민투표 무효소송, 공직선거법상 선거소송 등이 있다.

Ⅴ. 기관소송

국가 또는 공공단체의 기관 상호간에 있어서 권한의 존부 또는 그 행사에 관한 다툼이 있을 때 제기하는 소송을 말한다(행정소송법 제3조 제4호). 역시 성격상 객관소송에 속한다.

예로서, 지방의회 재의결이 법령에 위반된다고 인정되는 경우 지방자치단체장의 대법원에 대한 제소(지방자치법 제107조 제3항) 등이 있다.

제7절 | 개별행정법

Ⅰ. 행정조직법

1. 행정주체

행정조직법상 행정주체는 행정사무를 수행하고 이를 위해 필요한 권리·의무를 가진 독자적인 공법상의 권리주체를 말한다.

행정주체로는 시원적인 행정주체인 국가, 지방자치단체, 그 외 공법상 사단, 공법상 재단과 국가적 공권을 위탁받은 사인(공무수탁사인) 등이 있다.

2. 행정조직법정주의

행정주체의 조직에 관한 법을 행정조직법이라고 하고 우리 헌법은 행정조직을 법률로써 정하도록 하여 행정조직법정주의를 취하고 있다(헌법 제96조, 제90조 제3항, 제91조 제3항, 제92조 제2항, 제93조 제2항, 제100조 등). 이는 행정조직을 어떻게 설치하는지가 바로 국민에게 영향을 미친다는 점에서, 국회에 권한을 유보할 필요가 있는 중요한 사항으로 보기 때문이라고 할 것이다(의회유보사항).

3. 행정기관

행정기관이란 행정주체를 위해 현실적으로 행정을 담당하는 행정주체의 내부조직을 의미한다. 따라서 이때 법인격을 가지는 것은 행정주체이지 내부기관에 불과한 행정기관이 아니다. 다만 행정소송법상으로 항고소송에서 행정기관인 행정청이 피고적격을 가지게 되어 있으나 이는 소송의 편의를 위한 것일 뿐이지 엄밀히 말해 법인격을 갖는다고 할 수는 없다.

행정기관에는 행정관청, 의결기관, 보조기관, 보좌기관, 집행기관, 감독기관, 부속기관 등이 있다.

4. 행정각부

행정각부란 행정권의 수반인 대통령과 그 명을 받는 국무총리의 통할 하에 정부의 권한에 속하는 사무를 부문별로 처리하기 위하여 설치되는 중앙행정기관을 말한다.

행정각부의 수는 헌법상 명시되어 있지 않으며 정부조직법에 따라 정해진다.

> **정부조직법 제1조(목적)** 이 법은 국가행정사무의 체계적이고 능률적인 수행을 위하여 국가행정기관의 설치·조직과 직무범위의 대강을 정함을 목적으로 한다.
>
> **제2조(중앙행정기관의 설치와 조직 등)** ① 중앙행정기관의 설치와 직무범위는 법률로 정한다.
>
> ② 중앙행정기관은 이 법과 다른 법률에 특별한 규정이 있는 경우를 제외하고는 부·처 및 청으로 한다.

Ⅱ. 지방자치법

1. 지방자치의 헌법적 보장

우리 헌법은 지방자치에 관하여 헌법 제117조와 제118조의 두 개의 조항만 두고 있으며 지방자치제도를 기본권이 아닌 제도의 보장으로서 보장하고 있다. 구체적으로 포괄적인 자치권의 보장, 지방의회의 보장 등을 그 내용으로 하며, 지방의회의 존재 자체를 제외하고는 지방자치단체의 종류, 조직, 운영 등에 대해서는 법률에 광범위한 재량권을 주고 있다는 점이 특징이다.

> **헌법 제117조** ① 지방자치단체는 주민의 복리에 관한 사무를 처리하고 재산을 관리하며, 법령의 범위 안에서 자치에 관한 규정을 제정할 수 있다.
>
> ② 지방자치단체의 종류는 법률로 정한다.
>
> **제118조** ① 지방자치단체에 의회를 둔다.
>
> ② 지방의회의 조직·권한·의원선거와 지방자치단체의 장의 선임방법 기타 지방자치단체의 조직과 운영에 관한 사항은 법률로 정한다.

2. 지방자치단체의 종류

지방자치법은 광역지방자치단체로서 특별시, 광역시, 특별자치시, 도, 특별자치도를, 기초자치단체로서 시, 군, 구를 두고 있으며, 이들을 보통지방자치단체라고 하기도 한다(지방자치법 제2조 제1항). 한편 보통지방자치단체 외에 특정한 목적을 수행하기 위하여 필요하면 따로 특별지방자치단체를 설치할 수 있도록 하고 있다(지방자치법 제2조 제3항).

3. 주민의 지위

주민이란 지방자치단체의 구역 안에 주소를 가진 자를 말한다(지방자치법 제12조). 이러한 주민에게는 소속 지방자치단체의 재산과 공공시설을 이용할 권리(지방자치법 제13조 제1항), 균등하게 행정의 혜택을 받을 권리(지방자치법 제13조 제1항), 선거에 참여할 권리(지방자치법 제13조 제2항), 주민에게 과도한 부담을 주거나 중대한 영향을 미치는 지방자치단체의 주요 결정사항에 대하여 투표할 권리(지방자치법 제14조, 주민투표법 제5조), 조례제정개폐청구권(지방자치법 제15조), 지방자치단체의 사무에 관한 주민감사청구권(지방자치법 제16조), 위법한 재무회계행위에 대해 소송을 제기할 수 있는 주민소송권(지방자치법 제17조), 지방자치단체의 장 및 지방의회의원을 소환할 권리(주민소환권, 지방자치법 제20조, 주민소환에 관한 법률 제3조)를 갖는다. 한편, 법령으로 정하는 바에 따라 소속 지방자치단체의 비용을 분담하여야 하는 의무를 부담한다(지방자치법 제21조).

4. 지방자치단체의 조직과 자치입법(조례와 규칙)

지방자치법은 지방자치단체의 최고의결기관으로 지방의회를, 지방자치단체의 대표로서 지방자치단체의 의사를 표명하고 사무를 통할하는 집행기관으로 지방자치단체장을 각 독립한 기관으로 두고 각자에게 독자적인 권한을 부여하여 상호 견제와 균형을 이루도록 하고 있다(지방자치법 제30조, 제93조).

이 중 지방의회의 의결을 거쳐 제정하는 법규범을 조례라고 하며(지방자치법 제26조), 지방자치단체의 장이 법령이나 조례가 위임한 범위에서 그 권한에 속하는 사무에 관하여 제정한 법규범을 규칙이라고 한다(지방자치법 제23조). 지방자치단체(지방의회)는 법령의 범위 안에서 그 사무에 관하여 조례를 제정할 수 있으나 주민의 권리 제한 또는 의무 부과에 관한 사항이나 벌칙을 정할 때에는 법률의 위임이 있어야 한다(지방자치법 제22조).

판례

"조례의 제정권자인 지방의회는 선거를 통해서 그 지역적 민주적정당성을 지니고 있는 주민의 대표기관이고 헌법이 지방자치단체에 포괄적인 자치권을 보장하고 있는 취지로 볼 때, 조례에 대한 법률의 위임은 법규명령에 대한 법률의 위임과 같이 반드시 구체적으로 범위를 정하여 할 필요가 없으며 포괄적인 것으로 족하다." **헌재결 1995. 4. 20. 92헌마264·279(병합).**

한편, 지방자치단체의 사무에는 주민의 복리에 관한 사무로서 헌법과 법률이 지방자치단체의 사무로 정한 사무인 자치사무(고유사무)와 본래 법률에 의해서 정해진 국가 또는 상급지방자치단체의 사무이나 대통령령·부령 등에 의해 지방자치단체의 장에게 위임된 사무(기관위임사무), 국가 또는 상급지방자치단체의 사무이나 지방자치단체에 위임된 사무(단체위임사무)가 있다. 조례제정권은 그 중 자치사무와 단체위임사무에 한정된다.

Ⅲ. 공무원법

1. 내 용

공무원법이란 행정을 담당하는 인적 요소인 공무원관계를 규율하는 법규를 총칭한다. 헌법상 공무원은 국민 전체에 대한 봉사자이며(헌법 제7조 제1항), 우리 헌법은 직업공무원제를 채택하고 있으며(헌법 제7조 제2항) 이는 국가공무원법과 지방공무원법을 통해 다시 한번 선언되고 있다(국가공무원법 제68조, 지방공무원법 제60조).

국가공무원법 제68조(의사에 반한 신분 조치) 공무원은 형의 선고, 징계처분 또는 이 법에서 정하는 사유에 따르지 아니하고는 본인의 의사에 반하여 휴직·강임 또는 면직을 당하지 아니한다. 다만, 1급 공무원과 제23조에 따라 배정된 직무등급이 가장 높은 등급의 직위에 임용된 고위공무원단에 속하는 공무원은 그러하지 아니하다.

2. 공무원법관계

공무원법관계는 선거, 선출, 대통령의 지명, 대통령의 임명, 국회의 동의 등 다양한 방법으로 창설된다. 또한 당연퇴직, 면직에 의해 소멸한다.

• 구별개념

① **당연퇴직:** 임용권자의 의사와 상관없이 일정한 사유의 발생으로 당연히 공무원관계가 소멸되는 것(예, 정년)(국가공무원법 제69조)

② **면직**

- **의원면직:** 공무원 자신의 사직의 의사표시에 의하여 임용권자가 공무원관계를 종료하는 처분을 말한다. 사직서를 제출했다고 바로 면직되는 것이 아니며 임용권자가 사직의 의사표시를 수리해야 비로소 공무원관계가 소멸함을 유의해야 한다. 따라서 사직서 수리 전에는 여전히 공무원으로서 의무를 부담한다.
- **강제면직:** 본인의 의사와 관계없이 임용권자가 강제적으로 공무원관계를 소멸시키는 것을 말한다. 강제면직은 징계처분인 파면과 해임에 의한 경우인 징계면직과 직무수행능력 부족 등을 이유로 한 직권면직으로 구분된다(국가공무원법 제70조).

국가공무원법, 지방공무원법에 명시된 공무원의 의무로는 직무의 내외를 불문하고 그 품위가 손상되는 행위를 하여서는 아니된다는 품위유지의무(국가공무원법 제63조, 지방공무원법 제55조), 공무원은 직무와 관련하여 직접적이든 간접적이든 사례·증여 또는 향응을 주거나 받을 수 없다는 청렴의무(국가공무원법 제61조, 지방공무원법 제53조), 재직 중은 물론 퇴직 후에도 직무상 알게 된 비밀을 엄수해야 할 비밀엄수의무(국가공무원법 제60조, 지방공무원법 제52조), 법령준수의무와 성실의무(국가공무원법 제56조, 지방공무원법 제48조), 상관의 직무상 명령에 복종해야 하는 복종의무(국가공무원법 제57조, 지방공무원법 제49조), 직장이탈금지의무(국가공무원법 제58조, 지방공무원법 제50조), 친절·공정의무(국가공무원법 제59조, 지방공무원법 제51조), 공무 외에 영리를 목적으로 하는 업무에 종사하지 못하며 소속 기관장의 허가 없이 다른 직무를 겸할 수 없다는 영리업무 및 겸직 금지의무(국가공무원법 제64조, 지방공무원법 제56조), 정당이나 그 밖의 정치단체의 결성에 관여하거나 이에 가입할 수 없으며 정치운동을 할 수 없는 정치운동 금지의무(국가공무원법 제65조, 지방공무원법 제57조), 종교에 따른 차별없이 직무를 수행하여야 할 종교중립의 의무(국가공무원법 제59조의2, 지방공무원법 제51조의2), 노동운동이나 그 밖에 공무 외의 일을 위한 집단행위를 하여서는 아니된다는 집단행위 금지의무(국가공무원법 제66조, 지방공무원법 제58조) 등이 있으며, 공직자윤리법상으로는 재산등록의무, 재산공개의무, 선물신고의무, 취업금지의무 등이 있다.

다만, 공무원의 노동조합 설립 및 운영 등에 관한 법률에 근거하여 설립된 노동조합의 공무원은 집단행위금지(국가공무원법 제66조, 지방공무원법 제58조)의 적용을 받지 않는다(공무원의 노동조합 설립 및 운영 등에 관한 법률 제3조). 교원인 공무원의 경우는 교원의 노동조합 설립 및 운영 등에 관한 법률 제4조에 따라 광역지방자치단체 단위 또는 전국 단위로 노동조합을 설립할 수 있다.

한편, 공무원의 징계의 종류로는 파면·해임·강등·정직·감봉·견책의 6가지를 규정하고 있다(국가공무원법 제79조, 지방공무원법 제70조).

• 직위해제

직위해제는 직무수행능력이 부족하거나 근무성적이 극히 나쁜 자, 징계의결이 요구중인 자, 형사사건으로 기소된 자 등의 해당 공무원에게 직위를 부여하지 않는 것을 말하며, 제재적 성격은 있으나 법률상 징계는 아니다(국가공무원법 제73조의3).

Ⅳ. 기타 개별행정법

그 외에도 강학상 경찰법, 공물법, 영조물법, 공기업법, 공용부담법, 토지행정법, 경제행정법, 재무행정법, 환경행정법 등이 각각 수백페이지의 전공서적이 있을 정도로 깊이 있게 각각 개별적 분야에서 다루어지며 이외에도 세부 행정분야는 무궁무진하다.

제 4 편

형 법

제 1 장

형법총론

제1절 형법의 체계

형법은 흔히 '범죄와 형벌을 규정한 법규범의 총체'라는 말로 정의된다. 형법규범은 일반적으로 "어떠한 행위를 하면(또는 하지 않으면) 어떻게 처벌한다"는 조건적 형태로 규정되어 있는데, 이러한 형법규범의 성격을 요건(범죄)과 효과(형벌)라는 조건관계로 잘 표현한 것이다. 따라서 어떤 법규범이 국민에게 일정한 행위를 금지(또는 요구)하고 그 불이행시 일정한 형벌을 부과하는 것을 내용으로 하고 있다면 이러한 법규범은 모두 실질적 의미의 형법이라고 부를 수 있으며, 이와 대비되는 의미에서 1953년 9월 18일 제정된 '형법'(법률 제293호)이라는 이름을 가진 단행법률을 형식적 의미의 형법이라고 한다.

우리 형법은 총칙에서 개별적 범죄행위유형을 성립시키기 위한 공통요건(범죄)과 그에 부과할 제재의 종류(형벌 또는 보안처분)를 제시하고, 각칙에서는 입법자가 법공동체 내에서 금지(또는 요구)되어야 할 행위로 정한 개별적 범죄행위유형을 열거하고 있다. 구체적으로 살펴보면 총칙과 각칙의 2개 편을 기준으로, 총칙은 형법의 적용범위, 죄, 형, 기간의 4개 장으로, 각칙은 국가적·사회적·개인적 법익에 대한 42개 장으로 구성되어 있다.

제2절 형법 서론

Ⅰ. 죄형법정주의

죄형법정주의는 범죄(罪)와 형벌(刑)은 법률(法)로 규정(定)하여야 한다는 사상(主義)을 말한다. "법률 없으면 범죄 없고 형벌 없다"(nullum crimen, nulla poena sine lege)라는 법언으로도 표현된다. 죄형법정주의는 중세 이후 교회나 국왕 등 절대권력에 의한 국가형벌권의 남용과 이에 수반되는 자의적이고 가혹한 형벌에 대한 반발에서 태동한 시민의 자유와 권리를 위한 법원리이다. 시민계급의 성장과 이로 인한 절대왕권의 상대적 약화(3권분립원칙), 이성적 인간상을 신뢰하는 계몽주의적 사고와 형벌 영역에서의 법적 안정성과 합리적 예측가능성(심리강제설) 등을 그 정치적·사상적 배경으로 한다.

죄형법정주의의 연원은 시민권의 절차적 보장을 최초로 선언한 1215년 영국의 대헌장(Magna Charta)으로 거슬러 올라가지만, 오늘날과 같은 의미의 죄형법정주의가 성문화된 것은 1776년 미국 버지니아 권리장전, 1787년 미합중국 헌법, 1789년 프랑스 인권선언 등에서였다. 1810년 프랑스 나폴레옹형법은 형법으로서는 최초로 이를 규정하였다. 우리나라 헌법은 "누구든지 … 법률과 적법한 절차에 의하지 아니하고는 처벌·보안처분 또는 강제노역을 받지 아니한다"(헌법 제12조 제1항), "모든 국민은 행위시의 법률에 의하여 범죄를 구성하지 아니하는 행위로 소추되지 아니…한다"(헌법 제13조 제1항)라고 규정하여 죄형법정주의를 헌법적 원리로 선언하고 있고, 형법 역시 헌법의 정신을 수용하여 "범죄의 성립과 처벌은 행위시의 법률에 의한다"(형법 제1조 제1항)*라고 규정하고 있다.

현대적 의미의 죄형법정주의는 국민의 자유보장을 넘어 실질적 정의를 내용으로 하는 법치국가원리에 근거하는 것으로 이해되고 있으며, 그 파생원리로 법률주의, 형벌불소급의 원칙, 명확성의 원칙, 유추해석 금지의 원칙, 적정성의 원칙 등 다섯 가지가 논의되고 있다.

---
* 이하 제4편에서 조문에 법명이 없는 경우 형법조문을 가리킨다.

1. 법률주의

범죄와 형벌은 '법률'이라는 형식으로 규정되어야 한다는 것이다. 성문법률주의와 관습형법 금지를 그 내용으로 한다. 여기서 법률은 '국민의 대표기관인 국회가 정한 형식적 의미의 법률'을 의미하며, 따라서 이러한 형식을 갖추지 못한 관습형법은 원칙적으로 형법의 **법원**(法源)이 될 수 없다. 타법의 영역에서는 입법기술의 하나로 널리 인정되는 위임입법에 의한 명령·규칙 등 하위법령 위임도 형법의 영역에서는 엄격한 제한을 받는다.

2. 형벌불소급의 원칙

범죄의 성립과 처벌은 행위 당시의 법률에 의하여야 하고, 행위 후에 법률을 제정하여 법 제정 이전의 행위를 처벌하여서는 안 된다는 것이다. 행위자에게 불리한 소급효를 인정해서는 안 된다는 의미에서 '(형사)소급효 금지의 원칙' 또는 '(형사)사후법 금지의 원칙'이라고도 한다. 헌법 제13조 제1항과 형법 제1조 제1항은 형벌불소급의 원칙을 명문으로 규정하고 있다.

3. 명확성의 원칙

범죄와 형벌의 구체적인 내용이 법률상 명확하게 나타나 있어야 한다는 것이다. 국민의 형벌법규에 대한 예측가능성과 이에 기초한 법적 안정성을 담보하기 위한 것이다. 구성요건의 명확성뿐 아니라 제재의 명확성 또한 아울러 요구된다. 다만 입법기술상 일정한 추상적·불확정적 개념의 사용은 불가피하므로 명확성의 원칙은 명확성의 '유무'의 문제가 아니라 '정도'의 문제라고 할 수 있다.

4. 유추해석 금지의 원칙

유추는 법률에 규정이 없는 사항에 대하여 그와 가장 유사한 사항을 규정하고 있는 법률을 적용하는 것을 말한다. 형벌의 영역에서 유추는 일반적으로 피고인에게 예측하지 못한 불이익을 주기 때문에 원칙적으로 금지된다. 이와 관련하여 **목적론적 해석**이나 확장해석의 허용 여부가 문제되는데, 견해의 대립이 있으나 이들은 형법해석의 한 방법으로서 '문언의 가능한 의미' 내인지 여부에 따라 '허용되는 해석'과 '허용되지 않는 유추'로 나뉜다고 봄이 타당할 것이다.

5. 적정성의 원칙

형벌법규의 내용이 실질적 정의에 부합하도록 적정하게 구성되어야 한다는 것이다. 형식적 요건은 구비하였으나 '형벌법규의 필요성'과 '범죄와 형벌의 균형(과잉금지의 원칙)'을 갖추지 못한 형벌법규는 결국 죄형법정주의를 형해화시킨다는 관점에 기초한 것이다. 적정성의 원칙은 실질적 법치국가원리에 근거한 파생원칙으로서 특히 형사입법의 영역에서 죄형법정주의를 담보한다는 의미를 갖는다.

판례

적정성의 원칙: "본 법률조항에서 과실로 사람을 치상하게 한 자가 구호행위를 하지 아니하고 도주하거나 고의로 유기함으로써 치사의 결과에 이르게 한 경우에 살인죄와 비교하여 그 법정형을 더 무겁게 한 것은 형벌체계상의 정당성과 균형을 상실한 것으로서 헌법 제10조의 인간으로서의 존엄과 가치를 보장한 국가의 의무와 헌법 제11조의 평등의 원칙 및 헌법 제37조 제2항의 과잉입법금지의 원칙에 반한다." **헌재결 1992. 4. 28. 90헌바24.**

Ⅱ. 형법의 적용범위

형법의 적용범위는 언제, 어디서, 누구에 의해 이루어진 행위에 형법을 적용할 수 있는가의 문제이다. 시간적·장소적·인적 적용범위로 나누어 볼 수 있다.

1. 시간적 적용범위

(1) 원칙: 행위시법주의(제1조 제1항)

형법은 제1조 제1항에서 "범죄의 성립과 처벌은 행위시의 법률에 의한다"라고 규정하여 행위시법주의를 원칙으로 선언하고 있다. 헌법 제13조 제1항의 취지에 따른 것으로, 형벌에 대한 예측가능성을 보장한다는 죄형법정주의의 핵심 내용을 구체화하여 사후입법에 의한 형벌법규의 소급효를 금지하는 것이다.

(2) 예외: 재판시법주의(제1조 제2항)·집행시법주의(제1조 제3항)

형벌불소급의 원칙은 행위자에게 불리한 형사사후법의 소급적용을 금지한다는 취지이므로 행위자에게 유리한 소급적용은 문제되지 않는다. 형법 제1조 제2항과 제3항은 범죄 후 법률의 변경에 의하여 그 행위가 범죄를 구성하지 아니하거나 형이 구법보다 경한 때에는 신법에 의하고(제2항), 재판확정 후 법률의 변경에 의하여 그 행위가 범죄를 구성하지 아니하는 때에는 형의 집행을 면제하는 것으로(제3항) 하여 예외적인 재판시법주의와 집행시법주의를 취하고 있다. 범죄 후 재판단계까지는 그 행위에 적용할 법률의 선택이 가능하므로 경한 신법을 적용하지만, 재판확정 후에는 **일사부재리의 원칙**에 의해 원칙적으로 동일한 사안에 대하여 다시 재판할 수 없으므로 형선고의 효력은 그대로 두되 형의 집행만을 면제하는 것이다.

한편 법률의 유효기간이 정해져 있는 **한시법**(限時法)의 해석과 관련하여 '법률의 변경'의 의미가 문제되는데, 대법원판례는 이른바 법령의 개폐가 법률이념의 변경에 의한 경우에는 이에 해당하지만 단순한 사실관계의 변경에 의한 것인 경우에는 이에 해당하지 않는다고 한다.

판례

법률변경의 의미 – 동기설(動機說): "형법 제1조 제2항이나 형사소송법 제326조 제4호의 규정은 형벌법령 제정의 이유가 된 법률이념의 변경에 따라 종래의 처벌 자체가 부당하였다거나 또는 과형이 과중하였다는 반성적 고려에서 법령을 개폐하였을 경우에 적용된다고 해석하여야 할 것이고 교통질서유지를 위한 규제방법의 변경 등 그때그때의 특수한 필요에 대처하기 위하여 법령을 개폐한 것에 불과한 경우에 있어서는 구법 당시에 범하여진 위반행위에 대한 가벌성을 소멸시키거나 축소시킬 아무런 이유가 없으므로 후일 그 법령이 개폐되었다 하더라도 행위당시의 형벌법령에 비추어 그 위반행위를 처벌하여야 할 것이다." **대판 1987. 3. 10. 86도42.**

2. 장소적 적용범위

(1) 속지주의(제2조) 및 기국주의(제4조)

자국의 주권이 미치는 영역 내에서 이루어진 범죄에 대해서는 범인의 국적을 불문하고 자국 형법을 적용한다는 원칙이다. 국가주권사상에 따라 모든 나라가 인정하고 있는 법적용의 기본원칙이다. 형법 제4조는 속지주의의 범위를 대한민국 영역 외에 있는 대한민국의 선박 또는 항공기까지 확장하고 있다(기국주의(旗國主義)).

(2) 속인주의(제3조)

자국민의 범죄에 대해서는 범죄지가 어디인지를 불문하고 자국 형법을 적용한다는 원칙이다. 자국민이 외국에서 범죄를 범한 경우 자국의 속인주의와 해당 외국의 속지주의가 경합하게 된다. 이 경우 사실상 속지주의가 먼저 적용되겠지만 국가간의 범죄인인도조약 등에 의해 속인주의가 적용될 여지도 있다.

(3) 보호주의(제5조·제6조)

외국인이 외국에서 범한 범죄라도 그것이 자국 또는 자국민에 대한 것이면 자국 형법을 적용한다는 원칙이다. 형법은 외국인이 대한민국 영역 외에서 내란·외환·국기, 통화·유가증권·우표·인지, 공문서·공인장에 관한 죄를 범한 경우(제5조)와, 대한민국 또는 대한민국 국민에 대하여 그 외의 죄를 범한 경우(제6조) 대한민국 형법을 적용하는 것으로 규정하고 있다. 제5조를 국가보호주의, 제6조를 국민보호주의라 한다. 단, 외국인의 행위가 그 나라에서 죄가 되지 않음에도 처벌되는 불합리를 피하기 위하여 행위지의 법률에 의하여 범죄를 구성하지 아니하거나 소추 또는 형의 집행을 면제할 경우에는 형법의 적용이 배제된다.

(4) 세계주의

외국인이 외국에서 외국이나 다른 외국인에게 범죄를 범한 경우에도 범인의 국적과 범죄지를 불문하고 자국 형법을 적용한다는 원칙이다. 인류 공통의 보호법익을 침해하는 반인도적 범죄, 예컨대 대량학살, 테러, 선박·항공기납치 등에 대한 국제적 연대의 필요성에서 인정되는 것이다. 우리나라는 항공기납치에 대하여 국제조약을 통해 세계주의를 채택하고 있고, 2012년 개정형법은 약취·유인·인신매매에 대하여 세계주의 원칙을 형법상 명문으로 규정하였다(제296조의2).

판례

세계주의: "항공기운항안전법 제3조, '항공기내에서 범한 범죄 및 기타 행위에 관한 협약'(토오쿄협약) 제1조, 제3조, 제4조, '항공기의 불법납치억제를 위한 협약'(헤이그협약) 제1조, 제3조, 제4조, 제7조의 각 규정들을 종합하여 보면 민간항공기납치사건에 대하여는 항공기등록지 국에 원칙적인 재판관할권이 있는 외에 항공기착륙국인 우리나라에도 경합적으로 재판관할권이 생기어 우리나라 항공기운항안전법은 외국인의 국외범까지도 적용대상이 된다고 할 것이다." **대판 1984. 5. 22. 84도39.**

3. 인적 적용범위

형법은 원칙적으로 시간적·장소적 효력범위에 있는 모든 사람에게 적용된다. 따라서 형법의 인적 적용범위는 예외적으로 그 적용을 받지 않는 범위의 문제이다. 내란·외환의 죄 외에는 재직 중 형사소추를 받지 아니하는 대통령(헌법 제84조), 국회에서 직무상 행한 발언과 표결에 대해서는 국회 외에서 책임지지 아니하는 국회의원(헌법 제45조), 외교면제를 향유하는 외국의 국가원수와 외교관(외교관계에 관한 빈(Wien)협약 제31조 제1항), 공무집행 중의 범죄에 대하여 미합중국 군당국이 1차적 재판권을 갖는 주한미군(한미주둔군지위협정(SOFA) 제22조 3(가)(1)) 등이 이러한 예외사유에 해당한다.

제3절 범 죄 론

'범죄'가 무엇인지에 대하여 종래 견해의 대립이 있었으나 20세기 초반 이후 범죄의 성립 여부는 구성요건해당성, 위법성, 책임의 3단계를 거쳐 검토되어야 한다는 3단계 범죄론체계가 주류적인 견해로 받아들여지게 되었다. 구성요건(Tatbestand)이란 형벌의 근거가 되는 행위유형을 기술한 것을 말하고, 구성요건해당성은 구체적인 행위가 이러한 객관적인 법률상 요건과 일치하는 것을 말한다. 위법성(Rechtwidrigkeit)은 구성요건에 해당하는 '행위'를 법질서 전체의 관점에서 사회적으로 비난할 수 있는가 하는 문제를, 책임(Schuld)은 구성요건에 해당하고 위법성이 인정되는 행위와 관련하여 그 '행위자'를 개인적으로 비난할 수 있느냐의 문제를 말한다.

구성요건은 법공동체 내에서 허용되어서는 아니될 행위를 구체적으로 기술하여 놓은 것이다. 이러한 의미에서 구성요건을 '정형화된 위법행위 유형'이라고도 표현한다. 따라서 구성요건 안에는 이미 그러한 행위가 사회적으로 허용되지 않는다는 점, 그리고 그러한 허용되지 않는 행위를 한 사람은 비난받아야 한다는 점에 대한 가치판단이 포함되어 있다고 할 수 있다. 즉 구성요건에 해당하는 행위는 원칙적으로 위법하고(객관적 가치평가) 유책하다(주관적 가치평가).

그렇다면 왜 3단계 범죄론체계는 원칙적으로 위법·유책한 구성요건해당행위에 대하여 위법성과 책임이라는 두 단계를 더 거쳐 범죄성립 여부를 판단하도록 하였을까? 이는 구성요건에 해당하는 행위이기는 하지만 예외적으로 그 행위(객관적 측면) 또는 행위자(주관적 측면)를 비난하기 어려운 경우가 있기 때문이다. 예컨대 칼로 자신을 찌르려는 강도를 몽둥이로 내려쳐 상처를 입게 한 행위를 상해죄로 처벌하거나, 영장을 발부받아 범인을 체포하는 경찰관에 대하여 체포죄가 성립된다고 보는 것은 누가 보아도 부당한 일일 것이다. 세 살배기 아기가 엄마와 슈퍼마켓에 다녀왔는데 어느새 손에 사탕을 쥐고 있었던 경우나, 생명의 위협을 받은 납북어부가 어쩔 수 없이 북한을 찬양하는 발언을 한 경우 이를 비난하기 어렵다는 점에 대해서도 마찬가지의 평가가 가능하다. 전자의 경우는 행위자가 누구이냐에 관계없이 그 행위 자체가 법질서 전체의 관점에서 허용된다고 보아야 할 것이고, 후자의 경우는 그러한 특정한 행위상황에 놓인 행위자를 비난하기 어렵다고 보아야 할 것이다. 이러한 이유에서 3단계 범죄론체계 중 위법성과 책임의 단계는 구성요건에 해당하는 행위이지만 예외적으로 행위에 대한 사회적 비난이 인정되지 않거나 행위자에 대한 개인적 비난가능성이 없는 경우를 걸러내는 형태, 즉 구성요건해당행위에 내포된 위법성을 배제하거나 책임을 배제·감경하는 형태로 구성되어 있다. 이를 '위법성조각사유' 및 '책임조각·감경사유'라 한다.

한편 범죄가 성립되는 모습은 행위자가 단독으로(주체의 측면), 하나의 행위로써(행위의 측면), 하나의 범죄의 모든 요소를 완전히 충족하는(결과의 측면) 경우가 일반적이겠지만, 어떤 경우에는 다수인이 여러 개의 행위수단을 사용하여 여러 개의 범죄를 성립케 하는 경우도 있을 수 있다. 일정한 행위가 구성요건에 해당하는 과정에서의 이러한 차이점을 고려하여 형법은 미수론, 공범론, 죄수론의 장을 두어 각각의 행위에 대한 법적 평가를 달리 하고 있다.

Ⅰ. 구성요건해당성: 요건(객관적) 해당성(사실판단)

1. 서론: 구성요건론의 체계와 기본개념

전술한 바와 같이 구성요건은 법공동체 내에서 허용되어서는 아니될 행위유형을 기술하여 놓은 것이다. 구성요건의 요소는 법조문의 내용으로부터 직접적으로 인식 가능한 객관적인 요소와, 행위자의 내심의 의사에 의해 좌우되는 주관적인 요소로 나눌 수 있다. 전자를 객관적 구성요건요소, 후자를 주관적 구성요건요소라 한다. 행위의 주체, 행위의 객체, 행위, 결과, 행위와 결과 사이의 인과관계 및 객관적 귀속 등은 객관적 구성요건요소에, 고의·과실, 목적, 불법영득의사 등은 주관적 구성요건요소에 속한다. 형법은 객관적 구성요건요소 중 '행위'와 관련하여 부작위범(제19조) 규정을, '인과관계'와 관련하여 인과관계(제17조) 및 **동시범**(제19조 및 제263조)에 관한 규정을 두고 있고, 주관적 구성요건요소와 관련하여서는 고의(제13조), 과실(제14조) 및 고의와 과실의 특수형태인 사실의 착오(제15조 제1항)와 결과적 가중범(제15조 제2항)에 관한 규정을 두고 있다.

2. 객관적 구성요건요소

(1) 행위주체

형법은 원칙적으로 적용범위 내의 모든 사람을 행위주체로 하므로 행위주체는 구성요건에 기술되어 있지 않는 경우가 대부분이며, 행위주체는 이를 특별히 표시할 필요가 있는 경우, 즉 행위주체가 일정한 신분을 가진 자로 한정되는 경우(신분범)에만 이를 구성요건에 명시하고 있다. 영아살해죄(제251조)의 '직계존속', 뇌물죄(제129조 이하)의 '공무원 또는 중재인'은 그 대표적인 예이다.

(2) 행위객체

형법상의 행위는 살인죄(제250조)의 '사람', 절도죄(제329조)나 손괴죄(제366조)의 '타인의 재물'처럼 일정한 행위객체를 대상으로 이루어지는 경우가 많으나, 내란죄(제87조)나 공연음란죄(제245조) 또는 도박죄(제246조)처럼 행위객체를 전제로 하지 않은 구성요건도 존재한다.

(3) 행 위

형법은 금지규범과 요구규범의 두 가지 형태로 구성되어 있고, 법률상 금지된 행위를 하거나 요구된 행위를 하지 않는 경우를 처벌의 대상으로 하고 있다. 전자를 작위범(作爲犯), 후자를 부작위범(不作爲犯)이라 한다. 형법상 대부분의 구성요건은 작위범이며, 부작위범은 다중불해산죄(제116조), 전시군수·공수계약불이행죄(제103조, 제117조), 집합명령위반죄(제145조 제2항), 퇴거불응죄(제319조 제2항) 등 구성요건의 규정형식 자체가 요구규범의 형태로 되어 있는 몇몇 경우에 한한다.

부작위는 문언적으로는 신체거동이 없는 것을 말하지만, 형법상 부작위범에서의 부작위는 '단순히 신체거동이 없다'는 자연적 의미와 함께 '요구되는 행위를 하지 않았다'는 규범적 의미가 더해진 부작위를 말한다. 그런데 이와 관련하여 형법은 제18조에서 "위험의 발생을 방지할 의무가 있거나 자기의 행위로 인하여 위험발생의 원인을 야기한 자가 그 위험발생을 방지하지 아니한 때에는 그 발생된 결과에 의하여 처벌한다"라고 규정하고 있다. 제18조는 작위의무자가 부작위로 일정한 결과를 발생하게 한 경우 이를 작위범의 구성요건으로 처벌하는 것인데, 이는 결국 어떤 행위를 해야 할 사람이 그 행위를 하지 않은 것이라는 점에서 법적 성격이 부작위범과 같다고 할 수 있다. 이러한 점에서 부작위로 작위범의 구성요건을 실현하는 경우인 제18조의 부작위범을 부진정부작위범이라 부르며, 이에 대하여 본래 의미의 부작위범은 진정부작위범이라 한다.

판례

(부진정)부작위범의 성립요건 : "형법이 금지하고 있는 법익침해의 결과발생을 방지할 법적인 작위의무를 지고 있는 자가 그 의무를 이행함으로써 결과발생을 쉽게 방지할 수 있었음에도 불구하고 그 결과의 발생을 용인하고 이를 방관한 채 그 의무를 이행하지 아니한 경우에, 그 부작위가 작위에 의한 법익침해와 동등한 형법적 가치가 있는 것이어서 그 범죄의 실행행위로 평가될 만한 것이라면, 작위에 의한 실행행위와 동일하게 부작위범으로 처벌할 수 있다고 할 것이다." **대판 1992. 2. 11. 91도2951.**

(4) 결 과

대다수의 범죄는 구성요건 자체가 행위뿐만 아니라 일정한 결과의 발생을 요건으로 하고 있지만, 구성요건 중에는 결과의 발생을 요하지 않고 행위만으로 구성요건이 충족되는 경우도 있다. 전자를 결과범 또는 실질범, 후자를 거동범 또는 형식범이라고 한다. 예컨대 상해죄(제257조)와 폭행죄(제260조)의 경우 상해죄는 상해, 즉 사람의 생리적 기능의 훼손이라는 결과가 발생해야 하는 결과범인 데 반해 폭행죄는 폭행, 즉 사람의 신체에 대한 유형력의 행사라는 행위만으로 성립하는 거동범이다. 살인죄(제250조), 강간죄(제297조), 손괴죄(제366조) 등은 결과범의 예이고, 주거침입죄(제319조), 위증죄(제152조) 등은 거동범의 예이다. 아래에서 설명할 인과관계 및 객관적 귀속은 결과의 발생을 전제로 하는 것으로서 결과범에서만 문제된다는 점에 양자를 구별하는 실익이 있다.

(5) 인과관계와 객관적 귀속

인과관계는 사전적 의미로는 '원인'과 '결과' 사이의 연관관계를 말한다. 그러나 형법적 의미에서의 인과관계는 구성요건적 행위와 그로 인한 구성요건적 결과의 관계여야 할 뿐 아니라, 더 나아가 행위가 결과에 대한 책임귀속의 근거가 될 수 있는가의 문제이다. 즉 "너의 행위 때문에 이러한 결과가 발생했다"라는 관계에 있어야 비로소 형법상 인과관계는 인정될 수 있다. 형법은 제17조에서 "어떤 행위라도 죄의 요소되는 위험발생에 연결되지 아니한 때에는 그 결과로 인하여 벌하지 아니한다"라고 규정하여 '위험발생에의 연결'을 책임귀속의 기준으로 설정하고 있다. 인과관계라는 용어 자체가 결과의 발생을 전제로 하므로 인과관계는 결과범의 경우에만 문제된다.

형법상 인과관계에 대해서는 조건설, 원인설, 상당인과관계설, 중요설, 합법칙적 조건설 등 다양한 견해가 제시되어 왔다. 대법원판례는 상당인과관계설의 입장에 서 있다. 이들 학설은 개별사실 간의 무한한 인과관계 속에서 형법적으로 의미 있는 인과관계를 추려내고, 이를 통해 형법의 책임주의원칙을 관철하고자 하는 방향으로 발전하여 왔다. 그러나 인과관계이론이 제시한 '상당성', '합법칙성' 등 역시 형법상 '의미 있는' 인과관계의 기준을 제공해 주기에는 역부족이었고, 이들에 대해서는 자연적 의미연관과 규범적 책임귀속의 문제를 동일 평면에서 검토하는 오류를 범했다는 비판이 제기되었다. 이러한 문제의식에서 자연적 의미연관과 규범적 책임귀속의 문제를 분리하여 후자를 인과관계와 별도의 단계에서 검토하고자 하는 움직임이 나타나게 되었던바, 이것이 바로 객관적 귀속이론이다. 객관적 귀속이론은 책임귀속의 기준으로 회피가능성이론, 위험증대이론, 규범보호목적이론 등을 제시하고 있다. 인과관계의 확정은 합법칙적 조건설에 의하고, 책임귀속 여부는 객관적 귀속이론에 의한다는 것이 최근의 통설적 견해라고 할 수 있다.

판례

인과관계의 판단기준: "살인의 실행행위가 피해자의 사망이라는 결과를 발생하게 한 유일한 원인이거나 직접적인 원인이어야만 되는 것은 아니므로, 살인의 실행행위와 피해자의 사망과의 사이에 다른 사실이 개재되어 그 사실이 치사의 직접적인 원인이 되었다고 하더라도 그와 같은 사실이 통상 예견할 수 있는 것에 지나지 않는다면 살인의 실행행위와 피해자의 사망과의 사이에 인과관계가 있는 것으로 보아야 한다." **대판 1994. 3. 22. 93도3612.**

3. 주관적 구성요건요소

(1) 고 의

형법 제13조는 '범의(犯意)'라는 제목 아래 "죄의 성립요소인 사실을 인식하지 못한 행위는 벌하지 아니한다. 단, 법률에 특별한 규정이 있는 경우에는 예외로 한다"라고 규정하고 있다. 본문은 형법상 고의범 처벌의 원칙을 선언한 것이고, 단서는 고의가 없어도 범죄가 성립하는 경우, 즉 과실범을 위한 근거규정이라 할 수 있다. 제13조는 '인식하지 못한'이라 하여 고의의 지적(知的) 요소만을 언급하고 있지만, 조문의 제목상 지적 요소 외에 의지적(意志的) 요소가 필요하다는 점에 통설과 판례가 일치되어 있다. 이를 종합하면 고의는 '객관적 구성요건요소 전부에 대한 인식(認識)과 인용(認容)'이라고 정의할 수 있다.

따라서 고의가 인정되려면 행위주체, 행위객체, 행위, 결과, 인과관계와 객관적 귀속 등 객관적 구성요건요소 전부를 알고(인식), 이를 의욕하거나 적어도 자신의 행위로 받아들여야(인용) 한다. 인식·인용의 정도와 관련하여 고의의 지적 요소와 의지적 요소를 모두 갖춘 경우를 '확정적 고의', 지적 요소는 있으나 의지적 요소가 약화되어 있는 형태를 '미필적(未必的) 고의'라 한다. 지적 요소는 있었으나 의지적 요소가 전혀 없었던 경우는 이른바 '인식 있는 과실'로서 미필적 고의와 함께 고의와 과실의 경계를 형성한다.

판례

고의의 판단기준 : "살인죄에 있어서의 고의는 반드시 살해의 목적이나 계획적인 살해의 의도가 있어야 하는 것은 아니고 자기의 행위로 인하여 타인의 사망의 결과를 발생시킬 만한 가능 또는 위험이 있음을 인식하거나 예견하면 족한 것이고 그 인식 또는 예견은 확정적인 것은 물론 불확정적인 것이더라도 소위 미필적 고의로서 살인의 범의가 인정된다." **대판 2004. 6. 24. 2002도995.**

(2) 과 실

형법 제14조는 "정상의 주의를 태만함으로 인하여 죄의 성립요소인 사실을 인식하지 못한 행위는 법률에 특별한 규정이 있는 경우에 한하여 처벌한다"라고 규정하고 있다. 조문구조에는 약간의 차이가 있으나 '정상의 주의를 태만함으로 인하여'라는 부분을 제외하고는 고의에 관한 제13조와 그 내용이 같다. 즉 고의가 없는 경우에는 원칙적으로 처벌하지 않지만(고의범 처벌의 원칙), 예외적으로 법률에 일상적 주의의무를 게을리하여 결과가 발생한 경우를 처벌하는 특별규정이 있는 때에는 이를 처벌하겠다는 것이다(예외적 과실범 처벌).

형법은 법익의 중대성 및 보호필요성 등을 고려하여 실수로라도 결과를 발생케 해서는 아니될 행위유형에 대하여 과실범 규정을 두고 있다. 개인적 법익에서 살인(과실치사죄), 상해(과실치상죄), 장물(과실장물죄), 사회적 법익에서 방화(실화죄), 일수(과실일수죄), 교통방해(과실교통방해죄) 등 여섯 개 행위유형이 이에 해당한다.

과실에는 일반과실 외에 주의의무위반 방식의 중대성으로 인하여 불법이 가중되는 중과실과 업무자로서의 높은 주의의무로 인하여 책임이 가중되는 업무상과실이 있다. 형법상 과실범은 원칙적으로 일반과실·중과실·업무상과실을 모두 처벌하지만, 장물죄와 일수죄는 각각 업무상과실과 일반과실만을 처벌하고 있는 것이 특징이다.

판례

중과실의 판단기준 : "중과실은 행위자가 극히 근소한 주의를 함으로써 결과발행을 예견할 수 있었음에도 불구하고 부주의로 이를 예견하지 못하는 경우를 말하는 것으로서 중과실과 경과실의 구별은 구체적인 경우에 사회통념을 고려하여 결정될 문제이다." **대판 1980. 10. 14. 79도305.**

(3) 고의·과실의 특수형태: 구성요건의 착오와 결과적 가중범

형법 제15조는 '사실의 착오'라는 제목 아래 행위자가 인식·인용한 사실과 발생한 결과가 일치하지 않는 경우의 해결방안에 대하여 규정하고 있다. 강학상 "특별히 중한 죄가 되는 사실을 인식하지 못한 행위는 중한 죄로 벌하지 아니한다"라고 규정하고 있는 제1항을 '구성요건의 착오', "결과로 인하여 형이 중할 죄에 있어서 그 결과의 발생을 예견할 수 없었을 때에는 중한 죄로 벌하지 아니한다"라고 규정하고 있는 제2항을 '결과적 가중범'이라고 한다.

양자는 모두 고의의 기본범죄를 전제로, 전자는 중한 범죄에 대한 고의가 없는 경우를, 후자는 중한 결과에 대한 과실(예견가능성)이 없는 경우를 규정하고 있다. 두 조문은 고의의 기본범죄라는 전제와 '중(重)한' 범죄 및 형벌이라는 요소를 제외하고 나면 나머지 부분은 제13조 및 제14조와 기본적으로 같은 구조로 되어 있어서, 모두 고의·과실의 특수한 형태임을 알 수 있다. 제15조 제1항의 경우 그 직접 적용대상 외에도 행위자의 인식·인용사실과 발생결과가 다른 경우를 해결하기 위하여 구체적 부합설, 법정적 부합설 등 다양한 학설이 대립하고 있다.

판례

결과적 가중범과 예견가능성 : "교사자가 피교사자에 대하여 상해를 교사하였는데 피교사자가 이를 넘어 살인을 실행한 경우, 일반적으로 교사자는 상해죄에 대한 교사범이 되는 것이고, 다만 이 경우 교사자에게 피해자의 사망이라는 결과에 대하여 과실 내지 예견가능성이 있는 때에는 상해치사죄의 교사범으로서의 죄책을 지울 수 있다." **대판 1997. 6. 24. 97도1075.**

(4) 초과주관적 구성요건요소

주관적 구성요건요소의 기본은 고의와 과실이지만, 구성요건에 따라서는 고의 외에 다른 주관적 요건을 요구하고 있는 경우도 있다. 구성요건상 일정한 '목적'을 요구하는 경우(목적범: 내란죄·각종 위조죄 등), 행위자의 내적 '경향'을 요구하는 경우(경향범: 학대죄·공연음란죄 등), 행위자의 내적 지식상태와 외적 '표현' 행위의 불일치를 요구하는 경우(표현범: 위증죄·무고죄 등), 행위자의 '불법영득의사'를 요구하는 경우(절도죄·횡령죄 등) 등이 이에 해당한다. '초과'는 기본요건 외에 추가적인 요건이 있어야 한다는 의미이므로, 이러한 범죄유형에서는 고의 외에 추가적 요건이 구비되어야 구성요건해당성이 인정된다.

Ⅱ. 위법성: '행위'의 사회적(객관적) 비난가능성(가치판단)

1. 서론: 위법성론의 체계와 기본개념

위법성은 어떠한 행위에 대한 법질서 전체의 관점에서의 부정적 가치평가, 즉 그 행위가 사회적으로 비난받을 행위인지 아닌지 여부에 대한 객관적 판단이다. '사회적 비난가능성'이라는 말로 바꾸어 쓸 수 있다. 전술한 바와 같이 형법상 위법성에 관한 조항은 구성요건해당행위에 원칙적으로 내포된 금지를 예외적으로 허용하는 소극적 형태, 즉 위법성조각사유의 형태로 규정되어 있다.

우리 형법은 총칙상 위법성조각사유로서 정당행위(제20조), 정당방위(제21조), 긴급피난(제22조), 자구행위(제23조), 피해자의 승낙(에 의한 행위)(제24조) 등 다섯 가지를, 각칙상 위법성조각사유로서 명예훼손죄의 위법성조각사유(제310조)를 규정하고 있다. 이 밖에 학설에 의하여 위법성조각사유로 해석되는 규정도 있다.

2. 형법상 기본적 위법성조각사유

(1) 정당행위(제20조)

법령에 의한 행위 또는 업무로 인한 행위 기타 사회상규에 위배되지 아니하는 행위는 벌하지 아니한다(제20조). 법령 또는 업무는 다양한 형태의 사회상규에 위배되지 아니하는 행위의 예시이다. 법령에 의한 행위로는 영장을 발부받아 범인을 체포하는 경찰관의 행위를, 업무로 인한 행위로는 환자의 치료를 위해 수술을 집도하는 의사의 행위를 들 수 있다. 이들 외에 상당성이 있는 정당방위·긴급피난·자구행위나 피해자의 승낙에 의한 행위도 결국 사회상규에 위배되지 않는 행위에 해당하므로, 정당행위는 '사회상규'라는 개념을 통하여 포괄적 위법성조각사유를 규정하고 있는 것이라고 할 수 있다.

판례

정당행위의 요건: "형법 제20조 소정의 '사회상규에 위배되지 아니하는 행위'라 함은 법질서 전체의 정신이나 그 배후에 놓여 있는 사회윤리 내지 사회통념에 비추어 용인될 수 있는 행위를 말하고, 어떠한 행위가 사회상규에 위배되지 아니하는 정당한 행위로서 위법성이 조각되는 것인지는 구체적인 사정 아래서 합목적적, 합리적으로 고찰하여 개별적으로 판단되어야 할 것인바, 이와 같은 정당행위를 인정하려면 첫째 그 행위의 동기나 목적의 정당성, 둘째 행위의 수단이나 방법의 상당성, 셋째 보호이익과 침해이익과의 법익균형성, 넷째 긴급성, 다섯째 그 행위 외에 다른 수단이나 방법이 없다는 보충성 등의 요건을 갖추어야 한다." **대판 2000. 4. 25. 98도2389.**

(2) 정당방위(제21조)

자기 또는 타인의 법익에 대한 현재의 부당한 침해를 방위하기 위한 행위는 상당한 이유가 있는 때에는 벌하지 아니한다(제21조). 법익에 대한 불법한 침해가 있는 경우 원칙적으로 국가기관에 침해의 배제를 요청해야 하지만, 상황이 긴급하여 국가의 조력을 기대하기 어려운 경우 자기보호의 원리 및 법질서수호의 원리에 근거하여 예외적으로 개인에게 자력구제를 허용하는 것이다. 법익침해행위와 방위행위는 부정(不正) 대 정(正)의 관계에 있으므로 정당방위에는 긴급피난의 경우와 달리 법익균형성과 보충성이 요구되지 않거나 요구되더라도 매우 약한 형태로만 요구된다. 싸움은 공격과 방어가 교차하는 상호침해로서 정당방위의 대상이 되지 않는다는 것이 대법원판례의 굳은 입장이다.

방위행위가 그 정도를 초과한 과잉방위의 경우 정황에 따라 형을 감경 또는 면제할 수 있고, 그 행위가 야간 기타 불안스러운 상태하에서 공포·경악·흥분·당황으로 인한 때에는 벌하지 아니한다. 위법성조각사유인 정당방위와 함께 규정되어 있지만, 이들은 기대가능성의 부족·결여를 근거로 하는 책임감경·조각사유이다.

판례

정당방위의 요건: "정당방위가 성립하려면 침해행위에 의하여 침해되는 법익의 종류·정도, 침해의 방법, 침해행위의 완급과 방위행위에 의하여 침해될 법익의 종류·정도 등 일체의 구체적 사정들을 참작하여 방위행위가 사회적으로 상당한 것이어야 하고, 정당방위의 성립요건으로서의 방어행위에는 순수한 수비적 방어뿐 아니라 적극적 반격을 포함하는 반격방어의 형태도 포함되나, 그 방어행위는 자기 또는 타인의 법익침해를 방위하기 위한 행위로서 상당한 이유가 있어야 한다." **대판 1992. 12. 22. 92도2540.**

(3) 긴급피난(제22조)

자기 또는 타인의 법익에 대한 현재의 위난을 피하기 위한 행위는 상당한 이유가 있는 때에는 벌하지 아니한다(제22조). 긴급피난은 이익교량의 원칙, 나아가 공동체연대(連帶)의 원칙 등을 근거로 한다. 법익위태화의 원인이 부당한 침해가 아닌 '위난'으로서 위난과 피난행위가 정(正) 대 정(正)의 관계에 있으므로, 침해법익과 보호법익 사이에는 법익균형성과 보충성이 엄격하게 요구된다. 따라서 높은 가치를 보호하기 위해 낮은 가치를 희생하는 것은 허용되지만 반대의 경우는 허용되지 아니하며, 동등한 가치 사이의 피난행위는 기대불가능성으로 인하여 책임이 조각될 수 있을 뿐이다. 긴급피난 규정은 군인·경찰관·소방관 등 위난을 피하지 못할 책임이 있는 자에게는 원칙적으로 적용되지 아니하며, 과잉피난에 대해서는 과잉방위의 규정이 준용된다.

판례

긴급피난의 요건: "형법 제22조 제1항의 긴급피난이란 자기 또는 타인의 법익에 대한 현재의 위난을 피하기 위한 상당한 이유 있는 행위를 말하고, 여기서 '상당한 이유 있는 행위'에 해당하려면, 첫째 피난행위는 위난에 처한 법익을 보호하기 위한 유일한 수단이어야 하고(보충성), 둘째 피해자에게 가장 경미한 손해를 주는 방법을 택하여야 하며(최소침해원칙), 셋째 피난행위에 의하여 보전되는 이익은 이로 인하여 침해되는 이익보다 우월해야 하고(법익균형성), 넷째 피난행위는 그 자체가 사회윤리나 법질서 전체의 정신에 비추어 적합한 수단일 것(적합성)을 요하는 등의 요건을 갖추어야 한다." **대판 2006. 4. 13. 2005도9396.**

(4) 자구행위(제23조)

법정절차에 의하여 청구권을 보전하기 불능한 경우에 그 청구권의 실행불능 또는 현저한 실행곤란을 피하기 위한 행위는 상당한 이유가 있는 때에는 벌하지 아니한다(제23조). 자구행위는 국가가 개인의 청구권을 보호해 줄 수 없거나 곤란한 상황에서 개인이 자기보호의 원리에 근거하여 국가를 대행하여 권리를 실현하는 행위이다. 부정(不正) 대 정(正)의 관계이고, 청구권의 침해에 대한 사후적 긴급행위라는 점에서 정당방위 및 긴급피난과 차이가 있다. 세계 입법사에서 찾아보기 어려운 입법례로서 국가권력이 확립되지 않았던 원시형법시대의 유물이라는 지적이 있다. 과잉자구행위는 정황에 따라 형을 감경 또는 면제할 수 있다.

판례

자구행위의 요건: "피고인이 피해자에게 석고를 납품한 대금을 받지 못하고 있던 중 피해자가 화랑을 폐쇄하고 도주하자, 피고인이 야간에 폐쇄된 화랑의 베니어판 문을 미리 준비한 드라이버로 뜯어내고 피해자의 물건을 몰래 가지고 나왔다면, 위와 같은 피고인의 강제적 채권추심 내지 이를 목적으로 하는 물품의 취거행위를 형법 제23조 소정의 자구행위라고 볼 수 없다." **대판 1984. 12. 26. 84도2582.**

(5) 피해자의 승낙(에 의한 행위)(제24조)

처분할 수 있는 자의 승낙에 의하여 그 법익을 훼손한 행위는 법률에 특별한 규정이 없는 한 벌하지 아니한다(제24조). 다른 위법성조각사유들이 자신의 법익에 대한 침해 또는 위난을 방지하기 위하여 침해원인 또는 제3자의 법익을 그 의사에 반하여 침해하는 것인 데 반해, 피해자의 승낙에 의한 행위는 자기처분의 원리에 기초하여 피해자의 의사에 따라 법익을 훼손하는 것이라는 점에 차이가 있다.

개인이 처분할 수 있는 법익이어야 하므로 처분의 객체는 원칙적으로 개인적 법익에 한정되고, 처분의 주체는 해당 법익의 정당한 처분권자여야 한다. 이러한 유효한 승낙에 기초한 행위는 원칙적으로 벌하지 아니하지만, 승낙살인죄(제252조 제1항) 및 동의낙태죄(제269조 제2항) 등과 같이 법률에 특별한 규정이 있는 경우에는 예외적으로 처벌의 대상이 된다. 대법원판례는 이러한 명문규정에 의한 승낙제한 외에도 승낙에 의한 행위가 사회상규에 위배되는 것이어서는 안 된다고 판시하고 있다.

판례

승낙의 사회상규적합성: "형법 제24조의 규정에 의하여 위법성이 조각되는 피해자의 승낙은 개인적 법익을 훼손하는 경우에 법률상 이를 처분할 수 있는 사람의 승낙을 말할 뿐만 아니라 그 승낙이 윤리적·도덕적으로 사회상규에 반하는 것이 아니어야 한다." 대판 1985. 12. 10. 85도1892.

3. 형법상 그 밖의 위법성조각사유

제307조 제1항의 행위(명예훼손행위)가 진실한 사실로서 오로지 공공의 이익에 관한 때에는 처벌하지 아니한다(제310조). 형법이 각칙에서 개별구성요건에 대하여 명문으로 규정하고 있는 유일한 위법성조각사유이다.

명예훼손죄는 헌법상 기본권인 인격권과 표현의 자유가 충돌하는 한계선상에 있고, 특히 명예훼손행위의 객체가 공적 인물인 경우 역시 헌법상 기본권인 국민의 알권리의 보호가 문제된다. 따라서 이들 기본권 간의 규범조화적 해석을 위하여 기본권 간의 적절한 조정이 필요한바, 제310조는 진실한 사실을 공익목적을 위해 적시하였다는 점이 인정되는 경우 언론·출판 등 표현의 자유를 두텁게 보호하고자 하는 취지에서 인정되는 것이다.

Ⅲ. 책임: '행위자'에 대한 개인적(주관적) 비난가능성(가치판단)

1. 서론: 책임론의 체계와 기본개념

책임은 "네 책임이다"라고 할 때의 의미와 같이 어떠한 사람에 대하여 그 사람의 행동에 대한 책임을 물을 수 있는가의 문제, 즉 특정 행위자에 대한 개인적 비난가능성을 의미한다. 위법성 관련조항과 마찬가지로 형법상 책임에 관한 조항은 구성요건해당행위에 원칙적으로 내포된 비난가능성을 예외적으로 부정하는 소극적 형태로 규정되어 있다. 다만 그 규정형식에 있어서 '행위에 대한 사회적 비난'을 의미하는 위법성의 경우 '허용 아니면 금지'라는 양극단의 관계로서 위법성이 부정되는지(조각) 아닌지의 양자택일만 존재하는 것과 달리, '행위자에 대한 개인적 비난'을 의미하는 책임은 행위자에 따라 비난의 정도가 다를 수 있기 때문에 책임이 아예 없거나(조각) 줄어드는(감경) 두 가지 형태로 규정되어 있는 것이 특징이다.

형법은 책임조각·감경사유로서 형사미성년자(제9조), 심신장애인(제10조), 농아자(제11조), 강요된 행위(제12조), 법률의 착오(제16조)의 다섯 가지를 규정하고 있다. 이 밖에 과잉방위·과잉피난·과잉자구행위 또한 조문의 위치에 불구하고 해석상 기대가능성의 결여·부족으로 인한 책임조각·감경사유로 해석되고 있다.

2. 형법상 기본적 책임조각·감경사유

(1) 형사미성년자(제9조)

14세 되지 아니한 자의 행위는 벌하지 아니한다(제9조). 형사책임능력은 사물변별능력 또는 의사조종능력을 기본요소로 하는데, 생물학적으로 일정 연령 이하인 연소자의 경우 이러한 능력이 없는 것으로 간주하여 비난의 대상이 아닌 보호의 대상으로 하겠다는 형사정책적 고려에 의한 것이다.

14세 미만자는 제9조에 의해 일체의 형사처벌을 받지 않으나, 「소년법」은 형벌법령에 저촉되는 행위를 한 10세 이상 14세 미만의 소년이나, 장래 그러한 행위를 할 우려가 있고 일정한 요건(집단불안감조성·음주소란·정당한 이유 없는 가출 등)을 갖춘 10세 이상의 소년에 대하여 '보호처분'을 부과할 수 있도록 규정하고 있다.

(2) 심신장애인(제10조)

심신장애로 인하여 사물을 변별할 능력이 없거나 의사를 결정할 능력이 없는 자(심신상실)의 행위는 벌하지 아니하며, 그러한 능력이 미약한 자(심신미약)의 행위는 형을 감경한다(제10조 제1항·제2항). 책임능력의 유무는 심신장애라는 생물학적 요소와 사물변별능력 또는 의사조종능력의 결여·미약이라는 심리적 요소를 종합적으로 고려하여 규범적으로 판단하여야 한다. 제10조의 심신장애가 인정되면 형법적으로는 처벌되지 않거나 형이 감경되지만, 금고 이상의 형에 해당하는 죄를 짓고 재범의 위험성이 인정되는 때에는 「치료감호 등에 관한 법률」상 치료감호처분의 대상이 될 수 있다. 위험의 발생을 예견하면서도 자의로 심신장애를 야기한 자의 행위에는 위의 책임조각·감경을 적용하지 아니한다(제10조 제3항). 이를 '원인이 자유로운 행위'(actio libera in causa)라 한다.

판례

심신장애의 판단기준 : "형법 제10조 소정의 심신장애의 유무는 법원이 형벌제도의 목적 등에 비추어 판단하여야 할 법률문제로서, 그 판단에 있어서는 전문감정인의 정신감정결과가 중요한 참고자료가 되기는 하나, 법원으로서는 반드시 그 의견에 기속을 받는 것은 아니고, 그러한 감정 결과뿐만 아니라 범행의 경위, 수단, 범행 전후의 피고인의 행동 등 기록에 나타난 제반 자료 등을 종합하여 독자적으로 심신장애의 유무를 판단하여야 한다." **대판 1996. 5. 10. 96도638.**

(3) 농아자(제11조)

농아자의 행위는 형을 감경한다(제11조). 농(聾)은 청각기능의 장애, 아(啞)는 발음기능의 장애로서, 농아자는 청각기능과 발음기능에 동시에 장애가 있는 경우를 말한다. 농아교육의 발달로 농아자라도 사물변별능력과 의사조종능력이 일반인과 다를 바 없는 경우가 많음에도 이를 한정책임능력자로 취급하는 것에 대해 입법론적 비판이 제기된다. 2011년 제안되었던 형법개정법률안은 제11조를 삭제한 바 있다.

(4) 강요된 행위(제12조)

저항할 수 없는 폭력이나 자기 또는 친족의 생명·신체에 대한 위해를 방어할 방법이 없는 협박에 의하여 강요된 행위는 벌하지 아니한다(제12조). 규범적 책임론의 핵심개념인 '적법행위의 기대가능성'이 없음을 이유로 하는 책임조각사유이다. 저항할 수 없는 폭력은 심리적 의미에서 어떤 행위를 절대적으로 하지 않을 수 없게 하는 경우와 윤리적 의미에 있어서 강압된 경우를 말한다. 방어할 방법이 없는 협박의 내용은 자기·친족의 생명·신체에 대한 위해로 한정되므로, 친구·애인이나 재산·명예 등에 대한 위해는 이에 포함되지 않는다.

판례

기대가능성의 판단기준 : "양심적 병역거부자에게 그의 양심상의 결정에 반한 행위를 기대할 가능성이 있는지 여부를 판단하기 위해서는, 행위 당시의 구체적 상황 하에 행위자 대신에 사회적 평균인을 두고 이 평균인의 관점에서 그 기대가능성 유무를 판단하여야 할 것[이다]." **대판 2004. 7. 15. 2004도2965(전원합의체).**

(5) 법률의 착오(제16조)

자기의 행위가 법령에 의하여 죄가 되지 아니하는 것으로 오인한 행위는 그 오인에 정당한 이유가 있는 때에 한하여 벌하지 아니한다(제16조). 법률의 착오에서 착오의 대상은 자기 행위가 법령상 죄가 되는지 여부, 즉 행위의 위법성에 대한 것이다. 형법의 영역에서 위법성은 곧 허용 또는 금지를 의미한다. 따라서 제16조에서 말하는 법률의 착오는 곧 위법성의 착오=금지(허용)의 착오와 동일한 의미라 할 수 있다.

'법률(형법)상 허용되지 않고 금지되어 있는 것, 즉 위법한 것'을 그렇지 않다고 오인한 것으로서 책임의 요소 중 하나인 '위법성의 인식'이 결여된 경우이고, 이를 근거로 책임이 조각된다. 그러나 피고인이 착오를 주장하는 모든 경우에 이를 받아들일 수는 없으므로, 착오의 정당성에 대한 법관의 규범적 평가를 거쳐 책임조각 여부를 결정하도록 규정하고 있다.

판례

형법 제16조와 '정당한 이유'의 의미 : "형법 제16조에서 자기가 행한 행위가 법령에 의하여 죄가 되지 아니한 것으로 오인한 행위는 그 오인에 정당한 이유가 있는 때에 한하여 벌하지 아니한다고 규정하고 있는 것은 일반적으로 범죄가 되는 경우이지만 자기의 특수한 경우에는 법령에 의하여 허용된 행위로서 죄가 되지 아니한다고 그릇 인식하고 그와 같이 그릇 인식함에 정당한 이유가 있는 경우에는 벌하지 아니한다는 취지이고, 이러한 정당한 이유가 있는지 여부는 행위자에게 자기 행위의 위법의 가능성에 대해 심사숙고하거나 조회할 수 있는 계기가 있어 자신의 지적능력을 다하여 이를 회피하기 위한 진지한 노력을 다하였더라면 스스로의 행위에 대하여 위법성을 인식할 수 있는 가능성이 있었음에도 이를 다하지 못한 결과 자기 행위의 위법성을 인식하지 못한 것인지 여부에 따라 판단하여야 할 것이고, 이러한 위법성의 인식에 필요한 노력의 정도는 구체적인 행위정황과 행위자 개인의 인식능력 그리고 행위자가 속한 사회집단에 따라 달리 평가되어야 한다." **대판 2006. 3. 24. 2005도3717.**

3. 형법상 그 밖의 책임조각·감경사유

방위행위가 그 정도를 초과한 과잉방위의 경우 정황에 따라 형을 감경 또는 면제할 수 있고, 그 행위가 야간 기타 불안스러운 상태하에서 공포·경악·흥분·당황으로 인한 때에는 벌하지 아니한다(제21조 제2항·제3항). 전술한 바와 같이

이 규정은 위법성조각사유인 정당방위와 함께 규정되어 있지만, 기대가능성의 부족·결여를 근거로 하는 책임감경·조각사유로 해석되고 있다. 과잉방위에 관한 이 규정은 과잉피난(제22조 제3항)과 과잉자구행위(제23조 제2항)에도 준용되고 있다(과잉자구행위는 제21조 제2항만 준용).

Ⅳ. 미 수

1. 서론: 미수론의 체계와 기본개념

범죄의 실현단계는 시계열적으로 내심의 의사 - 범죄실행의 준비 - 실행의 착수 - 결과의 발생 등으로 나누어 볼 수 있다. 형법이 고의·기수범을 원칙적 처벌대상으로 하고 있기 때문에 결과발생 이후 단계(기수)가 원칙적으로 처벌받는데 반해, 그 전단계인 실행착수－결과발생 사이의 단계(미수)는 형법각칙에서 정한 경우에 한하여(제29조), 실행준비－실행착수 사이의 단계(예비·음모)는 법률에 특별한 규정이 있는 때에 한하여(제28조) 예외적으로만 처벌될 뿐이다. 범죄의사가 내심의 의사에 머물러 있는 상태에서는 처벌받지 않음은 당연하다.

미수범은 실행에 착수한 행위가 결과발생에 이르지 못한 이유를 기준으로 장애미수(제25조), 중지미수(제26조), 불능미수(제27조)의 세 가지로 구분되며, 각각의 미수형태에 대해서는 형사정책적 고려에 따라 다른 법적 효과가 부여된다.

2. 예비·음모(제28조)

범죄의사가 내심을 벗어나 외부적 준비행위에 접어든 단계이다. 아직까지 범죄의 실행에 착수하지 않은 단계이므로 법익이 중대하거나 보호의 필요성이 큰 경우 등 법률에 특별한 규정이 있는 때에만 예외적으로 처벌한다. 음모와 예비는 동일한 법효과를 갖는 경우가 대부분이어서 특별히 구별할 실익은 없으나, 구분하자면 음모는 무형적, 예비는 유형적 준비행위에 해당한다. 대법원판례도 양자를 구별하여 음모가 시간적으로 예비에 앞서는 단계라고 보고 있다. 예비·음모의 형은 형법 각칙에서 따로 정하고 있다.

판례

예비의 요건: "형법 제255조, 제250조의 살인예비죄가 성립하기 위하여는 형법 제255조에서 명문으로 요구하는 살인죄를 범할 목적 외에도 살인의 준비에 관한 고의가 있어야 하며, 나아가 실행의 착수까지에는 이르지 아니하는 살인죄의 실현을 위한 준비행위가 있어야 한다. 여기서의 준비행위는 물적인 것에 한정되지 아니하며 특별한 정형이 있는 것도 아니지만, 단순히 범행의 의사 또는 계획만으로는 그것이 있다고 할 수 없고 객관적으로 보아서 살인죄의 실현에 실질적으로 기여할 수 있는 외적 행위를 필요로 한다." 대판 2009. 10. 29. 2009도7150.

3. 미수(제25조-제27조)

(1) 장애미수(제25조)

범죄의 실행에 착수하여 행위를 종료하지 못하였거나(착수미수) 결과가 발생하지 아니한 경우(실행미수)이다. 미수의 기본형태이자 일반규정이다. '실행의 착수'는 예비·음모와의, '결과의 불발생'은 기수와의 경계를 형성한다. '행위의 미종료'는 실행착수와 결과불발생 사이의 한 단계에 불과한 것으로서, 중지미수에서 '중지'의 요건 판단에 그 실익이 있을 뿐이다(착수미수는 실행행위를 중지하기만 하면 되지만, 실행미수의 경우에는 결과발생 방지를 위한 적극적인 노력이 요구된다). 행위미종료나 결과불발생의 원인은 묻지 않으나, 제25조의 일반규정으로서의 성격상 그것이 자의에 의한 중지 또는 수단·대상의 불능으로 인한 것인 경우에는 중지미수와 불능미수가 우선 검토되어야 한다. 장애미수의 형은 기수범보다 감경할 수 있다(임의적 감경).

판례

미수의 시기(始期) - 실행의 착수: "절도죄의 실행의 착수시기는 재물에 대한 타인의 사실상의 지배를 침해하는데 밀접한 행위가 개시된 때라 할 것인바 피해자 소유 자동차 안에 들어 있는 밍크코트를 발견하고 이를 절취할 생각으로 공범이 위 차 옆에서 망을 보는 사이 위 차 오른쪽 앞문을 열려고 앞문손잡이를 잡아당기다가 피해자에게 발각되었다면 절도의 실행에 착수하였다고 봄이 상당하다." **대판 1986. 12. 23. 86도2256.**

(2) 중지미수(第26條)

범죄의 실행에 착수하여 행위를 종료하지 않았거나 결과가 발생하지 않아야 한다는 점은 장애미수와 동일하지만, 그러한 행위미종료나 결과불발생이 '자의에 의한 중지'로 인한 것이어야 한다는 점에서 다르다. '자의성'의 기준에 대해서는 다양한 견해가 대립하고 있으나, 행위자가 인식한 사정을 기초로 자율적 동기에 의하여 중지한 경우를 의미한다는 것이 대체적인 다수설의 태도이다. 자율적 동기가 윤리적일 것을 요구하는 것은 아니며, 자율적 중지라 하여도 일반사회통념상 장애에 의한 미수라고 보여지는 경우에는 중지미수의 자의성은 인정되지 않는다. 중지미수에 대해서는 형을 감경 또는 면제한다(필요적 감면).

판례

중지미수와 장애미수의 구별: "중지미수라 함은 범죄의 실행행위에 착수하고 그 범죄가 완수되기 전에 자기의 자유로운 의사에 따라 범죄의 실행행위를 중지하는 것으로서 장애미수와 대칭되는 개념이나, 중지미수와 장애미수를 구분하는데 있어서는 범죄의 미수가 자의에 의한 중지이냐 또는 어떤 장애에 의한 미수이냐에 따라 가려야 하고 특히 자의에 의한 중지 중에서도 일반사회통념상 장애에 의한 미수라고 보여지는 경우를 제외한 것을 중지미수라고 풀이함이 일반이다." **대판 1985. 11. 12. 85도2002.**

(3) 불능미수(第27條)

실행의 수단 또는 대상의 착오로 인하여 결과의 발생이 불가능한 경우이다. 이때에는 '위험성' 유무에 따라 처벌 여부를 결정한다. 일반적으로 위험성이라 하면 구성요건적 결과발생의 위험성을 의미하지만, 불능미수의 경우는 이미 객관적으로 결과발생이 불가능하므로 위험성 역시 다른 기준으로 판단되어야 한다. 다수설은 행위 당시 일반인이 인식할 수 있었던 사정과 행위자가 특별히 인식했던 사정을 기초로 일반인의 관점에서 결과발생의 가능성이 있었겠는지 여부에 따라 위험성을 판단한다는 입장이다(구체적 위험설). 위험성이 인정되는 가벌적인 경우를 '불능미수', 인정되지 않는 불가벌적인 경우를 '불능범'이라고 부르자는 견해도 있다. 불능미수에 대해서는 형을 감경 또는 면제할 수 있다(임의적 감면).

판례

불능미수의 위험성 판단기준(추상적 위험설): "불능범의 판단기준으로서 위험성 판단은 피고인이 행위 당시에 인식한 사정을 놓고 이것이 객관적으로 일반인의 판단으로 보아 결과발생의 가능성이 있느냐를 따져야 하므로 히로뽕제조를 위하여 에페트린에 빙초산을 혼합한 행위가 불능범이 아니라고 인정하려면 위와 같은 사정을 놓고 객관적으로 제약방법을 아는 과학적 일반인의 판단으로 보아 결과발생의 가능성이 있어야 한다." **대판** 1978. 3. 28. 77도4049.

V. 공 범

1. 서론: 공범론의 체계와 기본개념

구성요건 중에는 2인 이상이 공동하여 범할 것을 전제로 규정된 행위유형도 있는 반면, 혼자서 할 수 있지만 선택에 따라 둘 이상이 할 수 있는 범죄도 있다. 전자를 필요적 공범, 후자를 임의적 공범이라 한다. 필요적 공범은 형법 각칙에서 따로 규정하고 있으며, 형법 총칙상의 공범규정은 임의적 공범에 관한 것이다.

필요적 공범은 다수인이 같은 방향의 의사로 공동하는 집합범(集合犯)(내란죄·소요죄 등)과 서로 반대방향의 의사로 공동하는 대향범(對向犯)(도박죄·뇌물죄 등)으로 구분된다. 이미 공동관계로 인한 불법을 고려하여 법정형이 정해져 있으므로 이들 사이에는 총칙상 임의적 공범의 규정이 적용되지 않는다.

형법 총칙상의 공범, 즉 임의적 공범은 정범(正犯)에 종속되어서만 성립한다는(sub-) 좁은 의미로도 사용되지만, 단순히 다수인이 범행에 관여한다는(together) 넓은 의미로도 사용된다. 전자를 협의의 공범, 후자를 광의의 공범이라 한다. 일반적으로 '공범론'이라고 할 때의 공범은 광의의 공범을 말한다. 형법은 협의의 공범으로 교사범(제31조), 종범(제32조)을 규정하고, 본질은 정범이지만 다수인이 범행에 관여한다는 의미에서 광의의 공범에 해당하는 공동정범(제30조), 간접정범(제34조) 규정을 두고 있다.

2. 광의의 공범

(1) 공동정범(제30조)

2인 이상이 공동하여 죄를 범한 경우로서 혼자서 범죄를 실행하는 단독정범에 대칭되는 개념이다. 만약 2인 이상이 공동하여 죄를 범하였다 하여도 공범 각자가 구성요건 표지를 전부 충족하였다면 공동정범이 아니라 2인의 단독정범이 성립할 뿐이다. 즉 공동정범의 특성은 기능적(분업적) 행위지배, 즉 2인 이상의 공범이 서로 상대방의 행위를 자신의 행위로 이용하여 분업적으로 행위상황을 지배하고 전체 구성요건을 실현하는 때에 분명하게 드러난다. 따라서 강도를 모의하고 실행을 분담한 공범들은 실제로는 협박만 했든, 물건만 훔쳤든, 망만 보았든 관계없이 각자가 특수강도죄의 공동정범이 된다(일부실행 전부책임의 원칙). 공동정범은 각자를 그 죄의 정범으로 처벌한다.

공동정범은 원래 혼자 범할 수 있는 범죄를 2인 이상이 공동한 것이라는 점에서 필요적 공범과 구별되고, 상호간 의사연락에 기초한 공동의 가공의사와 공동의 실행행위가 있다는 점에서 동시범(제19조)과 다르다. 주관적으로는 공동의 가공의사와 객관적으로는 공동의 실행행위가 성립요건으로 요구되므로, 공동가공의사가 결여된 '과실범의 공동정범'이나 공동실행행위가 결여된 '공모(共謀)공동정범'은 이론적으로 공동정범이 될 수 없다. 그러나 대법원판례는 이를 인정하고 있다.

판례

공동정범의 요건: "공동정범이 성립하기 위하여는 주관적 요건으로서 공동가공의 의사와 객관적 요건으로서 공동의사에 기한 기능적 행위지배를 통한 범죄의 실행사실이 필요한바, 주관적 요건으로서 공동가공의 의사는 타인의 범행을 인식하면서도 이를 제지하지 아니하고 용인하는 것만으로 부족하고, 공동의 의사로 특정한 범죄행위를 하기 위하여 일체가 되어 서로 다른 사람의 행위를 이용하여 자기의 의사를 옮기는 것을 내용으로 하는 것이어야 한다." **대판 1998. 9. 22. 98도1832.**

(2) 간접정범(제34조)

타인을 생명 있는 도구로 이용하여 자신의 범죄를 실행하는 자를 말한다. 의사가 환자를 살해하기 위하여 간호사에게 독물주사를 건네며 진정제를 투여하라고 지시하자 그 사정을 모르는 간호사가 지시에 따라 주사하여 환자가 사망한 사례에서 의사가 이에 해당한다. 도구로 이용되었을 뿐인 피이용자를 처벌할 수 없으므로 피이용자와 구성요건적 상황을 우월적 의사로 지배한 이용자에게 정범의 책임을 지우려는 것이다. 간접정범은 교사 또는 방조의 예에 의하여 처벌하고, 피이용자가 자기의 지휘·감독을 받는 자인 경우에는 형을 가중한다. 이에 대해서는 정범을 교사·방조의 예에 따라 처벌하는 것은 부당하다는 지적이 있다.

판례

간접정범에 의한 소송사기: "자기에게 유리한 판결을 얻기 위하여 소송상의 주장이 사실과 다름이 객관적으로 명백하거나 증거가 조작되어 있다는 정을 인식하지 못하는 제3자를 이용하여 그로 하여금 소송의 당사자가 되게 하고 법원을 기망하여 소송 상대방의 재물 또는 재산상 이익을 취득하려 하였다면 간접정범의 형태에 의한 소송사기죄가 성립하게 된다." **대판 2007. 9. 6. 2006도3591.**

3. 협의의 공범

(1) 교사범(제31조)

교사범은 범죄의사가 없는 타인으로 하여금 범행을 결의케 하고, 이로 인해 범죄의 실행의 착수에 나아가게 하는 것을 말한다. 이미 범행을 결의한 사람의 실행행위를 용이하게 도와주는 종범 또는 방조범과 구별된다. ① 이중의 고의(교사의 고의+정범(기수)의 고의)에 기초한 교사행위와, ② 이로 인한 피교사자의 범행결의, ③ 범행결의에 기초한 실행의 착수가 있어야 성립된다. 교사자는 죄를 실행한 자와 동일한 형으로 처벌한다. 공범의 처벌을 위해 정범이 구성요건적 실행행위에 나아갈 것을 요하고, 그 처벌 또한 정범의 형으로 한정하는 것은 **공범종속성설**에 입각한 우리 형법의 태도를 보여주는 것이다. 다만 제31조는 교사를 받은 자가 범죄의 실행을 승낙하지 아니한 경우 교사자를, 승낙은 하였으나 실행의 착수에 이르지 아니한 경우 교사자와 피교사자 모두를 음모 또는 예비에 준하여 처벌하도록 하고 있다(제2항·제3항). 실행에 착수한 정범이 없는 상황에서 공범을 처벌하는 규정이라는 점에서 **공범독립성설의** 논거가 되고 있다.

판례

교사범의 요건: "교사범이란 타인(정범)으로 하여금 범죄를 결의하게 하여 그 죄를 범하게 한 때에 성립하는 것이고 피교사자는 교사범의 교사에 의하여 범죄실행을 결의하여야 하는 것이므로, 피교사자가 이미 범죄의 결의를 가지고 있을 때에는 교사범이 성립할 여지가 없다." **대판 1991. 5. 14. 91도542.**

(2) 종 범(제32조)

정범이 범행을 한다는 정을 알면서 그 실행행위를 용이하게 하는 행위를 말한다. 강학상 방조범이라고도 부른다. 방조행위에는 적극적·소극적·물질적·정신적 방법 일체가 포함된다. 종범 역시 이중의 고의에 기초한 방조행위와 그로 인한 실행의 착수가 요구되지만, 교사범과 달리 이미 범행결의가 있는 상황이므로 방조행위에 의한 범행결의는 요구되지 않는다. 종범의 형은 정범의 형보다 감경한다.

판례

종범의 요건: "형법상 방조행위는 정범이 범행을 한다는 정을 알면서 그 실행행위를 용이하게 하는 직접·간접의 행위를 말하므로, 방조범은 정범의 실행을 방조한다는 이른바 방조의 고의와 정범의 행위가 구성요건에 해당하는 행위인 점에 대한 정범의 고의가 있어야 하나, … 방조범에 있어서 정범의 고의는 정범에 의하여 실현되는 범죄의 구체적 내용을 인식할 것을 요하는 것은 아니고 미필적 인식 또는 예견으로 족하다." **대판 2005. 4. 29. 2003도6056.**

Ⅵ. 죄 수

1. 서론: 죄수론의 체계와 기본개념

현실세계의 범죄는 행위와 결과가 모두 1개인 경우도 있으나, 행위는 1개인데 결과는 수개 또는 반대로 행위는 수개인데 결과는 1개인 경우도 있다. 이때 성립되는 범죄가 모두 몇 개인가 하는 점은 행위자에게 어느 정도의 형량을 선고할 것인가의 문제와 직접적으로 연관되기 때문에 매우 중요하다. 죄수론 또는 경합론은 행위자에게 몇 개의 범죄가 성립하였는지를 규범적으로 확정하고, 나아가 범죄론에 의해 인정된 범죄와 이에 대한 형벌을 연결하는 역할을 한다.

죄가 여러 개인 수죄(數罪)의 경우 형법이 경합범(제37조 내지 제39조)과 상상적 경합(제40조)에 관한 명문의 규정을 두고 있어 별다른 문제가 없으나, 죄가 하나인 일죄(一罪)에 대해서는 형법상 명문규정이 없어 이에 대한 논의는 학설에 맡겨져 있다. 일죄의 영역에서는 포괄일죄와 법조경합의 이론구성이 논의되고 있다.

2. 일죄(一罪)

(1) 법조경합

법조경합은 1개의 행위가 외관상 수개의 구성요건에 해당하는 것처럼 보이지만 이중평가금지의 원칙상 하나의 구성요건만이 성립하는 경우를 말한다. 그 유형으로는 특별관계·보충관계·흡수관계가 제시된다. ① 먼저 특별관계는 일반법과 특별법의 관계이다. 특별법 해당 행위는 일반법에 당연히 해당한다. 살인죄와 존속살해죄가 그 예이다. ② 보충관계는 보충법과 기본법의 관계이다. 보충법과 기본법 사이에 양적·질적 관련성이 있으나 기본법 해당 행위가 보충법에도 해당하는 것은 아니라는 점에서 특별관계와 차이가 있다. 일반건조물방화죄와 현주건조물방화죄의 관계나 경과범죄(예비→미수→기수) 등이 이에 해당한다. ③ 흡수관계는 부분법과 전부법의 관계이다. 개념상 또는 경험칙상 전부법이 부분법의 모든 내용을 포함하는 경우를 말한다. 절도죄와 재물손괴죄의 관계처럼 절취행위 이후 절취물의 사용·수익·손괴가 개념상 전제되어 있는 경우(불가벌적 사후행위)와, 살인죄와 재물손괴죄의 관계처럼 반드시는 아니지만 경험칙상 중한 행위가 경한 행위를 전형적으로 수반하는 경우(불가벌적 수반행위)가 이에 해당한다.

판례

법조경합의 의미: "법조경합은 1개의 행위가 외관상 수개의 죄의 구성요건에 해당하는 것처럼 보이나 실질적으로 1죄만을 구성하는 경우를 말하며, 실질적으로 1죄인가 또는 수죄인가는 구성요건적 평가와 보호법익의 측면에서 고찰하여 판단하여야 한다." **대판** 1984. 6. 26. 84도782.

(2) 포괄일죄

포괄일죄는 구성요건에 해당하는 수개의 행위가 포괄적으로 1개의 범죄에 해당하는 경우를 말한다. ① 강도강간죄·강도살인죄처럼 수개의 독립적 구성요건이 결합하여 하나의 구성요건이 되어 있는 결합범, ② 감금죄·주거침입죄처럼 기수 이후에도 일정 기간 동안 범죄상태가 지속되는 계속범, ③ 상습범이나 영업범처럼 동종의 행위가 동일한 범죄의사에 의해 반복되는 집합범 등이 포괄일죄의 유형으로 제시된다. 포괄일죄는 실체법적으로나 소송법적으로 모두 일죄이다. 따라서 실체법적으로는 포괄되는 행위 중 가장 중한 죄 하나만 성립하고, 소송법적으로는 일사부재리의 효력이 인정되어 일부 범죄에 대한 공소제기 및 판결의 효력은 범행의 나머지 부분에 대해서도 미치게 된다.

판례

포괄일죄의 의미 : "이른바 포괄일죄라는 것은 일반적으로 각기 따로 존재하는 수개의 행위가 당해 구성요건을 한번 충족하여 본래적으로 일죄라는 것으로 이 수개의 행위가 혹은 흡수되고 혹은 사후행위가 되고 혹은 위법상태가 상당 정도 시간적으로 경과하는 등으로 본래적으로 일죄의 관계가 이루어지는 것이므로 별개의 죄가 따로 성립하지 않음은 물론 과형상의 일죄와도 이 점에서 그 개념 등을 달리하는 것이다." **대판** 1982. 11. 23. 82도2201.

3. 수죄(數罪)

(1) 상상적 경합(제40조)

1개의 행위가 수개의 구성요건에 해당하는 경우이다. 예컨대, 한 개의 폭탄을 던져 ABC를 살해하거나, A살해·B상해·C재물손괴의 구성요건을 충족한 경우가 이에 해당한다. 상상적 경합은 실체법상 수죄이지만 형벌부과(科刑)에 있어서는 1죄로 취급하며, 해당하는 구성요건 중 가장 중한 죄에 정한 형으로 처벌한다. 소송법적으로 1죄로 다루어지므로 상상적 경합이 인정되는 범위 내의 범죄 전부에 대하여 일사부재리의 효력이 미치지만, 실체법적으로는 수죄이므로 **공소시효**나 **처벌조건·소추조건** 등은 각 죄별로 판단하게 된다.

판례

상상적 경합의 의미: "형법 제40조가 규정하는 1개의 행위가 수개의 죄에 해당하는 경우에는 '가장 중한 죄에 정한 형으로 처벌한다' 함은 그 수개의 죄명 중 가장 중한 형을 규정한 법조에 의하여 처단한다는 취지와 함께 다른 법조의 최하한의 형보다 가볍게 처단할 수는 없다는 취지 즉 각 법조의 상한과 하한을 모두 중한 형의 범위 내에서 처단한다는 것을 포함하는 것으로 새겨야 할 것이다." **대판 1984. 2. 28. 83도3160.**

(2) 경합범(제37조~제39조)

수개의 행위로 수개의 구성요건을 충족한 경우이다. 판결이 확정되지 아니한 수개의 죄(동시적 경합범) 또는 금고 이상의 형에 처한 판결이 확정된 죄와 그 판결확정 전에 범한 죄(사후적 경합범)의 두 유형으로 나뉜다(제37조). 예컨대 ABCDE 다섯 개의 죄를 순차적으로 범하였는데 그 중 C죄에 대하여 금고 이상의 형의 판결이 확정된 경우, ABC죄는 사후적 경합범, DE죄는 동시적 경합범이 된다.

동시적 경합범은 ① 가장 중한 죄에 정한 형이 사형·무기형인 때에는 그 형에 나머지 형을 포함시키는 흡수주의, ② 각 죄에 정한 형이 사형·무기형 이외의 동종의 형인 때에는 형의 일정량을 가중하는 가중주의, ③ 이종의 형인 때에는 양자를 함께 부과하는 병과주의 원칙에 따라 처벌한다(제38조).

확정판결이 있던 죄와 함께 판결될 가능성이 있었던 사후적 경합범은 우연한 사정으로 따로 판결됨으로 인하여 불리한 취급을 받지 않도록 배려할 필요가 있는바, 이 경우에는 이들이 동시에 판결되었을 경우와의 형평을 고려하여 형을 선고하고, 필요한 경우 형을 감경 또는 면제할 수도 있도록 하고 있다(제39조).

제4절 | 형 벌 론

Ⅰ. 형벌과 보안처분

1. 형 벌

형벌이란 범죄에 대한 법률상의 효과로서 범죄자에 대하여 그의 책임을 전제로 하여 과하는 법익의 박탈을 말한다. 현행법상 형벌의 종류는 9가지로 규정되어 있는데(제41조), 이는 생명형(사형), 자유형(징역, 금고, 구류), 명예형(자격상실, 자격정지), 재산형(벌금, 과료, 몰수)의 4가지 유형의 형벌로 대별할 수 있다. 자유형 중 징역·금고와 구류의 차이는 30일 이상과 미만의 기간 차이이고, 징역과 금고의 차이는 교도작업 부과 유무의 차이이다. 재산형에서 벌금과 과료의 차이는 5만원 이상과 미만이라는 금액 차이이다.

참고로 2011년 제안되었던 형법개정법률안은 실무상 잘 활용되지 않는 금고·과료, 형의 부수적 효과에 불과한 자격상실·자격정지, 대물적 보안처분의 성격을 갖는 몰수를 형의 종류에서 삭제하여 형의 종류를 사형, 징역, 벌금, 구류 등 4개 종류로 간소화하고 있다(안 제40조 참조).

판례

사형의 위헌성: "[다수의견] 생명권 역시 헌법 제37조 제2항에 의한 일반적 법률유보의 대상이 될 수밖에 없는 것이나, 생명권에 대한 제한은 곧 생명권의 완전한 박탈을 의미한다 할 것이므로, 사형이 비례의 원칙에 따라서 최소한 동등한 가치가 있는 다른 생명 또는 그에 못지아니한 공공의 이익을 보호하기 위한 불가피성이 충족되는 예외적인 경우에만 적용되는 한, 그것이 비록 생명을 빼앗는 형벌이라 하더라도 헌법 제37조 제2항 단서에 위반되는 것으로 볼 수는 없다." **헌재결 1996. 11. 28. 95헌바1.**

2. 보안처분

보안처분은 특정 행위자의 장래의 재범가능성을 방지하고 이를 통해 사회의 안전을 확보하기 위한 형벌 대체적·보완적 형사제재를 말한다. 형벌로는 행위자의 사회복귀와 범죄예방이 확보되기 어려운 경우 등 행위책임과 행위자의 위험성의 불균형관계를 해소하기 위한 형사정책적 대안으로 고안된 것이다. 오늘날과 같은 현대적 의미의 보안처분은 1893년 스위스 형법예비초안에 처음으로 규정되었다.

보안처분과 형벌의 관계에 대해서는 양자는 재범방지와 사회보호라는 동일한 목적을 가진 것으로 구별할 필요가 없다는 일원론도 주장되나, 양자의 차이를 인정하면서 이를 어떻게 적용·집행할 것인가에 주목하는 이원론이 많은 지지를 받고 있다. 형벌이 '행위'의 책임에 근거한 회고적·응보적 관점의 제재인 데 반해 보안처분은 '행위자'의 사회적 위험성에 근거한 장래적·예방적 관점의 제재로서 양자는 본질상 구별된다는 것이 이원론의 기본적 논지이다.

우리나라의 경우 1980년 제정된 구 「사회보호법」에 의해 보호감호·치료감호·보호관찰의 3가지 보안처분이 본격적으로 도입되었다. 보호감호의 이중처벌적 성격 등 위헌성 논란 끝에 2005년 「사회보호법」이 폐지되면서 현재 치료감호와 보호관찰은 단행법인 「치료감호 등에 관한 법률」 및 「보호관찰 등에 관한 법률」에 의해 각각 규율되고 있다. 이 밖에 「형법」상 보호관찰·사회봉사명령·수강명령, 「보안관찰법」상 보안관찰, 「특정 범죄자에 대한 보호관찰 및 전자장치 부착 등에 관한 법률」상 전자감시, 「성폭력범죄자의 성충동 약물치료에 관한 법률」상 약물치료 등은 기본적으로 보안처분적 성격을 가지면서도 기존의 형벌이나 보안처분으로 포섭하기 어려운 상황에 대응하기 위한 새로운 형태의 사회방위제도들이라고 할 수 있다.

Ⅱ. 형의 양정(量定)

형의 양정은 개별범죄 구성요건에 명시된 '법정형'에서 형종을 선택하고, 여기에 형의 가중·감경을 거쳐 형선고의 상·하한 범위인 '처단형'을 만든 후, 처단형의 범위 내에서 구체적 '선고형'을 결정하는 일련의 과정을 말한다. 넓은 의미로는 집행유예·선고유예의 결정, 사회봉사·수강명령 및 보호관찰의 부과 여부 결정을 포함하는 개념으로도 이해된다. 양형(量刑)을 함에 있어서는 ① 범인의 연령·성행(性行)·지능·환경, ② 피해자에 대한 관계, ③ 범행의 동기·수단·결과, ④ 범행 후의 정황 등 양형조건을 참작하여야 한다(제51조).

Ⅲ. 선고유예, 집행유예, 가석방

선고유예·집행유예는 유죄판결의 일종으로서 일정한 요건이 갖추어진 경우 법원이 피고인에 대해 형선고 자체를 하지 않거나, 선고를 하더라도 그 집행을 유예하는 것을 말한다. 가석방은 자유형의 확정판결을 받아 형집행을 받던 중 일정한 요건이 구비된 경우 행정처분으로 사회내 처우를 하도록 하는 것이다. 이들은 법적 성격은 다르지만 모두 재판 및 교정 단계의 전환처우(diversion)의 일종으로서, 피고인 또는 수형자에 대한 사회내 처우를 통하여 이들에 대한 사회적 낙인을 회피하고 재사회화에 기여한다는 공통점을 갖는다. 형법은 제59조부터 제65조까지 선고유예와 집행유예를, 제72조부터 제76조까지 가석방을 규정하고 있다. 해당 내용을 정리하면 아래 표와 같다.

		선고유예(§59–61)	집행유예(§62–65)	가석방(§72–76)
요건	①	–1년 이하 징역·금고, 자격정지, 벌금 선고시	–3년 이하 징역·금고, 500만원 이하 벌금 선고시	–징역·금고 집행중
	②	–개전(改悛)의 정 현저 (§51 참작)	–정상참작사유 (§51 참작)	–개전(改悛)의 정 현저 –행상(行狀) 양호
	③	–자격정지 이상 전과 無	–금고 이상 판결확정 집행종료·면제 후 3년 경과	–무기: 20년 경과 유기: 형기 1/3 경과 –병과된 벌금·과료 완납
기간		2년	1~5년	–무기: 10년 –유기: 잔형기 (10년 초과×)
효과		면소(免訴) 간주	형선고 효력상실	형집행종료 간주
일부유예		병과형 일부 선고유예 可	병과형 일부 집행유예 可	

보안처분	필요			–보호관찰(가석방기간) (불필요 인정시 면제 可)
	임의	–보호관찰(1년)	–보호관찰 (집행유예기간 內) –사회봉사·수강 명령	
실효	필요	–자격정지 이상 판결확정 –자격정지 이상 전과발견	–금고 이상 실형 판결확정 (고의범 限)	–금고 이상 판결확정 (과실범 제외)
	임의	–준수사항위반&정도 重		
취소	필요		–선고후 ③결여 발각	
	임의		–준수사항위반&정도 重 –명령위반&정도 重	–준수사항위반&정도 重 –감시규칙 위반

▶ 법률용어 설명

- **법원(法源)**: 법의 존재형식. 법관이 재판의 근거로 원용할 수 있는 것을 말한다. 헌법·법률·명령·규칙·조례 등이 법원의 대표적인 예이다.
- **목적론적 해석**: 법문의 목적에 부합하도록 해석하는 것. 확장해석·축소해석 등은 목적론적 해석을 위한 해석기법의 하나라 할 수 있다.
- **일사부재리의 원칙**: 일단 처리된 사건은 다시 다루지 않는다는 법의 일반원칙. 형사법적으로는 유·무죄의 실체판결 또는 면소(免訴)판결이 확정된 경우 기판력(旣判力)의 효과로서 동일 사건에 대하여 다시 공소제기를 허용하지 않는다는 원칙을 말한다.
- **한시법(限時法)**: 일정한 기간에 한하여 효력이 있는 것으로 제정된 법률. 유효기간 만료 후에도 유효기간 중의 법위반에 대한 적용가능 여부가 문제된다.
- **동시범(同時犯)**: 상호 의사연락 없는 독립행위가 경합하여 결과가 발생하였으나 그 원인된 행위가 판명되지 않은 경우. 인과관계가 인정되지 않으므로 각 행위는 미수범으로 처벌한다(제19조). 형법은 발생한 결과가 '상해'인 경우 이를 공동정범의 예에 의한다고 하여(제263조) 형법 제19조에 대한 특례를 인정하고 있다.
- **공범종속성설**: 공범의 가벌성은 정범으로부터 유래한다는 관점에서 정범의 범죄가 성립·처벌될 때 비로소 공범의 범죄도 성립·처벌된다는 이론.
- **공범독립성설**: 공범의 가벌성은 정범에서 유래하는 것이 아니라 정범을 교사·방조

한다는 공범 고유의 불법에서 비롯되는 것으로서, 공범의 성립·처벌은 정범의 성립·처벌과 무관하다는 이론.

- **공소시효**: 범죄행위 종료 후 일정기간 동안 공소가 제기되지 않은 경우 이에 대한 국가형벌권을 소멸시키는 제도. 공소시효가 완성되면 검사는 공소를 제기할 수 없고, 공소제기 후 이러한 사실이 발견된 때에는 면소(免訴) 판결을 하게 된다(형사소송법 제326조).
- **처벌조건**: 일정한 범죄에서 범죄의 성립요건 외에 국가형벌권의 발생을 위해 요구되는 추가적 조건. 객관적 처벌조건(사전수뢰죄에서 공무원 또는 중재인이 된 사실 등)과 주관적 처벌조건(친족상도례 등 인적처벌조각사유)이 있다.
- **소추조건**: 일정한 범죄에서 범죄의 성립요건 외에 공소권의 발생을 위해 요구되는 추가적 조건. 친고죄(비밀침해죄·모욕죄 등)에서 고소의 존재와 반의사불벌죄(폭행죄·명예훼손죄 등)에서 처벌불원의사의 부존재가 이에 해당한다.

▶ 생각해볼 문제

Q. 세월호사건 같은 다중인명피해범죄에서 가해자 처벌의 필요성은 심대하나 현행법이 이를 뒷받침하고 있지 못한 경우, 형사사후입법에 의한 소급처벌의 필요성과 형벌에 대한 예측가능성 및 법적 안정성 중 어느 가치에 무게를 두어야 할까?

Q. 甲은 乙를 살해하려고 총을 발사하였으나 乙로부터 은혜를 입은 개미가 발을 무는 바람에 손이 떨려 옆에 있던 丙에게 탄환이 명중하였다. 甲의 행위에 대한 평가는?

Q. 13세부터 대학생이 될 때까지 의붓아버지로부터 강간을 당해오던 甲은 확실히 예상되는 장래의 반복적 침해를 예방하기 위해 의붓아버지를 살해하였다. 甲의 행위에 대한 평가는?

Q. 베니스의 상인 샤일록은 안토니오가 빌려간 돈을 갚지 못하자 계약내용대로 안토니오의 승낙을 받아 가슴에서 살 1파운드를 도려냈다. 샤일록의 행위에 대한 평가는?

Q. 甲은 자신이 술만 마시면 성추행을 일삼는다는 사실을 알면서도 술을 마신 끝에 완전히 의식을 잃은 상태에서 평소 습관대로 여성을 성추행하였다. 甲의 행위에 대한 평가는?

Q. 남편이 출장을 가자 혼자 잠을 자던 甲은 새벽 무렵 삐걱 문을 열고 들어오는 검은 그림자를 강도로 오인하고 옆에 있던 몽둥이로 때려 눕혔다. 그러나 불을 켜고 보니 쓰러진 사람은 출장에서 일찍 돌아온 남편이었다. 甲의 행위에 대한 평가는?

Q. 타이타닉호 침몰 후 윈슬렛과 함께 널빤지에 의지해 헤엄치던 디카프리오는 옆에서 한 남자가 널빤지를 붙잡으려고 헤엄쳐오자 자신과 윈슬렛의 생명을 구하기 위하여 그를 밀쳐내 익사하게 하였다. 디카프리오의 행위에 대한 평가는?

Q. 甲은 乙을 살해하기 위하여 乙의 커피에 치사량의 독을 탔다. 그러나 커피를 마시던 乙이 이를 토해버리는 바람에 乙은 생존하였다. 甲의 행위에 대한 평가는?

Q. 甲은 乙에게 丙을 상해할 것을 교사하였다. 乙이 甲의 교사와 달리 丙을 ① 살해하거나 ② 폭행하거나 ③ 강간한 경우 甲의 행위에 대한 평가는?

제2장

형법각론

제1절 | 개인적 법익에 관한 죄

개인적 법익에 관한 죄는 개인의 인격적 가치와 재산적 가치를 보호하기 위한 죄이다. 개인은 사회와 국가의 기초를 이루고, 개인이 없는 사회와 국가를 생각할 수 없다는 점에서 형법이 보호하고 있는 법익 중 가장 중요한 법익이라고 할 수 있다. 우리 형법은 군국주의적 색채가 강한 1940년 일본개정형법가안의 영향을 받아 국가적 - 사회적 - 개인적 법익의 순서로 편제되어 있으나, 위와 같은 이유 때문에 대부분의 형법 교과서들은 개인적 - 사회적 - 국가적 법익의 순으로 서술하고 있다. 형법은 개인적 법익에 관한 죄 가운데서도 법익의 이념적 중요도에 따라 구성요건의 규정순서를 정하고 있으며, 그 순서는 생명 - 신체 - 자유 - 사회생활 - 개인생활 - 재산의 순이다.

Ⅰ. 생명·신체에 관한 죄

사람의 생명과 신체는 개인적 법익 중에서도 인간의 존엄과 가치를 기초짓는 가장 중요한 법익이다. 형법은 사람의 생명과 신체를 보호하기 위한 가장 기본적인 범죄형태로서 살인죄(제24장)와 상해·폭행죄(제25장)를 규정하고 있다. 사람의 생명과 신체는 너무나도 중요한 가치이기 때문에 이러한 가치가 완전히 침해된 경우는 물론 침해되기 전단계에서도 충분히 보호되어야 하고, 고의에 의한 침해는 물론 과실에 의한 침해로부터도 보호될 필요가 있다. 형법은 이러한 취지에서 생명 또는 신체에 대한 위험성을 야기하는 경우를 처벌하는 범죄로서

유기·학대죄(제28장)를, 과실에 의한 생명·신체 침해를 처벌하는 범죄로서 과실치사상죄(제26장)를 규정하고 있다. 나아가 형법은 아직까지 '사람'의 단계에 이르지는 못하였으나 사람의 초기발현단계라 할 수 있는 '태아'와 그 태아를 품고 있는 임부를 보호하기 위하여 낙태죄(제27장)에 관한 규정을 두고 있다.

1. 살인의 죄(제24장)

살인은 자연사(自然死)의 시점에 앞서 사람의 생명을 인위적으로 박탈하는 것을 말한다. 형법은 주체와 객체 및 행위태양에 아무런 제한이 없는 보통살인죄(제250조 제1항)를 규정하는 외에 살해의 객체가 자기 또는 배우자의 직계존속으로 특정된 존속살해죄(제250조 제2항), 살해의 주체가 직계존속으로 특정된 영아살해죄(제251조)를 규정하고 있다. 또한 행위상황이 피해자로부터 촉탁·승낙을 받은 상황으로 특정된 촉탁·승낙에 의한 살인죄(제252조 제1항), 행위내용이 자살자에 대한 교사·방조인 자살교사·방조죄(제252조 제2항)가 있고, 양 죄를 범함에 있어 행위태양이 위계·위력인 경우 이를 가중처벌하는 위계·위력에 의한 살인죄(제253조)가 규정되어 있다.

판례

사람의 시기(始期): "사람의 생명과 신체의 안전을 보호법익으로 하고 있는 형법상의 해석으로서는 사람의 시기는 규칙적인 진통을 동반하면서 태아가 태반으로부터 이탈하기 시작한 때 다시 말하여 분만이 개시된 때(소위 진통설 또는 분만개시설)라고 봄이 타당하며 이는 형법 제251조(영아살해)에서 분만 중의 태아도 살인죄의 객체가 된다고 규정하고 있는 점을 미루어 보아도 그 근거를 찾을 수 있다." **대판 1982. 10. 12. 81도2621.**

2. 상해와 폭행의 죄(제25장)

사람의 신체의 완전성을 보호법익으로 하는 상해와 폭행의 죄는 신체의 완전성에 대한 위험의 정도에 따라 단순히 사람의 신체에 대해 유형력을 행사하는 데 그치는 폭행죄(제260조 제1항)와, 여기서 더 나아가 사람의 생리적 기능이 훼손될 것을 요하는 상해죄(제257조 제1항)로 구분된다. 양자에 대한 가중처벌규정으로는 행위태양의 중대성에 따라 **불법이 가중**되는 특수폭행죄(제261조)와 중상해죄(제258조 제1항 · 제2항) 및 특수(중)상해죄(제258조의2)가, 행위객체가 자기 또는 배우자의 직계존속인 경우 **책임이 가중**되는 존속폭행·상해·중상해죄(제260조 제2항, 제257조 제2항, 제258조 제3항) 등이 있다. 이 밖에 결과적 가중범으로서 폭행치사상죄(제262조)와 상해치사죄(제259조)가 규정되어 있다.

판례

상해와 폭행의 경계: "특정범죄가중처벌등에관한법률 제5조의3 제1항의 도주운전죄가 성립하려면 피해자에게 사상의 결과가 발생하여야 하고, 생명·신체에 대한 단순한 위험에 그치거나 형법 제257조 제1항에 규정된 '상해'로 평가될 수 없을 정도의 극히 하찮은 상처로서 굳이 치료할 필요가 없는 것이어서 그로 인하여 건강상태를 침해하였다고 보기 어려운 경우에는 위 죄가 성립하지 않는다." **대판 2000. 2. 25. 99도3910.**

3. 과실치사상의 죄(제26장)

사람의 생명과 신체의 중요성을 고려하여 형법은 정상의 주의를 태만함으로 인하여 사람을 상해 또는 사망에 이르게 한 경우를 처벌하는 규정으로 과실치사죄(제267조)와 과실치상죄(제266조)를 규정하고 있다. 이는 일반적인 주의의무의 일반적인 위반을 전제로 한 규정이다. 이와 달리 주의의무의 정도는 같으나 위반의 정도가 중대하여 불법이 가중되는 '중과실' 및 위반의 정도는 같으나 주의의무의 정도가 크다는 점을 이유로 책임이 가중되는 '업무상과실'의 경우, 이로 인한 치사상에 대하여 별도의 가중처벌규정이 마련되어 있다(제268조).

판례

과실범의 주의의무와 인과관계: "자신들과 함께 술을 마시고 만취되어 의식이 없는 피해자를 … 혼자 방에 두고 나오는 피고인들로서는 촛불을 끄거나 양초가 쉽게 넘어지지 않도록 적절하고 안전한 조치를 취하여야 할 주의의무가 있다 할 것인바, 비록 피고인들이 직접 촛불을 켜지 않았다 할지라도 위와 같은 주의의무를 다하지 않은 이상 피고인들로서는 이 사건 화재발생과 그로 인한 피해자의 사망에 대하여 과실책임을 면할 수는 없다 할 것이다." **대판 1994. 8. 26. 94도1291.**

4. 낙태의 죄(제27장)

낙태는 임부가 자연분만기에 앞서 태아를 모체 외로 배출하거나 모체 내에서 살해하는 것을 말한다. 낙태의 죄에는 임부가 스스로 낙태하는 자기낙태죄(제269조 제1항), 임부의 촉탁·승낙을 받아 낙태하는 동의낙태죄(제269조 제2항), 동의낙태의 주체가 의사, 한의사, 조산사 등 **업무자**인 경우를 처벌하는 업무상동의낙태죄(제270조 제1항), 임부의 동의 없이 낙태하는 부동의낙태죄(제270조 제2항) 등이 있다. 그리고 이들 범죄는 각각 결과적 가중범인 낙태치사상죄(제269조 제3항, 제270조 제3항)을 처벌하고 있다.

판례

낙태행위와 위법성: "임신의 지속이 모체의 건강을 해칠 우려가 현저할 뿐더러 기형아 내지 불구아를 출산할 가능성마저도 없지 않다는 판단 하에 부득이 취하게 된 산부인과 의사의 낙태 수술행위는 정당행위 내지 긴급피난에 해당되어 위법성이 없는 경우에 해당된다." **대판 1976. 7. 13. 75도1205.**

5. 유기와 학대의 죄(제28장)

형법 제28장에는 늙거나, 어리거나, 병에 걸리는 등의 사정으로 도움을 필요로 하는 자를 보호할 법률상 · 계약상 의무를 가진 자가 그러한 자를 방치하는 경우를 처벌하는 유기죄(제271조 제1항)를 기본적 구성요건으로, 신분관계로 인하여 책임이 가중 또는 감경되는 존속유기죄(제271조 제2항)와 영아유기죄(제272조), 행위태양의 위험성으로 인하여 불법이 가중되는 중유기죄(제271조 제3항)와 존속중유기죄(제271조 제4항)를 규정하고 있다. 독립적 구성요건인 학대죄(제273조 제1항)는 자기의 보호 또는 감독을 받는 사람을 학대한 경우를 처벌하는 것으로, 책임가중구성요건으로 존속학대죄(제273조 제2항)가 함께 규정되어 있다. 유기죄와 학대죄에 대해서는 모두 결과적 가중범(제275조)이 규정되어 있다.

판례

유기죄의 보호의무: "술에 취하여 우연히 동행 중 실족하여 개울로 떨어져 약 5시간가량 잠을 자다가 깨어난 피고인이 후두부 타박상을 입어 정상적으로 움직이기가 어렵게

된 피해자를 방치하고 혼자 귀가하여 4~5시간 후 피해자가 심장마비로 사망하였다 하더라도, 우연히 일정거리를 동행한 사실만으로서는 피고인에게 법률상·계약상의 보호의무가 있다고 할 수 없으니 피고인은 유기죄의 주체가 될 수 없다." **대판 1977. 1. 11. 76도3419.**

Ⅱ. 자유에 관한 죄

형법의 입법자는 생명·신체에 관한 죄 다음으로 중요한 법익으로 자유에 관한 죄를 상정하고 있다. 자유에 관한 죄의 기본적 구성요건은 협박죄(제283조)이며, 이를 바탕으로 법적으로 의무 없는 일을 하게 하는 강요죄(제324조)가 규정되어 있다. 양자가 의사결정 및 의사활동의 자유를 보호하는 구성요건이라면 체포·감금죄(제276조 내지 제281조)와 약취·유인죄(제287조 내지 제296조)는 의사결정·활동의 자유를 넘어 장소선택과 장소이전의 자유를 보호하고자 하는 구성요건이라고 할 수 있다. 강간과 강제추행의 죄(제297조 내지 제305조의2)는 이 모든 자유와 함께 성적 자기결정의 자유를 보호하려는 구성요건으로 자유에 관한 죄의 결정판이라 할 수 있다.

1. 협박의 죄(제30장)

사람에게 해악을 고지하여 공포심을 유발하는 것을 내용으로 하는 협박죄는 협박죄(제283조 제1항) 외에, 신분관계로 인하여 책임이 가중되는 존속협박죄(제283조 제2항)와 행위태양의 위험성으로 인하여 불법이 가중되는 특수협박죄(제284조)를 규정하고 있다.

2. 권리행사를 방해하는 죄(강요죄)(제37장)

제37장은 자유권을 보호법익으로 하는 강요죄와 재산권을 보호법익으로 하는 권리행사방해죄로 나뉜다(권리행사방해죄는 재산범죄에서 다룬다). 자유에 관한 죄로서의 강요죄(제324조)는 폭행 또는 협박으로 타인에게 법적 의무 없는 일을 하게 하는 것으로서, 행위태양의 위험성으로 인하여 불법이 가중되는 특수강요죄(제324조 제2항), 인질강요죄(제324조의2), 중강요죄(제326조) 등을 가중적 구성요건으로 두고 있다. 인질강요죄는 **결합범**(인질상해죄·인질살해죄)과 결과적 가

중범(인질치상죄 · 인질치사죄)의 규정 또한 두고 있다(제324조의3, 제324조의4).

판례

강요죄의 '의무 없는 일'의 의미 : "강요죄는 폭행 또는 협박으로 사람의 권리행사를 방해하거나 의무 없는 일을 하게 하는 것을 말하고, 여기에서 '의무 없는 일'이란 법령, 계약 등에 기하여 발생하는 법률상 의무 없는 일을 말하므로, 폭행 또는 협박으로 법률상 의무 있는 일을 하게 한 경우에는 폭행 또는 협박죄만 성립할 뿐 강요죄는 성립하지 아니한다." **대판 2008. 5. 15. 2008도1097.**

3. 체포와 감금의 죄(제29장)

체포는 사람의 행동의 자유를 제한하는 일체의 행위를, 감금은 체포에 장소적 제한이 수반되는 경우를 말한다. 따라서 감금죄의 요건이 충족되면 체포죄는 이에 흡수된다. 기본적 구성요건인 체포·감금죄(제276조 제1항) 외에 불법가중구성요건인 중체포·감금죄(제277조 제1항)와 특수체포감금죄(제278조), 책임가중구성요건인 존속(중)체포·감금죄(제276조 제2항, 제277조 제2항)가 규정되어 있다.

판례

감금죄의 성립범위 : "감금죄가 성립하기 위하여 반드시 사람의 행동의 자유를 전면적으로 박탈할 필요는 없고, 감금된 특정한 구역 범위 안에서 일정한 생활의 자유가 허용되어 있었다고 하더라도 유형적이거나 무형적인 수단과 방법에 의하여 사람이 특정한 구역에서 벗어나는 것을 불가능하게 하거나 매우 곤란하게 한 이상 감금죄의 성립에는 아무런 지장이 없다." **대판 1998. 5. 26. 98도1036.**

4. 약취와 유인의 죄(제31장)

약취와 유인은 폭행·협박(약취) 또는 기망·유혹(유인)으로 사람을 자유로운 상태에서 자기 또는 제3자의 실력적 지배상태 아래로 옮기는 것을 말한다. 약취와 유인의 죄는 약취·유인과 인신매매를 1차적인 행위태양으로 하면서, 약취·유인 및 매매된 자를 국외로 이송하거나 수수·은닉하는 2차적 행위태양에 대한 처벌규정을 함께 두고 있다.

먼저 약취·유인과 인신매매는 고의 외에 일정한 목적을 요구하는 목적범으로 규정하고 있는데, 행위목적이 무엇인지에 따라 ① 추행·간음·영리·결혼 목적인 경우, ② 노동력 착취·성매매등 성적 착취·장기적출 목적인 경우, ③ 국외이송 목적인 경우를 나누어 법정형에 차등을 두고 있다(제288조, 제289조). 다만 약취·유인의 경우 행위객체가 미성년자인 경우에는 목적이 없는 경우에도 고의만으로 처벌하도록 하고 있는 것이 특징이다(제287조). 이 밖에 약취·유인 및 매매된 자의 국외이송죄(제288조 제3항)와 약취·유인·매매·이송된 자의 수수·은닉죄(제292조 제1항)를 규정하고 있다.

판례

약취·유인죄의 성립범위: "형법 제287조에 규정된 약취행위는 폭행 또는 협박을 수단으로 하여 미성년자를 그 의사에 반하여 자유로운 생활관계 또는 보호관계로부터 이탈시켜 범인이나 제3자의 사실상 지배하에 옮기는 행위를 말하는 것이다. 물론, 여기에는 미성년자를 장소적으로 이전시키는 경우뿐만 아니라 장소적 이전 없이 기존의 자유로운 생활관계 또는 부모와의 보호관계로부터 이탈시켜 범인이나 제3자의 사실상 지배하에 두는 경우도 포함된다." **대판 2008. 1. 17. 2007도8485.**

5. 강간과 추행의 죄(제32장)

강간과 강제추행은 폭행·협박에 의한 이성 간의 성기결합(강간) 또는 성적 수치심 유발행위(강제추행)를 말한다. 자유에 관한 죄의 궁극적 형태로서 성적 자기결정의 자유를 보호법익으로 한다.

형법은 강간과 추행의 죄를 규정함에 있어 피해자의 취약성에 따라 성적 자기결정의 자유의 침해에 요구되는 강제수단의 정도를 달리 규정하고 있다. ① 먼저 일반인인 피해자의 경우 폭행·협박이라는 가장 강력한 강제수단을 요구하고 있고(제297조, 제298조), ② 다음으로 다소 취약한 지위에 있는 미성년자·심신미약자 또는 업무·고용 기타 관계로 인하여 타인의 보호·감독을 받는 사람 등의 경우 위계·위력이라는 다소 완화된 강제수단의 사용만으로도 충분한 것으로 하고 있으며(제302조, 제303조 제1항), ③ 마지막으로 매우 취약한 지위에 있는 13세 미만자 또는 법률에 의하여 구금된 사람 등의 경우에는 아무런 강제수단을 요구하지 않고 단지 간음행위가 있었다는 사실 자체만으로도 해당 범죄가 성립하는 것으로 규정하고 있다(제305조, 제303조 제2항). 사회적 취약자를 더욱 두텁게 보호하기 위한 것이다. 형법은 이와 별도로 준강간·준강제추행죄(제299조)를 두어 피해자의 심신상실·항거불능 등 취약한 상태를 이용하여 간음하는 행위를 폭행·협박 등 강제수단을 이용한 경우에 준하여 처벌하고 있다.

2012년 12월 개정법은 강간·강제추행죄의 객체를 '부녀'에서 '사람'으로 확대하고, 이성간의 성기결합 이외에 신체의 일부와 도구 등을 이용하는 유사성행위를 처벌하는 **유사강간죄**(제297조의2)를 신설하였다. 유사강간죄의 법정형은 강간(3년 이상 징역)과 강제추행(10년 이하 징역)의 중간(2년 이상 징역) 정도로 설정되어 있다.

판례

강간죄의 폭행·협박의 의미 : "강간죄가 성립하려면 가해자의 폭행·협박은 피해자의 항거를 불가능하게 하거나 현저히 곤란하게 할 정도의 것이어야 하고, 그 폭행·협박이 피해자의 항거를 불가능하게 하거나 현저히 곤란하게 할 정도의 것이었는지 여부는 그 폭행·협박의 내용과 정도는 물론, 유형력을 행사하게 된 경위, 피해자와의 관계, 성교 당시와 그 후의 정황 등 모든 사정을 종합하여 판단하여야 한다." **대판 2007. 1. 25. 2006도5979.**

Ⅲ. 사회생활에 관한 죄

사회생활에 관한 죄는 명예에 관한 죄(제33장)와 신용·업무·경매에 관한 죄(제34장)로 구성되어 있다. 명예에 관한 죄가 사람의 인격적 가치에 대한 사회적 평가를 보호하는 범죄라면, 신용·업무·경매에 관한 죄는 사람의 경제적 측면의 가치, 즉 사람의 지불능력과 의사에 대한 공공의 신뢰, 사람의 사회생활상 지위에 기한 업무, 경매·입찰의 공정 등을 보호의 대상으로 하는 구성요건들이다.

1. 명예에 관한 죄(제33장)

명예에 관한 죄는 사람의 외적 명예, 즉 사람에 대한 사회적 가치평가를 보호하고자 하는 죄로서 명예훼손죄와 모욕죄로 구성되어 있다. 명예훼손죄와 모욕죄는 공연히(공공연하게) 외적인 표현행위를 한다는 점에서 동일하나, 명예훼손죄가 그 행위수단으로 '사실을 적시'함을 요구하는 데 반해 모욕죄는 사실적시 없이 단순히 가치평가에 기초한 경멸적 표현행위로 충분하다는 점에서 다르다.

형법은 명예훼손죄(제307조)를 기본적 구성요건으로, 비방할 목적으로 신문·잡지·라디오 기타 출판물을 통하여 명예훼손행위를 하는 출판물 등에 의한 명예훼손죄(제309조)를 규정하고 있으며, 두 죄는 모두 적시사실이 허위인 경우 가중처벌된다(제307조 제2항, 제309조 제2항). 사망한 사람은 형법상 법익의 주체가 되지 못함이 원칙이지만, 유족의 명예감정 및 사망한 사람의 인격적 가치평가에 대한 최소한의 보호를 위해 사자(死者)명예훼손죄(제308조)를 두고 있다. 다만, 사망한 자에 대한 역사적 평가의 필요성을 고려하여 사자명예훼손죄는 '허위사실'을 적시한 경우만을 처벌의 대상으로 하고 있다. 이밖에 표현의 자유에 대한 두터운 보호를 위하여 명예훼손죄의 위법성조각사유(제310조)를 두고 있다.

판례

국가기관 및 공직자에 대한 명예훼손의 요건: "정부 또는 국가기관의 정책결정이나 업무수행과 관련된 사항은 항상 국민의 감시와 비판의 대상이 되어야 하고, 이러한 감시와 비판은 이를 주요 임무로 하는 언론보도의 자유가 충분히 보장될 때 비로소 정상적으로 수행될 수 있으며, 정부 또는 국가기관은 형법상 명예훼손죄의 피해자가 될 수 없으므로, 정부 또는 국가기관의 정책결정 또는 업무수행과 관련된 사항을 주된 내용으로 하는 언론보도로 인하여 그 정책결정이나 업무수행에 관여한 공직자에 대한 사회적 평가가 다소 저하될 수 있더라도, 그 보도의 내용이 공직자 개인에 대한 악의적이거나 심히 경솔한 공격으로서 현저히 상당성을 잃은 것으로 평가되지 않는 한, 그 보도로 인하여 곧바로 공직자 개인에 대한 명예훼손이 된다고 할 수 없다." **대판 2011. 9. 2. 2010도17237.**

2. 신용, 업무와 경매에 관한 죄(제34장)

제34장에서는 허위사실유포·위계에 의한 신용훼손죄(제313조), 허위사실유포·위계·위력에 의한 업무방해죄(제314조), 위계·위력에 의한 경매·입찰방해죄(제315조) 등 세 가지 구성요건을 규정하고 있다. 세 가지 범죄는 모두 재산적 범죄의 성격을 지니면서도 명예나 자유에 대한 범죄로서의 성격을 함께 지닌다는 점에서 함께 규정되어 있는 것이다.

판례

쟁의행위와 업무방해죄: "근로자는 원칙적으로 헌법상 보장된 기본권으로서 근로조건 향상을 위한 자주적인 단결권·단체교섭권 및 단체행동권을 가지므로(헌법 제33조 제1항), 쟁의행위로서 파업이 언제나 업무방해죄에 해당하는 것으로 볼 것은 아니고, 전후 사정과 경위 등에 비추어 사용자가 예측할 수 없는 시기에 전격적으로 이루어져 사용자의 사업운영에 심대한 혼란 내지 막대한 손해를 초래하는 등으로 사용자의 사업계속에 관한 자유의사가 제압·혼란될 수 있다고 평가할 수 있는 경우에 비로소 집단적 노무제공의 거부가 위력에 해당하여 업무방해죄가 성립한다고 보는 것이 타당하다." **대판 2011. 3. 17. 2007도482(전원합의체).**

Ⅳ. 개인생활에 관한 죄(사생활과 평온에 관한 죄)

개인생활에 관한 죄는 개인의 프라이버시를 보호하기 위한 비밀침해의 죄와 사생활의 장소적 평온을 보호하는 주거침입의 죄로 구성된다. 사생활은 개인의 자아형성과 인격발전을 위해 필수적인 것으로서, 이러한 이유에서 헌법은 "모든 국민은 사생활의 비밀과 자유를 침해받지 아니한다"(헌법 제17조), 또한 "모든 국민은 주거의 자유를 침해받지 아니한다. 주거에 대한 압수나 수색을 할 때에는 검사의 신청에 의하여 법관이 발부한 영장을 제시하여야 한다"(헌법 제16조)라고 규정하여 이를 헌법상 기본권으로 보장하고 있다. 형법상 개인생활에 관한 죄는 이를 구체화한 것이다.

1. 비밀침해의 죄(제35장)

개인의 프라이버시를 보호하기 위한 죄이다. 비밀침해죄(제316조)가 행위객체를 '비밀장치가 되어 있는' 것에 한정하고 있는 것이나 업무상비밀누설죄(제317조)가 행위주체를 '업무자'에 한정하고 있는 점, 나아가 형법이 양자를 모두 **친고죄**로 규정하고 있다는 점(제318조) 등은 개인의 프라이버시 영역에 있어 국가형벌권의 자의적 개입을 가급적 제한하고, 그 처벌 여부에 있어서도 법익주체의 의사를 충분히 존중하고자 하는 입법자의 의사를 보여주는 것이라 할 수 있다.

2. 주거침입의 죄(제36장)

사생활의 장소적 평온을 보호하고자 하는 죄이다. 권리자의 의사에 반하여 사람의 주거, 관리하는 건조물·선박·항공기, 점유하는 방실에 들어감으로써(작위범) 성립하는 주거침입죄(제319조 제1항)와 적법하게 이들 장소에 들어간 자가 권리자로부터 퇴거요구를 받고도 이에 불응함으로써(부작위범) 성립하는 퇴거불응죄(제319조 제2항)를 기본적 구성요건으로 한다. 이 밖에 행위불법이 가중된 특수주거침입·퇴거불응죄(제320조)와 독립적 구성요건인 주거·신체수색죄(제321조)를 두고 있다.

판례

주거침입죄의 성립범위: "주거침입죄에 있어서 주거란 단순히 가옥 자체만을 말하는 것이 아니라 그 정원 등 위요지(圍繞地)를 포함한다. 따라서 다가구용 단독주택이나 다세대주택·연립주택·아파트 등 공동주택 안에서 공용으로 사용하는 엘리베이터, 계단과 복도는 주거로 사용하는 각 가구 또는 세대의 전용 부분에 필수적으로 부속하는 부분으로서 그 거주자들에 의하여 일상생활에서 감시·관리가 예정되어 있고 사실상의 주거의 평온을 보호할 필요성이 있는 부분이므로, 다가구용 단독주택이나 다세대주택·연립주택·아파트 등 공동주택의 내부에 있는 엘리베이터, 공용 계단과 복도는 특별한 사정이 없는 한 주거침입죄의 객체인 '사람의 주거'에 해당하고, 위 장소에 거주자의 명시적, 묵시적 의사에 반하여 침입하는 행위는 주거침입죄를 구성한다." **대판 2009. 9. 10. 2009도4335.**

V. 재산에 관한 죄

형법은 제38장부터 제42장에 걸쳐 절도·강도(제38장), 사기·공갈(제39장), 횡령·배임(제40장), 장물(제41장), 손괴(제42장)의 죄를 재산범죄로 규정하고 있다. 제37장에 강요죄와 함께 규정되어 있지만 권리행사방해죄 역시 재산범죄에 해당한다는 점에 견해가 일치한다.

형법은 재산범죄를 행위객체의 종류에 따라 '재물'을 객체로 하는 재물죄와 '재산상의 이익'을 객체로 하는 이득죄로 준별하면서, 재물죄는 다시 **불법영득의사**의 필요 여부에 따라 영득죄와 훼기죄로, 영득죄는 다시 타인의 의사에 반하는 취득과 타인의 하자있는 의사에 기초한 취득으로 나누어 탈취죄와 편취죄로 구별하고 있다. 행위객체가 재물인 경우를 예로 들자면 절도죄와 강도죄는 전형적인 탈취죄에, 사기죄와 공갈죄는 전형적인 편취죄에, 손괴죄는 전형적인 훼기죄에 해당한다. 배임죄와 컴퓨터등사용사기죄는 재산상 이익만을 행위객체로 하는 순수이득죄로 규정되어 있다.

1. 절도와 강도의 죄(제38장)

'타인의 의사에 반하여' 재물 또는 재산상 이익을 취득하는 범죄이다. 먼저 절도죄는 일반절도죄(제329조)와 행위불법이 가중된 특수절도의 형태로 나뉘어 있다. 특수절도의 행위태양은 야간주거침입절도(제330조), 야간손괴후주거침입절도(제331조 제1항), 흉기휴대절도·합동절도(제331조 제2항) 등으로 구성되어 있고, 이 밖에 불법영득의사 없는 자동차 등의 일시사용행위를 처벌하기 위하여 자동차등불법사용죄(제331조의2)를 두고 있다.

강도죄 역시 일반강도죄(제333조) 외에 행위불법이 가중된 특수강도의 형태로 나뉘어 있다. 이 밖에 폭행·협박과 재물강취의 선후관계가 역전된 형태인 준강도죄(제335조), 인질행위 및 해적행위를 행위태양으로 하는 인질강도죄(제336조)와 해상강도죄(제340조), 강도와 강간의 결합범인 강도강간죄(제339조) 등이 규정되어 있다.

판례

강도죄의 '재산상 이익'의 의미 : "형법 제333조 후단의 강도죄, 이른바 강제이득죄의 요건인 재산상의 이익이란 재물 이외의 재산상의 이익을 말하는 것으로서 적극적 이익(적극적인 재산의 증가)이든 소극적 이익(소극적인 부채의 감소)이든 상관없는 것이고, … 그 권리의무관계의 외형상 변동의 사법상 효력의 유무는 그 범죄의 성립에 영향이 없고, 법률상 정당하게 그 이행을 청구할 수 있는 것이 아니라도 강도죄에 있어서의 재산상의 이익에 해당하는 것이며, 따라서 이와 같은 재산상의 이익은 반드시 사법상 유효한 재산상의 이득만을 의미하는 것이 아니고 외견상 재산상의 이득을 얻을 것이라고 인정할 수 있는 사실관계만 있으면 된다." **대판 1994. 2. 22. 93도428.**

2. 사기와 공갈의 죄(제39장)

'타인의 하자 있는 의사에 기초하여' 재물 또는 재산상 이익을 취득하는 범죄이다. 의사하자의 원인은 속이거나(사기) 겁을 주는(공갈) 것이다.

사기죄는 사람을 기망하여 재물 또는 재산상의 이익을 취득하는 것을 내용으로 하는 사기죄(제347조)를 기본구성요건으로 한다. 이 밖에 행위태양이 직접적인 기망행위가 아니라 타인의 취약한 지적 능력 또는 경제적 상태를 이용하는 경우인 준사기죄(제348조) 및 부당이득죄(제349조)를 두고 있고, (기망)행위의 객체가 컴퓨터나 자동판매기 등 기계여서 '사람'에 대한 기망행위를 전제로 하는 사기죄의 적용이 불가능한 경우 이로 인한 처벌의 공백을 방지하기 위한 규정인 컴퓨터등사용사기죄(제347조의2)와 편의시설부정이용죄(제348조의2)를 두고 있다.

공갈죄는 기본적 구성요건인 공갈죄(제350조) 외에 행위태양의 위험성으로 인한 가중적 구성요건인 특수공갈죄(제350조의2)로 구성되어 있다.

판례

부작위에 의한 사기죄: "사기죄의 요건으로서의 기망은 널리 재산상의 거래관계에 있어 서로 지켜야 할 신의와 성실의 의무를 저버리는 모든 적극적 또는 소극적 행위를 말하는 것인바, 거래의 상대방이 일정한 사정에 관한 고지를 받았더라면 당해 거래에 임하지 아니하였을 것임이 경험칙상 명백한 경우 그 거래로 인하여 재물을 수취하는 자에게는 신의성실의 원칙상 사전에 상대방에게 그와 같은 사정을 고지할 의무가 있다고 할 것이므로 이를 고지하지 아니한 것은 고지할 사실을 묵비함으로써 상대방을 기망한 것이 되어 사기죄를 구성한다." **대판 1996. 7. 30. 96도1081.**

3. 횡령과 배임의 죄(제40장)

횡령과 배임의 죄는 '타인과의 신뢰관계 배신'을 본질로 하는 범죄이다. 횡령죄(제355조 제1항)가 재물죄인 데 반해 배임죄(제355조 제2항)는 이득죄로서 양자는 특별법과 일반법의 관계에 있다. 이 밖에 업무자에 의한 범죄인 업무상 횡령·배임죄(제356조)와 배임행위를 기초로 하는 재물의 수수를 처벌하는 배임수재죄(제357조)가 규정되어 있다. 점유이탈물횡령죄(제360조)는 유실물·표류물 등 타인의 점유를 이탈한 물건을 불법하게 취득한 경우를 처벌하는 것으로, 점유의 타인성 결여로 인한 절도죄의 불성립과 및 보관자 지위의 결여로 인한 횡령죄 불성립을 보정하기 위한 구성요건이다.

판례

기업의 경영판단과 배임죄: "기업의 경영에는 원천적으로 위험이 내재하여 있어서 경영자가 아무런 개인적인 이익을 취할 의도 없이 선의에 기하여 가능한 범위 내에서 수집된 정보를 바탕으로 기업의 이익에 합치된다는 믿음을 가지고 신중하게 결정을 내렸다 하더라도 그 예측이 빗나가 기업에 손해가 발생하는 경우가 있을 수 있는바, … 문제된 경영상의 판단에 이르게 된 경위와 동기, 판단대상인 사업의 내용, 기업이 처한 경제적 상황, 손실발생의 개연성과 이익획득의 개연성 등 제반 사정에 비추어 자기 또는 제3자가 재산상 이익을 취득한다는 인식과 본인에게 손해를 가한다는 인식(미필적 인식 포함)하의 의도적 행위임이 인정되는 경우에 한하여 배임죄의 고의를 인정하는 엄격한 해석기준은 유지되어야 할 것이고, 그러한 인식이 없는데 단순히 본인에게 손해가 발생하였다는 결과만으로 책임을 묻거나 주의의무를 소홀히 한 과실이 있다는 이유로 책임을 물을 수는 없다." **대판 2004. 7. 22. 2002도4229.**

4. 장물에 관한 죄(제41장)

장물은 재산범죄로 인하여 영득한 재물을 말한다. 따라서 절취·강취·편취·갈취 등 재산범죄에 의하여 취득한 재물은 모두 장물이다. 형법은 장물죄(제362조)의 행위태양을 취득·양도·운반·보관 및 알선의 다섯 가지로 규정하고 있다. 업무상과실 및 중과실에 의한 장물죄(제364조) 규정은 있으나 일반과실장물죄는 규정되어 있지 않다. 과실장물죄의 처벌범위를 제한하려는 입법의사에 따른 것으로, 따라서 업무상과실장물죄는 진정신분범에 해당한다.

판례

대체금전의 장물성: "장물이라 함은 재산범죄로 인하여 취득한 물건 그 자체를 말하고, 그 장물의 처분 대가는 장물성을 상실하는 것이지만, 금전은 고도의 대체성을 가지고 있어 다른 종류의 통화와 쉽게 교환할 수 있고, 그 금전 자체는 별다른 의미가 없고 금액에 의하여 표시되는 금전적 가치가 거래상 의미를 가지고 유통되고 있는 점에 비추어 볼 때, 장물인 현금을 금융기관에 예금의 형태로 보관하였다가 이를 반환받기 위하여 동일한 액수의 현금을 인출한 경우에 예금계약의 성질상 인출된 현금은 당초의 현금과 물리적인 동일성은 상실되었지만 액수에 의하여 표시되는 금전적 가치에는 아무런 변동이 없으므로 장물로서의 성질은 그대로 유지된다고 봄이 상당하고, 자기앞수표도 그 액면금을 즉시 지급받을 수 있는 등 현금에 대신하는 기능을 가지고 거래상 현금과 동일하게 취급되고 있는 점에서 금전의 경우와 동일하게 보아야 한다." **대판 2004. 3. 12. 2004도134.**

5. 손괴의 죄(제42장)

손괴죄는 재물, 문서 또는 전자기록 등 특수매체기록을 손괴, 은닉 기타 방법으로 그 효용을 해하는 것이다. 재물만을 객체로 하는 순수재물죄이며, 불법영득의사를 필요로 하지 않는 훼기죄에 해당한다. 기본적 구성요건인 손괴죄(제366조), 공익건조물파괴죄(제367조)와 함께 행위방법에 의한 불법가중구성요건인 특수손괴죄(제369조)와 결과적 가중범인 중손괴죄(제368조)가 규정되어 있다. 경계침범죄(제370조)는 이들과는 독립적인 특별구성요건이다.

판례

손괴행위의 의미 : "타인 소유의 광고용 간판을 백색페인트로 도색하여 광고문안을 지워버린 행위는 재물손괴죄를 구성한다." **대판 1991. 10. 22. 91도2090.**

6. 권리행사를 방해하는 죄(권리행사방해죄)(제37장)

타인소유·타인점유 재물의 침해는 절도죄를, 타인소유·자기점유 재물의 침해는 횡령죄를 구성한다. 권리행사방해죄(제323조)는 자기소유·타인점유 재물을 침해하는 경우에 대한 구성요건이다. 이러한 행위를 함에 있어 폭행·협박을 사용하는 경우 강도죄와 유사한 구조가 된다는 점에 착안한 점유강취죄(제325조 제1항)와 재물취득과 폭행·협박의 선후관계가 바뀌는 경우 준강도와 유사한 구조가 된다는 점을 고려한 준점유강취죄(제325조 제2항)를 규정하고 있으며, 구체적 위험범인 중권리행사방해죄(제326조)의 규정을 두고 있다. 이 밖에 독립적 구성요건으로 강제집행면탈죄(제327조)를 규정하고 있다.

판례

권리행사방해죄의 객체 : "형법 제323조의 권리행사방해죄는 타인의 점유 또는 권리의 목적이 된 자기의 물건을 취거, 은닉 또는 손괴하여 타인의 권리행사를 방해함으로써 성립하는 것이므로, 그 취거, 은닉 또는 손괴한 물건이 자기의 물건이 아니라면 권리행사방해죄가 성립할 여지가 없다." **대판 2005. 11. 10. 2005도6604.**

제2절 | 사회적 법익에 관한 죄

형법의 조문체계상 개인적·사회적·국가적 법익에 관한 죄가 명확히 구분되어 있는 것은 아니지만, 대체로 제5장과 제6장 및 제12장부터 제23장까지를 사회적 법익의 영역에 포함시키는 것이 일반적이다. 이들은 크게 공공의 안전과 평온에 관한 죄, 공공의 신용에 관한 죄, 공중의 건강에 관한 죄, 사회의 도덕과 풍속에 관한 죄의 4개 범주로 나누어지는데, 앞의 두 범주는 사회의 존립기반과 원활한 기능의 보호를, 뒤의 두 범주는 사회구성원의 육체적 건강 및 정신적 가치의 보호를 지향하고 있는 것이라 할 수 있다.

Ⅰ. 공공의 안전과 평온에 관한 죄

사회의 존립기반을 보호하기 위한 구성요건으로 공안을 해하는 죄(제5장), 폭발물에 관한 죄(제6장), 방화와 실화의 죄(제13장), 일수와 수리에 관한 죄(제14장), 교통방해의 죄(제15장)가 포함된다는 것이 일반적 견해이다.

1. 공안을 해하는 죄(제5장)

공안을 해하는 죄라 함은 공공의 법질서 또는 공공의 안전과 평온을 해치는 것을 내용으로 하는 죄로서, 범죄단체조직죄(제114조), 소요죄(제115조), 다중불해산죄(제116조), 전시공수계약불이행죄(제117조), 공무원자격의 사칭죄(제118조) 등이 이에 속한다.

2. 폭발물에 관한 죄(제6장)

폭발물에 관한 죄는 폭발물을 사용하여 사람의 생명·신체 또는 재산을 해하거나 기타 공안을 문란케 하는 죄이다. 형법은 폭발물사용죄(제119조 제1항), 전시폭발물사용죄(제119조 제2항) 및 양 죄의 예비·음모·선동에 관한 규정을 두고 있고(제120조), 전쟁·사변시 정당한 이유 없는 폭발물의 제조·수출입·수수·

소지행위를 처벌하는 규정을 두고 있다(제121조).

3. 방화와 실화의 죄(제13장) 및 일수와 수리에 관한 죄(제14장)

방화죄와 일수죄는 불을 놓거나 물을 넘겨 건조물 또는 물건을 훼손하는 것을 내용으로 하는 범죄이다. 공공의 안전과 평온을 1차적인 보호법익으로 하지만 개인의 재산권 또한 부차적인 보호법익이라는 것이 통설·판례의 태도이다. 양 죄는 일부 성격상 맞지 않는 규정을 제외하고는 거의 동일한 체계로 규정되어 있다.

먼저 방화죄와 일수죄의 기본적인 구성요건은 행위객체에 따라 현주·현존건조물(제164조, 제177조), 공용·공익건조물(제165조, 제178조), 일반건조물(제166조, 제179조)에 대한 방화·일수로 나뉜다. 행위의 특성상 건조물을 제외한 '물건'에 대해서는 방화죄만이 규정되어 있으며(제167조), 현대사회에서 방화행위와 규범적으로 같이 취급할 수 있는 가스·전기 등의 파열·방류·공급방해 행위 또한 방화죄에만 규정되어 있다(제172조 내지 제173조). 한편 화재나 수재시 진화·방수용의 시설 또는 물건을 손괴 또는 은닉하거나 기타 방법으로 진화·방수를 방해하는 경우 이러한 행위의 위험성이 방화·일수에 준한다는 점에서, 이러한 준방화·일수죄로 진화방해죄와 방수방해죄(제169조, 제180조)를 두고 있다.

방화죄(파열·방류·공급방해 포함)와 일수죄는 모두 일반과실·업무상과실·중과실로 인한 과실범을 처벌하고 있으며(제170조, 제171조, 제181조), 현주·현존건조물에 대한 방화·일수의 결과적 가중범을 규정하고 있다(제164조 제2항, 제177조 제2항). 자기소유 물건에 방화하여 다른 곳으로 불을 옮겨붙게 하는 결과적 가중범의 일종인 연소죄(제168조)는 그 성질상 방화죄에만 규정되어 있다.

판례

방화죄의 보호법익과 보호정도 : "형법 제164조 전단의 현주건조물에의 방화죄는 공중의 생명, 신체, 재산 등에 대한 위험을 예방하기 위하여 공공의 안전을 그 제1차적인 보호법익으로 하고 제2차적으로는 개인의 재산권을 보호하는 것이라고 할 것이나, 여기서 공공에 대한 위험은 구체적으로 그 결과가 발생됨을 요하지 아니하는 것이고 이미 현주건조물에의 점화가 독립연소의 정도에 이르면 동 죄는 기수에 이르러 완료되는 것[이다]." **대판 1983. 1. 18. 82도2341.**

4. 교통방해의 죄(제15장)

교통방해의 죄는 원활한 교통 및 교통의 안전을 주된 보호법익으로 하지만, 그와 더불어 사람의 생명·신체·재산의 안전 또한 부차적 보호법익이라는 것이 다수의 견해이다.

일반교통방해죄(제185조)를 기본적 구성요건으로 하여 행위객체(자동차 · 선박 · 항공기)와 행위수단(궤도 · 등대 또는 표지를 손괴하거나 기타 방법으로)으로 인하여 불법이 가중되는 기차등전복죄(제187조)를 규정하고 있으며, 이 밖에 일반과실·업무상과실·중과실로 인한 과실범(제189조) 규정을 두고 있다.

판례

교통방해죄의 보호법익과 보호정도: "형법 제185조의 일반교통방해죄는 일반 공중의 교통안전을 그 보호법익으로 하는 범죄로서 육로 등을 손괴 또는 불통케 하거나 기타의 방법으로 교통을 방해하여 통행을 불가능하게 하거나 현저하게 곤란하게 하는 일체의 행위를 처벌하는 것을 그 목적으로 하고 있고, 또한 일반교통방해죄는 이른바 추상적 위험범으로서 교통이 불가능하거나 또는 현저히 곤란한 상태가 발생하면 바로 기수가 되고 교통방해의 결과가 현실적으로 발생하여야 하는 것은 아니다." **대판 2007. 12. 14. 2006도4662.**

Ⅱ. 공공의 신용에 관한 죄

통화 · 유가증권 · 문서 등의 성립과 내용의 진정이라는 공공의 신용을 보호함으로써 원활한 사회기능을 보장하기 위한 구성요건이다. 공공의 신용에 관한 죄에는 통화(제18장), 유가증권·우표·인지(제19장), 문서(제20장), 인장(제21장)에 관한 죄가 있다(이하 '문서등' 및 '문서등에 관한 죄'라 함).

1. 통화에 관한 죄(제18장)

2. 유가증권, 우표와 인지에 관한 죄(제19장)

3. 문서에 관한 죄(제20장)

4. 인장에 관한 죄(제21장)

			통화	유가증권	우표인지	공문서	사문서	공인장	사인장
작출	유형	1. [行] ○○위조·변조	207	214	218①	225	231	238①	239①
		2. [行] 자격모용○○작성		215		226	232		
		특 [行] 소인말소			221				
	무형	3. [行] 허위○○작성		216		227	233		
		특 공정증서원본부실기재				228			
행사	부정물	4. 위조등○○행사	207④	217	218②	229	234	238②	239②
		특 위조등○○취득후지정행사	210						
	진정물	5. ○○부정행사				230	236	238①	239①
	유사물	6. ○○유사물판매	211②		222②				
취득	부정물	7. [行] 위조등○○취득	208		219				
	유사물	8. [販] ○○유사물수출입	211①		222①				

위의 네 개의 장에 규정된 죄들은 법적 성격이 다른 한두 경우를 제외하고는 기본적으로 같은 법리에 의해 규율된다. 이는 다음 면의 표에서와 같이 작출·행사·취득의 세 가지 영역으로 나누어 볼 수 있다.

'작출'은 문서등을 만들어내는 행위로서 권한없이 타인명의의 문서등을 작성하는 유형위조와 문서등의 작성권한자가 허위의 내용을 기재하는 무형위조로 나뉜다. '행사'는 이미 만들어진 문서등을 사용하는 행위로서 행위객체에 따라 진정물, 부정물, 유사물의 행사로 나눌 수 있다. '취득'은 부정하게 작출·행사된 것임을 알면서 부정물 또는 유사물을 취득하는 행위를 말한다.

문서등의 작출과 관련하여서는 기본적인 개념요소로 위조, 자격모용작성, 허위작성 등 세 가지가 문제된다. ① '○○위조'는 권한없는 자가(無權) 타인의 명의를 함부로 사용하는 것(名義冒用), 즉 무권·명의모용을 말하고, ② '자격모용○○작성'은 권한없는 자가(無權) 타인의 자격을 함부로 사용하는 것(資格冒用), 즉 무권·자격모용을 말하여, ③ '허위○○작성'은 권한있는 자가(有權) 허위의 내용을 기재하는 것(虛僞記載), 즉 유권·허위기재를 말한다. 이 밖에 문서

등의 작출과 관련하여 공정증서원본부실기재죄(제228조)와 소인말소죄(제221조)의 두 가지 특수한 형태가 있다. 전자는 성질상 문서죄에 있어 허위공문서작성죄를 간접정범에 의하여 범하는 것이고, 후자는 우표·인지에 관한 죄의 특유한 구성요건이라 할 수 있다.

문서등의 행사와 관련하여 위조·변조, 자격모용작성, 허위작성 등 부정하게 성립된 문서의 행사가 위법할 것이라는 점에는 의문이 없다. 이 밖에 형법은 진정하게 성립된 문서라 하더라도 무권한사용 등 부정행사를 처벌하는 규정을 두고 있다. 이들이 문서등 행사죄의 두 가지 기본유형이라 할 것이며, 문서등 작출죄의 세 가지 기본유형과 함께 문서죄의 5대 기본틀을 형성한다고 할 수 있다.

판례

• **위조의 의미**: "문서의 위조라고 하는 것은 작성권한 없는 자가 타인명의를 모용하여 문서를 작성하는 것을 말하는 것이므로 전세계약서를 작성함에 있어 그 명의자의 명시적이거나 묵시적인 승낙(위임)이 있은 것이라면 이는 사문서위조에 해당한다 할 수 없다." **대판 1988. 1. 12. 87도2256.**

• **변조의 의미**: "공문서변조죄는 권한 없는 자가 공무소 또는 공무원이 이미 작성한 문서내용에 대하여 동일성을 해하지 않을 정도로 변경을 가하여 새로운 증명력을 작출케 함으로써 공공적 신용을 해할 위험성이 있을 때 성립한다." **대판 2003. 12. 26. 2002도7339.**

Ⅲ. 공중의 건강에 관한 죄

사회구성원인 공중의 육체적 건강 또는 보건을 보호법익으로 하는 죄로서 음용수에 관한 죄(제16장)와 아편에 관한 죄(제17장)가 이 분류에 해당한다.

1. 음용수에 관한 죄(제16장)

음용수, 즉 먹는 물에 오물이나 독물을 혼입함으로써 사람의 생명·신체에 대한 위험을 야기하거나 공중에게 음용수를 공급하는 것을 방해하는 죄이다. 공중의 음용에 사용되는 정수의 사용을 방해한 경우 혼입의 객체가 오물인 경우와 독물인 경우를 나누어 후자를 가중처벌하고(제192조), 그 사용이 수도에 의하여 이루어지는 경우 이를 가중처벌한다(제193조). 음용수 독물 혼입에 의한 결과적 가중범(제194조)도 두고 있다. 공중의 음용수를 공급하는 수도 기타 시설을 손괴 기타 방법으로 불통하게 하는 수도불통죄(제194조)는 독립적 구성요건이다.

2. 아편에 관한 죄(제17장)

아편에 관한 죄의 규정은 마약류에 대한 남용을 방지하고 국민의 건강을 보호하기 위한 것이다. 형법은 제198조부터 제206조에 걸쳐 아편 및 아편흡식기의 제조, 아편 등의 수입, 소지, 흡식, 장소제공 등을 처벌하는 규정을 두고 있으나, 2000년 제정된 「마약류 관리에 관한 법률」에 의하여 형법상 아편에 관한 규정은 사실상 사문화되었다.

Ⅳ. 사회의 도덕과 풍속에 관한 죄

사회구성원의 건전한 가치관 또는 정신적 가치를 보호하기 위한 구성요건들이다. 신앙에 관한 죄(제12장), 성풍속에 관한 죄(제22장), 도박과 복표에 관한 죄(제23장)가 이 분류에 해당한다.

1. 신앙에 관한 죄(제12장)

신앙에 관한 죄는 사자(死者)에 대한 존경의 감정 또는 평온을 바라는 감정을 보호하기 위한 것으로, 이러한 범죄들을 사회적 법익에 대한 죄로 규정한 것은 유족들의 사자에 대한 존경감정뿐 아니라 사회일반인의 존경의 감정 또한 보호하기 위한 것이다. 형법은 이와 관련하여 장례식등의 방해(제158조), 사체등의 오욕(제159조), 분묘의 발굴(제160조), 사체등의 영득(제161조), 변사체검시방해(제163조) 등의 규정을 두고 있다.

2. 성풍속에 관한 죄(제22장)

성풍속에 관한 죄는 사회의 건전한 성도덕이나 성풍속을 보호하기 위한 것이다. 형법은 이에 관하여 영리목적의 음행매개죄(제242조), 음화제조·반포등죄(제243조·제244조), 공연음란죄(제245조) 등을 규정하고 있다. 2015년 2월 헌법재판소에서 위헌결정이 내려진 간통죄는 2016년 1월 형법개정에 의해 삭제되었다.

판례

'(공연)음란'의 의미와 판단기준: "경범죄처벌법 제1조 제41호가 '여러 사람의 눈에 뜨이는 곳에서 함부로 알몸을 지나치게 내놓거나 속까지 들여다보이는 옷을 입거나 또는 가려야 할 곳을 내어 놓아 다른 사람에게 부끄러운 느낌이나 불쾌감을 준 사람'을 처벌하도록 규정하고 있는 점 등에 비추어 볼 때, 신체의 노출행위가 있었다고 하더라도 그 일시와 장소, 노출 부위, 노출 방법·정도, 노출 동기·경위 등 구체적 사정에 비추어, 그것이 일반 보통인의 성욕을 자극하여 성적 흥분을 유발하고 정상적인 성적 수치심을 해하는 것이 아니라 단순히 다른 사람에게 부끄러운 느낌이나 불쾌감을 주는 정도에 불과하다고 인정되는 경우 그와 같은 행위는 경범죄처벌법 제1조 제41호에 해당할지언정, 형법 제245조의 음란행위에 해당한다고 할 수 없다." **대판 2004. 3. 12. 2003도6514.**

3. 도박과 복표에 관한 죄(제23장)

도박은 인간의 사행심을 조장함으로써 근로의식과 사회의 선량한 풍속을 침해하거나 위태화하는 성격을 지니고 있다. 도박과 복표에 관한 죄의 규정은 이러한 도박 등의 자금마련을 위해 새로운 범죄, 즉 폭행·협박·강요 등이 발생할 우려가 있다는 점에서 이를 처벌하고자 하는 것이다. 형법은 이와 관련하여 도박죄(제246조), 영리목적의 도박개장죄(제247조), 법령에 의하지 않은 복표의 발매·중개죄(제248조) 등에 대한 규정을 두고 있다.

판례

사기도박과 도박죄: "도박이란 2인 이상의 자가 상호간에 재물을 도(賭)하여 우연한 승패에 의하여 그 재물의 득실을 결정하는 것이므로, 이른바 사기도박과 같이 도박당사자의 일방이 사기의 수단으로써 승패의 수를 지배하는 경우에는 도박에서의 우연성이 결여되어 사기죄만 성립하고 도박죄는 성립하지 아니한다." **대판 2011. 1. 13. 2010도9330.**

제3절 국가적 법익에 관한 죄

국가적 법익의 보호와 관련하여서는 국가의 대내외적 안전과 존립의 보장이 선결조건으로 문제될 것이고, 이러한 실존적인 문제가 해결된 후에는 국가기능의 원활한 작동의 보장이 요구된다고 할 것이다. 국가적 법익에 관한 죄로 논의되는 죄들 역시 국가의 존립과 권위에 관한 죄와 국가의 기능에 관한 죄의 두 가지 범주로 나누어 볼 수 있다는 것이 일반적 견해이다.

Ⅰ. 국가의 존립과 권위에 관한 죄

국가의 존립과 권위에 관한 죄는 내란·외환 등 내·외부적 도발로부터 국가의 안전과 존립을 보호하기 위한 범죄와, 국기나 국교 등 국가의 권위 및 외교적 관계를 보호하기 위한 범죄로 구성된다.

1. 내란의 죄(제1장)

내란죄는 국가의 존립과 안전을 보호법익으로 하며, 보호의 정도는 추상적 위험범이다. 내란죄(제87조)는 다수인이 참여하여 한 지방의 평온을 해할 정도의 폭동을 해야 성립하는 필요적 공범으로, 국토참절 또는 국헌문란의 목적을 가질 것을 요하는 목적범이다. 내란목적살인죄(제88조)는 내란죄의 폭동에 수반하여 사람을 살해한 때 성립하는 살인죄에 대한 가중구성요건이다.

2. 외환의 죄(제2장)

내란죄가 국가 내부에서 국가의 존립과 안전을 침해·위태화하는 데 반하여 외환의 죄는 외국 또는 적국과 협조하거나 이들을 위한 행위를 함으로써 대한민국의 존립과 안전을 침해·위태화하는 죄이다. 보호법익은 국가의 외적 존립과 안전이다.

형법은 외국과 통모하여 대한민국에 대하여 전단을 열게 하거나 외국인과 통모하여 대한민국에 항적한 경우인 외환유치죄(제92조)와 적국과 합세하여 대한민국에 항적한 여적죄(제93조) 외에, 모병·시설제공·시설파괴·물건제공 및 기타 방법으로 적국을 이롭게 한 행위를 처벌하는 이적죄의 규정을 두고 있으며(제94조부터 제99조), 그 하나의 예로 적국을 위하여 국가기밀을 탐지·수집하거나 적국에 군사기밀을 누설하는 것을 내용으로 하는 간첩죄(제98조)를 규정하고 있다.

3. 국기에 관한 죄(제3장)

국가권위의 상징인 국기나 국장에 대한 존경심을 요구함으로써 국가의 권위를 보호하고자 하는 규정이다. 형법은 국기(國旗)·국장(國章)의 모독(제105조), 국기·국장의 비방(제106조)에 관한 규정을 두고 있으며, 외국의 국기·국장에 대해서는 제4장 국교에 관한 죄에서 규정하고 있다.

4. 국교에 관한 죄(제4장)

우리나라와 외국의 평화로운 관계를 침해 또는 위태화하는 죄이다. 국가적 관점에서 국가의 권위 및 우리나라의 대외적 지위와 함께 국제적 관점에서 우리나라의 국제법상 의무이행에 기한 외국의 이익을 동시에 보호한다는 견해가 다수의 태도이다. 외교적 관계의 보호를 위해 외국원수 및 외교사절에 대한 폭행 등(제107조, 제108조), 외국의 국기·국장의 모독(제109조) 등을 규정하고 있으며, 외국과의 평화관계를 보호하기 위하여 외국에 대한 사전(私戰)죄(제110조), 중립명령위반죄(제112조), 외교상기밀누설죄(제113조) 등을 규정하고 있다.

Ⅱ. 국가의 기능에 관한 죄

국가의 기능에 관한 죄는 국가의 기능을 해치는 행위를 처벌하기 위한 구성요건들이다. 국가의 기능을 해치는 행위는 일반인에 의해서뿐 아니라 공무원 스스로에 의해서도 이루어질 수 있는바, 이러한 관점에서 국가의 기능에 관한 죄는 크게 공무원의 직무상 범죄와 공무원의 직무에 대한 범죄로 나누어 볼 수 있다. 전자가 공무원에 '의한' 죄라고 한다면 후자는 공무(원)에 '대한' 죄라고 할 수 있다. 공무원의 직무에 관한 죄(제7장)가 전자에 해당한다면, 공무방해에 관한 죄(제8장), 도주와 범인은닉의 죄(제9장), 위증과 증거인멸의 죄(제10장), 무고의 죄(제11장)는 후자에 해당한다. 제9장부터 제11장까지 규정된 개별 범죄유형들은 넓게 보자면 공무방해에 관한 죄의 한 유형이지만, 그 가운데 특히 국가의 형사사법기능을 저해하는 범죄유형의 중요성과 특수성을 감안하여 이들을 별도의 장으로 편제하여 놓은 것으로 이해할 수 있다.

1. 공무원의 직무에 관한 죄(제7장)

공무원의 직무에 관한 죄는 공무원이 직무상 의무를 위배하거나 직권을 남용하여 국가기능의 공정을 해하는 것을 내용으로 하는 범죄로서, 크게 직무위배죄와 직권남용죄 및 뇌물죄의 세 가지 범주로 나누어진다. 먼저 공무원의 직무위배죄는 공무원이 자신의 직무상 의무를 이행하지 않는 범죄로서 직무유기죄(제122조), 피의사실공표죄(제126조), 공무상비밀누설죄(제127조) 등이 이에 해당한다.

다음으로 직권남용죄는 공무원이 자신의 권한에 속하는 사항에 대해 권한을 함부로 사용하는 죄로, 직권남용죄(제123조), 불법체포·감금죄(제124조), 폭행·가혹행위죄(제125조), 선거방해죄(제128조) 등이 이에 해당한다.

마지막으로 뇌물죄는 공무원 또는 중재인이 직무에 관하여 대가성 있는 뇌물을 수수·요구·약속하거나 공여하게 하는 죄를 말한다. 수뢰죄(제129조 제1항), 사전수뢰죄(제129조 제2항), 제3자뇌물제공죄(제130조), 수뢰후부정처사죄(제131조 제1항), 부정처사후수뢰죄(제131조 제2항), 사후수뢰죄(제131조 제3항), 알선수뢰죄(제132조) 등이 이에 해당하며, 공무원 또는 중재인에게 뇌물을 주는 증뢰죄 또는 뇌물공여죄(제133조) 또한 이 장에 규정되어 있다.

판례

- **직무유기죄와 타죄의 관계**: "피고인이 검사로부터 범인을 검거하라는 지시를 받고서도 그 직무상의 의무에 따른 적절한 조치를 취하지 아니하고 오히려 범인에게 전화로 도피하라고 권유하여 그를 도피케 하였다는 범죄사실만으로는 직무위배의 위법상태가 범인도피행위 속에 포함되어 있는 것으로 보아야 할 것이므로, 이와 같은 경우에는 작위범인 범인도피죄만이 성립하고 부작위범인 직무유기죄는 따로 성립하지 아니한다." **대판 1996. 5. 10. 96도51.**
- **뇌물죄의 보호법익과 판단기준**: "뇌물죄는 직무집행의 공정과 이에 대한 사회의 신뢰에 기하여 직무수행의 불가매수성을 직접적인 보호법익으로 하고 있으므로, 공무원의 직무와 금원의 수수가 전체적으로 대가관계에 있으면 뇌물수수죄가 성립하고, 특별히 청탁의 유무, 개개의 직무행위의 대가적 관계를 고려할 필요는 없으며, 공무원이 얻은 어떤 이익이 직무와 대가관계가 있는 부당한 이익으로서 뇌물에 해당하는지 여부는 당해 공무원의 직무 내용, 직무와 이익제공자와의 관계, 쌍방 간에 특수한 사적인 친분관계가 존재하는지 여부, 이익의 다과, 이익을 수수한 경위와 시기 등의 제반 사정을 참작하여 결정하여야 할 것이[다]." **대판 2009. 9. 24. 2007도4785.**

2. 공무방해에 관한 죄(제8장)

공무방해에 관한 죄의 보호법익은 '국가의 기능'이다. 공무방해죄의 직접적인 행위객체는 공무원인 경우가 많지만, 이는 공무원 개인을 보호하기 위한 것이 아니라 공무원에 의해 수행되는 공무 자체를 보호하기 위한 것이라 할 수 있다.

형법은 공무방해에 관한 죄의 기본적 구성요건으로 폭행·협박에 의한 공무집행방해죄(제136조)와 위계에 의한 공무집행방해죄(제137조)를 두고 있으며, 개별적 영역에서의 공무방해죄로 법정·국회회의장모욕죄(제138조), 인권옹호직무방해죄(제139조), 공무상비밀표시무효죄(제140조), 부동산강제집행효용침해죄(제140조의2), 공용서류등무효·공용물파괴죄(제141조), 공무상보관물무효죄(제142조) 등을 두고 있다. 이 밖에도 단체 또는 다중의 위력을 보이거나 위험한 물건을 휴대하여 이들 범죄(위계에 의한 공무집행방해죄 제외)를 범한 경우에 대한 가중처벌규정(제144조 제1항)과 이들 범죄로 인한 결과적 가중범 규정(제144조 제2항)도 두고 있다.

판례

• **공무방해죄의 객체인 직무의 범위**: "형법 제136조 제1항에 규정된 공무집행방해죄에서 '직무를 집행하는'이라 함은 공무원이 직무수행에 직접 필요한 행위를 현실적으로 행하고 있는 때만을 가리키는 것이 아니라 공무원이 직무수행을 위하여 근무중인 상태에 있는 때를 포괄[한다]." **대판 2002. 4. 12. 2000도3485.**

• **공무방해죄의 객체인 직무의 적법성**: "공무집행방해죄…의 보호법익이 공무원에 의하여 구체적으로 행하여지는 국가 또는 공공기관의 기능을 보호하고자 하는 데 있는 점을 감안할 때, 공무원의 직무집행이 적법한 경우에 한하여 공무집행방해죄가 성립하고, 여기에서 적법한 공무집행이란 그 행위가 공무원의 추상적 권한에 속할 뿐 아니라 구체적 직무집행에 관한 법률상 요건과 방식을 갖춘 경우를 가리키는 것으로 보아야 한다." **대판 2009. 11. 19. 2009도4166(전원합의체).**

3. 도주와 범인은닉의 죄(제9장), 위증과 증거인멸의 죄(제10장), 무고의 죄(제11장)

전술한 바와 같이 형법 제9장부터 제11장까지의 구성요건들은 공무방해에 관한 죄 중 특히 국가의 형사사법기능을 저해하는 행위를 처벌하기 위한 것이다.

먼저 제9장은 범인의 인적 도피를 통한 국가 형사사법기능의 저해행위를 규정하고 있다. 법률에 의하여 체포 또는 구금된 자가 도주한 경우를 처벌하는 도주죄(제145조 제1항)와, 천재·사변 기타 법령에 의하여 이들이 잠시 해금된 경우 정당한 이유 없이 집합명령에 불응한 경우를 처벌하는 집합명령위반죄(제145조 제2항), 그리고 2인 이상이 합동하거나 또는 수용설비를 손괴하고 도주한 경우를 처벌하는 특수도주죄(제146조)를 규정하고 있다. 이 밖에 이들에 대한 방조행위의 유형을 독립된 구성요건으로 구성한 도주원조죄(제147조) 및 도주원조죄의 주체가 교도관 등 간수자인 경우 이를 가중처벌하는 규정(제148조)을 두고 있으며, 도주죄를 범한 자를 방조하는 또 다른 형태로 범인은닉·도피죄(제151조 제1항)를 규정하고 있다.

다음으로 제10장은 증거방법의 적정성 훼손에 관한 규정들이다. 법률에 의하여 선서한 증인이 허위의 진술을 한 경우인 위증죄(제152조 제1항)와 법률에 의하여 선서한 감정인·통역인 또는 번역인이 허위의 감정·통역 또는 번역을 한 경우인 허위 감정·통역·번역죄(제154조), 타인의 형사사건 또는 징계사건에 관하여 증거를 인멸·은닉·위조 또는 변조하거나 위조 또는 변조한 증거를 사용한 경우인 증거인멸등죄(제155조 제1항)와 해당 증인을 은닉·도피케 하는 증인은닉·도피죄(제155조 제2항) 등을 규정하고 있다. 한편 위증, 증거인멸 및 증인은닉·도피가 타인의 형사사건 또는 징계사건에 관하여 피고인·피의자 또는 징계혐의자를 모해할 목적으로 이루어진 경우에는 이에 대한 가중처벌규정을 두고 있다(제152조 제2항, 제155조 제3항).

마지막으로 제11장은 국가 사법기능 및 징계기능의 적정한 행사를 담보하기 위한 규정으로서, 타인으로 하여금 형사처분 또는 징계처분을 받게 할 목적으로 공무소 또는 공무원에 대하여 허위의 사실을 신고한 자를 처벌하는 무고죄(제156조) 하나로만 구성되어 있다.

범인은닉·도피죄와 증거인멸등죄는 친족 또는 동거의 가족이 본인을 위하여 그 죄를 범한 때에는 이를 처벌하지 않는다고 규정하고 있다(제151조 제2항, 제155조 제4항). 이러한 친족간 특례규정의 법적 성질에 대하여 다수의 견해는 기대불가능성을 이유로 하는 책임조각사유라고 하고 있다.

판례

• **범인도피죄의 성립범위**: "형사사법의 작용을 방해하는 모든 행위 내지 범인을 돕는 모든 행위가 범인도피죄의 구성요건에 해당한다고 본다면 이는 일반 국민의 행동의 자유를 지나치게 제한하는 것으로서 부당하므로, 범인도피행위는 범인을 도주하게 하는 행위 또는 도주하는 것을 직접적으로 용이하게 하는 행위에 한정된다고 봄이 상당하고, 그 자체가 도피시키는 것을 직접의 목적으로 한 것이라고는 보기 어려운 행위로 말미암아 간접적으로 범인이 안심하여 도피할 수 있도록 하는 것과 같은 경우는 이에 포함되는 것이 아니[다]." **대판 1995. 3. 3. 93도3080.**

• **무고죄의 성립범위**: "무고죄는 국가의 형사사법권 또는 징계권의 적정한 행사를 주된 보호법익으로 하고 다만, 개인의 부당하게 처벌 또는 징계받지 아니할 이익을 부수적으로 보호하는 죄이므로, 설사 무고에 있어서 피무고자의 승낙이 있었다고 하더라도 무고죄의 성립에는 영향을 미치지 못한다 할 것이[다]." **대판 2005. 9. 30. 2005도2712.**

▶ 법률용어 설명

- **불법가중**: 수단·방법의 위험성으로 '행위'에 대한 비난가능성이 증가하는 것.
- **책임가중**: 반윤리성·반사회성으로 '행위자'에 대한 비난가능성이 증가하는 것.
- **업무자**: 일정한 사무를 사회생활상의 지위에 기하여 계속·반복의 의사로 수행하는 자. 형법상 업무자는 업무상과실치사상죄·업무상횡령죄 등처럼 유형화되어 있지 않은 경우도 있지만, 업무상비밀누설죄·업무상낙태죄 등처럼 일정한 직업군으로 제한되어 있는 경우도 있다.
- **결합범**: 독립된 둘 이상의 범죄가 결합하여 구성되는 하나의 범죄(예: 강도강간죄, 강간살인죄 등).
- **유사강간죄**: 이성 간의 성기결합 외에 구강·항문 등에 도구 또는 성기를 제외한 신체의 일부를 삽입함으로써 이루어지는 유사성행위(예: 형법 제297조의2(유사강간) — 폭행 또는 협박으로 사람에 대하여 구강, 항문 등 신체(성기는 제외한다)의 내부에 성기를 넣거나 성기, 항문에 손가락 등 신체(성기는 제외한다)의 일부 또는 도구를 넣는 행위를 한 사람은 2년 이상의 유기징역에 처한다).
- **친고죄**: 범죄의 피해자 기타 법률이 정한 자의 고소가 있어야 공소를 제기할 수 있는 범죄. 간통죄, 모욕죄, 비밀침해죄 등이 이에 해당한다.
- **불법영득의사**: 권리자를 배제하고(소극적 요소) 타인의 물건을 자기의 소유물과 같이그 경제적 용법에 따라 이용·처분할 의사(적극적 요소). 일부 구성요건에서 고의 외에 추가적으로 요구되는 초과주관적 구성요건요소에 해당한다.

▶ 생각해볼 문제

Q. 의사 甲은 불치의 병으로 죽음에 임박한 환자 乙이 극심한 고통에 시달리다 못해 차라리 존엄하게 생을 마감할 수 있도록 해달라고 요구하자, 고민 끝에 乙의 요구에 따라 독물주사를 놓아 乙을 사망하게 하였다. 甲의 행위에 대한 평가는?

Q. 甲은 추운 겨울날 밤 귀가하던 중 인적이 드문 골목길에 취객 乙이 쓰러져 있는 것을 발견하였다. 甲은 이런 날 길바닥에서 자면 생명이 위험할 수도 있겠다는 생각이 들었지만 잠시 망설이다가 그냥 지나쳤고, 乙은 결국 사망하고 말았다. 甲의 행위에 대한 평가는?

Q. 甲은 乙(女)을 폭행·협박하여 강간하였다. 다음의 경우 甲의 행위에 대한 평가는?
① 乙이 알고 보니 여성으로 성전환수술을 한 트랜스젠더였던 경우
② 乙이 甲과 정상적인 혼인생활을 하고 있던 법률상 배우자였던 경우
③ 乙이 며칠 후 수치심을 참지 못하고 자살한 경우

Q. 甲은 우연히 정치인 乙의 뇌물수수·부정청탁 사실을 알게 되었고, 이러한 사람이 공직에 있어서는 안 된다는 생각으로 그 사실을 인터넷에 공개하였다. 이로 인하여 乙은 정치적 입지에 큰 타격을 받았다. 甲의 행위에 대한 평가는?

Q. 다음 행위에서 甲의 행위에 대한 평가는?
① 甲이 乙을 강간하기로 마음먹고 乙을 따라가 아파트 엘리베이터를 같이 탔다.
② 甲이 가스검침원을 가장하는 바람에 乙이 속아 문을 열어주어 집에 들어갔다.

Q. 甲은 길을 가던 중 신용카드 발급대행사의 직원이 아무 신용조사 없이 신용카드를 발급해주겠다고 하자 지불능력과 의사가 없음에도 이를 발급받았고, 이 신용카드를 이용하여 물품을 구입하고 현금서비스도 받았다. 甲의 행위에 대한 평가는?

Q. 甲은 웨딩업체 乙과 결혼식 당일 꽃길·축포 등 서비스공급계약을 체결하였으나 乙의 실수로 계약이 이행되지 않아 허허벌판에서 결혼식을 해야 했다. 乙의 무성의한 사후수습에 분노한 甲은 乙에게 계약가의 10배를 배상하지 않으면 어떤 수단을 동원해서든 반드시 너희 회사를 망하게 하겠다고 말했다. 甲의 행위에 대한 평가는?

Q. 다음 행위에서 甲의 행위에 대한 평가는?
① 인쇄기술자 甲은 자신의 실력을 시험해보기 위하여 자세히 보지 않으면 구별하기 어려울 정도로 정교한 50,000원권 지폐를 만들었다.
② 국립병원의 의사 甲이 자신의 명의로 허위 내용의 진단서를 작성하였다.
③ 甲이 자신의 운전면허증을 채권담보의 목적으로 사용하였다.

Q. 다음 행위에서 甲의 행위에 대한 평가는?
① 甲이 수사기관에서 피의자 또는 참고인으로서 묵비하거나 허위진술을 한 경우
② 甲이 제출한 허위의 소명자료를 믿고 행정청이 사실을 충분히 확인하지 아니한 채 인·허가를 해준 경우
③ 甲이 자신의 형사사건에 관하여 乙에게 위증을 부탁하여 乙이 위증을 한 경우

제 5 편

민 법

- 제1장 민법총칙
- 제2장 물권법
- 제3장 채권법
- 제4장 가족법

제1장

민법총칙

제1절 | 서 론

Ⅰ. 민법의 의의

1. 사법·일반사법·실체법으로서의 민법

(1) 민법은 사법(私法)이다.

민법은 공법과 사법 가운데 사법에 속한다. 공법과 사법에는 다른 법원리가 적용된다. 사법에는 당사자가 자신의 의사에 의해 법률관계를 형성하는 사적 자치의 원리가 적용되나, 공법에는 사적 자치의 원리 대신에 법치주의, 죄형법정주의 등의 공법원리가 적용된다. 또한 어떤 법률관계에 관하여 발생한 법적 분쟁에 적용되는 법이 공법인지 사법인지에 따라 그 분쟁해결절차가 달라진다.

(2) 민법은 일반사법(一般私法)이다.

민법은 사람이기만 하면 누구에게나 일반적으로 적용되는 일반사법이다. 이러한 민법에 대하여 영리를 목적으로 활동하는 상인에게 적용되는 상법은 특별사법에 해당한다.

(3) 민법은 실체법(實體法)이다.

실체법이란 권리와 의무의 발생·변경·소멸을 정하는 법을 말하고, 절차법이란 실체법상 발생하는 권리와 의무를 실현하기 위한 절차에 관한 법을 말한다. 민법은 실체법에 속하고, 민사소송법 및 가사소송법은 절차법에 속한다.

2. 실질적 의미의 민법과 형식적 의미의 민법

실질적 의미의 민법이란 사법·일반사법·실체법으로서의 민법을 말한다. 실질적 의미의 민법은 민법전뿐만 아니라, 민법부속법률, 민사특별법, 그 밖에 공법관계법령 등에 산재되어 있다. 반면 형식적 의미의 민법이란 1958년 제정되어 1960년 1월 1일부터 시행되고 있는 민법전을 말한다.

Ⅱ. 민법의 법원

1. 법원의 의의

법원(法源)이란 용어는 법의 연원 등의 여러 의미를 가지고 있으나 민법 제1조 소정의 법원이란 민사에 관한 적용법규를 의미한다. 민법 제1조는 민사에 관한 법원으로 법률·관습법·조리를 인정하고 있다. 여기서의 법률에는 국회의 입법절차에 따라 제정·공포되는 형식적 의미의 법률뿐만 아니라 명령·규칙·조약·자치법규 등 성문법원이 포함된다. 관습법과 조리와 같은 불문법원도 민사에 관한 법원으로 인정되나, 성문법원이 없는 경우에만 보충적으로 적용된다(보충적 효력설, 대판 1983. 6. 14. 80다3231).

2. 민법상 법원의 종류

(1) 법 률

법률에는 민법전뿐만 아니라 민사특별법, 민법부속법률, 명령·규칙 및 조약이 포함된다.

(2) 관습법

판례

"관습법이란 사회의 거듭된 관행으로 생성한 사회생활규범이 사회의 법적 확신과 인식에 의하여 법적 규범으로 승인·강행되기에 이른 것을 말하고, 그러한 관습법은 법원으로서 법령에 저촉되지 아니하는 한 법칙으로서의 효력이 있다. 또 사회의 거듭된 관행으로 생성한 어떤 사회생활규범이 법적 규범으로 승인되기에 이르렀다고 하기 위해서는 헌법을 최상위 규범으로 하는 전체 법질서에 반하지 아니하는 것으로서 정당성과 합리성이 있다고 인정될 수 있는 것이어야 하고, 그렇지 아니한 사회생활규범은 비록 그것이 사회의 거듭된 관행으로 생성된 것이라고 할지라도 이를 법적 규범으로 삼아 관습법으로서의 효력을 인정할 수 없다." **대판 2005. 7. 21. 2002다1178 (전원합의체).**

(3) 조 리

조리란 사물의 도리 또는 법의 일반원리를 말한다. 경우에 따라서는 경험칙 또는 사회통념 등으로 표현되기도 한다. 판례는 조리의 법원성을 인정하고 있다.

판례

"민법 제1조는 민사에 관하여 법률에 규정이 없으면 관습법에 의하고 관습법이 없으면 조리에 의한다고 규정하고 있는바, 성문법이 아닌 관습법에 의하여 규율되어 왔던 종중에 있어서 그 구성원에 관한 종래 관습은 더 이상 법적 효력을 가질 수 없게 되었으므로, 종중 구성원의 자격은 민법 제1조가 정한 바에 따라 조리에 의하여 보충될 수밖에 없다." **대판 2005. 7. 21. 2002다1178 (전원합의체).**

(4) 헌법재판소의 결정

법률에 대한 헌법재판소의 위헌결정은 법원 기타 국가기관 및 지방자치단체를 기속한다(헌법재판소법 제47조 제1항). 따라서 헌법재판소의 결정이 민사에 관한 것인 때에는 민법의 법원이 될 수 있다.

Ⅲ. 민법의 기본원리

1. 근대 민법의 기본원리

근대 민법은 사유재산권 존중의 원칙, 사적자치의 원칙, 과실책임의 원칙을 구체적인 이념으로 하고 있다. 우리 민법도 근대 민법전을 모델로 제정된 것이므로 근대 민법의 기본원리를 담고 있다.

2. 우리 민법의 기본원리

(1) 사적자치의 원칙

사적자치의 원칙이란 개인이 법질서의 한계 내에서 자신의 자유로운 의사에 따라 법률관계를 형성할 수 있다는 원칙이다.

판례

"사적자치의 원칙이란 자신의 일을 자신의 의사로 결정하고 행하는 자유뿐만 아니라 원치 않으면 하지 않을 자유로서 우리 헌법 제10조의 행복추구권에서 파생되는 일반적 행동자유권의 하나이다." **헌재결 2010. 5. 27. 2008헌바61.**

(2) 사회적 형평의 고려 – 사적자치의 원칙의 제한

개인은 사회의 일원으로서 사회 안에서 존재하기 때문에 개인의 권리도 다른 사람의 권리와 조화를 이루어야 한다. 이는 사적자치의 원칙을 제한하기도 한다.

(3) 거래의 안전 보호(신뢰의 보호)

진정한 권리자의 보호도 중요하지만 진정한 것과 같은 외관이 존재하고 상대방이 이를 진정한 것으로 믿은 경우에는 거래의 안전 역시 보호될 필요가 있다. 민법은 사안에 따라 진정한 권리자보다 거래의 안전을 우선하여 보호하는 규정을 두고 있다.*

Ⅳ. 민법의 효력

1. 시간적 효력

법률은 그 효력이 발생한 때로부터 그 이후에 발생한 사실에 대해서만 적용되는 것이 원칙이다. 이를 '법률불소급의 원칙'이라고 한다. 그러나 과거의 사실에 대해 신법을 적용하는 것이 관계되는 사람에게 유리하거나 또는 기득권을 침

---

* 이에 해당하는 규정으로는 무효와 취소에 있어서 선의의 제3자 보호제도(제107조 제2항, 제108조 제2항, 제109조 제2항, 제110조 제3항), 표현대리제도, 동산의 선의취득, 채권의 준점유자나 영수증 소지자에 대한 변제(제470조, 제471조) 등이 있다.

해하지 않는 경우, 특히 사회정책적으로 필요한 경우에는 입법으로 법률불소급의 원칙의 예외를 인정할 수 있다. 민법은 1960년 1월 1일부터 시행되었으나, 부칙 제2조 본문에 따라 시행일 전의 사항에 대하여도 이를 적용하여 소급효를 인정하고 있다.

2. 인적 효력

민법은 대한민국 국민에게 적용된다. 대한민국 국민이 존재하는 장소에 관계없이 민법이 적용된다(속인주의). 한편 우리 영토 내에 있는 외국인에 대해서도 적용된다(속지주의).

3. 장소적 효력

민법은 대한민국의 영토 전체에 적용된다(헌법 제3조).

제2절 권 리

Ⅰ. 법률관계와 권리·의무

법률관계란 인간의 생활관계 가운데 법에 의해 규율되는 생활관계를 말한다. 일정한 법률관계가 형성된 경우 그 법률관계의 효력으로서 권리를 취득하거나 또는 의무를 부담하기 때문에 법률관계는 권리관계 또는 의무관계로 구성된다. 한편 파티에의 초대와 같은 호의관계에는 법적 구속을 받으려는 의사가 없기 때문에 비법률관계에 속한다. 그러나 이러한 호의관계도 경우에 따라서는 법률관계로 전환될 수 있다. 예를 들어 호의동승에 있어서 운전자의 과실로 동승자가 부상한 경우 법적인 손해배상책임이 문제된다.

권리란 법익을 향수하기 위하여 법에서 부여된 힘(권리법력설)이고, 의무란 의무자의 의사와는 무관하게 법에 의하여 강요되는 법률상의 구속을 말한다. 권리와 의무는 표리관계에 있으며 서로 대응하는 것이 일반적이다. 예를 들어, 매매계약의 성립으로 발생하는 매도인의 목적물인도의무와 매수인의 목적물인도청구권은 각각 표리관계에 있으며, 매도인의 대금지급청구권과 매수인의 대급지급의무 역시 각각 표리관계에 있다.

Ⅱ. 권리(사권)의 종류

1. 내용에 의한 분류

재산권	재산적 이익을 내용을 하는 권리. 예)물권, 채권, 지식재산권
인격권	권리의 주체와 불가분적으로 결합되어 있는 인격적 이익의 향수를 내용을 하는 권리. 예) 생명 · 신체 · 정신의 자유
가족권	일정한 친족상의 신분 혹은 상속인의 지위로부터 발생하는 권리. 예) 친족권, 상속권
사원권	단체의 구성원이 그 구성원이라는 지위에 기하여 단체에 대하여 가지는 권리. 예) 민법의 사단법인의 사원의 권리, 주식회사의 주주의 권리

2. 작용(효력)에 의한 분류

지배권	타인의 행위를 개입시키지 않고 권리의 객체를 직접적·배타적으로 지배하는 권리. 예) 물권, 지적 재산권, 다수설은 인격권도 지배권이라는 입장임.
청구권	특정인이 다른 특정인에게 일정한 행위 즉 작위 또는 부작위를 요구하는 권리. 예) 청구권발생의 기초가 되는 권리에 따라 채권적 청구권, 물권적 청구권, 가족권적 청구권
형성권	권리자의 일방적인 의사표시에 의하여 법률관계를 발생·변경·소멸시킬 수 있는 권리로서 권리자의 의사표시만으로써 법률관계의 변동을 가져오는 것(취소권, 추인권, 상계권, 계약의 해제 · 해지권 등)
	법원의 확정판결에 의하여 행사되는 것(채권자취소권, 친생부인권, 재판상 이혼청구권 등)
항변권	연기적 항변권 : 청구권의 행사에 대하여 그 작용을 저지할 수 있는 권리로서 청구권의 행사를 일시적으로 저지할 수 있는 항변권(동시이행의 항변권, 보증인의 최고 · 검색의 항변권 등)
	영구적 항변권 : 청구권의 행사를 영구적으로 저지할 수 있는 항변권(상속인의 한정승인의 항변권)

Ⅲ. 권리의 충돌과 경합

1. 권리의 충돌

(1) 권리 충돌의 의의

권리의 충돌이란 동일한 객체에 대하여 수 개의 권리가 존재하고, 그 객체가 모든 권리를 만족시킬 수 없는 경우를 말한다.

(2) 권리 상호간의 순위

권리의 충돌이 발생하는 경우에는 권리 상호간의 순위가 문제된다. 다음은 권리 상호간의 원칙적인 순위이다.*

① 물권 상호간

소유권과 제한물권이 충돌하는 경우에는 제한물권이 소유권에 우선한다. 동일 종류의 물권 사이에서는 먼저 성립한 물권이 나중에 성립한 물권에 우선한다. 따라서 선순위 저당권은 후순위 저당권에 우선한다.

② 물권과 채권 상호간

동일한 객체에 물권과 채권이 충돌하는 경우에는 성립시기와는 무관하게 물권이 채권에 우선한다.

③ 채권 상호간

동일한 채무자에 대한 채권들이 충돌하는 경우, 원칙적으로 각 채권의 발생원인·발생시기 등에 관계없이 각 채권은 평등하다(채권자평등의 원칙).

2. 권리의 경합

권리의 경합이란 하나의 생활사실이 수개의 법규가 정하는 요건을 충족하여 수개의 권리가 발생하는 경우에, 그 수개의 권리가 동일한 목적을 가지고 있어서 그 행사로 같은 결과를 가져오는 것을 말한다. 예를 들어 갑(임대인)이 자신

* 일정한 정책적 목적의 달성을 위하여 예외를 인정하는 법이 시행되고 있다. 예를 들어, 주택임대차보호법, 상가건물임대차보호법 등.

의 소유물을 을(임차인)에게 임대하였으나(민법 제618조),* 을이 임대차 종료 후에도 임차물을 반환하지 않는 경우, 갑은 임대차계약에 근거하여 임차물의 반환청구권을 가질 뿐만 아니라(제654조·제615조), 소유권에 기한 반환청구권도 갖는다(제213조).

3. 법규경합

법규경합(법조경합)이란 하나의 생활사실이 수개의 법규가 정하는 요건을 충족하지만 그중의 한 법규가 다른 법규를 배제하고 우선 적용되어 적용되는 법규에 따른 권리만이 발생하는 것을 말한다. 예를 들어, 공무원이 직무를 행하면서 고의나 과실로 법령을 위반하여 타인에게 손해를 입힌 때에는 국가배상법 제2조 및 민법 제756조의 요건을 충족하지만, 특별법인 국가배상법 제2조가 민법 제756조보다 우선 적용되어 국가배상법 제2조에 따른 손해배상청구권만이 발생한다.

Ⅳ. 권리의 행사와 의무의 이행

1. 권리의 행사

권리의 행사란 권리자가 권리의 내용을 현실화하는 과정을 말한다. 권리의 행사 여부는 권리자의 자유이다(권리행사 자유의 원칙). 예외적으로 친권과 같이 타인의 이익을 위하여 인정되는 권리는 그 권리를 행사하여야 하는 의무가 있지만, 원칙적으로 권리를 행사할 의무가 권리에 포함되어 있는 것은 아니다. 그러나 권리는 사회 구성원의 일원인 권리주체를 위하여 인정되는 것이므로, 권리의 행사에도 권리의 사회성·공공성의 원리가 적용되어 권리행사가 제한될 수 있다.

2. 신의성실의 원칙

일반적으로 권리의 행사는 신의에 좇아 성실히 하여야 하고 권리는 남용하지 못한다(제2조).

* 이하 제5편에서 법률의 명칭을 인용하지 않은 조항은 민법의 조항을 가리킨다.

판례

"민법상의 신의성실의 원칙은, 법률관계의 당사자는 상대방의 이익을 배려하여 형평에 어긋나거나 신뢰를 저버리는 내용 또는 방법으로 권리를 행사하거나 의무를 이행하여서는 안 된다는 추상적 규범을 말한다." **대판 1993. 2. 9. 92다9364.**

이러한 신의성실의 원칙으로부터 다음의 원칙들이 파생된다.

① **사정변경의 원칙**: 이른바 사정변경으로 인한 계약해제는, 계약성립 당시 당사자가 예견할 수 없었던 현저한 사정의 변경이 발생하였고 그러한 사정의 변경이 해제권을 취득하는 당사자에게 책임 없는 사유로 생긴 것으로서, 계약내용대로의 구속력을 인정한다면 신의칙에 현저히 반하는 결과가 생기는 경우에 계약준수 원칙의 예외로서 인정되는 것이다(대판 2007. 3. 29. 2004다31302).

② **실효의 원칙**: 실효의 원칙이라 함은 권리자가 장기간에 걸쳐 그 권리를 행사하지 아니함에 따라 그 의무자인 상대방이 더 이상 권리자가 권리를 행사하지 아니할 것으로 신뢰할 만한 정당한 기대를 가지게 된 경우에 새삼스럽게 권리자가 그 권리를 행사하는 것은 법질서 전체를 지배하는 신의성실의 원칙에 위반되어 허용되지 아니한다는 것을 의미하고, 항소권과 같은 소송법상의 권리에 대하여도 이러한 원칙은 적용될 수 있다(대판 1996. 7. 30. 94다51840).

3. 권리남용금지의 원칙

권리남용금지의 원칙은 권리의 행사가 외관상으로는 적법한 것으로 보이지만 실질적으로는 권리의 사회성에 반하여 정당한 권리의 행사라고 할 수 없기 때문에 이를 금지한다는 원칙을 말한다.

판례

"권리행사가 권리의 남용에 해당하기 위해서는, 주관적으로 그 권리행사의 목적이 오직 상대방에게 고통을 주고 손해를 입히려는 데 있을 뿐 행사하는 사람에게 아무런 이익이 없는 경우이어야 하고, 객관적으로 그 권리행사가 사회질서에 위반된다고 볼 수 있어야 하는 것이며, 이와 같은 경우에 해당하지 않는 한 비록 그 권리의 행사에 의하여 권리행사자가 얻는 이익보다 상대방이 잃을 손해가 현저히 크다 하여도 그러한 사정만으로는 이를 권리남용이라 할 수 없고, 어느 권리행사가 권리남용이 되는가의 여부는 각 개별적이고 구체적인 사안에 따라 판단되어야 한다." **대판 2000. 4. 25. 99다34475.**

4. 의무의 이행

의무의 이행은 의무자가 자신이 부담하는 의무의 내용을 실현하는 것이다. 의무의 이행 역시 신의에 좇아 성실히 하여야 한다. 신의성실의 원칙에 위반한 의무의 이행은 의무를 이행한 것이 되지 않는다. 예를 들어 사용자가 아르바이트 학생에게 밀린 급여의 일부인 10만원을 10원짜리 동전 1만개로 지불한 경우,* 신의칙에 위반한 의무의 이행에 해당할 수 있다.

제3절 권리의 주체

Ⅰ. 서 설

1. 권리의 주체 일반

민법이 규정하고 있는 권리의 주체는 자연인(제3조 내지 제30조)과 법인(제31조 내지 제97조)이다. 한편 권리능력이란 권리의 주체가 될 수 있는 지위 또는 자격을 말하는데, 권리능력에 관한 규정은 강행규정이다.

Ⅱ. 자 연 인

1. 자연인의 권리능력

(1) 권리능력의 시기

사람은 생존한 동안 권리와 의무의 주체가 된다(제3조). 즉 자연인의 권리능력은 출생으로 시작하여 사망으로 소멸한다. 언제 출생한 것으로 보는지에 대해서 통설은 **전부노출설**을 취하고 있다(형법은 진통설).**

---

* http://news.donga.com/3/all/20150630/72201690/1

** 서울고법판 2007. 3. 15. 2006나56833.

(2) 태아의 권리능력

민법 제3조를 관철하는 경우 태아는 모체로부터 전부노출되기 전까지 출생한 것이 아니기 때문에 권리능력을 가질 수 없다. 그러나 이렇게 되면 태아에게 매우 불리한 경우가 생기기 때문에 민법은 일정한 법률관계에 한정하여 비록 태아인 상태에서도 출생한 것으로 보고 있다(개별적 보호주의). 민법이 태아의 권리능력을 인정하는 것은 다음의 경우이다. ① 불법행위에 의한 손해배상청구(제762조), ② 상속(제1000조 제3항), ③ 유증(제1064조), ④ 인지(제858조).

위의 경우 태아는 출생한 것으로 보게 되는데, 이 의미에 대해서 판례는 개별적으로 태아의 권리능력이 인정되는 경우에도 그 권리능력은 태아인 동안에는 없고 살아서 출생하면 문제된 사건의 시기까지 소급하여 그때에 출생한 것과 같이 법률상 간주되었던 것으로 해석하고 있다(대판 1982. 2. 9. 81다534).

(3) 권리능력의 범위

모든 사람은 생존한 동안 성별·연령·직업의 구별없이 평등하게 권리능력을 갖는다(권리능력평등의 원칙). 그러나 이러한 원칙에는 예외가 있다. 예를 들어 외국인은 한국선박과 한국항공기를 소유할 수 없는 것처럼(선박법 제2조, 항공법 제6조) 외국인의 권리능력이 부인되는 경우도 있고, 외국인토지법과 같이 상호주의에 의하여(외국인토지법 제3조) 외국인의 권리능력이 제한되는 경우도 있다.

(4) 권리능력의 종기

자연인은 사망으로 권리능력을 잃는다. 언제 사망한 것으로 보는지에 대해서 통설은 사람의 호흡과 심장의 기능이 영구적으로 정지하는 때로 본다.*

한편 사망의 유무 또는 사망시기에 대한 증명 내지 확정이 어려운 경우가 있다. 이를 대비하기 위한 제도로서 동시사망의 추정·인정사망·실종선고 제도가 있다.

1) 동시사망의 추정

2인 이상이 동일한 위난으로 사망하는 경우에는 동시에 사망한 것으로 **추정**

* 장기이식에 있어서 뇌사자가 장기등의 적출로 사망한 경우에는 뇌사판정위원회가 뇌사판정을 한 시각에 사망한 것으로 한다(장기등 이식에 관한 법률 제21조 제2항).

한다(제30조). 동시사망의 추정은 간주가 아니라 법률상 추정이므로 동일한 위난으로 사망하였다는 전제사실에 대하여 법원의 확신을 흔들리게 하는 반증을 제출하여 추정을 번복할 수 있다.

2) 인정사망

수해, 화재나 그 밖의 재난으로 인하여 사망한 사람이 있는 경우에는 이를 조사한 관공서는 지체 없이 사망지의 시·읍·면의 장에게 통보하여야 하는데(다만, 외국에서 사망한 때에는 사망자의 등록기준지의 시·읍·면의 장에게 통보하여야 한다), 이 통보에 기하여 가족관계등록부에 사망을 기록하는 제도가 인정사망이다(가족관계의 등록 등에 관한 법률 제87조 참조).

3) 실종선고

실종선고란 부재자의 생사불명의 상태가 일정기간 계속된 경우 가정법원의 선고에 의하여 사망한 것으로 **간주**하는 제도이다(제27조).

2. 자연인의 행위능력

(1) 의사능력·행위능력

권리능력자라도 자신의 행위에 의하여 권리를 취득하거나 의무를 부담하기 위하여는 의사능력을 갖추고 있어야 한다.

판례

"자신의 행위의 의미나 결과를 정상적인 인식력과 예기력을 바탕으로 합리적으로 판단할 수 있는 정신적 능력 내지는 지능을 의사능력이라고 하고, 의사능력의 유무는 구체적인 법률행위와 관련하여 개별적으로 판단된다." **대판 2002. 10. 11. 2001다10113.**

의사무능력자를 보호하기 위하여 의사능력이 흠결된 상태에서 이루어진 법률행위는 무효이다. 그러나 의사능력 유무는 구체적인 법률행위마다 개별적으로 판단되기 때문에 의사무능력자가 당시에 의사능력이 없었다는 것을 입증하기 어려울 수 있고, 상대방도 행위자의 의사능력 구비 여부를 알기 어려워 예측하지 못한 피해를 입을 수 있다. 이러한 문제점을 해결하기 위하여 일정한 획일적 기준으로 제한능력자를 정한 뒤, 그들이 한 행위를 취소할 수 있게 하였다. 제한능력자에 속하지 않는 자를 행위능력자라고 하는데, 여기서 행위능력은 단독으로 유효한 법률행위를 할 수 있는 지위 또는 자격을 말한다.

(2) 제한능력자제도

1) 서 설

민법이 규정하고 있는 제한능력자는 미성년자, 피성년후견인, 피한정후견인, 피특정후견인 등이다. 민법 제5조 이하에서 규정하고 있는 제한능력자제도는 원칙적으로 재산상의 법률행위에 한해 적용된다.

2) 제한능력자

① 미성년자

만 19세 이상의 자연인을 성년자로 하고 성년에 달하지 않은 자를 미성년자라고 한다. 미성년자는 의사능력의 정도에 관계없이 획일적으로 제한능력자이다. 그러나 미성년자가 혼인을 한 때에는 성년자로 본다(성년의제, 제826조의2).

미성년자도 의사능력이 있으면 원칙적으로 법정대리인의 동의를 얻어서 단독으로 유효한 법률행위를 할 수 있다. 반면 법정대리인의 동의를 얻지 않고 행한 법률행위는 이를 취소할 수 있다. 그러나 다음의 경우에는 법정대리인의 동의 없이 미성년자가 단독으로 유효하게 법률행위를 할 수 있다. ① 단순히 권리만을 얻거나 의무만을 면하는 행위(제5조 제1항 단서), ② 범위를 정하여 처분을 허락한 재산의 처분행위(제6조), ③ 영업이 허락된 미성년자의 그 영업에 관한 행위(제8조), ④ 대리행위, ⑤ 만 17세에 달한 미성년자의 유언행위, ⑥ 무한책임사원의 자격에서 한 행위, ⑦ 근로계약의 체결과 임금의 청구 등.

미성년자의 법정대리인은 1차적으로 친권자이고, 친권자가 없는 때에는 2차적으로 후견인이다.

② 피성년후견인

피성년후견인이란 정신적 제약으로 사무를 처리할 능력이 지속적으로 결여된 사람에 대하여 일정한 자의 청구에 의하여 가정법원으로부터 성년후견개시의 심판을 받은 자를 말한다.

③ 피한정후견인

피한정후견인이란 정신적 제약으로 사무를 처리할 능력이 부족한 사람에 대하여 일정한 자의 청구에 의하여 가정법원으로부터 한정후견개시의 심판을 받은 자를 말한다.

④ 피특정후견인

피특정후견인이란 정신적 제약으로 일시적 후원 또는 특정한 사무에 관한 후원이 필요한 사람에 대하여 일정한 자의 청구에 의하여 가정법원으로부터 특정후견의 심판을 받은 자를 말한다.

(3) 제한능력자의 상대방의 보호

제한능력자가 한 법률행위는 제한능력자 본인 또는 그의 대리인이 취소할 수 있다. 그러나 제한능력자를 보호하기 위한 제도로 인하여 제한능력자와 거래한 상대방이 피해를 입을 위험이 있어서, 민법은 단기의 취소권 행사기간 및 법정추인제도 이외에도 확답촉구권(제15조), 철회권과 거절권(제16조), 제한능력자의 속임수(제17조)를 규정하고 있다.

3. 자연인의 주소

주소란 생활의 근거되는 곳을 말한다(제18조). 거소란 사람과 장소와의 밀접도가 주소보다 못한 곳이며, 현재지란 거소보다 못한 곳이다. 한편 어느 행위에 있어서 가주소를 정한 때에는 그 행위에 관하여 이를 주소로 본다(제21조).

4. 자연인의 부재와 실종

(1) 부재자의 재산관리

종래의 주소나 거소를 떠난 자, 즉 부재자에게 재산이 있는데, 그 재산이 관리되지 못하고 방치되는 경우 법원은 이해관계인이나 검사의 청구에 의하여 부재자의 재산관리에 관하여 필요한 처분을 명하여야 한다(제22조 제1항).

(2) 실종선고

실종선고란 부재자의 생사가 일정기간 분명하지 아니한 때에 일정한 절차에 따라 법원이 그 부재자에 대해 실종선고를 하여 그를 사망한 것으로 간주하는 제도이다.

실종선고는 ① 부재자의 생사가 불분명하고, ② 생사불명이 일정기간 계속되어야 하며(실종기간의 경과: 보통실종 5년, 특별실종 1년), ③ 이해관계인 또는 검사의 청구가 있으면, ④ 법원은 공시최고의 절차를 거쳐 실종선고를 하여야 한다.

실종선고를 받은 자는 실종기간이 만료한 때에 사망한 것으로 본다(제28조).

그러나 ① 실종자가 생존하고 있는 사실, 또는 ② 실종기간이 만료한 때와 다른 시기에 사망한 사실, 또는 ③ 실종기간의 기산점 이후의 어떤 시기에 생존하고 있었던 사실의 증명이 있으면 법원은 본인·이해관계인 또는 검사의 청구에 의하여 실종선고를 취소하여야 한다. 실종선고 취소의 심판이 확정되면 실종선고로 생긴 법률관계는 소급적으로 무효가 된다. 그러나 실종선고 후 그 취소 전에 선의로 한 행위의 효력에는 영향을 미치지 않는다(제29조 제1항 단서).

Ⅲ. 법 인

1. 서 설

(1) 법인제도

법인이란 일정한 목적으로 조직을 갖추어 결합한 사람의 단체(사단법인) 또는 일정한 목적에 바쳐진 재산(재단법인)에 권리능력(법인격)을 부여한 것이다. 이처럼 사람의 단체 또는 재산에 법인격을 부여하면 사단이나 재단은 그 구성원이나 재산과는 별개의 법적 주체로서 활동하게 된다.

(2) 법인격의 부인

법인격의 부인은 법인의 형식은 갖추었지만 법인으로 볼 만한 실체가 없는 경우에 문제된다. 법인격이 부인되면 개별적인 경우에 예외적으로 법인의 독립성과 구성원의 유한책임의 원칙이 깨지게 되어 법인과 그 구성원 등을 실질적으로 동일한 것으로 다룬다.

판례

"회사가 외형상으로는 법인의 형식을 갖추고 있으나 법인의 형태를 빌리고 있는 것에 지나지 아니하고 실질적으로는 완전히 그 법인격의 배후에 있는 사람의 개인기업에 불과하거나, 그것이 배후자에 대한 법률적용을 회피하기 위한 수단으로 함부로 이용되는 경우에는, 비록 외견상으로는 회사의 행위라 할지라도 회사와 그 배후자가 별개의 인격체임을 내세워 회사에게만 그로 인한 법적 효과가 귀속됨을 주장하면서 배후자의 책임을 부정하는 것은 신의성실의 원칙에 위배되는 법인격의 남용으로서 심히 정의와 형평에 반하여 허용될 수 없고, 따라서 회사는 물론 그 배후자인 타인에 대하여도 회사의 행위에 관한 책임을 물을 수 있다." **대판 2008. 9. 11. 2007다90982.**

(3) 법인의 종류

1) 공법인과 사법인

공법인	공법의 규율을 받는 법인
사법인	사법의 규율을 받는 법인

2) 영리법인과 비영리법인

영리법인	영리를 목적으로 하는 사단법인으로, 공공사업을 목적으로 하더라도 구성원의 이익을 목적으로 하는 법인
비영리법인	학술, 종교, 자선, 기예, 사교, 기타 영리 아닌 사업을 목적으로 하는 사단법인 또는 재단법인

3) 사단법인과 재단법인

사단법인	일정한 목적을 위하여 결합된 사람의 단체에 법인격이 부여된 것
재단법인	일정한 목적에 바쳐진 재산에 법인격이 부여된 것

2. 법인의 설립

(1) 법인설립 일반

법인 설립에 관하여는 여러 입법주의가 있으며, 필요에 따라 각각의 입법주의가 채택되고 있다. 민법 제31조는 "법인은 법률의 규정에 의함이 아니면 성립하지 못한다"고 규정하여 자유설립주의를 배제하고 있다.

자유설립주의	법인의 실질만 갖추면 법인으로 인정하는 입법주의
준칙주의	미리 정해 놓은 법인설립에 관한 요건만 갖추면 행정관청의 허가나 인가 없이도 당연히 법인이 성립하는 것으로 인정하는 태도. 예) 노동조합, 각종 영리법인
인가주의	법률이 정한 요건을 갖추어 주무장관 기타 관할 행정관청의 인가를 얻으면 법인이 성립한 것으로 인정하는 태도. 예) 법무법인, 지방변호사회, 상공회의소
허가주의	법인설립에 있어서 행정관청의 자유재량에 의한 허가를 요건으로 하는 태도. 예) 민법상의 비영리법인, 학교법인
특허주의	법인을 설립할 때마다 특별법의 제정을 요하는 태도. 예) 한국은행, 한국과학기술원, 한국방송공사 등
강제주의	법인의 설립을 국가가 강제하는 태도. 예) 약사회, 대한상공회의소

(2) 사단법인의 설립

비영리 사단법인을 설립하기 위해서는 ① 영리 아닌 사업을 목적으로 하여야 하고, ② 2인 이상의 설립자가 법인의 근본규칙을 기재한 서면(정관)을 작성하여 기명날인하여야 하며, ③ 주무관청의 허가를 얻어, ④ 주된 사무소의 소재지에서 설립등기를 하여야 한다.

정관작성은 사단법인의 설립행위에 해당하는데, 그 법적 성질에 대하여는 합동행위로 파악하는 견해와 계약으로 이해하는 견해가 대립되고 있다.

정관의 기재사항에는 반드시 기재하여야 하는 필요적 기재사항(목적·명칭·사무소의 소재지·자산에 관한 규정·이사의 임면에 관한 사항·사원자격의 득실에 관한 규정·존립시기나 해산사유를 정하는 때에는 그 시기 또는 사유)과 필요적 기재사항에는 해당하지 않지만 일단 정관에 기재되면 필요적 기재사항과 동일한 효력을 갖는 임의적 기재사항으로 구분될 수 있다.

(3) 재단법인의 설립

재단법인을 설립하기 위해서는 ① 영리 아닌 사업을 목적으로 하여야 하고, ② 재단법인의 설립자가 재산을 출연하고 법인의 근본규칙을 기재한 서면(정관)을 작성하여 기명날인하여야 하며, ③ 주무관청의 허가를 얻어, ④ 주된 사무소의 소재지에서 설립등기를 하여야 한다.

설립자는 일정한 재산을 출연하여야 한다. 출연한 재산이 언제 법인에 귀속하는지에 대해서 판례는 출연재산이 부동산인 경우 출연자와 법인 사이에서는 등기 없이도 출연부동산이 법인설립과 동시에 법인에 귀속된다고 하지만, 법인이 그것을 가지고 제3자에게 대항하기 위해서는 법률행위에 의한 부동산물권변동에 관한 제186조의 원칙으로 돌아가 그 등기를 필요로 한다는 태도를 취하고 있다(대판 1979. 12. 11. 78다481, 482).

재단법인의 정관에도 필요적 기재사항과 임의적 기재사항이 있으나 사단법인 정관의 필요적 기재사항 중 ① 사원자격의 득실에 관한 규정과 ② 법인의 존립시기나 해산사유를 정하는 때의 그 시기 또는 사유는 재단법인 정관의 필요적 기재사항이 아니다.

3. 법인의 능력

(1) 권리능력

법인은 법률의 규정에 좇아 정관으로 정한 목적의 범위 내에서 권리와 의무의 주체가 된다(제34조). 그러나 자연인만이 가질 수 있는 권리는 법인이 향유할 수 없고(성질에 의한 제한), 법인의 권리능력은 법률에 의하여 인정되므로 법률에 의해서 제한될 수 있다(법률에 의한 제한).

판례

"법인의 권리능력 혹은 행위능력은 법인의 설립근거가 된 법률과 정관상의 목적에 의하여 제한되나, 그 목적 범위 내의 행위라 함은 법률이나 정관에 명시된 목적 자체에 국한되는 것이 아니라 그 목적을 수행하는 데 있어 직접, 간접으로 필요한 행위는 모두 포함한다." **대판 2007. 1. 26. 2004도1632.**

(2) 행위능력

법인의 대표기관(이사·임시이사·특별대리인·청산인·직무대행자 등)이 법인의 권리능력의 범위 내에서 법인을 대표하여 법인의 행위를 행하면, 그 행위는 법인 자신의 행위로 된다.

대표기관이 권한을 남용하여 자신의 개인적 이익을 목적으로 대표권의 범위에 속하는 행위를 하는 경우(대표권남용행위)에는 대표권의 범위 내의 행위이므로 원칙적으로 법인의 행위로서 법인이 책임을 부담한다. 다만, 상대방을 보호할 가치가 없을 때에는 대리권남용이론을 유추적용하여 법인의 책임을 부정하는 것이 타당하다.

(3) 불법행위능력

법인의 대표기관이 행한 직무집행행위는 법인 자신의 행위이므로, 대표기관이 행한 불법행위는 법인 자신의 불법행위로 된다.

법인의 불법행위가 성립하기 위하여는 ① '이사 기타 대표자'(대표기관)의 행위가 있어야 하고, ② 대표기관이 '직무에 관하여' 타인에게 손해를 가하여야 하며, ③ 제750조가 요구하는 일반적 불법행위 성립요건을 충족하여야 한다.

법인의 불법행위가 성립하면 법인은 손해배상책임을 부담하고, 가해행위를 한 기관 개인은 법인과 경합하여 피해자에게 손해배상책임을 진다. 법인의 불법행위가 성립하지 않는 경우 법인은 책임을 지지 아니하고, 원칙적으로 대표기관만이 제750조에 의한 불법행위책임을 진다. 그러나 피해자를 두텁게 보호하기 위하여 그 사항의 의결에 찬성하거나 그 의결을 집행한 사원·이사 및 기타 대표자는 연대하여 손해배상책임을 진다(제35조).

4. 법인의 기관

법인이 사회적 활동을 하기 위하여는 필연적으로 자연인에 의해 구성되는 기관이 필요하다. 이사는 대외적으로 법인을 대표하고(대표기관), 대내적으로 법인의 업무를 집행하는(업무집행기관) 상설의 필수기관이다. 이사의 대표권에 대한 제한은 이를 정관에 기재하지 아니하면 그 효력이 없다(제41조). 또한 이사의 대표권에 대한 제한은 등기하지 아니하면 제3자(선의·악의 불문)에게 대항하지 못한다(대판 2014. 9. 4. 2011다51540등).

이사가 없거나 결원이 있는 경우 이로 인하여 손해가 생길 염려가 있는 때에는 법원은 이해관계인이나 검사의 청구에 의하여 '임시이사'를 선임하여야 하고(제63조), 법인과 이사의 이익이 상반되는 사항에 관하여 이사는 대표권이 없으므로 법원은 이해관계인 또는 검사의 청구에 의하여 '특별대리인'을 선임하여야 한다(제64조).

한편 사단법인 또는 재단법인은 이사에 대한 감독기관으로서 정관 또는 총회의 결의로 1인 또는 수인의 감사를 둘 수 있다(제66조). 그러나 감사는 법인을 대표하는 기관이 아니다.

사원총회는 사단법인의 사원 전원으로 구성되는 최고의결기관으로 정관의 변경(제42조), 법인의 임의해산(제77조 제2항) 등 사단법인에 관한 모든 근본적 의사를 결정한다. 사원총회는 사단법인의 필수기관으로서 정관의 규정에 의하여서도 폐지될 수 없다. 한편 사원이 없는 재단법인에는 사원총회가 있을 수 없다.

5. 법인의 소멸

법인의 소멸이란 법인의 권리능력을 상실하는 것을 말한다. 법인의 해산에 의하여 법인은 본래의 적극적인 활동을 정지하고, 법인의 재산관계를 정리하는 청산단계로 들어간다. 청산사무가 종결되면 법인은 완전히 소멸한다. 해산 후 청산종결시까지 본래의 법인은 청산법인으로서 청산의 목적범위 내에서 권리능력을 보유한다.

6. 법인의 등기

법인의 등기란 법인과 거래하는 제3자를 보호하기 위하여 법인의 조직·내용을 공부에 기재하고 공시하는 것이다. 법인등기에는 ① 설립등기, ② 분사무소설치 및 사무소 이전의 등기, ③ 변경등기, ④ 해산등기, ⑤ 이사의 직무집행정지 등 가처분의 등기가 있으며, 이 중 법인의 설립등기는 성립요건이나 나머지 등기는 모두 제3자에게 대한 대항요건이다.

7. 법인의 감독

법인이 존속하고 있는 동안에는 법인설립을 허가한 주무관청이 법인의 업무를 감독하나, 법인이 해산한 후 청산단계에 있는 동안에는 법원이 청산사무를 감독한다.

8. 권리능력 없는 사단과 재단

법인으로서의 실체는 갖추고 있지만 법인격을 취득하지 못하고 있는 단체 또는 목적재산을 권리능력 없는 사단 또는 권리능력 없는 재단이라고 한다. 권리능력 없는 사단은 법인등기를 하지 않았을 뿐 법인의 실체를 갖추고 있어야 한다. 권리능력 없는 사단의 재산은 사원의 총유에 속한다. 권리능력 없는 재단은 재단법인의 실체는 가지고 있으나 아직 법인등기를 하지 아니하여 법인격을 취득하지 못한 재단이다.

제4절 | 권리의 객체

Ⅰ. 서 설

1. 권리의 객체 일반

권리의 객체란 권리의 대상을 말한다. 권리의 객체는 권리의 종류에 따라 다르다. 물권의 객체는 원칙적으로 물건(예외적으로 권리질권의 객체는 권리)이며, 채권의 객체는 채무자의 행위(급부), 형성권의 객체는 법률관계이다. 민법은 권리의 객체 가운데 물건에 대해서만 규정하고 있다(제98조).

2. 물건의 의의와 종류

(1) 물건의 의의

민법상 물건이란 유체물 및 전기 기타 관리할 수 있는 자연력을 말한다(제98조). 따라서 우리 민법상 물건에는 고체·액체·기체와 같은 유체물뿐만 아니라 무체물 가운데 자연력(전기·빛·열 등)이 포함될 수 있다.

물건은 지배 또는 관리가 가능하여야 한다. 따라서 민법상의 물건은 '법률상 배타적 지배가 가능한 유체물과 무체물 중에서의 자연력'을 의미한다. 또한 물건은 사람의 신체나 그 일부가 아니어야 한다(비인격성). 즉 인체는 물건이 아니므로 소유권의 객체가 아니며, 인체에 부착된 의치, 의안, 의수, 의족, 가발 등도 신체에 고착되어 있는 한 물건이 아니다. 그러나 인체로부터 분리된 신체의 일부(예를 들어 모발)는 물건으로 다뤄진다. 물건은 하나의 독립한 존재(독립성)이어야 한다. 거래의 실제에 있어서 물권은 원칙적으로 물건의 일부나 구성부분 또는 집단 위에는 성립하지 못하고, 하나의 물건에 관하여 하나의 물권이 인정되는 '일물일권주의'가 적용된다.

판례

"사람의 유체·유골은 매장·관리·제사·공양의 대상이 될 수 있는 유체물로서, 분묘에 안치되어 있는 선조의 유체·유골은 민법 제1008조의3 소정의 제사용 재산인 분묘와 함께 그 제사주재자에게 승계되고, 피상속인 자신의 유체·유골 역시 위 제사용 재산에 준하여 그 제사주재자에게 승계된다." **대판 2008. 11. 20. 2007다27670.**

(2) 강학상 물건의 종류

① 융통물·불융통물

사법상 거래의 객체가 될 수 있는 물건을 융통물이라 하고, 그렇지 않은 물건을 불융통물이라고 한다.

융통물		사법상 거래의 객체가 될 수 있는 물건
불융통물	공용물	국가, 공공단체의 소유로서 그 공적 목적에 사용되는 물건. 예) 관공서의 건물, 국공립학교의 건물 등
	공공용물	공중의 일반적 사용에 제공되는 물건. 예) 도로, 하천 등
	금제물	법령의 규정에 의하여 거래가 금지되는 물건. 예) 아편, 음란한 문서, 위조통화 등

② 대체물·부대체물

대체물·부대체물의 구별은 일반거래상 물건의 개성에 착안한 일반적·객관적인 구별이다.

대체물	거래상 물건의 개성이 중요시되지 않고 단순히 종류, 품질, 수량에 의하여 정하여지며, 동종, 동질, 동량의 물건으로 바꾸어도 당사자에게 영향을 주지 않는 물건
부대체물	물건의 개성이 중시되어 대체물에서의 대체성이 없는 물건

③ 특정물·불특정물

특정물·불특정물의 구별은 당사자의 의사에 의한 주관적 구별이다.

특정물	당사자가 급부의 목적물을 동종의 다른 물건으로 바꾸지 못하게 한 물건
불특정물	당사자가 다른 물건으로 바꿀 수 있게 한 물건

Ⅱ 부동산과 동산

1. 부 동 산

민법상 부동산은 토지 및 그 정착물을 말한다(제99조 제1항). 토지란 일정범위의 지면과 정당한 이익이 있는 범위 내에서의 그 지면의 상, 하(공중과 지하)를 말한다. 토지의 구성부분(예: 암석, 토사, 지하수 등)은 토지의 일부분이며, 토지의 소유권은 당연히 그 구성부분에 미친다.

토지의 정착물이란 토지에 고정되어 쉽게 이동할 수 없는 물건으로서, 고정된 상태로 사용하는 것이 그 물건의 거래상의 성질로 인정되는 것이다. 토지 정착물로서 건물은 토지와는 별개의 독립한 부동산이며, 별도의 건물등기부가 존재한다. 수목은 토지와 분리되면 동산이 되지만 분리되지 않은 상태에서는 토지의 일부이다. 그러나 수목도 「입목에 관한 법률」에 의하여 입목등기를 하거나, 관습법상의 공시방법인 명인방법을 갖추면 토지와는 독립된 별개의 부동산으로 다뤄진다. 미분리 과실은 수목의 일부이지만, 명인방법에 의하여 독립된 물건이 될 수 있다.

토지에서 경작, 재배되는 각종의 농작물은 토지의 일부이나 농작물이 성숙하여 독립한 물건으로서의 존재를 갖추었다면 그 농작물의 소유권은 언제나 경작자에게 귀속하고, 심지어는 그 경작자가 위법하게 토지소유자나 점유자를 배제하여 경작한 경우에 있어서조차도, 그 경작자에게 있다는 것이 판례의 태도이다(대판 1979. 8. 28. 79다784).

2. 동 산

부동산 이외의 물건은 모두 동산이다(제99조 제2항). 따라서 전기 기타 관리할 수 있는 자연력도 동산이다.

Ⅲ. 주물과 종물

물건의 소유자가 그 물건의 상용에 공하기 위하여 자기 소유인 다른 물건을 이에 부속시킨 경우 그 물건을 주물이라 하고, 주물에 부속된 다른 물건을 종물이라 한다(제100조). 예를 들어, 시계는 주물이고 시계줄은 종물이다.

종물은 ① 주물의 상용에 공하여야 하고, ② 주물과 종물은 독립한 물건이어야 하며, ③ 주물과 종물은 법률적으로 운명을 같이 하므로 주물과 종물은 동일한 소유자에게 속하여야 한다.

종물은 주물의 처분에 따른다. 따라서 주물 위에 저당권이 설정된 경우에 그 저당권의 효력은 저당권설정 당시의 종물은 물론 설정 후의 종물에 대하여도 미친다.

주물과 종물의 이론은 물건 상호간의 관계에 적용되지만, 권리 상호간의 관계에도 유추적용된다.

Ⅳ. 원물과 과실

물건으로부터 생기는 수익을 과실이라 하고, 과실을 생기게 하는 물건을 원물이라 한다. 민법은 과실을 천연과실과 법정과실로 구분하고 있다.

천연과실	물건의 용법에 의하여 수취하는 산출물로서 원물로부터 분리하는 때 이를 수취할 권리자에게 귀속된다. 예) 가축의 새끼, 과실
법정과실	물건의 사용대가로 받는 금전 기타의 물건으로, 물건의 사용대가란 타인에게 물건을 사용시키고 사용 후에 원물 자체 또는 원물과 동종, 동질, 동량의 물건을 반환하여야 하는 법률관계가 있는 경우에 인정된다. 법정과실은 수취할 권리의 존속기간 일수의 비율로 취득한다. 예) 지료, 차임

제5절 | 법률행위

Ⅰ. 권리변동 일반

1. 권리변동의 의미

법률관계는 법에 의하여 규율되는 생활관계로 구체적으로는 권리·의무관계로 나타나는데, 권리변동이란 이러한 법률관계의 발생·변경·소멸을 말한다. 이를 권리본위로 보면 권리의 취득·변경·소멸로 표현될 수 있다.

2. 권리변동의 모습

(1) 권리의 취득

권리의 취득은 선의취득이나 무주물선점과 같이 어떤 권리가 타인의 권리에 기함이 없이 특정인에게 권리가 절대적으로 취득되는 원시취득(절대적 발생)과 어떤 권리가 타인의 권리에 기하여 특정인에게 이전되는 승계취득(상대적 발생)으로 구분된다. 승계취득은 다시 권리의 동일성이 유지되면서 권리의 주체만 바뀌는 이전적 승계(특정승계와 포괄승계)와 저당권설정과 같이 구권리자의 권리는 그대로 존속하면서, 신권리자가 그 권리의 작용에 기초하여 어떠한 권리를 취득하는 설정적 승계로 구분된다.

(2) 권리의 변경

권리의 변경에는 주체의 변경, 내용의 변경, 작용의 변경이 있으며, 주체의 변경은 권리의 이전적 승계와 동일하다.

(3) 권리의 소멸

권리의 소멸에는 목적물이 멸실하여 그 소유권이 소멸하는 경우와 같은 절대적 소멸과 권리 자체는 소멸되지 않고 권리주체만 변경되는 상대적 소멸이 있다.

3. 권리변동의 원인

법률요건이란 법률관계 변동의 원인(법률행위·준법률행위·불법행위·부당이득 등)이며, 법률요건의 결과가 법률효과이다. 법률요건을 구성하는 개개의 사실이 법률사실이다. 법률요건은 하나의 법률사실로 구성될 수도 있으나 다수의 법률사실로 이루어질 수도 있다.

Ⅱ. 법률행위 일반

1. 법률행위의 의의

법률행위란 일정한 법률효과의 발생을 목적으로 하는 하나 또는 수 개의 의사표시를 불가결의 요소로 하는 법률요건으로, 그 법적 효과의 발생을 법률이 시인하는 적법행위이다. 표의자가 의욕한 법적 효과가 발생한다는 점에서 사적 자치를 실현하는 중요한 수단이다.

2. 법률행위의 요건

법률행위가 완전한 법률효과를 발생하기 위하여는 일정한 요건을 갖추어야 하는데, 이들 요건은 성립요건과 효력요건으로 구분된다.

(1) 성립요건

일반적 성립요건으로 ① 당사자가 법률행위의 주체로서 존재하여야 하고 객관적으로 당사자가 특정될 수 있어야 하며, ② 법률행위의 내용(목적)이 존재하고 식별가능하여야 하며, ③ 법률행위에는 의사표시가 존재하여야 한다. 특히 계약의 경우 양당사자의 의사표시가 합치되어야 한다.

특별성립요건이란 개개의 법률행위에 관하여 법이 그 성립에 필요한 요건으로 규정하고 있는 것을 말하는데, 예를 들어 법인설립에서의 주무관청의 허가(제33조)나 혼인에서의 신고(제812조) 등이 이에 속한다.

(2) 효력요건

일반적 효력요건으로 ① 당사자의 의사능력 및 행위능력이 존재하여야 하고(의사무능력자의 법률행위는 무효, 제한능력자의 법률행위는 취소할 수 있음), ② 법률행위의 목적은 확정되거나 또는 장차 일정한 표준에 의하여 확정할 수 있어야 하고 그 실현이 가능하여야 하며, 적법하고, 선량한 풍속 기타 사회질서에 위반하지 않아야 하며, ③ 의사표시에 있어서 의사와 표시가 일치하고, 의사표시에 하자가 없어야 한다.

특별효력요건이란 일정한 법률행위에 당사자의 특약 또는 법률의 규정에 따라 요구되는 특유한 효력요건을 말하는데, 예를 들어 대리행위에서의 대리권의 존재나 유언에서의 유언자의 사망 등이 이에 속한다.

3. 법률행위의 종류

법률행위는 여러 기준으로 나누어볼 수 있으나, 의사표시의 모습에 따라 단독행위·계약·합동행위로 구분된다.

단독행위란 행위자 한 사람의 의사표시로 성립하는 법률행위를 말한다. 상대방 유무에 따라 채무면제, 상계, 추인, 취소, 해제, 해지 등과 같은 상대방 있는 단독행위와 권리의 포기, 유언, 재단법인 설립행위 등과 같은 상대방 없는 단독행위로 구분된다.

계약은 일정한 법률관계의 발생을 목적으로 하는 복수의 당사자의 서로 대립하는 의사표시의 합치로 성립하며, 합동행위는 평행적·구심적으로 방향을 같이 하는 두 개 이상의 의사표시가 합치하여 성립한다. 사단법인의 설립행위가 합동행위의 대표적인 예이다(통설).

4. 법률행위의 해석

(1) 법률행위 해석의 의의 및 목표

법률행위의 해석은 법률행위 내용을 확정하는 것이다. 법률행위의 내용은 법률행위를 구성하는 의사표시에 의해 결정되기 때문에 법률행위의 해석은 결국 의사표시의 해석으로 귀결된다.

판례

"법률행위의 해석은 당사자가 그 표시행위에 부여한 객관적인 의미를 명백하게 확정하는 것으로서, 사용된 문언에만 구애받는 것은 아니지만, 어디까지나 당사자의 내심의 의사가 어떤지에 관계없이 그 문언의 내용에 의하여 당사자가 그 표시행위에 부여한 객관적 의미를 합리적으로 해석하여야 한다. 당사자가 표시한 문언에 의하여 그 객관적인 의미가 명확하게 드러나지 않는 경우에는 그 문언의 형식과 내용, 그 법률행위가 이루어진 동기 및 경위, 당사자가 그 법률행위에 의하여 달성하려는 목적과 진정한 의사, 거래의 관행 등을 종합적으로 고려하여, 사회정의와 형평의 이념에 맞도록 논리와 경험의 법칙, 그리고 사회일반의 상식과 거래의 통념에 따라 합리적으로 해석하여야 한다." **대판 2009. 5. 14. 2008다90095 · 90101.**

(2) 법률행위 해석의 방법

1) 자연적 해석

자연적 해석이란 표의자의 진의를 밝히는 것이다. 자연적 해석에서는 표의자의 진의에 따른 효과이익이 우선되고 상대방의 이해는 고려되지 않는다. 유언과 같이 표의자의 이익만이 중시되는 상대방 없는 단독행위의 경우나 상대방이 표의자의 잘못된 표시에도 불구하고 표의자의 진의를 올바로 파악하였을 때 표의자의 진의에 따른 법률효과가 주어지는 이른바 '오표시무해의 원칙'의 경우에는 자연적 해석에 의한다.*

2) 규범적 해석

규범적 해석이란 표시행위의 객관적·규범적 의미를 확정하는 것이다. 표시행위 당시에 존재하는, 표시행위에 따르는 모든 사정, 당사자의 모든 용태, 법률행위의 목적, 표시행위의 장소 및 시간 등을 고려하여 합리적으로 결정하여야 한다. 모든 정황을 고려하여도 상대방이 표의자의 진의를 알 수 없는 경우에는 설사 표의자의 진의와 표시가 불일치하더라도 상대방은 표시된 바대로 신뢰할 수밖에 없으므로 상대방의 시각에서 해석한다.

3) 보충적 해석

보충적 해석이란 법률행위 내용에 틈이 있는 경우 이를 보충하는 것이다.

---

* 부동산의 매매계약에 있어 쌍방당사자가 모두 특정의 갑 토지를 계약의 목적물로 삼았으나 그 목적물의 지번 등에 관하여 착오를 일으켜 계약을 체결함에 있어서는 계약서상 그 목적물을 갑 토지와는 별개인 을 토지로 표시하였다 하여도 갑 토지에 관하여 이를 매매의 목적물로 한다는 쌍방당사자의 의사합치가 있은 이상 위 매매계약은 갑 토지에 관하여 성립한 것으로 보아야 할 것이고 을 토지에 관하여 매매계약이 체결된 것으로 보아서는 안 된다(대판 1993. 10. 26. 93다2629).

계약은 성립되었지만 일정한 사항에 관하여 당사자가 규율하지 않았을 때, 계약시 생각하지 못한 사정이 양당사자에게 알려지고 또는 신의칙과 거래관행을 고려하였더라면 당사자가 어떻게 계약에서 합의하리라는 것(가정적 의사)을 탐지하여야 한다.

(3) 법률행위 해석의 표준

법률행위 해석의 기준(종래 통설)에는 ① 당사자가 기도한 목적 및 그 의사표시가 행하여진 당시의 사정, ② 사실인 관습, ③ 신의성실의 원칙, ④ 임의법규가 있다.

Ⅲ. 법률행위의 목적(내용)

1. 서 설

법률행위의 내용(목적)이란 행위자가 그의 법률행위에 의하여 발생시키고자 하는 법적 효과를 말하며, 법률행위의 내용(목적)은 그 요소를 이루는 의사표시, 특히 효과의사의 내용에 의하여 정하여진다.

2. 유효요건

법률행위가 유효하기 위해서는 그 목적의 확정성, 가능성, 적법성, 사회적 타당성의 요건을 충족하여야 한다.

(1) 내용의 확정성

법률행위의 목적은 확정되어 있거나 또는 장차 일정한 표준에 의하여 확정될 수 있어야 한다. 목적이 불확정한 법률행위는 외형적으로 법률행위의 모습을 갖추고 있더라도 무효이다.

(2) 내용의 실현가능성

법률행위가 유효하기 위해서는 그 실현이 가능하여야 한다. 여기서 가능이라 함은 법률상의 개념이므로 사회거래관념이 기준이 된다.

(3) 내용의 적법성

법규는 강행법규와 임의법규로 구분될 수 있다. 강행법규란 법령 중의 선량한 풍속 기타 사회질서에 관한 규정으로서, 당사자의 의사에 의하여 그 적용을 배제할 수 없다. 임의법규란 법령 중의 선량한 풍속 기타 사회질서에 관계없는 규정으로 당사자의 의사에 의하여 그 규정의 적용을 배제할 수 있는 법규이다.

강행법규는 다시 효력규정과 단속규정으로 구분되는데, 효력규정은 그 규정에 위반하면 사법상의 효력이 부정되는 것을 말하며, 단속규정은 국가가 일정한 행위를 단속할 목적으로 그것을 금지하거나 제한하는 데 지나지 않으므로 이를 위반하여도 제재를 받을 뿐 그 사법상의 효과에는 영향이 없다(다수설).

한편 탈법행위란 강행법규 내지 효력규정을 직접적으로 위반하지는 않으나 그 법규가 금지하고 있는 것을 회피수단에 의하여 실질적으로 실현하는 행위를 말한다. 만약 강행법규의 목적이 그 위반행위에 의하여 생기는 효과를 부인하거나 금지하는 경우라면 탈법행위는 무효이나, 강행법규의 목적이 단지 어떤 결과나 효과를 생기게 하는 특정한 행위 자체를 금지하기 위한 의도인 경우라면 탈법행위는 유효이다.

(4) 내용의 사회적 타당성

법률행위가 개개의 효력규정에 위반하지 않더라도 선량한 풍속 기타 사회질서에 위반하면 무효이다(제103조). 즉 사회질서에 위반한 사항을 내용으로 하는 법률행위는 무효이며, 그 법률행위에 의하여 발생시키려고 한 법률효과는 발생하지 않는다. 따라서 사회적 타당성은 사적자치 원칙의 한계원리로서 작용하며, 법의 이념의 일반적·추상적 내용을 선언한 것이다. 그리고 '선량한 풍속 기타 사회질서'라는 개념은 시대나 사회에 따라 변천하는 윤리규범의 성질을 갖는다.

판례

"형사사건에 관하여 체결된 성공보수약정이 가져오는 여러 가지 사회적 폐단과 부작용 등을 고려하면, 구속영장청구 기각, 보석 석방, 집행유예나 무죄 판결 등과 같이 의뢰인에게 유리한 결과를 얻어내기 위한 변호사의 변론활동이나 직무수행 그 자체는 정당하다 하더라도, 형사사건에서의 성공보수약정은 수사 · 재판의 결과를 금전적인 대가와 결부시킴으로써, 기본적 인권의 옹호와 사회정의의 실현을 사명으로 하는 변호사 직무의 공공성을 저해하고, 의뢰인과 일반 국민의 사법제도에 대한 신뢰를 현저히 떨어뜨릴 위험이 있으므로, 선량한 풍속 기타 사회질서에 위배되는 것으로 평가할 수 있다." **대판 2015. 7. 23. 2015다200111 전원합의체.**

한편 불공정한 법률행위 또는 폭리행위는 당사자간의 궁박·경솔 또는 무경험으로 인하여 현저하게 공정을 잃은 법률행위로서 무효이다(제104조). 불공정한 법률행위가 성립하기 위하여는 급부와 반대급부와의 현저한 불균형이 있어야 하고, 폭리자가 피해자의 궁박·경솔 또는 무경험을 이용했어야 한다.

Ⅳ. 의사표시

1. 의사표시의 의의

의사표시란 사법상의 법률효과의 발생을 목적으로 내부적 의사를 표시하는 것으로 법률행위에 공통된 법률사실이다.

의사표시는 내부적 의사와 표시행위로 구성된다. 즉 내부적 의사가 표시됨으로써 법률효과가 발생한다. 의사표시의 내부적 의사에는 ① 어떤 행위를 한다는 인식인 행위의사, ② 자기의 행위가 일정한 법적 의미를 가지는 표시를 나타낸다고 인식하는 표시의사, ③ 특정한 법률효과를 지향하는 의사인 효과의사가 있다. 행위의사가 없는 경우에는 의사표시가 성립하지 않고, 효과의사는 표시행위로부터 추단되는 효과의사(표시상의 효과의사)라고 한다(판례). 한편 표시의사는 의사표시의 구성요소가 아니라는 것이 통설의 태도이다.

한편 표시행위는 효과의사를 외부에 표현하는 행위이다. 표시행위에는 효과의사가 명시적으로 표시되는 명시적 의사표시와 일정한 행위로부터 간접적으로 특정의 효과의사를 추단할 수 있는 묵시적 의사표시가 있다.

침묵은 원칙적으로 의사표시로 볼 수 없으나 당사자 사이에 약정이 있거나 특별한 사정이 있는 경우 또는 법률에 규정이 있는 경우에는 예외적으로 의사표시로 된다. 의사실현이란 의사표시와 같이 일정한 효과의사를 상대방에게 표시할 목적으로 행하여진 것으로는 볼 수 없는 행위지만, 그것으로부터 일정한 효과의사를 추단할 수 있는 행위를 말한다(예를 들어 민법 제532조 소정의 의사실현에 의한 계약의 성립).

2. 의사와 표시의 불일치

(1) 서 설

정상적인 의사표시는 일정한 동기에 의하여 내부적 의사가 형성되고 이것이 외부에 표시되는 과정을 거친다. 반면 결함있는(비정상적인) 의사표시는 의사를 결정하여 표시하기까지의 과정에 어떤 결함이 있어서 완전한 효력을 발생시킬 수 없다.

결함있는 의사표시의 유형에는 의사형성과정에서 그릇된 동인(動因)에 의한 경우(동기의 착오), 무의식적인 의사와 표시가 불일치하는 경우(착오), 의식적인 의사와 표시가 불일치하는 경우(비진의표시, 허위표시), 하자있는 의사표시(사기·강박에 의한 의사표시)가 있다.

가족법상의 행위는 당사자의 진의가 중시되기 때문에 원칙적으로 결함있는 의사표시의 규정이 적용되지 않으나 명문의 규정이 있는 경우에는 그에 따른다. 거래의 안전을 보호하는 측면에서 행위의 외형을 신뢰하여 행하여지는 정형적 거래행위나 사회일반에 영향이 많은 단체적 행위에는 결함있는 의사표시에 관한 규정의 적용이 제한된다.

(2) 진의 아닌 의사표시(비진의표시)

진의 아닌 의사표시는 표의자 스스로 표시가 내심의 의사와 다른 의미로 이해된다는 것을 알면서 하는 의사표시이다.

진의 아닌 의사표시가 성립하기 위하여는 ① 일정한 효과의사를 추단할 만한 행위가 존재하고(의사표시의 존재), ② 진의와 표시가 일치하지 않아야 하며(진의와 표시의 불일치), ③ 표의자가 진의와 표시의 불일치를 알고 있어야 한다.

진의 아닌 의사표시에 있어서의 진의란 특정한 내용의 의사표시를 하고자 하는 표의자의 생각을 말하며, 표의자가 진의와 다른 표시를 하는 이유나 동기는 불문한다.

진의 아닌 의사표시는 표시를 믿은 상대방의 신뢰를 보호하기 위하여 원칙적으로 표시된 대로 효력을 발생한다. 그러나 상대방이 표의자의 진의 아님을 알았거나 알 수 있었을 경우에는 그 의사표시는 무효이다. 진의 아닌 의사표시가 예외적으로 무효가 되는 경우 그 무효는 **선의**의 **제3자**에게 **대항하지 못한다**. 여기서 제3자는 진의 아닌 의사표시를 기초로 새로운 이해관계를 맺은 자를 말한다.

(3) 허위표시

허위표시란 상대방과 통정하여 하는 진의 아닌 의사표시이다.

허위표시가 성립하기 위해서는 ① 상대방 있는 의사표시가 존재하여야 하고, ② 진의와 표시가 불일치하고 표의자가 이를 알고 있어야 한다. 즉 표시행위의 의미에 대응하는 표의자의 의사가 존재하지 않아야 한다. 또 ③ 상대방과의 통정이 있어야 하는데, 통정이란 진의와 다른 표시를 하는 데에 관하여 상대방과의 합의가 있는 것을 의미한다.

허위표시는 당사자 사이에 있어서는 무효이다. 허위표시의 무효는 선의의 제3자에게 대항하지 못한다. 여기서의 제3자란 당사자와 그의 포괄승계인을 제외한, 허위행위를 기초로 하여 새로운 법률관계를 맺은 자를 말한다. 제3자의 선의는 추정되므로 무효를 주장하는 자가 그 제3자의 **악의**를 입증하여야 한다(통설·판례).

(4) 착 오

1) 의 의

착오에 의한 의사표시의 개념에 관하여, 다수설은 표시로부터 추단되는 의사(표시상의 효과의사)와 진의(내심의 효과의사)가 일치하지 않는 의사표시로서 그 불일치를 표의자 자신이 알지 못하는 것으로 이해하는 반면, 소수설은 표의자가 의사표시에 이르는 과정 또는 의사표시 자체에 있어서 스스로가 자각하지 못하고 사실과 일치되지 않는 인식 또는 판단을 하고 이에 의거하여 의사표시를 한 것으로 이해한다.

2) 착오의 유형

착오의 유형에는 ① 표의자가 표시하고자 한 것을 잘못 표시한 경우, 즉 표시행위 자체에 착오가 있는 경우(표시상의 착오), ② 표의자가 표시하고자 한 것을 표시하였으나 그 표시의 의미를 잘못 이해한 경우(내용의 착오), ③ 의사를 형성하는 동기(연유)에 착오가 있는 경우(동기의 착오) 등이 있다.

판례

"의사표시의 동기에 착오가 있었음을 이유로 표의자가 이를 취소하기 위하여는 그 동기가 상대방에 표시되고 의사표시 내용의 중요부분의 착오로 인정된 경우이어야 한다." 대판 1990. 5. 22. 90다카7026.

3) 착오에 의한 취소의 요건

착오를 근거로 취소할 수 있기 위해서는 ① 의사표시에 의하여 달성하려는 법적 효과의 중요한 부분에 착오가 있고(법률행위 내용의 중요부분의 착오), ② 착오가 표의자의 중과실에 기인하지 않아야 하며, ③ 취소의 의사표시를 그 법률행위의 상대방에게 행하여야 한다(취소의 의사표시).

법률행위 내용의 중요부분이기 위해서는 표의자가 그러한 착오가 없었더라면 그 의사표시를 하지 않았으리라고 생각될 정도로 중요한 것이어야 하고(주관적 요건), 보통의 일반인도 표의자의 입장에 섰더라면 그러한 의사표시를 하지 않았으리라고 생각될 정도로 중요한 것(객관적 요건)이어야 한다. 그리고 표의자의 중과실은 표의자의 직업·행위의 종류·목적 등에 비추어 보통 요구되는 주의를 현저히 결여한 것을 의미한다.

4) 취소의 효과

착오를 이유로 법률행위가 취소되면 그 법률행위는 소급하여 무효이다. 그러나 착오에 의한 의사표시의 취소는 선의의 제3자에 대항하지 못한다.

3. 하자있는 의사표시

(1) 의 의

하자있는 의사표시는 사기나 강박에 의하여 표의자의 의사결정이 자유롭지 못한 상태에서 행하여진 의사표시이다. 여기서 사기란 고의로 사람을 기망하여 착오에 빠지게 하는 위법행위를 말하며, 강박이란 고의로 해악을 주겠다고 위협

하며 공포심을 일으키게 하는 위법행위를 말한다. 사기나 강박이 불법행위의 요건을 갖추는 때에는 피해자에게 불법행위에 기한 손해배상청구권이 인정된다.

(2) 사기·강박에 의한 의사표시의 요건

1) 사기에 의한 의사표시

사기에 의한 의사표시는 타인(상대방 또는 제3자)의 고의적인 기망행위로 인하여 착오에 빠져서 한 의사표시이다. 사기에 의한 의사표시가 성립하기 위해서는 ① 사기자가 표의자를 기망하여 착오에 빠지게 하려는 고의와 그 착오에 기하여 표의자로 하여금 의사표시를 하게 하려는 고의가 있어야 하고(사기자의 2단계의 고의), ② 표의자에게 그릇된 관념을 가지게 하거나 이를 강화·유지하게 하려는 행위(기망행위)가 있어야 하는데, 기망행위에는 적극적인 기망행위와 부작위에 위한 기망행위가 모두 포함된다. ③ 기망행위는 위법해야 하고(기망행위의 위법성), ④ 기망행위와 표의자의 착오 사이 및 착오와 의사표시 사이에 인과관계가 존재하여야 한다(기망행위로 인한 의사표시).

2) 강박에 의한 의사표시의 요건

강박에 의한 의사표시는 표의자가 타인(상대방 또는 제3자)의 강박행위로 인하여 공포심을 일으켜 그 해악을 피하기 위하여 행한 의사표시이다. 강박에 의한 의사표시가 성립하기 위해서는 ① 표의자에게 공포심을 일으키려는 고의와 그 공포심에 기하여 의사표시를 하게 하려는 고의가 있어야 하고(강박자의 2단계의 고의), ② 장차 해악을 가하겠다고 위협하여 공포심을 일으키게 하는 행위(강박행위)가 있어야 하며, ③ 강박행위로 인하여 표의자의 의사결정이 위법하게 이루어져야 한다(강박행위의 위법성). 또한 ④ 강박행위와 의사표시 사이에 인과관계가 존재하여야 한다(강박행위로 인한 의사표시).

(3) 효 과

상대방의 사기·강박에 의한 의사표시는 취소할 수 있다. 표의자의 상대방이 아닌 제3자의 사기·강박으로 인하여 표의자가 의사표시를 한 때에는 상대방이 표의자의 의사표시를 믿은 신뢰도 보호되어야 하기 때문에 그 상대방을 보호할 가치가 없을 때에 한하여 예외적으로 취소할 수 있다. 사기·강박의 의사표시가 취소되면 법률행위는 처음부터 무효로 된다. 그러나 사기·강박을 이유로 한 취소는 선의의 제3자에게 대항하지 못한다.

Ⅴ. 의사표시의 효력발생

상대방 없는 의사표시의 경우에는 의사표시의 특정한 상대방이 없으므로 표의자의 표시행위가 완료된 때에 효력이 발생한다(표백주의). 그러나 상대방 있는 의사표시의 경우에는 상대방의 입장을 고려하여, 민법은 의사표시가 상대방이 지각할 수 있는 상태에 도달하였을 때 그 효력이 발생한다는 도달주의를 원칙으로 채택하고 있고, 예외적으로 법률의 규정 또는 특약에 의하여 표의자가 의사표시를 상대방에게 발신하였을 때(의사표시가 방향을 정하여 표의자의 지배를 벗어났을 때) 의사표시의 효력이 발생한다는 발신주의를 채택하고 있다.

도달의 의미에 대해서 다수설은 상대방의 지배권 내에 진입하여 사회통념상 상대방이 이를 요지할 수 있는 상태에 있을 때 도달되었다고 본다.

Ⅵ. 법률행위의 대리

1. 서 설

(1) 대리제도의 의의

대리제도란 타인(대리인)이 본인의 이름으로 법률행위를 하거나 또는 의사표시를 수령함으로써 그 법률효과가 직접 본인에 관하여 생기는 제도를 말한다.

대리제도는 사적자치를 확장하는 기능(주로 임의대리의 기능)과 사적자치를 보충하는 기능(주로 법정대리의 기능)을 수행한다 .

(2) 대리의 종류

구분	내용
대리권 발생원인에 따라	임의대리는 대리권이 본인의 수권행위에 의하여 수여됨.
	법정대리는 대리권이 법률의 규정에 의하여 부여됨.

대리행위 모습에 따라	능동대리는 본인을 위하여 제3자에게 의사표시를 하는 대리
	수동대리는 본인을 위하여 제3자의 의사표시를 수령하는 대리
대리권 유무에 따라	유권대리는 해당 대리행위에 대하여 정당한 대리권을 갖는 대리
	무권대리는 대리인이라고 칭하는 자가 대리권을 갖고 있지 않은 대리

(3) 대리의 삼면관계

대리관계는 본인·대리인 사이에서 대리인이 본인의 정당한 대리인이라는 관계(대리권), 대리인·상대방 사이에서 대리인이 본인을 위하여 상대방과 법률행위를 하는 관계(대리행위), 상대방·본인 사이에서 대리행위의 결과로 상대방과 본인 사이에 권리변동이 발생하는 관계(법률효과의 귀속)로 구성된다.

2. 대리의 삼면관계

(1) 대리권(본인·대리인 간의 관계)

대리권은 타인이 본인의 이름으로 의사표시를 하거나 또는 의사표시를 받음으로써 본인에게 법적 효과를 귀속시킬 수 있는, 대리인의 본인에 대한 법률상의 지위 또는 자격이다(자격설).

법정대리권은 법률의 규정, 지정권자의 지정행위, 법원의 선임행위와 같이 본인이 될 자의 의사와는 관계없이 법규가 정하는 바에 따라 발생한다. 반면 임의대리권은 본인이 대리인에게 대리권을 수여하는 행위(수권행위)에 의하여 발생한다. 다수설은 수권행위의 법적 성질을 상대방 있는 단독행위로 본다. 이 수권행위는 위임이나 고용과 같은 본인과 대리인 사이의 기초적 내부관계를 발생시키는 행위와 구별된다.

법정대리권의 범위는 개별 규정에 따른다. 반면 임의대리권의 범위는 수권행위에 의해 정하여진다. 그러나 수권행위의 해석을 통해서 대리권의 범위를 명백히 할 수 없는 경우에 대리인은 관리행위인 보존·이용·개량행위만을 할 수 있고 처분행위는 하지 못한다(제118조).

대리인이 대리권의 범위 내에서 본인을 위한 것임을 표시하여 대리행위를 하면 본인에게 그 법률효과가 직접 발생한다. 설사 대리인이 본인과의 의무를 위반하여 이익을 도모하고자 대리행위를 하여도 대리권의 범위 내의 행위인 한 본인에게 그 효력이 귀속되는 것이 원칙이다. 그러나 대리인의 배임행위를 상대방이 알았거나 또는 알 수 있었던 경우에는 민법 제107조 제1항 단서 규정을 유추적용하여 대리행위의 효력이 본인에게 귀속하는 것을 부정하여 본인을 보호할 수 있는데 이것이 대리권의 남용법리이다.

(2) 대리행위(대리인·상대방 간의 관계)

대리인은 본인을 위한 것임을 표시하여 대리행위를 하여야 한다(현명주의). 예를 들어 '甲의 대리인 乙' 식으로 현명한다. 여기서 '본인을 위한 것'은 그 행위의 법률적 효과를 본인에게 귀속시키려고 하는 것을 의미한다.

대리인이 본인을 위한 것임을 표시하지 않고서 한 의사표시는 그 대리인 자신을 위한 것으로 본다. 그러나 상대방이 대리인으로서 한 것임을 알았거나 알 수 있었을 때에는 그 의사표시는 대리행위로서 효력을 발생한다(제115조).

의사표시의 결함이나 선의·악의 및 과실 유무는 대리인을 기준으로 결정한다. 또한 대리행위의 하자에서 생기는 효과(취소권·무효주장 등)는 본인에게 귀속한다. 대리인은 행위능력자임을 요하지 않는다. 따라서 본인은 대리인이 제한능력자임을 이유로 그의 대리행위를 취소할 수 없다.

(3) 대리의 효과(본인·상대방 간의 관계)

대리인의 법률행위의 효과는 본인에게 직접 귀속된다(제114조 제1항).

3. 복 대 리

복대리란 대리인이 자기의 명의로 자기가 가진 권한 내의 행위의 전부 또는 일부를 행하게 할 자를 선임하여 그 자를 직접 본인의 대리인으로 하는 제도이다. 복대리인은 대리인이 자기의 이름으로 선임한 자이며, 본인의 대리인이다. 그리고 복대리인을 선임한 후에도 대리인의 대리권은 존속한다(제123조 제2항).

4. 무권대리

(1) 서 설

무권대리는 대리권 없이 행한 대리행위, 즉 대리행위의 다른 요건은 갖추고 있지만 대리권만이 없는 행위를 말한다. 통설은 무권대리를 표현대리와 협의의 무권대리로 구분한다.

(2) 표현대리

표현대리는 대리인에게 대리권이 없는데도 마치 그것이 있는 것과 같은 외관이 있고 그러한 외관의 발생에 본인이 어느 정도의 원인을 제공한 경우, 그 무권대리행위에 대한 본인의 책임을 인정하는 제도이다. 이 표현대리는 외관을 신뢰한 선의·무과실의 제3자를 보호하고 거래의 안전을 보장하며, 나아가 대리제도의 신용을 유지하려는 제도이다.

민법이 규정하는 표현대리에는 ① 대리권 수여의 표시에 의한 표현대리(제125조), ② 권한을 넘은 표현대리(제126조), ③ 대리권소멸 후의 표현대리(제129조)가 있다.

대리권 수여의 표시에 의한 표현대리는 갑(본인)이 을(표현대리인)에게 대리권을 수여하지 않았음에도 병(상대방)에게 을에게 대리권을 수여하였음을 표시하고, 을이, 을에게 대리권이 있는 것으로 오신한 병과 대리행위를 하면 갑은 그에 대하여 책임을 지는 것이다.

권한을 넘은 표현대리는 을(표현대리인)이 기본대리권은 가지고 있으나 그 기본대리권의 범위를 넘어 대리행위를 한 경우 그 대리권을 신뢰하여 거래한 병(상대방)를 보호하기 위하여 갑(본인)이 책임을 지는 것이다.

대리권 소멸 후의 표현대리는 대리권을 가지고 있던 자가 대리권이 소멸한 후에 대리행위를 한 경우에, 대리권 소멸을 외관상 용이하게 알 수 없고 상대방은 대리권이 존속하는 것으로 오신하는 경우가 많으므로 선의·무과실의 상대방을 보호하기 위하여 인정된 표현대리이다.

(3) 협의의 무권대리

1) 의 의

광의의 무권대리란 대리행위의 다른 요건을 갖추고 있지만 대리권만이 없는 행위를 말하는데, 협의의 무권대리란 광의의 무권대리 중 표현대리의 경우를 뺀 것을 의미한다(통설). 협의의 무권대리에서는 상대방이 본인에 대해 대리행위의 효과를 주장하지 못한다.

2) 계약의 무권대리

① 본인과 상대방 간의 관계

계약의 무권대리는 원칙적으로 본인에 대해 효력이 발생하지 않는다(제130조). 만약 본인이 추인하면 무권대리행위는 처음부터 유권대리행위이었던 것과 마찬가지의 법률효과를 발생한다. 다만, 다른 의사표시가 있거나 제3자의 권리를 해할 경우에는 소급효가 제한된다(제133조). 본인이 추인거절의 의사표시를 하면 그 무권대리는 본인에게 효력이 생기지 않는 것으로 확정된다. 무권대리인이 계약을 한 경우에 상대방은 상당한 기간을 정하여 본인에게 그 추인 여부의 확답을 최고할 수 있다.

② 상대방과 무권대리인 간의 관계

대리제도의 신용을 유지하고 거래의 상대방을 보호하기 위하여 민법은 무권대리인에게 법정의 무과실책임을 인정하고 있다. 무권대리인의 책임의 요건은 다음과 같다. ① 대리인이 대리권의 증명을 하지 못할 것, ② 본인의 추인을 얻지 못하고 또 표현대리로도 되지 않을 것, ③ 상대방이 철회권을 행사하지 않을 것, ④ 상대방이 대리권 없음을 몰랐고 또 모르는 데 과실이 없을 것, ⑤ 무권대리인이 행위능력자일 것. 이러한 요건이 충족되면 무권대리인은 상대방의 선택에 따라 계약의 이행 또는 손해배상의 책임을 진다.

③ 본인과 무권대리인 간의 관계

본인이 추인하지 않은 경우에는 본인에게 효력이 발생하지 않으므로 아무런 법률관계가 생기지 않는다. 그러나 본인이 추인한 경우에는 사무관리가 성립하며, 만약 본인의 이익이 침해되면 불법행위, 대리인에게 부당히 이득이 생기면 부당이득이 문제된다.

3) 단독행위의 무권대리

상대방 없는 단독행위의 무권대리는 절대무효이다. 따라서 본인의 추인이 있더라도 아무런 효력이 생기지 않고 무권대리인의 책임도 생기지 않는다. 상대방 있는 단독행위의 무권대리는 원칙적으로 무효이다. 다만 예외적으로 ① **능동대리**에 있어서는 상대방이 대리인의 권한없는 행위에 대해 동의하거나 또는 대리권을 다투지 않는 경우, ② **수동대리**에 있어서는 무권대리인의 동의를 얻어서 상대방이 법률행위를 한 경우 계약의 무권대리와 동일한 효과가 인정된다(제136조).

Ⅶ. 법률행위의 무효 및 취소

1. 법률행위의 무효

법률행위의 무효는 일단 성립한 법률행위가 어느 누구의 주장도 기다리지 않고 당연히 효력이 발생하지 않는 것으로 확정되어 있는 것이다.

민법상 무효사유로는 다음의 경우가 있다. ① 의사무능력자의 법률행위, ② 상대방이 표의자의 진의를 알았거나 알 수 있는 경우의 비진의표시(제107조 제1항 단서), ③ 허위표시(제108조 제1항), ④ 대리권 없는 자의 대리행위(제130조), ⑤ 선량한 풍속 기타 사회질서에 반하는 행위(제103조), ⑥ 불공정한 법률행위(제104조).

법률행위가 무효인 경우 법률행위로서의 효과가 발생하지 않는다. 무효의 효과는 제3자에 대하여도 주장할 수 있는 것이 원칙이나 제107조 제2항이나 제108조 제2항처럼 선의의 제3자에게 무효를 주장할 수 없는 경우가 있다.

법률행위의 일부분이 무효인 경우를 일부무효라고 한다. 일부무효의 경우 원칙적으로 전부무효이며 예외적으로 나머지 부분이 유효하다(제137조).*

무효행위의 전환이란 법률행위가 무효이지만 다른 법률행위의 요건을 갖춘

* 그러나 약관의 규제에 관한 법률 제16조에 따르면 약관의 전부 또는 일부가 불성립 또는 무효인 경우 계약은 나머지 부분만으로 유효하게 존속하며, 유효한 부분만으로 계약의 목적달성이 불가능하거나 일반 당사자에게 부당하게 불리한 때에는 당해 계약을 무효화한다.

경우 당사자가 그 무효를 알았더라면 다른 법률행위를 하는 것을 의욕하였으리라고 인정될 때에는 다른 법률행위로서의 효력을 인정하는 것이다.

무효행위는 본래 법률행위의 효과가 발생하지 않는 것으로 확정되어 있으므로 후에 추인을 하더라도 유효로 되지 않는다. 그러나 당사자가 무효임을 알고 추인한 때에는 새로운 법률행위를 한 것으로 보아 비소급적 추인이 가능하다(무효행위의 추인, 제139조).

2. 법률행위의 취소

법률행위의 취소는 일단 유효하게 성립한 법률행위를 제한능력 또는 의사표시의 착오·사기·강박을 이유로 특정인(취소권자)의 의사표시에 의하여 소급적으로 그 효력을 소멸시키는 것이다. 법률행위가 취소되면 그 법률행위는 처음부터 무효인 것으로 본다(소급적 무효). 그러나 거래안전을 위하여 선의의 제3자에게 대항하지 못하는 경우가 있다(예를 들어 제109조 제2항·제110조 제3항).

일부취소는 법률행위의 일부에 취소사유가 있는 경우 취소권자가 그 일부분에 대하여만 취소의 의사표시를 하고 나머지 부분의 효력은 유지시키는 것이다.

취소할 수 있는 법률행위는 취소할 수 있는 법률행위를 취소하지 않겠다는 의사표시인 추인(제143조)이나 일반적으로 추인이라고 인정할 만한 일정한 사실이 있는 경우에 취소권자의 의사를 불문하고 법률이 추인한 것으로 보는 법정추인(제145조)이 있으면 유효로 확정된다. 또한 취소권은 추인할 수 있는 날(취소원인 종료시)로부터 3년, 법률행위를 한 날로부터 10년 내에 행사하여야 한다(취소권의 단기소멸, 제146조).

Ⅷ. 법률행위의 부관

1. 서 설

일반적으로 법률행위의 부관이라 함은 법률행위의 효과의 발생 또는 소멸에 관하여 이를 제한하기 위하여 부가되는 약관을 말한다. 민법은 조건과 기한에 관하여 일반적 규정을 두고 있다.

2. 조 건

조건이란 법률행위의 효력의 발생·소멸을 장래의 불확실한 사실의 성부에 의존케 하는 법률행위의 부관이다. 예를 들어, "대학에 합격하면 자동차 1대를 증여하겠다"는 조건에 해당한다.

조건의 종류로서 정지조건은 법률행위의 효력의 발생을 장래의 불확실한 사실에 의존케 하는 조건을 말하며(예를 들어, 태아가 살아서 태어나면 권리능력을 취득한다), 해제조건은 법률행위의 효력의 소멸을 장래의 불확실한 사실에 의존케 하는 조건을 말한다(예를 들어, 취직할 때까지 생활비를 주겠다).

3. 기 한

기한이란 법률행위의 당사자가 그 효력의 발생·소멸 또는 채무의 이행을 장래에 발생하는 것이 확실한 사실에 의존케 하는 부관이다.

기한의 종류로서 시기는 법률행위의 효력의 발생 또는 채무이행의 시기를 장래의 확정적 사실의 발생에 의존케 하는 기한이며(예를 들어, 9월 1일부터 임대한다), 종기는 법률행위의 효력의 소멸을 의존케 하는 기한이다(예를 들어, 9월 15일까지 임대한다).

한편 기한이 존재하는 것, 즉 기한이 도래하지 않음으로써 그동안 당사자가 받은 이익을 기한의 이익이라고 한다. 기한의 이익은 포기할 수 있으나 상대방의 이익을 해하지 못한다(제153조 제2항). 기한의 이익의 상실은, 채무자에게 경제적 신용을 위태롭게 할 만한 사유가 발생한 경우 그의 기한의 이익을 상실케 하여 채권자의 이행청구를 거절하지 못하게 하는 제도이다. 기한의 이익이 상실되면 채무자는 기한의 이익을 주장하지 못한다.

제6절 | 기 간

1. 기간의 의의

기간이란 어떤 시점에서 다른 시점까지 계속된 시간을 말한다. 민법은 기간에 관하여 규정하고 있는데 이들 규정은 보충적 규정이며(제155조), 사법관계·공법관계에 적용된다.

2. 기간의 계산방법

기간의 계산방법에는 자연적 계산방법과 역법적 계산방법이 있다. 자연적 계산방법이란 시간을 실제 그대로, 순간에서 순간까지 계산하는 방법이며, 역법적 계산방법이란 기간을 역(曆)에 따라 계산하는 방법이다.

기간을 시·분·초로 정한 때에는 자연적 계산방법에 의한다. 기산점은 즉시이며, 만료점은 정하여진 시·분·초의 종료시이다.

기간을 일·주·월·연으로 정한 때에는 역법적 계산방법에 의한다. 이 경우 기산점에는 초일 불산입의 원칙이 적용된다. 즉 초일을 산입하지 않고 그 다음 날부터 기산하는 것을 원칙으로 한다(제157조 본문). 예외적으로 초일을 산입하는 경우로는 ① 기간이 오전 영시부터 시작하는 경우(제157조 단서), ② 연령의 계산(제158조), ③ 초일 불산입의 원칙에 대한 예외 약정이 있는 경우가 있다. 또한 기간의 말일의 종료로 기간이 만료한다(제159조). 기간의 말일이 토요일 또는 공휴일에 해당한 때에는 기간은 그 익일로 만료한다(제161조).

주·월 또는 년의 처음으로부터 기간을 기산하지 않은 경우 그 기간은 최후의 주·월 또는 년에서 그 기산일에 해당하는 날의 전일로 만료한다(제160조 제2항). 다만 월 또는 년으로 정한 경우에 최종의 월에 해당일이 없는 때에는 그 월의 말일로 기간이 만료한다(제160조 제3항).

기산일로부터 과거로 소급하여 계산되는 기간의 계산방법으로 민법규정을 유추적용한다.

3. 기간계산의 구체적 예

6월 1일 오전 9시로부터 16시간	• 단위가 시이기 때문에 자연적 계산방법 • 기산점: 6월 1일 오전 9시 • 만료점: 6월 2일 오전 1시가 종료한 때
2018년 6월 1일 오후 5시부터 7일간	• 단위가 일이기 때문에 역법적 계산방법 • 기산점: 초일불산입. 2018년 6월 2일 0시 • 만료점: 2018년 6월 8일 오후 12시
1999년 3월 15일 오후 5시에 출생한 자의 성년기	• 단위가 년이기 때문에 역법적 계산방법 • 기산점: 초일산입. 1999년 3월 15일 0시 • 만료점: 2018년 3월 14일 오후 12시
2015년 10월 30일 오후 2시부터 4개월	• 단위가 월이기 때문에 역법적 계산방법 • 기산점: 초일불산입. 2015년 10월 31일 0시 • 만료점: 2016년 2월 29일 오후 12시

제7절 소멸시효

Ⅰ. 서 설

시효란 일정한 사실상태가 일정기간 계속됨으로써 그 사실상태가 진실한 권리관계에 합치하는가를 묻지 않고 그 사실상태를 그대로 존중하여 권리관계로 인정하여 권리의 취득 또는 소멸이라는 일정한 법률효과를 발생케 하는 제도이다. 시효제도에는 취득시효와 소멸시효가 있다.

소멸시효는 권리를 행사할 수 있음에도 불구하고 권리 불행사의 상태가 일정기간 동안 계속됨으로써 권리소멸의 효과가 발생하는 제도이다. 소멸시효와 유사한 제도인 제척기간은 일정한 권리에 관하여 법률로써 미리 정하여 놓은 권리의 존속기간으로서 그 기간 동안에 권리가 행사되지 않으면 그 권리는 당연히 소멸한다.

판례

"시효제도의 존재이유는 영속된 사실상태를 존중하고 권리 위에 잠자는 자를 보호하지 않는다는 데에 있고 특히 소멸시효에 있어서는 후자의 의미가 강하다." **대판 1992. 3. 31. 91다32053 (전원합의체).**

Ⅱ. 소멸시효의 요건

먼저 권리가 소멸시효의 대상이 되어야 하며, 권리자가 그의 권리를 행사할 수 있음에도 불구하고 행사하지 않아야 한다. 또한 이와 같은 권리불행사 상태가 일정한 기간(소위 소멸시효기간) 계속되어야 한다.

소멸시효에 걸리지 않는 권리에는 ① 소유권, ② 형성권, ③ 점유권, ④ 상린권, ⑤ 담보물권, ⑥ 비재산권, ⑦ 부동산을 인도 받아 사용·수익하면서 등기를 갖추지 아니한 매수인의 등기청구권 등이 있다. 그러나 채권뿐만 아니라, 소유권을 제외한 그 밖의 재산권은 소멸시효에 걸린다.

소멸시효의 기산점은 권리를 행사할 수 있는 때로부터 기산된다. 권리를 행사할 수 있는 경우란 그 권리행사에 법률상의 장애사유가 없는 경우를 말한다.

보통 채권의 소멸시효기간은 10년이며, 상행위로 인하여 발생한 채권의 소멸시효기간은 상법 제64조에 따라 원칙적으로 5년이다. 또한 민법은 3년의 단기소멸시효에 걸리는 채권(제163조)과 1년의 단기소멸시효에 걸리는 채권(제164조)을 규정하고 있다.

판결에 의하여 확정된 채권은 단기의 소멸시효에 해당하는 것이라도 그 소멸시효기간은 10년이며(제165조 제1항), 채권 및 소유권 이외의 재산권의 소멸시효기간은 20년이다(제162조 제2항).

Ⅲ. 소멸시효의 중단과 정지

소멸시효의 중단은 일정한 사유의 발생으로 소멸시효의 진행을 방해하고, 이미 경과한 시효기간의 효력을 상실케 하는 것이다. 민법은 소멸시효의 중단사유로 ① 청구, ② 압류 또는 가압류, 가처분, ③ 승인을 규정하고 있다(제168조).

시효가 중단되면 이미 진행한 기간은 소멸한다. 시효중단 후 시효의 기초된 사실상태가 계속될 경우에는 중단사유가 종료한 때로부터 다시 전시효기간이 진행한다. 소멸시효의 정지란 시효가 거의 완성될 무렵에 권리자가 중단행위를 할 수 없거나 또는 극히 곤란한 사정이 있는 경우에 시효의 완성을 일정한 기간 유예하는 것이다. 정지사유가 제거되고 일정한 유예기간이 경과하면 시효가 완성된다.

Ⅳ. 소멸시효의 효력

소멸시효 완성의 효과에 대해서는 절대적 소멸설과 상대적 소멸설이 대립되고 있다. 절대적 소멸설은 소멸시효의 완성으로 권리가 당연히 소멸한다고 해석하며, 상대적 소멸설은 권리가 당연히 소멸하는 것은 아니고 다만 시효의 이익을 받을 자에게 권리의 소멸을 주장할 수 있는 권리(원용권)가 생기는 것으로 해석한다.

소멸시효는 그 기산일에 소급하여 효력이 생긴다(제167조). 한편 소멸시효이익의 포기란 소멸시효의 완성으로 소멸하는 권리의 의무자가 그로 인하여 생기는 이익을 받지 않겠다는 일방적인 의사표시이다. 소멸시효 완성 전에 미리 시효이익을 포기하는 것은 인정되지 않는다(제184조 제1항).

▸ 법률용어 설명

- **전부노출설**: 태아가 모체로부터 전부 노출되었을 때 출생한 것으로 보는 설.
- **추정**: 어떤 사실로 다른 사실을 추론하는 것으로 반대의 증거에 의하여 번복될 수 있음.
- **간주**: 법에 의한 의제로서 반증을 허용하지 않고 법률이 규정한 효력이 당연히 발생함.
- **선의**: 어떠한 사실을 알지 못하는 것.
- **악의**: 어떠한 사실을 알고 있는 것. 그러나 예외적으로 타인에게 해를 끼치려는 나쁜 뜻을 의미하는 경우도 있음(예: 제840조 제2호 '배우자가 악의로 다른 일방을 유기한 때').

- **제3자:** 당해 법률관계를 직접 형성하고 있는 자와 그들의 포괄적 승계인 이외의 자
- **대항하지 못한다:** 법률행위의 효력을 주장할 수 없음.
- **허가:** 일반적으로 금지된 행위를 특정한 경우에 해제하는 것
- **능동대리:** 대리인이 본인을 위하여 제3자에 대하여 의사표시를 하는 대리.
- **수동대리:** 대리인이 본인을 위하여 제3자로부터 의사표시를 받는 대리.

▶ 생각해볼 문제

Q. 갑(매도인)과 을(제1매수인)은 갑 소유의 X토지를 1억원에 매매하는 계약을 체결하였다. 그 후 갑(매도인)과 병(제2매수인)은 위 X토지를 1억 5천만원에 매매하는 계약을 체결하고, 병으로의 X토지에 대한 소유권이전등기를 하였다. X토지의 소유자는 누구인가?

Q. 갑의 대리인 을은 병과 갑 소유의 X토지에 저당권을 설정하고 1억원을 빌리는 계약을 체결하였다. 그러나 을은 빌린 돈을 자신의 유흥비로 써버렸다. 이 경우 갑은 병에게 위 빌린 돈을 변제해야 하는가?

제2장

물 권 법

제1절 ┃ 물권 일반

Ⅰ. 물권의 의의

물권이란 특정의 물건을 직접 지배하여 이익을 얻는 배타적인 권리이다. 물권은 직접성·배타(독점)성·절대성을 갖는다.

물권자는 타인의 협력이나 동의를 받을 필요 없이 스스로 자신의 힘을 특정의 물건에 대하여 현실적으로 작용시켜 이익을 얻을 수 있다(직접성). 물권자가 물권의 객체를 직접 지배하여 얻는 '이익'에는 물건을 경제적 효용에 따라 이용하는 사용가치와 객체가 가지는 교환가치가 있다.

물권의 배타(독점)성이란 타인의 간섭을 배제하고 객체로부터 이익을 독점적으로 향수할 수 있는 성질을 말한다. 이러한 물권의 배타(독점)성은 제3자에게 매우 큰 영향을 주기 때문에 물권의 존재를 외부에 공시할 필요가 있다.

물권은 모든 사람에 대하여 주장할 수 있으며(대세권), 물권의 의무자는 일반인이다(절대권). 물권은 누구에 의해서도 그 실현이 방해되어서는 안 되며(불가침성), 만약 물권의 실현이 침해되었을 때에는 물권적 청구권을 통하여 침해를 배제할 수 있다(침해배제가능성).

Ⅱ. 물권의 객체

물권은 객체에 대한 직접지배를 본질적 내용으로 한다. 따라서 지배의 대상은 확정되어 있어야 한다. 물권의 객체는 원칙적으로 '하나의 특정되고 현존하는 독립한 물건'이다. 독립한 물건이란 거래관념상 하나의 물건으로 다루어질 수 있는 독립물을 의미한다. 한편 민법은 예외적으로 재산권의 준점유(제210조), 유가증권을 목적으로 하는 유치권(제320조), 권리질권(제345조) 등의 경우에는 채권 기타의 권리 위에 물권이 성립할 수 있도록 규정하고 있다.

물권의 배타적 지배를 가능하게 하는 전제로서 '일물일권주의'가 있다. 일물일권주의란 하나의 물건 위에는 서로 양립할 수 없는 물권은 하나밖에 성립할 수 없다는 원칙을 말한다. 이러한 일물일권주의로부터 물건의 일부나 구성부분에는 물권이 성립될 수 없고, 또한 여러 물건 위에 하나의 물권이 성립될 수 없다는 원칙이 파생된다.

일물일권주의의 인정근거는 ① 물건의 일부나 집단 위에 하나의 물권을 인정하여야 할 사회적 필요성이나 실익이 없고, ② 물건의 일부나 집단 위에 하나의 물권을 인정하게 되면 그의 공시가 곤란하거나 공시를 혼란하게 한다는 점이다. 따라서 물건의 일부나 집단 위에 하나의 물권을 인정하여야 할 사회적 필요성이나 실익이 있고, 어느 정도의 공시가 가능하거나 공시와는 관계가 없을 때에는 일물일권주의의 예외가 인정된다.

Ⅲ. 물권의 종류(물권법정주의)

1. 물권법정주의의 의의

> **민법 제85조(물권의 종류)** 물권은 법률 또는 관습법에 의하는 외에는 임의로 창설하지 못한다.

물권법정주의란 물권의 종류와 내용은 민법 기타 법률 또는 관습법에 의하는 것에 한하여 인정되며 당사자가 자유로이 창설하거나 내용을 부여하지 못한다는 원칙이다.

2. 민법 제185조의 내용

제185조 소정의 법률은 헌법적 의미의 법률을 의미하며 명령, 규칙 등은 포함되지 않는다. 또한 제185조는 명문으로 관습법에 의한 물권의 창설을 인정하고 있다. 이는 종래 전통적인 물권적 권리를 그대로 존속시키며, 사회변화에 따라 요구되는 새로운 종류의 물권에 대한 사회적 필요성에 대처하기 위한 것이다. 그러나 관습법에 의한 물권은 법률에 규정이 없는 종류나 내용의 물권만이 인정된다(보충적 효력설). 현재 우리나라에서 인정되고 있는 관습법상의 물권에는 분묘기지권, 관습법상의 법정지상권 등이 있다.

제185조에서의 '임의로 창설하지 못한다'는 법률 또한 관습법이 인정하지 않는 새로운 종류의 물권을 만들지 못한다는 것(종류강제)과 법률 또한 관습법에 의하여 인정되는 물권이라도 법률 또는 관습법이 정하는 것과 다른 내용을 부여하지 못한다는 것(내용강제)을 의미한다. 만약 물권행위가 종류강제에 위배된다면 그 행위의 효력은 전부무효이다. 그러나 물권행위가 내용강제에 위배된다면 위배되는 부분이 무효가 되고 나머지에 대해서는 민법 제137조의 일부무효의 법리가 적용된다.

3. 물권의 종류

(1) 민법이 규정하는 물권

- 본권, 점유권
- **소유권, 제한물권**
- 용익물권, 담보물권
- 동산물권, 부동산물권

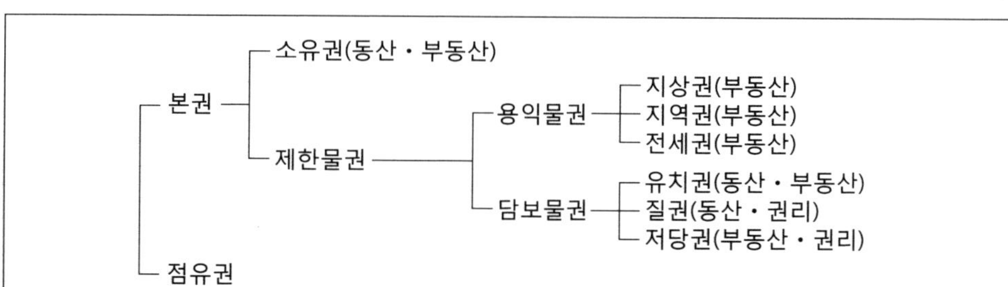

(2) 민법 이외의 법률이 인정하는 물권

① 상법이 인정하는 물권: 상사유치권, 상사질권, 주식질권, 선박저당권 등.

② 특별법이 인정하는 물권: 공장저당권, 공장 및 광업재단저당권, 입목저당권, 자동차 등 특정동산저당권, 가등기담보권, 양도담보권 등이 있고, 특수한 물권적 권리로서 광업권, 조광권, 어업권 등.

(3) 관습법상의 물권

분묘기지권, 관습법상의 법정지상권.

Ⅳ. 물권의 일반적 효력

1. 서 설

물권의 효력은 대내적 효력과 대외적 효력으로 구분될 수 있다. 물권의 대내적 효력은 물권의 객체를 직접 지배하는 것을 말하며, 지배하는 구체적인 내용은 물권의 종류의 따라 다르다. 물권의 대외적 효력은 물권자가 누구에 대해서나 그 권리를 주장할 수 있는 효력을 말하며, 이에는 우선적 효력과 물권적 청구권이 있다.

2. 우선적 효력

(1) 의 의

물권의 우선적 효력은 동일물 위에 여러 개의 권리가 존재하는 경우에 어떤 물권이 다른 권리에 우선하여 취급되는 효력으로, 다른 물권에 대한 우선적 효력과 채권에 대한 우선적 효력이 있다.

(2) 물권 상호간의 우선적 효력

물권은 배타적인 지배권이므로 동일물 위에 같은 내용의 물권이 동시에 둘 이상 성립할 수 없다. 그러나 서로 다른 종류의 물권이나 서로 다른 내용의 물권은 동시에 성립할 수 있다. 예를 들어, X토지에 대해서 두 개 이상의 소유권은 성립할 수 없으나, X토지에 대한 소유권과 저당권은 존재할 수 있다. 또한 X토지에 대해서 여러 개의 저당권이 성립할 수 있는데, 이 경우 이들 저당권들의 순위는 성립의 선후에 따른다.

소유권과 제한물권이 동시에 존재하는 경우 제한물권의 성질상 소유권보다 우선한다. 그 이외의 경우에는 시간적으로 먼저 성립한 물권이 나중에 성립한 물권보다 우선한다(先時主義).

(3) 채권에 대한 우선적 효력

동일물을 목적으로 하는 물권과 채권이 동시에 성립하는 경우에는 성립의 선후를 불문하고 언제나 물권이 우선한다. 예를 들어, 동일한 토지에 대해서 이중매매가 이루어진 경우 제2매수인의 매매계약이 제1매수인의 매매계약보다 나중에 성립한 것이더라도 먼저 등기를 경료받았다면 제2매수인이 소유권을 취득한다. 즉 소유권은 물권으로서 채권에 우선하므로 제2매매가 민법 제103조 위반 등의 사유로 무효로 되는 경우를 제외하고는 제2매수인이 소유권을 취득한다. 그러나 이에 대한 예외를 인정한 법규정들이 존재한다.*

3. 물권적 청구권

(1) 의 의

물권적 청구권이란 물권 내용의 실현이 방해당하고 있거나 방해당할 위험이 있는 경우, 물권자가 방해자에 대하여 그 방해 내지 위험상태를 배제하여 물권의 직접적·배타적 지배상태를 회복할 것을 청구하는 권리이다. 이러한 물권적 청구권은 물권의 실효성을 확보하기 위하여 인정된다.

물권적 청구권은 소유권과 점유권에 관하여 각각 규정되어 있으며, 소유권에 기한 물권적 청구권에 관한 규정을 지상권 · 지역권 · 전세권 · 저당권에 준용하고 있다.

(2) 종 류

물권적 청구권은 침해태양에 따라 다음과 같이 분류된다.

---

* 근로기준법 소정의 임금우선특권, 주택임대차보호법 소정의 주택임차인의 소액보증금의 최우선특권, 등기된 부동산 임차권 등.

물권적 반환청구권	목적물의 점유를 전면적으로 침탈하거나 반환을 거부함으로써 물권이 침해되는 경우 그 반환을 청구하는 권리
물권적 방해제거청구권	목적물에 대한 점유의 전면적 침탈 또는 반환거부 이외의 방법으로 물권의 실현이 방해되는 경우 그 방해의 제거를 청구하는 권리
물권적 방해예방청구권	물권의 침해가 현실적으로 발생하지 않았지만 장래 발생할 위험이 있는 경우 그 발생의 예방 또는 손해배상의 담보를 청구할 수 있는 권리

(3) 요 건

물권적 청구권이 성립되기 위하여는 ① 물권의 침해 또는 침해의 위험성이 객관적 사실로서 존재하고, ② 물권의 침해 또는 침해의 위험성은 위법하여야 한다. 그리고 ③ 침해자의 고의·과실은 불문한다.

(4) 당사자

물권적 청구권자는 '현재' 물권의 방해를 당하고 있거나 방해를 당할 위험성이 있는 물권자이다. 만약 물권을 양도하였다면 그 자는 물권적 청구권도 상실한다. 물권적 청구권의 상대방은 현재 물권을 방해하고 있거나 방해할 위험성 있는 상태를 발생시키고 있는 자이다. 따라서 과거에는 방해자이었으나 현재 방해하고 있는 아니한 자는 상대방이 될 수 없다.

(5) 내 용

판례는 건물을 전소유자로부터 매수하여 등기를 하지 않고 있는 건물점유자에 대하여, 그 건물에 의하여 불법점유를 당하고 있는 대지소유자는 그 건물의 철거를 요구할 수 있다고 판시하여(대판 1967. 2. 28. 66다2228), 물권적 청구권을 상대방의 적극적인 행위를 청구할 수 있는 권리로 보고 있다. 이처럼 물권적 청구권을 행위청구권으로 파악하면 상대방이 비용을 부담하게 된다.

(6) 소멸시효

소유권에 기한 물권적 청구권은 소유권이 소멸시효에 걸리지 않으므로 물권적 청구권이 독립하여 소멸시효에 걸리지 않으나, 제한물권에 기한 물권적 청구권은 제한물권이 소멸시효에 걸리므로 물권적 청구권도 소멸시효에 걸린다(절충설). 판례는 소유권에 기한 물권적 청구권은 소멸시효의 대상이 아니라는 태도이다(대판 1979. 2. 13. 78다2412).

제2절 물권의 변동

Ⅰ. 서 설

1. 물권변동의 의의

물권의 변동이란 물권의 발생(취득)·변경·소멸(상실)을 말한다. 물권도 권리이므로 물권변동의 모습은 권리변동의 모습과 같다.

2. 물권변동의 원인

법률행위에 의한 부동산물권변동은 등기하여야, 법률행위에 의한 동산물권변동은 인도하여야 물권변동의 효력이 발생함(성립요건주의)에 반하여 법률행위에 의하지 않는 물권변동(예: 무주물선점, 유실물습득, 매장물발견, 첨부, 상속 등)은 등기나 인도 없이도 물권변동의 효력이 발생한다.

물권은 배타성과 관념성을 갖기 때문에 물권의 존재나 변동에 대하여 언제나 외부에서 인식할 수 있는 어떤 표상이나 표지를 갖추도록 하여 제3자의 보호 및 거래의 안전을 꾀한다.

3. 공시의 원칙과 공신의 원칙

(1) 공시의 원칙

공시의 원칙이란 물권의 변동은 반드시 외부에서 인식할 수 있는 표상인 공시방법을 갖추어야 한다는 원칙을 말한다. 이 원칙은 제3자와 거래안전을 보호하기 위한 것으로 동산·부동산 물권변동 모두에 적용된다.

부동산물권을 공시하는 제도는 등기이다. 법률행위에 의한 부동산 물권변동의 경우 등기를 요한다. 그러나 법률규정에 의한 부동산물권변동은 등기를 요하지 않지만 등기하지 아니하면 처분하지 못한다. 한편 동산물권변동을 공시하는 제도는 물건의 인도이다. 판례는 수목의 집단·미분리의 과실의 공시방법으로 명인방법을 인정하고 있다. 그리고 선박·자동차·항공기 등과 같은 특정동산의 공시방법은 등기나 등록이다.

(2) 공신의 원칙

공신의 원칙이란 공시방법에 의하여 공시된 내용을 신뢰하여 거래한 자가 있는 경우에 비록 그 공시방법이 진실한 권리관계와 일치하지 않더라도 그 공시된 대로의 권리를 인정하여 그 자의 신뢰를 보호하는 원칙을 말한다. 공신의 원칙을 채택하는 경우 제3자의 신뢰가 보호되어 거래의 안전을 지킬 수 있고 거래의 신속에도 기여하지만 진정한 권리자는 희생될 수 있다. 우리 민법은 동산에 관해서만 공신의 원칙을 인정(선의취득)하고 부동산에 관하여는 인정하지 않는다.

Ⅱ. 물권행위와 부동산등기

1. 물권행위

물권행위란 직접 물권변동을 목적으로 하는 의사표시를 요소로 하는 법률행위를 말한다. 물권변동을 목적으로 하는 법률행위인 물권행위는 이행의 문제를 남기지 않는 반면 채권·채무를 발생시키는 법률행위인 채권행위는 이행의 문제를 남긴다. 예를 들어, 갑이 을에게 자신 소유의 X토지를 매도하는 매매계약을 을과 체결한 경우 갑이 을에게 X토지의 소유권을 이전하여야 하는 채권·채무가 발생한다. 이 채권·채무에 따라 을이 X토지의 소유권을 취득하기 위해서는 위 채권·채무의 이행으로 X토지의 소유권을 갑으로부터 을에게로 이전하는 법률행위(물권행위)와 등기가 이루어져야 한다.

2. 부동산등기

(1) 등기의 의의

법률행위에 의한 부동산물권변동은 등기하여야 그 효력이 생긴다(제186조). 민법 제186조 소정의 등기는 부동산등기를 의미한다. 실체법상의 등기란 등기관이라고 하는 국가기관이 법이 정한 절차에 따라 등기부라고 하는 공적 기록에 부동산에 관한 일정한 권리관계를 기록하는 것 또는 그러한 기록 자체를 말하며, 절차법상의 등기는 부동산에 관한 권리관계에 더하여 부동산의 표시에 관한 기록까지도 포함한다.

등기부란 전산정보처리조직에 의하여 입력·처리된 등기정보자료를 대법원규칙으로 정하는 바에 따라 편성한 것을 말한다(부동산등기법 제2조 제1호). 등기부는 토지등기부와 건물등기부로 구분된다(동법 제14조 제1항).*

등기부와 구별되는 공적 장부로서 대장이 있다. 대장은 부동산에 대한 과세·징세 등을 위하여 그 상황을 명확히 하는 공적 장부를 말한다. 대장에는 토지대장·임야대장·건축물대장이 있다. 대장과 등기부의 내용을 일치시키기 위하여 부동산의 현상 내지 동일성에 관한 상황은 대장의 기재를 기초로 하여 등기하고, 권리변동은 등기부의 기재를 기초로 하여 대장을 정리한다. 다만, 소유권보존등기에 관하여는 등기부를 기초로 대장을 등록하도록 한다.

(2) 등기의 종류

1) 사실의 등기·권리의 등기

사실의 등기	부동산의 상황에 관한 등기로서 표제부의 표시란에 하는 등기로서 권리의 객체인 부동산의 위치·면적·구조 등과 같은 물리적 현황을 표시하여 공시하는 등기
권리의 등기	부동산의 권리에 관한 등기로서 갑구·을구의 사항란에 하는 등기로서 미등기부동산에 관하여 처음 행하여지는 소유권보존등기와 소유권 기타 물권의 변동이 발생하는 권리변동의 등기로 구분됨.

* 등기부를 편성할 때에는 1필의 토지 또는 1개의 건물에 대하여 1개의 등기기록을 둔다(1부동산1등기기록 원칙). 다만, 1동의 건물을 구분한 건물에 있어서는 1동의 건물에 속하는 전부에 대하여 1개의 등기기록을 사용한다. 등기기록에는 부동산의 표시에 관한 사항을 기록하는 표제부와 소유권에 관한 사항을 기록하는 갑구(甲區) 및 소유권 외의 권리에 관한 사항을 기록하는 을구(乙區)를 둔다.

2) 보존등기·권리변동의 등기

보존등기	미등기의 부동산에 관하여 처음으로 행하여지는 소유권의 등기
권리변동의 등기	소유권의 보존등기를 기초로 하여 그 후에 행하여지는 권리변동의 등기

3) 종국등기·예비등기

종국등기 (본등기)	등기 본래의 효력인 물권변동의 효력을 발생시키는 등기 • 기입등기: 새로운 등기원인에 의하여 새로운 사항을 등기부에 처음 기입하는 등기. 예) 소유권보존등기·소유권이전등기·저당권설정등기 등 • 변경등기: 등기와 실체관계와의 후발적 불일치를 시정하기 위한 등기. • 경정등기: 등기절차에 착오 또는 탈루가 있어서 등기와 실체관계와의 원시적 불일치가 생긴 경우에 이를 시정하기 위한 등기 • 말소등기: 등기된 권리가 후에 소멸하였거나 존재하지 아니한 권리를 등기한 경우와 같이 등기에 대응하는 실체관계가 없는 경우 그 등기 전부를 법률적으로 소멸시킬 목적으로 행하는 등기. • 회복등기: 기존등기가 부당하게 소멸된 경우 이를 부활·재현하는 등기. 말소회복등기와 멸실회복등기가 있음.
예비등기	등기 본래의 효력에는 직접 관계가 없고, 장래 행해질 종국등기의 준비를 위하여 하는 등기로서, 본등기를 할 수 있는 법률상 요건을 갖추지 못한 때 장래 그 요건이 갖추어지면 가능한 본등기를 위하여 미리 그 순위를 보존하는 수단으로 하는 등기인 가등기가 이에 해당함.

(3) 등기의 유효요건

등기가 유효하기 위하여는 등기가 부동산등기법에서 정하는 바에 따라 적법하게 행하여져야 하며(형식적 유효요건), 물권행위의 내용과 합치하여야 한다(실질적 유효요건).

등기의 형식적 유효요건은 ① 등기부에 등기관이 일정한 사항을 기록하여야 하고, ② 등기는 물권의 효력발생요건이고 효력존속요건이 아니므로 물권에 관한 등기가 원인 없이 말소된 경우에도 그 물권의 효력에는 아무런 영향을 미치지 않는다(판례). ③ 등기는 등기할 수 있는 사항이 관할 등기소에서 이루어져야 한다. ④ 등기부를 편성할 때에는 1필의 토지 또는 1개의 건물에 대하여 1개의 등기기록을 둔다(1부동산 1등기기록의 원칙). 다만, 1동의 건물을 구분한 건물에 있어서는 1동의 건물에 속하는 전부에 대하여 1개의 등기기록을 사용한다.

(4) 등기의 효력

본등기의 효력으로는 ① 부동산에 관한 물권변동의 효력(권리변동적 효력), ② 일정한 물권에 관하여 일정사항이 등기된 때에는 제3자에게 대항할 수 있는 효력(대항적 효력), ③ 동일한 부동산에 관하여 등기한 여러 권리의 순위는 법률에 다른 규정이 없는 한 등기한 순서에 의하는 효력(순위확정적 효력), ④ 어떤 등기가 있으면 그에 상응하는 실체적 권리관계가 존재하는 것으로 추정하는 효력(추정적 효력)이 있다. 그러나 등기에 의하여 공시된 내용을 신뢰하여 거래한 자에 대하여 그가 신뢰한 대로의 효력을 인정하는 공신력은 인정되지 않는다.

한편 청구권 보전을 위한 가등기에는, 가등기에 기하여 후에 본등기가 행하여지는 경우 본등기의 순위는 가등기의 순위에 따르는 본등기 순위보전의 효력이 인정된다. 그러나 본등기가 있기 전의 가등기 자체만으로는 실체법상 효력이 없다(판례).

등기신청은 해당 부동산이 다른 부동산과 구별될 수 있게 하는 정보인 대법원규칙으로 정하는 등기신청정보가 전산정보처리조직에 저장된 때 접수된 것으로 본다(부동산등기법 제6조 제1항 · 부동산등기규칙 제3조 제1항). 그리고 등기사무를 처리한 등기관이 누구인지 알 수 있는 조치를 하여 등기관이 등기를 마친 경우 그 등기는 접수한 때부터 효력을 발생한다(동법 제6조 제2항 · 동규칙 제4조).

Ⅲ. 부동산물권의 변동

1. 법률행위에 의한 부동산물권변동

민법 제186조(부동산물권변동의 효력) 부동산에 관한 법률행위로 인한 물권의 득실변경은 등기하여야 그 효력이 생긴다.

민법은 법률행위에 의한 부동산물권변동에 관하여 성립요건주의를 채택하고 있다. 여기서의 '법률행위'는 물권행위를 의미한다. 또한 '물권의 득실변경'은 물권의 변동, 즉 물권의 발생·변경·소멸을 의미한다. 물권변동에 등기가 요구되는 부동산물권에는 소유권·지상권·지역권·전세권·저당권·권리질권이 있으며,

점유권·유치권은 성질상 등기를 요하지 않는다. 한편 법률행위에 의한 부동산물권변동에서 목적부동산의 인도는 물권변동의 요건이 아니다.

2. 법률행위에 의하지 않는 부동산물권변동

> **민법 제187조(등기를 요하지 아니하는 부동산물권취득)** 상속, 공용징수, 판결, 경매 기타 법률의 규정에 의한 부동산에 관한 물권의 취득은 등기를 요하지 아니한다. 그러나 등기를 하지 아니하면 이를 처분하지 못한다.

법률행위에 의하지 않은 부동산물권변동에는 등기를 요하지 않으나 취득한 물권을 법률행위에 의하여 처분하기 위해서는 먼저 취득자 명의로 등기하여야 한다. 여기서의 '물권의 취득'은 물권의 변동을 의미한다. 한편 점유취득시효에 의한 부동산소유권의 취득은 법률행위에 의하지 않는 부동산물권변동이지만 제245조 제1항은 소유권취득을 위해서 등기를 요구하고 있다(제187조에 대한 예외).*

Ⅳ. 동산물권의 변동

1. 법률행위에 의한 동산물권의 변동

> **민법 제188조(동산물권양도의 효력, 간이인도)** ① 동산에 관한 물권의 양도는 그 동산을 인도하여야 효력이 생긴다.

민법은 법률행위에 의한 동산물권변동을 위해서는 동산물권행위와 목적물의 인도를 요건으로 하고 있다(성립요건주의). 동산물권변동의 공시방법은 인도이다. 인도란 점유의 이전을 의미하고, 점유란 물건을 사실상 지배하는 것을 말한다. 공시방법으로서의 인도에는 현실의 인도 이외에 간이인도·점유개정·목적물반환청구권의 양도와 같은 관념적 인도도 포함된다. 따라서 공시방법으로서의

---

* 민법 제245조 제1항: 20년간 소유의 의사로 평온·공연하게 부동산을 점유하는 자는 등기함으로써 그 소유권을 취득한다.

인도는 불완전하기 때문에 점유의 공신력을 인정하여(선의취득 인정) 동산거래의 안전을 도모하고 있다.

현실의 인도란 양도인이 양수인에게 물건의 사실상의 지배를 동일성을 유지하면서 이전하는 것을 말한다. 간이인도란 양수인이 이미 동산을 점유한 경우 당사자의 의사표시만으로 인도의 효력이 발생하는 것을 말한다. 따라서 임차인으로서 타인의 물건을 점유하는 자가 그 물건의 소유권을 양도받는 경우에는 소유자와 임차인 사이의 의사표시만으로 인도의 효력이 발생한다.

한편 점유개정이란 양도인이 물건을 양도할 때 양수인과의 사이에 점유매개관계를 설정함으로써 양수인에게 간접점유를 취득시키는 한편, 양도인 자신은 양수인의 점유매개자로서 직접점유를 계속하는 것을 말한다. 예를 들어, 갑이 자신의 노트북을 을에게 매도한 후 다시 을로부터 그 노트북을 임차하여 계속 점유하는 경우가 이에 해당한다.

목적물반환청구권의 양도란 제3자가 점유하고 있는 동산에 관한 물권을 양도하는 경우 양도인이 제3자에 대한 반환청구권을 양수인에게 양도함으로써 목적물을 인도하는 것을 말한다. 예를 들어, 갑이 병에게 임대한 동산을 을에게 인도함에 있어서 을도 병에게 계속해서 임대하려고 하는 경우, 갑이 병에 대해서 가지고 있는 목적물반환청구권을 을에게 양도하는 방식으로 인도할 수 있다.

2. 법률행위에 의하지 않는 동산물권변동

시효취득·무주물선점·유실물습득·첨부의 경우에는 이미 점유가 요구되기 때문에 인도가 문제될 여지는 없다.

3. 선의취득

민법 제249조의 동산 선의취득제도는 동산을 점유하는 자의 권리외관을 중시하여 이를 신뢰한 자의 소유권 취득을 인정하고 진정한 소유자의 추급을 방지함으로써 거래의 안전을 확보하기 위하여 법이 마련한 제도이다(대판 1998. 6. 12. 98다6800). 따라서 동산을 점유하고 있는 자를 정당한 권리자로 믿고 평온·공연·선의·무과실로 거래한 자는 비록 양도인이 정당한 권리자가 아니라 하더라도 그 동산에 대한 권리를 취득한다. 예를 들어, 갑 소유의 노트북을 임차하여 점유하고 있는 을을 정당한 소유자로 믿고 그 노트북을 매수한 병은 그 노트북의 소유권을 취득하게 된다.

선의취득의 요건을 갖추고 있더라도 목적물이 도품·유실물인 경우에는, 피해자 또는 유실자는 도난 또는 유실한 날로부터 2년 내에는 점유자에 대하여 그 물건의 반환을 청구할 수 있다. 단, 도품이나 유실물이 금전인 때에는 반환을 청구하지 못한다(제250조).

Ⅴ. 지상물에 관한 물권의 변동

1. 입목에 관한 물권변동

입목이란 토지에 부착된 수목의 집단으로서 그 소유자가 「입목에 관한 법률」의 소정절차에 따라 소유권보존등기가 이루어진 것을 말한다. 입목은 토지로부터 분리·독립된 부동산으로서 소유권의 양도 또는 저당권의 설정이 입목등기부에 의하여 공시된다.

2. 명인방법에 의한 물권변동

명인방법은 입목을 제외한 수목의 집단·미분리의 과실 등의 지상물을 토지 또는 원물로부터 분리하지 않은 채로 지상물에 대한 소유권의 귀속자를 외부에 명백히 인식시키기에 적합한 일체의 방법으로서 관습법에 의하여 인정된 지상물에 대한 소유권의 공시방법이다.

제3절 물권의 소멸

1. 목적물의 멸실

물권의 객체인 물건이 멸실하면 물권도 소멸한다. 물건의 멸실 여부는 사회통념에 의하여 결정된다. 예를 들어, 토지가 한번 포락되어 해면 아래에 잠김으로써 복구가 심히 곤란하여 토지로서의 효용을 상실하면 종전의 소유권이 영구히 소멸되고, 그 후 포락된 토지가 다시 성토되어도 종전의 소유자가 다시 소유권을 취득할 수는 없다(대판 1992. 9. 25. 92다24677).

한편 저당권의 물상대위와 같이 목적물이 멸실된 경우에도 목적물의 가치변형물 위에 효력이 인정되는 경우가 있다(제370조). 예를 들어, 저당권의 목적이 된 토지가 수용되어 토지에 대한 보상금이 지급된 경우, 저당권의 효력은 토지의 가치변형물인 보상금에 인정된다.

2. 물권의 포기

물권의 포기란 물권을 소멸시키는 것을 목적으로 하는 물권자의 단독행위를 말한다. 소유권 및 점유권의 포기는 상대방 없는 단독행위이나 제한물권의 포기는 상대방 있는 단독행위이다.

3. 혼 동

혼동이란 서로 대립하는 두 개의 법률상의 지위가 동일인에게 귀속하는 것을 말한다. 예를 들어, 동일한 물건에 대한 소유권과 저당권이 동일인에게 귀속하는 경우 그 저당권은 원칙적으로 소멸한다. 그러나 저당권을 본인 또는 제3자의 이익을 위하여 존속시킬 필요가 있는 경우에는 혼동으로 소멸하지 않는다.

제4절 점유권과 소유권

Ⅰ. 점 유 권

1. 개 설

(1) 점유제도와 점유의 의의

점유제도란 물건에 대한 사실상의 지배(점유)가 있으면, 그것을 정당화시켜 주는 법률상 권원(본권)의 유무를 불문하고 법률효과를 부여함으로써 그 사실상의 지배상태를 보호해 주는 제도를 말한다. 그리고 점유제도에서의 점유권이란 물건에 대한 사실상의 지배(점유)에 대하여 인정되는 물권을 말하고, 본권이란 점유하는 것을 정당하게 하는 권리를 말한다. 예를 들어 타인의 물건을 훔친 盜人은 점유권은 가지고 있으나 본권이 없고, 반면 도난당한 피해자는 점유권은 없으나 본권을 가지고 있다.

한편 물건에 대한 점유에 있어서 사실상의 지배가 있다고 하기 위하여는 반드시 물건을 물리적·현실적으로 지배하여야 하는 것은 아니고, 물건과 사람과의 시간적·공간적 관계와 본권관계, 타인 지배의 가능성 등을 고려하여 사회관념에 따라 합목적적으로 판단하여야 한다(대판 1999. 3. 23. 98다58924).

사실상의 지배와 점유가 일치하는 것은 아니다. 상속인의 점유(제193조)나 간접점유(제194조)와 같이 실제로 실력을 미치지 않고 있음에도 불구하고 점유를 인정받는 경우도 있는 반면 점유보조자(제195조)와 같이 물건에 물리적으로 실력을 미치고 있음에도 불구하고 점유를 인정받지 못하는 경우도 있다.

(2) 점유보조자

점유보조자는 타인의 지시를 받아 물건을 사실상 지배하는 자이다. 예를 들어 상점의 점원이 상점의 물건을 지배하는 경우가 이에 해당한다. 점유보조자는 점유주의 지시에 따라 점유주의 이름으로 실력을 행사하고 있는 것에 불과하여 점유자로 되지 못하고 점유보조자에게 지시하는 자(점유주)가 점유자가 된다. 따라서 위의 예에서 상점의 점주가 점유자가 된다.

(3) 간접점유

간접점유란 점유매개관계에 있는 타인에 의하여 매개되는 점유를 말한다. 예를 들어, 임대차에 있어서 임대차가 점유매개관계에 해당하고, 임차인은 직접점유자이며, 임대인은 간접점유자이다. 간접점유자는 점유자로서 점유권을 인정받는다.

2. 점유의 종류

① 자주점유·타주점유

자주점유	소유의 의사를 가지고 하는 점유. 소유의 의사란 소유자로서 사실상 점유하려는 의사로서 소유권이 있다고 믿을 필요는 없음.
타주점유	자주점유 이외의 점유

② 선의점유·악의점유

선의점유	본권이 없는데도 불구하고 본권이 있는 것으로 오신하고 하는 점유
악의점유	본권이 없음을 알거나 또는 그 유무에 의심을 가지면서 하는 점유

③ 직접점유·간접점유

직접점유	물건을 직접 사실상 지배하거나 또는 점유보조자를 통하여 물건을 지배함으로써 인정되는 점유
간접점유	점유매개관계에 있는 타인에 의하여 매개되는 점유

3. 점유권의 취득과 소멸

(1) 점유권의 취득

1) 직접점유의 취득

무주물선점·유실물습득·점유보조자가 점유주의 물건을 횡령한 경우와 같이 물건에 대한 사실상의 지배가 성립하면 직접점유를 원시취득한다.

당사자 사이에 점유권이전의 합의와 점유물의 인도(현실의 인도·간이인도)를 통하여 점유권을 양도하거나 피상속인이 사망 당시에 가지고 있었던 점유권이 그대로 상속인에게 승계되는 점유권의 상속(제193조)의 경우와 같이 승계취득으로도 직접점유를 취득할 수 있다.

2) 간접점유의 취득

소유자가 그의 물건을 타인에게 임대하는 경우와 같이 직접점유자가 간접점유자가 되거나 목적물을 양도한 후 양도인이 다시 양수인으로부터 임차하여 계속 점유하는 경우와 같이 점유개정이 있는 경우 간접점유를 취득할 수 있다.

또한 간접점유자가 자신이 직접점유자에 대하여 갖는 목적물반환청구권을 양수인에게 양도하여 간접점유를 이전할 수 있다.

(2) 점유권의 상실

점유를 상실하게 되면 점유권도 상실한다. 따라서 점유자가 물건에 대한 사실상의 지배를 상실하는 경우 직접점유를 상실한다. 그러나 타인의 침탈로 인하여 점유가 상실된 경우, 점유자가 1년 이내에 점유회수의 청구에 의하여 점유를 회수하면, 점유는 처음부터 상실하지 않았던 것으로 된다(제192조 제2항).

한편 간접점유에 있어서 점유를 매개하는 직접점유자가 그 점유를 상실하면, 간접점유도 상실된다. 그리고 예를 들어 임차인이 임차물을 횡령하는 경우 임대인은 간접점유를 상실한다.

4. 점유권의 효력

민법은 점유권의 효력으로, ① **점유자의 점유물에 대하여 행사하는 권리의 적법 추정**(제200조), ② 선의점유자의 과실취득권(제201조), ③ 점유물의 멸실・훼손에 대한 책임의 감경(제202조), ④ 점유자의 비용상환청구권(제203조), ⑤ **점유보호청구권**(제204~206조), ⑥ **점유자의 자력구제권**(제209조) 등을 규정하고 있다.

5. 준 점 유

준점유(準占有)란 재산권을 사실상 지배하는 것을 말한다. 채권・지역권・저당권・특허권・상표권・어업권・광업권 등이 준점유의 객체인 재산권에 속하며, 이들 재산권이 거래관념상 어떤 사람의 사실상의 지배하에 있다고 볼 수 있는 객관적인 사정이 인정되어야 한다.

Ⅱ. 소 유 권

1. 개 관

소유권은 물건을 전면적으로 지배할 수 있는 혼일적이고 원천적인 권리로서 사유재산제도의 토대를 이룬다. 소유자는 법률의 범위내에서 그 소유물을 사용, 수익, 처분할 권리가 있다(제211조). 그러나 소유권의 권능이 이들 사용·수익·처분권능에 한정되는 것은 아니다.

사용이란 소유자가 자신의 주택에 거주하는 경우와 같이 물건의 용도에 따라서 손상하거나 그 성질을 변경하지 않고서 이용하는 것을 말하고, 수익이란 소유자가 자신의 주택을 임대하여 차임을 받는 경우와 같이 물건의 과실을 수취하는 것을 말하며, 처분이란 물건이 가지는 교환가치를 실현하는 것을 말하는데, 물건의 소비 · 변형과 같은 물리적 처분과 양도 · 담보설정 등과 같은 법률적 처분이 포함된다.

본래 사유재산권 존중의 원칙(소유권절대의 원칙)에 따라 사유재산권, 특히 소유권에 대하여는 절대적 지배가 인정되어 국가나 다른 개인은 이에 제한할 수 없었으나 자본주의 폐해가 나타나자 이를 바로잡기 위하여 소유권에 대한 제한이 가해지고 있다. 그러나 사유재산제를 부정하거나 소유권의 본질적 내용을 침해하는 제한은 허용되지 않는다.

2. 토지소유권의 범위

(1) 의 의

토지의 소유권은 정당한 이익이 있는 범위 내에서 토지의 상하에 미친다(제212조). 따라서 지표뿐만 아니라 지상이나 지하에도 소유권의 효력이 미친다. 그리고 정당한 이익의 유무는 구체적 장소·시기·상황에 따라 사회관념에 의해 결정된다.

(2) 토지의 구성부분

지상·지하에 존재하는 물건은 원칙적으로 토지의 구성부분이나 예외적으로 건물·입목·명인방법을 갖춘 수목의 집단이나 미분리과실·농작물 및 타인이 권원에 의하여 설치한 물건은 제외된다. 일정 종류의 미채굴광물에 대해서는 국가에게 채굴취득권이 유보되어 있다(광업법 제2조). 지하수는 토지의 구성부분으로서 원칙적으로 토지소유권의 효력이 미친다. 한편 온천은 용출토지의 구성부분이지 독립한 물권의 객체는 아니라는 것이 판례의 태도이다.

3. 건물의 구분소유

(1) 의 의

건물의 구분소유권이란 1동의 건물 가운데 구조상·이용상 독립성이 인정되는 부분건물에 대하여 인정되는 독립한 소유권을 말한다. 민법은 구분소유관계를 상린관계의 한 형태로 파악하여, 수인이 한 채의 건물을 구분하여 각각 그 일부분을 소유한 때에는 건물과 그 부속물 중 공용하는 부분은 구분소유자 전원의 공유로 추정한다고 규정하고 있다. 현재 집합건물의 소유 및 관리에 관한 법률이 제정·시행되고 있다.

(2) 집합건물의 소유 및 관리에 관한 법률(이하 '집건법')

1) 구분소유권의 의의

1동의 건물 중 구조상 구분된 수개의 부분이 독립한 건물로서 사용될 수 있을 때에는 그 각 부분(전유부분)은 집건법이 정하는 바에 따라 각각 소유권의 목적으로 할 수 있다(집건법 제1조). 여기서 구조상 독립성이란 구분소유권의 목적인 전유부분이 다른 전유부분과 벽, 천장, 바닥, 문, 창 등에 의하여 구획되어 있는 것을 의미하고, 이용상 독립성이란 건물의 일부분이 독립된 출입구에 의하여 외부로 통할 수 있어서 독립적으로 주거, 점포, 사무실, 창고 등으로 사용할 수 있는 것을 의미한다.

2) 전유부분과 공용부분

전유부분이란 1동의 건물의 일부분이면서 구조상·이용상 독립성이 인정되는 부분건물, 즉 구분소유권의 목적인 건물부분을 말한다.

공용부분이란 전유부분 외의 건물부분, 전유부분에 속하지 아니하는 건물의 부속물 및 전유부분이지만 규약 또는 공정증서에 의하여 공용부분으로 된 부속건물을 말한다(집건법 제2조 제4호). 한편 공용부분은 구조상 당연한 공용부분인 법정공용부분과 구조상으로는 전유부분이지만 규약에 의하여 공용부분으로 된 규약공용부분으로 구분된다. 법정공용부분에는 전유부분 이외의 건물부분(지붕, 계단, 복도 등)과 전유부분에 속하지 않는 건물의 부속물(저수탱크, 난방시설, 가스배관 등)이 포함된다. 규약공용부분은 창고, 차고 등과 같이 구조상으로는 전유부분이지만 규약에 의하여 공용부분으로 된 부속건물로서 공용부분이라는 취지의 등기를 하여야 한다.

공용부분은 원칙적으로 구분소유자 전원의 공유에 속한다. 다만, 일부의 구분소유자만의 공용에 제공되는 공용부분인 일부공용부분은 이를 공유할 구분소유자의 공유에 속한다(집건법 제10조). 그리고 각 공유자는 공용부분을 그 용도에 따라 사용할 수 있다(집건법 제11조).

공유자의 공용부분에 대한 지분은 그가 가지는 전유부분의 면적의 비율에 의하며, 전유부분의 처분에 따른다. 공유자는 그가 가지는 전유부분과 분리하여 공용부분에 대한 지분을 처분할 수 없다.

3) 대지사용권

대지사용권이란 구분소유자가 전유부분을 소유하기 위하여 **건물의 대지**에 대하여 가지는 권리이다(집건법 제2조 제6호). 소유권·지상권·전세권·임차권 등이 이에 해당한다. 구분소유자의 대지사용권은 그가 가지는 전유부분의 처분에 따른다. 규약으로써 달리 정한 것이 없으면 구분소유자는 그가 가지는 전유부분과 분리하여 대지사용권을 처분할 수 없다(집건법 제20조).

4) 구분소유자의 권리·의무

구분소유자는 공용부분에 대한 사용·수익권, 관리단집회에서의 의결권, 관리인 해임청구권, 관리단집회의 소집청구 및 소집권, 타전유부분 및 공용부분 사용청구권, 하자담보추급권을 갖는다. 한편 구분소유자 또는 점유자의 건물의 보존행위에 해로운 행위와 목적외 사용은 금지된다(집건법 제5조).

의무위반자에 대해서는 공동의 이익에 반하는 행위의 정지청구, 전유부분의 사용금지청구, 구분소유권의 경매청구, 전유부분의 점유자에 대한 인도청구가 가능하다.

4. 상린관계

(1) 의 의

상린관계란 인접하는 부동산소유자 상호간의 이용을 조절하기 위하여 인정되는 권리관계를 말한다. 상린관계를 통해서 소유자는 자신의 부동산소유권에 대한 제한과 일정한 협력의무를 부담하지만 부동산소유권의 행사범위가 타인의 부동산에도 미치며 타인에게 협력을 요구할 수 있다. 상린관계는 부동산에 관하여서만 인정되며 동산에 관하여서는 인정되지 않는다.

(2) 상린관계의 종류

- 인지사용청구권(제216조)
- 생활방해의 금지(제217조)
- 수도 등의 시설권(제218조)
- 주위토지통행권(제219조)
- 물에 관한 상린관계(제221조 내지 제236조)
- 경계에 관한 상린관계(제237조 내지 제240조)
- 공작물설치에 관한 상린관계(제241조 내지 제244조)

5. 소유권의 취득

(1) 취득시효

1) 의 의

취득시효란 외관상 권리를 행사하고 있는 것과 같은 사실상태가 일정기간 동안 계속되는 경우 권리취득의 효과가 생기게 하는 제도이다. 취득시효는 사회질서의 안정과 입증곤란의 구제를 위하여 인정된다.

2) 부동산소유권에 대한 취득시효

① 점유취득시효

20년간 소유의 의사로 평온, 공연하게 부동산을 점유하는 자는 등기함으로써 그 소유권을 취득한다(제245조 제1항).

② 등기부취득시효

부동산의 소유자로 등기한 자가 10년간 소유의 의사로 평온, 공연하게 선의이며 과실 없이 그 부동산을 점유한 때에는 소유권을 취득한다(제245조 제2항).

3) 동산소유권에 대한 취득시효

10년간 소유의 의사로 평온, 공연하게 동산을 점유한 자는 그 소유권을 취득한다(제246조 제1항). 위 점유가 선의이며 과실없이 개시된 경우에는 5년을 경과함으로써 그 소유권을 취득한다(제246조 제2항).

4) 소유권 이외의 재산권의 취득시효

부동산·동산 소유권의 취득시효에 관한 규정은 소유권 이외의 재산권의 취득에 준용된다(제248조).

(2) 선점·습득·발견

무주의 동산을 소유의 의사로 점유한 자는 그 소유권을 취득한다(제252조).

한편 유실물은 법률(유실물법)에 정한 바에 의하여 공고한 후 6개월 내에 그 소유자가 권리를 주장하지 아니하면 습득자가 그 소유권을 취득하고(제253조), 매장물은 법률(유실물법)에 정한 바에 의하여 공고한 후 1년 내에 그 소유자가 권리를 주장하지 아니하면 발견자가 그 소유권을 취득한다(제254조).

(3) 첨 부

첨부란 어떤 물건에 대하여 타인의 물건이 결합하거나 타인의 노력이 가해져 사회관념상 분리할 수 없는 경우를 말한다. 첨부된 경우 복구가 허용되지 않고 하나의 물건으로 취급된다.

첨부에는 부합·혼화·가공이 있다. 부합이란 소유자를 달리하는 수개의 물건이 결합하여 하나의 물건으로 되는 것을 말하고, 혼화란 소유자를 달리하는 동산과 동산이 섞여 식별할 수 없게 되는 것을 말한다. 혼화에는 고체인 종류물(예: 곡물)이 섞이는 것인 혼합과 유동성 종류물(예: 술, 기름)이 섞이는 것인 융합이 있다. 가공이란 타인의 동산에 노동을 가하여 새로운 물건을 만들어 내는 것을 말한다.

6. 소유권에 기한 물권적 청구권

소유권에 기한 물권적 청구권이란 소유권 내용의 실현이 침해되고 있거나 침해될 위험성이 있는 경우 소유권의 일반적 효력으로서 소유권자가 침해자에 대하여 그 침해 내지 위험상태를 제거하여 소유권의 직접적·배타적 지배상태를 회복할 것을 청구하는 권리이다.

소유물반환청구권(제213조)이란 소유자가 그의 소유물을 정당한 이유 없이 점유하는 자에 대하여 반환을 청구할 수 있는 권리이고, 소유물방해제거청구권(제214조)이란 소유자가 소유권을 방해하고 있는 자에 대하여 방해의 제거를 청구할 수 있는 권리이며, 소유물방해예방청구권(제214조)이란 소유자가 소유권을 방해할 염려가 있는 행위를 하는 자에 대하여 그 예방 또는 손해배상의 담보를 청구할 수 있는 권리이다.

7. 공동소유

공동소유란 2인 이상의 다수인이 하나의 물건을 공동으로 소유하는 것을 말하며, 공유·합유·총유가 있다. 공유란 물건이 지분에 의하여 수인의 소유로 귀속되고 있는 공동소유의 한 형태이고, 합유란 수인이 조합체로서 물건을 소유하는 공동소유의 형태이다. 여기서 조합체란 수인이 동일한 목적을 갖고 결합하고 있으나 구성원의 개별성이 강하여 단체로서의 단일성을 갖추지 못한 복수인의 결합체를 의미한다. 총유란 법인 아닌 사단의 사원이 집합체로서 물건을 소유하는 공동소유의 한 형태를 말한다.

준공동소유란 수인이 소유권 이외의 재산권을 공동으로 소유하는 것을 말하며, 공동소유에 관한 민법규정들은 소유권 이외의 재산권에 준용된다.

8. 명의신탁

명의신탁이란 대내관계에 있어서는 신탁자가 소유권 기타의 권리를 보유하고 그 재산을 관리·수익하고 있으나 공부상의 명의는 수탁자로 하는 것을 말한다. 명의신탁을 규율하기 위하여 '부동산 실권리자 명의등기에 관한 법률'이 제정·시행되고 있다.

제5절 | 용익물권

용익물권이란 타인의 물건을 일정한 범위에서 사용·수익할 수 있는 물권을 말한다. 우리 민법이 규정하고 있는 용익물권에는 지상권·지역권·전세권이 있다. 특히 전세권은 우리 고유의 특수한 제도이다.

Ⅰ. 지 상 권

1. 의 의

지상권이란 타인 소유의 토지에 건물 기타의 공작물이나 수목을 소유하기 위하여 그 토지를 사용할 수 있는 물권이다(제279조). 지상권은 타인의 토지에 대한 용익물권으로 원칙적으로 1필의 토지를 객체로 하나 토지의 일부도 성립될 수 있다.

지상권은 타인의 토지 위에 건물 기타 공작물·수목과 같은 지상물의 소유를 목적으로 한다. 지상권은 '토지를 사용'하는 권리이므로 현재 공작물이나 수목이 없더라도 유효하게 성립될 수 있다.

2. 지상권의 취득

지상권은 토지소유자와 지상권을 취득하려는 자의 지상권설정계약과 등기에 의하여 성립한다. 토지사용의 대가인 지료는 지상권의 요소는 아니다. 또한 유언과 지상권의 양수에 의하여도 지상권이 승계취득될 수 있다. 이 경우에도 등기를 하여야 그 효력이 발생한다.

지상권은 상속·공용징수·판결·경매 등의 법률행위가 아닌 사유로 취득될 수 있고, 이 경우에는 등기를 요하지 않는다(제187조). 그러나 점유취득시효에 의하여 지상권이 취득되는 경우에는 예외적으로 등기를 요한다(제245조 제1항, 제248조).

3. 법정지상권

우리 법제는 토지와 건물을 별개의 독립한 부동산으로 취급하고 있으므로 토지소유자와 건물소유자가 다른 경우에는 당사자의 합의로 지상권·전세권·임차권 등의 토지이용관계가 설정되어 있어야 한다. 그러나 건물소유자가 미리 합의에 의하여 토지이용관계를 확보할 수 없는 부득이한 경우가 있을 수 있는데, 이러한 경우 토지소유자에 의해 그 건물이 철거되는 것을 막기 위하여 법정지상권을 인정하여 일정한 경우 지상권설정계약 없이 건물소유자가 토지에 대하여 지상권을 취득하는 것으로 간주한다.

현재 민법 제305조(건물의 전세권과 법정지상권), 제366조(법정지상권), 가등기담보 등에 관한 법률 제10조(법정지상권), 입목에 관한 법률 제6조(법정지상권)가 법정지상권을 규정하고 있으며, 판례는 관습법에 의한 **분묘기지권**과 **관습법상의 법정지상권**을 인정하고 있다.

4. 구분지상권

구분지상권은 건물 기타 공작물을 소유하기 위하여 타인의 토지의 지하 또는 지상의 공간을 그 상하의 범위를 정하여 사용하는 지상권이다(제289조의2). 지상권이 토지소유권이 미치는 토지의 상하의 전부에 대하여 그 효력이 미치는데 비하여, 구분지상권은 그 지상 또는 지하의 일정한 범위에만 그 효력이 미친다는 점에서 차이가 있다.

Ⅱ. 지 역 권

지역권이란 설정계약에서 정한 일정한 목적을 위하여 타인의 토지를 자기토지의 편익에 이용하는 용익물권이다(제291조). 지역권의 설정으로 이용가치가 증가되는 토지를 요역지라 하고, 편익을 제공하는 토지를 승역지라고 한다. 예를 들어, 甲地의 소유자가 乙地를 통행하는 경우 甲地는 요역지, 乙地는 승역지이다. 지역권은 편익에 이용하는 토지에 관한 권리이고 사람에 관한 권리가 아니다.

Ⅲ. 전 세 권

전세권이란 전세금을 지급하고서 타인의 부동산을 그의 용도에 좇아 사용·수익하고, 전세권이 소멸하면 목적부동산으로부터 전세금의 우선변제를 받을 수 있는 물권이다. 전세권은 타인의 부동산을 용도에 좇아 사용·수익하는 용익물권으로서의 성질과 전세권의 소멸시에 목적부동산으로부터 전세금의 우선변제를 받을 수 있는 담보물권적인 성질을 갖는다. 이러한 전세권은 우리 민법만의 특유한 제도이다.

전세금의 지급은 전세권의 요소이다. 따라서 전세금을 지급하지 않으면 전세권은 성립하지 않는다. 전세금은 전세권자가 전세권설정자에게 교부하는 금전인데, 전세목적물을 사용하는 대가로서의 차임은 전세금의 이자로서 충당되고, 전세권 소멸 후에 전세권자의 귀책사유로 인한 손해를 담보하는 보증금으로서의 성질도 갖는다.

제6절 담보물권

Ⅰ. 담보제도 개관

1. 채권담보의 필요성

금전채권은 금전대차나 매매·임대차에 의해서도 발생할 수 있으며, 채무자의 채무불이행으로 본래의 채권이 손해배상채권(손해배상의 방법으로 금전배상주의를 취하고 있음)으로 변형되어 발생할 수 있다. 금전채권은 임의로 이행되지 않는 경우 결국 채무자의 일반재산(책임재산)에 대하여 집행함으로써 변제된다. 따라서 채권을 실현하기 위하여 궁극적으로 의지할 수 있는 것은 결국 채무자의 책임재산이다.

채권의 담보제도에는 인적담보제도와 물적담보제도가 있다. 인적담보제도는 채무자 이외의 제3자의 일반재산을 채권의 담보로 하는 제도로서 책임재산의 범위를 확대하는 것이다. 연대채무·보증채무·연대보증채무 등이 이에 속한다. 한편 물적담보제도는 채무자나 제3자의 특정재산으로부터 다른 채권자에 우선하여 변제를 받을 수 있는 제도로서 특정재산의 객관적 가치를 채권의 담보로 한다.

2. 담보물권의 본질

담보물권은 다음의 특성(통유성)을 갖는다. ① 피담보채권의 존재를 전제로 하여서만 담보물권이 존재한다(부종성). ② 피담보채권의 이전에 따라 이전하고, 피담보채권 위에 부담이 설정되면 그 부담에 복종한다(수반성). ③ 목적물이 멸실·훼손·공용징수된 경우, 그 목적물에 갈음하는 금전 기타 물건에 대해 담보물권이 존속한다(물상대위성). ④ 담보권자가 피담보채권의 전부를 변제받을 때까지 그 목적물의 전부에 대하여 효력을 미친다(불가분성).

3. 담보물권의 효력

담보물권은 담보물권자가 변제를 받지 못한 때에는 목적물을 환가하여 그 교환가치로부터 다른 채권자보다 먼저 변제를 받을 수 있는 효력인 우선변제적 효력과 채권담보를 위하여 목적물을 유치하여 채무변제를 간접적으로 촉구하는 효력인 유치적 효력을 갖는다.

우선변제적 효력은 질권과 저당권에 인정되나 유치권에는 인정되지 않는다. 그리고 유치적 효력은 유치권과 질권에 인정되나 저당권에는 인정되지 않는다. 한편 담보권자가 담보목적물을 사용·수익할 수 있는 효력인 수익적 효력은 민법상의 담보물권에는 인정되지 않는다.

Ⅱ. 유 치 권

유치권은 타인의 물건 또는 유가증권을 점유한 자가 그 물건이나 유가증권에 관하여 생긴 채권이 변제기에 있는 경우에 그 채권을 변제받을 때까지 그 물건 또는 유가증권을 유치할 수 있는 권리이다(제320조). 예를 들어 시계를 수선한 자는 그 수선료를 변제받을 때까지 그 시계의 인도를 거절할 수 있다. 이러한 유치권은 일정한 요건에 해당하면 당연히 성립하는 법정담보물권이다. 유치권은 목적물을 유치함으로써 채무자에게 심리적인 압박을 가하여 채무의 변제를 간접적으로 강제한다는 점에서 다른 담보물권과 구별된다.

Ⅲ. 질 권

질권은 채권자가 채권의 담보로 채무자 또는 물상보증인으로부터 받은 동산 또는 재산권을 유치하고, 변제가 없을 때에 그 목적물로부터 우선적으로 변제를 받을 수 있는 권리를 말한다. 예를 들어, 갑이 을로부터 10만원을 빌리면서 그 담보로 자신의 시계에 질권을 설정하면, 을은 질권의 목적물인 위 시계를 갑으로부터 모두 변제받을 때까지 반환을 거절하면서 유치하고, 갑이 채무를 이행하지 않으면 위 시계로부터 우선하여 변제받을 수 있다. 질권은 그 목적물에 따라 동산질권과 권리질권으로 나눌 수 있다.

Ⅳ. 저 당 권

저당권은 채무자 또는 제3자(물상보증인)가 점유를 이전하지 않고 채무의 담보로 제공한 목적물로부터 채무변제가 없을 때에 채권자가 우선변제를 받을 수 있는 담보물권이다. 저당권에는 유치적 효력이 없다. 즉 담보목적물을 소유자가 점유하여 이용하고 저당권자는 목적물의 교환가치만을 파악하는 물권이기 때문에 공시방법이 마련되어 있는 것에 한하여 저당권의 객체가 될 수 있다.

공동저당은 동일한 채권을 담보하기 위하여 수개의 부동산 위에 설정된 저당권을 말한다(제368조). 한편 근저당권은 당사자 사이의 계속적 거래관계(예: 당좌대월계약, 계속적 상품공급계약)로부터 발생한 불특정채권을 어느 시기에 계산하여 잔존하는 채무를 일정한 한도액 범위 내에서 담보하는 저당권으로서(제357조), 보통의 저당권과는 달리 발생 및 소멸에서 피담보채무에 대한 부종성이 완화되어 있다.

Ⅴ. 비전형담보

비전형담보란 민법이 규정하는 담보물권은 아니면서 실제의 거래계에서 신용수수에 대한 담보권적 기능을 수행하고 있는 담보제도를 말한다.

1. 가등기담보

가등기담보란 채권을 담보할 목적으로, 채권자와 채무자 사이에서 채무자(또는 제3자)에 속하는 소유권 기타의 권리에 대하여 대물변제, 매매계약 등을 하고, 동시에 이러한 계약에 기한 소유권이전청구권 등을 보전하기 위한 가등기를 하며, 이후 채무불이행이 있는 경우에 채권자는 본등기를 하여 소유권 기타의 권리를 취득하거나 목적부동산을 경매하여 우선변제를 받는 유형의 담보를 말한다.

2. 양도담보

양도담보란 채권을 담보할 목적으로 채무자(또는 제3자)의 부동산에 대한 소유권(또는 기타의 재산권)을 채권자에게 이전하는 형식을 취한 후, 채무가 이행되는 경우에는 목적물을 담보설정자에게 반환하지만, 채무가 불이행되는 경우에는 그 목적물로부터 우선변제를 받는 유형의 담보를 말한다.

3. 소유권유보

소유권유보란 매매대금의 완불 전에 매매목적물의 점유는 매도인으로부터 매수인에게 이전하지만, 매매대금채권의 담보를 위하여 목적물의 소유권은 대금이 완불될 때까지 매도인에게 유보한다는 형식의 담보방법을 말한다. 주로 동산의 할부판매에서 이용된다.

▶ 법률용어 설명

• **소유권과 제한물권**: 소유권은 사용가치와 교환가치 전부를 전면적으로 지배한다. 그러나 용익물권은 사용가치의 전부 또는 일부를 지배하고, 담보물권은 교환가치의

전부 또는 일부를 지배한다. 따라서 용익물권과 담보물권을 제한물권이라고 한다.

- **점유자의 점유물에 대하여 행사하는 권리의 적법 추정**: 점유자가 점유물에 대하여 행사하는 권리는 적법하게 보유한 것으로 추정된다(제200조). 점유물에 대하여 행사하는 권리에는 소유권이나 질권과 같은 물권뿐만 아니라 임차권과 같이 기타 점유할 수 있는 권능을 포함하는 모든 권리가 포함된다.
- **점유보호청구권**: 점유보호청구권이란 점유에 대한 침해 또는 침해의 우려가 있는 경우 본권의 유무를 묻지 않고, 그 배제 또는 예방을 청구할 수 있는 일종의 물권적 청구권이다. 점유보호청구권에는 점유물반환청구권 · 점유물방해제거청구권 · 점유물방해예방청구권이 있다.
- **점유자의 자력구제권**: 점유자가 점유의 침탈에 대하여 자력으로 방위하거나 침탈당한 점유물을 탈환할 수 있는 권리를 말한다. 자력구제권을 갖는 점유자는 원칙적으로 직접점유자이나 점유보조자에게도 예외적으로 자력구제권이 인정된다. 그러나 간접점유자에게는 자력구제권이 인정되지 않는다. 자력구제권에는 자력방위권과 자력탈환권이 있다.
- **건물의 대지**: 전유부분이 속하는 1동의 건물이 소재하는 토지 및 규약에 의하여 건물의 대지로 된 도로·주차장·정원·부속건물의 대지 등을 말한다.
- **분묘기지권**: 타인의 토지 위에 분묘라는 특수한 공작물을 설치한 자가 그 분묘를 소유하기 위하여 분묘의 기지부분인 토지를 사용할 수 있는 지상권 유사의 물권.
- **관습법상의 법정지상권**: 관습법상 인정되며, 토지와 건물이 동일인에게 속하였다가 그 중 어느 하나가 매매 · 증여 등과 같은 기타의 원인으로 소유자가 다르게 된 때에, 그 건물을 철거한다는 특약이 없으면 건물소유자가 당연히 취득하게 되는 법정지상권.

제3장

채 권 법

제1절 채권 일반

Ⅰ. 채 권

채권이란 특정인이 다른 특정인에 대하여 특정의 행위(급부)를 청구할 수 있는 권리를 말한다. 반면 물권은 물건에 대한 권리, 즉 특정인이 특정의 물건 기타 권리를 직접 지배하여 만족을 얻는 지배권이다.

채권은 채무자의 행위를 목적으로 하는데, 채무자의 행위와 행위의 대상 내지 목적물은 구별된다. 예를 들어, 토지의 매매에서 매수인이 갖는 채권의 목적은 매도인이 매매목적물인 토지의 소유권을 매수인에게 이전하는 것인 반면 매도인의 행위의 목적물은 매매목적물인 토지 그 자체이다.

채권은 채무자라는 특정인에 대한 권리이다. 따라서 채권은 원칙적으로 채권자와 채무자 사이에서만 효력이 있다. 채권에는 배타성이 없다. 따라서 동일한 내용의 채권이 여러 개가 존재할 수 있으며, 원칙적으로 이들 사이에 우열이 없다(채권자평등의 원칙).

채권은 채무자의 행위를 청구할 수 있는 권리이다. 청구할 수 있다는 것은 청구가 가능하다는 것 이외에도 채무자가 한 급부를 정당하게 수령하여 보유할 수 있다는 것과 채권자가 청구를 하였음에도 채무자가 이행하지 않는 경우 그 청구의 내용을 강제로 실현할 수 있다는 것도 의미한다.

Ⅱ. 채 무

채무란 채무자가 채권자에게 일정한 행위를 하여야 할 의무를 말한다. 일반적으로 채무는 급부의무와 부수적 주의의무로 구분된다.

채무자의 급부의무는 주된 급부의무와 종된 급부의무로 구분된다. 예를 들어, 기계에 대한 매매에서 기계 자체의 소유권 및 점유의 이전은 주된 급부의무에 속하며, 계약상 사용설명서의 교부는 종된 급부의무에 속한다. 계약에 있어서 주된 급부의무가 불이행되는 경우에는 손해배상청구권과 계약해제권이 발생하나 종된 급부의무가 불이행되는 경우에는 손해배상청구권은 발생하지만 계약해제권은 원칙적으로 발생하지 않는다는 점에서 주된 급부의무와 종된 급부의무는 구별된다.

부수적 주의의무란 급부의무를 제대로 실현하기 위하여 신의칙상 요구되는 부수적인 의무를 말한다. 예를 들어 매수인이 물건을 사용하면서 발생할 수 있는 위험을 알려주는 것이 이에 해당한다. 부수적 주의의무 위반으로 손해가 발생한 경우에는 손해배상청구권이 인정되나 그 위반만으로 계약해제권은 인정되지 않는다.

한편 통설은 채무로서 급부의무 및 부수적 주의의무 이외에 보호의무를 인정하고 있다. 보호의무란 채무자의 급부의무와는 직접 관계없이 채권자·채무자가 서로 상대방의 생명·신체나 소유권 기타 재산적 이익을 침해하지 않도록 배려해야 할 주의의무를 말한다.*

---

* 공중접객업인 숙박업을 경영하는 자가 투숙객과 체결하는 숙박계약은 숙박업자가 고객에게 숙박을 할 수 있는 객실을 제공하여 고객으로 하여금 이를 사용할 수 있도록 하고 고객으로부터 그 대가를 받는 일종의 일시사용을 위한 임대차계약으로서, 여관의 객실 및 관련시설, 공간은 오로지 숙박업자의 지배 아래 놓여 있는 것이므로 숙박업자는 통상의 임대차와 같이 단순히 여관의 객실 및 관련시설을 제공하여 고객으로 하여금 이를 사용수익하게 할 의무를 부담하는 것에서 한 걸음 더 나아가 고객에게 위험이 없는 안전하고 편안한 객실 및 관련시설을 제공함으로써 고객의 안전을 배려하여야 할 보호의무를 부담하며 이러한 의무는 숙박계약의 특수성을 고려하여 신의칙상 인정되는 부수적인 의무로서 숙박업자가 이를 위반하여 고객의 생명, 신체를 침해하여 손해를 입힌 경우 불완전이행으로 인한 채무불이행책임을 부담한다(대판 1994. 1. 28. 93다43590).

Ⅲ. 채권의 효력

1. 채권의 기본적 효력

채권의 효력은 ① 채권자와 채무자 사이에서 발생하는 대내적 효력과 ② 제3자에 대해서 효력이 발생하는 대외적 효력으로 구분된다. 채권의 대내적 효력은 다시 채권자의 채무자에 대한 효력과 채무자의 채권자에 대한 효력으로 구분되는데, 채권자의 채무자에 대한 효력에서는 채권의 기본적 효력, 즉 청구력·급부보유력·강제력과 채무불이행에 따른 효력이 문제되고, 채무자의 채권자에 대한 효력에서는 채권자지체가 문제된다.

채권의 대외적 효력에서는 채권자의 채권을 종국적으로 만족시켜주는 대상인 채무자의 일반재산(책임재산)을 보전하기 위한 채권자대위권과 채권자취소권 및 제3자에 의한 채권침해가 문제된다.

2. 청구력·급부보유력·강제력

청구력이란 일정한 행위를 청구할 수 있는 채권의 효력을 말한다. 청구는 재판상에서도 할 수 있고, 재판 외에서도 할 수 있다. 한편 급부보유력이란 채무자가 한 급부를 채권자가 수령하여 적법하게 보유할 수 있는 효력을 말한다. 이 급부보유력으로 인해 채권자가 수령한 급부는 부당이득이 되지 않는다.

강제력은 채무자가 임의로 채무를 이행하지 않는 경우 채권의 실현을 보장하기 위하여 인정되는데, 이에는 소구력과 집행력이 있다. 소구력은 채권을 강제실현시키기 위하여 소를 제기할 수 있는 효력이고, 집행력이란 채무자가 채무를 이행하지 않을 때 채권자가 **집행권원**을 얻어 국가권력의 힘에 의하여 채무자의 재산에 대해 강제집행을 할 수 있는 효력이다. 이러한 집행력의 실효성을 확보하기 위한 보전처분으로 **가압류**와 **가처분**이 있다.

제2절 채권의 목적

Ⅰ. 채권의 목적의 의의

채권의 목적이란 채권에 있어서 채무자의 행위를 말한다. 채권의 목적인 채무자의 행위를 '급부'라고 한다. 한편 금전으로 가액을 산정할 수 없는 급부도 채권의 목적이 될 수 있다(제373조).

Ⅱ. 목적에 의한 채권의 종류

1. 특정물채권

(1) 의 의

특정물채권이란 특정물의 인도를 채권의 목적으로 하는 채권을 말한다. 특정물은 구체적인 거래에서 당사자가 특정의 물건을 지정하고 다른 물건으로 바꾸는 것을 허용하지 않는 물건을 의미하는데, 특정물과 불특정물의 구분은 당사자의 의사를 기준으로 한다. 반면 대체물과 부대체물은 일반거래관념을 기준으로 한다.

(2) 채무자의 선관주의의무

특정물의 인도가 채권의 목적인 때에는 채무자는 그 물건을 인도하기까지 **선량한 관리자의 주의**로 보존하여야 한다(선관주의의무: 제374조). 선량한 관리자의 주의는 거래상 일반적으로 평균인에게 요구되는 정도의 주의를 말한다. 이러한 선량한 관리자의 주의를 위반하면 채무자에게 추상적 과실, 즉 채무불이행책임상의 과실이 존재하는 것으로 인정된다.

2. 종류채권

(1) 의 의

종류채권이란 일정한 종류에 속하는 물건 중에서 일정량의 인도를 목적으로 하는 채권을 말한다. 일정한 종류에 속하는 물건 가운데 어느 것을 인도할지는 특정되어 있지 않기 때문에 불특정물채권이라고도 한다. 예를 들어 Hite 맥주 10상자의 인도를 요구할 수 있는 채권이 이에 속한다. 종류채권에서는 채무자가 가지고 있던 물건이 멸실되더라도 그러한 종류의 물건이 시장에 존재하는 한 채무자는 그 종류물을 조달하여 인도하여야 한다(조달의무).

(2) 목적물의 품질과 종류채권의 특정

채권의 목적을 종류로만 지정한 경우에 법률행위의 성질이나 당사자의 의사에 의하여 품질을 정할 수 없는 때에는 채무자는 중등품질의 물건으로 이행하여야 한다(제375조 제1항).

종류채권의 특정이란 종류채권에서 채무자가 채무를 이행하기 위해서 그 종류에 속하는 물건 가운데 구체적으로 일정한 물건을 확정하는 것을 말한다. 종류채권의 목적물이 특정된 때에는 그 때부터 특정된 물건은 채권의 목적물로 된다.

(3) 종류채권의 특정의 방법

당사자 사이에 특정의 방법에 관한 특약이 없는 경우에는 채무자가 이행에 필요한 행위를 완료한 때 또는 채무자가 채권자의 동의를 얻어 이행할 물건을 지정한 때 목적물이 특정된다(제375조 제2항).

'이행에 필요한 행위'란 구체적 채권관계의 내용에 비추어 필요한 행위를 완료하는 것을 의미하는데, 그 구체적인 내용은 변제의 장소에 따라 달라진다. 먼저 ① 지참채무란 채무자가 목적물을 채권자의 주소에서 이행하여야 하는 채무를 말한다. 특정물인도 이외의 채무, 즉 종류채무는 원칙적으로 지참채무로서 채권자의 현주소에서 채무를 변제하여야 한다(제467조 제2항). 그리고 채무의 변제는 채무의 내용에 좇은 현실제공으로 하여야 하지만(제460조), 채권자가 미리 변제받기를 거절하거나 채무의 이행에 채권자의 행위를 요하는 경우에는 변제준비의 완료를 통지하고 그 수령을 최고하는 '구두제공'으로 특정된다. ② 추심채무란 채권자가 채무자의 주소에 와서 목적물을 추심하여 변제를 받아야 하는 채무를 말한다. 추심채무를 이행하기 위해서는 채권자의 추심행위가 필요하므로, 채무자가 변제준비의 완료를 통지하고 그 수령을 최고하는 구두제공으로 특정된다. ③ 송부채무란 채무자가 채권자 또는 채무자의 주소지 이외의 제3지에 목적물을 송부해야 할 채무를 말한다. 당사자의 합의에 의하여 송부채무가 된 경우에는 그 합의대로 제3지에 현실의 제공을 한 때에 특정이 되나, 채권자의 요청에 의해 채무자가 호의로 제3지에 목적물을 송부하는 경우에는 제3지에 발송한 때에 특정된다(통설).

'채무자가 채권자의 동의를 얻어 이행할 물건을 지정한 때'란 채무자가 지정권을 행사하도록 약정한 경우를 의미하고, 여기서의 '동의'는 채무자가 지정해서 특정한다는 것에 대한 동의를 의미한다. 이 경우 채무자가 목적물을 지정하여 분리한 때에 특정된다.

3. 금전채권

(1) 의 의

금전채권이란 일정액의 금전의 인도를 목적으로 하는 채권을 말한다. 좁은 의미의 금전채권은 금액채권을 말하는데, 이는 금전 자체의 개성보다는 그것이 가지는 일정한 가치에 중점을 둔 것이다.

한편 외화채권이란 다른 나라의 통화(외화)로 지급하여야 하는 금전채권을 말한다. 외화채권도 금전채권의 일종이다. 외국금액채권의 경우 채무자는 자기가 선택한 그 나라의 각 종류의 통화로 변제할 수 있다(제377조 제1항). 지급하여야 하는 외화의 종류를 지정한 외국금종채권의 경우, 지급하기로 정한 외화의 종류가 변제기에 강제통용력을 잃은 때에는 채무자는 그 나라의 다른 통화로 변제하여야 한다(제377조 제2항).

(2) 금전채권의 특칙

금전채권은 종류채권의 일종이지만 목적물의 특정이나 목적물의 전부멸실에 따른 이행불능의 경우는 존재하지 않는다. 또한 민법은 그 채무불이행에 기한 손해배상의 특칙을 규정하고 있다. 즉 채권자는 손해의 증명을 요하지 않으며, 채무자는 과실 없음을 항변하지 못한다(제397조 제2항). 또한 금전채무불이행에 의한 손해배상액은 법정이율에 의하여 정해진다. 그러나 법령의 제한에 위반하지 아니한 약정이율이 있으면 그 이율에 의한다(제397조 제1항).

4. 이자채권

(1) 의 의

이자채권은 이자의 급부를 목적으로 하는 채권이고, 이자는 금전 기타 대체물의 사용의 대가로서 원본액과 사용기간에 비례하여 지급되는 금전 기타의 대체물을 말한다.

이자를 산정하는 이율에는 법률규정에 의해 정해지는 법정이율과 당사자의 약정에 의해 정해지는 약정이율이 있다.

(2) 이자의 제한

이자제한법은 이자의 적정한 최고한도를 정함으로써 국민경제생활의 안정과 경제정의의 실현을 목적으로 하다. 금전대차에 관한 계약상의 최고이자율은 연 25퍼센트를 초과하지 아니하는 범위 안에서 대통령령으로 정한다(이자제한법 제2조 제1항). 계약상의 이자로서 최고이자율를 초과하는 부분은 무효로 한다(동조 제3항). 만약 채무자가 최고이자율을 초과하는 이자를 임의로 지급한 경우에는 초과 지급된 이자 상당금액은 원본에 충당되고, 원본이 소멸한 때에는 그 반환을 청구할 수 있다(동조 제4항).

5. 선택채권

선택채권이란 수개의 서로 다른 급부 가운데 선택에 의해 어느 급부가 채권의 목적으로 정하여지는 채권을 말한다.

6. 임의채권

임의채권이란 본래 하나의 특정된 급부를 목적으로 하지만 채권자 혹은 채무자가 다른 급부로 갈음할 수 있는 권리(대용권·보충권)를 갖는 채권을 말한다.

제3절 채무불이행과 채권자지체

Ⅰ. 서 설

채무불이행이란 채무자가 채무의 내용에 좇은 급부를 하지 않는 것을 말한다. 채무불이행의 각 유형에 공통되는 일반적 요건은 다음과 같다. ① 고의·과실–과실책임의 원칙상 채무의 불이행이 성립하기 위하여는 채무자에게 **고의**나 **과실**의 귀책사유가 있어야 한다. 일정한 경우 이행보조자의 고의·과실은 채무자의 고의·과실로 간주된다(제391조). ② 위법성–채무불이행은 위법한 것이어야 한다. ③ 책임능력–통설은 채무자의 책임능력을 요건으로 본다. ④ 채무불이행에 관한 증명책임에 있어서 채권자는 채무자에게 채무가 있고 이를 이행하지 않은 사실 및 일정한 손해가 발생한 사실에 대한 증명책임을 부담한다. 한편 채무자는 자신 또는 이행보조자에게 귀책사유가 없음을 주장·증명하여야 한다.

Ⅱ. 채무불이행의 유형

1. 이행지체

(1) 의 의

이행지체란 채무가 이행기에 있고 또 그 이행이 가능함에도 불구하고 채무자가 그의 귀책사유로 채무의 내용에 좇은 이행을 하지 않는 것을 말한다.

(2) 요 건

① 이행기의 도래–이행지체가 성립하기 위해서는 채무의 이행기가 도래하였어야 한다. 이행기는 당사자의 약정이나 법률의 규정으로 정하여진다. 이행지체에 따른 책임은 이행기를 경과한 때, 즉 이행기 다음날부터 발생한다. ② 이행기에 이행이 가능할 것–이행지체를 위해서는 이행기에 이행이 가능하여야 한다. 채무의 이행이 불가능하면 이행불능이 된다. 또한 이행지체 중 불능사유가

발생하면 지체가 종료되고 이행불능으로 다루어진다. ③ 이행기에 이행의 제공이 없을 것－채무자가 급부를 제공하지 않은 경우 이행지체가 성립한다. 따라서 채무가 이행되었거나 이행의 제공이 있으면 이행지체로 되지 않는다. ④ 이행기에 이행하지 않은 것이 위법할 것－이행기에 이행을 하지 않는 것을 정당화하는 사유가 존재한다면 이행지체가 되지 않는다. ⑤ 채무자에게 귀책사유가 있을 것－채무자가 고의·과실로 이행을 지체하여야 한다. 한편 채무자의 법정대리인이 채무자를 위하여 이행하거나 채무자가 타인을 사용하여 이행하는 경우에는 법정대리인 또는 피용자의 고의나 과실은 채무자의 고의나 과실로 본다(제391조).

(3) 효 과

① 이행의 강제－이행지체의 경우 이행이 가능하므로 채권자는 본래의 채무의 이행을 청구할 수 있다. ② 손해배상－이행지체가 성립하면 채권자는 손해배상을 청구할 수 있다. 이행지체에 있어서의 손해배상에는 이행의 지체로 인하여 발생한 손해의 배상(지연배상)과 이행에 갈음하는 손해의 배상(전보배상)이 있다. 채권자는 지연배상과 함께 본래 채무의 이행을 청구할 수 있다. 그러나 채권자가 상당한 기간을 정하여 이행을 최고하여도 그 기간 내에 이행을 하지 않거나 지체 후의 이행이 채권자에게 이익이 없는 때에는 채권자는 전보배상을 청구할 수 있다. ③ 책임가중－이행지체 중 이행불능이 되면 채무자는 과실이 없더라도 책임을 지며 손해배상을 하여야 한다. 단, 채무자가 이행기에 이행하였더라도 손해를 면할 수 없었던 경우에는 채무자는 책임을 면한다. ④ 계약해제－계약으로 발생한 채무의 경우에는 이행지체를 근거로 계약을 해제할 수 있다. 즉 채권자가 상당한 기간을 정하여 이행을 최고하였는데 그 기간 내에 이행이 없으면 계약을 해제할 수 있다. 그러나 채무자가 미리 이행하지 아니할 의사를 표시한 경우 또는 정기행위의 경우에는 최고없이 계약을 해제할 수 있다(제544조, 제545조). 계약의 해제는 손해배상에 영향을 미치지 아니한다(제551조). 따라서 채권자는 계약을 해제하면서 손해배상도 청구할 수 있다.

2. 이행불능

(1) 의 의

이행불능이란 채권성립 후 채무자의 귀책사유로 채무의 이행이 불가능하게 된 것을 말한다. 이행불능은 이행이 불가능하다는 점에서 이행이 가능한 이행지체와 다르다.

(2) 요 건

① 채권의 성립 후 이행이 불가능하게 될 것 – 이행불능은 채권이 유효하게 발생함을 전제로 한다. 예를 들어, 계약이 원시적 불능인 경우에는 그 계약은 무효이기 때문에 이행불능이 문제되지 않는다. 단, 원시적 불능의 경우에는 **계약체결상의 과실책임** 등이 문제된다. 따라서 이행불능이 문제되는 불능은 후발적 불능을 의미한다. ② 채무자의 귀책사유 – 이행불능이 채무자의 귀책사유로 발생하여야 한다. 채무자의 귀책사유 없이 이행불능인 경우 위험부담이 문제가 된다. ③ 이행불능이 위법할 것.

(3) 이행불능의 효과

① 본래의 급부의무의 소멸 – 이행불능의 경우에는 본래의 급부의무는 전보배상을 구하는 손해배상청구권으로 변경된다. ② 손해배상 – 이행불능의 경우 채권자는 본래의 급부를 청구할 수 없고 급부청구권에 갈음하여 이행이익의 배상을 청구할 수 있다. 이행불능에 따른 전보배상액의 산정은 이행불능시를 기준으로 불능 당시의 시가 상당액을 통상손해로 한다. 그 이후의 시가의 등귀는 특별사정으로 인한 손해(특별손해)이다. ③ 계약의 해제 및 종료 – 계약으로 발생한 채무가 이행불능된 경우 채권자는 최고 없이 계약을 해제할 수 있다. ④ **대상청구권**이 인정될 수 있음.

3. 불완전이행(적극적 채권침해)

불완전이행이란 이행행위는 존재하나 급부의 목적물이나 급부행위가 완전하지 못하여 채무가 완전하게 이행되지 못한 경우를 말한다.

완전한 이행이 가능한 경우에는 완전물급부와 같은 완전이행청구권이 발생한다. 기존의 불완전이행을 추완할 수 있으면 하자보수와 같은 추완청구권이 발생한다. 아울러 이행기 경과 후 완전이행이나 추완이 되기까지의 지연배상청구가 가능하며 확대손해가 발생한 경우에는 그 배상청구도 가능하다.

불완전이행으로 급부목적물이 소멸하거나 추완이 무의미한 경우에는 계약해제나 손해배상청구만이 문제된다.

4. 이행거절

이행거절이란 채무자가 이행이 가능함에도 불구하고 자신의 채무를 이행할 의사가 없음을 표시하여 객관적으로 채무의 이행을 기대할 수 없는 경우를 말한다. 채무자가 이행기가 경과한 후에 채무를 이행할 의사가 없음을 표시하는 경우 채권자는 자기 채무의 이행제공이나 최고 없이도 계약을 해제할 수 있다. 이행기 전의 이행거절을 독자적인 채무불이행의 유형으로 인정할 수 있는지 여부에 대해서는 학설의 대립이 있다.

이행거절의 경우 채무자의 임의의 이행은 기대할 수 없지만 이행 자체는 가능하므로 강제이행이 가능하다. 아울러 아직 이행기가 도래하지 않았더라도 이행거절이 있으면 채무불이행의 효과인 손해배상청구권 또는 계약해제권을 인정하는 것이 타당하다는 견해가 있다.

Ⅲ. 채무불이행에 대한 구제

1. 강제이행

강제이행이란 채무자가 임의로 채무를 이행하지 않는 경우 채권자가 국가권력을 통하여 강제로 채권의 내용을 실현하는 것을 말한다.

금전채무 및 물건의 인도채무는 직접강제에 의한다. 직접강제는 국가권력을 통하여 급부를 직접 실현하는 강제이행의 방법이다. 채무자의 행위가 필요한 '하는 채무'에는 직접강제가 인정되지 않으며, 직접강제가 가능한 채무의 경우 대체집행 또는 간접강제는 허용되지 않는다.

예를 들어 건물을 철거하는 채무와 같은 '하는 채무' 가운데 채무자 이외의 자가 하더라도 무방한 대체적 작위채무는 대체집행에 의한다. 대체집행이란 채무자가 스스로 이행하지 않을 때 채권자나 제3자가 채무자에 갈음하여 채권의 내용을 실현하고 그 비용을 채무자로부터 추심하는 강제이행의 방법이다. 대체집행이 가능한 경우에는 간접강제가 허용되지 않는다.

부대체적 작위채무, 즉 채무자만이 할 수 있는 일신전속적 채무의 경우에는 간접강제가 허용된다. 간접강제는 그 위반시 채무자에게 손해배상의 지급을 명하거나 벌금을 과하거나 채무자를 구금하는 등의 방법으로 채무자를 심리적으로 압박하여 스스로 채무를 이행하도록 하는 강제집행의 방법이다. 강제이행은 손해배상의 청구에 영향을 미치지 아니한다(제389조 제4항).

강제이행은 손해배상의 청구에 영향을 미치지 아니한다(제389조 제4항).

2. 손해배상

(1) 의 의

채무자의 채무불이행으로 채권자에게 손해가 발생한 경우에는 채권자는 그 손해의 배상을 청구할 수 있다. 민법상 손해배상청구권을 인정한 규정은 민법 전반에 산재해 있으나, 가장 대표적인 손해배상청구권의 발생원인은 채무불이행과 불법행위이다. 우리 민법은 채무불이행으로 인한 손해배상에 관한 규정의 일부를 불법행위로 인한 손해배상에 준용하고 있다(제763조).

(2) 손 해

손해란 법적으로 보호할 가치가 있는 이익에 대한 침해로 발생한 불이익을 말한다. 판례는 손해의 개념을 채무불이행이 없었다면 존재하였을 이익과 채무불이행이 있은 후의 현재의 이익의 차이라고 이해한다(차액설).

손해는 침해행위의 결과로 생긴 불이익의 성질에 따라 재산적 손해와 비재산적 손해로 구분될 수 있다(판례). 또한 재산적 손해는 다시 적극적 손해와 소극적 손해로 구분된다. 적극적 손해는 기존 재산의 멸실 또는 감소를, 소극적 손해는 장래에 얻을 수 있었던 이익을 얻지 못한 것을 의미한다.

한편 계약에서 이행이익의 손해란 계약이 유효함으로 인하여 생길 이익에 상당한 손해를 말하고, 신뢰이익의 손해란 계약의 유효를 믿었음으로 인하여 받은 손해를 말한다.

(3) 손해배상

손해의 배상이란 채무불이행으로 인해 발생한 손해를 피해자 이외의 자가 전보하는 것을 말한다. 민법은 다른 의사표시가 없으면 손해는 금전으로 배상하도록 규정하고 있다(금전배상주의, 제394조). 여기서의 금전이란 우리나라의 통화를 말한다. 손해배상금의 지급방법에는 **일시금배상**과 **정기금배상**이 있다.

채무불이행을 근거로 손해배상을 청구하기 위해서는 먼저 손해가 발생하여야 한다. 손해가 발생하였는지 여부는 사회통념에 따라 객관적·합리적으로 판단하여야 한다. 손해는 재산적 손해로서의 적극적 손해와 소극적 손해 및 비재산적 손해로 구분되며(손해3분설), 각각은 별개의 소송물이다.

채무불이행으로 발생한 손해 전부가 배상되는 것은 아니다. 손해의 공평한 부담이라는 손해배상제도의 취지에 맞도록, 발생한 손해 가운데 어떤 기준으로 배상의 범위를 정하여야 한다. 손해배상의 범위를 정하는 기준에 대해서 민법 제393조는 손해배상의 범위를 정하는 기준으로 통상손해와 특별손해를 제시하고 있다. 통상손해란 채무불이행이 있으면 보통 발생하는 손해로서 채무자는 그 전부를 배상하여야 한다. 이에 반하여 특별한 사정에 기한 손해는 원칙적으로 배상책임에서 제외되고, 다만 채무자가 그 사정을 알았거나 알 수 있었을 때에 한하여 배상책임에 포함된다.

민법 제393조에 의하여 손해배상의 범위가 결정되면 금전배상주의의 원칙상 배상하여야 하는 손해를 금전으로 평가하여야 한다. 배상하여야 할 손해를 금전으로 평가하는 것을 손해배상액의 산정이라고 한다. 재산적 손해의 배상액은 재산적 가치의 평가액이며, 통상가격 내지 통상교환가격을 표준으로 한다. 비재산적 손해의 배상은 객관적인 금전적 평가가 어려우므로 법원이 여러 사정을 고려하여 금액을 결정한다.

손해배상의 범위를 결정함에 있어서 고려해야 하는 특수한 문제로 과실상계와 손익상계가 있다. 과실상계란 채무불이행으로 인한 손해배상책임에서 채권자에게 손해의 발생 또는 확대에 기여한 과실이 있는 경우, 이를 참작하여 채무자의 손해배상책임을 감면하는 제도이다. 과실상계는 채권자에게 과실이 있는 때에는 그 정도에 따라 배상책임을 부정하거나 배상액을 감액함으로써 궁극적으로 손해의 공평·타당한 부담을 실현한다. 그리고 손익상계란 채무불이행으로 인하여 채권자에게 손해가 발생한 경우 채무자가 채무를 이행하였다면 채권자가 지출하였을 비용을 손해배상액에서 공제하는 것을 말한다. 손익상계는 과실상계를 한 후에 한다는 것이 판례의 태도이다.

손해배상액의 예정이란 당사자가 장래 채무불이행이 있게 되면 일정한 금액을 손해배상액으로 하기로 하는 약정을 말한다. 민법 제398조에서 정하고 있는 손해배상액의 예정은 손해의 발생사실과 손해액에 대한 증명의 곤란을 덜고 분쟁의 발생을 미리 방지하여 법률관계를 쉽게 해결하고자 하는 등의 목적으로 규정된 것이다.

Ⅳ. 채권자지체

1. 의 의

채권자지체란 채무자가 채무의 내용에 좇은 이행의 제공을 하였으나 채권자가 수령 등 이행의 완료에 필요한 협력을 하지 않은 경우, 채권자가 그 수령 등의 지체에 따른 일정한 책임을 지는 것을 말한다. 채권자지체의 법적 성질에 대해서는 채무불이행설과 법정책임설이 대립되고 있는데, 어느 학설을 취하느냐에 따라 요건과 효과 등에서 차이가 있다.

2. 채권자지체의 요건

채권자지체가 성립하기 위하여는 ① 채권자의 협력이 있어야 변제의 결과를 가져올 수 있는 채무일 것, ② 채무의 내용에 좇은 이행의 제공이 있을 것, ③ 채권자의 수령불능 또는 수령거절이 있을 것이 요구된다. 채권자지체를 채무불이행책임으로 이해하는 견해에 따르면 채권자의 수령불능 또는 수령거절에 채권자의 귀책사유와 위법성을 요구한다. 그러나 법정책임으로 이해하는 견해에 따르면 수령불능 또는 수령거절에 채권자의 귀책사유와 위법성은 요구되지 않는다.

3. 채권자지체의 효과

① 채무자의 주의의무의 경감－채권자지체 중에는 채무자는 고의 또는 중대한 과실이 없으면 불이행으로 인한 모든 책임이 없다(제401조). ② 이자 지급

의무의 면제－채권자지체 중에는 이자 있는 채권이라도 채무자는 이자를 지급할 의무가 없다(제402조). ③ 증가된 비용의 채권자 부담－채권자지체로 인하여 그 목적물의 보관 또는 변제의 비용이 증가된 때에는 그 증가액은 채권자의 부담으로 한다(제403조). ④ 쌍무계약에서의 위험의 이전－쌍무계약의 당사자 일방의 채무가 채권자의 책임있는 사유로 이행할 수 없게 된 때에는 채무자는 상대방의 이행을 청구할 수 있다. 채권자의 수령지체 중에 당사자 쌍방의 책임없는 사유로 이행할 수 없게 된 때에도 같다(제538조 제1항). ⑤ 손해배상청구권 및 계약해제권의 인정 여부－채권자지체를 채무불이행으로 이해하는 견해는 채무자는 채권자지체로 생긴 손해의 배상을 청구할 수 있고, 일정한 요건하에서 계약을 해제할 수 있다고 한다. 반면 법정책임설에서는 손해배상청구권 및 계약해제권은 채권자지체의 효과로 규정되어 있지 않으므로 인정되지 않는다.

제4절 책임재산의 보전

Ⅰ. 서 설

모든 채권은 금전채권화될 수 있으며, 이러한 금전채권의 실현은 채무자의 일반재산에 의하여 보장된다. 이런 의미에서 채무자의 일반재산을 책임재산이라고도 하는데, 채무자의 책임재산은 모든 채권자를 위한 공동담보가 된다. 이처럼 채무자의 책임재산은 채권의 변제가능성과 밀접하게 연결되기 때문에 채권의 실효성을 확보하기 위하여는 채무자의 책임재산을 보전할 필요가 있다. 그러나 채권자는 채무자의 재산을 직접 지배할 수 있는 권리가 없고, 채무자는 자신의 재산을 처분할 수 있는 자유를 가지고 있으므로 채권자의 채무자에 대한 간섭은 일정한 경우로 제한될 필요가 있다. 민법은 채권자가 채무자의 재산상의 법률관계에 간섭할 수 있는 제도로서 채권자대위권과 채권자취소권을 규정하고 있다.

Ⅱ. 채권자대위권

1. 의 의

채권자대위권이란 채권자가 자신의 채권을 보전하기 위하여 채권자의 이름으로 채무자가 제3자에 대하여 갖는 권리를 대신 행사할 수 있는 권리를 말한다(제404조 제1항). 예를 들어, 무자력인 갑이 을에 대하여 1억원의 금전채권을 가지고 있음에도 불구하고 그 권리를 행사하지 않고 있는 경우 갑의 채권자 병이 채권자대위권을 행사할 수 있다.

2. 채권자대위권의 요건

채권자측의 요건으로는 ① 채권자가 자기의 채권을 보전할 필요가 있을 것과 ② 채권의 기한이 도래하였을 것이 있으며, 채무자측의 요건으로는 ① 채무자의 제3자에 대한 권리가 일신에 전속한 것이 아닐 것과 ② 채무자가 스스로 자신의 권리를 행사하지 않을 것이 있다.

3. 채권자대위권의 행사

채권자는 자신의 이름으로 채무자의 권리를 행사할 수 있다. 채권자취소권과 달리 반드시 재판상 행사하여야 하는 것은 아니다. 채권자대위권의 행사범위는 채권의 보전에 필요한 범위에 한정된다.

채권자대위권 행사에 채무자의 동의는 필요하지 않지만 채권자대위권의 행사 후에는 그 사실을 채무자에게 통지하여야 한다. 그러나 보존행위를 위한 채권자대위권 행사의 경우에는 통지할 필요가 없다(제405조 제1항 참조). 채권자대위권 행사의 효과는 직접 채무자에게 귀속한다.

Ⅲ. 채권자취소권

1. 의 의

채권자취소권이란 채무자가 채권자를 해함을 알고 재산권을 목적으로 한 법률행위를 한 때에 채권자가 그 취소 및 원상회복을 법원에 청구할 수 있는 권리를 말한다. 예를 들어, 이미 무자력 상태에 빠져있는 갑이 자신의 유일한 재산인 토지를 을에게 시가보다 낮은 가격으로 매도하는 경우에 갑의 채권자 병이 채권자취소권을 행사하여 갑과 을 사이의 매매계약을 취소하고 토지소유권의 원상회복을 법원에 청구할 수 있다.

채권자취소권은 채무자와 제3자 사이에 이루어진 유효한 법률행위를 채권자가 개입하여 취소한다는 점에서 제3자에게 미치는 영향이 크다. 채권자취소권은 채권의 공동담보의 보전을 목적으로 채권자에게 부여된 실체법상의 권리이며 소송법상의 권리가 아니다.

2. 채권자취소권의 요건

(1) 취소채권자의 채권(피보전채권)

취소채권자의 채권은 원칙적으로 사해행위 이전에 성립하여 존재하여야 한다. 그러나 판례는 사해행위 당시에 이미 채권 성립의 기초가 되는 법률관계가 발생되어 있고 가까운 장래에 그 법률관계에 터잡아 채권이 성립되리라는 점에 대한 고도의 개연성이 있으며, 실제로 가까운 장래에 그 개연성이 현실화되어 채권이 성립된 경우에는 그 채권도 채권자취소권의 피보전채권이 될 수 있다는 태도이다.

금전채권은 피보전채권으로 가장 전형적이다. 그러나 비금전채권(특정물채권), 예를 들어 특정물에 대한 소유권이전등기청구권 등과 같은 특정물채권을 보전하기 위하여는 행사될 수 없다.

(2) 채무자의 사해행위

① 채무자가 재산권을 목적으로 한 법률행위를 하였을 것

계약·단독행위·합동행위이거나 채권행위·물권행위·준물권행위 여부를 불문한다. 그러나 채무자의 단순한 부작위나 사실행위 또는 순수한 소송행위는 취소의 대상이 아니다.

② 채권자를 해하는 법률행위

일반적으로 채권자를 해한다는 것은 채무자의 재산행위로 그의 일반재산이 감소하여 채권의 공동담보에 부족이 생기고, 채권자에게 완전한 변제를 할 수 없는 것을 말한다. 즉 소극재산의 총액이 적극재산의 총액을 넘는 채무초과 또는 무자력상태의 발생 내지 심화를 말한다.

판례

"채무자가 책임재산을 감소시키는 행위를 함으로써 일반 채권자들을 위한 공동담보의 부족상태를 유발 또는 심화시킨 경우에 그 행위가 채권자취소의 대상인 사해행위에 해당하는지는, 목적물이 채무자의 전체 책임재산 가운데에서 차지하는 비중, 무자력의 정도, 법률행위의 경제적 목적이 갖는 정당성 및 그 실현수단인 당해 행위의 상당성, 행위의 의무성 또는 상황의 불가피성, 채무자와 수익자 간 통모의 유무와 같은 공동담보의 부족 위험에 대한 당사자의 인식의 정도 등 행위에 나타난 여러 사정을 종합적으로 고려하여, 그 행위를 궁극적으로 일반 채권자를 해하는 행위로 볼 수 있는지에 따라 최종 판단하여야 한다." **대판 2011. 10. 13. 2011다28045.**

(3) 사해의사(주관적 요건)

① 채무자의 악의

채무자의 사해의사란 특정의 채권자를 해하려고 하는 적극적인 의사가 아니라 변제능력이 부족하게 된다는 소극적인 인식으로써 충분하다. 일반적으로 채권자를 해한다는 것(공동담보에 부족이 생긴다는 것)에 관하여 인식하면 되고, 특정의 채권자를 해하게 된다는 것을 인식할 필요는 없다.

② 수익자 또는 전득자의 악의

채무자의 사해행위에 의하여 직접 이익을 받은 자(수익자) 또는 이 수익자를 거쳐서 이익을 얻은 자(전득자)는 그 행위 또는 전득의 당시에 채권자를 해하게 됨을 알고 있어야 한다. 선의에 관한 증명책임은 수익자 또는 전득자가 부담한다.

3. 채권자취소권의 행사

채권자취소권은 채권자가 자신의 이름으로 행사한다. 반드시 재판상 행사하여야 하며, 소 제기의 방식이 아닌 항변 기타 소송상의 공격방어방법으로는 주장하지는 못한다. 취소소송의 상대방은 이익반환의 상대방인 수익자 또는 전득자이며, 채무자는 피고에 포함시키지 못한다.

채권자취소권 행사의 범위는 취소권을 행사하는 채권자의 채권액을 표준으로 한다. 그러나 사해행위가 불가분이거나 또는 다른 채권자가 배당참가를 신청하는 것이 명백하여 채권자가 자기의 손실을 구제하기 위하여 필요한 경우에는 그의 채권액을 넘어서 취소권을 행사할 수 있다.

4. 채권자취소권 행사의 효과

채권자취소권은 모든 채권자의 이익을 위하여 그 효력이 있다(제407조). 즉 수익자 또는 전득자로부터 반환받은 재산 또는 재산에 갈음하는 손해배상은 채무자의 일반재산으로 회복되어 모든 채권자를 위한 공동담보가 된다.

취소의 효력은 상대적이다. 취소판결의 기판력은 소송에 참가하지 않은 채무자에게 미치지 않으며, 채무자와 수익자, 수익자와 전득자 사이의 법률관계에 영향이 없다.

채권자취소권의 소는 채권자가 취소원인을 안 날로부터 1년, 법률행위 있은 날로부터 5년내에 제기하여야 한다(제406조 제2항).

제5절 | 다수당사자의 채권관계

Ⅰ. 의 의

다수당사자의 채권관계란 하나의 급부에 관하여 복수의 채권자 또는 복수의 채무자가 있는 채권관계를 말한다.

Ⅱ. 분할채권관계와 불가분채권관계

분할채권관계란 하나의 가분급부에 관하여, 채권자 또는 채무자가 수인인 경우 특별한 의사표시가 없는 한, 그 채권 또는 채무가 수인의 채권자나 채무자 사이에서 분할되는 다수당사자의 채권관계를 말한다. 한편 불가분채권관계란 불가분의 급부를 목적으로 하는 다수당사자의 채권관계로서 불가분채권과 불가분채무가 있다.

Ⅲ. 연대채무

연대채무란 수인의 채무자가 동일한 내용의 급부에 관하여 각각 독립하여 전부의 급부를 하여야 할 채무를 부담하고, 그 가운데의 한 사람의 채무자가 전부의 급부를 하면 모든 채무자의 채무가 소멸하는 다수당사자의 채무이다.

연대채무는 경제적·실질적으로는 하나의 채무이지만 수인의 채무자가 각각 독립하여 전부의 급부의무를 부담하여 책임재산의 범위가 확장된다. 따라서 일종의 인적 담보로서 기능한다.

연대채무에서 채권자는 어느 연대채무자에 대하여 또는 동시나 순차로 모든 연대채무자에 대하여 채무의 전부나 일부의 이행을 청구할 수 있다. 어느 연대채무자가 변제 기타 자기의 출재로 공동면책된 때에는 다른 연대채무자의 부담부분에 대하여 구상권을 행사할 수 있다.

한편 부진정연대채무란 수인의 채무자가 각각 다른 법률관계에 의하여 동일한 채권자에게 어떤 급부를 하여야 할 채무를 부담하게 된 경우, 그들 각자의 급부의 내용이 우연히 동일한 것이어서 한 사람의 이행이 있으면 다른 자의 채무도 소멸하게 되는 경우, 그들 수인이 부담하는 채무를 말한다. 불법행위로 인한 손해배상채무가 경합하는 경우 피해자 보호를 위하여 부진정연대채무를 인정하고 있다.

Ⅳ. 보증채무

보증채무란 주채무와 동일한 내용의 급부를 목적으로, 주채무가 이행되지 않는 경우 보증인이 이를 이행할 책임을 짐으로써 주채무자에 대한 채권을 담보하는 것이다(제428조). 보증채무는 채권자와 보증인 사이의 보증계약에 의하여 성립한다. 예를 들어 갑이 을에게 2천만원을 대여하고 위 2천만원의 채무이행을 담보하기 위하여 갑과 병이 보증계약을 체결한 경우, 주채무자 을이 채무를 변제하지 않으면 보증인 병이 채권자 갑에게 위 2천만원의 보증채무를 부담하게 된다. 보증은 그 의사가 보증인의 기명날인 또는 서명이 있는 서면으로 표시되어야 효력이 발생한다(제428조의2 제1항). 현재 보증인의 피해를 방지하기 위하여 보증인보호를 위한 특별법이 제정 · 시행되고 있다.

연대보증이란 보증인이 주채무자와 연대하여 채무를 부담하여 주채무의 이행을 담보하는 보증채무이며, 보증연대는 수인의 보증인 사이에 연대의 특약이 있는 것을 말한다.

근보증(신용보증)은 일정한 계속적인 거래관계 내지 법률관계로부터 발생하게 될 불확정한 다수의 채무를 보증하는 것을 말한다. 이 경우 보증하는 채무의 최고액을 서면으로 특정하여야 한다(제428조의3 제1항).

제6절 | 채권양도와 채무인수

Ⅰ. 채권의 양도

1. 채권양도의 의의

채권양도란 채권자의 채권을 그 동일성을 유지한 채 양수인에게 이전하는 것을 내용으로 하는 채권자(양도인)와 양수인 사이의 계약을 말한다.

2. 지명채권의 양도

지명채권이란 채권자가 특정되어 있는 채권을 말하며, 채권의 성립·존속·행사·양도 등을 위하여, 증서 즉 증권의 작성·교부 등을 요하지 않는다. 지명채권은 원칙적으로 양도성을 가진다(제449조 제1항 본문). 그러나 그 양도가 채권의 성질, 당사자의 의사표시, 법률에 의하여 제한되는 경우가 있다. 양도할 수 없는 채권이라는 사실에 대한 증명책임은 채무자에게 있다.

지명채권의 양도는 양도인과 양수인 사이의 낙성계약만으로 그 효력이 생긴다. 그러나 민법 제450조는 지명채권양도의 대항요건에 대해서 지명채권의 양도는 양도인이 채무자에게 통지하거나 채무자가 승낙하지 아니하면 채무자 기타 제3자에게 대항하지 못하고, 그 통지나 승낙은 확정일자 있는 증서에 의하지 아니하면 채무자 이외의 제3자에게 대항하지 못한다고 규정하고 있다. 이는 채권양도의 일자를 명확하게 하고, 채권자와 채무자가 통정하여 양도일자를 소급하여 제3자의 권리를 해하는 것을 방지하기 위한 것이다.

3. 증권적 채권의 양도

증권적 채권이란 채권의 성립·존속·양도·행사 등을 그 채권이 화체된 증권에 의하여 하여야 하는 채권을 말한다. 여기서 증권에 화체되어 있음은 권리와 증권이 밀접하게 결합되어 있어서, 그 증권의 점유가 권리행사의 요건으로 되어 있는 상태를 의미한다.

증권적 채권에는 기명채권·지시채권·지명소지인출급채권·무기명채권 등이 있다.

지시채권이란 특정인 또는 그가 지시(지정)한 자에게 변제하여야 하는 증권적 채권을 말한다. 예를 들어, 화물상환증·창고증권·선하증권·어음·수표 등은 배서금지의 기재가 없는 한 법률상 당연한 지시채권이다. 이러한 지시채권은 증권(증서)에 배서하여 양수인에게 교부하는 방식으로 양도된다. 여기서 증권의 배서·교부는 대항요건이 아니라 성립요건 내지 효력발생요건이다. 배서란 채권양도의 의사표시를 증권에 기재하는 것을 말하며, 교부란 증권의 점유를 이전하는 것을 말한다.

무기명채권이란 특정한 채권자를 지정함이 없이 증권의 소지인에게 변제하여야 하는 증권적 채권을 말한다. 예를 들어, 무기명사채·무기명식 수표나 상품권·철도승차권 등이 이에 해당한다. 무기명채권의 양도방법은 증권의 교부이다. 증권의 교부는 대항요건이 아니라 성립요건 내지 효력발생요건이다.

지명소지인출급채권이란 특정인 또는 증권(증서)의 정당한 소지인에게 변제하여야 하는 증권적 채권을 말한다. 이는 무기명채권의 변형으로 무기명채권과 같은 효력을 갖는다.

한편 면책증권(면책증서)이란 증권(증서)의 소지인에게 변제한 때에는, 비록 그 자가 진정한 채권자가 아닌 경우에도, 채무자가 선의이면 그 책임을 면하는 증권을 말한다.

Ⅱ. 채무의 인수

채무인수란 채무의 동일성을 유지하면서 채무가 채무자로부터 인수인에게 이전하는 것을 목적으로 하는 계약을 말한다. 채무인수에 의하여 채무자는 채무를 면하게 되고 인수인은 동일한 채무를 부담하게 된다(면책적 채무인수). 예를 들어, 갑의 을에 대한 채무를 병이 인수하면, 병은 을의 채무자가 되고 갑은 채무를 면하게 된다.

채권자와 인수인 사이의 계약을 통한 채무인수에서는 채무자의 동의 또는 수익의 의사표시가 요구되지 않는다. 단, 이해관계 없는 제3자는 채무자의 의사에 반하여 채무를 인수하지 못한다(제453조). 채무자와 인수인 사이의 계약을 통한 채무인수에서는 채권자의 승낙이 있어야 효력이 생긴다(제454조 제1항).

채무인수가 이루어지면 그 채무는 동일성을 유지하면서 채무자로부터 인수인에게 이전된다.

제7절 채권의 소멸

Ⅰ. 채권소멸의 의의

채권의 소멸이란 채권이 객관적으로 존재하지 않게 되는 것을 말한다. 채권소멸의 원인이 발생하면 채권은 법률상 당연히 소멸한다. 채권의 일반적 소멸원인은 변제·대물변제·공탁·상계·경개·면제·혼동 등이다. 물론 권리의 일반적 소멸원인인 목적의 소멸·소멸시효의 완성(절대적 소멸설)·권리의 존속기간의 만료 등으로도 채권은 소멸한다.

Ⅱ. 채권의 일반적 소멸원인

변제	채무자가 채무의 내용인 급부를 실행하는 행위. 예) 매매계약에서 매수인이 매도인에게 매매대금을 지급하는 것.
대물변제	채무자가 부담하고 있는 본래의 급부에 갈음하여 다른 급부를 현실적으로 하여 채권을 소멸시키는 채권자·채무자 사이의 요물계약. 예) 甲으로부터 1억원의 채무를 부담하고 있는 乙이 甲의 승낙을 얻어 본래 급부하여야 할 1억원의 금전급부에 갈음하여 X토지의 소유권을 甲에게 이전하는 것
공탁	금전·유가증권 기타의 물건을 공탁소에 임치하는 것을 내용으로 하는 공탁자와 공탁소 사이의 임치계약.
상계	채권자와 채무자가 서로 같은 종류를 목적으로 채권·채무를 가지고 있는 경우 그 채권과 채무를 동등액에서 소멸케 하는 단독행위.
경개	채무의 중요한 부분을 변경하여 신채무를 성립시키는 동시에 구채무를 소멸시키는 계약.

면제	채무자에 대한 채권자의 일방적 의사표시에 의하여 채권을 무상으로 소멸시키는 단독행위.
혼동	채권과 채무가 동일인에게 귀속하는 사실. 예) 채권자가 채무자를 상속하는 경우.

제8절 | 채권의 발생원인

민법이 규정하고 있는 채권발생원인은 계약과 같이 당사자의 의사에 의하여 채권관계가 발생하는 약정채권관계와 사무관리·부당이득·불법행위와 같이 당사자의 의사와는 무관하게 법률규정에 따라 채권관계가 발생하는 법정채권관계로 구분된다.

Ⅰ. 계 약

1. 계약의 의의

계약이란 채권·채무의 발생을 목적으로 하는 당사자의 합의를 말한다. 계약은 사적 자치의 발현형식으로서, 중요한 채권발생의 원인이다. 한편 계약자유의 원칙이란 계약에 의한 법률관계의 형성은 법의 제한에 충돌하지 않는 한 각자의 자유에 맡겨지며, 법도 이를 승인한다는 원칙을 말한다.

판례

"이른바 계약자유의 원칙이란 계약을 체결할 것인가의 여부, 체결한다면 어떠한 내용의, 어떠한 상대방과의 관계에서, 어떠한 방식으로 계약을 체결하느냐 하는 것도 당사자 자신이 자기의사로 결정하는 자유뿐만 아니라, 원치 않으면 계약을 체결하지 않을 자유를 말하여, 이는 헌법상의 행복추구권 속에 함축된 일반적 행동자유권으로부터 파생되는 것이라 할 것이다." **헌재결 1991. 6. 3. 89헌마204.**

민법은 증여·매매·교환·소비대차·사용대차·임대차·고용·도급·여행계약·현상광고·위임·임치·조합·종신정기금·화해 등 15가지 전형계약에 대해서 규정하고 있으나 계약자유의 원칙상 당사자는 다른 종류의 계약을 체결할 수 있고, 전형계약의 규정과 다른 내용의 계약을 체결할 수 있다.

2. 계약의 성립

(1) 합 의

계약은 둘 이상의 당사자 사이의 합의가 필요하다. 여기서의 합의란 당사자 사이의 서로 대립하는 의사표시의 합치를 의미한다. 합의가 성립하기 위해서는 객관적 합치와 주관적 합치가 존재해야 한다. 객관적 합치란 당사자의 의사표시가 내용적으로 일치하는 것을 의미하고, 주관적 합치란 상대방의 의사표시와 결합하여 계약을 성립시키는 것을 의미한다.

판례

계약의 성립을 위한 당사자 사이의 '의사의 합치'의 정도 : "계약이 성립하기 위하여는 당사자 사이에 의사의 합치가 있을 것이 요구되고 이러한 의사의 합치는 당해 계약의 내용을 이루는 모든 사항에 관하여 있어야 하는 것은 아니나 그 본질적 사항이나 중요 사항에 관하여는 구체적으로 의사의 합치가 있거나 적어도 장래 구체적으로 특정할 수 있는 기준과 방법 등에 관한 합의는 있어야 한다." **대판 2001. 3. 23. 2000다51650.**

(2) 청약과 승낙에 의한 계약성립

1) 청 약

청약은 일방이 타방에게 일정한 내용의 계약을 체결할 것을 제의하는 상대방 있는 의사표시를 말한다. 청약에는 최소한 상대방과 구체적인 계약에서 그 성립요소가 확정되어 있거나 확정될 수 있는 기준이 제시되어, 상대방의 단순승낙만으로 계약이 바로 성립될 수 있을 정도로 확정성을 가져야 한다. 예를 들어, 매매계약에 있어서는 최소한 재산권의 이전과 대금의 지급에 관한 내용이 포함되어 있어야 한다.

2) 승 낙

승낙이란 청약에 대응하여 계약을 성립시킬 목적으로 청약자에 대하여 하는 청약 수령자의 의사표시이다. 승낙 여부는 청약을 수령한 자의 자유이다.

청약에서 제시된 모든 사항에 대해서 승낙이 존재해야 합치가 인정된다. 예를 들어, 갑이 자신의 노트북을 100만원에 매도하겠다는 청약을 하였는데 을이 위 노트북에 대해서 신용카드로 결제하겠다고 하였다면 위 노트북에 대한 매매계약은 성립하지 않은 것이 된다.

만약 승낙자가 청약에 대하여 조건을 붙이거나 변경을 가하여 승낙한 때에는 그 청약의 거절과 동시에 새로 청약한 것으로 본다(제534조).

(3) 교차청약과 의사실현에 의한 계약성립

교차청약이란 당사자간에 동일한 내용의 청약이 상호 교차된 경우로서, 양 청약이 상대방에게 도달한 때에 계약이 성립한다(제533조). 의사실현에 의한 계약성립은 청약자의 의사표시나 관습에 의해 승낙의 통지가 필요하지 않은 경우 승낙의 의사표시로 인정되는 사실이 있는 때에 계약이 성립하는 것을 말한다(제532조).

3. 계약의 효력

(1) 서 설

계약도 법률행위이므로 계약의 효력은 법률행위의 효력요건을 충족되는 때에 발생한다. 계약의 구속력은 당사자 사이에서만 발생하는 것이 원칙이다(계약의 상대적 효력). 계약상의 급부청구권을 계약당사자가 아닌 제3자가 취득하게 되는 제3자를 위한 계약은 계약의 상대적 효력의 예외이다.

계약의 구체적 내용은 각각의 전형계약에 따라 다르다. 민법은 제3편 제2장 제1절 제2관에서 계약의 효력으로 동시이행의 항변권, 위험부담, 제3자를 위한 계약에 대하여 규정하고 있는데, 이중 동시이행의 항변권과 위험부담은 쌍무계약의 특유한 효력에 관한 것이다.

(2) 쌍무계약의 효력

1) 쌍무계약의 특질

쌍무계약은 각 당사자가 서로 대가적인 의미를 갖는 채무를 부담하는 계약을 말한다. 당사자 쌍방이 부담하는 채무들이 서로 대가적인 의미를 갖기 때문에 이들 채무들은 상호 의존관계에 있다(채무의 견련성). 예를 들어, 갑과 을이 노트북에 대한 매매계약을 체결하였다면 노트북의 소유권이전의무와 대금지급의무는 서로 대가관계에 있다.

쌍무계약상 채무의 견련성은 성립·이행·존속상의 견련성으로 나타난다. 성립상의 견련성은 쌍무계약에 의해 발생할 일방의 채무가 원시적 불능이나 불법 등의 이유로 성립하지 않거나 또는 무효·취소된 때에는, 그것과 의존관계에 있는 상대방의 채무도 성립하지 않는다는 것이다. 이행상의 견련성은 쌍무계약에서 일방의 채무가 이행될 때까지 상대방의 채무도 이행되지 않아도 된다는 것이다. 이러한 이행상의 견련성은 동시이행의 항변권에 의해 실현된다. 존속상의 견련성이란 쌍무계약에서 일방의 채무가 채무자에게 책임 없는 사유로 급부불능이 되어 소멸한 경우 그것과 상호 의존관계에 있는 상대방의 채무도 함께 소멸한다는 것이다. 이러한 존속상의 견련성에서 위험부담의 문제가 제기된다.

2) 동시이행의 항변권

동시이행의 항변권은 쌍무계약의 당사자 일방이 상대방이 채무의 이행을 제공할 때까지 자신의 채무의 이행을 거절할 수 있는 권리로서 공평의 원칙 또는 신의칙을 근거로 한다(제536조). 이러한 동시이행의 항변권은 상대방이 채무를 이행하거나 이행의 제공을 할 때까지 자기 채무의 이행을 거절할 수 있는 연기적 항변권이다.

동시이행의 항변권이 성립하기 위하여는 ① 동일한 쌍무계약에 의하여 당사자 쌍방이 서로 대가적 의미가 있는 채무를 부담하고 있어야 하고, ② (청구를 하는) 상대방의 채무가 변제기에 있어야 하며, ③ (청구를 하는) 상대방이 그의 채무의 이행 또는 이행의 제공을 하지 않은 채 이행을 청구해야 한다.

당사자 일방이 상대방에게 먼저 이행하여야 하는 경우(선이행의무자)에는 동시이행의 항변권은 인정되지 않는다. 그러나 선이행의무자가 이행하지 않고 있는 동안 ① 상대방 채무의 변제기가 도래한 경우 또는 ② 상대방의 이행이 곤란할 현저한 사유가 있는 경우에는 선이행의무자에게도 동시이행의 항변권이 인정된다.

3) 위험부담

위험부담이란 쌍무계약에서 일방의 채무가 채무자에게 책임없는 사유로 이행불능이 되어 소멸한 경우 그 채무와 상호 의존관계에 있는 타방의 채무의 운명은 어떻게 되는가의 문제이다. 여기서 위험이란 채권의 목적이 계약당사자의 책임없는 사유로 이행할 수 없게 된 경우 그로 인한 불이익을 말하는데, 특히 물건의 위험이란 물건이 불가항력으로 멸실됨으로써 이를 갖지 못하게 되는 불이익을 말하고, 대가의 위험이란 쌍무·유상계약에서 계약 목적물인 물건의 멸실로 인하여 대가를 받지 못하게 되거나 또는 멸실에도 불구하고 상대방에게 손해배상청구도 하지 못한 채 대가만을 지불해야 하는 불이익을 말한다. 예를 들어, 갑이 자신의 소유인 X건물을 을에게 매도하는 매매계약을 체결한 후 이행하기 전에 산사태로 X건물이 멸실된 경우 을은 매매대금을 지급하여야 하는지가 위험부담의 문제이다.

위험부담에 대한 입법례에는 채무자위험부담주의, 채권자위험부담주의와 소유자위험부담부의가 있는데, 민법은 채무자위험부담주의를 취하고 있다(제537조). 채무자위험부담주의에 따르면 쌍무계약에서 당사자 일방(채무자)의 채무가 당사자 쌍방의 책임 없는 사유로 이행할 수 없게 된 때에는 그 채무자의 채무는 불능으로 소멸하고, 이것과 의존관계에 있는 상대방의 채무자에 대한 채무 역시 소멸한다. 따라서 위의 예에서 갑은 X건물 소유권을 을에게 이전하여야 하는 채무를 면하지만 을에게 대금지급을 청구할 수도 없다. 만약 을이 갑에게 매매대금을 지급하였다면 그것은 법률상 원인이 없는 급부가 되어 을은 부당이득 반환청구권을 행사할 수 있다.

한편 쌍무계약의 당사자 일방의 채무가 채권자의 책임 있는 사유로, 또는 채권자의 수령지체 중에 당사자 쌍방의 책임 없는 사유로 이행할 수 없게 된 때에는 채무자는 상대방의 이행을 청구할 수 있다(제538조).

4) 제3자를 위한 계약

제3자를 위한 계약이란 계약당사자가 아닌 제3자로 하여금 직접 계약당사자의 일방에 대하여 채권을 취득케 하는 것을 목적으로 하는 계약을 말한다.

예를 들어, 갑이 자신 소유의 X건물을 을에게 매도하면서 갑의 요청으로 매매대금은 을이 병에게 지급하도록 하는 계약이 이에 속한다. 여기서 갑을 채무부담약속을 요청하는 자로서 요약자, 을을 채무부담약속을 수락하는 자로서 낙약자, 병을 수익자라고 한다. 그리고 요약자와 낙약자의 관계를 보상관계, 낙약자와 수익자의 관계를 수익관계, 요약자와 수익자의 관계를 원인관계라고 한다.

제3자를 위한 계약에서 계약당사자는 요약자(갑)와 낙약자(을)이고, 수익자(병)는 계약당사자가 아니다. 한편 수익자(병)는 낙약자(을)에 대하여 수익의 의사표시를 한 때에 급부청구권을 취득한다.

4. 계약의 해제 및 해지

(1) 계약의 해제

1) 계약해제 일반

유효하게 성립하고 있는 계약의 효력을 해제권자의 일방적 의사표시에 의하여 해소시키는 것을 해제라고 하며, 이렇게 해제할 수 있는 권리를 해제권이라고 한다.

해제권은 당사자 사이의 계약에 의하여 발생할 수도 있고(약정해제권), 법률규정에 의하여 발생할 수도 있다(법정해제권). 법정해제권 발생원인 중에는 일시적 계약에 공통된 것(채무불이행)과 계약각칙에 개별적으로 규정된 각 일시적 계약에 특유한 것이 있다.

2) 법정해제권

민법은 계약총칙에서 법정해제권의 발생원인으로 이행지체와 이행불능을 규정하고 있다.

이행지체를 이유로 계약을 해제하기 위해서는 이행지체가 발생하고, 상대방이 상당한 기간을 정하여 이행을 최고했음에도 불구하고, 그 기간 내에 이행이 이루어지지 않아야 한다. 여기서 '최고'란 채권자가 채무자에 대하여 채무의 이행을 촉구하는 것을 의미하고, '상당한 기간'이란 채무자의 이행에 필요한 유예기간을 말하는 것으로서, 구체적으로는 이행하여야 할 급부의 성질, 거래관행 등을 고려하여 결정하여야 한다. 그러나 채무자가 미리 이행거절의 의사표시를 한 경우(제544조 단서), 정기행위의 경우(제545조)에는 최고가 필요하지 않다.

채무자의 책임있는 사유로 이행이 불가능한 경우에 채권자는 최고 없이 계약을 해제할 수 있다(제546조). 이행불능에 의한 해제권은 이행불능시 발생한다. 따라서 이행기 도래 전에도 이행기에 이행이 불능하다고 하는 사실이 확정되면 그때에 이행불능의 효과가 생긴다.

불완전이행이란 채무의 이행으로서 급부는 있었으나 그 급부가 불완전한 경우이다. 불완전한 것에 대한 추완이 가능한 경우에는 이행지체의 규정을 유추하여, 채권자가 상당한 기간을 정하여 추완을 최고하였으나 채무자가 추완을 하지 않은 때에 해제권이 발생한다. 그리고 추완이 불가능한 경우에는 이행불능의 규정을 유추하여 채권자가 최고 없이 해제할 수 있다(통설).

채권자지체에 의하여 해제권이 발생하는지 여부는 채권자지체의 성질을 어떻게 이해하는가에 따라 달라진다. 채무불이행설에 따르면 채무불이행의 일반적 효과로서 해제권이 생긴다고 본다. 즉 채무자는 상당한 기간을 정하여 수령을 최고하고, 수령 없이 최고기간이 도과되면 계약을 해제할 수 있다고 본다. 그러나 법정책임설에 따르면 민법에 명문의 규정이 없는 한 해제권은 인정되지 않는다고 본다.

당사자가 계약을 체결할 때 그 전제로 삼았던 계약의 기초사정이 변화한 경우 사정변경의 원칙을 기초로 계약을 해제할 수 있는가가 문제된다.

판례

"사정변경을 이유로 한 계약 해제는 계약 성립 당시 당사자가 예견할 수 없었던 현저한 사정의 변경이 발생하였고 그러한 사정의 변경이 해제권을 취득하는 당사자에게 책임 없는 사유로 생긴 것으로서, 계약 내용대로의 구속력을 인정한다면 신의칙에 현저히 반하는 결과가 생기는 경우에 계약준수 원칙의 예외로서 인정된다. 그리고 여기서의 변경된 사정이라 함은 계약의 기초가 되었던 객관적인 사정으로서, 일방 당사자의 주관적 또는 개인적인 사정을 의미하는 것은 아니다." **대판 2013. 9. 26. 2012다13637 전원합의체 판결.**

3) 해제권의 행사

해제권은 약정 또는 법률규정에 의하여 발생하나, 해제권의 행사 여부는 해제권자의 자유이다. 해제는 상대방에 대한 의사표시로 한다(제543조 제1항). 해제권은 형성권으로 해제의 의사표시에는 조건·기한을 붙일 수 없다.

계약당사자의 일방 또는 쌍방이 수인인 경우에 계약해제의 의사표시는 그 전원으로부터 또는 그 전원에 대하여 하여야 한다(해제권 불가분의 원칙, 제547조 제1항). 계약당사자의 일방 또는 쌍방이 수인인 경우 그 1인에 대하여 해제권이 소멸한 때에는 전원에 대하여 해제권이 소멸한다(제547조 제2항).

4) 해제의 효과

해제의 효과에 대해서는 견해가 대립되고 있으나 판례가 취하고 있는 직접효과설에 따른 해제의 효과는 다음과 같다. 계약이 해제되면 계약의 구속력과 계약상의 채무는 소급적으로 소멸하므로 미이행의 채무를 이행할 필요가 없다. 그리고 이미 이행한 채무에 대해서 각 당사자는 원상회복의 의무를 부담한다(원상회복의무). 즉 이미 이행한 급부는 부당이득으로서 반환하여야 하나 반환의무의 범위는 현존이익의 한도에 그치지 않고 원상회복에까지 확장된다(제548조). 그리고 계약의 이행으로 변동된 물권은 당연히 그 계약이 없었던 원상태로 복귀하고 만약 손해가 있으면 이를 배상하여야 한다.

이처럼 계약의 해제로 계약으로부터 생긴 효과는 계약체결시로 소급하여 소멸하게 되는데, 해제의 소급효를 무한정 인정하면 제3자의 권리가 침해될 수 있다. 민법은 해제에 의한 제3자의 예상치 못한 손해를 회피하고 거래의 안전을 도모하기 위하여 해제의 소급효를 제한하고 있다.

해제의 소급효에 의하여 보호되는 제3자는 해제된 계약으로부터 생긴 법률효과를 기초로 해제시까지 새로운 완전한 권리를 취득한 자를 의미한다. 다만, 해제된 부동산 매매계약의 매수인으로부터 선의로 양수받은 자를 보호하기 위하여 위 제3자의 범위를 확대하고 있다. 즉 해제의 의사표시 후 그 해제에 의한 말소등기 전에 이해관계를 맺은 선의의 제3자도 해제의 소급효로부터 보호되는 제3자에 포함시키고 있다(판례).

(2) 계약의 해지

계약의 해지란 계속적 채권관계에서 계약의 효력을 장래를 향하여 소멸하게 하는 일방적 행위를 말하고 이처럼 해지할 수 있는 권리를 해지권이라고 한다. 계약이 해지되면 계약은 장래를 향하여만 그 효력을 상실한다(계약의 비소급적 실효).

5. 전형계약

증여	당사자의 일방(증여자)이 무상으로 재산을 상대방(수증자)에게 수여한다는 의사를 표시하고, 상대방이 이를 승낙함으로써 성립하는 계약
매매	당사자 일방(매도인)이 상대방(매수인)에게 재산권의 이전을 약정하고 상대방은 그 대금을 지급할 것을 약정함으로써 성립하는 계약
교환	당사자 쌍방이 금전 이외의 재산권을 서로 이전할 것을 약정함으로써 성립하는 계약
소비대차	당사자의 일방(貸主)이 금전 기타 대체물의 소유권을 상대방에게 이전하고 상대방(借主)은 그와 같은 종류·품질·수량으로 반환하는 것을 약정함으로써 성립하는 계약
사용대차	당사자 일방이 상대방에게 무상으로 사용·수익하게 하기 위하여 목적물을 인도할 것을 약정하고 상대방은 이를 사용·수익한 후 그 물건을 반환할 것을 약정함으로써 성립하는 계약
임대차	당사자 일방(임대인)이 상대방에게 목적물을 사용·수익하게 하는 약정을 하고, 상대방(임차인)이 차임을 지급할 것을 약정함으로써 성립하는 계약
고용	당사자 일방이 상대방에 대하여 노무를 제공할 것을 약정하고, 상대방이 이에 대하여 보수를 지급할 것을 약정함으로써 성립하는 계약
도급	당사자의 일방(受給人)이 일정한 일을 완성할 것을 약정하고, 상대방(都給人)이 그 일의 결과에 대하여 보수를 지급할 것을 약정함으로써 성립하는 계약
여행계약	당사자 한쪽이 상대방에게 운송, 숙박, 관광 또는 그 밖의 여행 관련 용역을 결합하여 제공하기로 약정하고, 상대방이 그 대금을 지급하기로 약정함으로써 성립하는 계약
현상광고	광고자가 일정한 행위를 한 자에게 일정한 보수를 지급할 의사를 광고의 방법으로 표시하고, 이에 응한 자가 그 광고에서 정한 행위를 완료함으로써 성립하는 계약. 현상광고의 성질에 대해서 단독행위설이 주장되고 있음.
위임	당사자 일방(위임인)이 상대방(수임인)에 대하여 사무의 처리를 위탁하고, 상대방이 이를 승낙함으로써 성립하는 계약

임치	당사자의 일방(임치인)이 상대방(수치인)에 대하여 금전이나 유가증권 기타 물건의 보관을 위탁하고 상대방이 이를 승낙함으로써 성립하는 계약
조합	2인 이상의 특정인이 서로 출자하여 공동사업을 경영할 것을 약정함으로써 성립하는 계약
종신정기금	당사자 일방(정기금채무자)이 자기, 상대방 또는 제3자의 종신까지 정기로 금전 기타 물건을 상대방 또는 제3자에게 지급할 것을 약정하고, 상대방이 이에 승낙함으로써 성립하는 계약
화해	당사자가 서로 양보하여 그들 사이의 다툼을 끝낼 것을 약정함으로써 성립하는 계약

Ⅱ. 사무관리

사무관리란 법률상의 의무없이 타인을 위하여 그의 사무를 처리하는 행위이다.

사무관리가 성립하기 위해서는 ① 타인 사무의 관리가 존재하고, ② 타인을 위하여 하는 의사(관리의사)가 있어야 하며, ③ 법적 의무가 없어야 한다. 또한 ④ 본인의 의사에 반하거나 본인에게 불리함이 명백하지 않아야 한다.

사무관리가 성립하면 그 관리행위는 위법성이 조각되어 적법행위가 된다. 관리자가 본인의 의사를 알거나 또는 알 수 있는 경우에는 그 의사에 적합하도록 관리해야 한다(제734조 제2항). 관리표준에 위반하여 사무를 관리한 결과 본인에게 손해가 발생한 경우 관리자는 과실이 없는 경우에도 그 손해를 배상하여야 한다(무과실책임). 그 밖에 관리자는 ① 관리개시통지의무, ② 관리계속의무, ③ 계산의무를 부담하고, 본인은 ① 비용상환의무, ② 손해보상의무를 부담한다.

Ⅲ. 부당이득

1. 의 의

부당이득이란 법률상 원인없이 타인의 재산 또는 노무로 인하여 얻은 이익을 의미한다. 부당이득이 있으면 손실자는 이득자에 대하여 부당이득반환청구권이라는 채권을 취득한다(제741조). 부당이득은 재화가 정당한 권리자에게 귀속되지 않는 경우에, 그 부당성을 시정하기 위한 일반적인 제도이다.

부당이득제도를 어떻게 이해할 것인가에 관하여는 통일설과 유형설이 대립되고 있다. 통일설, 특히 공평설은 부당이득제도를 통일적 제도로 통합하는 사상적 기초로서 공평을 들고 있다. 반면 유형설은 부당이득을 그 실질에 따라 급부부당이득, 침해부당이득 및 비용부당이득으로 유형화하고 있다.

2. 부당이득반환의 요건

부당이득이 성립하기 위하여는, ① 법률상 원인의 흠결, ② 타인의 재산 또는 노무로 인하여 얻은 재산적 이익(수익)의 존재, ③ 손해의 발생, ④ 수익과 손해 사이의 인과관계가 충족되어야 한다.

3. 부당이득의 효과

부당이익이 성립하면 수익자는 그 이익을 반환하여야 한다. 수익자는 그가 받은 목적물 자체를 반환하는 것이 원칙이나(원물반환의 원칙), 원물반환이 불가능한 때에는 그 가액을 반환하여야 한다(가액반환). 수익 당시에 법률상 원인 없는 이득임을 알았는지 여부를 기준으로 선의의 수익자는 현존이익의 범위에서 반환하면 족하나, 악의의 수익자는 받은 이익에 이자를 붙여 반환하고 손해가 있으면 이를 배상하여야 한다(제748조).

4. 부당이득반환청구가 부정되는 특례

악의의 비채변제	채무가 없음에도 불구하고 변제를 한 자가 변제 당시 채무없음을 알고 있었던 경우에는 반환을 청구하지 못한다(제742조).
도의관념에 적합한 비채변제	채무없는 자가 착오에 기하여 변제하였는데, 그 변제가 도의관념에 적합한 경우 그 반환을 청구하지 못한다(제744조).
타인의 채무의 변제	채무자 아닌 제3자가 타인의 채무를 자신의 채무로 잘못알고 변제한 경우, 채권자가 선의로 증서를 훼멸하거나 담보를 포기하거나 시효로 인하여 그 채권을 잃은 때에는 그 반환을 청구하지 못한다(제745조).
불법원인급여	불법의 원인으로 인하여 재산을 급여하거나 노무를 제공한 때에는 그 이익의 반환을 청구하지 못한다. 그러나 불법원인이 수익자에게만 있는 때에는 급부자는 그 반환을 청구할 수 있다(제746조).

Ⅳ. 불법행위

1. 불법행위 개설

불법행위란 고의 또는 과실로 인한 위법행위로 타인에게 손해를 가한 행위이다. 민법은 불법행위를 한 행위자는 피해자에게 발생한 손해를 배상하도록 규정하고 있다(제750조).

불법행위책임은 일반불법행위책임(제750조)과 특수불법행위책임으로 구분되며, 특수불법행위책임에는 감독자책임(제755조)·사용자책임(제756조)·도급인의 책임(제757조)·공작물책임(제758조)·동물점유자의 책임(제759조)·공동불법행위책임(제760조) 등이 있다.

민법은 불법행위에 있어서 과실책임의 원칙 및 자기책임의 원칙을 기본원칙으로 채택하고 있다. 과실책임의 원칙이란 가해자의 고의 · 과실이 있는 경우에만 불법행위 책임을 부담하는 원칙을 말한다. 과실책임주의는 개인의 행동의 자유를 신장시키고(자유보장적 기능), 불법행위를 예방하며(억제적 기능), 불법행위자에게 손해배상책임을 부담시킴으로써 가해자를 제재하는 기능(징벌적 기능)을 수행한다. 그러나 사회생활이 복잡해지고 사회적 위험이 확대됨에 따라 과실책임의 원칙으로는 해결할 수 없는 민사책임에는 위험책임의 원칙 및 무과실책임의 원칙이라는 수정원리가 채택되고 있다.

2. 일반불법행위

일반불법행위가 성립하기 위하여는 ① 가해자의 고의 또는 과실에 의한 행위, ② 가해자의 책임능력, ③ 가해행위의 위법성, ④ 가해행위에 의한 손해의 발생이 필요하다.

먼저 불법행위가 성립하기 위해서는 가해자 자신의 고의 또는 과실로 인한 행위에 의한 것이어야 한다. 가해자는 자신의 고의·과실있는 행위에 대해서만 책임을 지고, 타인의 행위에 대하여는 책임을 지지 않는다. 다만 법인의 대표기관이 그 직무에 관하여 타인에게 가한 손해에 대해서 법인은 배상책임이 있다(제35조 제1항).

고의란 위법한 결과의 발생을 인식 또는 예견하고 어떤 행위를 하는 심리상태를 말하며, 과실이란 부주의로 위법한 결과의 발생을 인식 또는 예견하지 못하거나 인식하고도 인용하지 않은 채 어떤 행위를 하는 심리상태를 말한다. 고의 또는 과실은 불법행위의 성립요건이므로 불법행위의 성립을 주장하는 피해자가 가해자의 고의 또는 과실을 입증하여야 한다.

판례

불법행위의 성립요건으로서의 '과실'의 의미 : "불법행위의 성립요건으로서의 과실은 이른바 추상적 과실만이 문제되는 것이고 이러한 과실은 사회평균인으로서의 주의의무를 위반한 경우를 가리키는 것이지만, 그러나 여기서의 '사회평균인'이라고 하는 것은 추상적인 일반인을 말하는 것이 아니라 그때 그때의 구체적인 사례에 있어서의 보통인을 말하는 것이다." **대판 2001. 1. 19. 2000다12532.**

책임능력이란 자기의 행위에 의하여 발생한 결과가 위법하여 법률상 비난을 받는다는 사실을 인식할 수 있는 정신능력을 말한다. 책임능력은 고의·과실의 전제로서 책임능력이 없는 때에는 불법행위는 성립하지 않는다. 미성년자가 타인에게 손해를 가한 경우에 그 행위의 책임을 변식할 지능이 없는 때에는 배상의 책임이 없고(제753조), 심신상실 중에 타인에게 손해를 가한 자는 배상의 책임이 없으나 가해자가 일시적으로 고의 또는 과실로 인하여 심신상실의 상태를 초래한 경우에는 면책되지 않는다(제754조).

가해자의 가해행위는 법질서에 대한 위반이어야 하고(위법성), 가해행위로 인하여 손해가 발생하여야 한다.

3. 특수불법행위

민법은 특수불법행위로 책임무능력자의 감독자의 책임(제755조), 사용자의 책임(제756조), 공작물의 하자로 인한 공작물 점유자·소유자의 책임(제758조), 동물점유자의 책임(제759조), 공동불법행위(제760조)를 규정하고 있다.

(1) 책임무능력자의 감독자의 책임

불법행위에 의하여 타인에게 손해를 가한 자가 책임능력을 갖지 아니하여 면책되는 경우에는 그 행위자의 감독자가 감독의무를 해태하지 않은 사실을 증명하지 않는 한 그 손해에 대하여 배상책임을 부담한다.

책임무능력자의 감독자책임이 성립하기 위하여는, ① 책임무능력자의 위법행위가 있어야 하고, ② 감독의무자(혹은 대리감독자)가 감독의무를 해태하여야 한다.

책임무능력자의 감독자책임이 성립하면 법정의 감독의무자 및 감독의무자에 갈음하여 책임무능력자를 감독하는 대리감독자가 배상책임을 진다. 그러나 감독의무자 및 대리감독자는 감독을 게을리하지 않았음을 입증함으로써 면책될 수 있다.

미성년자에게 책임능력이 있어서 스스로 불법행위책임을 지는 경우에는 비록 감독자에게 과실이 있더라도 민법 제755조에 의하여 감독자에게 손해배상책임을 물을 수 없다. 그러나 미성년자가 책임능력이 있어 그 스스로 불법행위책임을 지는 경우에도 그 손해가 당해 미성년자의 감독의무자의 의무위반과 상당인과관계가 있으면 감독의무자는 일반불법행위자로서 손해배상책임이 있다(대판 1994. 2. 8. 93다13605).

(2) 사용자책임

사용자는 피용자가 제3자에게 손해를 가한 경우에 그 손해가 그 사무집행에 관하여 생긴 때에는 배상책임을 부담한다.

사용자책임이 성립하기 위하여는 ① 타인을 사용하여 어느 사무에 종사하게 하여야 하는 관계가 존재하여야 하고, ② 피용자가 사무집행에 관하여(사무집행관련성) 제3자에게 손해를 가했으며, ③ 피용자가 제3자에게 불법행위를 한 때에 성립한다(다수설·판례). 한편 제756조 제1항 단서는 사용자의 면책가능성을 규정하여, 법문상으로는 사용자가 면책사유를 증명하면 배상책임을 면할 수 있다.

사용자책임이 성립하면 배상책임자는 사용자와 사용자에 갈음하여 그 사무를 감독하는 자(대리감독자)가 된다. 사용자 또는 대리감독자가 피해자에게 배상한 경우에는 피용자에 대하여 구상할 수 있다.

(3) 공작물 등의 점유자·소유자의 책임

공작물의 설치 또는 보존에 하자가 있는 경우 그 하자로부터 생긴 손해의 배상에 대하여 공작물의 점유자·소유자는 책임을 부담한다. 제1차적으로 점유자가 손해를 배상할 책임을 부담하지만, 점유자가 '손해의 방지에 필요한 주의를 해태하지 아니한 때'에는 면책되어, 소유자가 배상책임을 부담한다. 즉 공작물의 소유자는 점유자가 면책된 때에 최종적으로 책임을 부담하며, 그 책임은 무과실책임이다.

(4) 동물의 점유자의 책임

동물의 점유자 또는 점유자에 갈음하여 동물을 보관한 자는 그 동물이 타인에게 가한 손해에 대하여 배상책임을 부담한다. 그러나 동물의 종류와 성질에 따라 그 보관에 상당한 주의를 해태하지 아니한 때에는 책임을 지지 않는다(중간책임).

(5) 공동불법행위

복수의 사람이 공동으로 불법행위를 하여 타인에게 손해를 주는 경우 수인이 1개의 손해발생에 공동으로 관여한 경우가 있으면 모두가 피해자에 대하여 연대하여 책임을 부담한다.

민법은 공동불법행위의 유형으로 수인이 공동의 불법행위로 타인에게 손해를 가한 경우(협의의 공동불법행위), 공동 아닌 수인의 행위로서 그 손해를 가한 자를 알 수 없는 경우(가해자 불명의 공동불법행위), 교사자 또는 방조자의 경우를 규정하고 있다.

공동불법행위자는 타인이 입은 손해에 대해 연대하여 배상책임을 부담한다. 따라서 가해자 각자가 손해의 전부에 대하여 배상의무를 부담한다. 각자가 부담하는 채무의 성질에 대해서 다수설은 부진정연대채무로 해석하고 있다.

4. 불법행위의 효과

불법행위로 인한 손해배상에는 채무불이행으로 인한 손해배상에 관한 규정 가운데 손해배상의 범위(제393조), 손해배상의 방법(제394조), 과실상계(제396조),

손해배상자의 대위(제399조)가 준용된다(제763조).

민법은 손해배상의 방법으로 금전배상을 원칙으로 채택하고 있다. 명예훼손에 대하여는 금전배상만으로 명예회복에 충분하지 않은 경우가 많으므로 민법은 피해자의 청구가 있을 때에는 손해배상에 갈음하여 또는 손해배상과 함께 명예회복에 적당한 처분을 명할 수 있다고 규정하고 있다(제764조). 채무불이행으로 인한 손해배상의 범위를 정한 제393조가 준용된다.

손해배상액의 산정은 불법행위 당시를 기준으로 한다. 재산적 손해는 재산에 대해 기존의 이익의 멸실 또는 감소를 주는 '적극적 손해'와 장래의 이익의 획득이 방해됨으로써 받는 손해인 '소극적 손해'로 구분된다. 한편 위법행위에 의하여 받는 정신적 고통을 정신적 손해라고 하고 그 배상을 위자료라고 한다. 타인의 신체, 자유, 또는 명예를 해하거나 기타 정신상 고통을 가한 자는 재산이외의 손해에 대하여도 배상할 책임이 있고(제751조), 타인의 생명을 해한 자는 피해자의 직계존속, 직계비속 및 배우자에 대하여는 재산상의 손해가 없는 경우에도 손해배상의 책임이 있다(제752조).

손해배상액의 조정을 위하여 불법행위에 의하여 손해를 입은 자가 동시에 이익도 얻은 경우에 피해자는 그 이익을 공제한 손해에 대하여만 배상을 청구할 수 있고(손익상계), 손해의 발생·확대에 피해자의 관여가 있으면 그 과실을 참작하여 가해자와 피해자 사이에서 손해의 공평한 분담을 도모한다(과실상계).

불법행위에 의한 손해배상청구권은 피해자나 그 법정대리인이 그 손해 및 가해자를 안 날로부터 3년 동안 행사하지 아니하면 소멸하고, 또한 불법행위를 한 날로부터 10년을 경과한 때에도 소멸한다(제766조).

▶ 법률용어 설명

- **집행권원**: 실체법상의 청구권의 존재와 범위를 표시하고 법률상 집행력을 인정한 공문서. 법원의 판결이 대표적인 예이다.
- **가압류**: 금전채권이나 금전으로 환산할 수 있는 채권에 관하여 강제집행을 보전하기 위하여 채무자의 동산·부동산 등을 동결시켜 채무자의 권리를 잠정적으로 제한하는 것.

- **가처분**: 특정물청구권의 강제집행을 보전하기 위하여 계쟁물에 대한 채무자의 권리를 잠정적으로 제한하는 것.
- **물상보증인**: 타인의 채무를 위하여 자신이 소유하는 재산을 담보로 제공하는 사람.
- **선량한 관리자의 주의**: 채무자의 직업·지위 등에 비추어 거래상 일반적으로 요구되는 주의를 의미하고, 구체적인 채무자가 아니라 평균적·추상적인 채무자가 기울여야 하는 일반적·객관적 주의를 말한다.
- **고의**: 일정한 결과의 발생을 의욕하거나 그 결과의 발생을 인지 또는 예견하고 이를 용인하는 주관적인 심리상태.
- **과실**: 주의의무 위반으로 위법한 결과의 발생을 인식 또는 예견하지 못하거나 인식하고서도 인용하지 않은 채 어떤 행위를 하는 심리상태.
- **계약체결상의 과실책임**: 계약성립과정 또는 계약체결을 위한 준비단계에서 당사자 일방이 그 책임있는 사유로 상대방에게 손해를 가한 때에 부담하는 배상책임.
- **대상청구권**: 후발적 불능으로 채무자가 목적물에 갈음하는 이익을 취득한 경우 공평의 원칙상 이를 청구할 수 있는 권리. 판례는 후발적 불능의 효과로서 해석상 대상청구권을 긍정한다.
- **일시금배상**: 장래의 손해도 함께 평가하여 전손해를 배상하는 손해배상금의 지급방법.
- **정기금배상**: 각 기말을 기준으로 손해가 구체적으로 현실화된 것을 전제로 정기적으로 배상하는 손해배상금의 지급방법.

제4장

가 족 법

제1절 | 가족법 일반

Ⅰ. 가족법의 의의

가족법은 신분적 공동생활관계와 상속 및 유언을 규율하는 법이다. 가족법은 친족법과 상속법으로 구분될 수 있는데, 친족법은 부부관계·친자관계·친족관계 등을 포함한 일체의 신분적 공동생활관계를 규율하는 법을 말하며, 상속법은 피상속인과 일정한 친족적 신분관계에 있는 상속인이 피상속인의 사망시에 그 재산을 승계하는 것과 관련된 사항을 정하는 법이다.

Ⅱ. 가족법의 특성

가족법은 비합리성과 초타산성을 바탕으로 하고, 선량한 풍속 기타 사회질서에 해당하는 경우가 많아서 원칙적으로 강행법규이며, 신분관계의 내용이나 변동을 공시(가족관계등록부 · 후견등기부 등)할 필요성이 크기 때문에 일정한 신고를 하도록 하는 요식행위가 많다.

제2절 | 친족관계

Ⅰ. 친 족

1. 친족의 의의

친족이란 배우자, 혈족 및 인척을 말한다(제767조). 배우자는 법률상의 혼인관계에 있는 자만을 의미한다. 혈족(血族)에는 혈연관계로 연결되어 있는 자연혈족과 법률에 의하여 자연혈족과 같은 관계가 인정되는 법정혈족이 있다. 자연혈족은 원칙적으로 출생에 의해서 발생하나, 예외적으로 혼인외의 출생자와 父와의 관계는 인지에 의해서 발생한다. 법정혈족은 입양에 의해서 발생한다. 한편 인척(姻戚)이란 혈족의 배우자(예: 형제의 처, 자매의 남편), 배우자의 혈족(예: 장인 장모, 시부모), 배우자의 혈족의 배우자(예: 배우자의 형제의 처)를 말한다. 인척은 혼인에 의해서 성립한다.

2. 친계와 촌수

친계란 혈족의 연결관계를 말한다. 친계는 직계친·방계친, 존속친·비속친, 부계친·모계친 등으로 구분된다.

촌수는 친족관계의 멀고 가까운 정도를 나타내는 단위를 말한다. 직계혈족의 촌수는 단순히 그 사이를 연락하는 친자의 세수로 계산한다. 예를 들어, 조부모와 손자 사이는 2촌이다. 방계혈족의 촌수는 일방으로부터 쌍방의 공동시조에 이르는 세수와 공동시조로부터 다른 일방에 이르는 세수를 통산하여 계산한다. 예를 들어, 숙질 사이는 조부모가 공동시조이므로 3촌이다.

3. 친족의 범위

민법은 친족의 범위를 8촌 이내의 혈족, 4촌 이내의 인척, 배우자로 규정하고 있다(제777조).

Ⅱ. 가　족

1. 가족의 의의 및 범위

가족은 당연가족과 생계공동형가족으로 구분된다. 당연가족에는 배우자, 직계혈족 및 형제자매가 속하고, 생계공동형가족에는 생계를 같이 하는 직계혈족의 배우자, 배우자의 직계혈족 및 배우자의 형제자매가 속한다(제779조). 따라서 처제는 배우자의 형제자매로서 생계를 같이하는 경우 가족에 속하나, 남편의 계모는 배우자의 혈족의 배우자로서 가족에 포함되지 않는다.

2. 자녀의 성과 본

子는 父의 성과 본을 따른다. 그러나 ① 부모가 혼인신고시 母의 성과 본을 따르기로 협의한 경우(제781조 제1항 단서)와 ② 父를 알 수 없는 경우(제781조 제3항), 子는 母의 성과 본을 따른다. 또한 父가 외국인인 경우에는 母의 성과 본을 따를 수 있다(제781조 제2항).

제3절 | 혼　인

Ⅰ. 약　혼

1. 약혼의 의의

약혼이란 장차 혼인하기로 하는 당사자 사이의 혼인의 약정을 말한다.

판례

약혼과 사실혼의 성립요건: "일반적으로 약혼은 특별한 형식을 거칠 필요 없이 장차 혼인을 체결하려는 당사자 사이에 합의가 있으면 성립하는 데 비하여, 사실혼은 주관적으로는 혼인의 의사가 있고, 또 객관적으로는 사회통념상 가족질서의 면에서 부부공동생활을 인정할 만한 실체가 있는 경우에 성립한다." **대판 1998. 12. 8. 98므961.**

2. 약혼의 성립요건

약혼이 성립하기 위하여는 ① 혼인하려는 양 당사자 사이의 약혼의사의 합치가 있어야 하고, ② 약혼연령인 만 18세가 되어야 하며, ③ 약혼연령에 도달한 미성년자는 부모 또는 미성년후견인의 동의가 있어야 한다. 만약 부모 중 한쪽이 동의권을 행사할 수 없는 때에는 다른 한쪽의 동의를 받아야 하고, 부모가 모두 동의를 할 수 없는 때에는 미성년후견인의 동의를 받아야 한다(제808조 제1항). ④ 피성년후견인은 부모나 성년후견인의 동의를 받아 혼인할 수 있지만(제808조 제2항 참조), 피한정후견인의 약혼에는 제한이 없다. 그리고 약혼은 ⑤ 무방식의 낙성계약이다.

3. 약혼의 효력

약혼이 성립하면 서로 성실하게 혼인을 성립시키기 위하여 노력하여야 한다. 단, 혼인의 강제이행을 청구할 수는 없다(제803조). 약혼을 하더라도 친족관계는 발생하지 않는다. 따라서 약혼 중에 출생한 자는 혼인 외의 출생자이다. 단, 약혼자가 혼인하면 혼인중의 출생자로 된다(**준정**)(제855조 제2항).

4. 약혼의 해제

당사자 한쪽에 다음 각 호의 어느 하나에 해당하는 사유가 있는 경우에는 상대방은 약혼을 해제할 수 있다(제804조).

1. 약혼 후 자격정지 이상의 형을 선고받은 경우
2. 약혼 후 성년후견개시나 한정후견개시의 심판을 받은 경우
3. 성병, 불치의 정신병, 그 밖의 불치의 병질이 있는 경우
4. 약혼 후 다른 사람과 약혼이나 혼인을 한 경우
5. 약혼 후 다른 사람과 간음한 경우
6. 약혼 후 1년 이상 생사가 불명한 경우

7. 정당한 이유 없이 혼인을 거절하거나 그 시기를 늦추는 경우
8. 그 밖에 중대한 사유가 있는 경우

약혼해제는 상대방에 대한 의사표시로 한다. 약혼을 해제하면 처음부터 약혼이 없었던 것이 되어 혼인의 이행의무는 소멸한다. 그리고 약혼을 해제한 때에는 당사자 일방은 과실있는 상대방에 대하여 이로 인한 재산상 손해 및 정신상 고통에 대하여 손해의 배상을 청구할 수 있다(제806조).

약혼예물의 법적 성질에 대해서 판례는 혼인불성립을 해제조건으로 하는 증여로 본다(대판 1996. 5. 14. 96다5506). 따라서 혼인 후에는 원칙적으로 반환청구가 불가능하다.

Ⅱ. 혼인의 성립

1. 혼인의 의의

혼인은 1남 1녀의, 도덕상 정당시되고 국가 법질서에 의하여 승인된 남녀간의 육체적·정신적 결합이다. 혼인은 혼인신고가 있어야 성립한다(법률혼주의). 혼인이 성립하기 위해서는 실질적 요건과 형식적 요건이 충족되어야 한다.

2. 실질적 요건

혼인의 실질적 요건은 ① 혼인의사의 합치가 있을 것, ② 혼인적령(만 18세)에 달할 것(제807조), ③ 미성년자나 피성년후견인이 혼인하는 경우 동의권자의 동의를 받을 것(제808조), ④ 근친혼이 아닐 것(제809조), ⑤ 중혼이 아닐 것(제810조) 등이다.

판례

"단순히 피청구인으로 하여금 국민학교의 교사직으로부터 면직당하지 않게 할 수단으로 호적부상 부부가 되는 것을 가장하기 위하여 이루어졌을 뿐 당사자 사이에 혼인의 합의 즉 정신적, 육체적 결합을 생기게 할 의사로서 신고된 것이 아니면 청구인과 피청구인간의 혼인관계는 무효이다." **대판 1980. 1. 29. 79므62.**

3. 형식적 요건

혼인은 「가족관계의 등록 등에 관한 법률」에 정한 바에 의하여 신고함으로써 그 효력이 생긴다(신고혼주의, 제812조 제1항). 혼인신고는 혼인의 성립요건이다. 혼인신고는 신고서의 수리로써 이루어진다.

Ⅲ. 혼인의 무효와 취소

1. 혼인의 무효

(1) 의 의

혼인의 무효란 남녀가 혼인신고를 하여 법률상 부부로 되어 있으나, 혼인의 효력이 발생할 수 없는 경우를 말한다.

(2) 무효의 사유

① 당사자 사이에 혼인의사의 합치가 없는 때(제815조 제1호), ② 혼인이 8촌 이내의 혈족(친양자의 입양 전의 혈족을 포함한다) 사이에서 이루어진 때(제815조 제2호), ③ 당사자 사이에 직계인척관계가 있거나 있었던 때(제815조 제3호), ④ 당사자 사이에 양부모계의 직계혈족관계가 있었던 때(제815조 제4호).

(3) 혼인무효의 소

혼인무효의 소는 당사자·법정대리인·당사자의 4촌 이내 친족이 확인의 이익이 있는 이상 언제든지 제기할 수 있다.

(4) 혼인무효의 효과

혼인무효로 당사자 사이에서 소급하여 처음부터 부부가 아니었던 것으로 된다. 그리고 제3자에 대해서도 효력이 미친다. 당사자 일방은 과실있는 상대방에 대하여 정신상·재산상 손해배상을 청구할 수 있다. 한편 출생자는 혼인외의 출생자로 된다(제855조 제1항).

2. 혼인의 취소

(1) 의 의

혼인의 취소는 당사자 사이에 혼인신고가 되어 있으나 그 혼인에 위법사유가 있어서 혼인의 효력을 소멸시키는 것이다.

(2) 혼인취소의 원인

혼인은 다음의 경우에 법원에 혼인의 취소를 청구할 수 있다(제816조). ① 혼인적령 미달자의 혼인, ② 동의가 필요한 혼인에서 동의가 없는 혼인, ③ 혼인무효사유에 해당하지 않는 근친혼, ④ 중혼, ⑤ 악질 기타 중대한 사유가 있는 혼인, ⑥ 사기·강박에 의한 혼인.

(3) 혼인취소의 절차·효력

혼인취소는 재판상 이루어져야 한다. 법원의 판결에 의하여 취소될 때까지는 유효한 혼인으로 다루어지나 취소판결이 확정된 때에 혼인취소의 효력이 발생한다. 혼인취소의 효력은 소급하지 않는다(제824조). 따라서 혼인 중 출생한 자는 혼인취소의 경우라도 혼인 중의 자의 지위를 유지한다. 성년의제의 효력도 유지된다. 혼인이 취소되면 혼인관계와 인척관계는 소멸한다.

Ⅳ. 혼인의 효과

1. 일반적 효과

(1) 친족관계의 발생

혼인 당사자는 배우자로서 친족관계가 발생하며, 배우자의 4촌 이내의 혈족 또는 배우자의 4촌 이내의 혈족의 배우자 사이에 인척관계가 형성된다(제769조·제777조).

(2) 동거·부양·협조·정조의무

부부는 동거하며 서로 부양하고 협조하여야 한다. 또한 민법은 부정행위를 이혼원인의 하나로 규정하여 정조의무를 간접적으로 인정하고 있다.

(3) 성년의제

미성년자가 혼인한 때에는 성년자로 본다(제826조의2).

2. 부부간의 재산관계

(1) 부부재산계약

장차 혼인하려는 당사자는 혼인 후의 재산적 법률관계를 미리 약정할 수 있다(부부재산계약). 이 계약은 법정재산제를 배제하려는 특약이다.

(2) 법정재산제

민법은 부부재산의 귀속에 관하여 부부별산제를 채택하고 있다. 부부의 일방이 혼인 전부터 가진 고유재산과 혼인 중 자기의 명의로 취득한 재산은 그 특유재산으로 하여 각자 관리·사용·수익할 수 있다. 부부의 누구에게 속한 것인지 분명하지 아니한 재산은 부부의 공유로 추정한다(제830조).

부부의 생활비용은 특약이 없는 한 부부가 공동으로 부담한다(제833조).

(3) 일상가사대리권 및 가사로 인한 채무의 연대책임

일상가사는 부부의 공동생활에서 필요한 통상의 사무이다. 부부는 일상의 가사에 관하여 서로 대리권이 있다(제827조 제1항). 또한 부부의 일방이 일상의 가사에 관하여 제3자와 법률행위를 한 때에는 다른 일방은 이로 인한 채무에 대하여 연대책임이 있다. 그러나 이미 제3자에 대하여 다른 일방의 책임없음을 명시한 때에는 그러하지 아니하다(제832조).

Ⅴ. 이 혼

1. 혼인의 해소

혼인의 해소는 완전하고 유효한 혼인이 사후적으로 종료되는 것이며, 혼인의 해소원인에는 배우자의 사망과 이혼이 있다.

부부의 일방이 사망하게 되면 혼인이 해소되어 혼인의 효과가 소멸된다. 부부 일방이 사망하는 경우 생존배우자가 재혼하지 않으면, 혼인관계만 소멸하고 인척관계까지 소멸하는 것은 아니다. 그러나 생존배우자가 재혼하면 인척관계도 소멸한다.

2. 협의이혼

(1) 의 의

협의이혼이란 부부가 이혼하기로 합의하여 법원의 협의이혼의사 확인을 받아 이혼신고를 함으로써 이루어지는 이혼을 말한다.

(2) 성립요건

협의이혼이 성립하기 위해서는 당사자 사이에 이혼의사의 합치가 있어야 하고, 피성년후견인이 이혼하기 위해서는 부모나 성년후견인의 동의가 있어야 한다(실질적 요건). 또한 가정법원의 확인을 받아 「가족관계의 등록 등에 관한 법률」이 정한 바에 따라 신고함으로써 그 효력이 생긴다(형식적 요건).

판례

일시적으로 법률상 부부관계를 해소할 의사로써 한 협의이혼신고의 효력 유무(적극): "협의이혼에 있어서 이혼의사는 법률상 부부관계를 해소하려는 의사를 말하므로 일시적으로나마 법률상 부부관계를 해소하려는 당사자간의 합의하에 협의이혼신고가 된 이상 협의이혼에 다른 목적이 있더라도 양자간에 이혼의사가 없다고는 말할 수 없고 따라서 이와 같은 협의이혼은 무효로 되지 아니한다." **대판 1993. 6. 11. 93므171.**

협의이혼의사의 확인을 위해서 가정법원은 이혼에 관한 안내를 하여야 하고, 전문상담을 권고할 수 있다. 그리고 원칙적으로 이혼의사 확인기간 경과 후 확인기일을 지정하여 이혼의사를 확인한다(제836조의2).

3. 재판상 이혼

(1) 의 의

재판상 이혼은 부부의 일방이 법률상의 이혼원인에 의하여 법원의 판결에 따라 이혼하는 것이다.

(2) 재판상 이혼원인

민법 840조는 재판상 이혼의 원인을 규정하고 있다.

> **민법 제840조(재판상 이혼원인)** 부부의 일방은 다음 각호의 사유가 있는 경우에는 가정법원에 이혼을 청구할 수 있다.
> 1. 배우자에 부정한 행위가 있었을 때
> 2. 배우자가 악의로 다른 일방을 유기한 때
> 3. 배우자 또는 그 직계존속으로부터 심히 부당한 대우를 받았을 때
> 4. 자기의 직계존속이 배우자로부터 심히 부당한 대우를 받았을 때
> 5. 배우자의 생사가 3년 이상 분명하지 아니한 때
> 6. 기타 혼인을 계속하기 어려운 중대한 사유가 있을 때

(3) 유책배우자의 이혼청구

유책배우자의 이혼청구란 혼인관계의 파탄에 전적으로 또는 주된 책임이 있는 배우자가 상대방 배우자에 대하여 그 파탄을 이유로 하는 이혼청구를 인용할 것인가의 문제이다. 판례는 원칙적으로 유책배우자의 이혼청구를 배척하나, 예외를 인정하고 있다.

판례

민법 제840조 제6호 이혼사유에 관하여 유책배우자의 이혼청구를 허용할 것인지 여부 및 예외적으로 유책배우자의 이혼청구를 허용할 수 있는 경우: "민법 제840조 제6호 이혼사유에 관하여 유책배우자의 이혼청구를 원칙적으로 허용하지 아니하는 종래의 대법원판례를 변경하는 것이 옳다는 주장은 아직은 받아들이기 어렵다. 유책배우자의 이혼청구를 허용하지 아니하는 것은 혼인제도가 요구하는 도덕성에 배치되고 신의성실의 원칙에 반하는 결과를 방지하려는 데 있으므로, 혼인제도가 추구하는 이상과 신의성실의 원칙에 비추어 보더라도 책임이 반드시 이혼청구를 배척해야 할 정도로 남아 있지 아니한 경우에는 그러한 배우자의 이혼청구는 혼인과 가족제도를 형해화할 우려가 없고 사회의 도덕관·윤리관에도 반하지 아니하므로 허용될 수 있다. 그리하여 상대방 배우자도 혼인을 계속할 의사가 없어 일방의 의사에 따른 이혼 내지 축출이혼의 염려가 없는

경우는 물론, 나아가 이혼을 청구하는 배우자의 유책성을 상쇄할 정도로 상대방 배우자 및 자녀에 대한 보호와 배려가 이루어진 경우, 세월의 경과에 따라 혼인파탄 당시 현저하였던 유책배우자의 유책성과 상대방 배우자가 받은 정신적 고통이 점차 약화되어 쌍방의 책임의 경중을 엄밀히 따지는 것이 더 이상 무의미할 정도가 된 경우 등과 같이 혼인생활의 파탄에 대한 유책성이 이혼청구를 배척해야 할 정도로 남아 있지 아니한 특별한 사정이 있는 경우에는 예외적으로 유책배우자의 이혼청구를 허용할 수 있다." **대판 2015. 9. 15. 2013므568 전원합의체.**

(4) 재판상 이혼의 절차

재판상 이혼을 하려는 자는 가정법원에 조정신청을 하여야 한다(조정전치주의). 당사자 사이에 이혼의 합의가 성립하여 조서에 기재한 때에는 그 기재는 재판상 화해와 동일한 효력을 갖는다(조정이혼). 그러나 조정을 하지 아니하기로 하는 결정이 내려지거나, 조정이 성립되지 아니한 경우 또는 조정에 갈음하는 결정에 대하여 이의신청이 제기되어 그 결정의 효력이 상실된 경우에는 당초 조정신청을 한 때 소가 제기된 것으로 간주된다. 이혼청구를 인용하는 판결이 확정되는 경우 혼인은 해소되며, 제3자에 대해서도 효력이 미친다.

4. 이혼의 효과

(1) 일반적 효과

이혼으로 부부관계는 소멸되며, 혼인으로 인하여 상대방 배우자의 혈족과의 사이에 발생한 인척관계는 소멸된다.

(2) 자에 대한 효과

부모의 이혼은 자의 신분관계와 무관하다. 자녀의 양육에 필요한 사항은 당사자의 협의에 의해 정하여진다(제837조 제1항). 그러나 자의 복리를 위하여 가정법원이 개입할 수 있다(제837조 제3 · 4 · 5항).

이혼 후 자(子)를 직접 양육하지 아니하는 부모의 일방과 자가 직접 만나거나 연락 및 접촉하는 등 상호 면접교섭할 수 있는 권리를 가진다(제837조의2 제1항). 또한 자를 직접 양육하지 아니하는 부모 일방의 직계존속은 그 부모 일방이 사망하였거나 질병, 외국거주, 그 밖에 불가피한 사정으로 자를 면접교섭할 수 없는 경우 가정법원에 자와의 면접교섭을 청구할 수 있다. 이 경우 가정법원은 자의 의사, 면접교섭을 청구한 사람과 자의 관계, 청구의 동기, 그 밖의 사정을 참작하여야 한다(제837조의2 제2항). 한편 가정법원은 자의 복리를 위하여 필요한 때에는 당사자의 청구 또는 직권에 의하여 면접교섭을 제한하거나 배제할 수 있다(제837조의2 제3항 · 제843조).

(3) 재산분할청구권

재산분할청구권은 이혼하는 부부의 일방이 상대방에 대하여 혼인중 취득한 재산의 일부를 분할하여 줄 것을 청구하는 권리이다. 재산분할에 관하여 협의가 되지 아니하거나 협의할 수 없는 때에는 가정법원은 당사자의 청구에 의하여 당사자 쌍방의 협력으로 이룩한 재산의 액수 기타 사정을 참작하여 분할의 액수와 방법을 정한다(제839조의2 · 제843조).

판례

"이혼에 있어서 재산분할은 부부가 혼인 중에 가지고 있었던 실질상의 공동재산을 청산하여 분배함과 동시에 이혼 후에 상대방의 생활유지에 이바지하는 데 있지만, 분할자의 유책행위에 의하여 이혼함으로 인하여 입게 되는 정신적 손해(위자료)를 배상하기 위한 급부로서의 성질까지 포함하여 분할할 수도 있다고 할 것이다." **대판 2001. 5. 8. 2000다58804.**

Ⅵ. 사 실 혼

사실혼이란 혼인관계의 실질은 존재하지만 법률이 정하는 혼인신고를 하지 않아 법률상 부부로서 인정되지 않는 관계이다.

판례

"사실혼이라 함은 당사자 사이에 혼인의 의사가 있고, 객관적으로 사회관념상으로 가족 질서적인 면에서 부부공동생활을 인정할 만한 혼인생활의 실체가 있는 경우이므로 법률혼에 대한 민법의 규정 중 혼인신고를 전제로 하는 규정은 유추적용할 수 없으나, 부부재산의 청산의 의미를 갖는 재산분할에 관한 규정은 부부의 생활공동체라는 실질에 비추어 인정되는 것이므로 사실혼관계에도 준용 또는 유추적용할 수 있다." **대판 1995. 3. 10. 94므1379, 1386(반소).**

한편 중혼적 사실혼은 사실혼관계에 있는 배우자 일방이 이미 다른 사람과 법률상 혼인관계에 있는 경우의 사실혼을 말한다. 중혼적 사실혼은 원칙적으로 보호받지 못하나 예외적으로 보호받는 경우가 있다.

판례

"사실혼은 당사자 사이에 주관적으로 혼인의 의사가 있고, 객관적으로도 사회관념상 가족질서적인 면에서 부부공동생활을 인정할 만한 혼인생활의 실체가 있으면 일단 성립하는 것이고, 비록 우리 법제가 일부일처주의를 채택하여 중혼을 금지하는 규정을 두고 있다 하더라도 이를 위반한 때를 혼인 무효의 사유로 규정하지 않고 단지 혼인 취소의 사유로만 규정하고 있는 까닭에(816조) 중혼에 해당하는 혼인이라도 취소되기 전까지는 유효하게 존속하는 것이고, 이는 중혼적 사실혼이라 하여 달리 볼 것이 아니다. 또한 비록 중혼적 사실혼관계일지라도 법률혼인 전 혼인이 사실상 이혼상태에 있다는 등의 특별한 사정이 있다면 법률혼에 준하는 보호를 할 필요가 있을 수 있다." **대판 2009. 12. 24. 2009다64161.**

제4절 부모와 자

Ⅰ. 친자관계

친자관계란 부모와 자녀의 법률관계를 말한다. 친자관계에는 자연적인 혈연(출생)을 기초로 성립하는 친생자관계와 법률에 의한 법정친자관계가 있다. 친생자관계는 자연혈족관계로서 부모가 혼인 중에 있는지 여부에 따라 혼인 중의 출생자와 혼인 외의 출생자로 구분된다. 혼인 중의 출생자는 다시 생래적 혼인 중의 출생자와 **준정**에 의하여 혼인 중 출생자로 간주되는 자로 구분된다. 한편 양자는 법정혈족관계이다.

Ⅱ. 친 생 자

1. 혼인 중의 출생자

혼인 중의 출생자란 혼인관계에 있는 부모 사이에서 태어난 자녀를 말한다. 혼인 중의 출생자는 출생시부터 혼인 중의 출생자인 생래적 혼인 중의 출생자와 출생시에는 혼인 외의 출생자였으나 부모의 혼인에 의하여 혼인 중의 출생자로 간주되는 자로 구분된다.

생래적 혼인 중의 출생자는 다시 친생자의 추정을 받는 혼인 중의 출생자와 친생자의 추정을 받지 않는 혼인 중의 출생자로 구분된다.

아내가 혼인 중에 임신한 자녀는 남편의 자녀로 추정한다. 그리고 혼인성립의 날로부터 2백일(최단 임신기간) 후 또는 혼인관계종료의 날로부터 3백일(최장 임신기간) 내에 출생한 자녀는 혼인 중에 임신한 것으로 추정한다(제844조).* 친생자추정을 받는 혼인 중의 출생자는 친생부인의 소에 의해서만 친자관계가 부인된다(제847조). 그러나 친생자추정을 받는 기간 동안 출산하였으나 부의 자가 아닌 것이 명백한 경우 친생자추정이 미치지 않는다(판례).

친생자의 추정을 받지 않는 혼인 중의 출생자는 친생부인의 소가 아닌 친생자관계존부확인의 소로 친자관계가 부인될 수 있다.

재혼한 여자가 후혼 성립의 날로부터 2백일 후이고 전혼 종료의 날로부터 3백일 내에 해산한 경우 부의 추정이 충돌하여 가정법원이 당사자의 청구에 의하여 자녀의 부를 정한다(부를 정하는 소, 제845조).

혼인 외의 출생자라도 그 부모가 혼인한 때에는 그때로부터 혼인 중의 출생자로 본다(혼인에 의한 준정, 제855조 제2항).

---

* 헌법재판소는 민법 제844조 제2항 중 "혼인관계종료의 날로부터 300일 내에 출생한 자"에 관한 부분은 헌법에 합치되지 아니하며, 위 법률조항 부분은 입법자가 개정할 때까지 계속 적용된다고 결정하였다(헌재결 2015. 4. 30. 2013헌마623). 이 헌법재판소의 헌법불합치결정의 취지를 반영하여 혼인관계가 종료된 날부터 300일 이내에 출생한 자녀에 대하여 어머니와 어머니의 전(前) 남편은 친생부인의 허가 청구를, 생부(生父)는 인지의 허가 청구를 할 수 있도록 하여 친생부인(親生否認)의 소(訴)보다 간이한 방법으로 친생추정을 배제할 수 있도록 민법이 개정되었다.

2. 혼인 외의 출생자

혼인 외의 출생자란 혼인하지 않은 남녀 사이에서 출생한 자녀를 말한다. 혼인 중의 출생자라도 친생부인의 소 또는 친생자관계부존재확인의 소에서 친생자가 아님이 확정된 경우 혼인 외의 출생자가 된다. 또한 부모의 혼인이 무효인 때에는 출생자는 혼인 외의 출생자로 본다(제855조 제1항 후문).

인지란 혼인 외의 출생자와 생부 또는 생모 사이에 법률상의 친자관계를 형성하는 것을 말한다. 인지에는 생부 또는 생모가 스스로 하는 '임의인지'와 생부 또는 생모가 임의로 인지하지 않는 경우 재판을 통하여 친자관계를 형성하는 '강제인지'가 있다. 인지는 그 자의 출생시에 소급하여 효력이 생긴다. 그러나 제3자의 취득한 권리를 해하지 못한다(제860조).

Ⅲ. 양 자

1. 의 의

양자제도는 자연적 혈연관계가 없는 자들 사이에 법률상 친자관계를 성립시키는 제도이다. 입양이란 양친자관계를 성립시키는 것을 목적으로 하는 양자와 양친 사이의 합의를 말한다. 민법상 입양은 일반입양·친양자입양의 유형이 있다. 또한 입양에 관한 특별법으로서 입양특례법이 제정·시행되고 있다.

2. 일반양자

입양은 실질적 요건으로 ① 당사자 사이의 입양의사의 합치, ② 부모의 동의를 받을 것, ③ 미성년자를 입양하는 경우와 피성년후견인이 입양을 하거나 양자가 되는 경우에는 가정법원의 허가를 받을 것, ④ 양부모는 성년자일 것(제866조), ⑤ 부부공동입양의 요건, ⑥ 양자는 양부모의 존속 또는 연장자가 아닐 것(제877조)이 충족되어야 하고, 형식적 요건으로 가족관계의 등록 등에 관한 법률에서 정한 바에 따라 신고함으로써 그 효력이 생긴다. 양자는 입양신고일부터 양부모의 친생자와 같은 지위를 가지며, 양자의 입양 전의 친족관계는 존속한다(제882조의2). 한편 유효하게 성립한 입양을 당사자의 생존 중에 인위적으로 해소하는 것을 파양(罷養)이라고 한다.

3. 친 양 자

친양자제도는 양자를 양부모의 친생자와 동일하게 취급하고 친생부모 등 종전의 친족과의 관계를 단절시키는 제도이다.

친양자를 입양하려는 사람은 일정한 요건을 갖추어 가정법원에 친양자 입양을 청구하여야 한다. 가정법원은 친양자가 될 사람의 복리를 위하여 그 양육상황, 친양자 입양의 동기, 양부모의 양육능력, 그 밖의 사정을 고려하여 친양자 입양이 적당하지 아니하다고 인정하는 경우에는 위 청구를 기각할 수 있다(제908조의2).

제5절 친권·후견·부양

I. 친 권

친권(親權)이란 미성년인 자녀를 보호하고 교양할 부모의 권리이자 의무를 말한다(제913조). 부모는 미성년자인 자의 친권자가 된다. 양자의 경우에는 양부모(養父母)가 친권자가 된다. 친권은 부모가 혼인 중인 때에는 부모가 공동으로 이를 행사한다(공동행사의 원칙). 그러나 부모의 의견이 일치하지 아니하는 경우에는 당사자의 청구에 의하여 가정법원이 이를 정한다. 그리고 부모의 일방이 친권을 행사할 수 없을 때에는 다른 일방이 이를 행사한다(제909조). 혼인 외의 출생자가 아직 인지되지 않은 경우에는 생모가 단독으로 친권자가 된다.

가정법원은 부 또는 모가 친권을 남용하여 자녀의 복리를 현저히 해치거나 해칠 우려가 있는 경우에는 자녀, 자녀의 친족, 검사 또는 지방자치단체의 장의 청구에 의하여 그 친권의 상실 또는 일시 정지를 선고할 수 있다(제924조 제1항). 가정법원은 법정대리인인 친권자가 부적당한 관리로 인하여 자녀의 재산을 위태롭게 한 경우에는 자녀의 친족, 검사 또는 지방자치단체의 장의 청구에 의하여 그 법률행위의 대리권과 재산관리권의 상실을 선고할 수 있다(제925조).

Ⅱ. 후 견

후견이란 제한능력자나 행위능력이 있더라도 보호가 필요한 일정한 사람에 대하여 재산관리나 신상의 면에서 도움을 주는 제도이다. 후견에는 법정후견과 임의후견이 있다. 법정후견에는 미성년후견 · 성년후견 · 한정후견 · 특정후견이 있고, 임의후견은 후견계약에 의하여 인정된다.

Ⅲ. 부 양

부양이란 일정한 범위의 친족이 다른 친족의 생활을 유지시켜 주거나 상호 부조하는 것을 말한다. 이러한 사적 부양이 이루어질 수 없는 경우에 사회보장제도를 통한 국가의 공적 부조가 인정된다.

직계혈족 및 그 배우자간, 기타 친족간(생계를 같이 하는 경우에 한함)에는 서로 부양의무가 있다(제974조). 부양의 의무는 부양을 받을 자가 자기의 자력 또는 근로에 의하여 생활을 유지할 수 없는 경우에 한하여 이를 이행할 책임이 있다(제975조).

부양의 의무있는 자가 수인인 경우에 부양을 할 자의 순위에 관하여 당사자간에 협정이 없는 때에는 법원은 당사자의 청구에 의하여 이를 정한다. 부양을 받을 권리자가 수인인 경우에 부양의무자의 자력이 그 전원을 부양할 수 없는 때에도 같다(제976조).

제6절 상속제도

Ⅰ. 상속의 의의

상속이란 피상속인이 사망한 경우 그의 재산상의 권리·의무가 법률규정에 의하여 상속인에게 포괄적으로 승계되는 것을 말한다. 민법은 신분상속과 재산상속 중 재산상속만 인정하고, 생전상속과 사후상속 중 사후상속만을 인정한다. 또한 법정상속과 유언상속 중 법정상속만을 인정한다. 단, 포괄적 유증을 통하여 유언상속과 동일한 효과를 얻을 수 있다.

Ⅱ. 상속의 개시

상속은 피상속인의 사망으로 인하여 개시된다(제997조). 상속개시의 장소는 피상속인의 주소지이다(제998조). 상속에 관한 비용은 상속재산 중에서 지급한다(제998조의2).

Ⅲ. 상속회복청구권

상속권이 **참칭상속인**으로 인하여 침해된 때에는 상속권자 또는 그 법정대리인은 상속회복의 소를 제기할 수 있다. 이러한 상속회복청구권은 그 침해를 안 날부터 3년, 상속권의 침해행위가 있은 날부터 10년을 경과하면 소멸된다(제999조).

제7절 | 법정상속

Ⅰ. 상 속 인

1. 상속능력

상속인이란 피상속인의 사망시 그의 재산상의 권리·의무를 포괄적으로 승계할 수 있는 법률상의 자격을 가진 사람을 말하고, 상속능력이란 상속인으로 될 수 있는 법률상의 자격으로서 자연인만이 상속능력이 있고, 법인은 상속능력이 없다.

2. 상속인의 순위

상속인의 순위는 상속개시시에 상속인의 자격을 가진 사람이 여럿 있는 경우 상속인으로 될 수 있는 순위를 정해놓은 것이다. 상속의 순위는 다음과 같다. ① 피상속인의 직계비속, ② 피상속인의 직계존속, ③ 피상속인의 형제자매, ④ 피상속인의 4촌 이내의 방계혈족 순이다. 동순위의 상속인이 수인인 때에는 최근친을 선순위로 하고 동친등의 상속인이 수인인 때에는 공동상속인이 된다. 한편 태아는 상속순위에 관하여는 이미 출생한 것으로 본다(제1000조).

상속인이 될 피상속인의 직계비속 또는 피상속인의 형제자매가 상속개시 전에 사망하거나 결격자가 된 경우에 그 직계비속이 있는 때에는 그 직계비속이 사망하거나 결격된 자의 순위에 갈음하여 상속인이 된다(제1001조, 대습상속). 또한 상속개시 전에 사망 또는 결격된 자의 배우자는 제1001조 규정에 의한 상속인과 동순위로 공동상속인이 되고 그 상속인이 없는 때에는 단독상속인이 된다(제1003조 제2항).

피상속인의 배우자는 피상속인의 직계비속인 상속인이 있는 경우에는 그 상속인과 동순위로 공동상속인이 되고, 피상속인의 직계존속인 상속인이 있는 경우에는 그 상속인과 동순위로 공동상속인이 되며, 그 상속인이 없는 때에는 단독상속인이 된다(제1003조 제1항).

3. 상속결격

상속결격이란 상속인에게 일정한 법정의 결격사유가 있는 때에는 별도의 선고절차 없이 당연히 상속자격이 박탈되는 것을 말한다.

상속결격 사유는 다음과 같다. ① 고의로 직계존속, 피상속인, 그 배우자 또는 상속의 선순위나 동순위에 있는 자를 살해하거나 살해하려 한 자, ② 고의로 직계존속, 피상속인과 그 배우자에게 상해를 가하여 사망에 이르게 한 자, ③ 사기 또는 강박으로 피상속인의 상속에 관한 유언 또는 유언의 철회를 방해한 자, ④ 사기 또는 강박으로 피상속인의 상속에 관한 유언을 하게 한 자, ⑤ 피상속인의 상속에 관한 유언서를 위조·변조·파기 또는 은닉한 자(제1004조).

Ⅱ. 상속의 효과

1. 권리의무의 승계

상속인은 상속개시된 때로부터 피상속인의 재산에 관한 포괄적 권리의무를 승계하고(제1005조), 상속인이 수인인 때에는 상속재산은 그 공유로 한다(제1006조). 또한 공동상속인은 각자의 상속분에 응하여 피상속인의 권리의무를 승계한다(제1007조).

상속재산에는 적극재산뿐만 아니라 소극재산도 포함된다. 그러나 피상속인의 일신에 전속한 것은 그러하지 아니하다. 분묘에 속한 1정보 이내의 금양임야와 600평 이내의 묘토인 농지, 족보와 제구의 소유권은 제사를 주재하는 자가 이를 승계한다(제1008조의3).

판례

제사주재자의 결정 방법: "제사주재자는 우선적으로 망인의 공동상속인들 사이의 협의에 의해 정하되, 협의가 이루어지지 않는 경우에는 제사주재자의 지위를 유지할 수 없는 특별한 사정이 있지 않은 한 망인의 장남(장남이 이미 사망한 경우에는 장남의 아들, 즉 장손자)이 제사주재자가 되고, 공동상속인들 중 아들이 없는 경우에는 망인의 장녀가 제사주재자가 된다." **대판 2008. 11. 20. 2007다27670(전원합의체).**

2. 상 속 분

민법은 법정상속분에 대해서 동순위의 상속인이 수인인 때에는 그 상속분은 균분으로 하고, 피상속인의 배우자의 상속분은 직계비속과 공동으로 상속하는 때에는 직계비속의 상속분의 5할을 가산하고, 직계존속과 공동으로 상속하는 때에는 직계존속의 상속분의 5할을 가산한다(제1009조)고 규정하고 있다.

대습상속인의 상속분은 사망 또는 결격된 자의 상속분에 의한다. 대습상속에서 사망 또는 결격된 자의 직계비속이 수인인 때에는 그 상속분은 사망 또는 결격된 자의 상속분의 한도에서 법정상속분에 의하며, 배우자가 대습상속인인 때에는 5할을 가산한다(제1010조).

공동상속인 중에 피상속인으로부터 재산의 증여 또는 유증을 받은 자가 있는 경우에 그 수증재산이 자기의 상속분에 달하지 못한 때에는 그 부족한 부분의 한도에서 상속분이 있다(특별수익자의 상속분, 제1008조). 또한 공동상속인 중에 상당한 기간 동거·간호 그 밖의 방법으로 피상속인을 특별히 부양하거나 피상속인의 재산의 유지 또는 증가에 특별히 기여한 자가 있을 때에는 상속개시 당시의 피상속인의 재산가액에서 공동상속인의 협의로 정한 그 자의 기여분을 공제한 것을 상속재산으로 보고 상속분에 기여분을 가산한 액으로써 그 자의 상속분으로 한다(기여분, 제1008조의2)

Ⅲ. 상속재산의 분할

공동상속인은 상속재산을 공유한다(제1006조). 그러나 이는 잠정적인 상태이며, 각 공동상속인의 단독소유로 전환하기 위하여는 상속재산을 분할하여야 한다.

분할의 방법에는 ① 피상속인의 유언에 의한 분할, ② 유언에 의한 분할방법의 지정이 없는 경우 공동상속인의 협의에 의한 협의분할, ③ 분할협의가 이루어지지 않거나 협의할 수 없는 경우의 조정·심판에 의한 분할이 있다.

상속재산의 분할은 상속개시시에 소급하여 그 효력이 있다. 그러나 이러한 소급효는 제3자의 권리를 해하지 못한다(제1015조).

상속개시 후의 인지 또는 재판의 확정에 의하여 공동상속인이 된 자가 상속재산의 분할을 청구할 경우에 다른 공동상속인이 이미 분할 기타 처분을 한 때에는 그 상속분에 상당한 가액의 지급을 청구할 권리가 있다(제1014조).

Ⅳ. 상속의 승인과 포기

1. 서　설

상속에 의한 권리·의무는 당연히 포괄적으로 상속인에게 승계된다. 동시에 상속인은 자신의 의사에 따라 상속의 효과를 승인할 것인지 아니면 포기할 것인지를 선택할 수 있다.

상속인은 상속개시있음을 안 날로부터 3월 내에 단순승인이나 한정승인 또는 포기를 할 수 있다. 그러나 상속인은 상속채무가 상속재산을 초과하는 사실을 중대한 과실없이 상속개시있음을 안 날로부터 3월 내에 알지 못하고 단순승인을 한 경우에는 그 사실을 안 날부터 3월 내에 한정승인을 할 수 있다(제1019조).

2. 상속의 승인

(1) 단순승인

상속의 승인에는 단순승인과 한정승인이 있다.

단순승인이란 상속인이 피상속인의 권리·의무의 승계를 무조건·무제한·확정적으로 승인하는 일방적 의사표시이다. 민법은 다음과 같은 행위가 있는 경우 단순승인으로 간주한다(법정단순승인, 제1026조). ① 상속인이 상속재산에 대한 처분행위를 한 때(제1호), ② 상속인이 제1019조 제1항의 기간(고려기간) 내에 한정승인 또는 포기를 하지 아니한 때(제2호), ③ 상속인이 한정승인 또는 포기를 한 후에 상속재산을 은닉하거나 부정소비하거나 고의로 재산목록에 기입하지 아니한 때(제3호).

상속인이 단순승인을 한 때에는 제한없이 피상속인의 권리의무를 승계한다(제1025조). 즉 상속재산은 상속인의 고유재산과 합쳐진다. 따라서 상속인은 피상속인의 채무 전부를 변제하여야 하고, 피상속인의 채권자는 상속인의 고유재산에 대하여서도 강제집행을 할 수 있다. 또한 상속인의 채권자도 상속재산에 대하여 강제집행을 할 수 있게 된다.

(2) 한정승인

상속인은 상속으로 인하여 취득할 재산의 한도에서 피상속인의 채무와 유증을 변제할 것을 조건으로 상속을 승인할 수 있다(제1028조). 상속인이 한정승인을 함에는 일정한 기간 내에 상속재산의 목록을 첨부하여 법원에 한정승인의 신고를 하여야 한다(제1030조).

상속인은 상속채무가 상속재산을 초과하는 사실을 중대한 과실 없이 고려기간 내에 알지 못하고 단순승인을 한 경우에는 상속채무가 상속재산을 초과한 사실을 안 날부터 3월 내에 한정승인을 할 수 있다(제1019조 제3항).

한정승인신고를 한 상속인은 상속재산의 한도에서 상속채무와 유증을 변제한다(물적 유한책임). 즉 한정승인상속인의 책임이 상속재산에 한정된다. 그러나 상속채무 자체가 상속재산의 한도 내로 축소되는 것은 아니다. 상속채무는 상속인이 그 전액을 승계하나, 그 책임의 범위가 상속재산에 한정되는 것이다.

3. 상속의 포기

상속의 포기는 상속개시로 인하여 불확정적이긴 하지만 일단 당연히 상속인을 위하여 생긴 상속의 효력을 부인하고 처음부터 상속인이 아니었던 효력을 생기게 하려는 의사표시이다. 상속인이 상속을 포기할 때에는 고려기간 내에 상속개시지의 가정법원에 포기의 신고를 하여야 한다(제1041조). 상속의 포기는 상속개시된 때에 소급하여 그 효력이 있다(제1042조).

제8절 유언 및 유류분

Ⅰ. 유 언

1. 총 설

유언은 유언자가 그 표시행위를 완료하였을 때 성립하며 유언자가 사망한 때에 일정한 효과가 발생하는 사후적 법률행위로 상대방 없는 단독행위이다. 우리 헌법의 재산권 보장은 사유재산의 처분과 그 상속을 포함하는 것이고, 유언자가 생전에 최종적으로 자신의 재산권에 대하여 처분할 수 있는 법적 가능성을 의미하는 유언의 자유는 생전증여에 의한 처분과 마찬가지로 헌법상 재산권의 보호를 받는다(헌재결 2008. 3. 27. 2006헌바82).

유언능력은 유언을 유효하게 할 수 있는 능력이다. 유언자 본인의 최종적 의사를 존중하기 위하여 유언자의 의사능력만으로 충분하며, 재산적 행위에 요구되는 정도의 능력을 갖추고 있어야 할 필요는 없다. 민법은 유언연령을 만 17세로 규정하고 있다(제1061조). 유언능력은 유언 당시에 존재하여야 한다.

2. 유언의 방식

(1) 유언의 요식성

유언은 민법의 정한 방식에 의하지 아니하면 그 효력이 생기지 않는다(엄격요식주의). 민법은 유언의 방식을 자필증서, 녹음, 공정증서, 비밀증서와 구수증서의 5가지로 한정하는 법정방식주의를 채택하고 있다(제1065조).

판례

"민법 제1065조 내지 제1070조가 유언의 방식을 엄격하게 규정한 것은 유언자의 진의를 명확히 하고 그로 인한 법적 분쟁과 혼란을 예방하기 위한 것이므로, 법정된 요건과 방식에 어긋난 유언은 그것이 유언자의 진정한 의사에 합치하더라도 무효라고 하지 않을 수 없다." 대판 2006. 3. 9. 2005다57899.

(2) 유언의 증인

자필증서에 의한 유언을 제외한 나머지 방식의 경우 증인의 참여가 필요하다. 적절치 못한 자의 증인참여를 막기 위하여 민법은 유언증인의 결격사유을 규정하고 있다(제1072조). 증인결격인 경우 원칙적으로 유언 전체가 무효이다.

(3) 유언방식의 종류

유언의 방식은 자필증서, 녹음, 공정증서, 비밀증서와 구수증서의 5종으로 한다(제1065조).

자필증서에 의한 유언	유언자가 그 전문과 연월일, 주소, 성명을 자서하고 날인하여야 한다. 또한 자필증서에 문자의 삽입, 삭제 또는 변경을 함에는 유언자가 이를 자서하고 날인하여야 한다(제1066조).
녹음에 의한 유언	유언자가 유언의 취지, 그 성명과 연월일을 구술하고 이에 참여한 증인이 유언의 정확함과 그 성명을 구술하여야 한다(제1067조).
공정증서에 의한 유언	유언자가 증인 2인이 참여한 공증인의 면전에서 유언의 취지를 구수하고 공증인이 이를 필기낭독하여 유언자와 증인이 그 정확함을 승인한 후 각자 서명 또는 기명날인하여야 한다(제1068조).

비밀증서에 의한 유언	유언자가 필자의 성명을 기입한 증서를 엄봉날인하고 이를 2인 이상의 증인의 면전에 제출하여 자기의 유언서임을 표시한 후 그 봉서표면에 제출연월일을 기재하고 유언자와 증인이 각자 서명 또는 기명날인하여야 한다. 그 유언봉서는 그 표면에 기재된 날로부터 5일내에 공증인 또는 법원서기에게 제출하여 그 봉인상에 확정일자인을 받아야 한다(제1069조).
구수증서에 의한 유언	질병 기타 급박한 사유로 인하여 다른 4가지 방식의 유언에 의할 수 없는 경우에 유언자가 2인 이상의 증인의 참여로 그 1인에게 유언의 취지를 구수하고 그 구수를 받은 자가 이를 필기낭독하여 유언자의 증인이 그 정확함을 승인한 후 각자 서명 또는 기명날인하여야 한다. 구수증서에 의한 유언은 그 증인 또는 이해관계인이 급박한 사유의 종료한 날로부터 7일내에 법원에 그 검인을 신청하여야 한다(제1070조).

3. 유언의 효력

유언은 유언자가 사망한 때로부터 그 효력이 생긴다. 유언에 정지조건이 있는 경우에 그 조건이 유언자의 사망 후에 성취한 때에는 그 조건성취한 때로부터 유언의 효력이 생긴다(제1073조). 유언자는 언제든지 유언 또는 생전행위로써 유언의 전부나 일부를 철회할 수 있다(제1108조).

4. 유 증

유증이란 유언에 의하여 자신의 재산상의 이익을 수증자에게 사후에 무상으로 증여하는 단독행위를 말한다. 유증은 포괄유증과 특정유증으로 구분된다. 포괄유증이란 적극재산과 소극재산을 포괄하는 상속재산의 전체 또는 일정비율을 유증하는 것이고, 특정유증이란 특정한 개별 재산을 유증하는 것이다.

Ⅱ. 유 류 분

1. 유류분제도

유류분제도란 상속인 또는 근친자에게 피상속인의 재산에 관하여 일정한 형태의 권리를 인정함으로써 피상속인의 재산처분의 자유를 제한하는 제도이다.

유류분권은 상속개시시 일정한 범위의 상속인에게 상속재산 중 일정비율을 보장받을 수 있는 지위 또는 권리이다. 유류분권은 상속개시 전에는 포기할 수 없고, 상속개시 후에만 포기할 수 있다.

2. 유류분의 범위

유류분권자와 유류분율은 다음과 같다(제1112조). ① 피상속인의 직계비속은 그 법정상속분의 2분의 1, ② 피상속인의 배우자는 그 법정상속분의 2분의 1, ③ 피상속인의 직계존속은 그 법정상속분의 3분의 1, ④ 피상속인의 형제자매는 그 법정상속분의 3분의 1.

유류분은 피상속인의 상속개시시에 있어서 가진 재산의 가액에 증여재산의 가액을 가산하고 채무의 전액을 공제하여 이를 산정한다. 그리고 조건부의 권리 또는 존속기간이 불확정한 권리는 가정법원이 선임한 감정인의 평가에 의하여 그 가격을 정한다(제1113조).

각 상속인의 유류분액은 유류분산정의 기초가 되는 재산액에 각 상속인의 유류분율을 곱하여 계산된다.

3. 유류분의 보전

유류분권리자가 피상속인의 민법 제1114조 소정의 증여 및 유증으로 인하여 그 유류분에 부족이 생긴 때에는 부족한 한도에서 그 재산의 반환을 청구할 수 있다. 이 경우 증여 및 유증을 받은 자가 수인인 때에는 각자가 얻은 유증가액의 비례로 반환하여야 한다(제1115조).

반환의 청구권은 유류분권리자가 상속의 개시와 반환하여야 할 증여 또는 유증을 한 사실을 안 때로부터 1년 내에 하지 아니하면 시효에 의하여 소멸한다. 상속이 개시한 때로부터 10년을 경과한 때도 같다(제1117조).

▶ 법률용어 설명

- **근친혼**: 2005년 민법 개정 전에는 동성동본인 혈족 사이의 혼인을 금지하고 있었으나 헌법재판소의 헌법불합치 결정으로 현행 근친혼 금지로 전환하게 되었다. 현행 민

법상 금지되는 근친혼은 ① 8촌 이내의 혈족(친양자의 입양 전의 혈족을 포함한다) 사이의 혼인, ② 6촌 이내의 혈족의 배우자, 배우자의 6촌 이내의 혈족, 배우자의 4촌 이내의 혈족의 배우자인 인척이거나 이러한 인척이었던 자 사이의 혼인, ③ 6촌 이내의 양부모계(양부모계)의 혈족이었던 자와 4촌 이내의 양부모계의 인척이었던 자 사이의 혼인이다.

- **준정**: 법률상 혼인관계가 없는 부모 사이에서 출생한 혼인외의 출생자가 그 부모의 혼인으로 혼인중의 출생자로 되는 것.
- **상속권**: 상속의 효과를 받을 수 있는 상속인의 지위.
- **참칭상속인**: 정당한 상속권이 없음에도 재산상속인임을 신뢰케 하는 외관을 갖추고 있는 사람이나 상속인이라고 참칭하여 상속재산의 전부 또는 일부를 점유하고 있는 사람(대판 2010. 1. 14. 2009다41199 참조).

▸ 생각해볼 문제

Q. 갑(남)은 전처와의 사이에 아들 병이 있고, 을(여)은 전남편과의 사이에 딸 정이 있다. 갑과 을이 재혼한 경우 병과 정이 혼인할 수 있는가?

Q. 갑(남)은 을(여)과 혼인하였으나, 불의의 사고로 을이 사망하였다. 실의에 빠진 갑을 을의 여동생 병이 돌봐주다가 갑과 병은 사랑하게 되었다. 갑과 병은 혼인할 수 있는가?

Q. 갑(남)과 을(여)은 혼인하였으나 불의의 사고로 갑이 사망하였다. 갑의 사망 당시 을은 태아 병을 임신하고 있었다. 실의에 빠진 을은 혼자 병을 출산하여 키울 자신이 없어서 병을 낙태하였다. 을은 갑을 상속할 수 있는가?

Q. 갑은 자필증서방식으로 유언을 하면서 전문, 주소, 성명을 자서하고 날인하였다. 그런데 유언작성의 연·월은 기재하였으나 일(日)은 기재하지 않았다. 갑의 위 유언은 효력이 있는가?

제 6 편

상 법

▌들어가면서

제2편에서 국내법 중의 최상위법으로서의 헌법을 살펴보았고, 헌법과 그 하부의 법령들을 크게 공법(public law)과 사법(private law)으로 구분한다는 것을 설명하였으며, 사법의 한 분야인 민법에 관하여 제5편에서 구체적으로 살펴보았다. 이제는 그 연장선에서 민법과 함께 사법을 구성하면서 그와 대비되는 분야인 상법을 살펴볼 차례이다. 그런데 실제 우리가 살펴볼 것은 상법 그 자체만이 아니라 그것을 넘어서 그것을 대상으로 다루는 학문인 상법학이다.*

성문법국가인 우리나라에서는 상법도 법률로 제정되어 있는데, 그것도 내용인 법적 규율들을 망라적으로 집대성하여 구성하는 것을 그 특징으로 하는 '법전(code)'으로 되어 있다. 즉 우리에게는 '상법전'이 있어 상법학이 그것을 중심적인 대상으로 삼는다는 것이다. 따라서 아래에서는 상법전의 편제를 중심으로 하여 살펴보도록 한다. 물론 성문법으로서의 상법전 외에도 특별법령, 관습법 등이 상법의 법원(origins of law)이고, 따라서 상법 영역에는 사항에 따라서 상관습법도 있고, '자본시장법'과 같은 상법의 특별법도 있는 것이다. 이렇게 법률 형식과 무관하게 실질적으로 파악한 상법을 '실질적 의의의 상법'이라 부르고, '상법전'을 '형식적 의의의 상법'이라고 부르는데, 양자는 일치하지 않고 전자가 후자보다 넓은 개념이다. 후자는 전자의 중심이 되고, 전자는 그 외의 법령들도 포함하는 것이다.

실질적 의의의 상법 내지 상법의 대상을 규명하려면, 상법의 법원을 규명하면 된다. '상법의 법원'이란 결국 실질적 의의의 상법의 법원인 것이고, 이에는 상법전과 상사특별법령(은행법, 보험업법, 자본시장법)과 같은 상사제정법, 상사조약, 상사관습법, 상사자치법(회사 정관, 증권거래소 및 어음교환소의 업무규정)이 속해 있다. 기업이 소비자에게 계약 체결에 앞서 계약의 조건으로 제시하는 약관의 경우나 판례의 경우 그 법원성에 관하여 견해가 갈려 있다.

우리나라의 현행 상법전은 제1편의 총칙, 제2편의 상행위법, 제3편의 회사법, 제4편의 보험계약법, 제5편 해상운송법, 제6편 항공운송법으로 구성된다. 실

---

* 상법학은 대부분 상법의 해석과 적용의 문제를 다루고, 입법의 문제도 다룬다. 결국 상법에 대한 해석과 적용(Dogmatik) 그리고 입법론을 낳는 것이 상법학이다.

제 편별 표제는 다음 면의 표와 같다.

- 제 1 편 총칙
- 제 2 편 상행위
- 제 3 편 회사
- 제 4 편 보험
- 제 5 편 해상
- 제 6 편 항공운송

현재 우리나라 상법과 상법전은 다른 법들과 마찬가지로 서양에서 받아들인 것이다. 직접 수용을 시도하던 중에 국권을 잃어서 일본을 통해서 수용되었다가 1948년 독립 이후 1962년 상법전을 제정하였다. 상법전 제정 이후로 수차례의 상법 개정을 경험하였는데, 특히 1984년 개정과 1997년 외환위기 직후의 개정에서 중대한 변화가 있었다. 상법은 원래 서양의 상인들의 법이었다. 기원을 따져보면 상법은 중세시대 상인계급의 법이었던 '상인법(商人法; lex mercatoria)'에 그 기원을 두고 있기에 그렇게 말할 수 있다. 이 서양 중세의 상인법이 근대에 이르러 각국 국내법이 되어 현재의 모습에 이르게 되었다. 상법의 이러한 기원으로부터 영리성, 합리성, 관습기원성, 진보성, 국제성, 통일성, 비정치성이라는 특색이 나타나게 되었다고 할 수 있다.

어떤 법이 있을 때 그 법은 '이상(ideal)', 즉 지향하는 바를 가지고 있으며, 이를 법학에서는 법의 이념이라고 하는데, 기업법, 즉 기업을 위한 법으로서의 상법은 통상 '기업(조직)의 유지·강화'와 '기업활동의 원활·확실화'('기업활동의 원활화' 및 '거래안전 보호')를 지향 내지 추구한다고 본다. 이것이 상법의 이념인 것인데, 결국 상법이란 기업조직을 가급적이면 유지시키거나 강화시키며, (조직체로서의 기업이 하는) 기업활동을 가급적이면 원활하도록 하고 그 활동이 대외적인 것일 때 그것의 결과는 안전하게 해야 한다는 것이다. 이러한 이념들은 상법이 기업생활관계를 배려하는 것으로서 상법의 곳곳에 투영되어 있다고 하겠다.* 상법과 관련된 내용은 아래에서 좀 더 자세하게 다루되 편의상 상법총칙을 다루는 제1장에서 다루기로 한다.

아래에서 다룰 어음수표법도 전통적으로 경제법과 함께 상법학자들에 의해서 다루어지고 상법학의 영역에 들어와 있다. 그것은 이 두 분야 모두 상거래와 밀접하게 관련되어 있다는 데 기인한다고 할 수 있다.

* 이들 이념 외에도 '사회적 책임'을 상법의 이념으로 보아야 한다는 주장도 있다.

제1장

상법총칙 · 회사법

상법전의 제1편과 제3편에 규율되어 있는 것을 상법총칙과 회사법이라 부른다. 이는 아래에서 우선 다루는 내용이자 상법의 중심개념인 '상인'에 관한 법분야이다. 이 상인에 관한 법분야를 다룬 후에 상인의 활동인 상거래의 법적 형식으로서의 상행위를 다루기로 한다.

제1절 상법과 상법학의 이해

I. 상법의 정체와 의미

역사상 경제생활이 개인의 생활에서 차지하는 비중이 계속 커져 왔고, 그러면서 경제생활에 대한 규율의 중요성도 커져 왔다. 상법은 민법과 함께 사법으로서 경제생활을 규율하는 법이다. 그렇다면 "상법이란 무엇인가?"라는 물음을 던지게 되는데, 이는 상법의 정체성(正體性)에 관한 것이다. 이 물음에 답하기 위해서는 상법과 민법의 관계에서 살펴보아야 한다. 이에 관해서는 뒤에서 자세하게 다루겠는데, 우선 언급하여야 할 가장 중요한 차이점은 상법은 '영업을 위한 법'이란 점이다.

상법은 경제생활 중에서도 기업생활관계를 규율하는, 즉 이윤을 추구하는 존재인 기업을 규율하는 법이다(기업법설). 기업은 상법에서 '영업'이라 부르는데, 이는 우리가 아는 그 영업이다. 영업을 담당하는 이가 '상인'이고 그가 행하는 거래, 즉 상거래는 법적 형식으로는 '상행위'로 파악되고, 이에 적용되는 것이 상법이다. 물론 이 상거래는 영업활동 내지 기업활동의 핵심적인 부분이 되고, 궁극적으로는 '이익' 내지 '이윤'을 낳는 것이다. 영업은 앞서 상법의 특색의 하나로 언급한 '영리성'을 포함하는 개념인데, 상인은 그의 영업활동으로 인한 수입액과 지출액의 차액으로 표현되는 이익을 획득함을 도모하는 것이고, 이것이 상법에 의해서 인정되어 규율내용에도 반영되어 있는 영리성이다.

상법이 기업법이라면 '기업'이 무엇인지 의문이 드는 것은 당연하다. 상법학에서는 기업을 상법에 나오는 '영업' 대신에 사용하며, 앞에서 언급한 바와 같이 양자는 동일한 것으로 보아도 된다. 그런데 '기업'과 '영업'은 모두 맥락에 따라서 활동과 조직의 의미로 이해될 수 있다.* 영업조직(기업조직)은 영업활동(기업활동)의 근거이자 경제단위이므로 생산요소들의 결합을 통하여 재화나 서비스를 생산하는 장(場)이다. 상법학에서 영업조직은 영업활동을 위한 '인적 요소와 물적 요소의 유기적 통일체'로서 통상 재산으로 파악되며(영업재산설), 영리목적을 실현하기 위한 내지 영업활동을 위한 재산이므로 '기능적 재산'이라고 한다. 영업조직은 재산이기에 거래의 대상이 되기도 하고, 이러한 거래를 '영업양도'라고 한다. 영업활동(기업활동)은 '일정한 계획에 따라 계속적 의도를 가지고 하는 영리추구활동(행위)'이라고 이해된다.

Ⅱ. 상법의 지위와 적용

상법이 무엇인지를 살펴보는 것만큼이나 중요한 것이 그 지위와 적용의 문제이다. 지위는 법체계 내에서의 위치를 드러내는 것이고 적용은 법의 존재이유이기 때문에 그렇다.

1. 상법의 지위

법은 체계를 이루고 있고 상법도 그 일부를 구성한다. 따라서 법 전체체계에서 상법이 차지하는 지위에 대해서 관심을 가지지 않을 수 없게 되는데, 그것은 결국 관련되는 다른 법들과의 관계에서 드러난다. 우선 살펴볼 것은 헌법과

---

* 주관적 의의의 영업(기업)과 객관적 의의의 영업(기업)이라는 두 가지의 개념으로 쓰이는데, 전자가 활동을 가리킨다면 후자는 조직을 가리킨다.

의 관계인데, 다음 두 가지가 중요하다. 상법은 최상위법인 헌법에 어긋나는(충돌하는) 경우 '상위법 우선의 원칙'이 적용되어 효력을 잃게 된다는 점과 상법은 헌법을 전제로 존재한다는 점이 바로 그것이다. 후자는 헌법에서 보장하는 시장경제와 재산권보장의 질서를 전제로 하여 상법의 질서가 존재한다는 데서, 그리고 상법이 규율하는 영업활동은 헌법상의 기본권으로서의 '영업의 자유'에 기초를 두고 있고 회사법에서 다루는 회사는 결사의 자유에 그 기초를 두고 있는 데서 찾아볼 수 있다. 이들을 통해서 기업 생활영역에서도 헌법적 가치질서가 실현됨을 알 수 있다.

다음으로 헌법 외의 법률들과의 관계에서는 경제법 및 노동법과의 관계 그리고 (당연히) 같은 사법에 속하는 법으로서의 민법과의 관계가 중요하다. 경제법 및 노동법과의 관계를 살펴보면 이들 법영역이 상법처럼 기업과 관련되어 있다는 점, 즉 기업생활관계를 규율의 대상으로 한다. 자본주의가 발전하고 시장이 존재하는 영역이 넓어지면서 우리의 생활(관계) 속에서 시장과 그 주체의 하나인 기업의 비중이 점점 커지며, 그러하기에 시간이 갈수록 상법, 경제법, 노동법처럼 기업과 관련을 가지는 법도 점점 더 중요해지고 있는 것이 사실이다. 이 세 법역(法域)이 모두 기업을 규율대상으로 하고 있지만 지향점 면에서는 다르다는 점이 중요하다. 사회법에 속하는 경제법과 노동법은 약자 보호를 도모하는 데 비해서 상법은 사법의 한 분야로서 기본적으로 민법과 함께 개별 경제주체들을 동등한 위치의 존재로 보고 이들 간의 이익 조정을 도모하는 것이다. 나아가서 기업생활관계에 관한 특별법으로서의 상법은 이익조정을 도모하면서 그 이념에 드러나는 바와 같이 기업활동에 도움이 되는 것을 추구하는, 즉 기업활동을 위한 법이다. 따라서 상법은 기업에 이익이 되기 쉽고 경제법과 노동법은 각각 기업의 거래상대방인 소비자와 근로자에게 이익이 되는 것이다. 그러므로 상법문제와 관련해서 민법만이 아니라 경제법이나 노동법의 문제도 함께 살펴보는 것이 현상황에서 요구되는 것이다.

상법에 있어서 다른 법과의 관계 중에서 민법과의 관계가 사실 가장 중요한데, 이는 상법의 법체계상의 지위는 무엇보다도 민법과의 관계를 통해서 구체화되며, 민법과의 관계라는 문제는 법적용 내지 법원의 문제와도 관련되어 있기 때문이다. 이 문제에서는 다음 세 가지가 중요하다. 그 중 하나는 민법과 상법은 일반법과 특별법의 관계에 있다는 점이다. 두 법은 일반사법과 특별사법이라고 할 수 있으며, 따라서 상법은 민법규정에 대한 예외규정을 둠으로써 민법규정을 변경하거나(예: 상사법정이자율은 5%의 민사법정이자율보다 높은 6%이다), 민법상 제도를 특수화하거나(예: 사단법인을 특수화하여 영리사단법인인 여러 회사형태들을 만듦), 민법에 없는 제도를 둔다(예: 상업등기). 첫 번째 경우 당연히 상법규정이 특별법우선의 원칙에 따라서 민법규정에 우선하여 적용되고, 두 번째 경우에는 상법을 적용하되 일반적 내용에는 민법을 적용하게 되며, 세 번째 경우에는 상법만이 적용되는 상황이다.

또 다른 하나는 민법과 상법이 반드시 분리되어야 하는 것은 아니라는 것이다. 법률형식의 문제 내지 법전 제정과 관련하여 상법이 민법과 별 차이가 없으니 둘을 통합하자는 주장도 있고(민상이법통일론; 民商二法統一論), 이에 따라서 민법과 상법을 하나로 한 나라도 있다(민상이법통일체제. 예, 이탈리아, 스위스 등).

마지막으로 살펴볼 것은 상법의 진보성으로 인한 '민법의 상화(商化)'이다. 이는 진보성이 특색인 상법과 달리 민법은 보수적이어서 민법이 상법의 영향을 받기도 하는 것인데, 새로운 거래 내지 제도가 상인들을 위하여 상법에 도입되고 상당시간 후 그것이 비상인을 위하여 민법에 도입되는 흐름을 말한다. '계약자유의 원칙'도 그 예이다. 이처럼 상법제도가 민법제도가 되어 이용범위가 확산되는 경우를 보통 민법의 상화라고 하지만, 그 외에 역으로 민사회사처럼 민법제도가 상법의 규율을 받게 되는 경우도 민법의 상화라고 한다.

2. 상법의 적용

상법 적용과 관련해서는 적용범위와 적용순위가 문제되는데, 전자는 상법의 효력의 문제이고, 후자는 민법 및 상법의 법원들 간의 적용순위의 문제이다. 전자와 관련해서는 장소적·인적 적용범위 및 사항적 적용범위가 문제되는데, 장소적·인적 적용범위를 보면 상법은 원칙적으로 대한민국 전영역에 걸쳐서 적용되고 모든 한국인에 대해서 적용되는데, 섭외사법이 정하는 바에 따라서 상법 적용범위가 확장될 수 있다. 사항적 적용범위와 관련하여 언급할 것은 일정한 거래에 대하여 상법이 적용되기 위해서는 결국 그 거래주체 중에서 적어도 한 편은 상인이어야 한다. 그러한 거래(일방적 상행위)의 경우 그 상인의 상대방에게도 그 거래에 대하여 상법이 적용되는 것이다(상법 제3조).*

상법은 민법과의 관계에서 보면 상법은 민법에 우선하여 적용되는 것이 원칙이며(특별법우선의 원칙), 이는 민법이 신법인 경우에도 그러한데, 그것은 '특별법우선의 원칙'이 '신법우선의 원칙'에 대해서 우선함을 의미한다. 여기서 상법의 시간적 적용범위(효력)가 문제되는데, 일반신법이 특별구법을 변경하지 않는 것이 원칙이다(상법시행법 제2조 단서). 민법이 개정되어도 그것이 특별법인 상법을 변경하는 것이 아니므로 그것은 당연한 것이다. 그 밖에 시간적 적용범위(효력)과 관련하여 언급할 점으로 '시제법' 내지 '경과규정'이 있다. 상법시행법 제3조에 따르면 형법과는 달리 상법은 특별한 규정이 없는 한 상법 시행 전에 생긴 사항에도 적용된다.

특별법우선의 원칙에 따르면 상법이 민법에 우선하여 적용되는 것인데, 그렇다면 다음으로 이 두 법의 여러 법원들의 적용순위를 검토해 보아야 한다. 이와 관련하여 상법은 제1조에 규정을 두고 있는데, 이에 의하면 상사에 관하여 상법에 규정이 없는 경우에는 상관습법을 적용하고 상관습법도 없는 경우에는 민법을 적용한다. 민법을 적용하는 데 있어서 민법 제1조가 민법 법원의 적용순위를 제시하는데, 이에 따르면 민사에 관하여 법률에 규정이 없으면 관습법에 의하고 관습법이 없으면 조리에 의한다. 그래서 민법과 상법의 이 두 규정을 종합하면 아래와 같다. 민법전, 민사관습법은 민법의 법원으로 인정되고, 조리의 법원성에 관해서는 견해가 갈려 있다.

상법전 → 상관습법 → 민법전 → 민사관습법 → 조리

민법전과 민사관습법 같은 민법의 법원이 동시에 상법의 법원이라고는 할 수 없지만, 상사관계에 적용되는 법원임에는 틀림이 없다. 조리 이외에도 판례의 법원성에 관해서도 견해가 갈려 있다. 기업의 거래에서 중요한 문제로 자주 사용되는 약관의 법원성 문제가 있다. 약관을 자치법이나 관습법으로 보는 견해에 따르면 약관도 법원이라고 하겠다.

적용순위 문제와 관련하여 중요한 점이 상사관습법과 제정법의 관계이다.

---

* 이하 제6편에서 조문에 법명이 없는 경우 상법조문을 가리킨다.

법 일반원칙상으로는 제정법은 관습법에 우선하는 것인데('제정법우선주의'), 상관습법이 민법전에 우선한다면 그것은 특별법이기에 인정되는 예외라고 해야 할 것이다. 더 나아가서 제정법우선주의에 반해서 상관습법에 상사제정법을 개폐하는 효력을 인정하여야 한다는 주장도 있다. 합리성과 진보성을 특색으로 하는 상법에 있어서는 합리적인 상관행이 거래계에서 '상관습'이 되고, 그것이 다시 '상관습법'이 되고, 이것이 다시 '상사제정법'이 되는 과정을 거친다는 데 주목한다면, 상법 영역에서는 관습법이 기존의 제정법과 충돌하는 경우 더 합리적이며 진보된 규율인 관습법을 적용하는 것이 타당하다고 볼 수 있게 된다(관습법의 제정법 개폐효(改廢效)).

제2절 상인과 상행위

'상인'과 '상행위'는 '영업(기업)'과 함께 우리 상법과 상법학에서 가장 중요한 기초개념이다. 조직체로서의 영업(영업조직)은 상인에게 귀속되는 재산으로 파악되며(영업재산설), 활동으로서의 영업(영업활동)의 근거가 된다. 중요한 점은 영업활동에서 발생하는 권리와 의무의 귀속주체는 권리능력을 가진 자이어야 하는데, 이는 '영업조직(기업조직)'이 아니라 '상인'이라는 점이다. 상인은 (자기명의로) 영업을 하는 자이며, 상행위는 상인이 영업(활동)으로 혹은 영업(활동)을 위하여 하는 행위로서 당연히 영업활동의 중요한 일부이다. 이처럼 상인, 상행위, 영업이라는 개념들은 서로 연결되어 있다. 상법학에서 상인은 영업을 하는 자인데, '자기명의로' 하는 자이다. 그런데 이는 영업활동을 직접 하는 것에 초점이 있는 것이 아니라 그 결과로서의 권리와 의무가 누구에게 귀속되느냐에 초점이 있는 것이다. 따라서 상인은 법률관계에 변동을 가져오는 행위인 법률행위도 하게 되고, 그러려면 법률관계의 주체가 될 자격인 권리능력을 가지고 있어야 하며, 따라서 권리능력자인 '자연인'이나 '법인'이 상인이 될 수 있는 것이다.

상인은 여러 가지로 분류된다. 우선, 영업규모에 따라서 완전상인과 소상인으로 분류된다. 영업규모가 너무 영세하여 상인임에도 부분적으로 상법 적용을 받지 않는 상인이 소상인이고 소상인이 아닌 상인이 완전상인이다. 소상인은

‘자본금액이 1천만 원 미만이고 회사가 아닌’ 상인이다(상법 시행령 제2조). 이처럼 영세한 영업을 하는 소상인에게는 상법총칙에 있는 상인에 관한 규정들, 즉 지배인, 상호, 상업장부 및 상업등기에 관한 규정을 적용하지 않는다. 이들 규정의 적용이 가혹하고 번잡한 일이기 때문이다. 다음으로 상인은 행위의 내용에 따라서 당연상인과 의제상인으로 분류된다. 자연인이나 법인이 상법 제4조의 요건이나 제5조의 요건을 구비하면 상인 자격을 얻는 것, 즉 상인이 되는 것인데, 이 두 요건 중 어느 것을 충족시키는가에 따라서 각각 ‘당연상인’과 ‘의제상인’이 되는 것이다. 당연상인은 상법 제4조에 따라서 동법 제46조에서 열거하는, 특정한 행위(기본적 상행위)를 자기명의로 영업으로 하는 상인이고, 의제상인은 당연상인이 아니면서 ‘점포 기타 유사한 설비에 의하여 상인적 방법으로 영업을 하거나’(제5조 제1항의 설비상인)와 ‘회사’(제5조 제2항의 회사상인)의 형식을 취하여 상인으로 인정되는 상인을 말한다. 다시 말하면 당연상인은 행위의 내용에 따라서 되는 상인이고, 의제상인은 행위(영업활동)의 내용이 아니라 영업의 경영을 위한 형식에 따라서 되는 상인이다. ‘의제상인’ 개념은 경제가 발전하면서 상법 적용을 확대할 필요가 생기므로 입법자가 ‘실질’ 측면이 아니고 ‘형식’ 측면에 착안하여 인정한 상인 개념이다. 의제상인의 영업활동에 속하는 법률행위는 상행위로 인정되고, 그에 대해서 상법을 적용한다. 의제상인의 거래행위는 ‘준상행위’가 되고 이에 대해서도 기본적 상행위에 대해서처럼 상행위법 통칙이 적용된다(제66조).

‘기본적 상행위’와 ‘준상행위’ 이 두 가지는 상인이 ‘영업으로’ 하는 것이므로 ‘영업적 상행위’라고 하며, 영업적 상행위에 대비되는 것은 상인이 ‘영업을 위하여’ 하는 행위를 의미하는 ‘부속적 상행위’ 내지 ‘보조적 상행위’가 있다. 예를 들어, 공인중개사가 사무실을 중개하는 행위는 기본적 상행위이고 영업적 상행위이지만, 사무실 유지를 위해서 필요한 식수의 공급을 위한 계약은 보조적 상행위가 될 뿐이다. 이와 같이 상행위를 분류할 수도 있지만, 당사자를 기준으로 하여 상인과 상인 아닌 자 사이의 거래인 ‘일방적 상행위’와 상인들 간의 거래인 ‘쌍방적 상행위’로 상행위를 나누기도 한다. 상법에는 쌍방적 상행위에만 적용되는 규정도 있다(제55조, 제58조, 제67조 내지 제71조). 이상에서 언급한 여러 종류의 상행위들에 대해서 상법을 적용함에 있어서는 차이가 없다.

사법(私法)의 구성요소와 상호관계

<table>
<tr><td rowspan="5">민법
(일반법)</td><td>총칙</td><td colspan="3">민법총칙(인, 법인, 물건, 법률행위, 기간, 소멸시효)</td></tr>
<tr><td rowspan="4">각칙
(가족법
제외)</td><td rowspan="2">채권법</td><td colspan="2">총칙</td></tr>
<tr><td colspan="2">각칙(매매, 도급, 조합 등)</td></tr>
<tr><td rowspan="2">물권법</td><td colspan="2">총칙</td></tr>
<tr><td colspan="2">각칙(유치권, 질권 등)</td></tr>
<tr><td rowspan="22">상법
(특별법:
민법 규정에
대한
특칙 포함)</td><td>총칙</td><td colspan="3">상법총칙
(민법총칙의 특칙 포함 → 인, 상업사용인, 소멸시효)</td></tr>
<tr><td rowspan="21">각칙</td><td rowspan="9">상행위법</td><td colspan="2">통칙(상행위 규정/유가증권 준용 규정/
민법총칙, 물권법, 채권법에 대한 특칙 포함)</td></tr>
<tr><td rowspan="8">각칙</td><td>상인 간 매매에 관한 특칙
(채권각론의 매매에 관한 특칙)</td></tr>
<tr><td>상호계산/익명조합
(채권각칙 중 조합에 관한 특칙)</td></tr>
<tr><td>대리상－중개업－위탁매매업－운송주선업</td></tr>
<tr><td>운송업/창고업
(채권각칙 중 임치에 관한 특칙)</td></tr>
<tr><td>공중접객업</td></tr>
<tr><td>가맹점업</td></tr>
<tr><td>금융리스업－채권매입업</td></tr>
<tr><td rowspan="4">회사법
(조합 및
법인 중
사단법인에
대한 특칙)</td><td colspan="2">통칙</td></tr>
<tr><td colspan="2">합명회사－합자회사－주식회사－유한회사－유한책임회사</td></tr>
<tr><td colspan="2">외국회사</td></tr>
<tr><td colspan="2">벌칙</td></tr>
<tr><td rowspan="3">보험법</td><td colspan="2">통칙</td></tr>
<tr><td colspan="2">손해보험법</td></tr>
<tr><td colspan="2">인보험법</td></tr>
<tr><td rowspan="3">해상법
(해상운송법:
도급에
대한 특칙)</td><td colspan="2">해상기업</td></tr>
<tr><td colspan="2">운송</td></tr>
<tr><td colspan="2">해상위험</td></tr>
<tr><td rowspan="3">항공운송법
(도급에
대한 특칙)</td><td colspan="2">통칙</td></tr>
<tr><td colspan="2">운송</td></tr>
<tr><td colspan="2">지상 제3자에 대한 책임</td></tr>
<tr><td colspan="2" rowspan="4">어음수표법
(민사특별법/
법전 아님)</td><td rowspan="2">어음법
(단행법률)</td><td colspan="2">환어음</td></tr>
<tr><td colspan="2">약속어음</td></tr>
<tr><td colspan="3">전자어음법 (전자어음의 발행 및 유통에 관한 법률)</td></tr>
<tr><td colspan="3">수표법(단행법률)</td></tr>
</table>

* 상법 부분 중에서 특칙 표시가 없는 것은 민법의 특칙이 아닌 상법상의 독특한 제도를 의미함.

** 해상법은 별도로 총칙이나 통칙을 두지 않았음.

*** 어음수표 거래는 비상인 간에도 있을 수 있지만 현실을 보면 대부분 상인의 거래이고 은행이 거래관계에 개입함. 어음수표법은 민사특별법으로 보지만, 대부분 상거래의 성격을 가지고 상법 영역으로 포함됨.

결론적으로 정리하면 '상인'과 '상행위'는 상법에서 중심적 개념인데, 상인은 결국 영업(활동)을 하는 자이고, 상행위는 상인이 하는 법적 거래이고 실질적으로는 영리에 관한 행위, 형식적으로는 상법과 특별법에* 상행위로서 규정된 행위를 말한다. 상인은 결국은 영업활동을 하면서 상행위를 하여 수입과 이익을 얻게 되고, 그래서 이익 추구(영리)를 종결짓게 된다. 그러니 상인에게는 상행위는 특별하게 중요한 것이다. 상인과 관련하여 상인이 되려면 자연인이나 법인이어야 한다는 점, 즉 권리능력을 가진 자이어야 한다는 점도 중요하고, 그 법인 중에서 상인이 될 수 없는 자도 있다는 점이다.**

제3절 상인의 설비

상인은 조직체로서의 영업(기업)을 근거로 해서 활동으로서의 영업(기업)을 한다. 상인이 활동으로서의 영업을 하는 데 필요한 도구들을 '상인의 설비(設備)'라고 부르는데, 상업사용인 같은 인적 설비와 그 밖에 상호, 상업장부, 영업소와 같은 물적 설비가 바로 그에 해당한다. 이들은 상인이 그 수뇌부 역할을 하는 영업조직(객관적 의의의 영업)을 구성하는 요소가 된다.

Ⅰ. 상인의 인적 설비: 상업사용인

상인은 영업(기업)을 구성하고, 그 영업을 소유하고 지배한다. 그래서 상인은 그 영업과 관련하여 '영업주'라고도 부른다. 그런데 영업과 관련되는 모든 일을 상인이 몸소 해야 하는 것은 아니다. 특히 영업의 규모가 확대되면 그것이 어

* 사채총액의 인수행위는 법규정(담보부사채신탁법 제23조 제2항)에 의해서 항상 상행위이므로 '절대적 상행위'라고 한다.

** 이를 상인능력－상인적격－상인자격이란 용어들로 표현하기도 한다. 권리능력이 상인능력이고, 이 중에서 상인자격은 제한된 범위의 법인과 자연인 전체에게 부여되는데, 이러한 제한의 문제가 '상인적격'의 문제이다. 사법인 중에서 공익법인과 공법인 중에서 일반공법인은 상인적격이 있어서 상인자격을 얻을 수 있으나, 사법인 중에서 중간법인(협동조합, 상호회사)과 공법인 중에서 특수공법인은 상인적격이 없어서 상인자격을 얻을 수 없다.

려워지고, 따라서 상인은 영업활동을 수행하기 위해서는 도와줄 사람이 필요하다. 이때 상인에게 필요한 인력을 제공하는 이들로는 '사용인'과 '상업사용인'이 있다. '사용인'에 대해서는 민법에서 규율하고 있어서 상법에서는 별도의 언급은 없다. '상업사용인'은 상법에서 규율하는데, 이는 영업과 관련하여 법률행위의 대리(행위)를 하는 자를 말한다. 여기서 대리란 법률행위로서의 상행위를 상인을 대신하여 하는 것을 말한다. 상업사용인은 '사용인'이면서 대리를 하는 자라고 할 수 있는데, 그러므로 외부에서 거래상대방이 보면 그는 '대리인'이고, 그래서 '상업대리인'이라고도 불린다. 상업사용인은 '특정한 상인에 종속하여 그 상인의 대외적인 영업활동을 보조하는 자'라고 정의되며, 상법에는 상업사용인으로 지배인, 부분적 포괄대리권을 가진 사용인 및 물건판매점포의 사용인에 관한 규정을 두고 있는데, 이들 규정을 살펴보면 그 대리권의 범위 면에서 차이가 드러난다.

지배인은 상업사용인 중에서 가장 중요한 것으로, 영업주(상인)에게서 영업에 관하여 전권을 위임받아 그를 대신하여 업무를 집행하는 자이다. 상법에 의하면 지배인은 그를 선임한 영업주를 대신하여 영업에 관한 재판상 또는 재판 외의 모든 행위를 할 수 있다(제11조 제1항). 심지어 지배인은 자신이 책임지고 있는 영업소 내지 영업에서 지배인 이외의 사용인의 임면(선임 및 해임)에 관한 권한도 가지고 있다(제11조 제2항). 이는 인적 구성요소를 변경(투입 혹은 배제)하여 영업조직을 (재)구성할 수 있다는 것을 의미한다. 이처럼 지배인은 영업주인 상인에게서 지배권, 즉 영업에 관한 재판상 또는 재판 외의 모든 행위에 대한 대리권을 수여받은 자이다. 따라서 지배인이 가지는 권한은 포괄적이고 정형화되어 있는 것이다(지배권의 포괄정형성). 이처럼 포괄적 권한을 수여하기에 영업주는 지배인의 활동에 대하여 불안할 수도 있고, 그래서 견제와 협의를 하라는 의미에서 '공동지배인'을 두어서 수인이 공동으로 대리권을 행사하도록 할 수도 있다(제12조 제1항). 이러한 권한과 역할 때문에 지배인은 거래계에서 매우 중요한 존재이다.

지배인의 역할은 영업활동에 있어서 매우 중요하므로, 공시(公示)할 필요가 있다. 그러므로 지배인의 선임과 그 대리권 소멸에 관하여 그가 담당하는 영업소(본점 혹은 지점) 소재지에서 등기하도록 하고 있다(제13조). 여기서 '등기'란 뒤에서 설명하는 '상업등기'를 말하는데, 예를 들어 지배인 선임등기란 상업등기소의 지배인등기부에 지배인의 인적 사항을 기재하는 것을 의미한다.

그런데 생각해 보면, 지배인보다 덜 포괄적인 대리권을 가진 상업사용인도 당연히 있을 수 있다. 일정한 업무분야나 특정한 거래에 대하여만 대리권이 수여된 경우가 바로 그러한 경우이고, 이는 상법의 규율대상이 되어 상법은 '부분적 포괄대리권을 가진 사용인'과 '물건판매점포의 사용인(점포사용인)'을 규율하고 있다. 이들은 명칭에는 드러나지 않음에도 당연히 대리인이어서, 전자는 영업의 특정한 종류 또는 특정한 사항에 대한 (포괄적) 위임을 받아서 그에 대한 대리권을 가지고 있는 자이고, 후자는 점포에서 판매업무에 관한 대리권을 수여받은 자이다. 상법은 부분적 포괄대리권을 가진 사용인에 관하여 재판 외의 모든 행위를 할 수 있다고 규정하는데, 그에 해당하는 자는 부장, 과장, 계장, 주임 등의 명칭을 사용하는 자들이다(제15조 제1항).

이렇게 세 종류의 상업사용인이 상법에서 규율되어 있는데, 그와 관련하여 중요한 점은 이들이 상행위를 할 권한을 가진 대리인이고 대리권 범위에 관하여 거래상대방이 정확하게 모를 수 있고 그럼에도 거래계의 관행 등으로 인해서 일정한 믿음을 가질 수 있다는 점이다. 상법은 이러한 사정을 고려하여 '거래의 안전'을 위하여 '외관책임(外觀責任)'을 부과하였다. 한 편에서 외관을 만들고 그 상대편은 그러한 외관을 믿고 거래한 경우 그러한 믿음을 보호할 필요가 있으므로 외관을 만들어낸 자에게 책임을 지우는 것인데, 상법에는 상업사용인과 관련하여 다음과 같은 외관책임을 부과한다. 지배인 아닌 자가 지배인이라고 믿을 만한 명칭을 사용하면서 영업과 관련하여 거래한 경우 상인이 적어도 묵인이라도 하여 이를 가능하게 한 경우 지배인이라고 믿고 거래한 거래상대방에게 책임을 지며(표현지배인; 제14조), 지배인이나 부분적 포괄대리권을 가진 사용인의 권한에 대한 제한이 있어도 거래상대방이 그 사실을 몰랐으면 그러한 제한의 법적 효력을 인정하지 않고(제11조 제3항, 제15조 제2항), 상인에게 거래로 인한 책임을 지우며, 물건판매점포사용인은 그 '판매'에 관한 모든 권한이 있다고 법적으로 인정하여 실제로 없는 경우에도 그가 행한 거래에 효력을 부여하는 것이다(제16조 제1항).

그 외에도 상인이 상업사용인을 믿고서 직무를 부여하는 것이므로 상업사용인은 영업비밀유지의무와 경업피지의무와 같은 의무를 부담하여 상인을 위해서 법적으로 중요한 부담을 진다. 그 결과 상업사용인은 영업비밀을 알게 되는

데 이를 비밀로 해야 하고, 경쟁영업 등을 하지 못하게 되는 것이다. 그러한 의무들을 이행하지 않으면, 상인은 각각 손해배상책임을 묻거나 '개입권' 행사를 통하여 상업사용인의 이익을 자신의 것으로 돌리고서 그것을 자신에게 달라고 청구할 수 있다(제17조).

상업사용인의 분류와 대리권 및 외관책임

구 분	대리권의 범위	외관책임
지배인	전 범위, 즉 영업에 관한 재판상, 재판외의 행위	표현지배인, 대리권 제한의 경우
부분적 포괄대리권을 가진 사용인	위임받은 특정한 사항과 관련된 재판외 행위	대리권 제한의 경우
물건판매점포의 사용인	물건판매에 관하여 대리권이 없을 수도 있음	물건판매에 관하여 대리권이 없을 경우

Ⅱ. 상인의 물적 설비: 상호, 상업장부, 영업소

상인의 영업조직을 구성하는 물적 요소로는 상법총칙에서는 상호, 상업장부, 영업소를 든다.

1. 상 호

상인은 영업을 하면서 상인으로서의 이름이 필요한데, 이를 상호(商號)라고 한다. 다시 말하면, 상호란 '상인이 영업상 자신을 표시하기 위하여 사용하는 명칭'으로, '태극당예식장' 같이 영업점의 간판이나 선전지에서 볼 수 있는 이름이 바로 상호이다. 상인이 자신을 표시하기 위하여 상호를 자유로이 '선정'하여 '사용'할 수 있는 것은 당연한데, 그것은 자연인이 이름을 가지는 것처럼 기본적 자유에 속하는 것이기 때문이다. 하지만, 상인도 사회 속의 존재이기에 상호의 사용에 일정한 사회적 제한이 필요하여 상법도 몇 가지 제한을 부과한다. 우선 상인이 한 영업에 대해서 하나의 상호만을 사용할 수 있게 하고, 상호가 영업의 실태와 일치하게 하여 회사가 아닌 자가 상호에 회사임을 표시하지 못하게 하고, 실제와 다르게 회사의 종류를 표시하지도 못하게 제한한다. 다음으로 부정한 목적으로 타인의 영업으로 오인시키는 상호의 사용을 못하게 한다. 그 외에 자기의 명의를 남에게 대여해 준 자에 대해서는 외관책임을 지운다(명의대여자의 책임). 이와 같은 상황은 상호자유주의의 입장에 서되 상호진실주의에 따른 일정한 제한을 부과한 것이라고 이해된다.

어떤 상호를 사용하면 그 상호에 대한 권리인 상호권(商號權)이 생기는데,* 상호권은 '상호사용권'과 '상호전용권'으로 구성된다. 상인이 어떤 상호를 사용하면 법적 제약 내에서 그 상호를 계속 사용할 수 있고 타인이 부정목적으로 동일한 상호를 사용하는 경우 사용하지 못하게 할 수 있다. 후자는 그 앞에서 언급된 법적 제한 내지 제약으로서의 부정목적 사용 금지와 관련된다. 즉 자신이 부정목적을 가졌으면 자기 상호를 계속 사용할 수 없다는 것이다. 부정목적 사용이란 타인의 영업으로 오인시키는 상호의 사용이고, 타인과의 구별 및 동일성 식별이라는 상호의 본래적 목적과 무관하고 오히려 반대 효과를 낳기 때문에 금지된다. 상호전용권과 관련하여 등기 후에는 타인의 부정목적 사용이 추정되고 동일 행정구역에서 동일한 등기가 배척되는 등 더 두터운 법적 보호를 받게 되어 유리하다. 하지만 등기가 의무이거나 등기 없으면 상호권이 부여되지 않는 것은 아니다.

상호는 영업과 함께 혹은 폐지 후에 양도할 수 있다. 영업을 그대로 둔 채로 상호만 양도하는 것을 허용한다면 오인으로 인하여 거래의 안전에 문제가 생길 수 있다. 상호 양도는 등기해야 제3자에 대항할 수 있다.

2. 상업장부

상업장부는 기록을 위한 장부인데, 이는 상법에 의해서 작성하고 보존해야 한다. 상업장부의 작성과 보존은 역시 의무로 되어 있는 법정에의 제출을 목적으로 한다. 다시 말하면, 증거를 보존하여 이용하고자 상업장부를 작성하고 보존하고 법원에 제출할 의무를 부과하는 것이다. 물론 그런 목적 이외에도 상인은 이익을 추구하기에 장부가 필요한 것이 사실이다. 즉 영업성과를 평가하거나

* 거꾸로가 아니라는 것이 주의할 점이다. 다시 말하면 상호권을 획득하고서야 상호를 사용할 수 있는 것이 아니라는 것이다. 상호는 상호등기부나 회사등기부에 등기될 수 있는데, 이로써 상호사용권이 인정되는 것이 아니다. 상호등기는 공시를 위한 것일 뿐이다. 물론 등기상호는 등기하지 않은 상호보다 더 두터운 보호를 받는다.

영업계획을 수립하기 위하여 장부가 필요한 것이다. 장부 중에서 '상업장부'의 작성·보존·제출의무를 부과하여 상법이 상인에게 강제하는 것은 대차대조표와 회계장부이다.

대차대조표는 일정한 시기에 상인의 영업용 재산을 각각 자산과 부채로 분류하여 기재함으로써 현재 가지고 있는 재산액과 가져야 할 재산액을 대조하여 재산상황과 손익계산을 명백히 하는 장부이고, 회계장부는 대차대조표를 작성하는 데 기초가 되는 자료로서, 상인이 거래와 기타 영업상의 재산과 관련된 모든 사항을 기재하는 장부이다.

3. 영 업 소

상인이 영업활동을 하려면 영업조직이 필요하다. 그 중에서도 일정한 장소적 구심점이 필요한데, 대개 거래하는 일정 범위의 지역을 커버하기 위해서이다. 이를 영업소라고 하는데, 장소적 구심점으로서 영업소는 영업에 관한 지휘·결정이 이루어지고 영업활동의 결과가 보고되고 통일되는 장소이다. 한 영업을 위해서 보통 여러 개의 영업소를 두는데, 그 중에서 주된 영업소가 본점이고, 본점의 의사결정과 지휘에 따라서 영업활동을 분담하는 영업소는 지점이다. 본점은 장소적 구심점 중에서도 구심점이고, 지점은 본점의 지휘를 받기는 하지만 독자적 대외 활동을 하고 따라서 그에 필요한 독립적 인적조직을 갖추고 있어야 한다. 지점에는 지배인을 둘 수 있고, 본점 소재지에서 등기할 사항은 지점 소재지에서도 등기하여야 한다. 은행이나 증권회사의 경우 지역마다 지점을 두고, 지점장에게 일정한 범위의 전결권을 주는 것이 지점과 지배인의 예가 된다. 지점은 그 자체로서 양도할 수도 있다(영업양도).

제4절 상인의 다른 도구

상인은 영업을 구성하는 요소로서의 인적 설비와 물적 설비를 가지고 있지만, 그 밖에도 영업을 위한 몇 가지 도구가 상법상 제시되어 있다. 상업등기제도와 영업양도계약, 익명조합계약, 합자조합계약, 상호계산계약과 유가증권이 바로 그것이다. 상업등기와 영업양도는 상법총칙에 규정되어 있지만, 익명조합과 상호계산은 상행위법에 규정되어 있다. 특히 상업등기제도는 국가기관의 제도로 운영된다는 점에서 다른 도구와는 다른데, 거래계에 대한 정보제공을 통하여 거래의 안전을 도모하는 데 그 목적이 있다. 유가증권과 관련해서 상법은 상행위편에 제65조에 특칙 규정으로 다른 조문들을 적용하는 '준용규정'을 두고 있을 뿐인데, 여기서는 자세하게 다루지 않는다. 유가증권이 중요한 것은 그것이 상인의 결제 및 파이낸싱(financing)의 도구이기 때문이다.

Ⅰ. 상업등기

등기에는 민법에서 나오는 부동산등기도 있고, 상업등기도 있다. 상업등기는 상인의 영업에 관한 중요 사항을 상업등기부에 기재하는 것을 말한다. 국가기관인 법원에 상업등기소를 두어 공적 장부인 상업등기부를 가지고 하는 상업등기제도는 등기신청자에게는 자신에 관한 정보를 공시를 통하여 제공할 기회를 제공하고 거래계 혹은 거래상대방에게는 자신의 거래상대방에 대한 믿을 만한 정보를 공적 기관을 통해서 쉽게 얻을 수 있는 기회를 제공하는 제도이다. 이처럼 상인의 실체를 상업등기부에 기재하는 것은 일반에게 공시함을 목적으로 하는데, 그렇게 해서 거래상대방에 대한 기본적 정보를 얻게 하여 거래의 안전을 도모하는 것이다. 앞에서 나온 상호등기를 포함하여 상업등기에는 상호·미성년자·법정대리인·지배인·합명회사·합자회사·주식회사·유한회사·유한책임회사·합자조합 및 외국회사 등기라는 11종이 있고, 각각에 대해서 등기부가 있다.

등기는 법정의 절차에 따라서 이루어지는데, 등기절차는 등기신청－등기심사－등기부 기재의 순으로 진행된다. 이와 관련하여 절차적 규율사항은 상업등기법에 의해서 규율된다. 상업등기는 신청에 따르는 것이 원칙이고(신청주의), 예외적으로 법관이 직권으로 하는 경우도 있다. 상업등기소에서 등기업무를 담당하는 등기관이 어느 범위까지 심사할 수 있는지에 관하여 학설이 갈려 있는데, 판례는 부동산등기의 경우처럼 형식적 측면에 대해서만 심사한다는 입장(형식심사설)을 취하고 있다. 등기사항이 등기된 후 그 내용은 경정(更正)이나 말소될 수 있으며, 열람되거나 등사 등을 통해서 거래상대방 등 이해관계자에게 제공되어 이용되게 된다. 이러한 등기부 공개는 공시는 일반 공중에 대한 공시로서의 공고와 구별된다.

등기사항이나 등기의 효력과 같은 실체적 법률관계 같은 실체법적 규율사항은 상법에서 규율하는데, 등기사항과 등기의 효력이 주요 문제이다. 우선 등기사항을 보면, 중요한 권리·의무에 관한 사항이나 책임 귀속에 관한 사항에 관하여 등기하여야 하거나 등기할 수 있는 사항으로 규정하고 있다(절대적 등기사항과 상대적 등기사항). 등기사항 외의 사항은 등기부에 기재되어도 상업등기의 효력이 발생하지 아니한다.

다음으로 등기의 효력이 문제되는데, 상업등기를 하면 인정되는 실체법적 효력으로는 통상 일반적 효력과 특수적 효력을 들고, 그 외에 등기의 추정력과 공신력이 문제된다. 우선, 일반적 효력으로 공시력(公示力)을 가져서 거래상대방이 몰랐다고 주장할 수 없게 된다(소극적 공시력). 법적으로는 아는 것이 된다는 것이다. 등기된 것이 있는지 등기부를 찾아보라는 것인데, 반대로 등기하지 않은 경우는 모르는 자에게 등기되지 않은 사실을 주장할 수 없다(적극적 공시력). 법적으로는 몰라도 된다는 것이다. 다만, 천재지변으로 인한 교통두절과 같이 객관적으로 등기 확인이 불가능한 경우와 같이 특별한 경우에는 정당한 사유로 알지 못한 것이 되어 그렇지 않다. 이와 같이 등기하면 모를 수 없는 것이고, 등기하지 않으면 몰라도 되는 것이 등기의 일반적 효력인데, 그 외에도 등기에는 그 종류에 따라서 특수한 효력이 부여되기도 있다. 새로운 법률관계를 창설하거나(창설적 효력), 법률관계의 하자를 보완하여 그 주장을 할 수 없게 하거나(보완적 효력), 아니면 등기에 부수하여 일정한 행위를 허용해주는(부수적 효력) 법규정이 있다는 것이다.

다음으로 추정력(推定力)과 공신력(公信力)의 문제가 있는데, 등기내용이 진실인지, 진실이라고 추정되는지, 진실이 아닌 경우 그것을 믿은 거래상대방은 어떻게 되는지 하는 문제이다. 우선 상업등기를 담당하는 등기관이 모든 등기신청 내용을 실질적으로 철저하게 심사하지 않기에 등기내용은 모두가 진실이 되도록 보장할 수는 없고 따라서 등기내용 모두가 진실일 수는 없다. 다음으로 그런 사정에 부응하여 등기사실이 진실이라고 법적으로 추정되지도 않는다. 단지 통상 대체로 진실일 것이라는 믿음이 있을 뿐이다. 이는 상업등기의 추정력의 문제로 등기사실은 상업등기 사항인 사실관계에 관한 다툼이 있는 경우 그것이 진실일 것이라고 받아들이게 하는 힘, 즉 '사실상의 추정력'은 가지지만 그와 반대되는 사실을 법정에서 상대방이 입증하도록 하는 힘, 즉 법률상의 추정력은 없다(통설·판례). 그렇다면 등기사실을 정보로 제공하는 자가 등기했다고 그 내용이 진실로 되거나 진실이라고 법적 추정을 받게 되는 것은 아니고, 단지 어느 정도만 보호되는 것이다. 진실인지 아닌지는 따져봐야 하는 것이 된다. 그렇다면 등기사실을 타인의 정보로 이용하는 자에게는 어떠한 법적 보호가 주어질까 궁금해진다. 진실이 아닐 수도 있는 등기사실을 믿고 거래하면 보호받을지가 문제인데, 이는 상업등기의 공신력 문제이다. 답을 말하면 일반적으로는 공신력이 없어서 그것을 신뢰한 경우 등기된 대로 효력을 부여하지 않는 것이 원칙이다. 다만, 예외적으로 상법 제39조에 의해 고의나 과실로 인하여 부실등기를 야기한 경우에 제한적으로 그에게 책임을 물을 수 있다. 이 경우에 한하여 공신력이 인정된다고 볼 수 있다. 이는 외관이론을 바탕으로 한 것으로서 진실한 등기를 촉진하는 효과뿐만 아니라 선의의 제3자를 보호하는 효과를 낳는다. 이러한 경우 외에는 상업등기 내용이 반드시 진실일 수는 없기에 진실이라고 믿었다고 보호되지 않는 것이고, 이는 등기한 자에게 부여되는 추정력과도 균형을 이루고 등기 현실에 부합하는 것이라고 여겨진다. 그렇다 하더라도 등기제도는 나름의 정보제공 기능을 하고 있다. 우리가 하는 모든 말이 진실은 아니라도 말을 하고 사는 것처럼 말이다.

Ⅱ. 영업양도

상인은 영업활동을 하다가 영업을 접기도 한다(영업 폐지). 더 이상 영업활동을 하지 않기로 결정하면, 영업조직을 해체하여야 한다. 그런데 영업조직은 보통의 경우 그 자체로 가치를 가지는 것이고, 그런 경우 영업조직을 해체하는 것은 가치를 잃게 하는 것이어서 상인은 영업조직을 해체하지 않고 전부 혹은 일부 타인에게 양도하게 된다. 일정한 영업목적을 위하여 조직화된 유기적 일체로서의 기능적 재산으로서의 영업조직이 해제되지도 않아서 조직의 시너지 효과도 유지하고 또 영업활동을 계속하게 하면서 양도하여서 영업 계속의 효과도 가지게 되므로, 큰 이익이 되는 것이 영업양도이다. 물론 영업양수자는 시장에 처음 진입하는 자로서 이익을 얻는 경우가 흔하다. 최근 매스컴에 자주 등장하는 인수·합병 내지 M&A의 한 종류로서 시사적이고 중요한 내용이다. 영업양도는 영업양도계약 체결로 이루어지는데, 영업에 속하는 구성요소(채권이나 물권 등)의 이전은 개별적으로 이루어진다. 상법은 영업양도가 영업조직의 구성과 영업활동의 개시나 폐지처럼 양도인인 상인에게 매우 중요한 일이라는 점과 양도인과 양수인의 관계가 신뢰에 기초한다는 점 그리고 영업양도시에 채권자와 채무자의 보호가 필요하다는 점을 주목하여 별도의 규율을 한다. 양도인과 관련하여 특히 회사의 경우 다수를 구성원으로 하기에 영업활동의 기반 내지 근거가 되는 조직체로서의 영업의 양도라는 중요한 일에 관한 의사결정은 절대적으로 중요한 일이기 때문에 영업양도에 관한 의사결정과 관련하여 결의요건을 까다롭게 하여 특별한 규율을 하고 있다. 다음으로 양도인과 양수인의 신뢰관계와 관련해서는 신의에 기초하여 거래한 것에 부응해서 영업양도 이후에 영업양도인은 '경업피지의무'를 부담하여 동일한 업종의 영업(경쟁영업)을 할 수 없도록 하고 있다. 마지막으로 채권 및 채무와 관련해서는 영업과 관련한 채권자와 채무자는 그 영업과 관련하여 채권을 가지고 채무를 부담하는 것이므로, 상호를 사용하거나 사용하지 않거나 간에 혼돈이 초래될 수 있으므로 이와 관련하여 거래상대방을 보호하는 규정들을 두고 있다.

Ⅲ. 상호계산

상인의 경우 상시 거래관계를 유지하는 경우가 흔하다. 상호계산은 상시거래관계에서 결제의 편의를 위하여 고안되어 발전된 것인데, 일정 기간의 거래로 인한 채권·채무의 총액에 관하여 상계하고 그 잔액을 지급하는 것이다. 이런 방법의 결제를 통해서 격지자 간의 송금에 따른 수고와 비용 및 위험을 방지할 수 있다. 은행과 고객의 당좌예금계약이 전형적인 예이고, 운송업자들 간이나 보험회사와 그 대리점 사이 그리고 증권회사와 고객 사이에서 흔히 이용되고 있다. 상법의 규율을 받는 것은 상인 간이나 상인과 비상인 간의 계약이다.

Ⅳ. 익명조합과 합자조합

영업을 시작하려고 하면, 보통 필요한 것이 너무 많아서 놀라게 된다. 상인이 영업을 하는데 출자자로서 자본과 신용을 필요로 하고 경영수뇌부로서 경영능력과 노무 등을 필요로 한다. 특히 자본이 상인에게는 중요한 것이다. 그런데, 이러한 요소들을 모으고 위험을 분산하기 위해서 동업을 하게 되고, 동업을 위해서는 계약형식을 취하여 익명조합이나 합자조합, 민법상의 조합의 형식을 취하기도 하지만, 법인 형식을 취하여 지속성(영속성)을 가지는 인적 단체를 구성하기도 한다. 특히 자본이 부족한 경우에 상인은 돈을 빌리거나 아니면 투자자로부터 투자를 받거나 해야 한다. 각각 금전소비대차의 관계와 동업관계를 형성하게 되는 것인데, 후자가 부담은 더 적은 것인데, 개인상인이 투자를 받는 방법 중의 하나가 익명조합계약 체결의 방법이다. 익명조합은 당사자의 일방(익명조합원)이 상대방(영업자)의 영업을 위하여 금전 기타의 재산을 출자하고 상대방이 그 영업으로 인한 이익을 분배할 것을 약정하는 계약이다.

익명조합에서는 실질적(경제적)으로는 익명조합원과 영업자의 공동기업형태의 일종이면서 형식적(법률적)으로는 영업자의 단독기업이고, 출자재산은 원칙적으로 영업자에게 귀속한다. 대외적으로 영업자만이 드러나서 제3자와의 법률관계를 갖는다. 그러므로 투자자로서의 익명조합원은 외부에 나타나지 않으며, 출자의무를 부담하고 영업상의 이익분배를 청구하고 감시를 할 수 있을 뿐이다. 이처럼 투자자의 익명성이 보장된다는 특성 때문에 익명조합은 인기를 누린다. 익명조합계약은 2000년대에 '안녕, 형아'란 영화를 만들기 위한 방식으로 이용되기도 하였다.

익명조합 외에도 합자조합이란 법형식을 이용할 수도 있다. 합자조합은 합자회사와 유사하지만 법인이 아니고 계약 형태인 점에서 다른데, 이들과 익명조합은 공통적으로 '콤멘다(commenda) 계약'에 그 뿌리를 두고 있다. 합자조합은 무한책임조합원과 유한책임조합원이 있고, 유한책임조합원은 익명으로 남아 있을 수 없다.

제5절 회사제도

Ⅰ. 회사의 정체와 의미

회사는 상인이 투자를 받기 위한 법적 형식으로서 동업자들이 설립한 영리법인이다. 달리 말하면 회사는 법인격을 부여받은 영리목적의 인적 단체이다. 법인이란 앞에서 설명한 바와 같이 권리와 의무의 귀속점이므로 회사는 자기 명의로 권리와 의무가 귀속되며, 영리란 이익을 추구하는 것을 의미한다. 회사는 법적 주체로서 '상인'이기 때문에 총칙에서 상인에 관하여 살펴보면서 함께 살펴볼 필요가 있다. 상인처럼 회사도 영업(다시 말하면 영리목적사업)을 위해서 존재하는 것이다. 회사제도는 자본주의경제하의 우리 경제에서 매우 중요한 역할을 한다. 여기서 회사의 의미를 찾을 수 있는데, 회사의 의미는 구체적으로는 그 기능에서 찾을 수 있다. 회사의 기능은 당연히 사회에 대한 회사의 순기능 측면을 말하는 것으로, 다음 몇 가지로 정리할 수 있다.

- 기업담당기능
- 기업조직화기능(자본과 노력 등 생산요소의 결합 및 조직화)
- 생산요소결집기능(특히 자본집적기능)
- 위험분산기능
- 투자자조직화기능
- 기업지속화기능 및 거래단순화기능
- 사회적 책임의 실현(?)

이들 기능 중 네 가지만 언급할 필요가 있다. 우선 특히 주식회사와 관련하여 특별한 의미를 가지는 자본집적과 위험분산을 함께 언급하여야 하겠다. 함께 다루는 것은 이들이 표리의 관계에 있다고 할 수 있어서인데, 기업과 관련하여 위험(risk)이란 생산요소 제공 후에 기업의 성공 여부와 그로 인한 보상을 받게 될지가 불확실함을 뜻하는데, 여럿이서 투자를 함으로써 개별 투자의 위험이

줄어들게 되는 것이 위험분산이고 여러 투자자의 자금이 모이는 것이 자본집적 기능이다. 다음은 기업지속화와 거래단순화인데, 앞에서 설명한 법인으로 인해 가능해지는 것이다. 마지막으로 사회적 책임이란 기업이 구성원으로 있는 사회에 대하여 일정한 책임을 진다는 것인데, 특히 사회공헌 등과 관련하여 논의되고 있고, 회사의 역할이 기업활동에만 국한되는 것이냐를 두고 논란이 있다. 이와 관련하여 부정적 답을 하는 입장에서는 사회적 책임을 인정하게 되고 사회적 책임의 실현이 회사의 기능이라고 볼 수 있을 것이다.

그런데 회사의 기능에는 역기능도 있고, 이는 그 남용과 회사로 인한 폐단인 바, 최근 큰 주목을 받고 있다. 회사의 역기능은 회사의 영리추구 목적 때문에 심각하게 나타나는데, 예를 들어 경제력의 집중은 독과점의 폐해나 대주주에 의한 소액주주 이익 무시와 같은 문제를 야기시킨다.

회사의 의미와 기능을 논하는 데 있어서는 주식회사의 그것을 별도로 논해주어야 한다. 주식회사도 회사이므로 회사의 순기능과 역기능은 주식회사에서도 마찬가지이며, 따라서 주식회사의 순기능과 역기능이 당연하게도 회사의 그것과 겹치는 부분이 있기는 하지만, 주식회사는 주식과 책임제한을 통하여 특별한 형태를 창출하였기에 특별히 부각되는 순기능과 역기능에 대하여 주목할 필요가 있는 것이다. 우선 자본집적기능이 핵심적인 것인데, 이는 주식의 매력 때문에 생기는 것이다. 주식을 구성단위로 하여 소규모자본을 대중으로부터 모아서 대규모자본을 결집해낼 수 있게 되기에 자본집적기능이 주식회사에서 강화되는 것이다. 그와 동시에 물론 위험분산도 광범위하게 이루어지게 된다. 이러한 주식회사의 기능들은 대기업 형성의 기능적 조건을 형성한다. 그 밖의 순기능으로는 소유와 경영의 분리에 기초하여 주식회사가 수행하는 '전문경영인 양성 기능'이 있고, 역기능 중 대표적인 것으로 주식회사가 기업집단 형성에 좋은 도구인 데 기초하는 경제력의 집중과 남용이 있다.

Ⅱ. 회사의 분류

상법 회사편에서 규율하는 회사의 종류로는 합명회사, 합자회사, 주식회사, 유한회사, 유한책임회사라는 5가지가 있는데, 흔히 이들을 5개의 (상법 상) '회사형태'라고 한다. 회사의 구성원은 사원이라고 하는데, 이들 회사형태는 사원의 책임이 직접·간접책임 또는 무한·유한책임이냐를 기준으로 차이를 보인다. 회사는 여러 방식으로 분류된다. 그 중에서 특히 중요한 분류방식이 '인적회사(人的會社)'와 '물적회사(物的會社)'의 구분이다. 이는 회사가 인적인 성격이냐 물적인 성격이냐 라는 구분에 기초하는데, 그 구성원이 더 중요한지 아니면 그 재산이 더 중요한지와 관련된다. 인적회사는 비교적 사원의 수가 적고 따라서 사원들의 개성이 농후하게 드러나며, 사원의 인적 신용이 회사 신용의 기초가 되는 회사를 말하며, 그 반대의 경우를 물적회사라 한다. 따라서 물적회사는 비교적 사원의 수는 많고, 따라서 사원의 개성은 농후하게 드러나지 않으며, 사원의 인적 신용이나 재산이 아니라 회사재산이 회사 신용의 기초가 되는 회사를 말한다. 상법상의 회사형태 중에서 인적회사에는 합명회사·합자회사가 속하고, 물적회사에는 주식회사·유한회사가 속하며, 유한책임회사는 견해가 갈리지만 양자의 중간 정도라고 볼 수 있다.

이와 같은 회사형태들의 경제적 효용은 그 종류에 따라 동일하지 않다. 회사형태는 설립시에 설립자들이 경제적 효용과 자신들의 필요를 고려하여 선택할 수 있다. 특히 우리나라에서는 주식회사가 특별히 선호되어 전체 회사 수의 95% 이상을 차지한다. 이와 같은 주식회사의 선호 현상은 회사형태를 선택할 수 있기에 가능한 것이고 주식회사라는 법형식이 주는 '위신(prestige)'과 책임제한 등의 매력이 있기 때문에 사원들에게 가장 유리하기 때문이기도 하다. 이러한 편중현상은 시간이 갈수록 강화되고 있으며, 입법자는 법 준수와 관련된 어려움을 배려하여 소규모주식회사를 위하여 완화된 규율을 하는 등의 입법적 조치를 취하기도 하였다.

그 외에도 여러 가지 분류방식이 있으나 그 중에 '상장회사'와 '비상장회사'의 구분이 중요하다. 거래소시장, 협회등록시장(코스닥시장), 코넥스시장과 같은 조직화된 시장에서 자기 유가증권을 거래하는 회사를 상장회사라고 한다. 매스컴에서 주식시세와 관련하여 등장하는 회사들과 대중에게 알려져 있는 회사들은 대부분 상장회사라고 하겠다.

또 한 가지 회사제도와 관련하여 언급해야 할 점의 하나가 '기업집단'을 형성하는 우리나라 회사 현실인데, 이와 관련되는 것이 '지주회사'와 '계열회사'

이다. 우리나라 대규모 회사들은 흔히 '재벌'이라고 불리는 기업집단을 형성하고 있는데, 이를 구성하는 것은 복수의 회사들이고, 이를 계열회사라고 한다. 예를 들어, 삼성그룹은 삼성전자주식회사, 삼성화재주식회사와 같은 계열회사들로 구성되어 있다. 우리나라 재벌의 경우 계열회사들이 통상 다른 계열회사의 주식을 보유하는 것이 특징인데, 그 중에서 다른 계열회사의 주식을 특히 많이 보유하는 계열회사를 지주회사라고 부른다. 예를 들어, 삼성그룹의 경우 에버랜드를 지주회사라고들 한다. 최근에는 (2000년대 들어서면서) '순환출자' 해소를 위하여 정부가 지주회사 도입을 위해서 노력하였는데, 이 경우 지주회사는 주식 보유를 목적으로 하는 회사를 의미한다. 물론 주식 보유를 통하여 다른 계열회사들을 지배하여 기업집단의 수뇌부로 기능하는 것인데, 이러한 역할만 하는 회사도 있지만(순수지주회사) 그 외에 다른 영업을 하는 경우도 있다(사업지주회사).

그 밖에 기업집단과 관련하여 한 회사가 다른 회사에 대하여 지배력을 가지고 행사하는, 즉 두 회사가 지배-종속 관계에 있는 '지배회사'와 '종속회사', 지분 보유 비율을 기준으로 하여 50%를 초과하여 다른 회사 주식을 보유한 '모회사'와 그 다른 회사를 말하는 '자회사' 같은 개념도 중요하다. 기업집단은 통상 하나의 공동 명칭(예: LG)을 사용하고 하나의 기업처럼 기업집단의 이익을 추구하기도 하여, 시너지 효과와 이른바 '범위의 경제'를 실현한다는 장점을 가지고 있다. 이 때문에 기업집단이 존재하고 이를 법적으로 인정하는 것이다. 그런데, 우리나라 기업집단, 즉 재벌과 관련해서 그 동안 계속해서 문제제기가 자주 있었다. 이른바 '총수'와 그와 관련 있는 이들(이른바 '특수관계인')의 이익을 위해서 기업집단이 운영되기도 하는 것이 현실이기에 그러했던 것이다. 이에 대한 법적 대응은 공정거래법(독점규제 및 공정거래에 관한 법률)상의 대규모기업집단 규제로서의 경제력집중 규제이다.

Ⅲ. 상법상의 회사형태

상법에서 규율하는 회사형태는 합명회사, 합자회사, 유한책임회사, 유한회사, 주식회사의 5가지이다. 이들은 무엇보다도 사원이 회사의 채무에 대하여 회사의 채권자에게 어떠한 책임을 부담하는가, 즉 책임형태 면에서 차이를 보이고 있다. 여기서 책임이란 다른 것이 아니라 회사의 빚, 즉 채무를 회사가 자기 재산으로 다 갚지 못할 경우에 사원이 갚아야 하는지의 문제이다. 동업을 하는데 조합이나 익명조합, 합자조합을 이용하지 않고 법인 형식을 이용하려면 회사를 이용하게 되는데, 이 경우 이 5 가지 회사형태 중에서 하나를 선정해서 설립절차를 밟고 설립등기를 하여야 한다. 다시 말하면 회사형태 선정은 설립자들의 자유인 것이다.

1. 합명회사

합명회사는 2인 이상의 무한책임사원으로 구성되는데, 무한책임사원은 회사가 자기 재산을 가지고 자기 채무를 완전히 변제하지 못하는 경우 회사채권자에 대하여 직접적으로 제한 없이 연대책임으로 변제할 책임을 진다(직접·연대·무한책임). 그렇기에 합명회사는 가족과 같이 서로 신뢰할 수 있는 관계의 사람들 사이에서 주로 이용되는 회사종류이며, 따라서 자연히 사원의 수도 적고 폐쇄적이어 그 실질은 사단이 아니라 조합이다. 사원은 금전 등의 재산 이외에 신용 또는 노무도 출자할 수 있는데, 출자 이행은 설립요건은 아니고 설립 후라도 필요시에는 출자가 가능하다. 무한책임사원은 원칙적으로 회사의 업무집행의 권리와 의무 그리고 회사대표권을 가진다.

2. 합자회사

합자회사는 무한책임사원과 유한책임사원 각각 1인 이상으로 구성되는데, 회사채무에 관하여 무한책임사원은 합명회사의 사원과 동일한 책임을 부담하지만, 유한책임사원은 회사채권자에 대하여 출자 한도에서만 직접·연대 책임을 지고 출자에 있어서 금전 기타 재산에 한해서만 가능하여 신용출자나 노무출자는 할 수 없다. 회사의 업무집행권과 회사대표권은 무한책임사원만이 갖고, 유한책임사원은 업무집행에 대한 감독권만을 행사할 수 있다. 별도의 규정이 없으면 합명회사에 관한 규정을 준용한다. 직접 영업에 관여하지 않는 익명조합의 익명조합원처럼 업무집행에 참여하지 않을 출자자가 있는 경우에 적합한 회사형태이다.

3. 유한책임회사

유한책임회사는 2011년 상법 개정으로 도입된 회사형태로 일정한 출자의무를 지고 회사채권자에 대하여는 직접 아무런 책임을 지지 않는 사원들만 있는 회사형태이다. 사적 자치의 여지가 커서 부동산 투자회사, 국제적 합작투자회사(cross-border joint-venture)와 같이 모험성이 큰 사업을 하는 경우나 법무법인, 회계법인, 컨설팅사와 같은 전문직에 적합한 회사형태로 상정한 것이다. 유한책임회사를 물적회사로 보기도 하고 인적회사로 보기도 한다.

유한책임회사는 내부적으로는 합명회사와 같이 인적(人的)이고 사적 자치의 여지가 넓고 외부적으로는 주식회사와 같이 물적인 회사라고 할 수 있다. 사원의 책임은 간접유한책임이란 점에서는 유한회사나 주식회사의 사원의 책임과 같다. 그런데 자본금이 일정한 단위로 분할되지 않는 점에서 주식회사나 유한회사와 다르다. 유한회사와 비교해보면, 사적 자치를 강화한 형태인데, 기관 간소화로 사원총회와 감사가 없다는 점에서 다르다. 업무집행자가 업무집행을 담당한다. 내부관계에 대해서는 합명회사에 관한 규정을 준용한다.

4. 주식회사

1인 이상의 유한책임사원만으로 구성되는데 주주라고 불리며, 원칙적으로 회사에 대한 출자 이외에 회사채무에 대하여 회사 채권자에게 직접적으로 책임을 지지 않는다. 주식회사는 '주식'을 발행하는 회사이고, 주식은 원칙적으로 자유양도성을 가져서 시장에서 거래되고, 주식을 표창하는 유가증권인 주권을 발행하여 유한회사의 출자좌와는 달리 증권거래소에서 거래하도록 상장할 수 있다. 회사재산이 없으면 회사 채권자들이 손해를 볼 수 있으므로 회사재산이 중요하고, 따라서 주식을 단위로 하여 구성되는 자본금이 중요하여 이를 마련해두기 위한 법적 조치들을 두고 있다. 회사의 영업과 관련해서 그 경영은 인적회사와는 달리 사원인 주주가 직접 담당하지 않고 전문경영인에게 맡기는 것이 보통이고(소유와 경영의 분리), 이를 위하여 회사의 업무집행기관과 감사기관을 두었고, 주인으로서의 주주들로 구성되어 있는 주주총회도 있다. 회사대표권은 대표이사나 대표집행임원이 가진다.

5. 유한회사

유한회사는 1인 이상의 유한책임사원만으로 구성되는데, 주식회사의 주주와 같이 사원은 원칙적으로 회사에 대한 출자 이외에 회사채무에 대하여 회사채권자에게 직접적으로 책임을 지지 않는다. 유한회사는 '작은 주식회사'로서 만들어진 것이어서 주식회사와 달리 폐쇄적이고 소규모이며 비공개적인 성향이 강하여 중소기업에 적합하다. 사원의 총수는 50인을 초과하지 못한다는 제한규정이 2011년 상법 개정으로 유한책임회사 도입과 함께 삭제되어 제한이 없게 되었

상법상 회사형태 비교표

회사형태 분류 사항	합명회사	합자회사	유한책임회사	유한회사	주식회사
	인적회사		물적회사		
사원	무한책임사원	무한책임사원 + 유한책임사원	사원	사원	주주
책임형태	직접·연대·무한책임	유한책임사원은 직접·연대·유한책임	간접·유한책임	간접·유한책임	엄격한 간접·유한책임
설립절차	정관작성과 설립등기	정관작성과 설립등기	정관작성, 출자이행, 설립등기	정관작성, 출자이행, 설립등기	정관작성, 출자이행, 기관구성, 설립경과조사, 설립등기
지분양도의 요건	다른 사원의 동의	무한책임사원 ⇒ 다른 사원의 동의/유한책임사원 ⇒ 무한책임사원의 동의	다른 사원의 동의	사원총회의 특별결의	자유이나 정관으로 제한 가능
출자	재산출자 외에 노무출자와 신용출자 허용		재산출자만 허용/자본금 구성단위 없음/업무집행자	재산출자만 허용/자본금 구성단위=출자좌	재산출자만 인정/자본금 구성단위=주식
기관	사원의 업무집행 담당/전원 일치에 의한 의사결정		사원 아닌 자도 업무집행 담당	사원 아닌 자도 업무집행 담당/다수결	사원 아닌 자도 업무집행 담당/다수결

는데, 유한책임회사가 더 폐쇄적인 회사에 적합하기에 과거보다 사원 수 면에서 더 큰 규모의 회사에 개방되었다고 할 수 있다. 그래서 이제는 유한회사는 주식회사처럼 원칙적으로 지분 양도의 자유도 인정된다. 유한회사는 주식회사와 함께 물적회사로서 자본금이 채권자에 대한 담보재산으로서 중요한데, 출자단위인 1좌의 금액은 100원 이상으로 균일하게 분할되어야 한다. 2011년 개정 이후로도 사원이 자본 전보책임을 진다는 점에서는 주식회사와 구별된다. 유한회사에서는 이사가 업무집행권과 대표권을 가진다.

Ⅳ. 회사의 일생

회사는 영업을 위하여 탄생하는 법적 주체이며, 법인이기에 계속하여 존속하는 것을 전제로 하며, 따라서 지속성을 가지는 것이다. 그럼에도 탄생하였다가 소멸하게 되기도 하는 존재이다. 개별 회사의 일생을 살펴보면, 우선 설립절차를 거쳐 설립등기로 성립하여, 영업을 하다가 통상은 해산결의와 해산등기로써 해산하게 되며, 청산을 종결함으로써 소멸하게 된다. 해산은 쉽게 말해서 회사와 영업을 그만 하는 결정이다. 그런데 회사와 영업을 그만두는 경우에도 설립의 경우 설립절차를 밟아야 하는 것처럼 청산절차를 밟아야 한다. 회사의 성립을 준비할 시간이 필요한 것처럼 회사의 소멸을 위해서 정리할 시간이 필요하기 때문이다. 해산 결정(해산결의, 해산명령 등)이 내려지면 그 후에 영업활동과 회사의 재산을 정리하고 잔여재산을 분배하고 청산종결등기를 마쳐야 회사가 소멸하게 되는데, 그렇게 하는 절차가 청산절차이다. 청산절차를 전부 거친 후에야 청산종결과 함께 회사는 소멸한다.

특히 회사의 채권자 보호와 관련하여 중요한 것이 설립인데, 설립절차에서는 정관작성, 사원확정, 자본확정 등이 문제된다. 인적회사에서는 책임이 제한되지 않는 사원(무한책임사원)이 있으므로 앞의 두 개만이 중요하고 설립절차가 단순하고, 물적회사에서는 회사의 책임재산의 확보를 위하여 자본금의 확정과 납입이 설립절차의 중요한 부분이 된다. 영업을 준비하는 절차가 아니라 회사 구성원인 사원을 확정하고 조직화하는 과정이고 이에 대해서는 등기의 형식으로 공적 인증을 받은 셈이다.

회사의 설립이란 회사라는 하나의 단체를 형성하여 법인격을 취득하도록, 즉 법적 주체가 되도록 하는 과정이다. 회사설립절차는 정관의 작성에서 시작하여 본점소재지에서 설립등기를 함으로써 끝나게 되는데, 회사의 설립에 관하여는 상법은 준칙주의, 즉 미리 정해 놓은 일정한 요건을 구비하면 당연히 법인격을 부여한다는 입장을 취하고 있고, 상법이 요구하는 요건은 회사형태마다 각각 다르다.

영업 중에 채무가 재산을 초과하거나 채무이행을 하지 못하게 되면, 파산절차나 회생절차와 같은 도산절차를 거치게 된다. 청산이나 파산의 경우 채권자에게 채무를 이행하는 것이 문제되는데, 특히 중요한 점은 채권자가 채권을 우선 회수하고 나서 남는 회사재산을 주주가 가져갈 수 있다는 점이다.

설립절차 → 성립 → 존속(＝영업활동) → 해산 → 청산절차 → 소멸

물론 회사는 존속 중에 영업양수도, 합병, 분할, 조직변경 등을 포함하는 구조변경, 정관변경, 자본감소와 같은 중요한 변경을 하기도 하며, 이 경우 사원들의 의사가 중요하다.

Ⅴ. 회사법의 과제

회사형태들에 관한 규율과 회사의 일생에서 있을 수 있는 조치들에 관한 규율은 회사법의 과제라고 하겠고, 이들을 중심으로 회사법을 구성하는 내용이 되어 있다. 회사법은 그동안 많은 개정을 경험하였는데, 회사법이 직면하는 문제는 시간이 흐르면서 우리 경제생활에서 매우 중요한 문제로 부각되어 왔다. 이는 우리 경제의 성장과 발전을 추동해 가는 법적 주체가 주식회사라는 점을 보면 자명하게 여겨진다. 특히 주식회사는 우리나라에서 그 비중이 크기에 그렇기도 하지만, 일반적으로 자본주의의 꽃이고 엔진이라 불리울 정도로 그 중요성을 인정받아 왔으며, 세계적 다국적기업들은 대개 주식회사 형태를 취하고 있다. 그래서 주식회사법의 규율은 경제와 사회에 있어서 매우 중요한 문제가 되어 왔고, 금융이 중요해진 금융자본주의시대에 특히 그러하다. 신자유주의가 지배하는 시대에는 기업의 힘이 커져서 기업권력에 의해서 기업국가와 기업사회가 탄

생한다는 데 대한 문제의식을 가지고 기업과 회사에 대한 비판적 관점이 대두되고, 그렇게 될수록 특히 주식회사 그리고 다국적기업과 같은 개념은 우리 시대에 필수적으로 알아야 할 것이 되고 그에 대한 법적 규율은 중요해진다. 이는 삼성전자주식회사와 삼성그룹이 우리나라에서 얼마나 큰 비중과 힘을 가지는지 보더라도 쉽게 이해된다.

어떻게 하면 회사제도의 남용과 폐단을 제거하고 그 장점을 최대한 살려 그 나라의 기업풍토에 걸맞는 모습으로 발전시켜 나갈 것인가가 회사법에 있어서의 큰 과제이다. 한편, 오늘날 자본의 이동이 자유로워지고 주주모집이 국외에서도 활발히 이루어지고 있는 까닭에 회사제도의 모습은 세계적으로 통일되어 가는 경향도 강하고 자본시장이 개방되어 자본의 국제적 이동도 활발한데, 이러한 요소들이 회사법적 규율에 중대한 도전으로 등장하고 있다.

Ⅵ. 주식회사법

앞서 설명한 바를 고려하면 주식회사에 관한 규율은 매우 중요한 문제임을 깨닫게 된다. 특히 주식회사가 주식을 통하여 자본집적과 위험분산을 가능하게 하므로 그 경제상의 기능과 가치가 크다는 점과 경제적으로나 사회적으로나 영향력이 큰 대규모기업의 담당자와 대규모기업집단의 구성인자가 된다는 점에서 주식회사 규율의 중요성을 찾을 수 있다. 우리 상법도 주식회사법에 많은 조문을 할애하였다.

주식회사는 주식을 발행하는 회사라는 점에서 그 독특성을 보이기에 주식으로 그에 관한 설명을 풀어갈 수 있다. 주식은 주식회사 구성원(사원, 주주)의 지위(사원권)이며 최초의 사원이 사원의 지위를 얻기 위해서 그리고 사원의 지위에서 회사에 갹출하는 돈(주금액)은 자본금을 구성한다. 자본금은 주식회사의 구체적인 재산을 형성하기 위한 재원으로서 주식회사의 물적 기반이고 채무에 대한 책임의 기초(책임재산)가 된다. 특히 사원인 주주에게는 책임제한이 인정되어 회사재산만이 책임재산이므로 그 유지가 중요하고, 그 기준으로서의 자본금의 형성과 유지가 중요하다. 그렇기 때문에 그것을 실현하고자 하는 자본금의 3원칙도 중요하다. 자본금이 유지되는 데는 자본금이 환급되지 못하게 하는 것도 중요하다. 주식회사에서 주식에 대해서는 원칙적으로 양도의 자유가 인정되는 동시에 주금액의 반환은 금지되는 것(주금액반환금지)이 그래서 필요한 것이다. 결국 주주는 회사에 주식을 반환하면서 주금액을 반환해 달라고 할 수는 없고, 단지 시장에서 주식을 매도함으로써 투자자금을 환수할 수 있는 것이다. 이것이 자본집적을 가능하게 하며, 주식회사에서 가장 중요한 점이다.

사원이 되면 이미 주금액의 지급(출자)은 이행된 상태가 되므로 사원의 지위는 의무 없이 권리로만 구성되는데, 이러한 권리들을 묶어서 주주권이라고 부른다. 주주권에는 여러 가지가 있지만, 크게 보면 재무적 이익과 관련된 자익권과 회사 운영과 관련된 공익권을 포함한다. 공익권은 대부분 회사 운영을 담당하는 업무집행기관에 대한 통제 내지 감독을 위한 것들이다.

사원은 주식에 대한 질권이나 양도담보의 설정과 같은 담보 설정을 통해서 재산적 가치를 가지고 거래의 대상도 되는 주식을 재무적으로 이용할 수 있다. 담보란 돈을 꿀 경우(자금 융통 시) 필요한데, 갚지 못하는 경우 그것을 처분하여 대신 빚을 갚는 데 쓸 수 있는 것을 말한다. 주식은 거래대상으로서 경제적 가치를 가지는 것이어서 담보가 될 수 있는 것이다. 이는 회사와의 관계에서 이루어지는 것은 아니지만, 주식에 관한 처분과 관련하여 사원의 입장에서는 매우 유용한 것이다.

주식회사에서 사원이 나름의 권리를 행사하는 것은 주주총회에 참석하여 발언하고 의결권을 행사하여 주주총회 결의에 참여함으로써도 가능하다. 따라서 주주총회 개최와 의결권 행사의 문제는 매우 중요하다. 이는 회사 지배의 문제에 있어서도 중요한 축을 이룬다.

주식회사법에서 다루는 것 중에서 중요한 것으로 주식과 사채의 발행과 같은 재무적 내용과 재무적 기록에 기초한 계산 내지 회계의 문제도 있고, 회사의 운영과 관련된 기관의 구성과 활동의 문제도 있다. 기관은 회사의 조직을 구성하는데, 주식회사의 조직구조를 살펴보면 법에 의해서 그것은 매우 다양화되어 있다. 그래서 주식회사에 관한 제규정을 종합하여 보면 주식회사법은 구분입법의 기술을 채택해 있다는 것이 드러난다. 이를 구성하는 기관들로는 대표이사(혹은 대표집행임원), 이사회, (개별) 이사, 집행임원과 같은 업무집행기관, 감사(감사위원회), 외부감사인과 같은 감독기관 그리고 사원기관으로서의 주주총회가 있다.

주식회사의 구조변경 등과 관련해서 상법은 매우 자세하게 규율하고 있다. 물론 가장 중요한 것은 주식회사 설립이므로 상법이 이에 관해서도 자세한 규율을 두고 있다. 설립에서는 회사를 조직하여 시작하기 위한 것이어서 책임재산으로서의 자본금의 형성이 중요한 과제가 된다.

제2장

상행위법

상법총칙과 회사법이 법적 주체로서의 상인과 영업 일반에 관한 법, 즉 기업의 주체에 관한 법이며 기업 조직에 관한 법이라면, 상행위법은 상인이 행하는 영업활동 중에서 '상행위'와 그것을 계속·반복하여 행하는 영업에 관한 법이다. 상행위법에서 다루는 상행위는 영업활동에서 핵심인 '영업으로 하는 상행위'이므로 상행위법은 영업으로 하는 거래와 영업에 관한 법이다. 상행위법은 제2편에 배치되어 있고, 뒤에 나오는 제4편의 보험법 그리고 제5편과 제6편의 운송법과는 이들 법분야가 상행위라는 점에서 내용적으로 연결된다. 어음수표법의 경우 상행위의 관점에서는 영업으로 하지 않고 영업을 위하여 하는 것이 일반적이므로 '보조적 상행위'에 해당되는 것인데, 결제나 자금융통의 도구로서 상인이 이용하는 경우가 대부분이어서 상법 영역에 자리잡고 있고, 이것은 자연스럽다.

상법 제2편 상행위법은 결국 상법 제46조에서 다루는 기본적 상행위에 속하는 여러 종류의 상행위들에 대한 규정들과 통칙 규정으로 구성되어 있다. 상행위법의 내용은 민법의 계약법과 밀접한 관련을 가진다. 민법 상의 계약인 임치계약이 영업으로 행해지면 그 영업은 창고업이라고 부르는데, 두 법에 나오는 상행위의 종류들과 계약의 종류들을 살펴보면 이러한 관계에 있는 것들을 찾아볼 수 있다.

상행위법은 기업의 대외관계에 관한 것이어서 상인과 그 거래상대방 간의 이해관계의 합리적 조정을 추구하는 법이다. 따라서 상행위법은 사인 간 거래에 관한 것으로 사적 자치에 맡겨두는 것이 당연하기에 대부분의 규정들이 임의규정의 성격을 띠어 당사자 간의 약정이 없을 경우에 적용된다.

제1절 통 칙

상행위편 통칙에는 그와 관련되는 민법의 총칙편·물권편·채권편의 규정들에 대한 특칙들을 마련해 두고 있다. 상행위에 관한 특칙은 민법의 총칙편에 대한 특칙은 대리, 소멸시효에 관련되고, 물권편에 대한 특칙은 질권과 유치권과 관련되며, 채권편에 대한 특칙은 상사계약에 관한 특칙과 상인간 매매에 관한 특칙을 포함한다. 민법총칙의 특칙과 관련해서는 법률행위 중에서 상행위의 경우 그것을 본인 아닌 사람이 대신하는 것이 '대리'(이 경우에는 '상사대리'에 해당함)인데, 이 경우 본인을 밝힐 필요가 없다든지 권리행사를 하지 않아서 권리를 소멸시키는 데 그 기간을 짧게 정한 것이 그 내용의 주가 된다. 물권편의 특칙과 관련해서는 동산을 담보로 주었다가 빚을 갚지 않으면 처분하여 채권의 만족을 얻는 것이 허용된다든지(유질계약 허용), 상인들 간에는 특별한 요건을 가진 유치권을 규정한다든지 하는 내용이 주가 된다. 채권법의 특칙과 관련해서는 상인의 상행위로 인한 채무와 관련하여 별도로 당사자들이 이자를 정하지 않아도 반대의 약정이 없다면 법에 정해진 이자(법정이자)를 청구할 수 있고, 이자율을 정하지 않았을 때는 이자율을 6%로 하며, 채무자가 여럿이면 상사관계에서는 '연대채무'로 한다는 등의 규정을 두고 있다.

제2절 각 칙

상행위법 각칙에는 앞에서 상인의 도구라고 규정하였던 상호계산과 익명조합 및 합자조합에 관한 규율도 있고, 상인의 조력자 중에서 영업 내부의 자인 상업사용인과 달리 영업 외부의 자이며 따라서 스스로 상인인 대리상, 중개인, 위탁매매인에 관한 규율도 포함된다. 그 외에 거래대상인 물건의 이동에 관여하는 운송업과 창고업과 같은 물류업종과 공중을 상대로 하는 영업에 관한 규율도 포함되고, 이와 같은 전통적 업종 외에도 최근에 대두된 금융리스업과 채권매입업 및 지급결제업과 같은 금융과 결제와 관련된 영업 그리고 맥도널드와 같은 가맹업도 규율의 대상으로 삼고 있다. 이들 영업의 종류는 상법 제46조에서 제시하는 22개의 기본적 상행위의 일부인데 특별히 중요한 규율대상이라고 할 수 있다. 물론 상행위편에서 각칙으로 다루지 않더라도 더 중요한 것들로 뒤에서 나오며 상법에서 자세한 규율을 두고 있는 보험업(제46조 제17호), 운송업도 있다.

Ⅰ. 대리상·중개인·위탁매매인

대리상은 상업사용인이 아니면서 일정한 상인을 위하여 상시 그 영업부류에 속하는 거래의 대리 또는 중개를 영업으로 하는 자라고 상법은 규정한다(제87조). 거래의 대리를 영업으로 하든지 또는 거래의 중개를 영업으로 하는 까닭에 그러한 활동의 내용에 따라서 체약대리상과 중개대리상으로 나뉜다. 전자의 경우 상법 제46조 제10호의 상행위의 대리의 인수를 영업으로 하는데 타인의 상행위를 대신하는 일을 한다는 뜻이다. 흔히 보는 '대리점'이 체약대리상에 해당하기도 하는데, 구체적 관계는 개별적인 계약에 따라 결정된다. 후자는 뒤에 나오는 중개인처럼 상법 제46조 제11호의 중개에 관한 행위를 영업으로 하는 자인데, 특정한 상인을 위하여 일한다는 점에서 다를 뿐이다. 중개인은 중개행위를 영업으로 하는 상인인데, 중개행위란 거래가 이루어지도록 정보를 제공하는 것이다. 흔히 볼 수 있는 중개인에는 결혼정보업자나 공인중개사가 있다. 그런데 이들은 상거래를 중개하지 않아서 민사중개인이라 하고, 상법에서는 상사중개인을 규율하고 있다. 물론 그 업무의 성격상 특수한 규율이 필요하다.

대리상과 구별해야 할 것으로 중개인 말고도 위탁매매인이 있는데, 이는 주선을 영업으로 하는 자이다. 증권회사가 좋은 예이다. 주선(행위)이란 명의는 대리인으로 하되 계산은 본인의 것으로 하는 법률행위를 말한다. 즉 대리인 행위의 결과로서의 법률관계의 귀속은 대리인에게 있고, 경제적 귀속만을 본인에게 시키는 '간접대리'를 행하는 것이다. 상법은 간접대리가 매매에 관한 것인지 운송에 관한 것인지 둘 다 아닌 업무에 관한 것인지로 구별해(위탁매매인, 운송주선인, 준위탁매매인) 규율하고 있다.

대리상, 중개인, 위탁매매인은 직접대리와 중개 그리고 간접대리와 같이 거래당사자 사이에 개입하여 영업을 하는 상인으로서 유사한 상황에서 상이한 관계를 갖게 되고 그 결과 상이한 권리·의무관계를 보이게 되며, 이는 상법의 규율에 반영되어 있다고 하겠다.

Ⅱ. 물류업: 육상운송업·운송주선업·창고업

상품으로서의 재화를 팔거나 사는 것(매도나 매수)를 영업으로 하는 상인도 있고 그처럼 사고파는 행위의 실현, 즉 그러한 매매계약의 이행을 위해서 필요한 운반과 결제를 영업으로 하는 상인도 있는데, 운반과 관련된 영업이 운송업과 창고업이다. 운송을 위해서 주선행위를 하는 '운송주선업'도 그와 관련되는데, 운송을 위탁받아서 하는 영업이다. 이와 관련해서는 화물상환증과 창고증권 같은 특수한 유가증권과 재화가 가치를 잃는 경우(멸실과 훼손) 손해배상책임의 문제가 중요한 규율대상이 된다. 운송업 관련 규율은 물론 여객을 운송하는 영업(여객운송업)도 규율대상으로 포함하고 있다. 운송업과 창고업은 흔히 말하는 '물류 산업'에 속하는 것이다.

상(商) 개념과 관련하여 가장 '상'이란 장사이고 장사의 가장 기본적인 형태(원형)은 매매이고 운송이나 결제와 관련된 영업은 매매의 이행을 위한 영업으로서 매매업에서 파생된 것이라고 볼 수 있다. 이러한 영업들이 상으로 인정되면서 상개념이 확장되어 온 것이 상법의 역사에서 확인된다.

Ⅲ. 공중접객업

'공중접객업'이란 특정되지 않은 다수의 사람들이 손님(객; 客)으로 드나드는 영업을 포괄적으로 가리키는 용어이다. 대중음식점, 대중목욕탕 같은 영업이 그것이다. 상법은 이러한 종류의 영업에서 발생하는 책임문제를 규율하기 위해서 별도의 영업으로서 다루고 있다. 따라서 공중접객업자의 경우는 그의 손해배상책임문제가 중요한 법적 관심사이고 규율사항이 된다.

Ⅳ. 신종상행위

상법 제46조에 최근에 들어온 상행위들을 새로운 종류의 상행위라는 의미로 '신종상행위'라고 하는데, 가맹업, 금융리스업, 채권매입업(팩토링업), 지급결제업이 그에 포함된다. 이들을 포함하게 되어 기본적 상행위에 해당하는 상행위는 이제 22종이나 된다.

1. 가 맹 업

가맹업은 요즘 우리 주위에서 많이 보게 되는 체인점들을 상대로 본사에서 하는 영업이다. 영어에서 온 외래어 'franchise'가 더 익숙한 용어인데, 상법은 프랜차이즈 관계가 특정한 상호나 상표를 이용하는 관계라는 데 주목한다. 가맹업의 거래 당사자는 가맹업자와 가맹상인데, 이러한 거래관계에서 가맹상은 이미 사업을 하여 평판을 얻고 있는 가맹업자의 영업표지를 이용하여 영업활동을 하여 그의 명성과 신뢰를 자기 영업에 이용하고 관리기법·교육·마케팅 등에 관한 가맹업자의 지원까지 받게 된다. 그 결과 가맹상은 영업 실패 위험을 줄일 수 있으며 소규모의 자본만으로 사업하는 것도 가능하게 된다. 이 두 당사자 간의 권리의무관계가 상법의 규율대상이 된다. 그러니 가맹상이 하는 매매업이나 공중접객업 같은 영업은 가맹업이 아니고, 가맹업자가 가맹상에게 서비스를 제공하는 것이 가맹업인 것이다. 특히 가맹상이 영업양도를 하는 영업과 관련하여 가맹업자와의 계약관계가 어떻게 될지가 중요한데, 이는 가맹상의 영업에는 절대적으로 중요한 것이어서 그의 의사가 어떻게 반영될지가 중요한 규율사항이 되며, 가맹계약관계가 계속적 계약관계이기에 그만두는 것(계약 해지)이 문제된다.

2. 금융리스업–채권매입업(팩토링업)–지급결제업

금융리스업, 채권매입업, 지급결제업은 모두 금융과 관련되는 영업이다. 그런데 금융리스업은 시설 구입자금의 융통과 관련된 영업이고, 채권매입업은 결제와도 관련되는 것으로 채권의 매입거래 및 그 추심과 관련된 영업이며, 지급결제업은 신용카드, 전자화폐 등을 이용한 지급결제업무를 하는 영업을 말한다.

신용카드사는 지급결제업자인 것이다. 이들은 최근 독립된 영업 분야로 발전되어 왔고 상법의 규율을 받기에 이르렀는데, 이는 상법이 상개념의 확장과 영업과 상거래의 발전에 따라서 새로운 규율대상의 확보를 잘 보여주는 것이다.

제3장

보험법 · 운송법 · 어음수표법

제1절 | 보 험 법

보험편을 상법 제4편에 별도로 둔 것은 그만큼 중요하다는 것을 방증하는 것이라 여겨지는데, 보험편은 보험계약에 관한 법을 포함하고 보험업법이 별도로 단행법률로 있고, 이들이 보험법이란 법분야를 구성한다. 보험법은 넓은 의미에서는 보험에 관한 법규 전체를 말하지만, 좁은 의미에서는 보험계약에 관한 사법적 규정들, 즉 상법 제4편의 보험계약법을 말한다. 보험은 상법 제46조 제17호에서 기본적 상행위로 규정되어 있으므로 상행위법 규정의 적용도 받는다. 상법 이외에 상사특별법이 있으면 이를 보험에 우선 적용하여서, 자동차손해배상책임보험, 원자력손해배상책임보험, 수출보험 등 특수한 보험계약에는 관련 특별법이 보험법에 우선하여 적용되게 된다. 강행규정이나 공서양속 또는 보험계약의 본질에 반하지 않는 한 당사자 사이의 특약이 보험법에 우선하여 적용된다. 또한 상법 제4편의 보험계약법은 '상대적 강행법규성'을 가져서 기업자가 아닌 보험계약자에게 불리한 특약에 대해서는 강행법규로서 우선 적용된다.

보험법이 다루는 대상으로서의 '보험'이란 우리 생활에서 흔히 접하는 생명보험과 자동차보험 같은 손해보험을 포괄하는 개념인데, 궁극적으로는 위험에 대처하는 방법의 하나이다. 위험이란 어떤 사고(보험사고)가 발생하여 재무적 수요를 낳아서 재무적 부담을 줄 가능성이라고 할 수 있는데, 보험가입자(보험계약자)들이 함께 위험공동체로서의 '보험단체'를 구성하여 그러한 사고(보험사고)가 발생하여 생긴 재무적 수요를 충족시키기 위하여 돈(보험금)을 받기로 하고 그 대신에 사고(보험사고)를 실제로 당한 보험계약자(보험단체 구성원)에게 줄 보험금을 마련하기 위하여 각자가 계속적으로 일정한 액수의 돈('보험료')를 출연하여 '보험기금'을 마련하여 운용하는 제도이다. 보험사고는 자연적 및 사회적 사고로서 화재, 사망 등 동질적인 우발적인 것이어야 하고, 보험료 총액과 보험금과 부대비용의 합은 같아야 하며, 각 보험계약자의 보험료는 소위 '대수(大數)의 법칙'에 기초해 계산한 보험사고 발생률을 근거로 산출된다. 보험에 있어서 보험기금의 운용자(보험자)가 보험계약자들의 단체(상호보험회사)이냐 별개의 영업자(영리보험회사)이냐에 따라서 상호보험과 영리보험으로 나뉘는데, 전자는 영리성이 없고 보험업법에서 규율하고 영리성이 있는 후자는 영업에 관한 법인 상법의 규율을 받는다. 우리나라에는 아직 상호보험회사가 없고, 예를 들어 교보생명보험주식회사는 영리보험회사의 예이다.

보험을 위해서는 보험계약자와 보험자가 '보험계약'을 체결하는데, 보험계약은 선의 또는 신의성실이 요구되는 선의계약(최대선의계약)인 점이 특징이다. 그리고 보험자가 많은 보험계약자를 상대로 미리 계약의 내용을 '보험약관'에 의하여 미리 정하고 보험계약자는 소비자로서 이에 따르게 되므로 '부합계약(附合契約)'이다. 이 점으로 인해서 소비자보호의 필요가 생기고, 보험계약자 내지 보험가입자의 보호가 보험계약법의 중요한 관심사라는 점이 주목할 바이다. 부합계약의 경우 계약내용을 소비자인 보험계약자가 모르는 경우가 많아서 보호할 필요가 있다. 그런데 반대로 보험계약에서 보험목적에 관한 정보는 보험계약자 측에서만 가지고 있다(정보비대칭). 따라서 보험계약자 측에서 보험자에게 정보를 제공할 필요가 있다. 이와 관련해서 '고지의무'가 부과되며, 이는 보험계약법에서 아주 중요하다. 보험계약은 계속계약으로 중도에 그만두는 경우, 즉 계약해지의 경우가 생기게 되는데, 보험계약법에서는 보험계약자의 고지의무를 이행하지 않은 경우 보험자에게 계약해지권을 부여하고, 이와 관련한 법적 분쟁이 매우 많다.

보험계약법에서는 보험계약관계를 규율하므로 보험계약 당사자들의 권리와 의무가 보험계약법의 주된 내용이 된다. 보험계약법에서는 통칙, 손해보험, 인보험으로 구성되는데, 물적 손해의 배상과 관련된 손해보험과 생명보험, 상해보험과 같은 인보험에 적용되는 법규정이 달라서 이들을 개별적으로 규정하고 통칙에서 보험으로서의 공통적 법규 내용을 다루는 것이다.

손해보험에서는 '피보험이익' 개념이 중요한데, 이는 보험사고 발생으로 피보험자가 손해를 입을 경우에 그 목적에 대해 피보험자가 가지는 경제적 이해관계를 말한다. 상법은 손해보험으로 화재보험, 운송보험, 해상보험, 책임보험, 자동차보험의 5가지에 관한 규정을 두고 있고, 생활이 점점 더 복잡해지고 경제가 발전하면서 계속해서 새로운 종류의 손해보험이 생길 것이다.

인보험에 속하는 생명보험은 피보험자의 생명에 관한 보험사고가 발생할 경우 약정한 보험금을 보험자가 지급하고 보험계약자는 이에 대한 대가(보상)로서 보험료를 지급하는 보험이다. 피보험자의 사망을 보험사고로 하는 사망보험과 일정한 연령까지 피보험자의 생존을 보험사고로 하는 생존보험 등이 생명보험에 해당한다. 상해보험은 피보험자의 신체상의 상해에 관한 보험사고가 발생할 경우 보험금 기타의 급여를 할 책임을 보험자가 부담하는 보험이다.

보험에는 이와 같은 사보험 이외에 산업재해보상보험, 군인보험, 의료보험과 같은 공보험도 있다. 공보험은 강제보험의 형태가 많은데, 사보험은 임의보험인 경우가 대부분이다. 상법 제4편에서는 사보험 중에서도 영리보험을 대상으로 하며 나아가서 기업보험에 대해서는 그 적용이 배제된다.

제2절 운송법

운송이란 물건의 장소적 이동을 의미하고, 이는 땅(육상과 지하), 바다(해상), 공중에서 이루어지는데, 각각 육상운송, 해상운송, 항공운송이라 부른다. 육상운송은 상행위편에서 규율하고, 해상운송은 상법 제5편에서, 그리고 항공운송은 상법 제6편에서 규율하고 있다. 육상운송은 운송법 부분에서 다루었으므로, 여기서는 해상운송법과 항공운송법을 다루기로 한다.

Ⅰ. 해상운송법

해상기업에 특유한 사법적 법규를 담은 상법 제5편 해상편은 형식적 의의의 해상법이다. 해상법은 해상기업에 관한 법규의 총체이다. 해상법은 해상운송업을 중심으로 하는 해상기업 활동을 규율하는데, 그래서 주된 내용이 해상운송(해상운송계약, 용선계약)과 해상기업을 위한 규정인 것이고, 그 외에 해상운송에서 만나는 해상위험에 관한 규정들도 있다. 해상기업의 물적 기반과 관련하여 선박, 선박의 공유와 임대차, 항해시의 위험과 관련하여 공동해손·해난구조·선박충돌, 물적 담보와 관련하여 선박 우선특권과 선박저당권 그리고 해상운송 등에 관한 규율을 두고 있는 것이다. 기술적 측면에서의 해상기업은 육상기업과 달리 바다라고 하는 공통된 무대에서 선박을 이용한다. 이러한 차이 때문에 해상기업에는 그에 특유한 해상위험이 따라 다닌다. 이로부터 생기는 특이성과 바다를 통해 국경을 넘어서 활동하는 점(국제성)은 해상법을 특징지운다. 그렇기 때문에 해상기업관계에 고유한 규정이 발전하였고, 이들은 민법과 상법의 일반규정을 변경 또는 보충하는 규정들이다.

해상기업조직과 관련하여 선박과 선장 그리고 해원이 중요한데, 상법은 선박과 선장의 지위에 관한 규정을 두고 있다. 해상기업의 주체로는 선박소유자(선주)와 선박공유자, 선박임차인 및 정기용선자 등이 있는데, 이에 관한 규정도 상법에서 두고 있다. 특히 이들은 해상기업과 관련된 손해배상책임의 주체가 되는데, 이와 관련하여 책임제한제도도 발전되어 왔다. 이는 해상기업자를 정책적으로 보호하고 육성할 필요가 있기 때문이다. 상법은 일정한 경우에 해상기업자에 대해서 책임제한을 인정하고 있다(선박책임주의·금액책임주의). 책임제한은 선박소유자에 대해서만이 아니라 선박공유자, 선박임차인 및 정기용선자에 대하여도 적용되는 것은 제도의 취지를 보건대 당연하다.

선박은 법적 주체는 아니지만 주체로 인정되고, 원래 동산이지만 상법상 선박등기제도(제743조), 선박저당제도(제787조), 임대차등기제도(제765조)가 인정되며, 강제집행 및 경매에서는 대체로 부동산과 같은 취급을 받고 있다(민사집행법 제172조).

선장은 선박소유자의 보조자이며 넓은 의미에서는 특정한 선박의 항해지휘자를 말하고, 좁은 의미에서는 선박소유자의 피용자로서 특정한 선박의 항해를 지휘하고 선박소유자의 대리인으로서 공법상·사법상의 권한을 가진 자이다. 선장은 공법상 강력한 힘으로서의 '선박권력'을 가지는 동시에 여러 가지 의무를 지며 사법상으로 강력한 권한이 부여되어 있다.

해상운송은 해상운송계약이란 법적 형식에 의해서 이루어진다. 이는 운송의 대상에 따라서 물건운송계약(제780조－제820조)과 여객운송계약(제821조－제829조)으로 나뉘고, 운송의 방식에 따라서 '용선계약'과 '개품운송계약' 등으로 나뉜다. 용선계약이란 해상운송인이 선박의 전부나 일부의 공간(선복)을 운송에 제공하여 거기에 적재된 물건을 운송할 것을 약속하고 상대방인 용선자는 운임을 지급할 것을 약속하는 운송계약이다. 개품운송계약은 해상운송인이 개개 물건의 운송을 인수하고 그 상대방인 송하인은 운임을 지급할 것을 약속하는 운송계약이다. 물건운송의 경우 운송 중의 화물의 거래를 용이하게 하기 위하여 육상운송에서 화물상환증을 발행하듯이 선하증권을 발행한다.

해상기업의 위험에 관한 제도가 필요한 것은 해상기업은 바다에서 선박을 항행하여 운영하므로 바다에 특유한 위험에 직면하게 되기 때문이다. 그러한 제도로 대표적인 것으로는 공동해손, 선박충돌, 해난구조가 있고, 이들에 관한 규율도 해상법의 내용이 된다. 공동해손이란 선박 및 짐(적하)에 공동해상위험이 발생한 때 이를 면하기 위하여 선장이 선박 또는 적하에 대한 처분을 하여 손해나 비용이 발생한 경우 이를 선박의 소유자와 적하이해관계인에게 공평하게 분담시키는 제도이다. 선박충돌이란 해상에서 2척 이상의 독립한 항해선이 충돌하거나 항해선과 내수항행선이 충돌하여 선박 또는 선박 내에 있는 물건이나 사람에 손해가 발생하는 사고인데, 이 경우 손해는 충돌에 관하여 과실이 있는 선박이 배상하도록 규율되며, 선박충돌이 불가항력으로 인하여 발생하거나 충돌의 원인이 명백하지 아니한 때는 피해자가 충돌로 인한 손해의 배상을 청구하지 못한다. 해난구조는 항해선 또는 그 적하 기타의 물건이 어떠한 수면에서 위난에 조우한 경우에 의무 없이 이를 구조하는 것인데, 그것이 성공하면 구조자는 결과에 대하여 상당한 보수를 청구할 수 있도록 규율된다. 이러한 제도들은 역사적으로 자연스럽게 발전해 온 것인데, 이러한 제도가 없다면 해상에서의 위험에 대한 대처에는 어려움이 클 것이다.

Ⅱ. 항공운송법

과거에는 해상운송이 절대적으로 중요했다면 요즈음은 항공운송이 중요해졌다. 화물항공기의 왕래가 아주 많은 것을 보면 그것을 알 수 있다. 이처럼 항공운송이 중요해지면서 우리 상법에도 항공운송법이 들어왔다. 이는 크게 항공운송기업의 조직과 활동(항공운송인의 책임) 그리고 항공운송기업이 만나는 위험(지상 제3자에 대한 손해배상책임)에 관한 법규를 포함한다. 항공운송법은 나름의 자주성, 특수성, 통일성을 인정받고 있으며, 효력 면에서 항공운송계약법은 보험계약법처럼 상대적 강행법규성을 인정받고 있다. 항공운송의 국제성으로 인하여 특히 법원으로 1929년 바르샤바 조약, 1999년 몬트리올 협약과 같은 조약이 중요한 분야이다. 우리나라는 두 조약에 모두 가입해 있다. 그 밖에 거래에 있어서 상관습법과 운송약관이 중요하다. 약관이란 다수의 거래를 위해서 기업측에서 미리 마련해 소비자측에 제시하는 계약조항을 말한다. 은행거래, 보험거래, 운송 등 많은 분야에서 일반적으로 쓰이며, 이에 대한 규율을 위해서 약관규제법이 제정되어 있다.

항공기업 조직과 관련해서는 항공기와 그 등록 그리고 책임감면제도 등이 규율되어 있다. 항공기업은 항공운송을 담당하는데, 이는 항공운송계약이라는 법적 형식을 통해서 이루어지고, 따라서 항공운송기업의 담당자는 항공운송계약을 체결하고 이행함으로써 영업활동을 하는 것이다. 항공운송인의 책임은 크게 물건운송과 여객운송의 경우로 나뉘어 규율되고, 불법행위문제에 대해서 상법은 지상 제3자에 대한 책임에 관한 규정을 두고 있다. 규율 내용의 핵심은 항공운송기업의 유지와 보호를 위한 책임상한의 설정이다. 특히 지상 제3자에 대한 책임에 관한 규정은 이른바 항공위험에 관한 것이기는 한데, 지상에 있는 사람에 대한 손해와 관련되는 것이다. 이는 항공기가 직면하는 위험, 즉 항공기사고로 인한 위험이 어떤 것인지 생각해 보면 이해가 되는 바이다. 해상법에서처럼 해난구조, 공동해손 같은 경우가 보통 발생하지는 않고 단지 항공기 충돌사고는 가끔 발생하는데, 이 경우에도 별도의 조치로써 손해 축소를 하기 어려우므로 해상위험 대처를 위한 제도들과 유사한 제도가 발전하지 않은 것이다.

항공운송법에서는 그 외에도 여객운송과 물건운송의 경우를 구분하여 기업자인 운송인의 의무와 채권 관련 특별 소멸시효에 관한 규정을 두고 있다.

제3절 어음수표법

어음수표법은 어음과 수표에 관한 법인데, 어음과 수표의 기능을 보면 결제수단에 관한 법이고 금융수단에 관한 법의 성격을 가진다고 할 수 있다. 어음과 수표는 유가증권이고 금전채권증권이다. 유가증권은 일정한 권리를 화체한다. '화체(化體)'는 '표창(表彰)'한다고도 하는데, 권리와 증권을 결합시키는 것이다. 이는 보이지 않고 만질 수도 없는 '권리'란 법적 관계에 형상과 몸을 부여하는 것이라고 설명할 수 있다. 자본주의경제가 고도화되면서 여러 종류의 권리가 이른바 '가치물'로서 거래대상이 되고, 나아가서 증권시장에서 금융상품으로 유통되기도 한다. 이는 그 유통성을 높이도록 권리를 (유가)증권에 화체시킴으로써 용이해진다. 유가증권은 재산적 가치가 있는 사권을 표창하며 그것이 표창하는 권리의 발생과 행사 그리고 이전의 전부 또는 일부에 증권 소지를 요하는 증권이라고 정의된다. 상법은 유가증권에 관하여는 화물상환증, 선하증권, 주권에 관한 규정을 두었고 유가증권에 관한 준용규정도 두었는데, 유가증권법의 꽃은 어음수표법이라 하겠다. 어음수표법은 어음과 수표에 대한 규율을 하는데, 어음과 수표는 일정액의 금전의 지급을 목적으로 하여 발행되는 유가증권으로서 상인계급에 의해서 개발되어 오랜 시간 동안 이용되어 왔고, 현대에는 우리의 경제생활에 불가결한 구성요소가 되어 있다. 어음과 수표는 신용카드나 전자화폐의 발전에도 불구하고 계속 이용되고 있으며, 전자화된 형태로 이용되고 있는 것이 현실이다. 어음과 관련하여 기업금융수단으로 사용되는 기업어음(CP)도 언급해야 하는데, 이는 기업현실에서 매우 중요하는 재원조달수단이다.

어음이란 환어음과 약속어음을 포괄하여 이르며, 어음에 관해서는 상법전과는 별개의 단행법인 '어음법'에서 규율한다. 환어음은 발행인이 지급인에게 증권에 기재된 일정 금액을 권리자(수취인 또는 그 지시인)에게 지급할 것을 위탁하는 지급위탁증권이고, 약속어음은 발행인 자신이 수취인 또는 그 지시인에 대하여 일정한 금액을 지급할 것을 약속하는 지급약속증권이다. 우리 어음법은 환어음 중심으로 규율하고 그것을 약속어음에 대해서는 환어음 규정을 준용하는 식으로 규율하고 있다. 어음과 수표는 기본적으로 지급수단으로 이용되는데, 따라서 어음수표법은 지급의 확실성을 보장하고자 하며, 다음으로 어음과 수표는 유통을 위한 것이어서 어음수표법은 유통성 보장도 도모한다. 그런데 지급의 확실성은 유통성 보장의 전제가 되기도 하며, 어음수표법에서는 유통성 보장이 강조되고 그 이념이라고 할 수 있다.

어음법이 규율하는 사항으로는 우선 어음 관련 법률관계(어음관계)에 변경을 가져오는 법률행위인 어음행위가 있다. 어음행위는 결국 '어음상의 채무'를 발생시키는(어음채무의 발생원인이 되는) 법률행위인 셈인데, 어음상에 행해져야 하고 지면상의 의사표시이기에 기명날인이나 서명을 꼭 해야 한다. 어음행위(어음수표행위)에는 발행, 배서, 보증, 지급보증, 인수, 참가인수가 있다. 이 중에서 환어음의 경우에는 발행, 배서, 보증, 인수, 참가인수가 있으며, 약속어음의 경우에는 발행, 배서, 보증만이 있으며, 수표에는 발행, 배서, 지급보증이 있다.

수표는 일상생활을 하는 일반인에게 어음보다 더 친숙한 존재이다. 수표에는 자기앞수표와 당좌수표, 기타 가계수표, 여행자수표, 우편수표, 선일자수표, 횡선수표 등이 있다. 이 중에서 가장 알려진 자기앞수표는 발행인 자신을 지급인으로 하여 발행한 수표이다. 어음과 달리 수표는 송금수단과 지급수단이다. 환어음은 송금수단, 추심수단 및 신용수단이고, 약속어음은 신용수단 및 추심수단인 것과 다르다. 수표의 경우도 돈이나 어음과 마찬가지로 유통성이 중요하고, 그 기초로서 자유로운 양도가 보장되어야 한다.

수표는 발행인, 지급인(은행), 수취인을 기본당사자로 하는 지급위탁증권이라는 점에서 환어음과 유사한 법률관계의 구조를 가진 것이고, 다만 지급인이 은행인 점에서 차이를 보인다. 수표는 은행에 지급을 위탁하기 위한 유가증권이다. 발행인이 지급인(은행)에게 일정 금액을 그 정당한 소지인(수취인·피배서인 또는 무기명식수표의 소지인)에 지급할 것을 무조건적으로 위탁하는 유가증권인 것이다. 따라서 수표는 어음과는 달리 지급은행에 수표자금이 있어야 하고, 지급은행과의 사이에 수표계약이 있어야 수표를 발행할 수 있다. 수표는 지급증권으로서의 특성을 유지하기 위하여 지급인을 신용 있는 금융기관으로 한정하고 있으며, 만기가 따로 없는 일람출급으로 하고, 지급제시기간도 10일로 매우 짧으며 무기명식 발행도 허용하고 있다.

어음행위와 관련해서는 그 독립성, 대리, 어음행위의 능력과 유효성 문제, 위조와 변조 등이 중요하다. 어음행위로 인해서 성립하는 어음관계와 관련해서는 밀접한 연관성이 있는 관계로 어음의 실질관계도 검토할 문제이다.

어음관계의 소멸과 관련해서는 소멸의 가장 중요한 원인인 변제로서의 어음채무의 지급이 가장 중요한데, 지급과 참가지급 이외에 이와 관련해서는 지급의 거절을 의미하는 어음항변의 문제, 지급 후에 구상하는 도구인 소구 등이 중요한 관련문제이다. 어음관계와 관련하여 그 외에도 어음의 말소, 훼손, 상실과 같은 어음상의 권리의 소멸과 이득상환청구권의 문제도 중요하다.

결론적으로 말하자면, 이와 같이 어음관계와 실질관계, 어음관계를 성립시키는 어음행위, 지급 등의 행위 그리고 어음관계의 소멸 등이 크게 볼 때 어음수표법의 규율대상이 된다고 하겠다.

▶ 법률용어 설명

- **상인–영업–상행위**: 상인이란 여러 가지 물적·인적 구성요소들로 조직된 영업(영업조직)을 가지고 영업(영업활동)을 하는 자이며, 그가 영업과 관련하여 하는 법률행위는 상행위이다.
- **회사**: 회사란 상인의 하나로 특정한 영업을 하기 위한 인적 단체가 법인격을 취득하여 탄생하는데, 영리사단법인이라고 정의된다. 사원 1인을 가진 주식회사와 유한회사도 허용하게 되어서 이제는 인적 단체가 아니라는 시각도 있다.
- **특칙**: 상법규정 중 상당 부분은 그와 관련된 민법규정의 내용과는 달라서 그것을 변경하는 규정인데, 이러한 규정을 특칙이라고 한다. 상법이 특별법이어서 그것의 일반법에 해당하는 민법의 규정에 우선하여 적용되므로 규율을 변경하는 효과를 가지는 것이다.
- **준용–준용규정–유추적용**: 준용이란 다른 사항을 위해서 둔 법규정의 내용을 유사한 사항에 적용하는 것을 말하는데, 이러한 준용을 가능하게 하는 것이 준용규정이다. 이것이 없다면 유추적용에 의해서 적용할 수도 있다.

▶ 생각해볼 문제

Q. 상인은 왜 특별한 법적 규율을 받아야 하며, 어떻게 자신들을 위한 관습법을 발전시킨 것일까?

Q. 우리나라는 상법을 민법과 분리해 제정하였는데, 과연 어떠한 장점을 가질까?

Q. 영업은 이익 없이 할 수 없는 것일까? 이익의 추구는 어느 정도까지 할 수 있을까?

Q. 회사제도가 중요해지는 사회적 배경은 무엇일까?

Q. 보험이나 해상운송과 항공운송에 관한 법규가 발전한다는 것은 우리 생활상의 변화와 어떠한 관련을 가질까?

Q. 어음과 수표는 장래에는 완전히 전자화되어 전자어음과 전자수표로 계속 살아남고 종이 형태로는 소멸할까? 주권이나 화물상환증이나 선하증권 같은 유가증권은 어떻게 될까?

제 7 편

소 송 법

제1장

민사소송법

제1절 서 설

Ⅰ. 민사소송의 개념

1. 자력구제와 국가구제

사인 간의 분쟁은 예외적으로 자력구제가 인정되는 경우를 제외하고, 원칙적으로 국가가 분쟁해결기능을 수행하는 공력구제에 의하여 해결하여야 한다. 국가구제 가운데 소송이란 법원의 재판을 통해 분쟁을 해결하는 것이다.

2. 민사소송의 의의

민사소송은 사법상의 권리관계의 확정·보전·실현 등 사권의 존재를 확정하여 사권을 보호하고 국가 사법질서를 유지하기 위한 재판상의 절차를 말한다.

3. 민사소송과 형사소송

민사소송과 형사소송을 비교하면 다음과 같다. ① 민사소송은 사인 간의 법적 분쟁에 관한 소송이다. 반면 형사소송은 범죄를 저지른 자에 대하여 국가가 형벌을 부과하기 위한 소송이다. ② 민사소송은 민사사건을 대상으로 한다. 반면 형사소송은 사인에 대한 국가의 형벌권의 행사에 관한 사건을 대상으로 한다. ③ 민사소송은 사익에 관한 절차로서 당사자주의에 의한다. 반면 형사소송은 공익에 관한 절차로서 직권주의에 의한다. ④ 민사소송과 형사소송은 독립적이므로 같은 증거에 관하여 서로 다른 가치판단을 할 수 있다. 그러나 형사판결에서 인정된 사실은 민사소송이나 행정소송에서 유력한 증거자료가 되므로 특별한 사정이 없는 한 이와 반대되는 사실을 인정하여서는 안 된다는 것이 판례의 태도이다.*

한편 소송촉진 등에 관한 특례법은 제1심 또는 제2심의 형사공판절차에서 일정한 범죄에 관하여 유죄판결을 선고할 경우, 법원은 직권에 의하여 또는 피해자나 그 상속인의 신청에 의하여 피고사건의 범죄행위로 인하여 발생한 직접적인 물적 피해, 치료비 손해 및 위자료의 배상을 명하거나(소송촉진 등에 관한 특례법 제25조 제1항) 또는 피고사건에서 피고인과 피해자 사이에 합의된 손해배상액에 관하여 배상을 명할 수 있도록 하여(동조 제2항) 형사소송에 부대하여 민사책임을 물을 수 있는 **배상명령제도**를 규정하고 있다(소송촉진 등에 관한 특례법 제25조).

4. 민사소송과 행정소송

판례

"행정 주체로서의 관청이 공권력의 주체로서 즉 우월적인 의사주체로서 국민에 대하는 경우는 물론 단순한 경제적 활동의 주체로서 국민에 대하는 경우라 하여도 그것이 공공적 성질을 대유하여 공공의 복지와 밀접한 관계를 가지고 있는 때에는 이를 사사로운 국민상호간의 관계와 동일시할 수는 없는 것이다. 전자의 관계 특히 공권력의 주체로서 국민에 대하는 관계에 있어서는 대등한 사사로운 국민상호간의 경제적 이해를 조정함을 목적으로 하는 사법이 전면적으로 그대로 적용될 수는 없고 국가공익의 실현을 우선적으로 하는 특수성을 고려하여 특수한 법규나 법 원칙이 인정되어야 할 것이다. 소송에 있어서 일반 민사사건과 구별하여 특수하게 취급하고 있는 소이도 실로 이에 있는 것이다. 그러나 행정주체가 경제적 활동의 주체로서 활동할 때에도 공공의 복지와 밀접한 관계가 있는 공적인 행위로서가 아니라 다시 말하면 사사로운 국민상호간의 경제적 활동과 조금도 차이가 없는 경우에는 그 성질상 사법이 전면적으로 그대로 적용되어야 할 것이다. 행정주체가 물품의 매매계약을 하며 건축청부 계약을 체결하고 국유재산을 매각하는 것 등 그 예라 할 것이다." **대판 1961. 10. 5. 4292행상6.**

* 민사법원이 형사법원의 인정한 사실에 구속받는 것은 아니지만 확정된 관련있는 형사판결의 인정사실은 특별한 사정이 없는 한 유력한 증거자료의 하나가 되므로 그것을 채용할 수 없는 특별한 사정이 나타나 있지 않는 한 이것을 배척하는 것은 경험법칙에 어긋나는 것이라고 아니할 수 없다(대판 1962. 7. 5. 62다208).

국가배상법에 의한 손해배상청구, 국공유재산의 처분에 관한 분쟁, 공공단체 직원의 퇴직금 등 급여청구 등은 민사사건으로서 민사소송의 대상이나, 부가가치세 환급세액 지급청구(대판 2013. 3. 21. 2011다95564) 및 고용 · 산재보험료 납부의무 부존재확인의 소(대판 2016. 10. 13. 2016다221658) 등은 행정소송이라는 것이 판례의 태도이다.

Ⅱ. 민사소송의 주체

1. 법 원

(1) 법원의 의의

사법권은 법관으로 구성된 법원에 속한다(헌법 제101조 제1항). 따라서 법원은 사법작용을 담당하는 국가권력기관이다. 광의의 법원은 법관과 법원직원 및 집행관 등을 포괄하는 전체 국가사법관서를 의미하나, 협의의 법원은 법관만으로 이루어진 재판기관을 의미한다.

(2) 법원의 종류

법원은 헌법상의 특별법원으로 헌법재판소(헌법 제111조)와 군사법원(헌법 제110조)이 있다. 통상법원에는 대법원을 정점으로 하여 고등법원·특허법원·지방법원·가정법원·행정법원 · 회생법원이 있다(법원조직법 제3조 제1항). 한편 지방법원 및 가정법원의 사무의 일부를 처리하게 하기 위하여 그 관할구역에 지원과 가정지원, 시법원 또는 군법원 및 등기소를 둘 수 있다(법원조직법 제3조 제2항).

(3) 법원의 구성

법원은 최고법원인 대법원과 각급법원으로 조직된다(헌법 제101조 제2항).

대법원에 대법관을 두며, 대법관의 수는 대법원장을 포함하여 14인으로 한다(법원조직법 제4조). 대법원의 심판권은 대법관 전원의 3분의 2 이상의 합의체에서 이를 행하며 대법원장이 재판장이 된다. 다만, 대법관 3인 이상으로 구성된 부에서 먼저 사건을 심리하여 의견이 일치한 때에 한하여 그 부에서 재판할 수 있다. 그러나 ① 명령 또는 규칙이 헌법에 위반함을 인정하는 경우, ② 명령 또는 규칙이 법률에 위반함을 인정하는 경우, ③ 종전에 대법원에서 판시한 헌법·법률·명령 또는 규칙의 해석적용에 관한 의견을 변경할 필요가 있음을 인정하는 경우, ④ 부에서 재판함이 적당하지 아니함을 인정하는 경우에는 전원합의체에서 심판한다(법원조직법 제7조 제1항 참조).

대법원은 ① 고등법원 또는 항소법원·특허법원의 판결에 대한 상고사건, ② 항고법원·고등법원 또는 항소법원·특허법원의 결정·명령에 대한 재항고사건, ③ 다른 법률에 따라 대법원의 권한에 속하는 사건을 종심으로 심판한다(법원조직법 제14조).

고등법원에는 부(部)를 두고, 부에 부장판사를 둔다(법원조직법 제27조). 고등법원은 ① 지방법원 합의부·가정법원 합의부·회생법원 합의부 또는 행정법원의 제1심 판결·심판·결정·명령에 대한 항소 또는 항고사건, ② 지방법원단독판사·가정법원단독판사의 제1심 판결·심판·결정·명령에 대한 항소 또는 항고사건으로서 형사사건을 제외한 사건 중 대법원규칙으로 정하는 사건, ③ 다른 법률에 따라 고등법원의 권한에 속하는 사건을 심판한다. 단, 법원조직법 제28조의4 제2호 소정의 특허권 등의 지식재산권에 관한 소의 항소사건은 특허법원의 관할로 한다(법원조직법 제28조 참조).

지방법원 · 가정법원 · 회생법원과 지방법원 및 가정법원의 지원, 가정지원 및 시 · 군법원의 심판권은 단독판사가 행사한다. 그러나 지방법원 · 가정법원 · 회생법원과 지방법원 및 가정법원의 지원, 가정지원에서 합의심판을 하여야 하는 경우에는 판사 3명으로 구성된 합의부에서 심판권을 행사한다(법원조직법 제7조 제4항 · 제5항).

지방법원과 그 지원의 합의부는 원칙적으로 다음의 사건을 제1심으로 심판한다(법원조직법 제32조 참조). ① 합의부에서 심판할 것으로 합의부가 결정한 사건, ② 민사사건에 관하여는 대법원규칙으로 정하는 사건, ③ 사형·무기 또는 단기 1년 이상의 징역 또는 금고에 해당하는 사건(예외 있음) 및 이 사건과 동시에 심판할 공범사건, ④ 지방법원판사에 대한 **제척·기피**사건, ⑤ 다른 법률에 따라 지방법원 합의부의 권한에 속하는 사건.

(4) 관 할

관할이란 법원 사이의 재판권 행사의 분담을 정하는 것이고, 관할법원이란 특정 사건을 재판할 수 있는 법원이다.

관할은 관할의 발생근거에 따라 법정관할, 지정관할, 당사자 거동에 의한 관할로 구분된다. 법정관할은 법률규정에 의하여 직접 발생하는 관할로서 다시 직무관할, 사물관할, 토지관할로 구분된다. 지정관할은 법원의 지정으로 발생하는 관할이다. 또한 당사자 거동에 의한 관할에는 당사자의 합의에 의하여 발생하는 합의관할과 피고의 본안변론에 의하여 발생하는 변론관할이 있다.

법정관할로서 '직무관할'은 담당 직무의 차이를 표준으로 여러 법원 사이의 재판권 분담관계를 정해 놓은 것이다. '사물관할'은 같은 지역을 관할하는 제1심의 지방법원 또는 지원의 단독판사와 합의부 사이의 관할의 분담을 정한 것으로 사건의 난이도를 고려하여 사건의 성질 또는 **소송목적의 값** 등 금액을 기준으로 관할을 정한다.

'토지관할'이란 소재지를 달리하는 같은 종류의 제1심 법원 사이의 재판권의 분담을 정한 것이다. 특정 법원의 관할구역 내에 당사자나 소송물이 일정한 관련지점(재판적)을 가지고 있을 때에 인정된다.

한편 관할법원이 재판권을 법률상 또는 사실상 행사할 수 없는 때 또는 법원의 관할구역이 분명하지 아니한 때에 해당하면 관계된 법원과 공통되는 바로 위의 상급법원이 그 관계된 법원 또는 당사자의 신청에 따라 결정으로 관할법원을 정한다(관할의 지정, 제28조).*

앞서 설명한 바와 같이 당사자의 거동에 의한 관할에는 합의관할과 변론관할이 있다. 당사자는 합의로 제1심 관할법원을 정할 수 있고, 이 합의는 일정한 법률관계로 말미암은 소에 관하여 서면으로 하여야 한다(합의관할, 제29조). 또한 피고가 제1심 법원에서 관할위반이라고 항변하지 아니하고 본안에 대하여 변론하거나 변론준비기일에서 진술하면 그 법원은 관할권을 가진다(변론관할, 제30조).

관할은 소송법상의 효과에 따라 전속관할과 임의관할로 구분될 수 있다. '전속관할'은 법정관할 가운데 공익적 견지에서 특정 법원만이 관할권을 가지는 것을 말하고, '임의관할'은 당사자간의 합의나 피고의 본안변론에 의하여 다른

---

* 이하 제7편 제1장에서 법률의 명칭을 인용하지 않은 조항은 민사소송법의 조항을 가리킨다.

법원에 관할을 발생시킬 수 있는 것을 말한다.

2. 당 사 자

당사자란 자기의 이름으로 재판이나 강제집행 등 국가의 권리보호를 요구하거나 요구받은 사람을 말한다. 당사자의 호칭은 민사소송절차의 종류에 따라 다르다. 판결절차의 제1심에서는 '원고'와 '피고'라 하고, 항소심절차에서는 '항소인'과 '피항소인'이라고 한다. 상고심절차에서는 '상고인'과 '피상고인'이라고 한다.

민사소송에서는 이해관계가 대립하는 두 당사자가 존재하여야 하는데 이를 양 당사자대립의 원칙이라고 한다.

당사자와 관련해서는 현실적으로 계속된 소송에서 누가 당사자인가를 명확히 하는 '당사자확정', 소송의 주체가 될 수 있는 '당사자능력', 특정의 소송사건에서 정당한 당사자로서 소송을 수행하고 본안판결을 받기에 적합한 '당사자적격', 당사자로서 스스로 유효하게 소송행위를 하거나 법원·상대방으로부터 소송행위를 받기 위하여 갖추어야 할 능력인 '소송능력' 및 법원에 출정하여 법원에 대하여 유효하게 소송행위를 할 수 있는 능력인 '변론능력'이 문제된다.

3. 소송상의 대리인

소송상의 대리인이란 당사자의 이름으로 소송행위를 하거나 소송행위를 받는 제3자를 말한다. 소송상의 대리인에는 법정대리인과 임의대리인이 있다. 법정대리인에는 실체법상의 법정대리인과 소송법상의 특별대리인이 있다. 임의대리인에는 소송위임에 의한 소송대리인과 법률에 의한 소송대리인이 있다. 소송위임에 의한 소송대리인은 원칙적으로 변호사이어야 한다. 즉 법률에 따라 재판상 행위를 할 수 있는 대리인 외에는 변호사가 아니면 소송대리인이 될 수 없다(제87조). 그러나 단독판사가 심리·재판하는 사건 가운데 그 소송목적의 값이 일정한 금액 이하인 사건에서, 당사자와 밀접한 생활관계를 맺고 있고 일정한 범위 안의 친족관계에 있는 사람 또는 당사자와 고용계약 등으로 그 사건에 관한 통상사무를 처리·보조하여 오는 등 일정한 관계에 있는 사람이 법원의 허가를 받은 때에는 변호사대리의 원칙을 적용하지 아니한다(제88조). 또한 소액사건에 있어서 당사자의 배우자・직계혈족 또는 형제자매는 법원의 허가없이 소송대리인이 될 수 있다(소액사건심판법 제8조).

Ⅲ. 소송상의 청구

소송상의 청구는 민사소송에 있어서 심판의 대상 내지 소송의 객체(소송물)를 말한다. 판례는 소송상의 청구를 실체법상의 권리 또는 법률관계의 주장으로 보고 있다.* 예를 들어 운송계약을 체결한 자가 운전자의 교통사고로 손해를 입은 경우에 취득하게 되는 불법행위에 기한 손해배상청구권과 채무불이행에 기한 손해배상청구권은 별개의 실체법상의 권리이므로 별개의 소송물이 된다.

제2절 민사소송의 과정

민사소송은 판결절차, 강제집행절차, 보전절차 등으로 대별될 수 있다.

민사소송의 개요는 다음면의 도표와 같다

(출처: http://help.scourt.go.kr/nm/min_1/min_1_2/min_1_2_1/index.html).

Ⅰ. 소송의 개시

1. 소의 의의와 종류

소란 원고가 법원에 판결을 통하여 권리를 보호해 줄 것을 요청하는 소송행위(신청)이다.

원고가 소를 제기하면 법원은 원고가 소의 내용으로서 주장한 소송물의 당

* 두 개의 소의 소송물이 동일한 법률사실에 기하고 있더라도 청구원인이 다르다면 그 소송물은 서로 별개라고 할 것이므로 판결이 확정된 전소가 해고기간 동안의 임금을 종전임금에 따라 청구한 것인데 대하여, 후소는 복직의무 불이행 또는 복직거절로 인한 임금상승 누락분을 손해금으로 청구하는 것이라면 양자는 청구취지와 청구원인을 전혀 달리하고 있어 소송물 또한 별개이다(대판 1989. 3. 28. 88다1936).

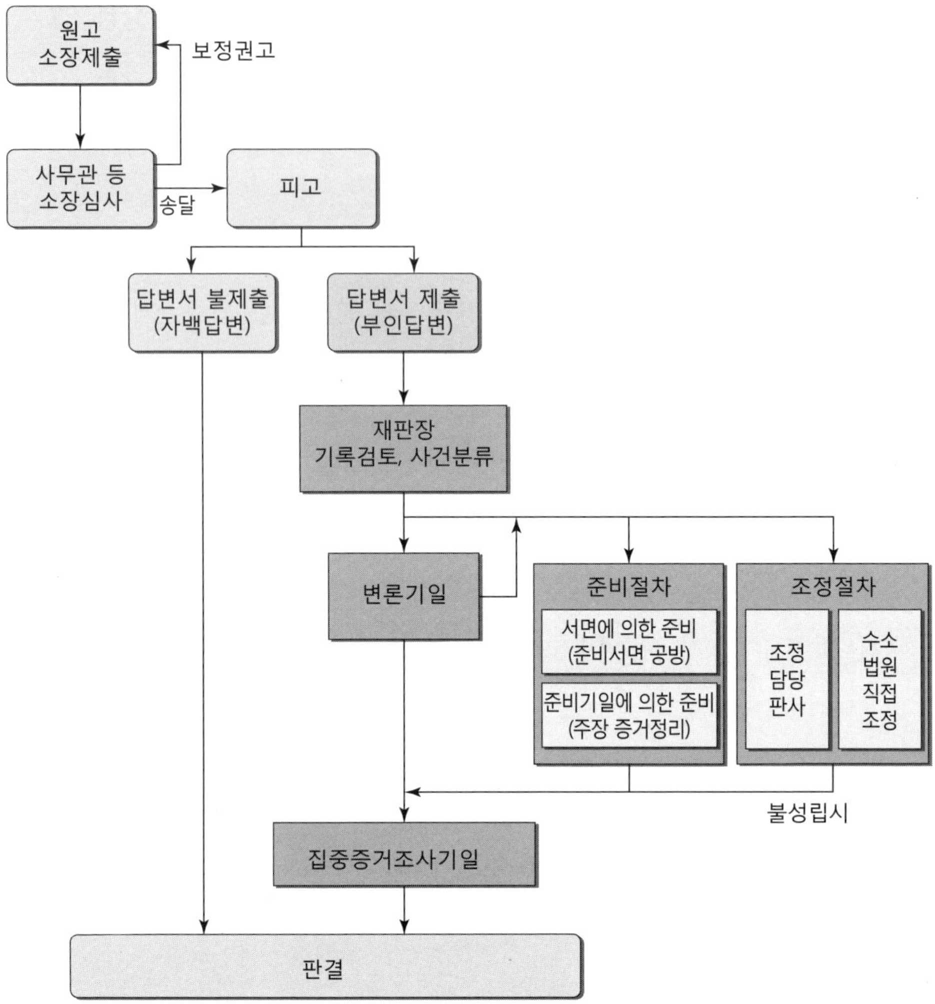

부를 심리하고 판결하게 된다. 이 판결에는 소각하, 청구인용과 청구기각의 형태가 있다.

소가 일정한 적법요건, 즉 소송요건을 갖추지 못하여 흠이 있는 때에는 법원은 소송물의 당부에 대한 판단(본안판단)에 들어가지 않고, 소 자체가 부적법하다고 하여 소각하 판결을 한다.

소송요건을 갖춘 경우에는 소송물 자체의 당부에 관하여 심리를 하고 판결을 하게 되는데, 정당하다고 인정되면 원고 승소인 청구인용 판결을 하고, 정당하다고 인정되지 않으면 원고 패소인 청구기각 판결을 한다.

소란 청구의 내용에 따라 이행의 소·확인의 소·형성의 소로 구분된다. 이행의 소란 피고에 대해 특정한 이행청구권의 존재를 주장하여, 그 확인과 이에 기한 이행을 명하는 판결을 구하는 소를 말하고 확인의 소란 특정한 권리 또는 법률관계의 존재 여부 또는 법률관계를 증명하는 서면의 진정 여부를 주장하여, 이를 확인하는 판결을 구하는 소를 말한다. 한편 형성의 소란 법률관계의 변동을 일으키는 일정한 법률요건인 형성권의 존재를 주장하여, 그 변동을 선언하는 판결을 구하는 소이다.

2. 소의 제기

(1) 소제기의 방식

소송절차는 소의 제기에 의하여 개시된다. 소의 제기는 원칙적으로 소장을 작성하여 관할 법원에 제출하는 방식에 의한다(제248조). 소장에는 법률에 정한 사항을 기재하고, 소장의 작성자인 원고 또는 그 대리인이 기명날인 또는 서명하여야 하며, 소송목적의 값(소가)에 따라 인지(현금납부의 경우에는 그 증명서)를 붙여야 한다. 또한 피고에게 송달하기 위하여 피고의 수만큼의 부본(副本)을 첨부하여야 하고 송달비용을 미리 지불하여야 한다. 최근에는 전자소송제도가 도입되었다.

한편 구술 또는 임의출석 등에 의해서 소를 제기할 수 있는 경우도 있다. 소액사건(소송목적의 값이 3천만원 이하인 경우)은 원고가 법원사무관 등의 면전에서 진술하고, 법원사무관 등이 제소조서를 작성하고 기명날인함으로써 구술로써 소를 제기할 수 있다(소액사건심판법 제4조). 소액사건에서 당사자 쌍방이 임의로 법원에 출석하여 소송에 관하여 변론할 수 있는데, 이 경우 소의 제기는 구술에 의한 진술로써 한다(소액사건심판법 제5조).

(2) 소장의 기재사항

소장으로서 효력을 가지기 위해서는 일정한 사항을 반드시 기재하여야 한다. 즉 소장에는 당사자와 법정대리인, 청구의 취지와 원인을 적어야 한다(제249조 제1항).

당사자는 원고와 피고를 의미하는데, 이들이 누구인지를 특정할 수 있어야 한다. 일반적으로 자연인의 경우에는 성명과 주소를, 법인의 경우에는 상호 또는 명칭과 본점 또는 주된 사무소의 소재지를 적는다. 당사자가 제한능력자인 경우에는 그 법정대리인을, 법인 등의 단체인 경우에는 그 대표자를 표시한다.

청구의 취지란 원고가 어떤 분쟁에 관하여 어떤 방식의 해결을 구하는가를 나타내는 소의 결론이다. 청구취지에서 심판의 내용이 명확하게 표시되어야 한다. 청구의 원인이란 청구를 특정함에 필요한 사실관계를 말하기도 하고(협의), 이에 더하여 소송에서 다투어지는 권리관계의 발생원인에 해당하는 사실까지를 의미하기도 한다(광의).

(3) 소제기에 대한 법원의 조치와 피고의 대응

소가 제기되면 법원은 당해 사건을 담당할 특정한 재판부를 결정한다(사건배당). 담당 재판부의 재판장은 소장의 형식적 사항을 심사하여 흠이 있는 경우와 법률의 규정에 따른 인지를 붙이지 아니한 경우에 상당한 기간을 정하여 그 기간 이내에 흠을 보정하도록 명하여야 한다. 원고가 위 기간 이내에 흠을 보정하지 아니한 때에는 재판장은 명령으로 소장을 각하하여야 한다(소장각하명령, 제254조). 만약 흠이 없으면 피고에게 소장의 부본을 송달하여야 한다(제255조 제1항). 소장 부본이 피고에게 송달되면 **소송계속**의 효과가 발생한다.

소장 부본을 송달받은 피고가 원고의 청구를 다투는 경우에는 30일 이내에 답변서를 제출하여야 한다(답변서 제출의무, 제256조 제1항). 법원은 소장의 부본을 송달할 때에 답변서 제출의무의 취지를 피고에게 알려야 한다(제256조 제2항).

법원은 피고가 답변서를 제출하지 아니한 때에는 청구의 원인이 된 사실을 자백한 것으로 보고 변론 없이 판결할 수 있다(무변론판결). 또한 피고가 청구의 원인이 된 사실을 모두 자백하는 취지의 답변서를 제출하고 따로 항변을 하지 아니한 때에도 변론 없이 판결할 수 있다. 그러나 예외적으로 직권으로 조사할 사항이 있거나 판결이 선고되기까지 피고가 원고의 청구를 다투는 취지의 답변서를 제출한 경우에는 변론 없이 판결할 수 없다(제257조).

재판장은 변론 없이 판결하는 경우 외에는 바로 변론기일을 정하여야 한다. 다만, 필요한 경우에는 사건을 변론준비절차에 회부할 수 있다(제258조 제1항).

(4) 소제기의 효과

소가 제기되면, 특정한 청구에 대하여 법원에 판결절차가 현실적으로 걸려 있는 상태인 소송계속이 발생한다. 소가 제기되면 그 소송법적 효과로서 중복된 소제기가 금지된다. 즉, 법원에 계속되어 있는 사건에 대하여 당사자는 다시 소를 제기하지 못한다(제259조). 또한 실체법적 효과로서 시효중단과 법률상 각종 기간준수가 문제된다.

소송계속은 소장부본이 피고에게 송달된 때에 발생한다.* 다만, 시효의 중단 또는 법률상 기간준수에 필요한 재판상 청구는 소를 제기한 때(소장제출시) 또는 피고의 경정・청구의 변경 또는 중간확인의 소에 관한 규정에 따라 서면을 법원에 제출한 때에 그 효력이 생긴다(제265조).

Ⅱ. 소송의 심리

1. 소송심리의 의의 및 기본원칙

소송의 심리란 법원이 판결을 하기 위하여 그 기초가 되는 소송자료를 수집하는 것을 말한다. 심리의 대상은 소송요건과 본안요건이다.

소송의 심리는 변론과정과 증거조사과정으로 구분되는데, 변론과정은 소송당사자가 사건에 관한 사실을 주장하고 이를 뒷받침하는 증거를 제출하는 과정이고, 증거조사과정은 법원이 당사자에 의하여 제출된 증거를 조사하여 당사자가 주장한 사실의 진정 여부를 판정하는 과정이다.

소송심리의 기본원칙으로는 ① **공개(심리)주의**, ② **쌍방(심리)주의**, ③ **구술(심리)주의**, ④ **직접(심리)주의**, ⑤ **적시제출주의**, ⑥ **집중심리주의(계속심리주의)**, ⑦ **처분권주의**, ⑧ **변론주의**가 있다.

2. 심리의 대상

(1) 소송요건

소송요건이란 소의 적법요건, 즉 소가 적법한 취급을 받기 위하여 갖추어

* 대판 1994. 11. 25. 94다12517, 94다12524.

야 할 사항을 말한다. 소가 소송요건을 갖추어 적법하여야 법원은 청구의 당부에 관하여 심리·판단할 수 있다. 소송요건에 흠결이 있는 경우 법원은 원칙적으로 더 이상 본안심리를 할 필요 없이 소를 부적법 각하하여야 한다. 소송요건의 흠결이 보정가능한 경우라면 법원은 상당한 기간을 정하여 보정을 명하고 이에 응하지 않은 때에 소를 각하한다. 한편 소송요건의 흠결이 관할위반인 경우에는 사건을 관할법원에 이송한다(제34조 제1항).

법원에 관한 소송요건	• 피고에 대한 재판권 • 국제재판관할권 • 토지관할·사물관할·직무관할 • 민사소송사항일 것
당사자에 관한 소송요건	• 당사자의 실재·당사자능력·당사자적격 • 소송능력·필요한 경우 대리권이 존재할 것 • 원고가 소송비용의 담보를 제공할 필요가 있을 때에는 담보를 제공할 것(제117조)
소송물에 관한 소송요건	• 청구가 민사소송일 것 • 청구가 권리보호의 자격을 가지고 있을 것 • 청구에 권리보호의 이익 또는 필요가 있을 것(소의 이익) • 기판력의 부존재(반복금지설을 따르는 경우)

(2) 청구의 당부

소송요건을 갖추어 소가 적법한 것으로 인정되는 경우 법원은 원고가 소를 통하여 구하는 청구의 당부를 심리한다. 청구의 당부는 원고가 바라는 본래의 안건이므로 이에 대한 판결을 본안판결이라고 하고, 이에 관한 심리를 본안심리라고 한다. 본안심리 및 본안판결의 대상이 되는 것은 소송상의 청구이다.

3. 심리의 내용

심리는 판결을 하기 위하여 판결에 필요한 자료를 수집하는 것을 내용으로 한다. 소송의 심리는 변론과 증거조사로 구성된다.

(1) 변론의 의의

변론은 당사자가 사건에 관한 사실을 주장하고 증거를 제출하는 행위를 말하고, 증거조사는 법원이 당사자에 의해 제출된 증거를 조사하여 당사자가 주장한 사실의 진위를 판정하는 행위를 말한다.

(2) 변론의 준비

신속하고 충실한 변론을 위해서 준비서면제도와 변론준비절차를 두고 있다. 준비서면이란 당사자가 변론 또는 변론준비기일에서 진술할 사항을 기재하여 기일 전에 법원에 제출하는 서면이다. 준비서면을 통해서 변론의 내용을 상대방에게 미리 예고하고 법원에도 알리게 된다. 준비서면은 그것에 적힌 사항에 대하여 상대방이 준비하는데 필요한 기간을 두고 제출하여야 하며, 법원은 상대방에게 그 부본을 송달하여야 한다(제273조).

변론준비절차에서는 변론이 효율적이고 집중적으로 실시될 수 있도록 당사자의 주장과 증거를 정리하여야 한다(제279조 제1항). 변론준비절차를 진행하는 재판장등은 변론의 준비를 위하여 필요하다고 인정하면 증거결정을 할 수 있다(제281조 제1항).

변론준비절차는 기간을 정하여 당사자로 하여금 준비서면, 그 밖의 서류를 제출하게 하거나 당사자 사이에 이를 교환하게 하고 주장사실을 증명할 증거를 신청하게 하는 방법으로 진행한다(제280조 제1항). 재판장 등은 변론준비절차를 진행하는 동안에 주장 및 증거를 정리하기 위하여 필요하다고 인정하는 때에는 변론준비기일을 열어 당사자를 출석하게 할 수 있다(제282조 제1항).

(3) 변론의 내용

당사자의 변론의 내용은 원·피고가 자기에게 유리한 판결을 구하는 본안의 신청과 이를 뒷받침하기 위한 공격·방어방법으로 구성된다. 본안의 신청이란 당사자가 본안에 관한 종국판결을 구하는 진술을 말한다. 원고가 자기의 본안 신청을 뒷받침하기 위하여 제출하는 일체의 소송자료를 공격방법이라고 하고, 반면 피고가 자신의 반대신청을 뒷받침하기 위하여 제출하는 일체의 소송자료를 방어방법이라고 한다.

(4) 증거조사

증거는 원칙적으로 객관적이고 합리적인 사실확정을 위한 토대가 되며, 예외적으로 법규나 경험법칙을 발견하기 위하여도 필요하다.

재판에 관련있는 사실은 원칙적으로 모두 증명을 요한다. 그러나 예외적으로 ① 재판상의 자백, ② 현저한 사실은 증명을 요하지 않는다(제288조). 재판상의 자백이란 당사자가 변론 또는 변론준비기일에서 자기에게 불리한 사실을 진정한 것으로 인정하는 진술을 말한다. 그러나 진실에 어긋나는 자백은 그것이 착오로 말미암은 것임을 증명한 때에는 취소할 수 있다. 법원은 변론주의의 원칙상 당사자가 자백한 사실을 그대로 판결의 기초로 삼아야 한다. 한편 당사자가 변론 또는 변론준비기일에서 상대방의 주장사실을 명백하게 다투지 아니하고, 변론 전체의 취지에 의하여도 이를 다툰 것으로 인정되지 아니하는 경우에는 그 사실을 자백한 것으로 본다(자백간주, 제150조 제1항, 제286조). 현저한 사실이란 증거에 의하여 그 존재 여부를 인정할 필요가 없을 정도로 객관성이 보장되어 있는 사실을 말한다.

증거조사는 원칙적으로 당사자의 증거신청에 의하여 개시된다. 증거조사의 방법에는 증인신문·서증·감정·검증 및 당사자신문이 있다. 증인신문은 증인에 대하여 말로 질문하고 말로 응답을 받아 증거자료를 얻는 증거조사이고, 감정은 법관의 판단능력을 보충하기 위하여 특별한 학식·경험을 가진 사람에게 그 전문적 지식이나 경험법칙 또는 이를 이용하여 내린 판단을 보고하도록 하는 증거조사이며, 서증은 문서를 열람하여 거기에 기재된 의미내용을 증거자료로 얻기 위한 증거조사이다. 검증은 법관이 그 오관의 작용에 의하여 직접적으로 사물의 성상·현상을 검사하여 그 결과를 증거자료로 하는 증거조사이고, 당사자신문은 당사자 본인을 증거방법으로 하여 그가 경험한 사실에 대하여 신문하고 그 응답을 증거자료로 하는 증거조사이다. 한편 도면·사진·녹음테이프·비디오테이프·컴퓨터용 자기디스크, 그 밖에 정보를 담기 위하여 만들어진 물건으로서 문서가 아닌 증거의 조사에 관한 사항은 감정, 서증, 검증의 규정에 준하여 대법원규칙으로 정한다(제374조).

법원은 변론 전체의 취지와 증거조사의 결과를 참작하여 자유로운 심증으로 사회정의와 형평의 이념에 입각하여 논리와 경험의 법칙에 따라 사실주장이 진실한지 아닌지를 판단한다(자유심증주의, 제202조). 당사자들의 변론과 법원의 증거조사 등으로 사실관계를 확정할 수 있을 정도가 되면 법원은 변론을 종결하고 확정된 사실관계에 법규범을 적용하여 판결을 선고한다.

Ⅲ. 소송의 종료

1. 당사자의 의사에 의한 종료

(1) 소의 취하

소의 취하란 원고가 소에 의한 심판요구를 철회하는 법원에 대한 의사표시이다. 소를 취하하면 소송계속의 효과가 소급적으로 소멸하고 소송이 종료된다.

(2) 청구의 포기·인낙

청구의 포기는 원고가 스스로 자기의 소송상의 청구가 이유없음을 자인하는 법원에 대한 일방적 의사표시이고, 청구의 인낙이란 피고가 자기에 대한 원고의 소송상의 청구가 이유 있음을 인정하는 법원에 대한 일방적 의사표시이다.

청구의 포기·인낙을 변론조서·변론준비기일조서에 적은 때에는 그 조서는 확정판결과 같은 효력을 가진다(제220조).

(3) 재판상 화해

재판상 화해는 다툼이 있는 당사자가 법관 앞에서 서로 양보하여 다툼을 해결하는 것이다. 화해를 변론조서·변론준비기일조서에 적은 때에는 그 조서는 확정판결과 같은 효력을 가진다(제220조).

재판상 화해에는 소송계속을 전제로 하는 소송상 화해와 소송계속을 전제로 하지 아니하는 제소전 화해가 있다. 소송상 화해란 소송계속 중에 양 당사자가 소송물에 관한 주장을 서로 양보하여 소송을 중단시키기로 하는 기일에서의 합의를 말한다. 제소전 화해란 소송계속 전 소송을 예방하기 위하여 화해를 원하는 당사자의 신청에 의하여 지방법원 단독판사 또는 시·군법원 판사 앞에서 행하는 화해를 말한다. 즉, 민사상 다툼에 관하여 당사자는 청구의 취지·원인과 다투는 사정을 밝혀 상대방의 보통재판적이 있는 곳의 지방법원에 화해를 신청할 수 있다(제385조 제1항).

2. 종국판결에 의한 종료

(1) 재 판

재판은 재판기관이 민사소송에 관하여 내리는 판단 내지는 의사표시이다.

(2) 판결의 종류

재판의 주체와 성립절차 등의 형식적 차이에 따라 판결·결정·명령으로 구분된다. 판결은 법원이 원칙적으로 변론을 거쳐야 하는 재판으로 법률이 정한 형식을 갖춘 판결서를 작성하고 이에 기하여 선고를 하여야 한다. 결정은 경미한 사항이나 신속한 판단이 필요한 사항에 대해서 법원이 변론을 거치지 않고도 할 수 있는 재판이다. 명령은 재판장·**수명법관** 또는 수탁판사 등 법관이 하는 재판이다.

(3) 판결의 성립

법원이 판결의 내용을 확정하고, 판결서(판결원본)를 작성하며, 작성된 판결서에 기하여 판결의 선고가 있으면 판결은 성립한다. 즉 판결은 선고에 의해 효력이 생긴다(제205조). 판결은 재판장이 판결원본에 따라 주문을 읽어 선고하며, 필요한 때에는 이유를 간략히 설명할 수 있다(제206조).

판결서에는 ① 당사자와 법정대리인, ② 주문, ③ 청구의 취지 및 상소의 취지, ④ 이유, ⑤ 변론을 종결한 날짜. 다만, 변론 없이 판결하는 경우에는 판결을 선고하는 날짜, ⑥ 법원을 적고, 판결한 법관이 서명날인하여야 한다(제208조 제1항).

판결서는 선고한 뒤에 바로 법원사무관등에게 교부하여야 한다(제209조). 법원사무관등은 판결서를 받은 날부터 2주 이내에 당사자에게 송달하여야 하는데, 판결서는 정본으로 송달한다(제210조).

(4) 판결의 효력

판결이 선고되어 성립하면 판결을 선고한 법원도 자신의 판결에 구속되어 그 판결을 스스로 변경하거나 철회할 수 없다(기속력). 그러나 판결에 잘못된 계산이나 기재, 그 밖에 이와 비슷한 잘못이 있음이 분명한 때에 법원은 직권으로 또는 당사자의 신청에 따라 경정결정(更正決定)을 할 수 있다(제211조).

당사자는 위법·부당한 판결에 대해서 상소를 통해 불복할 수 있는데, 판결의 확정은 불복신청이 불가능한 상태를 말한다. 이러한 당사자의 취소불가능성을 형식적 확정력이라고 한다. 판결이 형식적으로 확정되어 더 이상 취소·변경할 수 없게 되면 판결의 내용에 따라 기판력·집행력·형성력이 발생한다. 기판력이란 확정판결에서 선언한 구체적 법적 효과에 부여되는 통용력 내지 구속력을 말한다. 집행력이란 확정판결의 주문에서 채무자에게 명하여진 이행의무를 국가의 집행기관을 통하여 강제로 실현할 수 있는 효력을 말하고, 형성력이란 확정판결의 내용에 따라 법률관계를 발생·변경·소멸시키는 효력을 말한다.

Ⅳ. 상 소

1. 상소의 의의

법원이 종국판결을 선고하면 그 심급은 종료되고, 법원은 판결 선고 후 당사자에게 판결정본을 송달한다. 법원의 판결에 불복하는 당사자는 상소제기기간 안에 상소하여야 한다. 상소는 재판이 확정되기 전에 당사자가 불복하여 상급법원에 그 취소 또는 변경을 구하는 것이다. 상소가 제기되면 판결은 확정되지 않고 소송은 상급심으로 이심된다.

2. 항 소

제1심 판결에 대한 불복을 항소(抗訴)라 한다. 항소는 제1심 법원이 선고한 종국판결에 대하여 할 수 있다. 다만, 종국판결 뒤에 양 쪽 당사자가 상고(上告)할 권리를 유보하고 항소를 하지 아니하기로 합의한 때(제390조) 또는 항소권을 포기한 때(제394조)에는 항소할 수 없다.

제1심 판결서를 송달받은 날로부터 2주 내에 항소장을 제1심 법원에 제출하여 항소를 제기하여야 한다. 이 기간이 지나면 제1심 판결은 확정된다. 제1심 재판이 지방법원 단독의 관할인 경우 항소는 지방법원 합의부가 담당한다. 그러나 제1심 재판이 지방법원 합의부의 관할인 경우 항소는 고등법원이 담당한다. 특허권 등의 지식재산권에 관한 소의 항소심법원은 특허법원이다(법원조직법 제28조의4 제2호)

3. 상 고

항소심 판결에 대한 불복을 상고라고 한다. 상고는 고등법원이 선고한 종국판결과 지방법원 합의부가 제2심으로서 선고한 종국판결에 대하여 할 수 있다. 상고심은 법률적인 관점에서만 검토하는 법률심으로 대법원의 관할이다. 따라서 원심판결이 적법하게 확정한 사실은 상고법원을 기속한다(제432조). 상고의 제기는 상고기간 안에 상고장을 원심법원에 제출함으로써 한다(제425조 · 제396조 · 제397조).

4. 항고 · 재항고 · 재심

항고는 판결 이외의 재판인 결정 · 명령에 대한 독립된 상소이다. 소송절차에 관한 신청을 기각한 결정이나 명령에 대하여 불복하면 항고할 수 있다(제439조). 그리고 제1심 결정 · 명령에 대한 불복방법을 항고라 하고, 최초의 항고에 대하여 항고심에서 내린 결정과 고등법원 또는 항소법원의 결정 · 명령에 대한 불복방법을 재항고라고 한다. 즉 항고법원 · 고등법원 또는 항소법원의 결정 및 명령에 대하여는 재판에 영향을 미친 헌법 · 법률 · 명령 또는 규칙의 위반을 이유로 드는 때에만 재항고(再抗告)할 수 있다(제442조). 한편 재심이란 확정된 종국판결에 재심사유에 해당하는 중대한 하자가 있는 경우에 판결을 한 법원에 대하여 그 판결의 취소와 사건의 재심판을 구하는 비상의 불복신청방법이다.

V. 강제집행

채무자가 판결내용을 임의로 이행하지 않는 경우 채권자는 국가기관의 강제력을 동원하여 자신의 채권의 만족을 얻는다. 이러한 강제적 권리실현절차를 강제집행절차라고 한다. 강제집행을 위해서는 집행권원이 필요한데, 이는 강제집행의 근거가 되는 문서를 말한다. 집행권원 가운데 가장 중요한 것이 집행력 있는 확정판결이다.

제3절 간이소송절차

Ⅰ. 소액심판제도

지방법원 및 지방법원지원에서 소액의 민사사건을 간이한 절차에 따라 신속히 처리하기 위하여, 소액사건심판법은 민사소송법에 대한 특례를 규정하고 있다(소액사건심판법 제1조).

소액사건은 제소한 때의 소송목적의 값이 3,000만원을 초과하지 아니하는 금전 기타 대체물이나 유가증권의 일정한 수량의 지급을 목적으로 하는 제1심의 민사사건이다(소액사건심판규칙 제1조의2).

소액사건의 소는 구술로써 이를 제기할 수 있다. 구술로써 소를 제기하는 때에는 법원사무관등의 면전에서 진술하여야 한다(소액사건심판법 제4조). 또한 당사자 쌍방은 임의로 법원에 출석하여 소송에 관하여 변론할 수 있다. 이 경우에 소의 제기는 구술에 의한 진술로써 행한다(소액사건심판법 제5조).

법원은 소액사건이 제기된 경우에 특별한 사정이 없으면 결정으로 소장부본이나 제소조서등본을 첨부하여 피고에게 청구취지대로 이행할 것을 권고할 수 있다(소액사건심판법 제5조의3).

피고는 이행권고결정서의 등본을 송달받은 날부터 2주일 내에 서면으로 이의신청을 할 수 있다. 다만, 그 등본이 송달되기 전에도 이의신청을 할 수 있다(소액사건심판법 제5조의4).

이행권고결정은 피고가 이행권고결정서 등본을 송달받은 때로부터 2주 이내에 이의신청을 하지 아니한 때나 이의신청에 대한 각하결정이 확정된 때 또는 이의신청이 취하된 때에 해당하면 확정판결과 같은 효력을 가진다(소액사건심판법 제5조의7).

Ⅱ. 독촉절차(지급명령제도)

금전, 그 밖에 대체물이나 유가증권의 일정한 수량의 지급을 목적으로 하는 청구에 대하여 법원은 채권자의 신청에 따라 지급명령을 할 수 있다. 다만, 대한민국에서 공시송달 외의 방법으로 송달할 수 있는 경우에 한한다(제462조). 지급명령의 신청에 대해서는 채무자를 심문하지 아니하고(제467조), 결정으로 지급명령을 한다.

지급명령은 당사자에게 송달하여야 한다. 이에 채무자는 지급명령에 대하여 이의신청을 할 수 있다(제469조). 즉 채무자가 지급명령을 송달받은 날부터 2주 이내에 이의신청을 한 때에는 지급명령은 그 범위 안에서 효력을 잃는다(제470조 제1항). 그러나 지급명령에 대하여 이의신청이 없거나, 이의신청을 취하하거나, 각하결정이 확정된 때에는 지급명령은 확정판결과 같은 효력이 있다(제474조).

▶ 법률용어 설명

- **소송계속(訴訟係屬)**: 특정 청구에 관하여 특정 법원에 판결절차가 현실적으로 존재하는 상태, 즉 특정 법원이 특정 사건에 관하여 판결절차를 진행할 수 있는 상태.
- **배상명령**: 제1심 또는 제2심의 형사공판 절차에서 상해・폭행치사상, 과실치사상, 절도・강도, 사기・공갈, 횡령・배임, 손괴 등 일정한 범죄에 관하여 유죄판결을 선고할 경우, 법원은 직권에 의하여 또는 피해자나 그 상속인의 신청에 의하여 피고사건의 범죄행위로 인하여 발생한 직접적인 물적 피해, 치료비 손해 및 위자료의 배상을 명할 수 있다(소송촉진 등에 관한 특례법 제25조).
- **법관의 제척**: 법관이 구체적인 사건과 법률에서 정하는 사유가 있는 때(민사소송법 제41조)에는 당연히 그 사건에 관한 집무집행에서 배제된다.
- **법관의 기피**: 당사자는 법관에게 공정한 재판을 기대하기 어려운 사정이 있는 때에는 기피신청을 할 수 있다.
- **법관의 회피**: 법관은 스스로 제척 또는 기피사유가 있다고 인정하여 감독권이 있는 법원의 허가를 받아 회피할 수 있다.
- **소송목적의 값**: 원고가 청구취지로서 구하는 범위내에서 원고의 입장에서 보아 전

부 승소할 경우에 직접 받게 될 경제적 이익을 객관적으로 평가하여 정한 금액.

- **수명법관**: 합의부원 중 특정의 소송행위를 하도록 명을 받은 법관.
- **공개(심리)주의** : 소송당사자가 아닌 자에게 재판의 심리와 판결을 공개하는 것(헌법 제109조).
- **쌍방(심리)주의**: 심리에 있어서 당사자 쌍방을 평등하게 대우하여 공격방어방법을 제출할 수 있는 기회를 동등하게 부여하는 것. 무기평등의 원칙이라고도 한다.
- **구술(심리)주의**: 당사자의 소송행위를 모두 구술로 시행하고 구술에 의한 자료만을 판결의 기초로 고려하는 것. 민사소송법은 구술주의를 원칙으로 하고 서면심리주의를 보충적으로 채택하고 있다.
- **직접(심리)주의**: 수소법원이 당사자의 변론 및 증거조사를 직접 실시하는 원칙. 민사소송법은, 판결은 기본이 되는 변론에 관여한 법관이 하여야 한다고 규정(제204조)하여 직접주의를 원칙으로 하고 있다.
- **적시제출주의**: 소송자료를 소송의 정도에 따라 적절한 시기에 제출하여야 하는 원칙(제146조). 당사자가 고의 또는 중대한 과실로 공격 또는 방어방법을 뒤늦게 제출함으로써 소송의 완결을 지연시키는 것으로 인정될 때에는 법원은 직권으로 또는 상대방의 신청에 따라 결정으로 이를 각하할 수 있다(제149조).
- **집중심리주의(계속심리주의)**: 수소법원이 다수의 사건을 처리함에 있어서 하나의 사건에 관하여 계속적으로 변론과 증거조사 등 심리를 집중하여 진행하는 원칙.
- **당사자 처분권주의**: 소송절차의 개시, 심판의 대상과 범위, 소송절차의 종료 등에 대하여 당사자가 주도권을 가지고 자유로이 결정할 수 있다는 원칙. 따라서 법원은 당사자가 신청하지 아니한 사항에 대하여는 판결하지 못한다(제203조).
- **변론주의**: 재판의 기초가 되는 소송자료, 즉 사실과 증거의 수집 및 제출을 당사자의 책임 및 권능으로 하는 원칙.

▶ 생각해볼 문제

Q. 피고가 소장의 부본을 송달받은 날부터 30일 이내에 답변서를 제출하지 아니한 경우에 법원은 어떤 조치를 취할 수 있는가?

제2장

형사소송법

제1절 서 설

Ⅰ. 의의와 기본개념

1. 형사소송법의 의의 및 법적 성격

형사소송법은 형법을 구체적 사건에 적용하기 위해 필요한 절차를 규정한 법률체계를 말한다. 형사소송은 좁은 의미로는 형사사건에 대한 법원의 심판절차로서 공소제기로부터 재판확정에 이르는 공판절차를 가리키기도 하나, 일반적으로는 공소제기 이전 단계인 수사절차와 재판확정 이후 단계인 형집행절차를 포함하는 개념으로 사용된다. 형사소송법 또한 이러한 광의의 형사절차 전반을 포괄하는 형사절차법이라 할 수 있다. 형사소송법이라고 할 때는 보통 1954년 9월 23일 법률 제341호로 공포·시행된 단행법률을 말하지만, 이외에도 「소년법」, 「즉결심판에 관한 절차법」, 「군사법원법」, 「형의 집행 및 수용자의 처우에 관한 법률」, 「국가보안법」 등 형사절차를 규정하고 있는 법률은 모두 실질적 의미에서의 형사소송법이라고 할 수 있다.

2. 형사소송의 기본이념

형사소송법은 국가형벌권의 실현을 위한 절차법으로서 궁극적으로 실체적 진실의 발견을 통한 정의의 실현을 목적으로 한다. 다만, 피고인의 인권보장이라는 관점에서 실체진실의 발견은 공정한 절차에 따라 신속한 재판을 통하여 추구될 것을 요한다. 이러한 관점에서 헌법은 모든 국민은 신속한 재판을 받을 권리를 가지며(헌법 제27조 제3항), 누구든지 법률과 적법한 절차에 의하지 아니하고는 처벌·보안처분 또는 강제노역을 받지 아니한다(헌법 제12조 제1항)고 규정하고 있다. 이러한 측면을 종합한다면 형사소송은 적정한 절차에 의해(적정절차의 원칙) 신속하게(신속한 재판의 원칙) 진실을 발견하는 것(실체적 진실주의)을 그 이념으로 하고 있다고 할 수 있다.

3. 형사소송의 기본구조

형사소송절차가 어떠한 구조를 갖는 것이 바람직한가에 대한 논의를 소송구조론이라 한다. 연혁적으로는 법원이 스스로 절차를 개시하고 심리·재판하는 규문주의와, 재판기관과 소추기관을 분리하여 소추기관의 공소제기에 의하여 절차를 개시하는 탄핵주의의 이념적 대립이 있었다. 규문주의 소송구조는 형사절차의 모든 권한이 법원에 집중되어 있어서 **불고불리의 원칙**이 적용될 여지가 없고, 범죄혐의자는 조사·심리의 객체일 뿐 방어권의 주체가 될 수 없으며, 진술의무를 강제하기 위한 고문이 공공연하게 행해지는 등 전근대적 요소를 가지고 있었다. 규문주의는 프랑스혁명을 계기로 탄핵주의 소송구조로 전환되게 된다.

오늘날 소송구조에 대한 논의는 탄핵주의 소송구조에 기반하여, 법원·검사·피고인 간의 역할과 기능분담이 어떻게 이루어지고 있는지를 중심으로 당사자주의와 직권주의로 나뉘고 있다. 당사자주의는 검사와 피고인이 대등한 입장에서 공격과 방어를 하고 법원은 제3자의 입장에서 이를 기초로 사실관계를 판단하는 소송구조이고, 직권주의는 소송의 주도적 지위를 법원에 인정하여 법원이 직권으로 소송을 진행하고(직권심리주의) 증거를 수집·조사하는(직권탐지주의) 소송구조이다. 1954년 제정된 구 형사소송법은 대륙법계의 직권주의적 제도를 기본구조로 하고 있었으나, 현행 형사소송법은 영미법의 당사자주의적 요소를 대폭 도입하여 양 제도의 조화를 꾀하고 있는 것이 특징이다.

판례

형사소송법상 소송구조: "형사소송의 구조를 당사자주의와 직권주의 중 어느 것으로 할 것인가의 문제는 입법정책의 문제로서 우리나라 형사소송법은 그 해석상 소송절차의 전반에 걸쳐 기본적으로 당사자주의 소송구조를 취하고 있[다]." **헌재결 1995. 11. 30. 92헌마44.**

4. 형사소송절차 개관

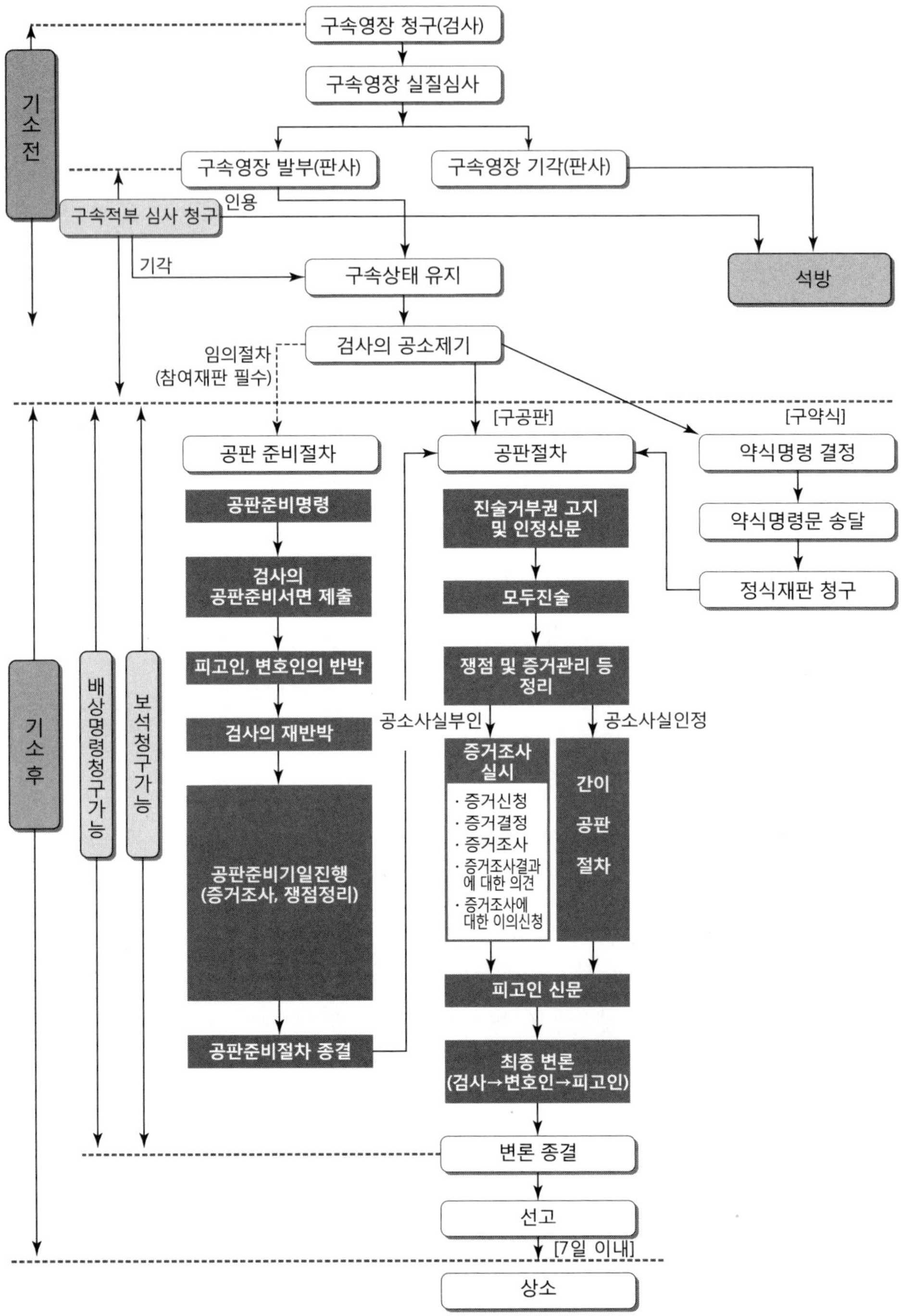

출처: http://help.scourt.go.kr/nm/min_9/min_9_1/index.html

Ⅱ. 소송의 주체

공소가 제기되면 재판권의 주체인 법원, 공소권의 주체인 검사, 방어권의 주체인 피고인은 각자의 소송법적 권한에 따라 소송을 성립·발전시켜가게 된다. 이들 3자를 소송의 주체라고 하며, 당사자주의 소송구조에서는 특히 재판을 받는 주체인 검사와 피고인을 당사자라고 한다. 검사의 보조자로는 사법경찰관리가, 피고인의 보조자로는 변호인이 있다. 소송당사자와 보조자를 합하여 소송관계인이라 한다.

1. 법 원

사법권을 행사하는 국가기관이다. 헌법은 사법권은 법관으로 구성된 법원에 속한다고 규정하고 있다(헌법 제101조 제1항).

법원은 국법상(사법행정상) 의미의 법원과 소송법상 의미의 법원으로 나누어 볼 수 있다. 국법상 의미의 법원은 사법행정상의 법원을 의미하며 대법원장과 각급 법원장의 지휘감독을 받는다. 사법행정사무를 관장하기 위해 대법원에는 법원행정처를, 각급법원에는 사무국을 둔다. 소송법상 의미의 법원은 구체적인 사건을 담당하는 재판기관으로서의 법원을 말하며, 형사소송법상 법원은 통상 이를 가리킨다. 지방법원·가정법원 및 시·군법원의 심판권은 단독판사가, 고등법원·특허법원·행정법원의 심판권은 합의부가 행하는 것이 원칙이다. 대법원의 심판권은 대법관 3분의 2 이상으로 구성된 전원합의체에서 행하지만, 일정한 경우 대법관 3인 이상으로 구성된 부(部)에서 재판할 수도 있다.

재판의 공정을 보장하기 위하여 재판의 공정을 기대할 수 없는 사유가 있는 경우 해당 법관을 직무집행으로부터 탈퇴케 하는 제도가 있다. 법관의 제척·기피·회피 제도이다. 제척(除斥)은 법관이 불공정한 재판을 할 우려가 있는 경우를 법률에 유형적으로 규정하고 이러한 사유가 있는 경우 법관을 직무집행에서 당연히 배제시키는 것을(형사소송법 제17조),* 기피(忌避)는 법관이 제척사유가 있음에도 불구하고 재판에 관여하거나 불공정한 재판을 할 우려가 있는 경우 당사

* 이하 제2장에서 조문에 법명이 없는 경우 형사소송법 조문을 가리킨다.

자의 신청에 의하여 법관을 직무집행으로부터 탈퇴케 하는 것을(제18조), 회피(回避)는 법관이 기피의 원인이 있다고 판단한 경우 신청에 의하여 직무집행에서 스스로 탈퇴하는 것을 말한다(제24조).

판례

기피원인의 판단기준: "기피원인에 관한 형사소송법 제18조 제1항 제2호 소정의 '불공평한 재판을 할 염려가 있는 때'라 함은 당사자가 불공평한 재판이 될지도 모른다고 추측할 만한 주관적인 사정이 있는 때를 말하는 것이 아니라, 통상인의 판단으로서 법관과 사건과의 관계상 불공평한 재판을 할 것이라는 의혹을 갖는 것이 합리적이라고 인정할 만한 객관적인 사정이 있는 때를 말하는 것이다." **대결 1996. 2. 9. 95모93.**

2. 검 사

범죄수사와 공소제기·유지 및 재판의 집행을 내용으로 하는 검찰권을 행사하는 국가기관이다. 검찰총장이나 검사장의 보조기관이 아닌 자신의 이름으로 사무를 처리하는 단독관청이며, 직제상 법무부에 소속된 행정기관이지만 직무의 내용상 사법권과 밀접한 연관을 갖는 준사법기관이다.

검사는 검사동일체의 원칙에 따라 검찰총장을 정점으로 전국적으로 통일된 피라미드형의 계층적 조직체를 형성하여 유기적 통일체로 활동하고 있다. 전국적으로 통일된 수사망 확보와 균등한 검찰권 행사를 제도적 취지로 한다. 검찰사무에 관한 상하급자간의 지휘감독관계와 이의제기권, 검사의 교체가 있어도 절차의 갱신이 요구되지 않는 직무승계·이전 권한 등이 이를 뒷받침한다.

검사는 수사권·수사지휘권·수사종결권을 가진 수사의 주체이자, 공소권을 독점한 공소권의 주체이며, 재판의 집행기관이다. 한편으로는 피고인과 대립관계에 있는 소송의 당사자이면서, 다른 한편으로는 객관의무에 따라 피고인의 정당한 이익을 보호하는 공익의 대표자로서의 지위를 아울러 갖는다.

판례

검사의 객관의무: "검찰청법 제4조 제1항은 검사는 공익의 대표자로서 범죄수사·공소제기와 그 유지에 관한 사항 및 법원에 대한 법령의 정당한 적용의 청구 등의 직무와 권한을 가진다고 규정하고, 같은 조 제2항은 검사는 그 직무를 수행함에 있어 그 부여된

권한을 남용하여서는 아니된다고 규정하고 있을 뿐 아니라, 형사소송법 제424조는 검사는 피고인을 위하여 재심을 청구할 수 있다고 규정하고 있고, 검사는 피고인의 이익을 위하여 항소할 수 있다고 해석되므로 검사는 공익의 대표자로서 실체적 진실에 입각한 국가 형벌권의 실현을 위하여 공소제기와 유지를 할 의무뿐만 아니라 그 과정에서 피고인의 정당한 이익을 옹호하여야 할 의무를 진다고 할 것이고, 따라서 검사가 수사 및 공판과정에서 피고인에게 유리한 증거를 발견하게 되었다면 피고인의 이익을 위하여 이를 법원에 제출하여야 한다." **대판 2002. 2. 22. 2001다23447.**

3. 피 고 인

수사 결과 범죄혐의가 인정되어 검사에 의해 공소가 제기된 자이다. 경찰서장에 의해 즉결심판이 청구된 자도 이에 포함된다. 범죄혐의로 입건되어 수사중인 피의자가 공소제기에 의해 피고인으로 신분이 바뀌는 것이다.

당사자주의 소송구조를 전제로, 피고인은 검사의 공격에 대하여 자신을 방어하는 지위에 있다는 점에서 수동적 당사자라고도 한다. 소송당사자로서의 지위(각종 방어권 및 참여권의 주체) 외에도 증거방법으로서의 지위(진술 및 검증결과의 증거사용) 및 절차의 대상으로서의 지위(각종 강제처분의 객체)를 함께 갖는다.

피고인은 유죄의 판결이 확정될 때까지는 무죄로 추정된다(제275조의2, 헌법 제27조 제4항). 따라서 형사절차 전반에 걸쳐 피고인에게 불이익한 처분은 필요최소한도로 제한되어야 하고, 유죄의 입증에 있어서도 '의심스러울 때는 피고인의 이익으로'(in dubio pro reo)가 증명의 원칙이 되어야 한다. 강제처분의 법정주의와 영장주의, 불구속수사의 원칙, 진술거부권의 보장 등은 모두 무죄추정의 원칙을 실질화하기 위한 제도적 장치들이다. 헌법과 형사소송법은 피고인에 대해서만 무죄추정원칙을 규정하고 있으나 피의자에 대해서도 적용된다는 것이 통설·판례의 태도이다.

판례

무죄추정원칙의 적용범위: "헌법 제27조 제4항은 "형사피고인은 유죄의 판결이 확정될 때까지 무죄로 추정된다."라고 하여 이른바 무죄추정의 원칙을 선언하였는데 공소가 제기된 형사피고인에게 무죄추정의 원칙이 적용되는 이상, 아직 공소제기조차 되지 아니한 형사피의자에게 무죄추정의 원칙이 적용되는 것은 너무도 당연한 일이며 이 무죄추정의 원칙은 언제나 불리한 처지에 놓여 인권이 유린되기 쉬운 피의자, 피고인의 지위를 옹호하여 형사절차에서 그들의 불이익을 필요한 최소한에 그치게 하자는 것으로서 인간의 존엄성 존중을 궁극의 목표로 하고 있는 헌법이념에서 나온 것이다." 헌재결 1992. 1. 28. 91헌마111.

제2절 수 사

Ⅰ. 수사의 의의와 주체

수사란 형사사건에 관하여 공소를 제기·유지하기 위하여 범인을 발견·확보하고 범죄의 증거를 수집·보전하는 수사기관의 활동을 말한다. 수사기관에는 검사와 사법경찰관리가 있다. 사법경찰관리는 직무범위에 제한이 없는 일반사법경찰관리(일반경찰, 검찰수사관)와 직무범위가 특수영역으로 한정되는 특별사법경찰관리(헌병, 교도관, 관세청직원, 국가정보원직원 등)의 두 종류로 나뉜다. 수사의 주재자는 검사이고, 사법경찰관은 검사의 지휘를 받아 수사를 하여야 한다. 사법경찰리는 수사의 보조자이다. 검사와 사법경찰관리는 종래 법률상 상명하복관계에 있었으나 2011년 개정 검찰청법은 이 규정을 삭제하였다.

Ⅱ. 수사의 개시

수사기관은 범죄의 혐의가 있다고 생각되는 경우 수사를 개시하게 된다. 이러한 범죄혐의의 원인을 수사의 단서라고 한다. 수사기관이 수사의 단서를 통해 범죄를 인지하고 수사를 개시하는 것을 입건이라 하는데, 입건을 기준으로 피내사자, 피혐의자 또는 용의자는 피의자로 신분이 바뀌게 된다.

수사의 단서는 수사기관 자신의 체험에 근거한 것과 제3자의 체험에 근거한 것으로 구분된다. 현행범인의 발견, 변사체 검시, 불심검문, 타사건 수사중 범죄발견, 기사·풍설·세평 등은 전자에, 고소·고발, 자수, 진정·탄원·투서, 범죄신고 등은 후자에 해당한다. 고소·고발 및 자수가 있는 경우에는 즉시 수사가 개시되지만, 나머지 경우에는 수사의 단서가 있다 해도 수사기관의 범죄혐의 유무

확인 후 범죄인지에 의해 비로소 수사가 개시된다.

Ⅲ. 수사의 방법: 임의수사와 강제수사

수사는 상대방의 동의나 승낙을 얻어 하는 임의수사와 상대방의 의사에 반하여 법익을 침해하는 방식으로 이루어지는 강제수사(강제처분)로 나뉜다. 우리 형사소송법은 수사과정에서 불가피하게 발생하는 기본권의 제한을 최소화하기 위하여 임의수사를 원칙으로 하면서, 강제수사는 법률에 특별한 규정이 없으면 하지 못한다는 강제처분법정주의의 입장을 취하고 있다. 형사소송법은 강제처분의 유형으로 체포·구속 등 대인적(對人的) 강제처분과 압수·수색·검증 등 대물적(對物的) 강제처분을 규정하고 있다. 헌법은 강제처분이 법관이 발부한 영장에 의해 이루어질 것을 요구함으로써 강제처분에 대한 영장주의를 헌법적 차원에서 규정하고 있다.

1. 대인적 강제처분

체포(逮捕)는 초동수사 단계에서의 단기간 신체구속을, 구속(拘束)은 단독으로 또는 체포의 후속조치로 이루어지는 비교적 장기간의 신체구금을 말한다. 체포에는 영장에 의한 체포를 의미하는 통상체포, 범죄혐의의 중대성과 함께 증거인멸·도주 우려 등 긴급을 요하여 영장을 받을 수 없는 경우인 긴급체포, 현행범인에 대한 영장 없는 체포인 현행범체포의 세 가지 유형이 있고, 구속에는 수사기관에 의한 피의자구속과 공소제기 후 법원에 의해 이루어지는 피고인구속이 있다. 구속은 구금과 구인을 포함하므로 구치소·교도소 등에의 구금을 위한 구속영장 외에 법원에의 인치를 위한 구속영장(구인장)의 발부도 가능하다. 영장은 사법경찰관의 검사에 대한 신청과, 검사의 법관에 대한 청구에 의해 발부된다.

체포와 구속은 보통의 경우 선후관계에 있으나 형사소송법이 체포전치주의를 취하고 있는 것은 아니므로 체포 없이 바로 구속을 할 수도 있다. 체포·구속으로 이원화된 인신구속제도에 의해 아직 구속의 요건을 갖추지 못한 피의자에 대한 적법절차에 따른 신병확보와 불필요한 구속의 최소화가 가능하게 되었다고 평가된다. 체포 후 구속을 하기 위해서는 48시간 내에 구속영장을 청구하여야 하고, 구속영장을 청구하지 않는 경우 즉시 피의자를 석방하여야 한다.

구속영장이 청구된 피의자에 대해서는 구속의 필요성 판단을 위한 법원의 신문이 필요적으로 요구되는데, 이를 구속전 피의자신문 또는 영장실질심사라 한다. 이 단계에서 구속의 요건, 즉 상당한 범죄혐의와 주거부정·증거인멸우려·도주우려 등 구속사유에 대한 법원의 심사가 이루어진다. 영장에 의해 체포·구속된 피의자는 법원에 체포·구속의 적부심사를 청구하여 다시 한번 인신구속으로부터 벗어날 기회를 갖게 된다.

2. 대물적 강제처분

압수(押收)는 물건의 점유를 취득하는 강제처분을, 수색(搜索)은 압수할 물건이나 피의자를 발견할 목적으로 사람의 신체나 물건 또는 일정한 장소에 대하여 행하는 강제처분을 말한다. 수사상 수색은 압수를 위해 이루어지는 경우가 대부분이며, 실무상으로도 압수·수색영장이라는 단일영장이 사용되고 있다. 검증(檢證)은 사람의 신체·장소·물건의 성질과 형태를 오관(五官)의 작용에 의해 인식하는 강제처분이다.

압수·수색·검증은 범죄수사에 필요한 경우(필요성) 피의자가 죄를 범하였다고 의심할 만한 정황이 있고(범죄혐의의 정황) 해당 사건과 관계가 있다고 인정할 수 있는 것(관련성)에 한정하여 법관으로부터 영장을 발부받아 이를 할 수 있다.

판례

위법한 압수·수색의 효과: "헌법과 형사소송법이 정한 절차에 따르지 아니하고 수집한 증거는 물론, 이를 기초로 하여 획득한 2차적 증거 역시 기본적 인권 보장을 위해 마련된 적법한 절차에 따르지 않은 것으로서 원칙적으로 유죄 인정의 증거로 삼을 수 없다. 다만, 위법하게 수집한 압수물의 증거능력 인정 여부를 최종적으로 판단함에 있어서는 수사기관의 증거 수집 과정에서 이루어진 절차 위반행위와 관련된 모든 사정…을 전체적·종합적으로 살펴볼 때, 수사기관의 절차 위반행위가 적법절차의 실질적인 내용을 침해하는 경우에 해당하지 아니하고, 오히려 그 증거의 증거능력을 배제하는 것이 헌법과 형사소송법이 형사소송에 관한 절차 조항을 마련하여 적법절차의 원칙과 실체적 진실 규명의 조화를 도모하고 이를 통하여 형사 사법 정의를 실현하려고 한 취지에 반하는 결과를 초래하는 것으로 평가되는 예외적인 경우에 한해 그 증거를 유죄 인정의 증거로 사용할 수 있을 뿐이다." 대판 2009. 5. 14. 2008도10914.

Ⅳ. 수사의 종결

검사가 공소제기 여부를 결정할 수 있을 정도로 피의사건이 밝혀진 경우 수사는 종결된다. 수사개시권한은 검사 외에 사법경찰관에게도 있지만, 수사종결권한은 검사에게만 있다. 따라서 사법경찰관이 범죄를 수사한 때에는 관계 서류와 증거물을 지체 없이 검사에게 송부하여야 한다(전건송치주의). 다만, 20만원 이하의 벌금 또는 구류나 과료에 처할 범죄사건에 대한 즉결심판은 경찰서장이 이를 청구함으로써 수사절차를 종결한다. 검사의 기소독점주의에 대한 예외이다.

검사는 수사결과 객관적 범죄혐의가 충분하고 소송조건이 구비되어 유죄판결이 예상되는 경우 공소를 제기한다. 정식 공소제기 외에 벌금·과료·몰수 등 재산형에 처할 사건인 경우 공소제기와 함께 약식절차에 의한 서면재판을 청구할 수도 있다. 실무상 전자를 구공판(求公判), 후자를 구약식(求略式)이라 한다. 검사가 공소를 제기하지 않기로 결정한 경우에는 불기소처분을 한다. 불기소처분은 사유에 따라 혐의없음(구성요건해당성 결여 또는 증거불충분), 죄가안됨(위법성·책임조각사유 존재), 공소권없음(소송조건 결여) 등의 협의의 불기소처분과 기소유예(범죄혐의 있으나 양형조건을 고려하여 불기소하는 경우)로 나뉜다. 검사는 공소제기·불기소처분과 같은 종국처분 외에도 기소중지·참고인중지·공소보류·타관송치 등 중간처분에 의해 잠정적으로 수사를 종결할 수도 있다.

제3절 공소제기

Ⅰ. 의의와 기본원칙

공소제기는 검사가 법원에 대하여 특정한 형사사건에 대한 심판을 구하는 법률행위적 소송행위이다. 검사의 공소제기를 기점으로 수사절차는 공판절차로 전환되고, 피의자는 피고인으로 신분이 바뀐다. 형사소송법은 형사소추와 관련하여 ① 사인소추를 인정하지 않는 국가소추주의, ② 공소권의 주체를 검사로 한정하는 기소독점주의, ③ 공소제기 여부를 검사의 재량에 위임하는 기소편의주의의 입장을 취하고 있다.

판례

기소편의주의의 한계: "기소편의주의를 채택하고 있는 우리 법제하에서, 검사는 범죄의 혐의가 충분하고 소송조건이 구비되어 있는 경우에도 개개의 구체적 사안에 따라 형법 제51조에 정한 사항을 참작하여 불기소처분(기소유예)을 할 수 있는 재량을 갖고 있기는 하나 그 재량에도 스스로 합리적 한계가 있는 것으로서 이 한계를 초월하여 기소를 하여야 할 극히 상당한 이유가 있는 사안을 불기소처분한 경우 이는 기소편의주의의 법리에 어긋나는 부당한 조처라 하지 않을 수 없고 이러한 부당한 처분을 시정하기 위한 방법의 하나로 우리 형사소송법은 재정신청제도를 두고 있다." **대결 1988. 1. 29. 86모58.**

Ⅱ. 공소제기의 방식

공소제기는 공소장을 관할법원(수소법원)에 제출함으로써 이루어진다. 공소장에는 피고인의 성명 기타 피고인을 특정할 수 있는 사항, 죄명, 공소사실, 적용법조를 기재하여야 한다. 공소사실의 기재는 범죄의 시일, 장소와 방법을 명시하여 사실을 특정할 수 있도록 하여야 하며, 수개의 범죄사실과 적용법조를 예비적 또는 택일적으로 기재할 수 있다. 공소장에는 피고인의 수에 상응하는 부본(副本)과 함께 필요한 경우 변호인선임서·구속관련서류 등을 첨부하여야 하며, 그 외에 사건에 관하여 법원에 예단이 생기게 할 수 있는 서류 기타 물건을 첨부하여서는 아니된다(공소장일본주의).

판례

공소사실 특정의 판단기준: "공소사실의 특정방법을 규정한 형사소송법 제254조 제4항 소정의 범죄의 '시일'은 이중기소나 시효에 저촉되지 않는 정도의 기재를 요하고 '장소'는 토지관할을 가름할 수 있는 정도의 기재를 필요로 하며 '방법'은 범죄의 구성요건을 밝히는 정도의 기재를 요[한다]." **대판 1989. 6. 13. 89도112.**

Ⅲ. 공소시효

공소시효는 범죄행위 종료 후 공소제기 없이 일정 기간이 경과하면 그 범죄에 대한 국가의 형사소추권을 소멸시키는 제도를 말한다. 유죄판결 확정 후 일정 기간 동안 집행이 이루어지지 않는 경우 국가형벌권 자체를 소멸시켜 형의 집행을 면제하는 '형의 시효'와 구분된다. 범죄 후 장시간의 경과로 인한 사회적 처벌욕구의 감소 및 법적 안정성의 존중 필요성, 증거의 산일(散逸)로 인한 소추의 현실적 어려움 및 국가기관의 임무태만에 대한 문책 등을 인정근거로 한다.

공소시효의 기간은 개별 구성요건상 법정형을 기준으로 1년(장기 5년 미만의 자격정지 이하의 범죄)부터 25년(사형에 해당하는 범죄)까지로 정해진다. 공소가 제기된 경우에도 판결확정 없이 공소제기로부터 25년을 경과하면 공소시효가 완성한 것으로 간주된다(의제공소시효). 공소시효가 완성된 경우 검사는 공소권없음 불기소를 하고, 이를 간과하여 공소가 제기된 경우 법원은 면소판결을 한다.

공소시효는 특별법에 의해 그 기간이 단축·연장되거나 아예 적용이 배제되기도 한다. 현재 헌정질서파괴범죄, 집단살해죄, 강간등살인죄 등에 대하여 특별법에 의해 공소시효가 배제되고 있으며, 2015년 7월 형사소송법 개정에 의해 살인범죄로서 사형에 해당하는 범죄에 대해서도 공소시효가 배제되었다(제253조의2).

제4절 | 공판절차

Ⅰ. 의의와 기본원칙

공판절차란 공소가 제기되어 피고사건이 법원에 계속된 후 그 소송절차가 종료할 때까지의 모든 절차를 말한다. 공판절차는 공판기일의 절차와 공판기일 외의 절차로 구분할 수 있는데, 공판기일의 절차를 좁은 의미의 공판절차라고도 한다.

공판절차의 진행과 관련하여 헌법과 형사소송법이 요구하는 몇 가지 원칙이 있다. ① 재판의 심리와 판결은 공개되어야 한다는 공개주의, ② 공판정에서의 공격·방어행위가 구두로 이루어져야 한다는 구두변론주의, ③ 법원이 공판기일에 공판정에서 직접 조사한 증거만으로 사건을 심리·판단하여야 한다는 직접심리주의, ④ 1회 심리로 종결할 수 없는 사건의 경우 원칙적으로 매일(부득이한 경우에도 14일 이내에) 개정하여야 한다는 집중심리주의 등이 이에 해당한다. 이들은 모두 형사사건에서의 실체에 대한 유죄·무죄의 심증형성은 법정에서의 심리에 의하여야 한다는 공판중심주의의 직·간접적 표현이라고 할 수 있다.

판례

공판절차의 기본원칙: "우리 형사소송법이 채택하고 있는 공판중심주의는 형사사건의 실체에 대한 유죄·무죄의 심증 형성은 법정에서의 심리에 의하여야 한다는 원칙으로, 법관의 면전에서 직접 조사한 증거만을 재판의 기초로 삼을 수 있고 증명 대상이 되는 사실과 가장 가까운 원본 증거를 재판의 기초로 삼아야 하며 원본 증거의 대체물 사용은 원칙적으로 허용되어서는 안된다는 실질적 직접심리주의를 주요 원리로 삼고 있다. **대판** 2006. 12. 8. 2005도9730.

Ⅱ. 공판준비절차

공판준비절차는 공판기일의 심리를 위해 수소법원이 행하는 일련의 절차를 말한다. 넓은 의미에서는 공소장부본 송달, 피고인의 의견서 제출, 공판기일 지정, 피고인 소환 등 공판기일을 열기 위한 사전준비절차 전반을 의미하기도 하지만, 형사소송법상 공판준비절차는 피고인이 범행을 부인하고 쟁점이 많은 사건 등에서 효율적이고 집중적인 심리를 재판장이 특별히 행하는 좁은 의미의 절차이다. 공판의 준비를 위한 절차이므로 제1회 공판기일 전에 행하여지는 것이 일반적이지만(기일전 공판준비절차) 필요한 경우에는 제1회 공판기일 이후에도 할 수 있다(기일간 공판준비절차). 재판장은 당사자에게 주장 및 입증계획 등을 서면으로 준비하게 하거나 별도의 기일을 열어 공판준비절차를 진행할 수 있다. 공판준비절차는 기본적으로 임의적 절차이지만, 배심원재판의 성격상 집중심리가 필수적인 국민참여재판의 경우에는 필요적 절차로 규정되어 있다.

Ⅲ. 공판기일의 절차

공판기일의 심리는 공판정에서 이루어진다. 공판정은 판사와 검사, 법원사무관 등이 출석하여 개정하며, 피고인도 일정 범위 내의 경미사건이거나 형식재판이 명백히 예상되는 경우 등을 제외하고는 반드시 출석하여야 한다. 공판기일은 모두절차, 사실심리절차, 판결선고절차로 나누어 볼 수 있다.

1. 모두절차

모두절차(冒頭節次)는 진술거부권 고지 → 인정신문 → 검사와 피고인의 모두진술 → 재판장의 쟁점정리와 당사자의 입증계획 진술의 순으로 진행된다. ① 먼저 재판장은 공판기일에 공판정에 출석한 피고인에게 먼저 진술거부권을 고지한 후 피고인의 성명, 연령, 등록기준지, 주거와 직업을 물어서 피고인임에 틀림없음을 확인하여야 한다. 이를 인정신문(人定訊問)이라 한다. ② 인정신문이 끝나면 검사는 공소장에 의하여 공소사실·죄명 및 적용법조를 낭독하여야 한다. 재판장은 필요하다고 인정하는 때에는 공소의 요지만을 진술하게 할 수도 있다. 피고인은 검사의 모두진술이 끝난 뒤에 공소사실의 인정 여부를 진술하여야 하며 이와 함께 이익이 되는 사실 등을 진술할 수 있다. 피고인이 모두진술에서 공소사실에 대하여 자백한 때에는 법원은 해당 공소사실을 후술하는 간이공판절차에 의하여 심판할 수 있다. ③ 재판장은 피고인의 모두진술이 끝난 후 피고인 또는 변호인에게 쟁점의 정리를 위하여 필요한 질문을 할 수 있고, 증거조사에 앞서 검사 및 변호인으로 하여금 공소사실 등의 증명과 관련된 주장 및 입증계획 등을 진술하게 할 수 있다.

2. 사실심리절차

사실심리절차는 증거조사 → 피고인신문 → 최종변론의 순으로 진행된다. ① 증거조사는 증거(조사)신청, 증거(채부)결정, 이의신청 절차를 포함한다. 검사, 피고인 또는 변호인은 서류나 물건을 증거로 제출할 수 있고, 증인 등의 신문을 신청할 수 있다. 형사소송법은 당사자는 아니지만 예외적으로 피해자에 대해서도 자신에 대한 증인신문을 신청할 권리를 부여하고 있다. 법원은 당사자의 증거신청에 대하여 증거조사를 할 것인지 여부를 결정하여야 하며, 필요시 직권으로 증거조사를 할 수도 있다. 증거결정을 하고 나면 증거조사에 들어가게 되는데 증거조사는 원칙적으로 검사신청 → 피고인신청 → 직권결정에 의한 증거의 순서로 한다. 검사, 피고인 또는 변호인은 증거조사의 결과에 관하여 이의신청을 할 수 있다. ② 증거조사가 끝나면 피고인신문의 단계로 넘어가게 된다. 피고인은 당사자인 동시에 증거방법으로서의 지위도 가지므로 그에 대한 신문이 허용되는 것이다. 검사 또는 변호인은 순차로 피고인을 신문할 수 있고, 재판장도 필요하다고 인정하는 때에는 피고인을 신문할 수 있다. 재판장은 피고인이 다른 피고인 등 어떤 재정인의 면전에서 충분한 진술을 할 수 없다고 인정한 때에는 그를 퇴정하게 하고 진술하게 할 수도 있다. ③ 증거조사와 피고인신문이 종료한 때에는 최종변론이 진행된다. 먼저 검사가 사실과 법률적용에 관하여 의견을 진술하게 되는데 이를 논고(論告)라 하며, 이 가운데 특히 양형에 관한 검사의 의견을 구형(求刑)이라 한다. 재판장은 검사의 의견을 들은 후 피고인과 변호인에게 최종의 의견을 진술할 기회를 주어야 한다. 실무상으로는 변호인의 최종변론 후에 피고인에게 최후진술을 하도록 하고 있다. 피고인의 최후진술에 의해 피고사건의 구두변론은 종결된다. 이를 결심(結審)이라 한다. 법원은 필요한 경우 직권 또는 검사, 피고인이나 변호인의 신청에 의하여 종결한 변론을 재개할 수 있으나, 그 재개 여부는 법원의 재량이다.

3. 판결선고절차

판결의 선고는 변론을 종결한 기일에 하여야 한다. 다만, 특별한 사정이 있는 때에는 변론종결 후 14일 이내로 따로 선고기일을 지정할 수 있다. 판결의 선고는 법관이 작성한 재판서에 의하여 공판정에서 하여야 한다. 판결선고기일에 피고인은 원칙적으로 출석하여야 하지만, 판결만을 선고하는 경우 검사나 변호인의 출석은 필요로 하지 않는다. 판결 선고시 재판장은 주문(主文)을 낭독하고 이유의 요지를 설명하여야 하며, 필요한 경우 적절한 훈계를 할 수도 있다. 형을 선고하는 경우에는 재판장은 피고인에게 상소할 기간과 상소할 법원을 고지하여야 한다.

Ⅳ. 공판절차의 특칙: 간이공판절차

간이공판절차란 자백사건과 같이 유·무죄의 다툼이 없는 사건에 있어 증거능력에 관한 제한을 완화하고 증거조사절차를 간소화하는 등 간이한 절차에 의해 공판절차를 진행함으로써 신속한 재판과 소송경제를 도모하고자 하는 제도이다. 형사소송법은 피고인이 공판정에서 공소사실에 대하여 자백한 때에는 법원은 그 공소사실에 한하여 간이공판절차에 의하여 심판할 것을 결정할 수 있다고 규정하고 있다(제286조의2). 조문의 체계상 자백은 모두진술 단계에서 이루어져야 하고, 법원의 간이공판절차 개시결정 취소사유를 고려할 때 자백은 신빙성 있는 자백이어야 한다.

간이공판절차는 '증거능력 제한의 완화'와 '증거조사방식의 간이화'를 그 실질적 내용으로 한다. ① 먼저 간이공판절차에서는 직접심리주의와 전문증거배제법칙에 의해 원래 증거능력이 부정되는 증거도 간이공판절차에서는 당사자의 증거동의가 있는 것으로 간주되어 증거능력이 인정된다. 다만, 위법수집증거배제법칙이나 자백배제법칙에 의한 증거능력 제한은 그대로 인정되며, 증거능력이 아니라 증명력의 문제인 자백의 보강법칙에 의한 제한 역시 그대로 적용된다. ② 다음으로 간이공판절차에 있어서는 증인신문시 교호신문(交互訊問)방식, 증거조사 후의 피고인신문, 증거물 및 증거서류의 조사방법, 증거조사결과에 대한 피고인 의견청취 및 증거신청권 고지, 증인·감정인·공동피고인 신문시 피고인 퇴정 등의 증거조사방식 적용이 배제되며, 법원은 상당하다고 인정하는 방법으로 증거조사를 할 수 있다.

제5절 증 거

Ⅰ. 의의와 기본원칙

1. 증거의 의의와 종류

증거는 법원의 사실인정에 근거가 되는 객관적 자료를 말한다. 증거에는 ① 증명을 요하는 사실(요증사실)을 직접적으로 증명하는 직접증거(예: 피고인의 자백, 목격자의 진술)와 요증사실을 추인케 하는 간접사실을 증명하는 간접증거 또는 정황증거(예: 범행현장에서 채취된 피고인의 지문), ② 사람의 진술이 증거방법이 되는 인증(人證)과 물건의 존재 또는 상태가 증거방법이 되는 물증(物證), ③ 물증의 일종인 서증(書證)으로서 서류에 기재된 의미내용만이 증거가 되는 증거서류와 의미내용 외에 그 존재 또는 상태 자체 또한 증거가 되는 증거물인 서면, ④ 사람의 진술이 증거가 되는 진술증거와 그 이외의 서증과 물적 증거를 말하는 비진술증거, ⑤ 거증책임을 지는 당사자가 제출하는 본증(本證)과 반대당사자가 본증에 의하여 증명하고자 하는 사실의 존재를 부정하기 위하여 제출하는 반증(反證), ⑥ 유죄 입증에 핵심적 내용을 이루는 주요사실의 존부를 직·간접적으로 증명하는 실질증거와 실질증거의 증거능력 또는 증명력 관련사실을 증명하는 보조증거 등의 분류가 있다.

2. 증거능력과 증명력

증거능력(證據能力)이란 증거가 엄격한 증명의 자료로 사용될 수 있는 법률상의 자격을 말한다. 따라서 이러한 자격이 없는 증거는 증거조사의 대상이나 공소제기된 범죄사실의 인정자료가 될 수 없다. 증거능력 여부는 위법수집증거배제법칙, 자백배제법칙, 전문증거배제법칙(전문법칙) 등 관련규정에 의하여 형식적으로 정해진다.

증명력(證明力)이란 증거능력의 인정을 전제로 한 증거의 실질적 가치, 즉 증거의 신용성을 말한다. 증거능력이 법률에 의하여 형식적으로 결정되는 데 반해 증명력은 원칙적으로 법관의 자유심증에 맡겨져 있다. 형사소송법도 “증거의 증명력은 법관의 자유판단에 의한다”(제308조)라고 규정하여 자유심증주의를 선언하고 있다. 다만, 자백의 보강법칙이나 공판조서의 증명력 관련규정은 법관의 자유로운 증명력 판단을 제한하는 것이라 할 수 있다.

3. 증거재판주의와 거증책임

형사소송법은 “사실의 인정은 증거에 의하여야 한다”라고 하여 증거재판주의를 증거법의 기본원칙으로 선언하면서, “범죄사실의 인정은 합리적인 의심이 없는 정도의 증명에 이르러야 한다”라고 규정하여 심증형성과정의 엄격성을 강조하고 있다. 증거재판주의에 따라 증명은 원칙적으로 증거능력이 있고 적법한 증거조사를 거친 증거에 의하여야 하는데, 이를 엄격한 증명이라 한다. 이에 대립하는 개념으로서 엄격한 증명 이외의 방법에 의한 증명, 즉 증거능력이나 법률이 정한 증거조사방식에 구애되지 않은 법원의 재량에 의한 증명을 자유로운 증명이라 한다. 유죄의 인정에 요구되는 ‘합리적인 의심이 없는 정도의 증명’은 엄격한 증명의 법리를 천명한 것으로 보는 것이 일반적이다. 어떤 사실이 엄격한 증명의 대상인지에 대해서는 다소간의 이견이 있으나, 일반적으로는 형벌권의 유무에 대한 사실(공소사실의 구성요건해당성·위법성·책임, 처벌조건)과 그 범위에 관한 사실(법률상 형의 가중·감면사유, 몰수·추징사유), 간접사실과 보조사실, 일정한 경험법칙이나 외국의 법규 등이 이에 포함되고, 정상관계사실이나 소송법적 사실은 자유로운 증명의 대상이 된다고 본다.

이러한 증명방법에 의해 요증사실의 증명이 불가능한 경우 그 불이익을 누구에게 부담시킬 것인지의 문제를 거증책임(擧證責任)의 분배라 한다. 형사소송에서는 무죄추정의 원칙과 ‘의심스러울 때는 피고인의 이익으로’(in dubio pro reo)의 원칙에 따라 검사가 원칙적으로 거증책임을 부담한다. 다만, 형법상 상해죄의 동시범 특례(형법 제263조) 및 명예훼손죄의 위법성조각사유(형법 제310조)의 경우에는 정책상의 이유로 거증책임이 피고인에게 전환된다고 하는 것이 다수설(거증책임전환설)의 태도이다.

판례

증거재판주의와 거증책임: "형사재판에 있어서 공소된 범죄사실에 대한 거증책임은 검사에게 있는 것이고 유죄의 인정은 법관으로 하여금 합리적인 의심을 할 여지가 없을 정도로 공소사실이 진실한 것이라는 확신을 가지게 하는 증명력을 가진 증거에 의하여야 하므로, 그와 같은 증거가 없다면 설령 피고인에게 유죄의 의심이 간다 하더라도 피고인의 이익으로 판단할 수밖에 없으며, 민사재판이었더라면 입증책임을 지게 되었을 피고인이 그 쟁점이 된 사항에 대하여 자신에게 유리한 입증을 하지 못하고 있다 하여 위와 같은 원칙이 달리 적용되는 것은 아니다." **대판 1996. 3. 8. 95도3081.**

명예훼손죄와 거증책임의 전환: "공연히 사실을 적시하여 사람의 명예를 훼손한 행위가 형법 제310조의 규정에 따라서 위법성이 조각되어 처벌대상이 되지 않기 위하여는 그것이 진실한 사실로서 오로지 공공의 이익에 관한 때에 해당된다는 점을 행위자가 증명하여야 하는 것이나, 그 증명은 유죄의 인정에 있어 요구되는 것과 같이 법관으로 하여금 의심할 여지가 없을 정도의 확신을 가지게 하는 증명력을 가진 엄격한 증거에 의하여야 하는 것은 아니므로, 이때에는 전문증거에 대한 증거능력의 제한을 규정한 형사소송법 제310조의2는 적용될 여지가 없다." **대판 1996. 10. 25. 95도1473.**

Ⅱ. 증거능력

1. 위법수집증거배제법칙

"적법한 절차에 따르지 아니하고 수집한 증거는 증거로 할 수 없다"(제308조의2). 수사기관의 위법수사를 억제하여 궁극적으로 적법절차의 이념을 실현하기 위한 증거법상의 원칙이다. 적법절차원칙과 실체진실주의가 충돌하는 지점에서 문제되는 것이라는 점에서 그 기준과 구체적 적용범위 설정에 두 원칙의 적절한 조화가 요구된다. 구체적으로는 영장주의·적법절차·효력규정인 증거조사절차를 위반하여 수집된 증거 등이 위법수집증거에 해당한다고 보며, 이렇게 수집된 증거는 원칙적으로 증거능력이 배제된다.

판례

위법수집증거배제법칙의 기준: "[다수의견] … 법이 정한 절차에 따르지 아니하고 수집한 압수물의 증거능력 인정 여부를 최종적으로 판단함에 있어서는, 실체적 진실 규명을 통한 정당한 형벌권의 실현도 헌법과 형사소송법이 형사소송 절차를 통하여 달성하려는 중요한 목표이자 이념이므로, 형식적으로 보아 정해진 절차에 따르지 아니하고 수집한 증거라는 이유만을 내세워 획일적으로 그 증거의 증거능력을 부정하는 것 역시 헌법과 형사소송법이 형사소송에 관한 절차 조항을 마련한 취지에 맞는다고 볼 수 없다. 따라서 수사기관의 증거 수집 과정에서 이루어진 절차 위반행위와 관련된 모든 사정 즉 절차 조항의 취지와 그 위반의 내용 및 정도, 구체적인 위반 경위와 회피가능성, 절차 조항이 보호하고자 하는 권리 또는 법익의 성질과 침해 정도 및 피고인과의 관련성, 절차 위반행위와 증거수집 사이의 인과관계 등 관련성의 정도, 수사기관의 인식과 의도 등을 전체적·종합적으로 살펴 볼 때, 수사기관의 절차 위반행위가 적법절차의 실질적인 내용을 침해하는 경우에 해당하지 아니하고, 오히려 그 증거의 증거능력을 배제하는 것이 헌법과 형사소송법이 형사소송에 관한 절차 조항을 마련하여 적법절차의 원칙과 실체적 진실 규명의 조화를 도모하고 이를 통하여 형사 사법 정의를 실현하려 한 취지에 반하는 결과를 초래하는 것으로 평가되는 예외적인 경우라면, 법원은 그 증거를 유죄 인정의 증거로 사용할 수 있다고 보아야 한다. 이는 적법한 절차에 따르지 아니하고 수집한 증거를 기초로 하여 획득한 2차적 증거의 경우에도 마찬가지여서, 절차에 따르지 아니한 증거 수집과 2차적 증거 수집 사이 인과관계의 희석 또는 단절 여부를 중심으로 2차적 증거 수집과 관련된 모든 사정을 전체적·종합적으로 고려하여 예외적인 경우에는 유죄 인정의 증거로 사용할 수 있다." **대판 2007. 11. 15. 2007도3061(전원합의체).**

2. 자백배제법칙

피고인의 자백이 고문·폭행·협박·구속의 부당한 장기화 또는 기망 기타의 방법에 의하여 자의로 진술된 것이 아니라고 인정될 때에는 이를 유죄의 증거로 삼을 수 없다는 원칙이다(제309조, 헌법 제12조 제7항). 이러한 임의성에 의심 있는 자백의 증거능력을 부정함으로써 수사기관을 자백을 통한 손쉬운 입증방법에 대한 유혹으로부터 차단하고 공정한 재판을 확보하려는 것이다. 자백배제법칙은 헌법상 기본권으로서의 지위를 가지므로 이에 의해 증거능력이 부정된 자백은 당사자의 증거동의가 있어도 증거로 할 수 없고, 탄핵증거로도 사용하지 못한다.

판례

자백배제법칙 인정이유와 입증책임: "임의성 없는 자백의 증거능력을 부정하는 취지가 허위진술을 유발 또는 강요할 위험성이 있는 상태하에서 행하여진 자백은 그 자체로 실체적 진실에 부합하지 아니하여 오판의 소지가 있을 뿐만 아니라 그 진위 여부를 떠나서 자백을 얻기 위하여 피의자의 기본적 인권을 침해하는 위법부당한 압박이 가하여지는 것을 사전에 막기 위한 것이므로 그 임의성에 다툼이 있을 때에는 그 임의성을 의심할 만한 합리적이고, 구체적인 사실을 피고인이 입증할 것이 아니고 검사가 그 임의성의 의문점을 해소하는 입증을 하여야 한다." **대판 1998. 4. 10. 97도3234.**

3. 전문증거배제법칙(전문법칙)

전문증거(傳聞證據)란 사실인정의 기초가 되는 경험적 사실을 경험자 자신이 직접 법원에 진술(원진술)하지 않고 타인의 진술(전문진술) 또는 서면기재(전문서류) 등 다른 형태로 간접적으로 보고하는 것을 말한다. 전문증거배제법칙은 전문증거의 증거로서의 신용성 결여, 반대신문 결여, 직접심리 결여 등을 이론적 근거로 든다. 다만, 형사소송법은 "제311조 내지 제316조에 규정한 것 이외에는 공판준비 또는 공판기일에서의 진술에 대신하여 진술을 기재한 서류나 공판준비 또는 공판기일 외에서의 타인의 진술을 내용으로 하는 진술은 이를 증거로 할 수 없다"(제310조의2)라고 하여 신용성이 정황적으로 보장되고 전문증거라도 그 증거능력을 인정해야 할 필요성이 있는 예외적인 사유를 법정해 놓고 있다. 또한 이러한 예외적 상황이 아니더라도 소송의 당사자인 검사와 피고인이 증거로 할 수 있음을 동의한 서류 또는 물건은 진정한 것으로 인정한 때에는 증거로 할 수 있다. 소송경제와 신속한 재판의 관점에서 소송관계인에게 증거동의권을 부여한 것이라 할 수 있다.

판례

전문증거배제법칙 인정이유: "형사소송법 제310조의2는 … 전문증거의 증거능력을 원칙적으로 부인하고 있다. 이는 공개법정의 법관의 면전에서 진술되지 아니하고, 피고인에게 반대신문의 기회를 부여하지 않은 전문증거의 증거능력을 배척함으로써 피고인의 반대신문기회를 보장하고, 직접심리주의에서 공판중심주의를 철저히 함으로써, 피고인의 공정한 재판을 받을 권리를 보장하기 위한 것이다." **헌재결 2005. 12. 22. 2004헌바45.**

Ⅲ. 증명력: 자백보강법칙

정식재판에 있어서 피고인의 자백이 그에게 불리한 유일한 증거일 때에는 이를 유죄의 증거로 삼거나 이를 이유로 처벌할 수 없다는 원칙이다(제310조, 헌법 제12조 제7항). 자백편중으로 인한 인권침해 방지와 자백의 진실성 담보를 통한 오판의 위험성 배제를 그 근거로 한다. 공판조서의 증명력, 진술거부권 등과 함께 자유심증주의에 대한 제한사유를 형성한다. 보강증거는 자백과 별개의 독립된 증거여야 하지만, 독립증거인 한 인증·물증·서증 등을 불문한다. 대법원판례에 따르면 정황증거나 공범자의 자백 또한 보강증거가 될 수 있다.

판례

보강증거로서의 자백 : "형사소송법 제310조 소정의 '피고인의 자백'에 공범인 공동피고인의 진술은 포함되지 아니하므로 공범인 공동피고인의 진술은 다른 공동피고인에 대한 범죄사실을 인정하는 증거로 할 수 있는 것일 뿐만 아니라 공범인 공동피고인들의 각 진술은 상호간에 서로 보강증거가 될 수 있다." **대판 1990. 10. 30. 90도1939.**

제6절 | 재 판

Ⅰ. 재판 일반론

1. 재판의 의의와 종류

좁은 의미의 재판은 피고사건의 실체에 관한 공권적 판단, 즉 유·무죄에 관한 종국재판을 말한다. 이에 대하여 넓은 의미의 재판은 법원 또는 법관의 의사표시에 의한 법률행위적 소송행위 일체를 가리키며 여기에는 각종 영장의 발부, 보석허가결정, 증거결정 등이 포함된다. 소송법적 의미에서 재판은 보통 후자를 의미한다.

재판의 종류에는 ① 당해 소송을 그 심급에서 종결시키는 종국재판과 종국재판에 이르는 절차상 문제를 해결하기 위한 종국전재판, ② 종국재판의 원칙적 형식인 판결(判決), 종국전재판의 원칙적 형식인 결정(決定), 법원이 아닌 법관(재판장·수명법관·수탁판사)에 의한 명령(命令), ③ 실체적 법률관계를 판단하는 실체재판, 절차적 이유로 사건을 종결하는 형식재판 등이 있다.

2. 재판의 성립과 방식

재판은 법원 또는 법관의 의사표시적 소송행위이므로, 재판의 성립은 의사의 결정(내부적 성립)과 결정된 의사의 외부적 표시(외부적 성립)라는 두 단계를 거쳐 이루어진다. 내부적 성립은 합의부의 경우 구성 법관의 합의가 있는 때, 단독판사의 경우 재판서 작성시점에 원칙적으로 인정된다. 외부적 성립은 실무적으로 판결의 경우 공판정에서 재판의 내용을 구술로 선언하는 선고에 의해, 결정·명령의 경우 재판서등본 송달 등 선고 이외의 방법으로 재판의 내용을 관계인에게 알려주는 고지(告知)에 의해 이루어진다. 내부적 성립은 심리에 참여한 법관만이 관여할 수 있으며 위반시 항소이유 및 상고이유가 되지만, 외부적 성립은 반드시 내부적 성립에 관여한 법관이 하여야 할 필요는 없다.

재판은 법관이 작성한 재판서에 의하여야 한다. 재판서는 재판의 형식에 따라 판결서·결정서·명령서로 구분된다. 다만, 결정 또는 명령을 고지하는 경우에는 재판서를 작성하지 아니하고 조서에만 기재하여 할 수 있다.

3. 종국재판

당해 소송을 그 심급에서 종결시키는 재판을 말한다. 종국재판에는 관할위반판결, 면소판결, 공소기각판결, 공소기각결정(이상 형식재판), 유죄판결, 무죄판결(이상 실체재판)이 있다.

관할위반판결은 관할의 부존재를 이유로, 공소기각판결과 공소기각결정은 관할권 이외의 **형식적 소송조건**의 결여를 이유로 피고사건에 대한 실체심리 없이 소송을 종료시키는 형식재판이다. 종국재판으로서 당해 심급에서 소송계속이 종결되지만 일사부재리의 효력이 인정되지 않는다는 점에서 공통된다. 면소판결은 **실체적 소송조건**의 결여를 이유로 하는 종국재판으로, 형식재판이면서도 유죄·무죄 등 실체재판과 같이 일사부재리의 효력이 인정된다는 점에서 다른 형식재판과 다르다.

유죄판결은 피고사건에 대하여 범죄의 증명이 있는 때에, 무죄판결은 범죄가 되지 않거나 범죄의 증명이 없는 때에 선고하는 실체재판이다. 범죄가 되지 않는 것은 범죄의 성립요건을 구비하지 못한 것을 의미하고, 범죄의 증명이 없는 때란 범죄사실의 부존재가 적극적으로 증명된 경우 외에 수소법원이 합리적 의심이 없을 정도의 유죄의 확신에 이르지 못한 경우(증거불충분)를 포함한다. 유죄판결에는 형선고판결, 형면제판결, 형선고유예판결이 포함된다.

판례

면소판결의 성격(형식판결): "공소시효가 완성되었다는 이유로 면소의 판결을 한 것이 명백한 경우 피고인이 이에 대하여는 실체판결을 구하여 상소를 할 수 없다." **대판** 2005. 9. 29. 2005도4738.

4. 재판의 확정과 효력

재판의 확정은 재판이 통상의 불복방법으로는 더 이상 다툴 수 없게 되어 그 내용을 변경할 수 없게 된 상태를 말한다. 불복이 허용되지 않는 재판은 재판의 선고 또는 고지와 동시에, 불복이 허용되는 재판은 그 불복의 가능성이 소멸된 때, 즉 상소기간 등 불복신청기간의 도과나 불복신청 기각재판의 확정 등에 의해 확정된다.

확정된 재판은 통상적 불복방법으로 더 이상 다툴 수 없다는 의미의 형식적 확정력과, 재판의 의사표시내용이 확정되었다는 의미의 내용적 확정력을 갖는다. 유죄·무죄의 실체판결이나 면소판결이 확정된 때에는 동일 사건에 대하여 다시 심리·판단하는 것이 허용되지 않는데 이를 **일사부재리의 효력** 또는 **기판력**(旣判力)이라 한다. 일사부재리의 효력은 주관적으로는 공소가 제기된 피고인에게, 객관적으로는 공소사실의 동일성이 인정되는 범위에 미친다. 시간적으로는 계속범·상습범 등 포괄일죄가 확정판결 전후에 걸쳐 행하여진 경우 사실심판결선고시까지 효력이 미치고, 그 이후의 행위는 별죄를 구성한다는 것이 통설·판례의 태도이다.

판례

기판력의 시간적 효력: "공소의 효력과 판결의 기판력의 기준시점은 사실심리의 가능성이 있는 최후의 시점인 판결선고시라고 할 것이나, 항소된 경우 그 시점은 현행 항소심의 구조에 비추어 항소심 판결선고시라고 함이 타당하고, 그것은 파기자판한 경우이든 항소기각된 경우든 다를 바가 없다. 포괄일죄인 상습절도 사실의 일부에 대한 공소(단순절도)의 효력은 그 공소제기된 사건의 항소심 판결선고시까지 범해진, 그와 포괄일죄의 관계에 있는 다른 범죄사실에도 미치므로 그 다른 범죄사실(상습절도)에 대하여 별개의 공소가 제기된 경우에는 면소판결을 하여야 한다." **대판 1983. 4. 26. 82도2829.**

Ⅱ. 상 소

상소는 미확정의 재판에 대하여 상급 법원에 구제 또는 시정을 구하는 불복신청제도를 말한다. 원판결의 잘못을 시정하여 불이익을 받은 당사자를 구제하고 법령해석의 정확성과 통일성을 기하기 위한 것이다. 상소의 종류에는 판결에 불복하는 항소와 상고, 결정에 불복하는 항고가 있다.

1. 불이익변경금지의 원칙

피고인이 항소한 사건과 피고인을 위하여 항소한 사건에 대하여는 원심판결의 형보다 중한 형을 선고하지 못한다. 이를 불이익변경금지 또는 중형(重刑)변경금지의 원칙이라 한다. 피고인이 중형의 우려 때문에 상소제기를 단념하는 것을 방지함으로써 피고인의 상소권을 보장하려는 정책적 배려에 의한 것이다. 피고인이 항소한 사건이므로 검사가 단독으로 또는 피고인과 함께 상소한 사건에는 적용되지 않는다. 불이익변경이 금지되는 것은 형의 선고에 한하므로, 형이 중하게 변경되지 않는 한 사실인정·법령적용·죄명선택 등 판결의 내용이 중하게 변경되는 것은 무방하다. 불이익 여부는 '형(刑)'을 기준으로 이를 전체적·실질적으로 고찰하여 결정하여야 하며, 그 형이 선고됨으로 인하여 다른 법규에 의해 초래될 수 있는 모든 법적·경제적 불이익을 비교판단하여야 하는 것은 아니다.

판례

불이익변경 여부의 판단기준 : "군사법원법 제437조가 규정한 불이익변경금지의 원칙은 피고인측의 상소권을 보호함을 입법 취지로 하는 것으로 선고되는 형에 있어서의 불이익이 금지되는 이른바 중형(重刑)금지의 원칙임이 법문상 분명하고, 따라서 불이익한가의 여부는 형에 관하여 비교판단되어야 하고 그 형이 선고됨으로 인하여 다른 법규에 의해 초래될 수 있는 모든 법적, 경제적 불이익을 비교판단하여야 하는 것은 아니며, 그 원칙의 적용상 변경 전후의 형의 비교에 있어서는 불이익 여부를 개별적, 형식적으로 고찰할 것이 아니라 전체적, 실질적으로 고찰하여 결정하여야 한다." **대판 1999. 11. 26. 99도3776.**

2. 항 소

항소(抗訴)는 제1심판결에 대한 제2심법원에의 상소를 말한다. 제1심법원의 판결에 대하여 불복이 있으면 지방법원 단독판사가 선고한 것은 지방법원 본원 합의부에, 지방법원 합의부가 선고한 것은 고등법원에 항소할 수 있다.

항소이유에는 ① 판결에 영향을 미친 헌법·법률·명령 또는 규칙의 위반이 있는 때, ② 판결 후 형의 폐지나 변경 또는 사면이 있는 때, ③ 관할 또는 관할위반의 인정이 법률에 위반한 때, ④ 판결법원의 구성이 법률에 위반한 때, ⑤ 법률상 그 재판에 관여하지 못할 판사가 그 사건의 심판에 관여한 때, ⑥ 사건의 심리에 관여하지 아니한 판사가 그 사건의 판결에 관여한 때, ⑦ 공판의 공개에 관한 규정에 위반한 때, ⑧ 판결에 이유를 붙이지 아니하거나 이유에 모순이 있는 때, ⑨ 재심청구의 사유가 있는 때, ⑩ 사실의 오인이 있어 판결에 영향을 미칠 때, ⑪ 형의 양정이 부당하다고 인정할 사유가 있는 때 등이 있다. 이 가운데 법령위반·사실오인·양형부당 세 가지를 **상대적 항소이유**, 나머지를 **절대적 항소이유**라 한다.

항소는 심판에 이르기 전까지 ① 항소장 제출(판결선고일로부터 7일 이내), ② 원심법원의 항소기각(방식위반 또는 항소권 소멸사실 명백시) 또는 항소법원 기록송부(접수일로부터 14일 이내), ③ 항소법원의 기록접수통지(즉시), ④ 항소이유서 제출(기록접수통지 받은 날로부터 20일 이내), ⑤ 항소법원의 항소기각(항소이유서 미제출시) 또는 항소이유서 부본·등본 송달, ⑥ 답변서 제출(송달일로부터 10일 이내), ⑦ 항소법원의 답변서 부본·등본 송달 등의 절차를 거친다. 법원은 심판 결과 항소가 이유 없다고 인정한 때에는 판결로써 항소를 기각하고, 이유 있다고 인정한 때에는 원심판결을 파기하고 다시 판결을 하여야 한다.

3. 상 고

상고(上告)는 판결에 대한 대법원에의 상소를 말한다. 제2심판결에 대하여 불복이 있으면 대법원에 상고할 수 있다. 상고이유로는 ① 판결에 영향을 미친 헌법·법률·명령 또는 규칙의 위반이 있을 때, ② 판결 후 형의 폐지·변경 또는 사면이 있는 때, ③ 재심청구사유가 있는 때, ④ 사형, 무기 또는 10년 이상의 징역·금고가 선고된 사건에서 중대한 사실오인이 있어 판결에 영향을 미친 때 또는 양형이 심히 부당하다고 인정할 현저한 사유가 있는 때 등이 있다.

상고는 제2심판결에 불복하여 하는 것이 원칙이지만, ① 원심판결이 인정사실에 대하여 법령을 적용하지 아니하였거나 법령적용에 착오가 있는 때, ② 원심판결 후 형의 폐지·변경 또는 사면이 있는 때에는 예외적으로 제1심판결에 대하여 항소를 제기하지 아니하고 상고를 할 수 있다. 이를 비약상고(飛躍上告)라 한다.

항소심의 절차는 특별한 규정이 없으면 상고심에 준용된다. 다만, 법률심인 상고심의 특성상 변호사 아닌 자를 변호인으로 선임하지 못하고, 상고심의 공판기일에는 피고인의 소환을 요하지 아니하며, 상고법원은 특별히 필요한 경우 외에는 상고장, 상고이유서 기타의 소송기록에 의하여 변론 없이 판결할 수 있다.

판례

양형부당을 이유로 하는 검사의 상고: "피고인에 대하여 사형, 무기 또는 10년 이상의 징역이나 금고의 형이 선고된 경우에 있어서도 형사소송법 제383조 제4호의 해석상 검사는 그 형이 심히 가볍다는 이유로는 상고할 수 없다." **대판 1994. 8. 12. 94도1705.**

4. 항 고

항고(抗告)는 법원의 결정에 대한 상소를 말한다. 법원의 결정에 대하여 불복이 있으면 형사소송법에 특별한 규정이 있는 경우를 제외하고는 항고할 수 있다. 항고는 일반항고와 특별항고(재항고)로, 일반항고는 다시 보통항고와 즉시항고로 나뉜다. 즉시항고는 제기기간이 3일로 정해져 있고 항고 제기시 재판의 집행이 정지되는 효력을 가진 항고를, 보통항고는 이에 대하여 제기기간 제한이나 집행정지효가 없는 항고를 가리킨다. 재항고는 일정한 경우 예외적으로 인정되는 대법원에 대한 즉시항고를 말한다.

Ⅲ. 비상구제절차

항소·상고·항고 등 상소방법이 아직 확정되지 않은 재판에 대한 구제절차라면 재심과 비상상고는 이미 확정된 재판에 대한 구제절차이다. 확정판결에 내재하는 사실인정의 잘못을 바로잡는 재심과 법령위반을 시정하는 비상상고가 있다. 확정판결에 오류가 있는 경우 법적 안정성의 본질을 훼손하지 않는 범위 내에서 정의의 이념 또는 피고인의 인권보장이념을 확보하기 위한 것이다.

1. 재 심

재심은 유죄의 확정판결에 중대한 사실인정의 오류가 있는 경우 유죄판결을 받은 자의 이익을 위하여 이를 시정하는 비상구제절차이다. 예외적인 비상구제절차이므로 형사소송법은 재심사유로 허위증거에 의한 사유(falsa형)와 신증거에 의한 사유(nova형) 7가지만을 제한적으로 규정하고 있다.

재심의 청구권자는 검사, 유죄의 선고를 받은 자와 그의 법정대리인 등이다. 재심청구의 시기에는 제한이 없으므로 형의 집행을 종료한 이후나 형의 집행을 받지 아니하게 된 때에도 할 수 있으며, 심지어 유죄의 선고를 받은 자가 사망한 때에도 할 수 있다. 재심청구사건의 관할은 원판결법원이다. 법원은 재심청구가 이유 있다고 인정한 때에는 재심개시의 결정을 하여야 하며, 재심개시결정이 확정된 사건은 그 심급에 따라 다시 심판하여야 한다. 다시 심판한다는 것은 원판결의 당부를 심사하는 것이 아니라 사건 자체를 처음부터 새로이 심판하는 것을 말한다. 불이익변경금지의 원칙은 재심에도 적용되며, 재심에서 무죄의 선고를 한 때에는 그 판결을 관보와 그 법원소재지의 신문지에 기재하여 공고하여야 한다.

판례

신증거형 재심사유의 의미: "형사소송법 제420조 제5호의 재심사유에서 무죄 등을 인정할 '증거가 새로 발견된 때'란 재심대상이 되는 확정판결의 소송절차에서 발견되지 못하였거나 또는 발견되었다 하더라도 제출할 수 없었던 증거로서 이를 새로 발견하였거나 비로소 제출할 수 있게 된 때는 물론이고, 형벌에 관한 법령이 당초부터 헌법에 위배되어 법원에서 위헌·무효라고 선언한 때에도 역시 이에 해당한다. … 대법원 2013. 4. 18.자 2011초기689 전원합의체 결정에서 긴급조치 제9호가 당초부터 위헌·무효라고 판단된 이상, 이는 '유죄의 선고를 받은 자에 대하여 무죄를 인정할 명백한 증거가 새로 발견된 때'에 해당[한다]." **대결 2013. 4. 18. 2010모363.**

2. 비상상고

비상상고는 확정판결에 대하여 그 심판의 법령위반을 바로잡기 위하여 인정되는 비상구제절차이다. 상소나 재심이 유죄의 확정판결을 받은 자의 불이익을 구제하는 데 중점이 있다면, 비상상고는 법령 해석·적용상의 통일을 주된 목적으로 한다.

검찰총장은 판결확정 후 그 사건의 심판이 법령에 위반한 것을 발견한 때에는 대법원에 비상상고를 할 수 있다. 대법원은 비상상고가 이유 있다고 인정한 때에는 원판결 또는 원심소송절차의 위반된 부분을 파기하여야 한다. 다만, 원판결이 피고인에게 불이익한 때에는 원판결을 파기하고 피고사건에 대하여 대법원이 다시 판결을 하며, 이 경우를 제외하고는 비상상고는 그 효력이 피고인에게 미치지 아니한다.

Ⅳ. 특별형사절차

1. 약식절차

약식절차는 지방법원 관할사건에 대하여 공판절차를 거치지 않고 서면심리만으로 피고인에게 벌금·과료·몰수의 재산형을 과하는 간이형사절차를 말한다. 약식절차에 의한 재판을 약식명령이라 한다. 경미사건을 신속하게 처리하여 소송경제의 이념을 실현함과 동시에 피고인의 사회적·심리적 부담을 줄여주기 위한 제도이다.

약식명령의 청구는 검사가 공소제기와 동시에 서면으로 하여야 한다. 약식명령청구가 있는 경우에도 그 사건이 약식명령으로 할 수 없거나 그렇게 하는 것이 적당하지 않은 경우 법원은 공판절차에 의하여 심판하여야 한다. 약식명령에 불복하는 때에는 약식명령 고지를 받은 날로부터 7일 이내에 정식재판을 청구할 수 있으며, 정식재판의 청구기간이 경과하거나 그 청구의 취하 또는 청구기각의 결정이 확정된 때에는 약식명령은 확정판결과 동일한 효력을 갖는다. 불이익변경금지의 원칙은 약식절차에도 적용된다.

2. 즉결심판절차

즉결심판절차는 20만원 이하의 벌금, 구류 또는 과료에 처할 범증이 명백하고 죄질이 경미한 범죄사건을 신속·적정한 절차로 심판하기 위한 간이형사절차이다. 이를 규율하기 위하여 「즉결심판에 관한 절차법」이 제정되어 있다.

즉결심판은 경미사건의 신속처리절차라는 점에서 기본적으로 약식절차와 유사한 면이 있다. 간이절차에 의함이 적당하지 아니한 경우 법관이 사건을 정식절차에 회부할 수 있다는 점, 피고인보호를 위한 정식재판청구절차가 보장되어 있다는 점, 확정된 때에는 확정판결과 동일한 효력을 가진다는 점 등이 이에 해당한다. 반면 즉결심판은 청구권자가 검사가 아니라 경찰서장이라는 점, 서면심리가 아니라 원칙적으로 공개된 법정에서 판사가 피고인을 직접 신문하는 형태로 이루어진다는 점, 재산형뿐 아니라 자유형인 30일 미만의 구류형 선고가 가능하다는 점 등에서 약식절차와 차이가 있다. 즉결심판절차도 그 성질에 반하지 않는 범위에서 형사소송법의 규정이 준용된다. 다만, 간이형사재판의 특성상 심판기일의 절차 및 증거법칙에 대한 다양한 특칙이 인정되고 있다.

3. 배상명령절차

배상명령은 범죄행위로 인해 피해자에게 손해가 발생한 경우 법원이 직권 또는 피해자의 신청에 의하여 형사절차에서 피고인에게 범죄행위로 인한 손해의 배상을 명하는 절차를 말한다. 범죄행위로 인한 손해배상 문제를 형사절차에서 함께 판단하도록 함으로써 별개의 민사소송절차에 따른 번잡을 피하고 효과적인 피해구제를 도모하기 위한 것이다. 「소송촉진 등에 관한 특례법」에서 이를 규율하고 있다.

배상명령의 대상은 제1심 또는 제2심의 형사공판 절차에서 신체에 관한 죄, 강간과 추행의 죄, 재산범죄 중 일정한 범죄에 대하여 유죄판결을 선고하는 경우이다. 피해자 또는 그 상속인은 공판의 변론이 종결될 때까지 사건이 계속된 법원에 피해배상을 신청할 수 있고, 법원은 직권 또는 피해자의 신청에 의하여 피고사건의 범죄행위로 인하여 발생한 직접적인 물적 피해, 치료비 손해 및 위자료의 배상을 명할 수 있다. 배상명령은 유죄판결의 선고와 동시에 하여야 한다.

배상명령은 제도의 좋은 취지에도 불구하고 민사소송과 사실인정 및 증거법칙에 큰 차이가 있는 형사소송절차에서의 제도라는 점에서 재판의 지연 및 불충분한 손해전보의 문제점이 지적되고 있으며, 이러한 이유에서 실질적인 활용도가 높지 않은 편이다.

V. 재판의 집행

1. 재판의 집행

재판의 집행은 재판의 의사표시내용을 국가의 강제력에 의하여 실현하는 것을 말한다. 형의 집행 이외에 추징·소송비용 등 부수처분의 집행, 과태료·비용배상·보증금몰수 등 형 이외의 제재의 집행, 강제처분을 위한 영장의 집행 등이 이에 해당한다. 재판의 집행은 그 재판을 한 법원에 대응한 검찰청검사가 지휘하며, 집행지휘는 재판서 또는 재판을 기재한 조서의 등본·초본을 첨부한 서면으로 하여야 한다.

사형은 교도소 또는 구치소 내에서 교수(絞首)하여 집행한다. 판결확정일로부터 6월 이내에, 법무부장관의 명령이 있는 때에는 5일 이내에 집행하여야 한다. 징역은 교도소 내에 구치하여 정역(定役)에 복무하게 하며, 금고와 구류는 교도소에 구치하여 집행한다. 미결구금일수는 모두 본형에 산입된다. 벌금·과료·몰수, 추징, 과태료, 소송비용, 비용배상 또는 가납의 재판은 검사의 명령에 의하여 집행하며, 이때 검사의 명령은 집행력 있는 채무명의와 동일한 효력이 있다. 벌금 또는 과료를 선고할 때에는 납입하지 아니하는 경우의 **노역장유치** 기간을 정하여 동시에 선고하여야 한다. 형법은 벌금액에 따라 일정한 경우 300일·500일·1,000일 이상의 유치기간을 정하도록 하고 있다.

2. 형사보상

형사보상은 잘못된 국가형벌권의 행사로 부당하게 구금되었거나 형의 집행을 받은 사람에 대하여 국가가 그 피해를 보상해 주는 제도이다. 헌법은 "형사피의자 또는 형사피고인으로서 구금되었던 자가 법률이 정하는 불기소처분을 받거나 무죄판결을 받은 때에는 법률이 정하는 바에 의하여 국가에 정당한 보상을 청구할 수 있다"(헌법 제28조)라고 규정하여 형사보상청구권을 기본권으로 보장하고 있다. 「형사보상 및 명예회복에 관한 법률」이 형사보상의 요건과 절차를 규정하고 있다.

형사보상의 대상은 형사피의자와 형사피고인이다. 피의자로서 구금되었던 자 중 검사로부터 협의의 불기소처분을 받은 자, 피고인이 무죄의 재판을 받아 확정되었거나, 면소·공소기각의 재판을 받아 확정된 피고인이 면소 또는 공소기각의 재판을 할 만한 사유가 없었더라면 무죄재판을 받을 만한 현저한 사유가 있었을 경우 등이 이에 해당한다. 보상의 내용은 '구금'과 '형의 집행'에 관한 보상이다. 예컨대 구금에 대한 보상은 2018년 7월 현재 그 구금일수에 따라 1일당 보상청구의 원인이 발생한 연도의 「최저임금법」에 따른 일급(日給) 최저임금액의 5배로 하고 있다.

피고인보상의 청구는 무죄재판이 확정된 사실을 안 날부터 3년, 무죄재판이 확정된 때부터 5년 이내에 무죄재판을 한 법원에 대하여, 피의자보상은 검사로부터 공소를 제기하지 아니하는 처분의 고지 또는 통지를 받은 날부터 3년 이내에 불기소처분을 한 검사가 소속된 지방검찰청의 형사보상심의회에 대하여 청구하여야 한다.

▶ 법률용어 설명

- **불고불리(不告不理)의 원칙**: 법원은 심판을 청구한 때만 심리를 개시할 수 있고, 심판을 청구한 사실에 대해서만 심리·판결한다는 소송법상의 원칙. 형사소송법적으로는 법원은 검사가 공소를 제기하여야만 심리를 개시할 수 있고(소송계속), 공소장에 기재사실과 동일성을 가지는 사건만이 소송의 대상이 된다는(심판범위의 한정) 두 가지 뜻을 가진다. 탄핵주의 소송구조의 기본원리이며, 특히 당사자주의의 기본원칙이기도 하다.
- **소송조건**: 전체로서의 소송이 성립·유지·발전하기 위한 기본조건. 소송조건이 갖추어지지 않은 경우에 법원은 사건의 실체에 관한 심리를 할 수 없고 형식재판으로 소송을 종결하여야 한다. 소송을 실체와 절차의 두 측면으로 나눌 때 절차면의 소송조건을 형식적 소송조건, 실체면의 소송조건을 실체적 소송조건이라 한다. 형식적 소송조건을 갖추지 못한 때에는 공소기각(제327조·제328조) 또는 관할위반(제319조)

의 재판을, 실체적 소송조건을 갖추지 못한 때에는 면소(제326조)의 재판을 하여야 한다.

- **일사부재리의 원칙**: 일단 처리된 사건은 다시 다루지 않는다는 법의 일반원칙. 형사소송법적으로는 유·무죄의 실체판결 또는 면소판결이 확정된 경우 기판력의 효과로서 동일 사건에 대하여 다시 공소제기를 허용하지 않는다는 원칙을 말한다.
- **기판력(旣判力)**: 법원으로부터 이미(旣) 판단을 받아(判) 확정된 사건에 대한 법적 효력(力). 이 효력으로 인하여 동일 사건에 대하여 다시 심리·판단하는 것이 허용되지 않는다. 일사부재리 원칙과의 관계에서 양자가 동일한 것이라는 견해, 양자는 전혀 별개의 개념이라는 견해, 기판력이 일사부재리의 효력을 포함하는 것이라는 견해가 대립한다.
- **항소이유**: 적법하게 항소를 제기할 수 있는 법률상의 이유. 항소이유에는 판결에 영향을 미쳤는지 여부를 불문하고 바로 원심판결을 파기하도록 하는 절대적 항소이유와, 판결에 영향을 미쳤음이 확인되는 경우 원심판결을 파기하도록 하는 상대적 항소이유가 있다. 법령위반·사실오인·양형부당의 세 가지가 상대적 항소이유에 해당한다.
- **노역장유치**: 벌금·과료 미납시 노역장에 유치하여 작업에 복무하게 하는 환형처분(換刑處分). 벌금 또는 과료를 선고할 때에는 납입하지 아니하는 경우의 유치기간을 정하여 동시에 선고하여야 한다(형법 제70조 제1항).

참고문헌

헌 법

성낙인, 헌법학, 법문사, 2018

양건, 헌법강의, 법문사, 2018

전광석, 한국헌법론, 집현재, 2018

전광석, 헌법의 기초, 집현재, 2018

정종섭, 헌법학원론, 박영사, 2016

한수웅, 헌법학, 법문사, 2018

한수웅, 헌법학 입문, 법문사, 2017

허영, 한국헌법론, 박영사, 2018

박상기 외 12인, 법학개론, 박영사, 2018

최종고, 법학통론, 박영사, 2014

홍완식 외 10인, 법학개론, 피앤씨미디어, 2018

행정법

홍정선, 행정법원론(상) · (하), 박영사, 2018

홍정선, 신행정법특강, 박영사, 2018

홍정선, 기본행정법, 박영사, 2018

홍정선, 신행정법입문, 박영사, 2018

박균성, 행정법 강의, 박영사, 2018

정형근, 행정법, 피앤씨미디어, 2018

홍준형, 행정법, 법문사, 2017

형 법

김성돈, 형법총론(제5판), 2017; 형법각론(제4판), 성균관대학교출판부, 2016

김성천 · 김형준, 형법총론(제7판), 2017; 형법각론(제6판), 소진, 2017
김일수 · 서보학, 형법총론(제12판), 2014; 형법각론(제8판증보판), 박영사, 2016
박상기, 형법총론(제9판), 2012; 형법각론(제8판), 박영사, 2011
배종대, 형법총론(제13판), 2017; 형법각론(제10전정판), 홍문사, 2018
신동운, 형법총론(제10판), 2017; 형법각론, 법문사, 2017
오영근, 형법총론(제4판), 2018; 형법각론(제4판), 박영사, 2017
이용식, 형법총론, 박영사, 2018
이재상 · 장영민 · 강동범, 형법총론(제9판), 2012; 형법각론(제10판), 박영사, 2017
임 웅, 형법총론(제9정판), 2017; 형법각론(제8정판), 법문사, 2017

민 법

곽윤직 · 김재형, 민법총칙(제9판), 박영사, 2013
곽윤직 · 김재형, 물권법(제8판), 박영사, 2014
곽윤직, 채권총론(제6판), 박영사, 2006
곽윤직, 채권각론(제6판), 박영사, 2005
김주수 · 김상용, 친족 · 상속법(제14판), 법문사, 2017
김준호, 민법강의(제23판), 법문사, 2017
백태승, 민법총칙(제7판), 집현재, 2016
송덕수, 민법총칙(제3판), 박영사, 2015
송덕수, 물권법(제2판), 박영사, 2014
송덕수, 채권법총론(제4판), 박영사, 2018
송덕수, 채권법각론(제3판), 박영사, 2017
신영호 · 김상훈, 가족법강의(제3판), 세창출판사, 2018
양형우, 민법의 세계(제10판), 피엔씨미디어, 2018
윤진수, 친족상속법강의(제2판), 박영사, 2018
이경희, 가족법(9정판), 법원사, 2017
이재열, 민법총칙, 집현재, 2017
이재열, 물권법, 집현재, 2017

상 법

박덕영 외(공저), 법학개론, 2011

이범찬·임충희·이영종·김지환, 회사법(제2판), 2018

이범찬 · 최준선, 상법개론(제10판), 2010

민사소송법

김용진, 민사소송법, 피엔씨미디어, 2016

김홍규 · 강태원, 민사소송법(제3판), 삼영사, 2014

송상현 · 박익환, 민사소송법(신정7판), 박영사, 2014

이시윤, 신민사소송법(제12판), 박영사, 2018

정동윤 · 유병현, 민사소송법(제4판), 법문사, 2014

형사소송법

노명선·이완규, 형사소송법(제4판), 성균관대학교출판부, 2015

배종대·정승환·이상돈·이주원, 신형사소송법(제5판), 홍문사, 2013

신동운, 신형사소송법(제5판), 법문사, 2014

신양균, 형사소송법(신판), 화산미디어, 2009

이은모, 형사소송법(제5판), 박영사, 2015

이재상 · 조균석, 형사소송법(제10판 보정판), 박영사, 2016

이창현, 형사소송법(제2판), 입추출판사, 2015

정웅석·백승민, 형사소송법(전정증보제6판), 대명출판사, 2014

최영승, 형사소송법(제3판), 피앤씨미디어, 2015

찾아보기

ㅇ

저자 소개

이영종

독일 Marburg 대학교 LLM 및 법학 박사(Dr.iur.)
한국경제법학회 · 한국상사판례학회 · 차세대콘텐츠재산학회 부회장
한국상사법학회 등 다수 상사법 관련 학회 상임이사
한국수사학회 정보이사, 한국법철학회 회원
현, 가톨릭대학교 법정경학부 법학전공 부교수
가톨릭대학교 법학연구센터장

[저서 및 논문]
대한민국법 개설(공저), 일어판, 나고야경제대학 출판부, 2008
재정법 (공역), 한국법제연구원, 2010
법학개론 (공저), 2011, 박영사, 2011
기업범죄연구(I) (공편저), 2011
회사법(공저), 제2판, 2018

이재열

연세대학교 법학박사
사법시험, 세무사, 변리사, 주택관리사보, 행정사 등 시험위원
전 대법원 판례심사위원회 조사위원
현, 고려사이버대학교 법학과 부교수

[저서 및 논문]
"채권자취소권의 요건에 대한 재해석－상관관계론에 따른 해석을 중심으로－", 민사법학 41호(2008. 6)
"베트남 국제사법 개관", 국제사법연구 제21권 제1호(2015. 6)
민법총칙, 집현재, 2017
물권법, 집현재, 2017

황태정

연세대학교 법학박사
한국형사정책연구원 부연구위원
현, 경기대학교 경찰행정학과 교수

[저서 및 논문]
범죄피해자 보호·지원의 이론과 실무 Ⅰ, 법무부 · 한국형사정책연구원, 2011
문서와 범죄(공저), 집현재, 2017

송인호

연세대학교 법학박사
제45회 사법시험 합격
현, 한동대학교 법학부 부교수

[저서 및 논문]
통일법 강의: 기본이론과 주요쟁점, 법률신문사, 2015
과거청산과 통합(공저), 북한인권정보센터, 2016
"북한의 행정법에 관한 고찰－행정행위 및 행정입법 개념을 중심으로－", 법학연구, 2018. 4.

이세주

독일 Heidelberg대학교 법학박사
헌법재판소 헌법재판연구원 책임연구관
현, 가톨릭대학교 법정경학부 법학전공 조교수

[저서 및 논문]
기업의 경제활동 보장과 제한에 대한 헌법적 검토, 헌법재판연구원, 2013
통일과 헌법재판 1, 독일 연방헌법재판소 결정 연구(상)(공저), 헌법재판연구원, 2016

법학입문 [제3판]

2014년 8월 28일 초판발행
2016년 8월 10일 제2판 인쇄
2016년 8월 17일 제2판 발행
2018년 8월 6일 제3판 인쇄
2018년 8월 10일 제3판 발행

저 자 이영종·이재열·황태정·송인호·이세주

발행인 위 호 준

발행처 도서출판 **집현재**

04091 서울특별시 마포구 토정로 222
한국출판콘텐츠센터 417호
전화 (02)332-4922 Fax (02)3142-4922
홈페이지: www.jhjbook.co.kr
e-mail: jyp4922@naver.com

출판등록 2010년 10월 25일
등록번호 제105-91-57581호

정가 26,000원 ISBN 978-89-97304-80-2

이 도서의 국립중앙도서관 출판예정도서목록(CIP)은 서지정보유통지원시스템 홈페이지(http://seoji.nl.go.kr)와 국가자료공동목록시스템(http://www.nl.go.kr/kolisnet)에서 이용하실 수 있습니다. (CIP제어번호: CIP2018024244)